웹 접근성과 품질인증

Copyright ⓒ acorn publishing Co., 2014. All rights reserved.

이 책은 에이콘출판(주)가 저작권자 류영일, 하성필, 김혜일, 성영한과 정식 계약하여 발행한 책이므로
이 책의 일부나 전체 내용을 무단으로 복사, 복제, 전재하는 것은 저작권법에 저촉됩니다.
저자와의 협의에 의해 인지는 붙이지 않습니다.

장애인차별금지법 대응을 위한
웹 접근성과 품질인증

류영일 · 하성필 · 김혜일 · 성영한 지음

i!i
에이콘

추천의 글

사실 우리나라에서는 웹 접근성과 관련하여 제대로 된 실무 도서를 구하기 어렵다. 웹 접근성을 설명하는 책들이 없는 것은 아니었지만 웹 접근성 품질인증마크를 준비하는 업계의 요구 수준을 만족시킬만한 내용을 담고 있는 책을 구하는 것은 매우 어려웠다. 특히 웹 접근성 품질인증마크 심사 기준은 W3C의 WCAG 2.0을 그대로 적용하기 어려운 부분이 있고 웹 콘텐츠에는 매우 독특한 디자인과 기술을 적용하고 있어서 알려진 방법만으로는 웹 접근성을 평가하기 어렵다. 이런 이유인지는 몰라도 최근까지도 한국정보화진흥원이 실시하는 웹 접근성 품질인증마크 합격률이 30%를 넘지 못하였다. 그래서 웹 접근성 품질인증마크 획득을 준비하는 웹 퍼블리셔의 입장에서 인증 기준에 대한 궁금증을 해소해줄 수 있는 책이 한 권쯤 있었으면 좋겠다는 생각을 오래 전부터 해왔다. 이 책의 저자는 오랫동안 한국정보화진흥원에서 웹 접근성 품질인증마크 분야의 실무를 담당해 왔었기에 인증심사 과정에서 대두된 다양한 문제의 해법을 알고 있고 이를 책에 풀어냈다.

이 책은 웹 접근성 준수 기준과 풍부한 사례들을 포함하고 있어서 웹 퍼블리싱 분야에 종사하는 관련자가 웹 접근성 품질인증마크를 준비하는 데 도움을 줄 수 있을 것이다. 또한 웹 접근성 평가사 자격시험을 준비하는 이도 수험서로 활용 가능하다.

모쪼록 이 책으로 웹 접근성 품질인증마크 심사를 준비하는 많은 분에게 도움이 되었으면 한다. 그리고 우리나라 웹 접근성의 발전에 큰 도움이 되길 바란다.

김석일
충북대학교 교수, 웹 접근성 품질인증마크 인증위원장

기술의 변화가 매우 빠른 IT 분야에서 무언가를 제대로 알고 다른 사람에게 잘 설명한다는 것은 어려운 일이다. 하물며 이러한 지식을 글로 남긴다는 것은 많은 노력과 강한 의지가 있어야 하는 일일 것이다. 이 책에서 저자들은 웹 접근성과 관련된 업무를 하며 틈틈이 모은 지식과 노하우를 풀어놓고 있다.

대부분의 사람이 매일 사용하는 웹이지만 막상 접근성을 잘 구현한 웹은 찾아보기 어렵다. 이런 환경에서 저자들의 경험과 다양한 사례를 담은 책이 발간되어 매우 반갑다. 저자들의 노력과 지식 나눔이 향후 웹 접근성의 개선과 확산에 큰 도움이 되길 기대한다.

이헌중
한국정보화진흥원 정보사회통합지원단장

경제는 선진국에 가까워지고 있지만, 아직 장애인에 대한 사회적인 인식은 선진국에 비해 다소 부족한 것 같다. 장애인을 우리 사회의 주요 구성원으로 바라보고, 장애인이 비장애인과 동등하게 사회 생활을 할 수 있도록 환경을 마련하려는 노력이 필요하다. IT는 함께 사는 사회 발전에 매우 큰 도움이 될 수 있지만, 장애인을 고려하지 않고 개발된 IT 기반의 제품과 서비스는 장애인에게 큰 절망을 안겨줄 뿐이다. 이를 해결하려면 장애인을 고객으로 인식하고, 고객의 이야기를 경청하는 자세가 무엇보다 우선이다. 이러한 인식을 바탕으로 해당 제품이나 서비스와 관련된 접근성 표준을 준수한다면 IT 세상에서만이라도 장애가 더 이상 장벽이나 제약이 되지 않을 것이다.

우리나라의 접근성 제고를 위해 함께 고민했던 동료가 그간의 경험을 바탕으로 책을 썼다. 현업에 종사하시는 분들이 손쉽게 참고할 수 있도록 실무적인 입장에서 기술했기 때문에 관련 종사자에게 큰 도움이 될 것이다. 이 책을 통해 접근성의 의미를 올바르게 이해할 수 있는 계기가 되기를 기원한다.

현준호
전 한국정보화진흥원 수석연구원

접근성을 학문으로 다루는 측면에서 실무자가 가장 어려워하는 부분 중 하나는 해석이 다양하고 대응 방법이 엄청나게 방대하다는 점이다. 더구나 우리나라의 현실로 볼 때 접근성과 관련한 많은 수고와 고충은 실무자의 몫이 되기도 한다. 물론 정부에서 관련 법안과 지침을 제정하고 방향성을 제시하여 적용된 기간에 비해 많은 성과가 있었던 것도 사실이다.

하지만 다양한 웹 접근성 지침이 있더라도 지침을 뛰어 넘는 상황이 여전히 존재하며, 실무자의 기술적 대응만으로는 부족하고, 전체적인 관점의 정책, 기술 등이 필요하다. 즉 접근성은 기업의 효과적이며 장기적인 전략을 통해 대응해야 하는 인내심이 필요한 분야다. 나라마다 환경이 다르기에 해외의 기술 서적만으로는 우리나라의 현실과 다소 맞지 않거나 부족한 부분이 있어 국내의 웹 접근성 관련 책을 오래도록 기다려 왔다. 이 책은 자세한 법률 해석과 조언이 있으며, 다양한 사례를 소개하여 기존에 맥락만 다루는 책에서나 해외 번역서만으로는 부족했던 부분을 채워준다.

이 책을 통해 국내에서 웹 접근성을 널리 알리고 적용하는 기회가 되길 기대한다.

박태준
NHN 기술 서비스 접근성팀 팀장

인터넷을 바탕으로 웹 서비스가 생기고 발전하면서, 우리 사회에 없어서는 안 될 사이버 세상이 열렸고 여전히 성장 중이다. 이러한 인터넷 세상은 장애 유무를 따지지 않고 접근할 수 있어야 함에도 우리나라 웹의 현실은 그렇지 못하다. 국가에서 관련 제도와 가이드라인을 만들어도 민간이나 공공기관이 이를 충분히 인식하지 못했고, 지키려는 노력 또한 부족했다. 또한 실전에서 참고할 만한 책조차 변변히 없었는데, 이 책의 출간 소식을 듣게 되어 매우 기쁘다.

이 책은 접근성을 실무 차원에서 본격적으로 다룬 최초의 책이다. 저자들의 경력에서 알 수 있듯이 실제 현장에서 접근성을 풍부하게 다뤄봤고, 이때 느꼈던 기술적인 고민과 컨설팅 경험을 책에 담았다. 웹 접근성을 적용해야 하는 막막한 현실 속에서 우리를 지원해줄 든든한 우군이 생긴 것이다.

나는 감히 이 책을 사내 교육교재나 웹 접근성 관련 근무자들에게 적극 추천하며, 우리나라의 웹 접근성 수준을 높이는 데 보탬이 될 것이라 확신한다. 집필하는 데 각고의 노력을 다 했을 저자들과 출판사에게 진심으로 감사의 말씀을 전한다.

김종욱
웹와치(주) 이사

2013년 4월 11일부터 '장애인 차별금지 및 권리구제에 관한 법률'을 통해 장애인 웹 접근성 보장 의무가 전면적으로 확대됐다. 하지만 아직 장애인이 이용하기 편한 웹사이트는 손에 꼽을 정도로 적다. 장애인에게 웹 접근성은 '컴퓨터를 용이하게 사용'할 수 있는 정도의 의미를 넘어서 '각종 재화나 용역에 접근'할 수 있는 중요한 통로이자 기본권이다. 따라서 웹 접근성은 법의 제재를 피하려고 마지못해 준수하는 것이 아닌 장애인에 대한 따뜻한 배려와 존중을 바탕으로 준수돼야 한다.

   나는 법률가로서 '웹 접근성을 어느 정도 기준으로 해야 장애인에게 차별적인 웹사이트가 아닌지'를 오랜 시간 고민해왔다. 이 책의 대표 저자인 류영일님은 웹 접근성 분야의 전문가로서 오랜 시간 같은 고민을 하면서 이 문제가 사회적 합의 안에 자발적으로 개선되어야 하는 문제라는 선한 동기를 바탕으로 이 책을 저술했다.

   웹 접근성을 준수하고자 매진하고 있는 담당자, 퍼블리셔, 개발자 등 모든 분이 이 책을 통해 구체적인 해답을 얻고 이 일이 얼마나 가치 있는 일인지 공감할 수 있기를 바란다.

김예원
서울장애인인권센터 상임변호사

현장에서 많은 기업을 상대로 웹 접근성 개선 컨설팅과 개선 작업을 하면서 국내 실정에 맞게 웹 접근성을 다룬 책이 출간되었으면 좋겠다고 절실하게 생각했다. 웹 접근성과 관련된 대부분의 책이 번역서이고, 참고할 수 있는 국내 문헌이 충분하지 않아 인터넷 검색을 통해 개괄적인 정보만 접할 수 있었다. 이런 이유로 웹 접근성 개선 작업의 업무 담당자조차 아직까지도 웹 접근성 개선 작업을 단순히 마크업의 문제로 생각하거나 품질인증마크 획득에 국한하여 생각하는 경우가 적지 않다.

   이 책은 웹 접근성과 관련한 내용으로 집대성된 바이블이라 해도 과언이 아니다. 웹 접근성 관련 업무 담당자들은 이 책을 통해 웹 접근성의 이론적 배경과 더불어 사용성을 고려하는 관점까지 넓은 시야를 가질 수 있을 것이다.

김은주
(주)이롭게 대표

지은이의 말

결혼은 행복한 일이지만 결혼하는 과정은 행복하지 않을 수 있다. 결혼은 마치 두 사람이 결합하는 것 같지만 실상은 남자와 여자의 가정이 결합하는 두 문화의 결합이다. 이렇게 서로 다른 두 문화가 융화되기까지는 많은 충돌과 마찰이 있기 마련이며, 이를 잘 극복해야 진짜 행복한 결혼이다. 기존의 웹 구현 방식과 웹 접근성 구현 방식의 결합도 마찬가지다.

웹 접근성의 취지는 '장미'처럼 아름답지만 웹 접근성 적용은 '장미의 가시'처럼 느껴질 수 있다. 보기에는 매우 아름답지만 실제로는 만지기 싫은 부분이다. 하지만 이런 상황은 웹 접근성 관련 지식이 시장에 보편화되고 시장에서의 요구조건과 합의점을 이루어가면서 지금보다는 좀 더 보편화되고 유연해질 것이다.

이 책은 기본에서 응용까지 스스로 판단하고 처리할 수 있게 웹 접근성의 원리를 이야기한다. 이런 과정에서 관리자나 개발자, 정책결정자와 같은 이해관계자가 조금이라도 해당 취지와 원리를 이해한다면 프로젝트를 진행하면서 웹 접근성 컨설팅 없이 개발하거나 관리할 수 있는 안목이 생길 것이며, 웹 접근성 컨설팅을 받더라도 컨설팅과 비용의 적절성 여부를 판단할 수 있을 것이다.

최근에는 웹 접근성 품질인증이 국가 임의인증으로 변경되면서 많은 관심을 받고 있다. 웹 접근성 품질인증 자체는 웹 접근성 준수 노력의 결과를 상징하고 준수 내용을 확인하기 위한 구체적인 기준을 제시한다는 점에서 긍정적이다. 하지만 제안요청서상의 검사기준으로 제시되거나 상급자의 지시로 웹 접근성 품질인증마크를 획득해야만 하는 입장에서는 매우 번거롭고 괴로운 일이 되기도 한다. 이런 경우 웹 접근성이 아니라 웹 접근성 품질인증마크에만 관심을 갖게 된다.

이 책에서는 웹 접근성 품질인증을 담당한 경험을 살려 심사가이드 기준의 원리와 사례를 제시하여 웹 접근성 품질인증을 받을 수 있도록 도와준다. 하지만 이런 품질인증을 넘어 더 높은 접근성과 사용성을 적용할 수 있어야 웹 접근성 본질에 도달하는 것이다. 이 책을 읽으면서 그동안 몰랐던 웹 접근성으로의 멋진 도전과 관점의 변화가 생기길 기대해 본다.

지은이 소개

류영일 ryu01258@gmail.com

2007년부터 2012년까지 한국정보화진흥원에서 웹 표준과 웹 접근성 관련 업무를 맡아왔으며, 웹 접근성 품질인증마크 담당과 법제도 T/F를 운영하여 지금의 국가정보화기본법 개정 내용을 만들었다. 부족한 인증심사 기준을 제시하기 위해 좀 더 구체적인 웹 접근성 품질인증심사가이드를 제작하는 등 적극적이고, 다양한 웹 접근성 업무를 추진해왔다. 현재 웹 접근성 컨설턴트로 일하고 있으며, 다수의 강의와 컨설팅, 자문을 한다. 특히 접근성이 웹에 머물지 않고 모바일 분야와 소프트웨어, 제품, 서비스까지 확장되어야 한다는 생각으로 '접근성 연구회'를 설립하여 기반 기술을 사회에 제시하고 웹 접근성을 알 수 있는 기회를 제공하는 등 사회 곳곳에 접근성을 향상시키는 연결 구조를 만들기 위해 노력하고 있다.

인생에 책 한 권은 써봐야 한다는 로망으로 시작했지만 가족과 동료에게 너무 많은 짐을 지우게 했습니다. 먼저 1년이 넘게 끝까지 믿고 빈자리를 채워준 아내 은주와 늘 밤늦게 들어와 놀아주지 못해도 항상 반겨주는 예쁜 두 딸 주하, 주원이, 힘든 몸에도 아이를 돌봐주신 어머니와 가족에게 너무나 고맙고 사랑한다고 전하고 싶습니다. 국내 최고의 웹 접근성 권위자 김석일 교수님과 국내 웹 접근성 정책의 중심 역할을 하시던 현준호 수석님께 많은 조언과 정보, 격려를 받았습니다. 사회적 약자를 위해 법적 지식을 나누시는 김예원 변호사님과 세밀한 시각으로 현장 실무를 다뤄온 오정훈 팀장님, 물심양면 언제든 도움을 주셨던 황의용 대표님께도 감사드립니다.

마지막으로 끝까지 접근성의 비전을 제시하고 함께 해준 천재 개발자 성영한님과 웹 접근성 실무에서 국내 최고의 실력을 가진 하성필님, 시각장애를 잊고 국내 화면 낭독기를 모두 분석한 화면 낭독기의 대가 김혜일님, 항상 격려와 도움을 주신 에이콘 권성준 사장님과 김희정 부사장님, 이외에도 도움을 주신 모든 분들께 감사드립니다. 모두가 함께 할 수 있는 세상을 만든다는 보람된 이 일이 본질을 잃지 않고, 이 책이 사회에 조금이나마 도움이 되기를 소망합니다.

하성필 rebehayan@gmail.com

1999년 웹 제작을 시작한 이후 웹 디자이너, 기획자 등을 거쳐 현재 웹 퍼블리셔 및 웹 접근성 컨설턴트로 일하고 있다. 다양한 웹 기술 분야의 경험을 바탕으로 다수의 웹 접근성과 웹 퍼블리싱 강의를 하며, 웹 접근성의 모호한 영역까지 모두 실무적으로 구현할 수 있는 실력의 소유자다.

처음 쓰는 책이라 마음과 달리 이야기하고 싶었던 내용을 모두 담지 못해 아쉬움이 많이 남습니다. 오랜 시간 책을 쓸 수 있도록 도와준 사랑하는 아내에게 감사하고 잘 놀아주지 못하고 늘 컴퓨터 앞에 앉아 있는 아빠 모습만 본 아이들에게 미안하고 감사합니다. 특히 우리 가족을 챙겨주신 부모님, 장모님께 감사 말씀드립니다. 모쪼록 이 책이 많은 분들에게 도움이 되길 바랍니다.

마지막으로 책을 쓰면서 늘 저에게 많은 조언과 도움을 주신 류영일님과 성영한님, 보조기기와 장애인의 입장을 많이 알고 느끼게 해준 김혜일님께 감사의 말을 드립니다.

김혜일 haeppa@gmail.com

국내에서 점유율이 가장 높은 화면 낭독기 개발 기업의 기술자문 경험을 바탕으로 한 사용자 평가와 저시력 사용자에 대한 웹 접근성 전문가다. 실제 시각장애인이면서 다수의 웹 접근성 관련 사용자 평가 경험을 바탕으로 현재는 전문가 평가로 영역을 확대했으며 다양한 웹사이트, 모바일 앱 등 접근성 평가와 자문을 하고 있다. 스스로 시각장애로 인해 느끼는 불편을 누구보다 잘 알기에 실제 사용성을 높일 수 있도록 지침 이외의 영역에 대한 접근성 개선을 소명으로 생각하는 접근성 지킴이다.

오랜 기간 사용해온 화면 낭독기이지만 글로 쓰려니 생각보다 쉽지 않았습니다. 특히 기존에 없던 새로운 시도이다 보니 화면 낭독기의 차이점을 분석하는 작업이 어려운 과정이었습니다. 출판을 앞둔 지금 끝났다는 만족감보다 큰 아쉬움이 남습니다. 1년이라는 긴 시간 동안 책을 완성하려고 노력한 저자들과 화면 낭독기에 관해 조언을 아끼지 않았던 지인들에게 감사의 마음을 전합니다.

이 책을 통해 시각장애인 사용자를 이해하려는 노력에 도움이 되고, 이해의 폭이 더 넓어지기를 기대합니다.

성영한 syh@hbilab.org

자바로 10년 이상 개발자로 일하다 우연한 기회로 접근성을 알게 된 후, 퍼블리셔 위주의 접근성을 개발자의 기본 스킬로 자리 잡아야 한다는 생각을 가지고 있다. 웹을 사용하는 모든 사용자들은 사회적 비용이 증가하더라도 평등한 기회를 주어야 한다는 철학 하에 현재는 웹 접근성을 자동화할 수 있는 자바스크립트를 연구하고 있고, 웹뿐만 아니라 모바일까지 범위를 확대하고 있다.

배려라는 단어는 도와주고 보살펴주려고 마음을 쓰는 것입니다. 그동안 배려라는 단어를 곰곰이 생각한 적이 없었습니다. 웹 접근성을 접하고 모든 사람이 평등한 웹을 사용하게 되려면 개발자, 디자이너, 퍼블리셔, 기획자들에게 배려는 필수 요소라고 생각합니다.

이 책이 세상을 바꿀 수는 없지만 웹 접근성 분야에 자그마한 씨앗이 되어 이 세상을 풍요롭게 바꿨으면 하는 바람입니다.

목차

추천의 글 ... 4
지은이의 말 ... 9
지은이 소개 ... 10
들어가며 ... 34

1부 웹 접근성 기초

1장 웹 접근성과 장애인차별금지법

1.1 웹 접근성 ... 42
1.1.1 웹 접근성의 의미 ... 42
1.1.2 웹 접근성의 정확한 범위 ... 45
1.1.3 웹 접근성 관련 용어가 혼란스러운 이유 ... 48

1.2 관련 용어와 상관 관계 ... 49
1.2.1 웹 표준 ... 49
1.2.2 웹 호환성과 크로스브라우징 ... 51
1.2.3 웹 사용성 ... 52
1.2.4 웹 표준과 웹 접근성의 관계 ... 54
    1.2.4.1 선형화해서 논리적인 순서 확보 ... 54
    1.2.4.2 기본적인 문법을 준수해서 견고성 확보 ... 60
1.2.5 웹 표준과 웹 호환성의 관계 ... 61
1.2.6 정확한 용어 사용의 중요성 ... 61

1.3 장애인차별금지법 ... 63
1.3.1 장애인차별금지법의 의미 ... 63
1.3.2 웹 접근성 의무적용 시기 ... 65
1.3.3 법에서 명시한 웹 접근성 대상 ... 66
    1.3.3.1 전자정보 vs 웹사이트에서 제공하는 정보 ... 66

           1.3.3.2 장애인차별금지법의 취지 ... 67
           1.3.3.3 미국 장애인 법 제·개정의 취지 ... 68
   1.3.4 법을 준수하지 않을 경우 ... 68
   1.3.5 진정 가능한 대상 ... 69
   1.3.6 입증책임 ... 70
   1.3.7 웹 접근성 계획의 중요성 ... 70
   1.3.8 국내 진정 사건 접수 현황 ... 71
   1.3.9 국내 진정과 소송 사례 ... 72
       1.3.9.1 교육콘텐츠 이러닝 서비스 진정 사례: 2008년 ... 72
       1.3.9.2 방송 3사 홈페이지 집단 진정 사례: 2010년 ... 73
       1.3.9.3 대한항공 등 4곳의 민사 소송 사례: 2012년 ... 73
   1.3.10 해외 소송 사례 ... 74
       1.3.10.1 미국 타깃 사 사례 ... 74
       1.3.10.2 호주 시드니 올림픽 조직위원회 사례 ... 75
       1.3.10.3 월트 디즈니 사 사례 ... 76

정리 ... 77

2장 웹 접근성 품질인증마크와 인증획득

2.1 웹 접근성 품질인증마크 ... 80
   2.1.1 웹 접근성 품질인증마크의 의미 ... 81
   2.1.2 인증의 필요성 ... 82
   2.1.3 현황과 문제점 ... 83
       2.1.3.1 품질인증마크 인증 현황 ... 83
       2.1.3.2 기존 사설 인증기관 비교 ... 83
       2.1.3.3 기존 인증제도의 문제점 ... 84
   2.1.4 새로운 국가임의인증제도 ... 85
   2.1.5 장애인차별금지법과의 관계 ... 85

2.2 인증획득 ... 86
   2.2.1 인증기준의 의미 ... 86
       2.2.1.1 전문가 심사 기준 ... 91
       2.2.1.2 사용자 심사 기준 ... 94
   2.2.2 품질인증마크 획득 준비 ... 95
       2.2.2.1 품질인증마크의 선택 ... 95

2.2.2.2 인증획득 프로젝트 준비 ... 95
2.2.2.3 심사 접수 대상 여부 판단 ... 96
2.2.2.4 신청 대상 사이트의 범위 ... 97
2.2.3 인증신청과 결과 확인 ... 99
2.2.3.1 심사 접수 ... 99
2.2.3.2 심사 절차 ... 101

정리 ... **105**

2부 웹 접근성 기본 4원칙

3장 인식의 용이성: 모든 콘텐츠는 사용자가 인식할 수 있어야 한다

3.1 [검사항목 1] 적절한 대체 텍스트 제공 ... 111

3.1.1 [오류유형 1-1] 텍스트 이미지의 대체 텍스트 미 제공 ... 113

3.1.2 [오류유형 1-1] 불충분한 대체 텍스트를 제공한 경우 ... 115

3.1.3 [오류유형 1-1] 대체 텍스트가 오타로 표기된 경우 ... 117

3.1.4 [오류유형 1-1] 이미지 버튼에 대체 텍스트를 제공하지 않은 경우 ... 118

3.1.5 [오류유형 1-1] 게시물의 이미지에 대체 텍스트가 제공되지 않은 경우 ... 119

3.1.6 [오류유형 1-2] 불릿 이미지에 대한 대체 텍스트를 제공하지 않은 경우 ... 121

3.1.7 [오류유형 1-2] 의미 없는 이미지에 대체 텍스트를 제공한 경우 ... 123

3.1.8 [오류유형 1-2] 분리된 이미지 조각의 대체 텍스트 제공 ... 124

3.1.9 [오류유형 1-3] 〈longdesc〉의 파일이 없거나 연결되지 않은 경우 ... 125

3.1.10 [오류유형 1-3] 〈longdesc〉 내용이 의미나 기능을 파악하기 어려운 경우 ... 126

3.1.11 [오류유형 1-4] 이미지맵의 〈img〉 요소에 alt 속성을 제공하지 않은 경우 ... 129

3.1.12 [오류유형 1-5] 조직도 이미지맵의 〈area〉로만 대체 텍스트를 제공한 경우 ... 131

3.1.13 [오류유형 1-6] 대체 텍스트를 title만으로 제공하는 경우 ... 133

3.1.14 [오류유형 1-7] QR 코드의 이동 주소 정보를 대체 텍스트 등으로 제공하지 않은 경우 ... 133

3.1.15 [오류유형 1-8] 의미 있는 배경 이미지의 대체 콘텐츠를 제공하지 않은 경우 ... 135

3.1.16 [오류유형 1-8] 의미 있는 색상 배경 이미지에 대체 콘텐츠를 제공하지 않은 경우 ... 137

3.1.17 [오류유형 1-9] 플래시 콘텐츠에 대체 텍스트를 제공하지 않은 경우 ... 138

3.1.18 [오류유형 1-9] 웹 애플리케이션의 대체 콘텐츠가 접근성이 없는 경우 ... 141

3.1.19 [주의사항 1-1] 이미지 링크의 제목을 제공하고, 대체 텍스트는 alt=""로 제공 시, 미 감점 ... 143

3.1.20 [주의사항 1-2] 실시간 영상이나 CAPTCHA의 대체 텍스트는 용도만 제공해도 준수 ... 146

3.1.21 [주의사항 1-3] 이미지의 텍스트 정보와 대체 텍스트가 달라도 인식가능하면 인정 ... 147

3.1.22 [주의사항 1-4] 이미지의 설명이 본문에 있으면 대체 콘텐츠로 인정 ... 148

3.1.23 [주의사항 1-5] 구조적인 정보는 longdesc를 html로 제공하고 txt로 제공 시, 감점 ... 149

3.1.24 [주의사항 1-6] 오류유형 중 1-9는 사용자 심사에서만 평가 ... 150

3.2 [검사항목 2] **자막 제공** ... 150

3.2.1 [오류유형 2-1] 영상, 음성 콘텐츠에 대체 수단을 제공하지 않은 경우 ... 152

3.2.2 [오류유형 2-2] 내용 전체를 설명하지 않고 요약 정보를 제공하는 경우 ... 153

3.2.3 [오류유형 2-3] 텍스트만 제공하는 영상 콘텐츠에서 대체 수단을 제공하지 않은 경우 ... 155

3.2.4 [주의사항 2-1] 파일로 제공되는 영상, 음성 콘텐츠도 평가 대상에 포함 ... 156

3.2.5 [주의사항 2-2] 자막으로 인해 수화가 가려지는 경우 ... 157

3.2.6 [주의사항 2-3] 원고가 페이지를 벗어나는 경우 ... 159

3.3 [검사항목 3] **색에 무관한 콘텐츠 인식** ... 160

3.3.1 [오류유형 3-1] 색상만으로 내용을 분별하도록 제공된 콘텐츠 ... 161

3.3.2 [오류유형 3-2] 페이지 내비게이션 등 색상의 변환만으로 현재의 위치를 표시한 경우 ... 162

3.3.3 [오류유형 3-3] 필수입력 항목을 색으로만 표시한 경우 ... 163

3.4 [검사항목 4] **명확한 지시사항 제공** ... 166

3.4.1 [오류유형 4-1] 색, 크기, 모양, 방향 등으로만 정보를 제공한 경우 ... 167

3.4.2 [오류유형 4-2] 전달하고자 하는 지시사항을 소리로만 정보를 제공한 경우 ... 170

3.4.3 [주의사항 4-1] 위치를 이용하여 지시하지 않도록 콘텐츠를 구현하는 것을 권장 ... 171

3.5 [검사항목 5] **텍스트 콘텐츠의 명도대비** ... 172

3.5.1 [오류유형 5-1] 보통 크기의 텍스트가 4.5:1을 만족하지 않은 경우 ... 173

3.5.2 [오류유형 5-2] 18pt, 굵은 14pt 이상의 텍스트가 3:1을 만족하지 않은 경우 ... 175

3.5.3 [오류유형 5-3] 이미지 텍스트가 명도대비 기준을 준수하지 않은 경우 ... 177

3.5.4 [주의사항 5-1] 본문은 콘텐츠 영역의 텍스트, 표, 그래프의 텍스트 내용을 의미 ... 179

3.5.5 [주의사항 5-2] 이미지 텍스트는 절대크기로 환산하여 명도대비 기준 적용 ... 180

3.5.6 [주의사항 5-3] 장식용 이미지나 비활성화 영역, 초점 진입 시 명도대비 준수 등은 예외 ... 180

3.5.7 [주의사항 5-4] 전체 웹사이트의 색상 정보를 변경해 준수한 경우 인정 ... 181

3.6 [검사항목 6] **배경음 사용 금지 ... 181**
    3.6.1 [오류유형 6-1] 자동적으로 재생되는 3초 이상의 배경음 콘텐츠를 제공하는 경우 ... 182
    3.6.2 [오류유형 6-2] 자동으로 배경음이 3초 이상 실행되는 경우 ... 184
    3.6.3 [주의사항 6-1] 3초 미만의 배경음은 예외 ... 186
    3.6.4 [주의사항 6-2] 가장 첫 부분에 배경음 제어 수단이 제공되는 경우 준수 ... 187

정리 ... 187

4장   운용의 용이성: 사용자 인터페이스 구성요소는 조작 가능하고 내비게이션할 수 있어야 한다

4.1 [검사항목 7] **키보드 사용 보장 ... 191**
    4.1.1 [오류유형 7-1] 이미지에 onclick 이벤트를 적용하여 키보드로 제어할 수 없는 경우 ... 193
    4.1.2 [오류유형 7-1] 키보드 이벤트를 적용하지 않아 키보드 접근이 안 되는 경우 ... 195
    4.1.3 [오류유형 7-1] readonly 속성을 사용하여 대체 수단이 비활성화되는 경우 ... 197
    4.1.4 [오류유형 7-1] 마우스용 자바스크립트 사용으로 키보드 이용이 불가능한 경우 ... 198
    4.1.5 [오류유형 7-2] 플래시 wmode 값 설정으로 키보드 이용이 불가능한 경우 ... 200
    4.1.6 [주의사항 7-1] 웹 접근성 품질인증심사에서는 IE8 브라우저에서 키보드 테스트함 ... 203
    4.1.7 [주의사항 7-2] onclick 이벤트 핸들러에 키보드로 제어가 불가한 경우 감점 ... 203
    4.1.8 [주의사항 7-3] 예외 콘텐츠라도 주변 인터페이스는 키보드로 사용할 수 있어야 함 ... 203
    4.1.9 [주의사항 7-4] 키보드로 탭메뉴에서 탭 내용을 확인할 수 없는 경우 감점 ... 204
    4.1.10 [주의사항 7-5] onfocus="this.blur();" 사용 시, 검사항목 7, 8, 16에서 감점 ... 204
    4.1.11 [주의사항 7-6] wmode를 transparent, opaque로 지정 시 화면 낭독기 인식 불가능 ... 205

4.2 [검사항목 8] **초점 이동 ... 206**
    4.2.1 [오류유형 8-1] 초점의 이동 순서가 논리적이지 않으며 일관성이 없는 경우 ... 207
    4.2.2 [오류유형 8-2] 초점의 위치가 시각적으로 표시되지 않은 경우 ... 209
    4.2.3 [오류유형 8-3] <area> 요소의 순서가 키보드 순서와 다른 경우 ... 213
    4.2.4 [주의사항 8-1] onfocus="this.blur();" 사용 시, 검사항목 7, 8, 16에서 감점 ... 214

4.3 [검사항목 9] **응답시간 조절 ... 215**
    4.3.1 [오류유형 9-1] 페이지 재이동 시 회피할 수 있는 수단을 제공하지 않은 경우 ... 216

- 4.3.2 [오류유형 9-2] 제한시간을 연장하는 방법에 제한시간이 있는 경우 ... 217
- 4.3.3 [주의사항 9-1] 콘텐츠의 이용 시간 조절을 허용할 수 없는 콘텐츠는 예외 ... 219
- 4.3.4 [주의사항 9-2] 자동전환 페이지, 제한시간 연장 및 만료 경고 등이 해당됨 ... 219

4.4 [검사항목 10] 정지 기능 제공 ... 219

- 4.4.1 [오류유형 10-1] 시간에 따라 변화하는 콘텐츠에 정지, 이전, 다음 기능이 없는 경우 ... 220
- 4.4.2 [오류유형 10-2] 변하는 콘텐츠가 마우스와 키보드로 제어 불가능한 경우 ... 221
- 4.4.3 [주의사항 10-1] 시간에 따라 변화하는 콘텐츠를 키보드와 마우스로 평가 ... 222
- 4.4.4 [주의사항 10-2] 키보드 포커스 및 마우스 오버 시 변화가 멈추면 정지 기능으로 인정 ... 223
- 4.4.5 [주의사항 10-3] 자동 스크롤 배너, 실시간 검색순위 등이 해당됨 ... 223

4.5 [검사항목 11] 깜빡임과 번쩍임 사용 제한 ... 223

- 4.5.1 [오류유형 11-1] 사전 경고 없이 초당 3~50회 깜빡이는 콘텐츠가 존재할 경우 ... 225
- 4.5.2 [주의사항 11-1] 깜빡임 제어 수단 제공 시, 미리 경고하지 않은 경우 감점 ... 225
- 4.5.3 [주의사항 11-2] 깜빡임이 3초 미만인 경우 인정 ... 225
- 4.5.4 [주의사항 11-3] 동영상 콘텐츠도 검사 대상 ... 226

4.6 [검사항목 12] 반복 영역 건너뛰기 ... 226

- 4.6.1 [오류유형 12-1] 건너뛰기 링크를 제공하지 않은 경우 ... 227
- 4.6.2 [오류유형 12-2] 건너뛰기 링크를 제공했으나 접근이나 동작이 안 되는 경우 ... 228
- 4.6.3 [주의사항 12-1] 지나치게 많은 건너뛰기 링크를 제공하지 말 것 ... 229
- 4.6.4 [주의사항 12-2] 건너뛰기 링크에 키보드 접근 불가 시, 검사항목 7, 12에서 감점 ... 230
- 4.6.5 [주의사항 12-3] 건너뛰기 링크는 화면에서 볼 수 있도록 제공하는 것을 권장 ... 230
- 4.6.6 [주의사항 12-4] 불필요하게 제공된 건너뛰기 링크가 동작하지 않는 경우도 감점 ... 231
- 4.6.7 [주의사항 12-5] 메뉴나 링크 등의 반복되는 콘텐츠가 있을 경우에만 건너뛰기 필요 ... 231

4.7 [검사항목 13] 제목 제공 ... 232

- 4.7.1 [오류유형 13-1] 페이지 제목의 title 속성을 제공하지 않은 경우 ... 233
- 4.7.2 [오류유형 13-1] 페이지 제목이 내용과 다른 의미의 제목을 사용한 경우 ... 234
- 4.7.3 [오류유형 13-2] 페이지 제목에 반복되는 특수문자를 제공한 경우 ... 235
- 4.7.4 [오류유형 13-3] 분류가 더 가능한데 상위 범주로 제목을 제공한 경우 ... 236
- 4.7.5 [오류유형 13-4] ⟨frame⟩, ⟨iframe⟩, ⟨frameset⟩ 요소의 title 속성이 없는 경우 ... 238
- 4.7.6 [오류유형 13-4] ⟨frame⟩, ⟨iframe⟩, ⟨frameset⟩ 요소의 title 속성값을 비워둔 경우 ... 239
- 4.7.7 [오류유형 13-4] 프레임 요소의 title 속성값 내용이 부적절한 경우 ... 240

4.7.8 [오류유형 13-5] 내용 또는 기능이 없는 프레임에 〈title〉을 비워둔 경우 ... 241

4.7.9 [오류유형 13-5] 내용 또는 기능이 없는 프레임에 〈title〉을 제공하지 않은 경우 ... 241

4.7.10 [오류유형 13-6] 콘텐츠 블록에 〈h1~6〉을 사용하여 제목을 제공하지 않은 경우 ... 242

4.7.11 [주의사항 13-1] 프레임 제목은 프레임 콘텐츠를 유추할 수 있는 간결한 제목을 제공 ... 246

4.7.12 [주의사항 13-2] 내용이 없는 프레임에도 "빈 프레임" 등으로 title을 제공해야 함 ... 246

4.7.13 [주의사항 13-3] 게시판의 목록, 읽기, 쓰기 등으로 페이지 제목을 구분하는 것을 권장 ... 247

4.8 [검사항목 14] 적절한 링크 텍스트 ... 248

4.8.1 [오류유형 14-1] 목적이나 용도를 알기 어려운 링크 텍스트를 제공한 경우 ... 249

4.8.2 [주의사항 14-1] 링크의 목적을 키보드의 순서나 문맥을 통해 이해할 수 있으면 인정 ... 250

4.8.3 [주의사항 14-2] 링크 텍스트를 단순히 URL 경로로만 제공하지 않는 것을 권장 ... 251

정리 ... 253

5장 이해의 용이성: 콘텐츠는 이해할 수 있어야 한다

5.1 [검사항목 15] 기본 언어 표시 ... 257

5.1.1 [오류유형 15-1] 〈html〉에 lang 속성을 명시하지 않은 경우 ... 258

5.1.2 [오류유형 15-1] 〈html〉에 lang 속성을 잘못 명시한 경우 ... 259

5.1.3 [주의사항 15-1] lang 속성값에 국가별 지정언어 코드를 사용해야 함 ... 260

5.1.4 [주의사항 15-2] 페이지 중간에 언어가 바뀔 때 lang 속성으로 명시해주는 것을 권장 ... 262

5.2 [검사항목 16] 사용자 요구에 따른 실행 ... 263

5.2.1 [오류유형 16-1] 사용자가 예측하지 않은 새 창이 열리는 경우 ... 264

5.2.2 [오류유형 16-1] 사전에 알리지 않은 새 창이 발생되는 경우 ... 267

5.2.3 [오류유형 16-2] 웹사이트 초기화면에 팝업창을 제공하는 경우 ... 268

5.2.4 [오류유형 16-3] 사용자가 의도하지 않은 초점 변화가 발생하는 경우 ... 271

5.2.5 [오류유형 16-4] 입력 서식의 값 변경만으로 제출되어 문맥이 바뀌는 경우 ... 273

5.2.6 [오류유형 16-4] 체크상자의 선택만으로 값이 제출되어 문맥이 바뀌는 경우 ... 274

5.2.7 [주의사항 16-1] onkeypress에 의해 포커스를 옮기는 동작만으로 새 창이 발생하면 감점 ... 275

5.2.8 [주의사항 16-2] 〈a target="_blank"〉로만 새 창을 알린 경우는 감점하지 않음 ... 276

5.2.9 [주의사항 16-3] onfocus="this.blur()" 사용 시, 검사항목 7, 8, 16에서 감점 ... 276

5.2.10 [주의사항 16-4] 플래시 등에서도 새 창을 사전에 안내하지 않으면 감점 ... 277

5.2.11 [주의사항 16-5] 오류 정정을 위한 자동 초점 변경은 예외 ... 277

5.3 [검사항목 17] 콘텐츠의 선형화 ... 277

5.3.1 [오류유형 17-1] 계층 구조 콘텐츠를 구조적으로 마크업하지 않은 경우 ... 279

5.3.2 [오류유형 17-2] '제목-내용' 콘텐츠 목록의 배치가 분리되어 이해가 불가능한 경우 ... 280

5.3.3 [주의사항 17-1] 탭메뉴의 순서로 내용을 확인할 수 있는 경우에도 논리적으로 구성 ... 283

5.3.4 [주의사항 17-1] 1차 메뉴와 2차 메뉴는 서로 다른 계층으로 표현되어야 한다 ... 284

5.3.5 [주의사항 17-3] 탭메뉴와 탭 콘텐츠는 '제목-내용'으로 표현 가능 ... 286

5.3.6 [주의사항 17-4] 사용 방법 안내는 콘텐츠 이전에 정보를 제공할 것 ... 287

5.3.7 [주의사항 17-5] 서브 메뉴 우측부터 순서대로 하더라도 혼란이 없다면 인정 ... 287

5.4 [검사항목 18] 표의 구성 ... 289

5.4.1 [오류유형 18-1] ⟨caption⟩ 요소, summary 속성을 제공하지 않은 경우 ... 290

5.4.2 [오류유형 18-1] ⟨caption⟩ 요소, summary 속성의 용도가 부적절한 경우 ... 291

5.4.3 [오류유형 18-1] ⟨caption⟩ 요소, summary 속성의 설명이 부적절한 경우 ... 292

5.4.4 [오류유형 18-2] 제목셀과 내용셀을 요소로 구분하지 않은 경우 ... 293

5.4.5 [오류유형 18-3] 복잡한 표 제공 시 id, headers 또는 scope로 제공하지 않음 ... 295

5.4.6 [주의사항 18-1] ⟨caption⟩ 요소와 summary 속성 중 하나만 제공해도 준수한 것으로 인정 ... 298

5.4.7 [주의사항 18-2] ⟨caption⟩ 요소는 표의 제목을, summary 속성에는 표의 요약을 기술 ... 298

5.4.8 [주의사항 18-3] 데이터 테이블은 표의 형식을 제거하면 내용을 이해할 수 없는 경우 ... 299

5.4.9 [주의사항 18-4] 배치용 테이블은 표의 형식을 제거해도 내용을 이해할 수 있는 경우 ... 299

5.4.10 [주의사항 18-5] 배치용 테이블에는 ⟨th⟩, ⟨caption⟩ 요소, summary 속성 사용금지 ... 299

5.5 [검사항목 19] 레이블 제공 ... 300

5.5.1 [오류유형 19-1] 웹 애플리케이션의 대체 콘텐츠가 접근성이 없는 경우 ... 301

5.5.2 [오류유형 19-2] ⟨input⟩의 id와 ⟨label⟩의 for가 다른 경우 ... 302

5.5.3 [오류유형 19-2] ⟨input⟩의 id와 페이지 안에 같은 id가 있는 경우 ... 303

5.5.4 [오류유형 19-3] ⟨select⟩ 요소의 첫 번째 ⟨option⟩이 레이블 역할을 대신하는 경우 ... 304

5.5.5 [주의사항 19-1] 레이블로 연결할 수 있는 경우 title 속성보다 ⟨label⟩ 요소를 권장 ... 305

5.5.6 [주의사항 19-2] 암묵적 레이블 방법을 사용한 경우도 인정하지만 권장하지 않음 ... 306

5.6 [검사항목 20] 오류 정정 ... 307

5.6.1 [오류유형 20-1] 입력 서식을 잘못 작성 시, 해당 필드로 초점이 이동하지 않는 경우 ... 308

5.6.2 [오류유형 20-1] 서식의 전송 버튼을 눌렀을 때, 입력 내용이 모두 사라지는 경우 ... 309

5.6.3 [오류유형 20-2] 오류 발생 시, 정정할 수 있는 수단을 제공하지 않는 경우 ... 310

5.6.4 [오류유형 20-3] 입력 정정 방식을 잘못 제공한 경우 ... 311

5.6.5 [오류유형 20-3] 입력 정정 방식의 내용을 잘못 제공한 경우 ... 312

5.6.6 [주의사항 20-1] 오류 발생 시, 오류의 내용을 먼저 알 수 있도록 설명해 주어야 함 ... 313

정리 ... 313

6장 견고성: 웹 콘텐츠는 미래의 기술로도 접근할 수 있도록 최대한 호환되어야 한다

6.1 [검사항목 21] 마크업 오류 방지 ... 317

6.1.1 [오류유형 21-1] 태그의 열고 닫음 오류 ... 318

6.1.2 [오류유형 21-2] 태그의 중첩 오류 ... 319

6.1.3 [오류유형 21-3] 중복 선언된 속성 오류 ... 320

6.1.4 [주의사항 21-1] ID 값 중복 선언은 오류유형 21-3에서 심사 ... 320

6.1.5 [주의사항 21-2] 위에 언급된 항목 이외의 표준문법 오류는 포함하지 않음 ... 321

6.1.6 마크업 오류 세부 사례 ... 321

6.1.6.1 [열고 닫음 오류 사례 1] ⟨a⟩ 요소 여는 태그 미 제공 ... 321

6.1.6.2 [열고 닫음 오류 사례 2] ⟨ul⟩ 요소 여는 태그 미 제공 ... 322

6.1.6.3 [열고 닫음 오류 사례 3] ⟨div⟩ 요소 여는 태그 미 제공 ... 323

6.1.6.4 [열고 닫음 오류 사례 4] ⟨a⟩ 요소 닫는 태그 미 제공 ... 323

6.1.6.5 [열고 닫음 오류 사례 5] ⟨strong⟩ 요소 닫는 태그 미 제공 ... 324

6.1.6.6 [열고 닫음 오류 사례 6] ⟨h⟩ 요소 닫는 태그 미 제공 ... 325

6.1.6.7 [태그의 중첩 오류 사례] ⟨p⟩와 ⟨strong⟩의 중첩 제공 ... 326

6.1.6.8 [속성 중복 오류 사례 1] ⟨p⟩ 요소에 대한 ⟨style⟩ 속성 중복 제공 ... 326

6.1.6.9 [속성 중복 오류 사례 2] ID 속성 중복 제공 ... 327

6.2 [검사항목 22] 웹 애플리케이션 접근성 준수 ... 330

6.2.1 [오류유형 22-1] 접근성이 없는 웹 애플리케이션의 대체 콘텐츠가 없는 경우 ... 331

6.2.2 [오류유형 22-1] 대체 콘텐츠가 핵심 기능을 동등하게 제공하지 못한 경우 ... 332

6.2.3 [주의사항 22-1] 자바 스크립트 미지원 환경에서는 평가하지 않음 ... 333

6.2.4 [주의사항 22-2] 웹 애플리케이션에 대한 자체 접근성은 각 검사항목에서 평가 ... 333

정리 ... 334

3부 웹 접근성 실전

7장 웹 접근성 난제 해결

7.1 난제 해결 기본 원칙 확립 ... 340

7.1.1 지침과 사용자 분석 ... 340

7.1.2 검사항목별 수혜 장애유형 분석 ... 342

7.1.3 웹 접근성 핸들링 ... 343

7.1.4 웹 접근성 핸들링의 우선순위 ... 344

7.1.5 웹 접근성 핸들링 적용 ... 348

7.2 전문성 있는 웹 접근성 응용 기법 ... 358

7.2.1 정확한 정보 전달에 적절한 대체 텍스트 제공 ... 358

    7.2.1.1 대체 텍스트 처리의 묘미 ... 358

    7.2.1.2 의미 없는 이미지 판단 ... 359

    7.2.1.3 게시판 아이콘의 대체 텍스트 처리 방법 ... 362

    7.2.1.4 변경되는 이미지의 대체 텍스트 처리 방법 ... 366

    7.2.1.5 로딩 중 이미지의 대체 텍스트 제공 ... 368

    7.2.1.6 캡차의 대체 수단 제공 ... 369

    7.2.1.7 시각적인 의미가 다른 유니코드 주의 ... 371

    7.2.1.8 접혀 있는 정보 확인에 쓸 링크 텍스트 자동 변경 ... 371

7.2.2 중복 정보 방지로 효율적 정보 전달 ... 374

    7.2.2.1 〈select〉 요소의 첫 번째 〈option〉의 설명글 처리 방법 ... 374

    7.2.2.2 변동 서식의 summary 처리 방법 ... 377

    7.2.2.3 표의 빈 데이터가 반복적으로 제공되는 사례 ... 378

    7.2.2.4 복잡한 표에서 제목셀과 내용셀의 id, headers 연결 ... 379

7.2.3 접근성을 높이는 초점과 컨트롤 제공 ... 383

    7.2.3.1 대메뉴, 소메뉴, 탭메뉴의 제목 처리 ... 383

    7.2.3.2 제목-내용 배열이 애매한 탭메뉴의 선형화 ... 385

    7.2.3.3 탭메뉴 건너뛰기 활용 ... 389

7.2.3.4 스크롤 영역의 정보에 키보드로 접근 ... 391

7.2.3.5 자동 초점 이동 ... 393

7.2.3.6 키보드 초점 초기화 해결 방안 ... 395

7.2.3.7 HTML로 제공된 계산기의 논리적 초점 이동 ... 400

7.2.3.8 자동으로 움직이는 배너와 제어 버튼 순서 ... 401

7.2.3.9 실시간 채팅 알림창 컨트롤 ... 403

7.3 웹 접근성 이슈의 방향성 ... 404

7.3.1 첫 페이지의 새 창 처리 ... 404

7.3.2 IR 기법 ... 409

7.3.3 〈object〉 요소 안쪽에 기술된 대체 콘텐츠 ... 414

7.3.4 동영상의 자막과 원고 자동 제공 ... 414

정리 ... 417

8장 웹 접근성 프로젝트 팀별 업무와 가이드

8.1 적절한 책임자 지정 ... 421

8.1.1 팀별 책임 공방 ... 421

8.1.2 항목별 책임자 지정 ... 423

8.1.3 항목별 담당 업무 ... 425

8.1.3.1 [검사항목 1] 적절한 대체 텍스트 제공_기획자, 퍼블리셔, 개발자 ... 425

8.1.3.2 [검사항목 2] 자막 제공_기획자, 디자이너, 퍼블리셔, 개발자 ... 425

8.1.3.3 [검사항목 3] 색에 무관한 콘텐츠 인식_디자이너 ... 426

8.1.3.4 [검사항목 4] 명확한 지시사항 제공_퍼블리셔 ... 426

8.1.3.5 [검사항목 5] 텍스트 콘텐츠의 명도대비_디자이너 ... 426

8.1.3.6 [검사항목 6] 배경음 사용 금지_기획자, 퍼블리셔 ... 426

8.1.3.7 [검사항목 7] 키보드 사용 보장_퍼블리셔, 개발자 ... 427

8.1.3.8 [검사항목 8] 초점 이동_퍼블리셔, 개발자 ... 427

8.1.3.9 [검사항목 9] 응답시간 조절_기획자, 퍼블리셔 ... 427

8.1.3.10 [검사항목 10] 정지 기능 제공_기획자, 퍼블리셔 ... 427

8.1.3.11 [검사항목 11] 깜빡임과 번쩍임 사용 제한_기획자 ... 428

8.1.3.12 [검사항목 12] 반복 영역 건너뛰기_기획자, 퍼블리셔 ... 428

8.1.3.13 [검사항목 13] 제목 제공_기획자, 퍼블리셔, 개발자 ... 428

8.1.3.14 [검사항목 14] 적절한 링크 텍스트_퍼블리셔 ... 428

8.1.3.15 [검사항목 15] 기본 언어 표시_퍼블리셔, 개발자 ... 428

8.1.3.16 [검사항목 16] 사용자 요구에 따른 실행_개발자, 퍼블리셔, 기획자 ... 429

- 8.1.3.17 [검사항목 17] 콘텐츠의 선형화_퍼블리셔 ... 429
- 8.1.3.18 [검사항목 18] 표의 구성_퍼블리셔, 기획자, 개발자 ... 429
- 8.1.3.19 [검사항목 19] 레이블 제공_퍼블리셔, 개발자 ... 430
- 8.1.3.20 [검사항목 20] 오류 정정_개발자, 기획자 ... 430
- 8.1.3.21 [검사항목 21] 마크업 오류 방지_퍼블리셔 ... 430
- 8.1.3.22 [검사항목 22] 웹 애플리케이션 접근성 준수_기획자 ... 430

8.2 기획팀 : 스토리보드 ... 431

- 8.2.1 대체 텍스트 공통 가이드 ... 431
  - 8.2.1.1 복잡한 이미지의 대체 텍스트 ... 432
  - 8.2.1.2 효율적인 대체 텍스트 사용 방법 ... 432
  - 8.2.1.3 텍스트 아닌 콘텐츠의 대체 텍스트 ... 433
- 8.2.2 입력 서식 공통 가이드 ... 433
  - 8.2.2.1 입력 서식 수집 ... 434
  - 8.2.2.2 레이블과 타이틀 정의 ... 434
  - 8.2.2.3 자동 변경 타이틀 값 정의 ... 435
- 8.2.3 표 제목 공통 가이드 ... 436
  - 8.2.3.1 화면에 보이는 표 제목 ... 436
  - 8.2.3.2 화면에 보이지 않는 표 제목 ... 436
  - 8.2.3.3 탭메뉴로 대체된 표 제목 ... 437
- 8.2.4 필수입력 항목 패턴 정의 ... 437
  - 8.2.4.1 모양으로 필수입력 항목 표시 ... 438
  - 8.2.4.2 제목으로 필수입력 항목 표시 ... 439
- 8.2.5 게시 기능의 웹 접근성 수단 제공 ... 440
  - 8.2.5.1 게시판 이미지의 대체 텍스트 제공 수단 ... 440
  - 8.2.5.2 배너의 대체 텍스트 제공 수단 ... 441
  - 8.2.5.3 동영상 콘텐츠의 원고 제공 수단 ... 442

8.3 디자인팀 : 스타일 가이드 ... 442

- 8.3.1 스타일 가이드의 변화 ... 443
- 8.3.2 텍스트 콘텐츠의 명도대비 적용 ... 443
  - 8.3.2.1 폰트 스타일 ... 444
  - 8.3.2.2 콘텐츠 제목 스타일 ... 445
  - 8.3.2.3 탭 스타일 ... 446
  - 8.3.2.4 버튼 스타일 ... 447
  - 8.3.2.5 테이블 스타일 ... 448

- 8.3.2.6 포토샵에서 명도대비 체크 시 유의사항 ... 448
- 8.3.3 색에 무관한 콘텐츠 인식 적용 ... 449
  - 8.3.3.1 파이 그래프 ... 449
  - 8.3.3.2 꺾은선 그래프 ... 451
  - 8.3.3.3 막대 그래프 ... 452

8.4 퍼블리싱팀 : 퍼블리싱 가이드 ... 453

- 8.4.1 필수입력 항목 ... 453
  - 8.4.1.1 전경 이미지로 필수입력 표시 ... 454
  - 8.4.1.2 배경 이미지로 필수입력 표시 ... 454
  - 8.4.1.3 특수문자로 필수입력 표시 ... 455
  - 8.4.1.4 텍스트 뒤의 필수입력 표시 ... 456
- 8.4.2 데이터 테이블 퍼블리싱 가이드 ... 457
  - 8.4.2.1 제목행과 내용행이 분리되어 있는 표 ... 458
  - 8.4.2.2 제목과 내용이 2행으로 구성된 표 ... 459
  - 8.4.2.3 병합셀을 포함하는 표 ... 461
  - 8.4.2.4 징검다리형 제목셀을 포함하는 표 ... 462
- 8.4.3 레이블 퍼블리싱 가이드 ... 463
  - 8.4.3.1 레이블과 입력 폼이 1:1로 대응되는 서식 ... 469
  - 8.4.3.2 휴대폰 번호 서식 ... 469
  - 8.4.3.3 날짜 선택 서식 ... 470
  - 8.4.3.4 라디오 버튼과 텍스트 ... 471

8.5 개발팀 : 개발 가이드 ... 472

- 8.5.1 웹 접근성 자동화 ... 472
  - 8.5.1.1 자동으로 페이지 제목 제공 ... 473
  - 8.5.1.2 자동으로 키보드 초점 이동 ... 474
  - 8.5.1.3 갤러리 게시판 리스트 대체 텍스트 자동 삽입 ... 474
- 8.5.2 개발자가 자주 실수하는 유형 ... 475
  - 8.5.2.1 폼 요소의 id 값 변경으로 인한 오류 ... 475
  - 8.5.2.2 반복 작업으로 인한 title 오류 ... 476
  - 8.5.2.3 데이터 테이블에 제공된 버튼 사용 목적 미 제공 ... 478
  - 8.5.2.4 데이터 테이블에 제공된 폼 요소 레이블이나 title 미 제공 ... 480

정리 ... 483

9장 장애인차별금지법 대응을 위한 컨설팅 전략

9.1 단계적 개선 계획 수립 ... 486

9.1.1 단계적 개선 계획의 중요성 ... 486

9.1.2 현황 분석 ... 488
- 9.1.2.1 웹사이트 현황 분석 ... 489
- 9.1.2.2 멀티미디어 콘텐츠 현황 분석 ... 490
- 9.1.2.3 솔루션 현황 분석 ... 490

9.1.3 우선순위 분석 ... 491
- 9.1.3.1 중요도 분석 ... 492
- 9.1.3.2 시급도 분석 ... 493
- 9.1.3.3 난이도 분석 ... 493
- 9.1.3.4 우선순위 도출 ... 494

9.1.4 실행 계획 수립 ... 496
- 9.1.4.1 연도별 개선 로드맵 수립 ... 496
- 9.1.4.2 사이트별 개선 로드맵 수립 ... 498
- 9.1.4.3 단계별 발주 계획 수립 ... 498
- 9.1.4.4 유지보수 운영 방안 수립 ... 499
- 9.1.4.5 기타 분야 개선 로드맵 수립 ... 501

9.2 사용성을 높이는 컨설팅 방법론 ... 502

9.2.1 사용성을 포함하는 적용 기준 설정 ... 502

9.2.2 컨설팅 절차 ... 503

9.2.3 단계별 산출물 ... 504

9.2.4 오류 분석과 이슈 트리 활용 ... 506

9.3 분야별 이슈를 해결할 방향성 수립 ... 507

9.3.1 인터넷뱅킹 ... 507

9.3.2 온라인 주식거래 시스템 ... 512

9.3.3 이러닝 콘텐츠 ... 515

9.3.4 온라인 쇼핑몰 ... 519

9.3.5 다양한 솔루션 ... 528
- 9.3.5.1 본인 인증 ... 529
- 9.3.5.2 키보드 보안 ... 529
- 9.3.5.3 웹 에디터 ... 530
- 9.3.5.4 그리드 ... 531

정리 ... 532

4부 웹 접근성 검증과 테스트

10장 웹 접근성 평가 기법

10.1 평가 기법의 종류와 특징 ... 538
    10.1.1 평가 기법의 종류 ... 538
    10.1.2 평가 기법의 특징 ... 539
        10.1.2.1 자동 평가의 특징 ... 539
        10.1.2.2 수동 평가의 특징 ... 540

10.2 웹 접근성 평가 도구 ... 541
    10.2.1 K-WAH ... 541
    10.2.2 오픈 왁스 ... 552
    10.2.3 CCA ... 562
    10.2.4 WAT ... 568
    10.2.5 PDF 접근성 검사 도구 ... 583
    10.2.6 개발자 도구 활용 방법 ... 584
    10.2.7 화면 캡처 프로그램 활용 방법 ... 587

10.3 전문가 평가 방법 ... 589
    10.3.1 시·청각적 평가 ... 590
    10.3.2 키보드, 마우스 평가 ... 591
    10.3.3 도구 평가 ... 594
    10.3.4 소스 평가 ... 600

10.4 사용자 평가 ... 602
    10.4.1 평가 대상 ... 603
    10.4.2 평가 시간 ... 603
    10.4.3 평가 방법 ... 603
    10.4.4 과업 선정 ... 603

정리 ... **605**

11장 보조기술

11.1 화면 낭독기 ... 608

11.1.1 화면 낭독기의 중요성 ... 608

11.1.2 기본 동작 원리 ... 609

11.1.3 가상 커서의 이해 ... 609

11.1.4 가상 커서의 이동 기능 ... 611

11.2 다양한 화면 낭독기 비교 ... 611

11.2.1 가격 정책과 제조사 정보 ... 612

11.2.2 운영체제와 웹 브라우저 지원 여부 ... 614

11.3 센스리더의 설치와 활용 ... 616

11.3.1 설치 방법 ... 616

11.3.2 옵션 설정 ... 619

11.3.2.1 음성 속도 조절 ... 619
11.3.2.2 실행 후 IE 화면 깜빡임 해결 ... 622
11.3.2.3 가상 커서 설정 ... 622
11.3.2.4 Alert 메시지 음성 출력 ... 625
11.3.2.5 Aero 테마 관련 설정 ... 630
11.3.2.6 부팅 시 자동 실행 설정 ... 631

11.3.3 사용 방법 ... 632

11.3.3.1 기본 사용 방법 ... 633
11.3.3.2 알아두면 편리한 기능 ... 635

11.4 죠스의 설치와 활용 ... 637

11.4.1 설치 방법 ... 637

11.4.1.1 영문 죠스 설치 ... 638
11.4.1.2 한국어 TTS 설치 ... 638
11.4.1.3 한국어 TTS 설정 ... 639

11.4.2 옵션 설정 ... 640

11.4.2.1 음성 설정 ... 640
11.4.2.2 인터넷 설정 ... 641
11.4.2.3 윈도우 7의 Aero 테마 활성화를 위한 설정 ... 644
11.4.2.4 부팅 시 자동 실행 설정 ... 645

11.4.3 사용 방법 ... 646

11.4.3.1 기본 사용 방법 ... 646
11.4.3.2 알아두면 편리한 기능 ... 649

11.5 화면 낭독기별 음성 낭독 비교 ... 650

    11.5.1 이미지의 대체 텍스트 ... 651

        11.5.1.1 〈img〉와 alt ... 651

        11.5.1.2 〈img〉와 longdesc ... 652

        11.5.1.3 이미지맵의 사용 ... 653

    11.5.2 링크의 title, target ... 655

        11.5.2.1 링크 텍스트와 title ... 655

        11.5.2.2 〈a〉와 target ... 657

        11.5.2.3 〈a〉와 〈img〉 ... 659

    11.5.3 입력 서식의 레이블 제공 ... 662

        11.5.3.1 입력 서식과 레이블 ... 662

        11.5.3.2 입력 서식의 readonly, disable ... 665

        11.5.3.3 입력 서식의 〈label〉 요소 제공 방법 ... 665

        11.5.3.4 입력 서식의 〈label〉 요소와 title 속성 ... 667

    11.5.4 페이지, 프레임, 콘텐츠 블록의 제목 제공 ... 668

        11.5.4.1 페이지 제목 ... 668

        11.5.4.2 프레임 제목 ... 669

        11.5.4.3 콘텐츠 블록 제목 ... 671

    11.5.5 테이블의 활용 ... 672

        11.5.5.1 〈caption〉, summary 정보 ... 672

        11.5.5.2 일반 제목셀의 〈th〉와 scope 연결 ... 673

        11.5.5.3 병합된 제목셀의 〈th〉와 scope 연결 ... 676

        11.5.5.4 제목셀의 id와 내용셀의 headers로 연결 ... 679

        11.5.5.5 〈th〉, scope 연결과 id, headers 연결의 차이 ... 680

        11.5.5.6 빈 셀과 행 바뀜 ... 681

        11.5.5.7 테이블 탐색 시 테이블 끝 알림 ... 682

    11.5.6 숨김 항목에 대한 음성 출력 ... 682

    11.5.7 lang 속성 지정 시 각 언어의 음성 전환 ... 684

    11.5.8 목록 태그 ... 684

    11.5.9 특수기호의 음성 출력 ... 689

    11.5.10 알아두면 편리한 단축키 ... 694

11.6 화면 확대기의 종류와 기능 ... 697

    11.6.1 웹 브라우저의 확대 기능 ... 697

    11.6.2 윈도우 7 돋보기 기능 ... 699

    11.6.3 전문 확대 프로그램 ... 701

    11.6.4 웹사이트의 화면 확대와 고대비 기능 ... 702

정리 ... 704

5부 웹 접근성의 미래

12장 웹 접근성의 미래와 과제

12.1 웹 접근성의 올바른 발전 방향 ... 710

12.1.1 문제점의 해결 ... 710

12.1.2 HTML5와 ARIA ... 712

12.1.2.1 〈a〉 요소의 변화 ... 712
12.1.2.2 〈figure〉와 〈figcaption〉 ... 713
12.1.2.3 HTML5의 문서 구조 ... 714
12.1.2.4 랜드마크 규칙 활용 ... 715
12.1.2.5 동적 변경 내용 알림 활용 ... 715
12.1.2.6 HTML과 RIA 기술 발달에 따른 접근성 방향 ... 716

12.1.3 UX로의 전환 ... 716

12.1.3.1 페이지 이동 인터페이스 ... 717
12.1.3.2 온라인 서식 입력 오류 실수 방지 ... 718
12.1.3.3 사용성과 사용자 경험의 발전 방향 ... 718

12.2 웹을 넘어선 다양한 접근성 ... 720

12.2.1 모바일 접근성 ... 721

12.2.1.1 모바일 애플리케이션 접근성 ... 722
12.2.1.2 모바일 웹 접근성 ... 730

12.2.2 소프트웨어 접근성 ... 731

12.2.2.1 소프트웨어 접근성의 개념 ... 731
12.2.2.2 소프트웨어 접근성 현황과 전망 ... 731
12.2.2.3 UIA 도구를 이용한 소프트웨어 접근성 검사 방법 ... 732
12.2.2.4 소프트웨어 접근성 검사항목 ... 733

12.2.3 제품 접근성 ... 734

12.2.4 서비스 접근성 ... 735

12.2.5 접근성 책임자 ... 736

12.2.6 제안 ... 736

정리 ... 737

부록

Ⅰ 웹 접근성 관련 법률 ... **740**
    Ⅰ.1 웹 접근성 관련 법률 ... 740

Ⅱ 한국형 웹 콘텐츠 접근성 지침 2.1 개요 ... **748**
    Ⅱ.1 웹 콘텐츠 접근성 지침 2.0 요약 ... 748
    Ⅱ.2 웹 콘텐츠 접근성 지침 2.1의 특징 ... 750
    Ⅱ.3 신설/변경된 2.1 지침의 내용 ... 755
    Ⅱ.4 지침 2.1에 대한 의견 ... 766

Ⅲ 웹 접근성 품질인증심사가이드 v1.3 인증심사 기준 ... **767**
    Ⅲ.1 전문가 심사 기준 ... 767
    Ⅲ.2 사용자 심사 기준 ... 782
    Ⅲ.3 웹 접근성 품질인증마크 자가진단 방법 ... 782
    Ⅲ.4 웹 접근성 품질인증마크 신청서 ... 793
    Ⅲ.5 웹 접근성 품질인증마크 사전 설문지 ... 794

Ⅳ 기타 화면 낭독기 설치와 사용법 ... **797**
    Ⅳ.1 NVDA 설치와 사용법 ... 797
    Ⅳ.2 실로암 보이스 설치와 사용법 ... 807

찾아보기 ... **812**

들어가며

2013년 12월 18일에 '한국형 웹 콘텐츠 접근성 지침 2.1'이 발표돼 지침이 일부 변경되었다. 물론 국가표준인 지침 2.0의 전체 내용에는 큰 변화가 없지만 앞으로 지침이나 가이드가 변경되더라도 웹 접근성의 취지와 원리는 변하지 않으므로 계속 활용될 수 있고, 이를 공부하면 다양하게 응용할 수 있도록 기본적인 원칙 위에 현 시점에서 필요한 기술이나 기준을 구체적으로 담았다.

처음에는 웹 접근성 품질인증마크 획득을 도울 수 있도록 구체적인 지침과 해설서로 시작했다. 웹 접근성 품질인증마크 범주 안에서 내용을 정리하는 것은 그리 어렵지 않았다. 한국정보화진흥원의 웹 접근성 품질인증마크를 담당한 경험을 토대로 외부에 잘 알려지지 않은 심사와 관련한 구체적인 기술이나 기준을 정리하는 것만으로도 충분한 가치가 있다고 생각했다. 그러나 책을 쓰는 과정에서 모든 법인의 웹 접근성이 의무화되었고, 관심이 높아지면서 많은 기사의 소재가 되기도 했다.

그런데도 좀 더 자세한 웹 접근성 전문 서적은 부족했기 때문에 웹 접근성이 진정으로 추구하는 내용과 실무적으로 필요한 웹 접근성 프로젝트와 인증심사, 보조기기와의 관계 등에 관한 가이드가 필요하다고 생각했다. 많은 사람이 웹 접근성에 관심이 있지만 기초적인 이해 수준 이외에 실질적으로 해결해야 하는 방법은 잘 모르는 상황에서 많은 웹 접근성 컨설팅 기업의 자의적인 해석이 범람한다.

현재 웹 접근성 관련 책 중 이론과 실무, 국내 화면 낭독기 등 웹 접근성과 관련된 전반적인 내용을 심층적으로 다루는 책은 없다고 판단했기 때문에 웹 접근성 품질인증마크를 넘어서 좀 더 높은 웹 접근성을 이룰 수 있는 책을 출간하기로 결심했다.

이 책이 추구하는 점은 이론과 실무, 미래에 펼쳐질 접근성의 방향성을 알 수 있게 하여 전체적인 관점의 접근성과 관련 전문성을 높여주는 것이다. 요즘 웹 접근성을 놓고 준수 여부에만 집중하여 비용이나 전체적인 효율성을 생각하는 사람과 더 높은 웹 접근성을 고려하지 않으면 나쁜 것이라 비하하는 사람으로 나뉘어 설전을 벌이는 경우가 많다. 그러나 두 가지 모두 중요하며, 이 둘의 균형이 가장 중요하다. 조금씩 사회에서 웹 접근성 관련 인식을 높여가면서 더 높은 접근성을 구현하는 순리적인 방식으로 풀어나가는 것이 현 시점에서 가장 시급하다.

이 책의 독자와 선수지식

이 책은 HTML을 이해하고 있는 웹 접근성 프로젝트 참여자를 기본적인 독자로 생각한다. 따라서 기본적인 웹 표준에 맞추어 웹사이트를 구현할 수 있는 정도의 선수지식이 있을 경우 가장 좋다. 하지만 웹 접근성의 전체적인 관점에서 기술되어 있으므로 웹 접근성을 전혀 모르는 사람이라도 차근차근 읽어볼 수 있고, 웹 표준을 모른다고 하더라도 웹 표준 서적과 함께 읽어나갈 수 있다. 나아가 기업의 IT책임자, 공공기관의 정보화 담당관, 웹 기획자, 퍼블리셔, 디자이너, 개발자, 웹 접근성 프로젝트 책임자, 웹 접근성 컨설턴트, 웹 접근성 품질인증마크를 획득하고자 하는 이, 웹 접근성 평가사가 되고 싶은 사람 등 웹 접근성을 알고 싶은 모든 분이 이 책의 독자가 될 수 있다.

이 책의 구성

웹 접근성 용어를 설명하며, 웹 접근성 품질인증마크를 획득하는 데 필요한 내용과 장애인차별금지법에 대응할 수 있는 웹 접근성 적용 방법, 웹 접근성을 향상할 수 있는 응용 기술, 분야별 사이트와 솔루션에 대한 접근성 분석, 웹 접근성 프로젝트 가이드, 국내에서 활용 가능한 화면 낭독기와 화면 확대기의 사용법, 앞으로 접근성 분야에서 파생될 다양한 분야에 대한 향후 방향성을 설명한다. 특히 HTML과 같은 마크업 기술만이 웹 접근성의 전체인 것처럼 보이는 현 시점에서 PDF와 같은 문서, 소프트웨어, 모바일 애플리케이션 등 좀 더 다양한 접근성 기술의 필요성을 강조하고 실제 생활 영역에도 영향을 미치는 서비스 접근성까지 더욱 다양한 접근성의 세계를 소개한다. 마지막으로 국가표준인 지침 2.0에서 신설되거나 변경된 단체표준 지침 2.1의 주요 내용을 사례와 함께 소개한다.

1부 웹 접근성 기초 웹 접근성과 장애인차별금지법, 웹 접근성 품질인증마크 등 중요 개념을 정리한다.

- 1장: 기본 개념과 용어를 정립하고자 웹 접근성과 장애인차별금지법을 알아본다. 특히 같은 용어지만 다른 범위로 사용되는 현재의 문제점을 살펴보고, 올바른 용어 사용을 살펴본다. 또한 장애인차별금지법의 취지와 이를 반영하기 위한 웹 접근성 분야를 소개한다.

- 2장: 국가임의인증제도로 새롭게 변경된 웹 접근성 품질인증마크에 대한 소개와 기존의 한국정보화진흥원의 인증절차와 획득 과정을 간단히 소개한다.

2부 웹 접근성 기본 4원칙 웹 접근성의 기본 원칙을 장별로 설명한다.

- 3장: 인식의 용이성 원칙에 포함하는 검사항목을 설명한다. 모든 콘텐츠를 사용자가 인식할 수 있도록 구현하기 위한 검사항목의 개념과 목적, 오류유형의 설명과 개선 방안을 소개한다.

- 4장: 운용의 용이성 원칙에 포함하는 검사항목을 설명한다. 사용자 인터페이스 구성 요소를 조작하고, 쉽게 내비게이션할 수 있게 하는 검사항목의 개념과 목적, 오류유형의 설명과 개선 방안을 소개한다.

- 5장: 이해의 용이성 원칙에 포함하는 검사항목을 설명한다. 모든 콘텐츠를 사용자가 이해하기 쉽도록 구현하기 위한 검사항목의 개념과 목적, 오류유형의 설명과 개선 방안을 소개한다.

- 6장: 견고성 원칙에 포함하는 검사항목을 설명한다. 미래의 기술로도 콘텐츠에 접근할 수 있도록 견고하게 만들기 위한 검사항목의 개념과 목적, 오류유형의 설명과 개선 방안을 소개한다.

3부 웹 접근성 실전 웹 접근성을 실전에서 적용할 수 있도록 응용 기법과 팀별 프로젝트 적용 방법을 설명한다.

- 7장: 웹 접근성 실무에 필요한 웹 접근성 응용 기법을 소개하면서 모호한 웹 접근성의 사례를 바탕으로 하여 웹 접근성을 적용할 수 있는 바람직한 방향을 소개한다.

- 8장: 웹 접근성 프로젝트의 실무에서 팀별로 역할을 나누고 실행할 수 있도록 가이드를 제공한다.
- 9장: 웹 접근성 담당자가 실무적으로 장애인차별금지법에 대응할 수 있게 예산이나 규모, 기술 부족에 따른 단계적 계획을 수립하고 향후 유지보수를 위해 팀을 구성해가는 방법을 설명한다.

4부 웹 접근성 검증과 테스트 웹 접근성 평가 방법을 설명한다.

- 10장: 웹 접근성 평가 방법을 설명한다. 자동 평가와 수동 평가의 특징과 전문가 평가와 사용자 평가 방법, 각종 도구의 설치와 사용 방법을 소개한다.
- 11장: 보조기술의 개요와 사용자 평가에서 사용되는 화면 낭독기의 사용 방법과 음성 지원에 대한 항목별 분석, 화면 확대기의 사용 방법 등을 소개한다.

5부 웹 접근성의 미래 웹 접근성의 미래를 소개한다.

- 12장: 웹 접근성의 미래와 과제를 소개한다. 웹 접근성을 시작으로 다양해질 접근성 분야의 표준과 파생 분야를 소개하고, 이를 통해 미래를 준비하고 헤쳐 나가야 할 과제를 논의한다.

1부
웹 접근성 기초

2003년부터 시작된 '웹 접근성 제고 활동'은 5~6년간 관심을 끌지 못했다. 그러나 2007년에 제정된 장애인차별금지법에서 웹 접근성 준수 의무화가 명시되어 단계적으로 규제가 시작되면서부터 해당 분야별로 조금씩 주목받기 시작했다. 2013년 모든 법인이 웹 접근성 의무화 대상이 되자 '웹 접근성'은 최고의 화두로 부각되었다. 기업의 입장에서는 장애인을 차별하여 발생할 수 있는 진정이나 제소의 불씨가 제품이나 기업의 이미지를 부정적으로 만들까 조심스럽다. 정부기관과 공공분야 담당자는 장애인차별금지법 외에도 국가정보화기본법 등 다양한 법령과 고시 등에서 준수하도록 규정하고 있을 뿐만 아니라 매년 실시되는 웹 접근성 실태조사 등으로 언론에 공개되거나 업무 평가 등에 반영되기도 하여 반드시 준수해야 하는 입장이다.

이렇게 중요한 '웹 접근성'은 무엇일까? 반드시 준수해야 하는 이유는 뭘까?

1부에서는 가장 많이 접하는 용어인 웹 접근성과 장애인차별금지법, 웹 접근성 품질인증마크에 대한 설명과 관련 용어들의 상관관계 등을 살펴본다. 웹 접근성의 기초를 알아보자.

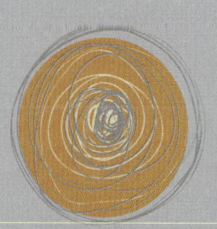

01

웹 접근성과 장애인차별금지법

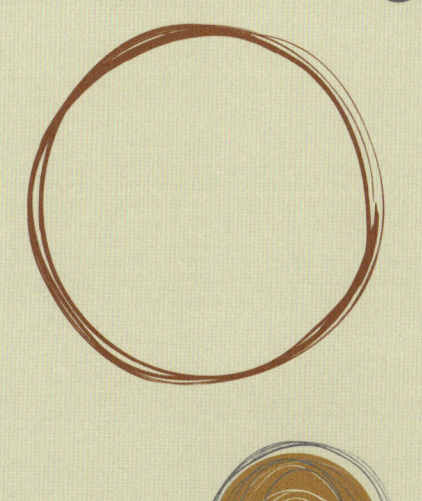
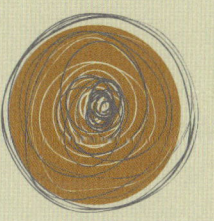

1.1 웹 접근성

웹 접근성Web Accessbility은 그리 어려운 용어는 아니지만 보조기술의 한계로 원래의 의미보다 좁은 영역에 적용되고 있다. 따라서 프로젝트 관점에서는 웹 접근성 용어의 좀 더 정확한 의미를 이해하고 사용할 필요가 있다. 이제부터 이러한 웹 접근성이 무엇인지 알아보자.

1.1.1 웹 접근성의 의미

웹 접근성은 말 그대로 생각한다면 '웹에 접근할 수 있는 능력'을 말한다. 그런데 여기에는 '콘텐츠'라는 말이 생략되어 있다. 현재 국가에서 표준으로 정하는 웹 접근성 지침은 정확하게 '웹 콘텐츠 접근성'을 의미하기 때문에 웹 접근성의 대상은 '웹 콘텐츠'가 되는 것이다. 이를 자세히 나누어 보면 Web Contents(웹 콘텐츠) + Access(접근) + Ability(능력)다. 따라서 웹 접근성은 '웹 콘텐츠에 접근할 수 있는 능력'을 말한다.

Web Contents(웹 콘텐츠) + <u>Access(접근)</u> + <u>Ability(능력)</u>
경사로 제공   경사로의 각 조절

웹 접근성에서 가장 중요한 것은 웹 콘텐츠에 접근이 가능하냐는 것이고, 그 다음은 얼마나 쉽게 접근할 수 있는지의 가능성이므로 웹 접근성을 준수했는지는 접근Access에서 판단할 수 있고, 수준은 능력Ability에서 확인할 수 있다. 그러나 경사로를 제공했다고 하더라도 경사각도가 보편적으로 이용할 수 없는 수준이면 접근성이 없다고 볼 수 있다. 웹 접근성의 이러한 특징 때문에 웹 접근성 준수 여부를 정답과 오답으로 정확하게 나누기가 어렵다. 이러한 불확실성이 결국 웹 접근성이 어려운 것이라는 막연한 생각이 들게 하며, 웹 접근성 개선은 전문가가 해야 하는 영역인 것처럼 생각되곤 한다.

하지만 이 책을 바탕으로 각 지침이나 검사항목의 원리와 취지를 이해하게 된다면 웹 접근성을 더욱 넓은 각도에서 생각할 수 있을 것이고, 웹 접근성을 준수한 것인지를 판단할 근거와 논리를 갖게 될 것이다. 특히 웹 접근성은 기술적인 진입 장벽이 다른 기술에 비해 낮은 영역이어서 이해하는 데 어렵지 않다. 오히려 웹 접근성을 어렵다고 여기는 이유 중 하나는 귀찮다고 생각하기 때문이다. 자동으로 처리하기 어려운 영역이 많아 일일이 수정해야 하고 세부적인 관리가 지속적으로 필요하다는 점을 들어 귀찮다는 표현을 어렵다고 하는 것은 아닐까?

웹 접근성을 좀 더 쉽고 편하게 받아들이면서 웹 접근성이 무엇이고, 어디까지인지 등 구체적인 내용을 하나씩 정리해보자.

우선 학술적인 측면에서 웹 접근성의 정의를 알아보자. 표 1.1과 같이 다양한 기관에서 웹 접근성을 유사하게 정의한다.

표 1.1 웹 접근성의 정의

구분	정의
한국정보화진흥원	어떠한 사용자(장애인, 노인 등), 어떠한 기술 환경에서도 사용자가 전문적인 능력 없이 웹사이트에서 제공하는 모든 정보에 접근할 수 있게 보장하는 것
W3C WAI	장애가 있는 사람도 웹을 이용할 수 있게 보장하는 것으로, 장애가 있는 사람이 웹 콘텐츠를 인지하고, 운영하고, 이해하고, 기술에 상관없이 이용할 수 있게 견고하게 웹 콘텐츠를 만드는 것
위키피디아	표준 브라우저뿐만 아니라 다양한 사용자 에이전트(User Agent)를 사용하는 사람이 웹 페이지에 접근하기 쉽게 만드는 것으로, 장애인도 웹을 사용할 수 있게 보장하는 것
한국정보통신기술협회 TTA 용어사전	웹 접근성은 신체장애나 저속통신, 무선 통신 등 어떠한 환경에서도 웹사이트에서 제공하는 모든 정보에 접근해 이용할 수 있어야 한다는 개념

이 중 한국정보화진흥원에서 정의한 용어 설명이 웹 접근성을 설명하는 용도로 가장 많이 사용된다.

> 어떠한 사용자(장애인, 노인 등), 어떠한 기술 환경에서도 사용자가 전문적인 능력 없이 웹사이트에서 제공하는 모든 정보에 접근할 수 있게 보장하는 것

그래서 일반적으로는 웹 접근성을 준수하면 다양한 사람과 기술, 기기에서도 접근이 가능하다고 설명한다. 하지만 아직 시장에서 인식되는 용어와는 차이점이 있다.

그림 1.1과 같이 웹 접근성의 범주를 살펴보자.

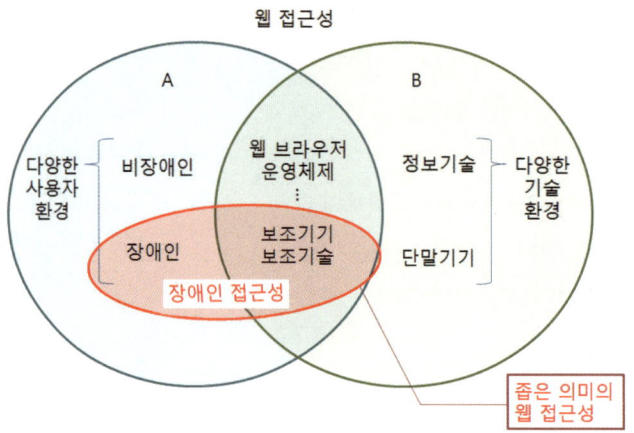

그림 1.1 웹 접근성의 범주

사실 웹 접근성은 정의대로 모든 사용자 환경과 기술 환경을 포괄하는 의미에서 해석되어야 한다. 원래 의미로 해석할 때 장애인뿐만 아니라 다양한 기호의 비장애인, 일정 요소 장애의 관점으로 볼 수 있는 고령자, 어린이 등과 같은 모든 사용자 계층을 포함하는 것은 물론 다양한 웹 브라우저와 운영체제, 다양한 신기술 등에서 접근이 용이한 기술 환경까지 다루어야 한다. 그렇다면 웹 호환성과 같은 의미는 당연히 웹 접근성이라는 범주에 포함되어야만 한다.

하지만 아직까지 시장에서 통용되는 웹 접근성의 의미는 좁은 의미인 '장애인 접근성'에 가깝다. 예컨대 국가표준인 '한국형 웹 콘텐츠 접근성 지침'이나 '웹 접근성 품질인증마크'의 기준 등에서는 장애인과 보조기술에 관계된 지침이 중심이고, 이에 따른 부가적인 효과가 비장애인이나 다양한 기술 환경에 의미가 있다고 표현되어 있다. 구체적인 예로는 웹 페이지 내에 플래시 콘텐츠의 배치는 wmode의 값을 window로 설정하게(윈도우 운영체제와 인터넷 익스플로러 브라우저에서만 적용된 접근성 기능을 활용할 수 있게) 되어 있다. 이는 국내에서 높은 점유율을 차지하고 있는 '센스리더' 화면 낭독기가 MSAAMicroSoft Active Accessibility API로만 접근성 정보를 제공받게 구현되었기 때문이다.

MSAA는 이름에서 설명하듯이 마이크로소프트 사에서 제공하는 API로, 시각장애인의 경우 윈도우 운영체제 PC와 인터넷 익스플로러(IE) 브라우저를 사용할 수밖에 없다. 즉 현재 대다수 시각장애인은 웹 호환성을 경험할 수 없는 처지인 것이다. 올해(2013.07.05) 센스리더 프로페셔널 버전이 3.2.1로 업데이트됨에 따라 파이어폭스 브라우저와 크롬 브라우저를 지원하게 개선되었다고 안내하였으나 브라우저별로 키보드의 이동 순서가 일치하지 않고 부가 기능에는 접근하지 못하는 등 안정적으로 이용할 수 있는 수준은 아니어서 실제 이용에는 무리가 있는 상황이다.

아직까지 화면 낭독기 사용자는 인터넷 익스플로러만을 사용한다. 원래 의미의 웹 접근성 측면에서는 제한이 생기지만(유일한 접근은 IE 브라우저) 장애인 접근성 측면에서는 의미가 있다(화면을 읽어낼 수 있음). 따라서 웹 접근성의 좁은 의미에서는 '장애인 웹 접근성'을 의미한다고 간주할 수 있으며, 원래 의미에서는 다양한 사람과 기술 환경, 기기에서 모든 웹 콘텐츠에 접근 가능한 포괄적인 웹 접근성을 의미한다.

다만 화면 낭독기가 다양한 브라우저의 접근성 API를 연결해주려는 노력이 지속되어 다양한 브라우저에서 인터넷을 이용할 수 있게 된다면 자연스럽게 웹 호환성을 포함하는 수요Needs가 발생하여 웹 접근성의 범주에 웹 호환성을 포함해가면서 '웹 접근성'의 원래 개념인 넓은 의미로 해석될 수 있게 발전할 수 있을 것이다.

1.1.2 웹 접근성의 정확한 범위

웹 접근성은 실제로 적용 범위는 '좁은 의미'로, 기대 효과는 '넓은 의미'로 사용되고 있다. 가장 많이 받는 질문 중 하나는 액티브엑스Active-X를 사용하면 웹 접근성에 위배되는지 묻는 질문이다. 이런 질문은 용어의 정의가 혼재되면서 발생하는데, 이 질문의 답은 어떤 의미에서는 '그렇다', 어떤 의미에서는 '아니다'라고 할 수 있다. 시장에서 통용되는 용어의 정의가 주로 넓은 의미로 사용되면서 기대 효과를 부풀리고 있는데 실제로는 그렇지 못하다.

가령 웹 접근성을 준수하면 '다양한 기술 환경에서 접근이 가능하다'라고 설명하는 경우가 많다. 이런 측면에서 보면 마이크로소프트에서 독자적으로 개발한 액티브엑스 기술을 사용한다는 것은 윈도우 환경의 IE 브라우저에 종속시킨다는 의미가 되므로 사실상 다양한 기술 환경(운영체제, 브라우저, 단말 등)에 접근이 불가하여 웹 접근성에 위배된다고 볼 수 있다. 그러나 실제 적용되는 웹 접근성의 지침을 살펴보면 '장애인 접근성'에 가깝다. 장애인 접근성 측면에서 본다면 마이크로소프트에서 제공하는 접근성 API를 사용하는 보조기기로 인해 액티브엑스를 사용하더라도 키보드로 이용 가능하고, 레이블이 제공되어 음성 지원을 받을 수 있어 이용 가능하다면 웹 접근성에 위배되지 않는다고 말할 수 있는 것이다.

이처럼 웹 접근성과 관련된 용어는 원래 의미와 좁은 의미를 섞어서 사용하고 있다. 따라서 관련 용어가 뒤엉켜 있는 현 시점에서 웹 접근성 관련 용어를 조금 더 정확하게 정리할 필요가 있다. 정확히 이해하지 못하면 제안요청서(RFP)나 제안서의 세부 항목이 결국 해당 프로젝트를 위험에 빠트릴 수도 있기 때문이다. 아울러 커뮤니케이션 과정은 마치 '동상이몽' 같은 경우가 많으며, 이로 인한 오해도 생긴다. ○○은행에서 제기한 내용의 실제 사례를 하나 살펴보자.

○○은행 웹사이트의 제안요청 내용은 웹 접근성을 준수하도록 되어 있고, 웹 접근성 검사단계를 앞두고 전문가와 사용자 평가를 포함하는 웹 접근성 최종진단 계획서를 제출하였다. 최종진단 계획서를 받은 담당자는 웹 접근성의 범위를 잘 모르고 그림 1.2와 같은 이메일 회신 전문을 통해 웹 접근성 컨설턴트를 질타하고 있다.

중략...

2. 한국정보사회진흥원의 한국형 웹 콘텐츠 접근성 지침2.0의 내용이 전혀 반영되어 있지 않습니다.
   - 한국형 웹 콘텐츠 접근성 지침 2.0(KWCAG2.0) (한국정보통신표준, KICS.OT-10.003/R1)
   - 아예 보지도 않고 계획서를 작성하셨습니다. 적어도 보셨더라면 이 정도는 이해하셔야 하는데 보완조차도 안하셨습니다.

- 제4조 (웹사이트 호환성 확보)
  ▶ 기술적 제약이 없는 경우 상이한 3종 이상의 브라우저에서 동일한 서비스 제공
     ※ 3종 이상의 브라우저는 해당 전자정부 서비스를 구축·관리하는 행정기관에서 결정
- 제5조 (웹페이지 표준)
  ▶ 구조와 동작, 표현을 각각 분리하고 W3C, ECMA 등의 국제공통표준 준용
     ※ 구조(Html, xHtml 등), 표현(CSS 2.1), 동작(DOM 또는 ECMAscript)
  ▶ 웹페이지에서 문자를 부호화하는 방식은 UTF-8 방식으로 구현
     ※ EUC-KR 지양
- 제6조 (모바일 서비스 호환성 확보) '12년 개편
  ▶ 모바일 전자정부 서비스는 모바일 웹 방식으로 제공하도록 노력
  ▶ 다양한 모바일 기기의 화면크기, OS 등과 무관하게 동등한 서비스를 제공하도록 노력

- 전문가 테스트와 사용자 테스트로 구분하여 테스트를 진행해야 하며
  • 전문가 테스트 : 동일 운영체제에서 3종 이상의 브라우저 테스트를 진행해야 합니다.
  • 사용자 테스트 : 장애우 테스트
- 따라서 구분해서 일정 수립해주시기 바랍니다.

그림 1.2 담당자 이메일

현재 담당자는 웹 접근성의 의미에 웹 호환성을 포함한다고 생각하고 프로젝트 수행자에게 웹 접근성 테스트에 웹 호환성 진단을 지시하고 있는 상황이다. 그림 1.3은 이메일을 받은 웹 접근성 컨설턴트의 답변이다.

〈담당자님 의견에 대한 답변서〉

위의 항목은 전자정부서비스 호환성 준수지침(행정안전부고시 제2012-44호, 2012. 10. 10.)에 대한 내용입니다. 한국형 웹 콘텐츠 접근성 지침 2.0과는 무관합니다. 한국형 웹 콘텐츠 접근성 지침 2.0과 무관하다는 이유는 다음과 같습니다.

▶ 본 표준에서는 지침을 준수하는 방법과 지침을 준수하는 경우의 장점을 소개하고 있다. 그러나 이 표준에서는 웹 브라우저의 종류, 컴퓨터의 종류, 운영체제의 종류 등은 고려하지 않았다. 그 이유는 지침을 개발하는 과정에서 적용할 기술은 현 시점의 기술만을 고려할 필요가 없으며, 향후 개발될 기술을 최대한 수용할 수 있어야 하고, 기술 발전에 따라 표준의 내용이 빈번하게 수정 또는 개정되는 일을 피할 수 있기 때문이다.

〈한국형 웹 콘텐츠 접근성 지침 2.0 내용 中〉

그림 1.3 웹 접근성 컨설턴트의 답변

담당자는 웹 호환성을 웹 접근성으로 인식하고, 컨설턴트는 웹 접근성에 웹 호환성이 포함되어 있지 않다는 내용을 메일로 보낸 것이다.

이처럼 현재 웹 접근성 용어는 담당자의 이해에 따라 달라질 정도로 명확한 범위를 지정하지 않고 사용되고 있다.

그림 1.4에서 또 하나의 사례를 살펴보자. 이러닝 콘텐츠 품질인증마크 영역별 평가기준에서도 웹 접근성을 다루고 있다. 여기에서도 웹 접근성은 웹 호환성을 포함하는 원래의 의미대로 잘 정의하고 있다. 브라우저나 운영체제에 관계없이 콘텐츠에 접근할 수 있게 개발되었는지 등을 파악하여 평가할 때 장애인이 파이어폭스 브라우저에서 접근이 되는지, 리눅스 운영체제에서 잘 작동하는지를 평가할 수 없다. 윈도우 운영체제에 의존할 수밖에 없는 현재의 기술수준과 보조기술의 한계 때문이다. 따라서 이런 경우 표현은 웹 접근성이라고 하였지만 장애인이 웹 접근성(즉 장애인 접근성)을 평가하는 방법과 비장애인이 웹 호환성을 평가하는 방법을 병행한다고 이해해야 한다.

> "교수-학습 전략"에 대한 평가는 학습자가 가장 효과적으로 학습활동을 수행할 수 있도록 학습내용을 체계적이고 전략적으로 제시하고 있는지를 평가하고, "동기부여"에 대한 평가는 성공적인 학습을 위해 학습자의 흥미유발 및 참여를 극대화할 수 있는 동기부여 전략을 활용하고 있는지를 평가한다.
>
> "학습자료"에 대한 평가는 적극적인 학습자 참여를 촉진하기 위해 이미지, 동영상, 그래픽 등 미디어를 다양하고 효율적으로 활용하고 있는지를 확인하고 평가하고, "화면구성"에 대한 평가는 화면의 구성 및 배치가 학습 진행에 도움이 되도록 일관성 있고 편리한 형태로 제시되고 있는지를 확인하고 평가한다.
>
> "인터페이스"에 대한 평가는 학습자의 원활한 학습 진행을 위해 안내 및 학습 위치에 대한 정보를 효율적이고 용이하게 제공하고 있는지를 확인하여 평가한다.
>
> 마지막으로 "웹접근성"에 대한 평가는 나이, 사회적/경제적 계층, 문화 등 다양한 학습자들의 여건을 고려하여 콘텐츠에 대한 접근성을 높이고 있는지와 다양한 브라우저나 OS와 관계없이 콘텐츠에 접근할 수 있게 개발되었는지 등을 파악하여 평가한다.

그림 1.4 이러닝 콘텐츠 품질인증마크 가이드에서의 웹 접근성 설명

1.1.3 웹 접근성 관련 용어가 혼란스러운 이유

장애인도 다양한 브라우저를 활용할 수 있게 화면 낭독기가 지원할 수 있었다면 궁극적인 웹 접근성 취지에 맞게 다양한 사용자뿐만 아니라 다양한 브라우저, 운영체제, 사용자 에이전트 등에서 접근이 되는지가 '웹 접근성'의 척도가 되었을 것이다. 그러나 현재는 국내 화면 낭독기의 점유율이 90% 수준에 달하는 '센스리더' 제품에 의존도가 높고, 해당 화면 낭독기가 마이크로소프트의 접근성 API를 지원하면서 호환성을 이용한 접근성 확대는 현실적으로 어려운 상황이다.

시각장애인이 화면 낭독 프로그램을 사용해 인터넷 익스플로러를 사용하는 상황에서 안전행정부(당시 행정안전부)의 '전자정부 웹 표준 및 장애인 접근성 강화사업'이 2008년부터 연간 50억 규모로 본격적으로 추진되었다. 공공부문에서는 웹 표준 및 호환성, 장애인 접근성을 강화하는 취지가 부각되었고, 이와 더불어 애플사의 아이폰이 출시되면서 민간 분야에도 스마트폰과 같은 다양한 단말에서 다양한 브라우저가 보편화되게 하는 '크로스브라우징' 사업이 시작되었다. 이때부터 기대 효과에 웹 접근성이 높아진다는 표현을 많이 사용하게 되었는데 이 과정에서 관련 용어의 의미가 혼용되는 분기점이 되었다고 판단하고 있다.

개인적으로 2008년부터 시작된 웹 표준 및 장애인 접근성 강화사업과 장애인차별금지법의 발효 시기가 맞물렸다. 언론에서 유사한 개념을 부정확하고 무분별하게 기사화한 것이 많은 오해를 불러온 원인이라고 생각한다. 마치 웹 접근성은 모든 브라우저나 운영체제에서 이용할 수 있게 하는 것이고, 액티브엑스나 플래시 없이 사용해야 하는 것처럼 생각되게 했다. 결론적으로 '갑'과 '을'처럼 관점이나 입장이 다른 경우 웹 접근성의 범위 때문에 문제되는 경우가 많다. '갑'은 웹 접근성을 적용하라고 했으니 당연히 호환성을 요구하게 되는 경우고, '을'의 경우는 구현이 불가한 부분이며, 웹 접근성의 범위를 넘는다고 항변하는 것이다. 따라서 처음부터 이런 용어의 의미를 정확하게 이해하고 초기부터 의사소통하는 것이 무엇보다 중요한 요소다.

각 용어는 넓은 의미와 좁은 의미를 구분해서 기술적인 오해를 줄이고 정확한 요구사항을 정의할 수 있게 하는 것이 현재의 시점에서는 매우 의미 있다고 볼 수 있다.

> **팁**
>
> '웹 접근성'을 '웹사이트 접근성'으로 이해하는 경우도 있다. 하지만 '웹 접근성'은 '웹 콘텐츠 접근성'의 약어로 아직은 콘텐츠의 범주에서 다뤄지고 있다. '웹사이트 접근성'은 웹 콘텐츠 이외에도 웹에 접속할 수 있는 URL 주소가 이용하려는 웹 서비스를 쉽게 떠올릴 수 있게 제공되었는가? 웹사이트 게시물을 SNS나 블로그 등 다양한 채널로 공유할 수 있는가? 반대로 다양한 채널에서 웹사이트로 쉽게 접근할 수 있게 설계되었는가? 등이 해당될 수 있는데 현재 다루고 있는 '웹 접근성 표준'에는 포함되고 있지 않은 영역이지만 사용성이나 UX 측면에서는 다루고 있다.
>
> 그동안 국내외에서 장애인의 웹 접근성을 지칭할 때는 공식적으로는 항상 '웹 콘텐츠 접근성(Web Content Accessibility)' 용어를 사용해왔고, 이를 간단히 '웹 접근성'이라고 부르지만, '웹사이트 접근성'은 웹 콘텐츠 접근성뿐만 아니라 웹 주소의 접근성, 웹 서버(하드웨어)에 도달하는 물리적 접근성 등을 포함하는 개념으로 사용될 수 있다는 점을 알아두자.

1.2 관련 용어와 상관 관계

1.2.1 웹 표준

일반적으로 '표준'은 '약속'이란 의미다. 웹 표준은 W3C와 같은 표준화기구에서 승인한 개방형 인터넷 표준으로 웹 기술과 관련한 표준 규격을 공통의 약속으로 정해놓은 것을 말한다. 위키피디아에서는 다음과 같이 기술한다.

웹 표준Web Standards은 월드 와이드 웹의 측면을 서술하고 정의하는 공식 표준이나 다른 기술 규격을 가리키는 일반적인 용어다. 최근에 이 용어는 웹사이트를 작성하는 데 중요도가 높아지고 있으며 웹 디자인, 개발과 관계가 있다.

수많은 상호 의존성이 있는 표준들과 규격들 가운데 일부는 단지 월드 와이드 웹으로만 끝나는 것이 아니라, 인터넷의 관리 측면이기도 하며 이러한 표준은 직간접적으로 웹사이트, 웹 서비스 개발과 관리에 영향을 주고 있다. 이러한 것들 모두 "웹 표준"이라고 부르지만 웹 표준으로 이동하는 것을 찬성하는 사람들은 사용성과 접근성에 직접 영향을 미치는 더 높은 수준의 표준에 초점을 두는 경향이 있다.

'웹 표준' 용어도 '웹 기술 표준'의 약어다. 그런데 인터넷에서 '웹 표준'을 검색해 보면 HTML, CSS, 자바스크립트가 많이 검색된다. 이것은 지난 1990년 후반부터 시작된 브라우저 제작사간의 경쟁에서 자사 고유의 태그를 만들어 사용하다가 마이크로소프트의 인터넷 익스플로러가 독점적인 지위를 얻으면서 독자적인 비표준문법을 만들어 종속성을 갖게 되어 웹 브라우저의 표준문법 지원이 큰 이슈가 되었기 때문이다. 이로 인해 '웹 표준'의 의미는 '웹 화면과 관련된 표준'으로 인식된다. 다시 말해 '웹 기술 표준'의 의미가 '웹 화면 표준'으로 인식되는 것이다.

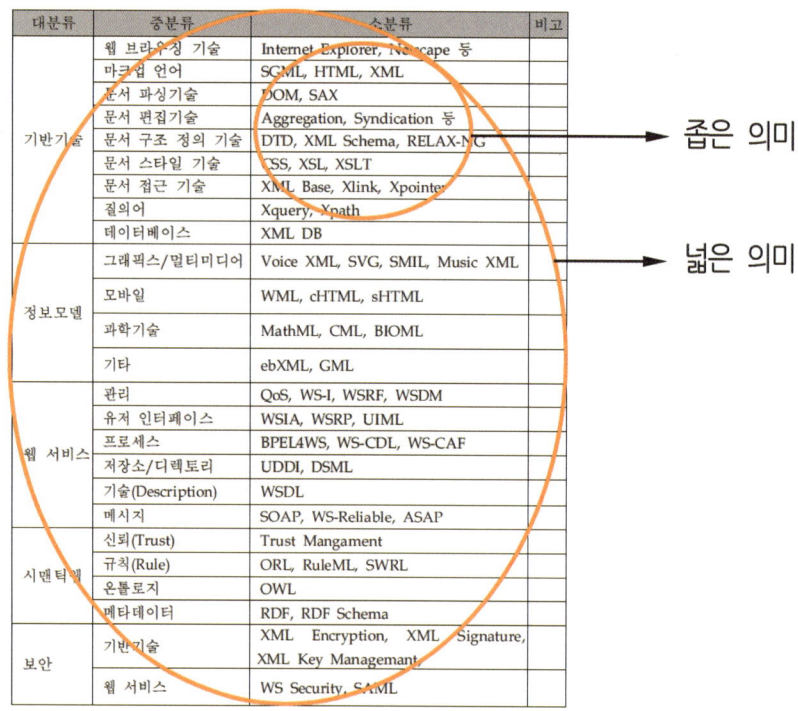

그림 1.5 웹 표준 세부 기술 (출처: 웹 기술 발전 방향 및 표준화 개발전략 연구, NIA(2004))

따라서 그림 1.5와 같이 좁은 의미에서는 '웹 화면을 구성하는 기술과 관련한 표준 규격'을 의미한다고 보겠지만 넓은 의미에서는 '웹 기술 전반과 관련한 표준 규격'을 '웹 표준'이라고 이해해야 한다. 전자의 의미로 볼 때 웹 접근성 지침은 웹 표준이 아니지만 후자의 의미로 볼 때는 웹 접근성 지침은 웹 표준이라 할 수 있다. 웹 접근성 관련 규격을 정리한 것이 웹 접근성 지침인데 이것 역시 웹 기술이자 웹의 측면에서 정의된 공식 표준이기 때문이다.

시장에서는 웹 표준과 웹 호환성을 하나로 이해하는 경우가 많은데 웹 호환성의 미세한 의미도 확인할 필요가 있다.

1.2.2 웹 호환성과 크로스브라우징

일반적으로 웹 호환성은 '크로스브라우징', '오픈 웹'이라는 의미로 많이 사용된다. 유사한 의미로 사용되고 있는 이 용어는 조금씩 다른 의미가 있다. 우선 안전행정부에서 관리 중인 '전자정부 서비스 호환성 준수지침'에서 제시하는 '전자정부 웹 호환성'의 의미를 살펴보자.

> 웹 호환성은 지침에서 정의하고 있는 것처럼 같이 행정기관이 국민을 대상으로 서비스하고자 하거나 하고 있는 전자정부 서비스 등의 웹사이트를 사용자인 국내외에 거주하고 있는 국민이 어떤 브라우저를 사용하든지 웹사이트에 접속하여 정상적인 서비스를 받을 수 있어야 한다.

'전자정부 웹 호환성'은 브라우저의 호환성을 중심으로 용어를 정의한다. 곧 '크로스브라우징'과 동일한 의미다. 2008년부터 정밀하게 조사한 결과 운영체제는 표준화하거나 표준 방식으로 호환성을 가져가기에는 기술적인 문제뿐만 아니라 각 운영체제의 태생부터 다르다는 한계가 있어 호환의 대상을 브라우저 수준으로 본 것이다. 현실적으로 운영체제의 호환성을 준수하려면 각 어댑터를 만들어 호환이 가능하게 하는 비표준 방식을 채택해야 한다. 그러나 비표준 방식으로는 브라우저를 업데이트할 때마다 각 어댑터 모듈을 만들어줘야 하기 때문에 매우 비효율적이다.

따라서 '웹 호환성' 역시 넓은 의미에서는 주요 플랫폼인 운영체제와 웹 브라우저, 다양한 사용자 에이전트까지 상호 호환이 가능하게 하는 개념이다.

참고로 웹 호환성이나 크로스브라우징과 유사한 의미로 사용되는 '오픈 웹' 용어의 의미도 알아보자. 위키피디아에서는 다음과 같이 기술한다.

오픈 웹Open Web은 윈도우와 인터넷 익스플로러를 통해서만 이용할 수 있는 대한민국의 전자정부와 온라인 뱅킹 서비스를 대상으로 서비스를 웹 표준에 맞게 개선할 것과 오페라, 크롬, 파이어폭스, 사파리 등 인터넷 익스플로러를 사용하지 않는 사용자를 위한 지원을 제공할 것을 요구하는 대한민국의 모임으로, 고려대학교 법과대학 김기창 교수가 2006년에 설립하였다. 대한민국의 대부분 웹 페이지 암호화는 액티브엑스로 구현되어 있는데, 이것에 대해 금융감독위원회는 보안 문제 때문에 이를 사용한다고 하였지만, 이미 SSL 등의 다양한 범용 암호화 기술이 있는 상황에서 액티브엑스로 암호화를 구현하는 것은 시대에 뒤떨어지는 기술이라고 주장했다.

2006년 김기창 교수가 운영을 시작한 '오픈 웹'은 대표적으로 국내 금융 사이트에서 사용되는 액티브엑스 방식의 보안 기술이 종속된 금융 시스템으로 만들었으므로 타 운영체제와 브라우저에서 사용할 수 있게 공인인증서 제도를 개선하려는 노력에서 시작되었다. 금융결제원을 상대로 윈도우, 우분투 6.06 이상, 맥 OS 10 이상의 운영체제 환경과 파이어폭스 1.5 이상의 브라우저 환경에서 인터넷뱅킹을 사용할 수 있게 요구하였으나 3심에서 모두 패소했다. 하지만 이러한 노력 끝에 현재 많은 은행이 다양한 브라우저에서 인터넷뱅킹을 이용할 수 있는 '오픈뱅킹' 서비스를 시행 중이다.

1.2.3 웹 사용성

'웹 사용성Web Usability'은 사용자가 웹사이트를 사용하면서 얻는 경험적 만족도와 얼마나 웹사이트를 편리하고 정확하게 사용할 수 있는지에 대한 방법론 등을 말한다. 인터넷이라는 복합적인 환경에서 웹사이트는 사용자의 경험에 영향을 주는 많은 요소를 포함하고 있기 때문에 웹 사용성은 시스템 환경에도 영향을 많이 받는다.

장애인차별금지법으로 웹 접근성 국가표준인 '한국형 웹 콘텐츠 접근성 지침 2.0'은 많이 주목을 받았지만 단체표준인 '장애인 웹 콘텐츠 사용성 지침 1.0(TTAK.OT-10.0924, 제정일 : 2010.12.23)'은 많이 알려지지 않았다. 하지만 사용성이 좋은 웹 콘텐츠를 설계하려면 참고하는 것이 좋다. 그러나 '장애인'이라는 불리한 조건을 고려하다 보면 특정 계층에게만 유리한 설계가 될 수 있다는 점에서 '유니버설 디자인'의 중요성이 부각된다.

유니버설 디자인Universal Design은 별도로 개조하거나 특별히 설계하지 않아도 모든 사람이 최대한 사용하기 쉽게 만들어진 제품과 환경에 대한 디자인을 의미한다. 이 용어는 노스캐롤라이나 주립대학의 CUD Center for Universal Design 설립자이자 건축가인 故 로널드 메이스 Ronald L. Mace가 사용하기 시작한 것으로 알려져 있다.

유니버설 디자인의 철학은 그 대상을 모든 사람 all people이나 가능한 많은 사람 as many people as possible으로 규정했다는 사실에서 찾을 수 있다. 그래서 무장애 디자인 barrier-free design이나 접근 가능한 디자인 accessible design처럼 장애인, 고령자 등 특정 계층만을 향하지 않는다.

어떤 유형이든 간에 핸디캡 handicap(장애나 불리한 조건 등을 통칭함)을 가지고 있는 사람은 핸디캡 때문에 자신이 다른 사람과 구별되는 것을 원치 않는다. 무장애 디자인이나 접근 가능한 디자인은 핸디캡이 있다는 전제 하에 생겨난 개념이다. 이것은 디자이너 입장에선 배려이지만, 당사자에겐 다른 취급이다.

다른 취급을 한다는 것은 구별과 차별을 낳는다. 지하철의 휠체어 리프트와 엘리베이터가 좋은 예다. 휠체어를 이용하는 사람이 휠체어 리프트와 엘리베이터를 이용하는 장면을 상상해보자. 휠체어 리프트 이용은 추락 위험과 높이 공포라는 드러난 문제 외에도 주변 보행자의 시선이 집중된다. 이런 상황은 누구나 경험하고 싶지 않을 것이다.

반면에 엘리베이터는 다른 취급을 받지 않아도 지하철을 이용할 수 있기 때문에 장애인, 고령자, 임산부, 무거운 짐을 든 사람 등 좀 더 다양한 사람을 만족시킨다. 지하철의 휠체어 리프트가 무장애 디자인이나 접근 가능한 디자인에 가깝다면 엘리베이터는 유니버설 디자인에 가깝다고 볼 수 있다.

초기 시설 비용 측면에선 리프트가 엘리베이터보다 적게 들지만, 이용 효율성 면에선 엘리베이터가 훨씬 경제적이다. 이처럼 유니버설 디자인을 적용하면, 대상이 다양해지고 넓어지고 이용 만족도가 향상되어 수익성을 높일 수 있다.

유니버설 디자인은 보편성에 가치를 두고 있다. 특정 핸디캡만을 극복하고자 한다면, 그것은 이미 특별한 special 디자인인 셈이다. 현실적으로 어떤 제품이나 환경도 모두를 만족시킬 순 없다. 모두가 만족하는 제품이나 환경이 있었다면 유니버설 디자인은 필요하지 않았을 것이다. 그래서 유니버설 디자인은 달성해야 하는 목표 goal보다는 문제 해결을 위한 과정 process으로 이해하는 것이 좋다.

출처: 웹 접근성 연구소 전문가 칼럼 「유니버설 디자인이란?」, 노주환 (2006.11.2)

결국 웹 접근성이 웹 사용성으로 이어지고, 이를 특정 계층을 향하지 않는 모든 계층이 사용하기 편리하게 설계하는 것이 가장 중요한 지향점이 될 것이다.

1.2.4 웹 표준과 웹 접근성의 관계

가장 기본이 되는 웹 표준은 그림 1.6과 같이 웹 호환성과 웹 접근성을 높이는 수단이 된다. 보편적으로 웹 표준을 준수하면 웹 접근성과 웹 호환성이 향상된다. 물론 각 고유한 영역이 존재하여 모든 것이 정비례하지는 않을 수 있지만 영향을 미치는 것은 사실이다.

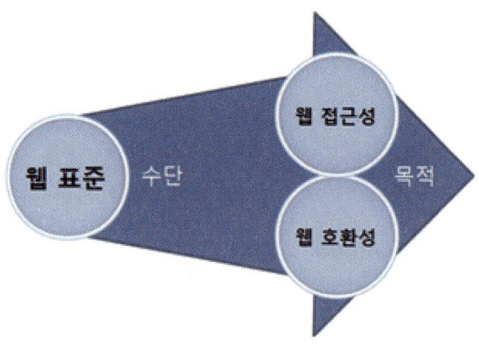

그림 1.6 웹 표준이 미치는 영향

먼저 웹 표준을 준수하면 최근 높아진 웹 브라우저의 표준 지원율에 따라 다양한 브라우저에서 동일한 화면을 보여준다. 높아진 웹 호환성은 곧 넓은 의미에서의 웹 접근성 향상에 도움이 된다.

1.2.4.1 선형화해서 논리적인 순서 확보

웹 표준을 준수하는 경우 주로 HTML에서는 뼈대와 같은 구조화된 마크업만을 사용하고, CSS로 모양이나 디자인에 관한 내용을 분리하여 구조는 변하지 않으면서 다양한 디자인이 적용되게 할 수 있다. 이것은 곧 시각장애인이 웹 콘텐츠를 이해하려고 화면 낭독기를 사용하는 데 표현과 관계된 내용은 모두 제거하고 남아 있는 문서의 구조와 내용만을 읽어 나가는 화면 낭독기 방식에 적합하다는 의미와 같다. 예를 들어 웹 표준 이전의 개발 방식인 테이블 태그를 이용하는 위치 기반의 화면 구성은 화면 낭독기에서 표로 인식해 논리적인 순서와 상관없이 무조건 왼쪽에서 오른쪽으로 읽어나가고, 표의 오른쪽 끝에 도달하면 다시 한 칸 아래로 내려와 반대로 왼쪽 방향으로 이동해서 읽어나가야 한다. 이러한 표의 구조 속에서는 정보를 이해하는 것은 매우 어렵다.

하지만 웹 표준 방식대로 구조와 표현 영역이 분리될 수 있다면 웹 콘텐츠의 의미에 맞는 논리적인 순서로 읽어나갈 수 있게 된다. 마치 책의 목차처럼 제목과 내용이 무엇인지 이해하고, <h> 태그간에 이동할 수 있는 기능 키로 원하는 콘텐츠를 확인할 수 있다. 이렇게 문서의 구조 정보만을 읽고 화면의 표현을 제거하는 것을 CSS 제거라고 하며 CSS를 제거하고 남아 있는 내용은 모양이 태그의 코딩 순서대로 나열되는 것을 '선형화'라고 한다.

선형화가 이루어져야 화면 낭독기에서 정보를 이해하기 쉽다. 그림 1.7과 같이 테이블 형태에 콘텐츠를 배치한 경우는 소스도 길지만 CSS를 제거해도 콘텐츠가 선형화되지 않는다. 예를 들어 메뉴 제목은 메뉴1, 메뉴2 등의 제목이기 때문에 제목을 의미하는 태그인 <h1>, <h2> 등 의미적으로 구분되어 자유롭게 위치를 변경할 수 있지만, <table> 태그는 고정된 위치에서 단순히 모양만 나타내며 화면 낭독기에서도 좌에서 우, 상에서 하의 방향으로만 읽어 콘텐츠를 의미적으로 이해하기는 어렵다.

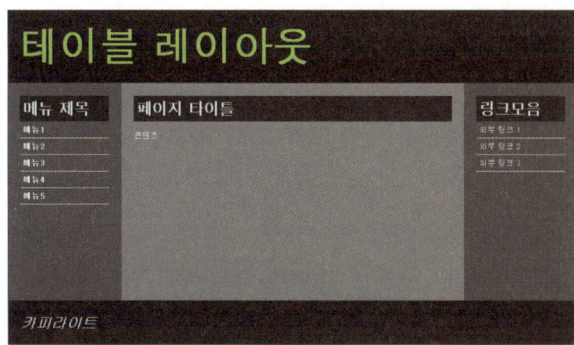

그림 1.7 테이블 레이아웃

```
<!DOCTYPE html PUBLIC "-//W3C//DTD XHTML 1.0 Transitional//EN"
"http://www.w3.org/TR/xhtml1/DTD/xhtml1-transitional.dtd">
<html xmlns="http://www.w3.org/1999/xhtml">
<head>
<meta http-equiv="Content-Type" content="text/html; charset=euc-kr" />
<title>Table for Layout</title>
<link href="TableForLayout.css" rel="stylesheet" type="text/css" />
<style>
* { font-size:small; font-family:dotum}
a { font:inherit; color:#FFF; text-decoration:none}
a:hover { text-decoration:underline}
#moveTo { position:absolute; top:4em; right:2em}
#header { font-size:5em; color:#b1fb00; font-weight:bold;
background:#2e2e2e}
```

― 헤더 CSS

```
#menu th { font-size:x-large; font-weight:bold; color: #fff; text-
align:left}
#menu td { font-size:small; font-weight:bold; color:#FFF}
#menu td.line { height:1px; padding:0; background:#FFF}
#pageTitle { margin-bottom:1em; background:#3a3a3a}
#pageTitle th,
#link th { font-size:x-large; font-weight:bold; color: #fff; text-
align:left; background:#3a3a3a}
#text { color:#FFF;}
#links { margin-bottom:1em}
#links th { font-size:x-large; font-weight:bold; color: #fff; text-
align:left; background:#3a3a3a}
#links td { color:#FFF}
#links td.line { height:1px; padding:0; background:#FFF}
#footer { font-family: Verdana; font-size:x-large; font-weight:bold;
font-style:italic; color:#FFF}
</style>
</head>
<body style="margin:0">
<table width="100%" border="0" cellspacing="0" cellpadding="20">
    <tr>
        <td colspan="3" valign="top" id="header">테이블 레이아웃</td>
    </tr>
    <tr>
        <td width="20%" height="300" valign="top"
        ↪style="background:#666">
        ↪<table width="100%" border="0" cellspacing="0" cellpadding="5"
        ↪id="menu">
    <tr>
        <th style="height:30px; background:#3a3a3a">메뉴 제목</th>
    </tr>
    <tr>
        <td>메뉴1</td>
    </tr>
    <tr>
        <td class="line"></td>
    </tr>
    <tr>
        <td>메뉴2</td>
    </tr>
```

좌측메뉴 CSS

공통 타이틀 CSS

링크 모음 CSS

카피라이트 CSS

헤드 html

좌측메뉴 html

```
            <tr>
                <td class="line"></td>
            </tr>
            <tr>
                <td>메뉴3</td>
            </tr>
            <tr>
                <td class="line"></td>
            </tr>
            <tr>
                <td>메뉴4</td>
            </tr>
            <tr>
                <td class="line"></td>
            </tr>
            <tr>
                <td>메뉴5</td>
            </tr>
            <tr>
                <td class="line"></td>
            </tr>
</table></td>
            <td width="60%" height="300" valign="top"
            ↳style="background:#999">
            ↳<table width="100%" border="0" cellspacing="0"
            ↳cellpadding="5" id="pageTitle">
             <tr>
                <th style="height:30px">페이지 타이틀</th>
             </tr>
</table>
<table width="100%" cellspacing="0">
    <tr>
        <td id="text">콘텐츠</td>
    </tr>
</table></td>
            <td width="20%" height="300" valign="top"
            ↳style="background:#626262">
            ↳<table width="100%" border="0" cellspacing="0" cellpadding="5"
            ↳id="links">
        <tr>
            <th style="height:30px; background:#3a3a3a">링크모음</th>
```

― 좌측메뉴 html

― 콘텐츠 html

― 링크모음 html

```
            </tr>
            <tr>
                <td>외부 링크 1</td>
            </tr>
            <tr>
                <td>외부 링크 2 </td>
            </tr>
            <tr>
                <td class="line"></td>
            </tr>
            <tr>
                <td>외부 링크 3</td>
            </tr>
            <tr>
                <td class="line"></td>
            </tr>
</table></td>
    </tr>
    <tr>
        <td colspan="3" valign="top" id="footer"
        ↪style="background:#333">카피라이트</td>
    </tr>
</table>
</body>
</html>
```

— 링크모음 html

— 카피라이트 html

테이블 코딩은 의미 순서나 구조 순서를 고려하지 않고, 단순히 콘텐츠의 위치를 정하려고 잘못 활용한 사례. 하지만 그림 1.8과 같이 웹 표준 방식으로 코딩하면 같은 디자인을 유지하면서도 논리적인 순서로 선형화된다.

그림 1.8 웹 표준 레이아웃

```html
<!DOCTYPE html PUBLIC "-//W3C//DTD XHTML 1.0 Transitional//EN"
"http://www.w3.org/TR/xhtml1/DTD/xhtml1-transitional.dtd">
<html xmlns="http://www.w3.org/1999/xhtml">
<head>
<meta http-equiv="Content-Type" content="text/html; charset=euc-kr" />
<title>CSS Layout</title>
<link href="CSSLayout.css" rel="stylesheet" type="text/css" />
<style>
* { margin:0; padding:0; font-size:small; font-family:dotum}
h1 { font-size:5em; color:#b1fb00; font-weight:bold; background:#2e2e2e; padding:20px}
h2 { padding:5px; font-size:x-large; font-weight:bold; color:#FFf; background:#3a3a3a; margin:20px; margin-bottom:0}
h3 { padding:5px; font-size:x-large; font-weight:bold; color:#FFf; background:#3a3a3a; margin:20px; margin-bottom:0}
a { font:inherit; color:#FFF; text-decoration:none}
a:hover { text-decoration:underline}
#moveTo { position:absolute; top:4em; right:2em}
#center { position:relative; overflow:hidden; width:100%;}
#menu {    position:relative; width:20%;     background:#666; float:left; height:300px}        ┐
#menu ul { margin:20px; margin-top:0; padding:0}                                                ├ 좌측메뉴 CSS
#menu li { padding:5px; border-bottom:1px solid #FFF; font-weight:bold; color:#FFF; list-style:none}  ┘
#content { position:relative; background: #999; font-size:small; font-family:Verdana; color:#FFF; width:60%; float:left; height:300px}  ┐
#content h3 { margin-bottom:1em}                                                                 ├ 본문 CSS
#text { margin:20px; margin-top:0; line-height:150%; font-family:Verdana}                        ┘
#links { position:relative; float:left; background:#626262; width:20%; clear:right; height:300px}  ┐
#links ul { margin:20px; margin-top:0; padding:0}                                                   ├ 링크모음 CSS
#links li { padding:5px; border-bottom:1px solid #FFF; color:#FFF; list-style:none}               ┘
#footer { position:relative; clear:both; background: #333; font-family: Verdana; font-size:x-large; font-weight:bold; color:#FFF; padding:20px }  ─ 카피라이트 CSS
</style>
</head>
<body>
<h1>웹표준 레이아웃</h1>
```

```
<div id="center">
    <div id="menu">
        <h2>메뉴 제목</h2>
        <ul>
            <li>메뉴1</li>
            <li>메뉴2</li>
            <li>메뉴3</li>
            <li>메뉴4</li>
            <li>메뉴5</li>
        </ul>
    </div>
    <div id="content">
        <h3>페이지 타이틀</h3>
        <div id="text">콘텐츠</div>
    </div>
    <div id="links">
        <h3>링크모음</h3>
        <ul>
            <li>외부 링크 1</li>
            <li>외부 링크 2</li>
            <li>외부 링크 3 </li>
        </ul>
    </div>
</div>
<address id="footer">카피라이트</address>
</body>
</html>
```

― 좌측메뉴 html
― 본문 html
― 링크모음 html
― 카피라이트 html

이렇게 웹 표준을 준수하여 코딩하면 구조와 표현이 분리되고 코드의 길이도 매우 짧아진다. 또한 화면 낭독기 사용자도 이해하기 쉽게 콘텐츠를 나열해준다.

1.2.4.2 기본적인 문법을 준수해서 견고성 확보

한국형 웹 콘텐츠 접근성 지침 2.0에서는 이전 1.0 버전에서 없었던 '표준문법 준수' 항목이 추가되었다. 이 항목은 표준문법을 준수해서 앞으로 다양한 사용자 에이전트에서도 견고하게 동작할 수 있게 하기 위한 지표로 의미가 있다. 웹 접근성 측면에서도 웹 표준 준수가 직접적인 영향이 있다고 증명하는 셈이다.

1.2.5 웹 표준과 웹 호환성의 관계

웹 표준을 준수하면 표준규격을 지원하는 브라우저에 의해 기본적인 호환성을 보장받는다. 다만 특화된 일부 기능이나 스타일은 완벽한 호환을 이룰 수 없다. 따라서 호환성은 크게 두 가지로 나누어 생각할 수 있다. 그림 1.9와 같이 약속된 표준을 기준으로 서로 다른 종류의 기기가 호환되는 표준 방식의 호환성이 있고, 하나의 표준은 아니지만 어댑터와 같이 상호 연결할 수 있는 방식으로 상호 호환이 가능하게 하는 비표준 방식의 호환성이 있다. 예를 들어 액티브엑스를 사용하지 않으려는 노력은 표준 호환성을 지향하는 것이고, 액티브엑스와 대체 기술을 함께 사용하는 경우는 표준을 적용한 것은 아니지만 비표준 방식으로 호환성을 확보한 것이라고 할 수 있다. 따라서 꼭 웹 표준을 준수해야만 호환성을 확보하는 것은 아니다.

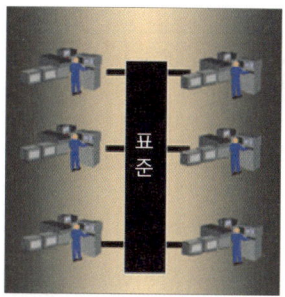
표준 호환성

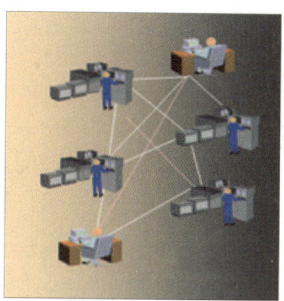
비표준 호환성

그림 1.9 호환성의 구분

1.2.6 정확한 용어 사용의 중요성

다소 지루할 만큼 각 용어의 세부적인 의미를 살펴보았다. 결론적으로 현재 시장에서 쓰이는 용어는 대부분 협의적 의미로 통한다. 따라서 다양한 이슈에서 정확하게 용어를 사용했으면 좋겠다.

[상황 1] 제안회의

류과장 : 김대리, 이번 프로젝트는 웹 접근성 프로젝트니까 핵심에 잘 맞춰서 제안서를 쓰세요.

김대리 : 네. 그럼 3종 브라우저로 맞추고, 액티브엑스는 사용하지 않겠습니다.

[상황 1]에서는 김대리가 생각하는 웹 접근성은 웹 호환성을 포함한다. 그렇다면 넓은 의미에서 생각하고 있거나 이해가 부족하기 때문일 것이다. 사실 지시를 내리는 상급자는 웹 접근성이 뭘 의미하는지 제대로 이해하지 못하고 그냥 지시하는 경우도 굉장히 많다. 따라서 답변을 듣고 나서 반대로 이해하는 경우도 많이 볼 수 있다.

이런 상황에서는 [상황 2]와 같이 대화를 풀어나가는 것이 좋다.

[상황 2] 제안회의

류과장 : 김대리, 이번 프로젝트는 웹 접근성 프로젝트니까 핵심에 잘 맞춰서 제안서를 쓰세요

김대리 : 류과장님.. 웹 접근성의 범위가 어떻게 되나요? 기본적인 개념은 웹 브라우저나 기기의 호환성과 장애인이나 고령자가 이용할 수 있게 환경을 만들어주는 접근성을 말하는데 제안요청서에 어떻게 되어 있나요?

류과장 : 그래? 웹 표준 지키고 그러는 거 아니야?

김대리 : 아직은 웹 접근성의 의미가 장애인접근성에 많이 치우쳐 있고, 액티브엑스도 사용하면 안 된다기보다 국가표준에 맞추어 이용하면 가능하거든요. 현재의 웹 접근성을 준수하려면 액티브엑스를 사용하더라도 각 메뉴나 입력 서식에서 대체 텍스트나 레이블을 사용해 음성지원을 받아 키보드로 기능을 이용할 수 있으면 준수한 것으로 보고 있습니다. 이번 웹사이트 개선에 액티브엑스 전용 솔루션도 많아서 좀 더 확인이 필요합니다.

류과장 : 아 그렇군.. 그럼 제안요청서 자세히 읽어보고 우선은 범위를 잘 정해봅시다. 김대리 공부 많이 했네?

김대리 : 아. 네. 하하. 뭘요. 우선은 그렇지만 앞으로는 호환성, 사용성까지 높일 수 있게 하는 방안으로 제안한다면 더 좋은 점수를 얻을 수 있을 겁니다.

류과장 : 아, 역시 김대리. 훌륭하네. 이번 프로젝트를 하면서 나도 공부 좀 해야겠어.

웹 관련 직종에 종사하는 개발자는 2008년부터 현재까지 웹 표준, 웹 호환성, 웹 접근성, 웹 사용성 용어를 수없이 많이 들어왔을 것이다. 하지만 웹 접근성과 액티브엑스의 관계, 웹 표준과 호환성의 범위 등을 제대로 이해되지 못한 환경에서는 좀 더 구체적으로 의사소통하는 것이 좋다. 물론 앞으로는 표준 준수와 보조기술의 발전 등으로 장애인도 다양한 브라우저에서 웹을 이용할 수 있는 환경이 되었으면 좋겠다.

국내에서 가장 점유율이 높은 센스리더도 다양한 브라우저를 지원하려고 업데이트를 시작했다. 화면 낭독기가 다양한 브라우저를 지원한다면 화면 낭독기 사용자가 접근할 수 있는 환경이 넓어지면서 선택권도 생길 것이다. 그렇다면 웹 접근성이 다

양한 사용자층만 고려하는 것이 아닌 다양한 환경과 기기에서도 접근이 가능한지를 나타내는 진정한 의미의 '웹 접근성'이란 용어로 사용될 수 있을 것이다.

1.3 장애인차별금지법

장애인차별금지법은 1990년대 이후 여러 국가에서 제정되어 시행되어 왔다. 물론 우리가 장애인차별금지법을 다루는 이유는 '웹 접근성' 때문이다. 그러나 장애인차별금지법의 영역은 웹 접근성을 포함하는 정보 접근과 정보통신 영역뿐만 아니라 고용, 교육, 재화와 용역, 토지와 건물, 금융상품과 서비스, 시설물, 교육, 이동과 교통수단 등 모든 생활 영역을 다루고 있다. 따라서 여기에서는 웹 접근성과 관련된 내용을 중심으로 다루겠다.

1.3.1 장애인차별금지법의 의미

장애인차별금지법이란 말 그대로 장애인의 차별을 금지한다는 법이다. 그리고 차별했다면 적절한 구제를 통해 차별받은 장애인의 권익을 보호하겠다는 취지에서 만들어졌다. 그래서 장애인차별금지법의 정확한 법률명은 「장애인차별금지 및 권리구제 등에 관한 법률」이다.

해외의 선진국은 우리나라보다 앞서서 장애인차별을 금지하는 법률을 제정하여 시행해왔다. 해외에서 제정되었던 주요국의 장애인차별금지법을 표 1.2에서 살펴보자.

표 1.2 해외 주요국의 장애인차별금지법 제정 현황

국명	시기	법률명
미국	1990년	미국 장애인 법(ADA, Americans with Disabilities Act)
	1998년	재활법 508조(Section 508 of Rehabilitation Act)
	2010년	21세기 통신 및 비디오 접근성 법 (The 21st Century Communication & Video Accessibility Act of 2010)
호주	1992년	장애인차별금지법(DDA, Disability Discrimination Act)
영국	1995년	장애인차별금지법(DDA, Disability Discrimination Act)
독일	2002년~2005년	장애인평등법(DDA, Disability Discrimination Act)

* 홍콩(1995년), 스웨덴(1999년), 노르웨이(2001년) 등도 장애인차별금지법 제정

미국은 다양한 영역에서의 차별을 방지하려고 3가지 법을 개정해서 보완해왔으며, 독일도 2002년부터 시작하여 2005년까지 3년여에 걸쳐 모든 연방에서 장애인 평등법이 제정되어 시행 중이다. 장애인의 차이는 인정하지만 차별은 안 된다는 사회적 분위기 조성과 장애인의 인권을 존중하고 차별하지 않는 사회를 만들어가려는 노력은 이미 전 세계적으로 정착되고 있다.

이런 영향 속에서 우리나라에서도 2007년 4월에 장애인차별금지법이 제정되었고, 2008년부터 시행되었다.

장애인차별금지법의 주요 내용은 표 1.3과 같다.

표 1.3 장애인차별금지법의 주요 내용

장애인차별금지 및 권리구제 등에 관한 법률('07.4 제정, '08.4 시행)
• 모든 생활 영역에서 장애를 이유로 차별을 금지하고, 장애를 이유로 차별 받은 사람의 권익을 효과적으로 구제하기 위해 제정(관련조항: 법21조 및 시행령 14조)
• 정당한 편의의 내용, 행위자에 대한 단계적 범위, 불이행 시 처벌조항, 권리구제절차 등이 구체적으로 명시
• 모든 공공기관은 2009년 4월 11일부터, 모든 법인은 2013년 4월 11일부터 의무적용, 단계적으로 2015년까지 모든 웹사이트가 웹 접근성을 준수해야 함

이 법이 파급 효과를 크게 가져온 이유는 웹 접근성을 준수하지 않을 경우 처벌조항이 매우 구체적으로 명시되어 있다는 점이다. 특히 시행해야 하는 시점도 단계적으로 개선할 수 있는 시간을 충분히 준 상태여서 웹 접근성 준수 의무화 시기가 이미 도래한 모든 기업의 입장에서는 장애인차별금지법에 관심이 높다. 법률 전체 관련 내용은 법제처 국가법령정보센터(http://www.law.go.kr)에서 법률 원문으로 확인할 수 있다.

> **팁**
>
> 웹 접근성을 다루고 있는 국내 법률은 장애인차별금지법 이외에도 국가정보화기본법, 장애인복지법 등이 있다(자세한 내용은 부록을 참고하자).
>
> ◎ 국가정보화기본법 ('13.5 개정, '13.11 시행)
> 기존 「정보화촉진기본법」 전부를 개정한 법으로 제32조 1항에서 장애인·고령자 등의 정보접근과 이용보장의 의무화를 명시하였으며, 2013년 5월에는 웹 접근성 품질인증마크제도를 국가임의인증으로 승격시켰다.

◎ 장애인복지법('11. 3 일부 개정)
장애인복지법에서는 제22조에서 국가와 지방자치단체는 장애인이 정보에 원활하게 접근하고 자신의 의사를 표시할 수 있게 전기통신·방송시설 등을 개선하려고 노력해야 한다고 명시한다.

하지만 웹 접근성이 부각된 법률은 단연 장애인차별금지법이라고 볼 수 있다. 이 법률은 대상이 국가와 지방자치단체에 한정되어 있지 않고 민간의 모든 법인까지 확대되어 있으며 불이행 시 처벌 조항이 있기 때문이다.

장애인차별금지법의 주요 내용을 살펴보았다. 이제 적용 시기와 대상, 준수하지 않았을 때의 처벌규정과 절차 등을 자세하게 알아보자.

1.3.2 웹 접근성 의무적용 시기

민간 일반 공연장과 소공연장, 300석 이상의 영화상영관, 사립박물관과 미술관을 제외하고는 현재 시점에서 모두 웹 접근성을 의무적으로 적용해야 하는 시기다.

장애인차별금지법 시행령 14조 1항 『별표 3』을 요약해보면 표 1.4와 같다.

표 1.4 웹 접근성 준수 단계적 범위

대상 기간	공공 기관	교육기관	의료기관	복지시설	문화예술체육	법인
'09. 4. 11	공공 기관	특수학교/ 특수학급이 있는 국공립학교/ 장애전담보육시설	종합병원	사회복지시설/ 장애복지시설		
'10. 4. 11					국공립문화예술기관/ 국공립(대학) 박물관·미술관/ 국립중앙도서관/ 공공도서관	
'11. 4. 11		국공립유치원/ 초·중·고 대학교/ 보육 시설(100인 이상)/ 영재학교 및 영재교육원	일반병원/ 치과/ 한방병원 (입원 30인 이상)			

이어짐

대상 기간	공공 기관	교육기관	의료기관	복지시설	문화예술체육	법인
'12. 4. 11					민간종합공연장/ 사립대학박물관·미술관	
'13. 4. 11		사립유치원/ 평생교육시설/ 연수기관/직업훈련기관/ 보육시설(100인 이하)	그 외 병원(입원 30인 이하)		체육관련 행위자	모든 법인
'15. 4. 11					민간 일반공연장 및 소공연장/ 영화상영관(300석~)/ 사립박물관·미술관	

따라서 가장 시급한 영역과 적용의 어려움 등을 고려해 단계적으로 적용할 수 있는 시간을 미리 제공했지만, 많은 기업이 해당 내용을 뒤늦게 안 경우도 많고, 관심이 아예 없는 경우도 있어 단계적 범위에 맞게 적용된 비중은 아직 높지 않다. 하지만 정부기관, 공공기관 등과 대기업, 금융권 등을 중심으로 웹 접근성 개선과 장애인차별금지법 적용 프로젝트가 2010년부터 지속적으로 이루어지고 있다. 각 기업의 법무팀은 장애인차별금지법을 해석하고 이를 바탕으로 준비해온 것이다.

1.3.3 법에서 명시한 웹 접근성 대상

여기서는 법에서 명시한 웹 접근성 적용 대상을 살펴보자.

1.3.3.1 전자정보 vs 웹사이트에서 제공하는 정보

장애인차별금지법에서는 제21조에서 '전자정보 및 비전자정보에 대하여 장애인이 장애인 아닌 사람과 동등하게 접근할 수 있도록 제공해야 한다'고 명시하고 있다. 따라서 웹 접근성 측면에서는 '전자정보'에 대한 접근성이 필요하다고 볼 수 있다. 그러나 의문점이 생겼다. 시행령 제14조에서는 '누구든지 신체적, 기술적 여건과 관계없이 웹사이트를 이용할 수 있도록 접근성을 보장하라'고 명시되어 있기 때문이다. 법에 의하면 '전자정보'에 대해, 시행령에 의하면 '웹사이트'에 대해서라는 웹 접근성을 준수해야 할 범위의 차이가 발생한다.

1.3.3.2 장애인차별금지법의 취지

장애인차별금지법의 취지를 다시 생각해보자. 모든 생활 영역에서 장애인을 차별하지 말자는 것이다. 그렇다면 장애인은 웹사이트에서만 정보를 얻는 것일까? 법은 한번 발효되면 국회를 비롯한 다양한 절차를 거쳐서 수정이 가능하지만 시행령은 이보다는 더 간결한 절차를 거쳐 수정할 수 있으므로 보통 법령은 선언적인 표현이 되고, 시행령은 이를 좀 더 구체적으로 제시하는 경우가 많다. 따라서 시행령은 당시의 기준이 적용될 때가 많은데, 법 제정 당시에는 웹사이트를 주로 사용했기 때문에 웹사이트로 표기되어 있다. 하지만 현재는 웹사이트뿐만 아니라 모바일 애플리케이션과 같은 새로운 영역이 존재한다. 모바일을 활용한 정보 접근에도 당연히 접근성은 준수되는 것이 장애인차별금지법의 취지라고 할 수 있다. 따라서 우선적으로 웹사이트부터 시작된 웹 접근성은 점차적으로 모바일, 소프트웨어, 제품, 서비스 등 다양한 영역으로 확대될 것이다.

> **팁**
>
> 장애인차별금지법에서 정보접근성의 대상으로 '전자정보'와 '비전자정보'를 명시하고 있는데 웹 접근성 준수와 관련이 있는 '전자정보'의 의미는 다음과 같다.
>
> ❶ 장애인차별금지법 제3조 제8호
>   제3조 8. 가. "전자정보"라 함은 「국가정보화 기본법」 제3조 제1호에 따른 정보를 말한다.
>
> 다시 국가정보화기본법 제3조 1호를 보면 다음과 같다.
>
> ❷ 국가정보화기본법 제3조 제1호
>   제3조(정의) 이 법에서 사용하는 용어의 뜻은 다음과 같다.
>   1. "정보"란 특정 목적을 위하여 광(光) 또는 전자적 방식으로 처리되어 부호, 문자, 음성, 음향 및 영상 등으로 표현된 모든 종류의 자료 또는 지식을 말한다.
>
> 결국 '전자정보'는 '광 또는 전자적 방식으로 처리된 모든 정보'를 의미한다.

따라서 시행령 제14조에서 명시한 '접근성이 보장되는 웹사이트'라는 표현에도 불구하고 **모바일 웹, 모바일 앱** 등 '광 또는 전자적 방식의 정보를 제공'하는 모든 정보의 접근성을 준수하는 것이 법 도입의 취지에 부합된다고 할 수 있다.

1.3.3.3 미국 장애인 법 제·개정의 취지

미국은 제정 당시 법률에 해당되지 않는 영역에서 장애인 차별을 방지하려고 3차례나 영역을 보완하였다. 기존 법에서 명시되지 않은 영역을 포함해가면서 추가로 새로운 법을 제정할 정도로 모든 영역에서 장애인을 차별할 수 없게 노력하고 있다. 미국은 1990년부터 2010년까지 장애인 차별을 금지하는 법을 만들었는데, 당시 제공되지 않던 서비스를 모두 확정하려고 지속적으로 법을 추가 제정해서 인간이 누리는 모든 영역에서 차별이 없도록 하고 있다.

예컨대 우리나라의 장애인차별금지법과 달리 미국의 장애인 법은 인터넷 등이 활성화되지 않은 1990년도에 제정되었다. 정보통신 분야와 관련하여 명확한 준수 규정을 제시하지 않아서 혼란이 생기자 1998년에 재활법 508조에서 연방정부가 개발하거나 조달, 유지보수하는 모든 전자정보를, 2010년에는 일명 '21세기 법'을 만들어 통신, 비디오 영역을 포함하는 모든 정보의 접근성을 의무화해서 장애인 차별 금지 의지를 분명히 하였다(표 1.5 참조).

표 1.5 미국 장애인 법의 영역 확대

시기	제정된 법률명	영역
1990년	「미국 장애인 법 (ADA: Americans with Disabilities Act)」	건물, 교통, 고용, 의료, 교육 등
1998년	「재활법 508조 (Section 508 of Rehabilitation Act)」	연방정부에 의해 개발, 조달, 유지·보수 및 사용되는 모든 전자 정보기술의 데이터와 정보
2010년	「21세기 통신 및 비디오 접근성 법 (The 21st Century Communication & Video Accessibility Act of 2010)」	통신 및 비디오 프로그래밍 분야

1.3.4 법을 준수하지 않을 경우

법을 준수하지 않을 경우에는 진정이나 민형사상 소송으로 권리 구제 절차가 이루어진다.

장애인이 피해를 입은 사실이 있다면 이를 국가인권위원회에 진정하거나 사법기관에 고발, 법원에 손해배상을 청구할 수 있다. 이러한 권리 구제 절차는 그림 1.10과 같다.

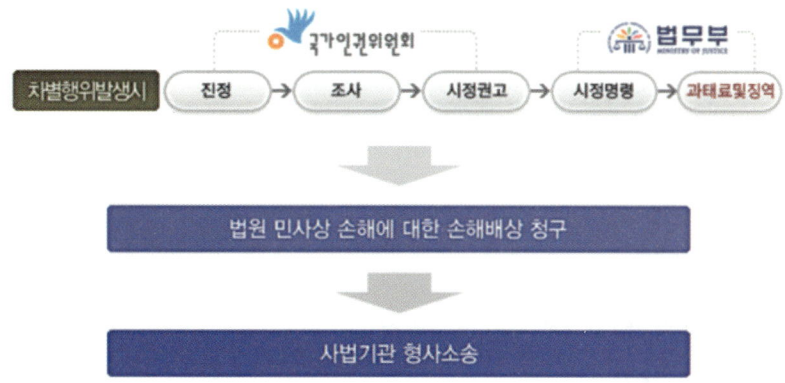

그림 1.10 장애인차별금지법 권리 구제 절차 (출처: 보건복지부)

먼저 국가인권위원회에 진정을 접수하면 진정인과 피진정인에게 차별 여부를 조사하고 시정사실이 있다면 시정권고를 할 수 있다. 그러나 시정권고를 불이행하면 법무부로 넘겨져 중지나 원상회복, 개선 등의 시정명령을 받을 수 있고 이 과정에서조차도 이행하지 않으면 과태료(3천만 원 이하)를 부과받는다. 이때 고의나 악의 여부를 판단하여 형사소송까지 이어질 수 있다.

더욱 중요한 것은 웹 접근성을 준수하지 않을 경우 민사상 손해 부분을 법원에 손해배상 청구할 수 있으며 수사기관에서 형사소송이 진행되는 경우 해당 차별행위가 악의적이라고 판단되면(고의성, 지속/반복성, 보복성 등 고려) 3년 이하의 징역이나 3천만 원 이하의 벌금을 부과할 수 있다.

> 제46조 (손해배상)
> 누구든지 이법의 규정을 위반하여 타인에서 손해를 가한 자는 그로 인하여 피해를 입은 사람에 대하여 손해배상책임을 진다.

1.3.5 진정 가능한 대상

진정은 장애인 차별행위로 인한 피해 사실을 아는 사람은 누구나 가능하다. 사실 진정 제도를 이용하여 실제 피해 사실을 입었는지의 관점이 아니라 웹 접근성 개선이나 컨설팅을 유도하려고 장애인을 이용하여 진정행위를 할 수도 있다. 소위 악의적인 의도로 진정을 넣을 수도 있다는 것이다. 또한 진정 내용이 중대하다고 인정될 때는 국가인권위원회가 직권으로 조사할 수도 있다. 기본적인 웹 접근성을 준수하고 있지 않다면 늘 이렇게 잠재적인 진정의 대상이 될 수 있다.

> ▫ 제38조 (진정)
> 이 법에서 금지하는 차별행위로 인하여 피해를 입은 사람(이하 "피해자"라 한다.) 또는 그 사실을 알고 있는 사람이나 단체는 국가인권위원회(이하 "위원회"라 한다.)에 그 내용을 진정할 수 있다.
>
> ▫ 제39조 (직권조사)
> 위원회는 제38조의 진정이 없는 경우에도 이 법에서 금지하는 차별행위가 있다고 믿을만한 상당한 근거가 있고, 그 내용이 중대하다고 인정할 때에는 이를 직권으로 조사할 수 있다.

1.3.6 입증책임

쉽게 말해 차별 사실은 차별을 당했다고 주장하는 사람이 입증하고, 차별이 아니라는 사실은 상대방이 입증해야 한다. 이것을 '소명'이라고 부르는데 차별하지 않았음을 입증하기 위해 기술적인 부분까지 모두 소명해야 하므로 웹 접근성을 정확히 이해하고 있어야 한다.

> ▫ 제47조 (입증책임의 배분)
> ① 이 법률과 관련한 분쟁해결에 있어서 차별행위가 있었다는 사실은 차별행위를 당하였다고 주장하는 자가 입증하여야 한다.
> ② 제1항에 따른 차별행위가 장애를 이유로 한 차별이 아니라거나 정당한 사유가 있었다는 점은 차별행위를 당하였다고 주장하는 자의 상대방이 입증하여야 한다.

1.3.7 웹 접근성 계획의 중요성

아직까지 웹 접근성을 이해하지 못하거나 눈치를 보다가 웹 접근성을 적용하지 않은 법인이 있을 수 있다. 그렇다면 하루 빨리 개선해야 한다. 사실 단계적 범위를 제시한 것은 그동안 준비하라는 차원이었지만 많은 기업이 미리 준비하지 못했다. 이런 경우 단계적으로 웹 접근성을 준수할 수 있게 계획을 수립하고, 가용 가능한 예산의 규모와 시급도, 중요도에 따라 웹 접근성을 적용해야 한다. 장애인차별금지법에서는 과도한 부담, 현저히 곤란한 사정이 있는 경우는 차별로 인정하지 않는다.

> ▫ 제4조 (차별행위)
>   ① 이 법에서 금지하는 차별이라 함은 다음 각 호의 어느 하나에 해당하는 경우를 말한다. (중략)
>   ③ 제1항에도 불구하고 다음 각 호의 어느 하나에 해당하는 정당한 사유가 있는 경우에는 이를 차별로 보지 아니한다
>   1. 제1항에 따라 금지된 차별행위를 하지 않음에 있어서 과도한 부담이나 현저히 곤란한 사정 등이 있는 경우

1.3.8 국내 진정 사건 접수 현황

2011년 4월부터 2012년 12월까지 웹 접근성 관련 진정 사건(그림 1.11 참조)은 196건으로 전자정보뿐만 아니라 비전자정보를 포함하는 정보접근과 의사소통 영역의 30.6%에 달하는 수준으로 높은 비중을 차지한다. 이 중 46%인 90건이 시정권고 조치되었다.

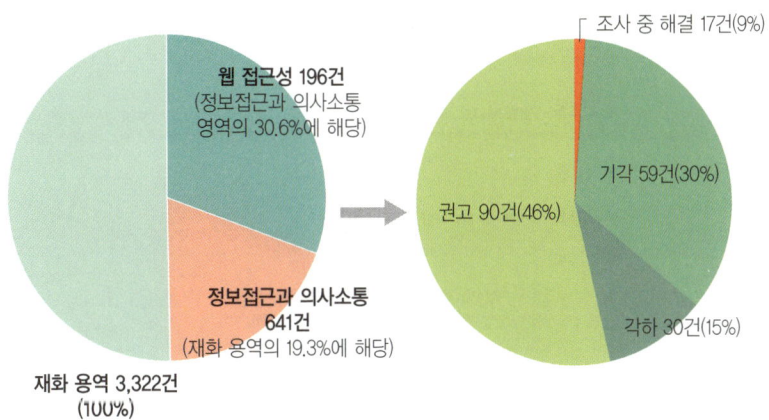

그림 1.11 국내 웹 접근성 관련 진정 현황(2011년 4월11일 ~ 2012년 12월21일) (출처: 국가인권위원회)

1.3.9 국내 진정과 소송 사례

국내에서 있었던 진정 사례와 소송 사례를 살펴보겠다.

1.3.9.1 교육콘텐츠 이러닝 서비스 진정 사례: 2008년

한 시각장애인 교사가 원격교육 연수를 하려고 2008년 1.13~2.17일 사이에 이러닝 e-learning 수강을 하였으나 강의 내용 중 일부가 교육교재로 진행되었음에도 교재를 점자나 파일 형태로 제공하지 않았으며, 강의 내용에도 웹 접근성이 준수되지 않아 시각장애인에게 정당한 편의가 제공되지 않았다고 진정을 제기한 사례다(그림 1.12 참조).

국가인권위원회는 피진정인에게 원격교육 콘텐츠를 웹 접근성을 준수하여 보완하고, 시각장애인용 점자나 파일 형태의 보조교재를 제공하게 권고하였으며, 교육과학기술부 장관에게 이러닝 품질관리 가이드라인을 개정할 것을 권고하였다.

VOICEYE

voiceye.com

1 2008. 1. 21.자 08진차104 결정 [시각장애인에 대한 연수교육 차별]

결정요지

디지털 교육 콘텐츠에 시각적 이미지를 사용하면서 시각장애인용 보조기기인 스크린 리더기가 인식할 수 있는 대체 텍스트를 제공하지 않았고, 키보드만으로는 모든 학습내용을 이용할 수 없는데도 시각장애인을 위한 점자 또는 파일형태의 보조교재가 제공되지 않은 것은 피진정인이 교육·훈련의 이용과 관련하여 장애인을 불리하게 대우함으로써 평등권을 침해한 차별행위임.

참조조문 「헌법」제11조, 「국가인권위원회법」제2조.

진 정 인 ○○○

피진정인 ○○○ 원격교육 연수원장

주 문

1. 피진정인에게 「인터넷 웹 콘텐츠 접근성 지침(KWCGA)」을 참고하여 장애인 접근성이 보장될 수 있도록 원격교육 콘텐츠를 보완할 것과 시각장애인을 위한 점자 또는 파일형태의 보조교재를 제공할 것을 권고한다.

2. 피진정인의 감독기관인 교육과학기술부장관에게 「인터넷 웹 콘텐츠 접근성 지침(KWCGA)」을 참고하여 장애인의 접근성을 보장하기 위한 「e-러닝 품질관리 가이드라인」을 개정할 것을 권고한다.

그림 1.12 교육콘텐츠 이러닝 서비스 진정 사례

1.3.9.2 방송 3사 홈페이지 집단 진정 사례: 2010년

대구에 사는 시각장애 중학생이 평소 즐겨듣던 프로그램을 인터넷에서 제공하는 공식 프로그램을 설치하고도 웹 접근성을 준수하지 않아 이용할 수 없다며 이것이 차별이라는 문제의식에서 시작하여 장애인 단체를 통한 집단 진정으로 이어진 사례다(그림 1.13 참조). 이후 국가인권위원회가 공식 조사가 이루어졌고, 시정권고 조치하였다.

그림 1.13 방송 3사 집단 진정 기자회견 (출처: 장애인차별금지추진연대 웹사이트)

1.3.9.3 대한항공 등 4곳의 민사 소송 사례: 2012년

국내에서 이루어진 최초의 민사 소송 사례로 장애인 당사자 10명이 대한항공, 한전병원, 서울도시철도공사, 서울시(서울시장애인종합 복지관) 등 4곳에 각 5,000만 원씩 총 2억 원을 청구한 사례다(그림 1.14 참조). 웹 접근성과 관련된 첫 민사 소송인 점에서 많은 관심을 받았다. 재판 결과는 법원의 조정 결정으로 마무리되었고, 대한항공은 2014년 5월까지 공식 홈페이지를 한국형 웹 콘텐츠 접근성 지침 2.0에 따라 수정·보완하기로 결정했다. 이를 바탕으로 한국형 웹 콘텐츠 접근성 지침 2.0의 충족 여부가 장애인차별금지법 위반의 기준이 된다는 것을 확인할 수 있는 사례가 되었고, 해당 최종 결과가 앞으로의 민사 소송에 많은 영향을 미칠 것으로 예상된다.

그림 1.14 웹 접근성 민사 소송 기자회견 (출처: 에이블 뉴스)

1.3.10 해외 소송 사례

이번에는 해외에서 소송되었던 사례를 살펴보자.

1.3.10.1 미국 타깃 사 사례

2006년 미국 시각장애인연합회NFB는 시각장애인 학생인 브루스 섹스턴이 타깃Target 사의 웹사이트 회원인데도 상품 구입이 불가능하여 미국 장애인법ADA을 위반했다는 이유로 제소하였다(그림 1.15 참조). 타깃 사는 미국의 유명한 대형 소매업체(미국 내 47개 주에 1,648개의 점포 보유)로 우리나라의 대형마트 회사와 유사한데 온라인 쇼핑몰을 함께 운영 중이었다.

당시 미국 장애인법에는 웹사이트의 접근성을 명시하지 않았고, 물리적인 공간은 접근성을 준수하고 있었기 때문에 해당 요구사항에 응하지 않았다. 그러나 미국 법원은 웹이 장소Place라는 물리적 공간과 연계되어 있는 경우 웹 접근성을 보장해야 한다고 결정하였고, 이는 접근성 없는 웹사이트가 장애인을 차별한 것이라고 판단한 최초의 사례가 되었다. 이에 따라 2008년 8월 27일 캘리포니아 법원은 한화로 60억 원에 달하는 600만 달러를 지급하도록 판결했으며 이는 개인별로 약 700만 원($7,000)을 지급한 셈이다.

그림 1.15 타깃 사 온라인 쇼핑몰

1.3.10.2 호주 시드니 올림픽 조직위원회 사례

1999년 6월 호주 시각장애인 맥과이어는 입장권 주문 관련 정보를 점자 버전으로 제공하지 않은 점, 웹사이트 수정을 요구했는데도 보완하지 않은 것 등의 불만으로 시드니 올림픽 조직위원회를 상대로 소송을 제기하였다(그림 1.16 참조). 2000년 8월 시드니 올림픽 조직위원회는 이미지와 이미지 맵 링크의 대체 텍스트를 제공하지 않았고, 경기 일정 페이지에서 경기 종목 관련 색인을 제공하지 않았으며, 경기 결과 테이블에 접근할 수 없는 등 호주 DDA 제24조를 침해하여 맥과이어가 차별받았다고 판결하였다. 결국 웹사이트의 유지보수를 맡고 있던 IBM에 2만 달러의 벌금이 부과되었다. 벌금이 부과된 것이 유지보수 업체라는 점에서 시사하는 바가 크다.

그림 1.16 호주 시드니 올림픽 웹사이트

1.3.10.3 월트 디즈니 사 사례

월트디즈니 사는 시각장애를 가진 디즈니 월드 리조트 방문객에게 관광을 위한 무선 음성안내기를 도입하여 쉽게 이용할 수 있도록 서비스를 제공하여 전미 장애인 재단으로부터 접근성 우수기업으로 선정되었던 기업이었지만, 웹사이트는 3명의 여성 시각장애인으로부터 집단 소송을 당하였다. 접근성을 종합적인 관점에서 바라보고 관리할 필요가 있다는 점을 시사하는 사례다(그림 1.17 참조).

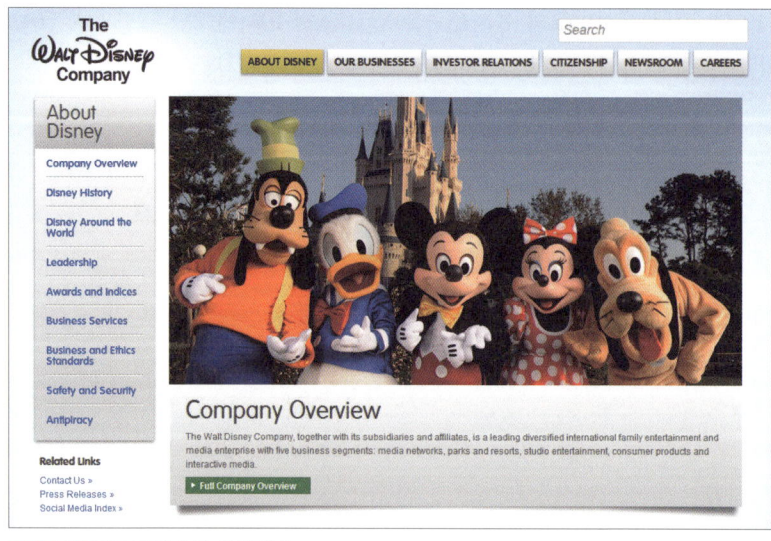

그림 1.17 월트 디즈니 사 홈페이지

정리

웹 접근성이 필요한 이유를 먼저 이해하는 것이 중요하다. 그리고 웹 접근성의 정확한 개념과 사용되는 용어의 의미를 이해한다면 적용 범위를 놓고 문제가 되는 일은 없을 것이다. 아울러 장애인차별금지법의 취지와 내용을 이해하고 법 준수를 실천한다면 웹 접근성 난제를 해결할 수 있다.

1. 웹 접근성의 개념
- 웹 접근성은 '웹 콘텐츠 대상에 접근할 수 있는 능력'

  Web Contents(웹 콘텐츠) + Access(접근) + Ability(능력)
            경사로 제공 경사로의 각 조절

- 아직까지는 원래 의미보다는 장애인과 보조기술을 다루는 장애인 접근성에 가깝다.
- 학술적으로는 어떠한 사용자나 기술 환경에서도 사용자가 전문적인 능력 없이 웹사이트에서 제공하는 모든 정보에 접근할 수 있게 보장하는 것을 의미한다.
- 보조기술이 발전하면 원래 의미인 모든 사람과 기술 환경에서 접근 가능한 개념이 될 수 있다.

2. 웹 접근성 관련 용어와 상관 관계
- 웹 표준 : 웹 기술 표준의 약어로 좁은 의미에서는 '웹 화면 표준'으로 쓰이지만 넓은 의미로는 '웹 기술 전체에 대한 표준'을 의미한다.
- 웹 호환성 : 운영체제와 웹 브라우저, 다양한 사용자 에이전트까지 상호 호환이 가능하게 하는 능력으로 표준 방식의 호환성과 비표준 방식의 호환성으로 나뉜다.
- 웹 사용성 : 사용자가 웹사이트를 사용하면서 얻는 경험적 만족도와 웹사이트를 편리하고 정확하게 사용할 수 있는 능력을 말한다.

3. 웹 표준과 웹 접근성, 웹 호환성의 관계
- 웹 표준: 웹 호환성과 웹 접근성을 높이는 수단이 된다.
- 웹 접근성 : 웹 표준으로 ❶ 선형화를 통한 논리적 순서 확보 ❷ 기본적인 문법 준수를 통한 견고성 확보의 효과가 있다.
- 웹 호환성 : 웹 표준 방식은 비표준 호환성 방식에 비해 좀 더 효율적으로 호환될 수 있다.

4. 장애인차별금지법
모든 생활 영역에서 장애를 이유로 차별을 금지하고, 장애를 이유로 차별받은 사람의 권익을 효과적으로 구제하기 위한 법

5. 웹 접근성 대상

법에서는 전자정보, 시행령에서는 웹사이트에서 제공하는 정보라고 명시되어 있지만 법의 취지를 고려하면 모바일 웹, 모바일 앱 등 모든 전자정보를 대상으로 적용하는 것이 바람직하다.

6. 장애인차별금지법의 특징

법을 준수하지 않은 경우 국가인권위원회, 법무부 등을 통해 민형사상 처벌을 받을 수 있으며, 시정권고 및 시정명령을 이행하지 않으면 3천만원 이하의 과태료를, 고의적이고 악의적인 경우 3년이하의 징역 또는 3천만원 이하의 벌금을 낼 수 있으며, 차별로 인한 피해에 대해 손해배상을 청구당할 수 있다.

7. 장애인차별금지법의 예외

곤란한 사정이나 과도한 부담으로 인정되는 경우 예외로 처리될 수 있는데 곤란한 사정은 주로 현재의 기술 수준을, 과도한 부담은 재무현황이나 웹사이트 구축 비용을 분석하여 판단한다.

웹 접근성의 개념과 다양한 관련 용어, 장애인차별금지법을 살펴봤다. 이제 웹 접근성 품질인증제도와 인증획득 방안에 대해 좀 더 알아보자. 2장에서는 웹 접근성과 품질인증마크, 장애인차별금지법과 품질인증마크의 관계는 무엇인지와 인증을 획득하는 절차와 과정 필요한 선수지식을 살펴볼 것이다.

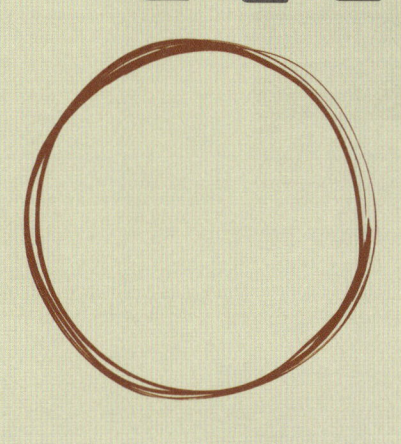
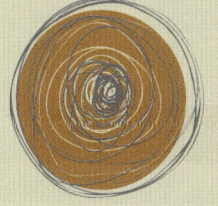
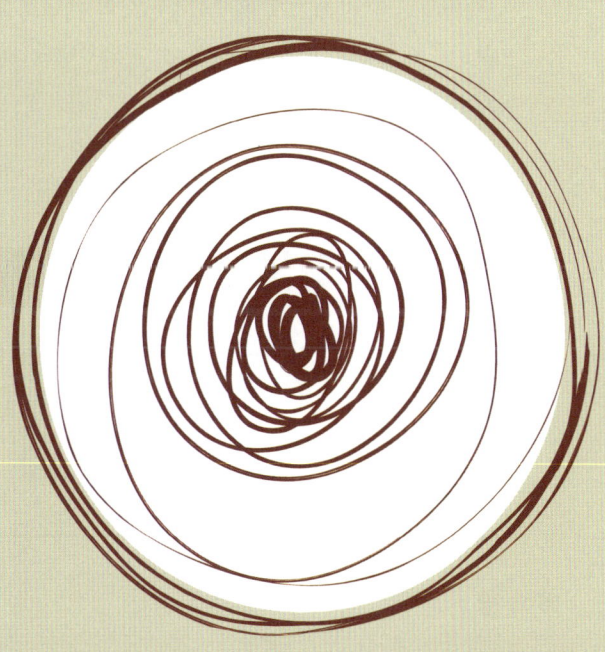

02
웹 접근성 품질인증마크와 인증획득

그동안 법적인 근거 없이 운영되던 '웹 접근성 품질인증마크'가 국가정보화기본법이 개정되면서 국가임의인증제도로 공식화되었고, 다양한 인증기관이 동일한 기준과 관리에 따라 인증을 수행할 수 있게 제도화되었다. 이와 더불어 '웹 접근성 평가사' 자격제도 시행도 앞두고 있다. 공공부문에서 주로 관심을 가져온 웹 접근성 품질인증마크가 최근에는 민간에서도 활발하게 이루어지면서 좀 더 객관적인 웹 접근성 준수 사실을 알리는 등 홍보수단으로도 활용되고 있다. 그림 2.1과 같이 민간 부문에서도 웹 접근성 품질인증마크를 획득할 수 있게 되면서 좀 더 객관적인 웹 접근성 준수 사실을 알리는 좋은 사례다.

그림 2.1 국내 최초 민간 부문 웹 접근성 품질인증마크(한국정보화진흥원) 획득 사이트 (출처: 삼성전기 웹사이트)

2장에서는 웹 접근성 품질인증마크의 개념과 취지, 인증받는 데 필요한 내용을 소개하고 기존 인증제도와 새로운 인증제도를 이해할 수 있도록 안내한다. 웹 접근성 품질인증마크를 자세히 알아보자.

2.1 웹 접근성 품질인증마크

웹 접근성 품질인증마크를 이해하고 인증과 관련한 내용을 알아보자.

2.1.1 웹 접근성 품질인증마크의 의미

웹 접근성 품질인증마크(그림 2.2)는 '장애인과 고령자가 웹사이트 이용에 불편이 없게 웹 접근성 표준을 준수한 우수 사이트의 품질을 인증하는 마크'를 의미한다.

그림 2.2 한국정보화진흥원 웹 접근성 품질인증마크

'웹 접근성 품질인증마크' 용어는 웹과 관계된 업무를 한다면 언론기사, 제안요청서 등에서 한 번씩 접했을 것이다. 웹 접근성을 이해하고 적용하는 이유는 장애인차별금지법 때문만은 아니다. 물론 장애인차별금지법으로 웹 접근성 개념이 실효성 있게 전파되고 있는 것은 사실이다. 이미 2003년부터 국내에 소개되기 시작한 웹 접근성 개념은 오랫동안 무관심 속에 있었고, 인식을 전환하는 문제가 가장 중요하다고 판단한 정부는 전국순회교육, 실태조사 등을 하면서 많이 노력했다.

2007년에 시작한 웹 접근성 품질인증마크 역시 인식을 제고하려고 마련한 하나의 수단이었고, 웹 접근성을 우수하게 적용한 사이트에 웹 접근성 품질인증마크를 부착하여 이러한 노력을 알리고, 참고할 수 있는 표본으로 활용하려는 목적으로 시작했다. 그러나 장애인차별금지법이 발효되면서 각종 웹 접근성 적용 프로젝트의 최종 산출물로 웹 접근성 품질인증마크를 제출하게 요구하면서 순식간에 웹 접근성을 대표하는 수단으로 성장했다.

이에 따라 웹 접근성 품질인증마크는 웹 접근성을 정확히 이해하고 프로젝트를 수행했는지를 최종 확인하는 '검사 수단'으로, 장애인차별금지법을 준수했다는 '노력의 상징'으로, 차별 없는 사회를 만들기 위해 기업이 해야 할 도덕적 의무의 '홍보 수단'으로 활용할 수 있다.

그러나 웹 접근성 품질인증마크는 의무사항이 아니기 때문에 반드시 필요한 것은 아니다. 제대로 웹 접근성 준수가 되었다면 준수한 내용을 얼마든지 홍보할 수 있고, 법적인 문제에 직면하더라도 기술적으로 소명할 수 있다. 그럼에도 많은 기업과 기관에서 웹 접근성 품질인증마크 획득을 목표로 하는 경우가 많다.

기존에는 다양한 인증기관이 존재했지만 이제는 미래창조부에서 지정한 인증기관만이 심사를 할 수 있다. 하지만 기존의 한국정보화진흥원의 웹 접근성 품질인증마크의 내용에서 중요한 내용들은 그대로 유지되기 때문에 이를 중심으로 설명할 것이다. 인증심사 기준도 기존의 웹 접근성 품질인증심사가이드 v1.3에서 중심 내용은 변화가 없으므로 해당 내용에 따라 해설과 주요 정보를 제공할 것이다. 하지만 일부 정책이나 기준 등은 변경될 수 있기 때문에 이후 인증절차나 품질인증심사가이드가 개정된다면 변경된 내용을 확인해야 한다. 자세한 내용은 한국정보화진흥원에서 운영하는 웹 접근성 연구소(http://www.wah.or.kr)에서 얻을 수 있다.

2.1.2 인증의 필요성

인증 제도가 필요한 이유는 다양하다.

❶ 웹 접근성 기술 관련 지식이 부족한 다수의 이해관계자가 웹 접근성을 정량적으로 측정하기 어렵기 때문에 이를 확인하는 방법이 될 수 있다. 웹 접근성 영역은 자동으로 수치화하거나 눈으로 확인하기에 어려운 부분이 많아 인증을 활용하여 이에 대한 **객관적인 준수 여부와 규격화 등 품질의 우수성을 증명하는 지표**indicator**로서의 역할을 한다.**

❷ 일정 수준 이상의 **품질을 유지하는 역할**로서도 필요성이 있다. 웹 접근성 품질인증마크를 매년 갱신해서 지속적으로 웹 접근성을 유지하고 있는지를 증빙할 자료가 될 수 있다.

❸ 웹사이트의 접근성 품질을 인증해서 웹사이트 사용자에게 좋은 품질을 제공하거나 웹 접근성을 준수하는 웹사이트 구축 프로젝트 등을 검사하는 데 활용되기도 한다. 발주 기관을 대신한 객관적 판단과 **사업실패를 방지하는 역할**로 정보시스템 감리제도와 유사한 경우라고 할 수 있다.

❹ 웹 접근성 품질인증마크를 받아야 하는 기관이나 구축해야 하는 웹 에이전시 등의 공급자는 좀 더 많은 고객을 확보하려고 웹 접근성 향상 방안과 홍보수단으로 활용하며 인증을 받은 웹사이트가 많아질수록 참고reference할 자료가 많아 다시 **기술력을 향상시키는 선순환**을 기대해 볼 수 있다.

2.1.3 현황과 문제점

'인증' 자체는 긍정적인 부분이 많다. 다만 검증되지 않은 기관이 함께 '인증제도'를 사업화하는 과정에서 적지 않은 인증 비용이 생길 수 있고, 장애인단체와 기관에서 인증제도를 운영하는 과정에서 각기 다른 기준으로 웹 접근성 품질인증마크를 부여하거나, 장애인이 국가인권위원회에 진정을 제기할 수 있는 사실을 이용하여 일종의 위협 등 영업행위가 논란이 되면서 문제점이 부각되기도 하였다. 시장 원리에 의한 인증은 신뢰도 저하와 비즈니스적인 수단으로 전락할 수 있기 때문에 현재 시장에 맡겨져 있는 인증제도는 문제점이 크다고 볼 수 있다.

2.1.3.1 품질인증마크 인증 현황

2007년부터 시작한 웹 접근성 품질인증제도는 주로 공공부문을 중심으로 한국정보화진흥원의 품질인증으로 추진되다 인력 부족으로 인증심사 신청기관 수를 제한하면서 장애인 단체를 중심으로 형성된 사설 민간인증이 그 공백을 대신하는 형국이었고, 2012년부터는 장애인차별금지법 대비를 위한 민간법인의 심사 수요가 크게 증가하였다. 한국정보화진흥원을 대신해 민간인증기관의 수요가 한국정보화진흥원보다 크게 증가하게 된 셈이다.

아직도 많은 공공기관과 민간 법인은 웹 접근성 적용 사업의 완료를 확인하기 위한 검사 조건으로 눈에 보이는 증빙과 실적인 품질인증마크를 요구하는 경향이 있고, 인증을 획득한 기관과 기업은 앞 다투어 언론을 이용해 기사화해서 법을 충실히 이행하고 있다는 간접적인 홍보 활동과 함께 장애인차별금지법에 대응할 수단으로 활용 중이다.

2.1.3.2 기존 사설 인증기관 비교

법적 근거 없이 운영되던 기존의 사설 인증기관들을 표 2.1에서 살펴보자. 대부분 국가표준을 중심으로 기준을 준용한다고 하였지만 각 인증기관의 특성을 살려 조금씩 다른 적용 기준이 존재했다. 예를 들어 화면 낭독기의 설정 방법이 다르든지, 국가표준을 넘는 사용성을 적용하는 등 각기 다른 기준이 적용되었었다. 더불어 심사인력 간에도 기준의 해석이 다르기도 하여 인증기관으로서의 검증되지 않은 부분이 시장에 큰 혼란을 주기도 하였다.

표 2.1 웹 접근성 품질인증마크 인증기관 현황

인증기관	인증마크	심사기준	심사절차	시행시기
한국정보화진흥원 (심사위원 풀)		한국형 웹 콘텐츠 접근성 지침 2.0 (국가표준)	사전심사(접수) + 인증심사 (전문가+사용자)	'07.3월
한국 장애인 인권 포럼(웹와치)		WA인증마크 가이드라인(자체 제작)	기초심사 정밀심사 (전문가+사용성)	'10.2월(우수 사이트 선정 '07.2월)
한국 시각장애인 연합회(웹 접근성 평가센터)		한국형 웹 콘텐츠 접근성 지침 2.0 (국가표준)	사전심사 전문가심사 사용자심사	'09.7월
한국웹접근성인증 위원회(웹 발전 연구소)		인터넷 웹 콘텐츠 접근성 지침 2.0 (국가표준)	자동심사 전문가심사 사용자심사	'09.12월
장애아동 교육복지 연구학회(웹 접근성 연구소)		WCAG 2.0 (국제표준)	전문가심사 사용자심사	'10.4월
한국 신체장애인 복지회(한국 웹 접근성 평가원)		WCAG 2.0 (국제표준)	전문가심사 자동심사 사용자심사	'09.4월

2.1.3.3 기존 인증제도의 문제점

기존 인증제도는 모두 국가표준을 기준으로 한 심사기준이라고 표방하였지만 실제로는 각기 다르다는 문제가 있었다. 국가표준이라고 하는 심사기준의 내부 점수는 웹 접근성 50점, 웹 사용성 50점으로 하는 경우도 있었고, 화면 낭독기로 테스트해야 할 사용자 심사원이 사용법을 잘 모르는 경우도 있었다. 한 번 인증을 주고 난 뒤 모니터링하여 인증을 사후관리를 하는 기관도 전혀 없었다. 심지어는 인증기관간에 서로 인증받은 사이트의 접근성이 없다며 기사를 낸 사례도 있다. 이처럼 기존 인증제도의 가장 큰 문제점은 인증기관이 검증 없이 인증을 한다는 것 자체라고 본다.

2.1.4 새로운 국가임의인증제도

이러한 문제점을 해결하려고 그동안 법적 근거 없이 시행되어 왔던 한국정보화진흥원의 웹 접근성 품질인증마크를 2013년 5월 22일자로 국가임의인증으로 제도화시켰다. 이에 따라 미래창조과학부에서는 2014년 초부터는 개정된 국가정보화기본법에 따라 인증기관을 선정하고 통일된 심사기준으로 인증기관을 관리하는 국가인증제도를 실시할 예정이다. 이미 2013년 11월 23일부로 한국정보화진흥원을 포함한 모든 사설인증기관의 인증이 중단되었다. 정부가 인증기관을 지정하여 운영하는 만큼 기존보다 신뢰성 있는 적합성 검사를 할 예정이다.

물론 새롭게 시작하는 인증제도에서도 인증기관만을 지정하고 시장에 내맡긴다면 기존 인증제도의 모든 문제들이 여실히 드러날 것이다. 현재는 인증기관이 직접 심사 접수 및 비용을 결정하면서 컨설팅을 허용할 방침이어서 우려의 목소리가 높다. 기존의 문제점을 보완하여 투명하고 객관적인 관리가 있을 때 긍정적인 효과를 기대할 수 있을 것이다.

> **팁**
> 인증제도는 법적 근거의 유무에 따라 법정인증제도와 민간인증제도로 구분되며 법정인증제도는 강제성의 유무에 따라 강제인증과 임의인증으로 나뉘어진다. 따라서 웹 접근성 품질인증은 강제성이 없는 인증이다.

2.1.5 장애인차별금지법과의 관계

장애인차별금지법과 웹 접근성 품질인증마크의 공통점이 있다. 기본적인 기준은 국가표준에 기반하고 있다는 점이다. 국가인권위원회는 법에서 명시한 웹 접근성 준수의 기준은 '한국형 웹 콘텐츠 접근성 지침 2.0'이라고 안내하고, 웹 접근성 품질인증마크도 국가표준을 세부적으로 명시한 '웹 접근성 품질인증심사가이드'를 기준으로 한다.

장애인차별금지법에서 웹 접근성 준수 여부를 판정할 때 웹 접근성 품질인증마크를 받았다면 어떨까? 웹 접근성 품질인증마크와 장애인차별금지법은 직접적인 관계는 없지만 상당 부분 영향을 미친다는 것만큼은 부인할 수 없는 사실이다. 상관관계를 애써 표명하지 않더라도 웹 접근성 품질인증마크를 획득할 정도라면 웹 접근성을 준수하려고 많은 노력을 기울였다는 증빙과도 같기 때문이다. 실제로 품질인증마크를 획득한 곳이 장애인차별금지법 때문에 시정권고나 명령을 받은 사례가 전무하다. 다만 다음 사항을 고려해 볼 필요는 있다.

정부가 공식적으로 인정하는 인증기관의 웹 접근성 품질인증마크라 하더라도 20페이지 수준의 샘플링 검사로 전체를 확인하기 어려운 경우나 품질인증마크를 획득하고도 오랫동안 유지보수하지 않아 관리되지 않은 콘텐츠를 보유한 웹사이트라면 품질인증마크를 받고도 진정의 대상이 될 가능성이 있다.

확실한 것은 보편적인 차원에서 웹 접근성 품질인증마크를 받을 정도의 웹사이트는 장애인차별금지법 때문에 문제가 제기되기 어렵다는 것이며, 일부 콘텐츠가 문제점을 가지더라도 단기간 내에 개선이 가능한 수준이라는 점에서는 의심할 여지가 없다. 물론 법에서는 해당 지침을 준수했을 때 기대할 수 있는 보편적인 효과를 고려한 것이기 때문에 지침, 즉 접근성을 다 준수하였다 하더라도 실제 사용성이 떨어진다면 차별로 간주될 수 있다. 국가인권위원회는 이와 관련된 비율을 5% 수준으로 보고 있다. **차이점도 있다.** 웹사이트 내(iframe, 오픈 API 등)에서 활용한 외부 콘텐츠가 접근성을 준수하지 않은 경우 인증심사에서는 불합격될 수 있지만 장애인차별금지법에서는 외부 콘텐츠의 담당자나 관리자에게 시정권고가 이루어질 수 있다는 점이다.

다시 말해 **인증에서는 품질인증마크 신청자가 모든 책임을 져야 하는 구조지만, 법에서는 콘텐츠 보유자가 각 주체로서 책임을 져야 한다는 것이다.** 이유는 단순하다. 인증심사는 의무사항이 아니고, 우수한 사이트임을 증명하려고 자발적으로 신청하는 것이므로 iframe과 같이 보유 사이트의 내부에 외부 콘텐츠를 이용할 때는 제공된 콘텐츠를 관리할 의무까지도 포함하여 인증심사를 받게 되는 것이지만 법적인 책임을 묻는 과정에서는 실제로 해당 콘텐츠를 제작한 당사자나 운영자를 통해 시정권고할 수밖에 없기 때문이다.

2.2 인증획득

인증기준과 품질인증마크를 획득하고, 인증신청하는 과정 등을 살펴본다.

2.2.1 인증기준의 의미

인증획득에서 가장 중요한 것은 인증기준을 정확하게 이해하는 것이다. 간혹 인증기준을 절대적인 법으로 이해하는 경우가 있는데 인증기준은 다양한 상황에 따라 국가표준을 좀 더 세부적으로 명시한 기준으로, 적합(준수)과 부적합(오류)으로 구분하거나 수정권장(조건부 준수)과 같은 형태이므로 절대적이라고 보기는 어렵다. 표 2.2와 같이 지속적으로 변해온 인증기준을 보면 각 준수기준의 비중과 내용이 조금씩 변경되고 있는 것을 볼 수 있다. 특히 국가표준이 개정되면 동일한 수준의 인증심사 기준은 다시 만들어진다.

표 2.2 인증심사 기준 변경 비교

구분		기존지표 (26개)	준수 기준	개정지표 (18개)	준수 기준	개정지표 (18개)	준수 기준	개정지표 (22개)	준수 기준
표준명		인터넷 웹 콘텐츠 접근성 준수지침 1.0						한국형 웹 콘텐츠 접근성 준수 지침 2.0	
변경일		2006.12.13		2009.02.25		2010.03.17		2011.09.27	
인식의 용이성		1. 대체 텍스트 제공	90%	(삭제)	90%	–	–	–	–
		2. 적절한 대체 텍스트	90%	1. 적절한 대체 텍스트	90%	1. 적절한 대체 텍스트	95%	1. 적절한 대체 텍스트 제공	95%
		3. 배경 이미지 제한	90%	2. 배경 이미지 제한	90%	2. 배경 이미지 제한	95%		95%
		4. 동영상 자막	90%	3. 동영상 자막	90%	3. 동영상 자막	95%	2. 자막 제공	95%
		5. 색상 배제	90%	4. 색상 배제	90%	4. 색상 배제	95%	3. 색에 무관한 콘텐츠 인식	95%
		–	–	–	–	–	–	4. 명확한 지시사항 제공	95%
		6. 전경색 배경색 대비	70%	(삭제)	70%	–	–	5. 텍스트 콘텐츠의 명도 대비	95%
		7. 텍스트 크기 조절	70%	(삭제)	70%	–	–	6. 배경음 사용 금지	95%
운용의 용이성		8. 서버측 이미지맵	90%	5. 서버측 이미지맵	90%	5. 서버측 이미지맵	95%	(삭제)	–
		9. 프레임 개수 제한	90%	(삭제)	90%	–	–	–	–
		10. 프레임 타이틀 제공	90%	6. 프레임 타이틀 제공	90%	6. 프레임 타이틀 제공	95%	13. 제목 제공	95%

이어짐

구분	기존지표 (26개)	준수 기준	개정지표 (18개)	준수 기준	개정지표 (18개)	준수 기준	개정지표 (22개)	준수 기준
운용의 용이성	11. 깜빡이는 객체 제어 제공	90%	7. 깜빡이는 객체 제어 제공	90%	7. 깜빡이는 객체 제어 제공	95%	11. 깜빡임과 번쩍임 사용 제한	95%
	12. 키보드 제어	90%	8. 키보드 제어	90%	8. 키보드 제어	95%	7. 키보드 사용 보장	95%
	–	–	–	–	–	–	8. 초점 이동	95%
	13. 스킵 내비게이션 제공	50%	9. 스킵 내비게이션 제공	50%	9. 스킵 내비게이션 제공	95%	12. 반복 영역 건너뛰기	95%
	14. 시간 제어 기능	70%	10. 시간 제어 기능	70%	10. 시간 제어 기능	95%	9. 응답시간 조절	95%
	–	–	–	–	–	–	10. 정지 기능 제공	95%
	15. 팝업창 (새 창)	70%	11. 팝업창 (새 창)	70%	11. 팝업창 (새 창)	95%		–
	–	–	–	–	–	–	14. 적절한 링크 텍스트	95%
이해의 용이성	–	–	–	–	–	–	15. 기본 언어 표시	95%
	16. Summary, Caption 제공	70%	12. Summary, Caption 제공	70%	12. Summary, Caption 제공	95%	18. 표의 구성	95%
	17. 테이블 의미태그 제공	70%	13. 테이블 의미태그 제공	70%	13. 테이블 의미태그 제공	95%		
	18. 의미 HTML 태그 사용	70%	14. 페이지 타이틀 제공	70%	14. 페이지 타이틀 제공	95%	16. 사용자 요구에 따른 실행	95%
	19. 논리적인 순서	90%	15. 논리적인 순서	90%	15. 논리적인 순서	95%	17. 콘텐츠의 선형화	95%
	20. 레이아웃 테이블 태그	50%	(삭제)	50%	–	–	–	–

이어짐

구분	기존지표 (26개)	준수 기준	개정지표 (18개)	준수 기준	개정지표 (18개)	준수 기준	개정지표 (22개)	준수 기준
이해의 용이성	21. 링크 목표 명확	50%	(삭제)	50%	–	–	–	–
	22. 서식 제어 레이블	90%	16. 서식 제어 레이블	90%	16. 서식 제어 레이블	95%	19. 레이블 제공	–
	23. 키보드 온라인 서식 이동	90%	(통합 : 키보드 제어)	90%	–	–	20. 오류 정정	95%
기술적 진보성 (견고성)	–	–	–	–	–	–	21. 마크업 오류 방지	95%
	24. 부가 애플리케이션 접근성	70%	17. 부가 애플리케이션 접근성이나 대체 콘텐츠 제공	70%	17. 부가 애플리케이션 접근성이나 대체 콘텐츠 제공	95%	22. 웹 애플리케이션 접근성 준수	95%
	25. 부가 애플리케이션 대체 콘텐츠		18. 자바스크립트 올바른 사용	90%	18. 자바스크립트 올바른 사용	95%	(삭제)	95%
	26. 부가애플리케이션 설치 링크		(삭제)	50%	–	–	–	–

　현재 이용되고 있는 인증기준은 국가표준인 '한국형 웹 콘텐츠 접근성 지침 2.0'과 이를 좀 더 세분화한 '웹 접근성 품질인증심사가이드 v1.3'이다. 한국형 웹 콘텐츠 접근성 지침 2.0(표 2.3)은 4개의 원칙과 13개의 지침, 22개의 검사항목으로 원리 위주의 설명을 한다. 웹 접근성 품질인증심사가이드 v1.3은 한국형 웹 콘텐츠 접근성 지침 2.0의 원리를 중심으로 더 구체적인 오류 항목을 심사기준으로 정의하고 있으며 자주 변경될 수 있으므로 버전을 관리한다. 이 중 품질인증마크를 획득하는 데 가장 많이 활용되고 있는 웹 접근성 품질인증심사가이드 v1.3은 3~6장에서 원칙별로 설명하고 있으니 참고하자.

표 2.3 한국형 웹 콘텐츠 접근성 지침 2.0 목록

원칙(4개)	지침(13개)	검사항목(22개)
인식의 용이성 (Perceivable)	1.1(대체 텍스트) 텍스트 아닌 콘텐츠에는 대체 텍스트를 제공해야 한다.	1.1.1(적절한 대체 텍스트 제공) 텍스트 아닌 콘텐츠는 그 의미나 용도를 이해할 수 있도록 대체 텍스트를 제공해야 한다.
	1.2(멀티미디어 대체 수단) 동영상, 음성 등 멀티미디어 콘텐츠를 이해할 수 있도록 대체 수단을 제공해야 한다.	1.2.1(자막 제공) 멀티미디어 콘텐츠에는 자막, 원고 또는 수화를 제공해야 한다.
	1.3(명료성) 콘텐츠는 명확하게 전달되어야 한다.	1.3.1(색에 무관한 콘텐츠 인식) 콘텐츠는 색에 관계없이 인식될 수 있어야 한다.
		1.3.2(명확한 지시사항 제공) 지시사항은 모양, 크기, 위치, 방향, 색, 소리 등에 관계없이 인식될 수 있어야 한다.
		1.3.3(텍스트 콘텐츠의 명도대비) 텍스트 콘텐츠와 배경간의 명도대비는 4.5대 1 이상이어야 한다.
		1.3.4(배경음 사용 금지) 자동으로 재생되는 배경음을 사용하지 않아야 한다.
운용의 용이성 (Operable)	2.1(키보드 접근성) 콘텐츠는 키보드로 접근할 수 있어야 한다.	2.1.1(키보드 사용 보장) 모든 기능은 키보드만으로도 사용할 수 있어야 한다.
		2.1.2(초점 이동) 키보드에 의한 초점은 논리적으로 이동해야 하며, 시각적으로 구별할 수 있어야 한다.
	2.2(충분한 시간 제공) 콘텐츠를 읽고 사용하는 데 충분한 시간을 제공해야 한다.	2.2.1(응답시간 조절) 시간 제한이 있는 콘텐츠는 응답시간을 조절할 수 있어야 한다.
		2.2.2(정지 기능 제공) 자동으로 변경되는 콘텐츠는 움직임을 제어할 수 있어야 한다.
	2.3(광과민성 발작 예방) 광과민성 발작을 일으킬 수 있는 콘텐츠를 제공하지 않아야 한다.	2.3.1(깜빡임과 번쩍임 사용 제한) 초당 3~50회의 주기로 깜빡이거나 번쩍이는 콘텐츠를 제공하지 않아야 한다.

이어짐

원칙(4개)	지침(13개)	검사항목(22개)
운용의 용이성 (Operable)	2.4(쉬운 내비게이션) 콘텐츠는 쉽게 내비게이션할 수 있어야 한다.	2.4.1(반복 영역 건너뛰기) 콘텐츠의 반복되는 영역은 건너뛸 수 있어야 한다.
		2.4.2(제목 제공) 페이지, 프레임, 콘텐츠 블록에는 적절한 제목을 제공해야 한다.
		2.4.3(적절한 링크 텍스트) 링크 텍스트는 용도나 목적을 이해할 수 있도록 제공해야 한다.
이해의 용이성 (Understandable)	3.1(가독성) 콘텐츠는 읽고 이해하기 쉬워야 한다.	3.1.1(기본 언어 표시) 주로 사용하는 언어를 명시해야 한다.
	3.2(예측 가능성) 콘텐츠의 기능과 실행 결과는 예측 가능해야 한다.	3.2.1(사용자 요구에 따른 실행) 사용자가 의도하지 않은 기능(새 창, 초점 변화 등)은 실행되지 않아야 한다.
	3.3(콘텐츠의 논리성) 콘텐츠는 논리적으로 구성해야 한다.	3.3.1(콘텐츠의 선형화) 콘텐츠는 논리적인 순서로 제공해야 한다.
		3.3.2(표의 구성) 표는 이해하기 쉽게 구성해야 한다.
	3.4(입력 도움) 입력 오류를 방지하거나 정정할 수 있어야 한다.	3.4.1(레이블 제공) 입력 서식에는 대응하는 레이블을 제공해야 한다.
		3.4.2(오류 정정) 입력 오류를 정정할 수 있는 방법을 제공해야 한다.
견고성 (Robust)	4.1(문법 준수) 웹 콘텐츠는 마크업 언어의 문법을 준수해야 한다.	4.1.1(마크업 오류 방지) 마크업 언어의 요소는 열고 닫음, 중첩 관계 및 속성 선언에 오류가 없어야 한다.
	4.2(웹 애플리케이션 접근성) 웹 애플리케이션은 접근성이 있어야 한다.	4.2.1(웹 애플리케이션 접근성 준수) 콘텐츠에 포함된 웹 애플리케이션은 접근성이 있어야 한다.

2.2.1.1 전문가 심사 기준

전문가 심사의 통과 기준은 20개 이상 선정한 페이지에서 21개 검사항목의 각 순수율 95% 이상이다. 좀 더 구체적인 내용은 표 2.4와 같다. 준수율 산정 방식은 크게 대상 페이지 중에 준수 페이지로 측정하는 페이지 평가 방식과 대상 콘텐츠 중에 준수 콘텐츠로 측정하는 콘텐츠 평가 방식으로 나뉜다.

표 2.4 웹 접근성 품질인증심사가이드 v1.3의 심사 기준

번호	세부평가항목	준수율 산정 방식	비고
1	적절한 대체 텍스트 제공	심사 대상 페이지 내의 $\left(\dfrac{\text{준수한 콘텐츠 수}}{\text{콘텐츠 수}} \times 100\right)$	20개 이내 수집
2	자막 제공		
3	색에 무관한 콘텐츠 인식	심사 대상 페이지 내의 $\left(\dfrac{\text{준수한 페이지 수}}{\text{페이지 수}} \times 100\right)$	
4	명확한 지시사항 제공		
5	텍스트 콘텐츠의 명도대비		
6	배경음 사용 금지		
7	키보드 사용 보장		
8	초점 이동		
9	응답시간 조절		
10	정지 기능 제공		
11	깜빡임과 번쩍임 사용 제한		
12	반복 영역 건너뛰기		
13	제목 제공		
14	적절한 링크 텍스트		
15	기본 언어 표시		
16	사용자 요구에 따른 실행		
17	콘텐츠의 선형화		
18	표의 구성	심사 대상 페이지 내의 $\left(\dfrac{\text{준수한 콘텐츠 수}}{\text{콘텐츠 수}} \times 100\right)$	
19	레이블 제공		
20	오류 정정	심사 대상 페이지 내의 $\left(\dfrac{\text{준수한 페이지 수}}{\text{페이지 수}} \times 100\right)$	
21	마크업 오류 방지		
22	웹 애플리케이션 접근성 준수	각 검사항목에서 검사	

그림 2.3과 같이 1, 2, 18, 19번 검사항목은 콘텐츠 평가 방식으로 평가되며 전체 콘텐츠 수가 분모로, 준수한 콘텐츠 수가 분자가 되어 준수율로 표시된다. 해당 콘텐츠가 없으면 준수율이 100%가 된다. 예를 들어 영상, 음성 콘텐츠가 하나도 없으면 2번 검사항목은 100% 준수한 것으로 처리되는 셈이다. 1, 2, 18, 19번 검사항목을 제외한 나머지 검사항목은 모두 페이지 평가 방식으로 해당 페이지에서 오류가 하나라도 있으면 X, 오류가 없으면 O로 표시된다. 그림 2.3과 같이 16번 검사항목은 23페이지를 심사하여 오류 페이지가 22개 있으므로 1/23이 되어 준수율은 4.3%가 된다.

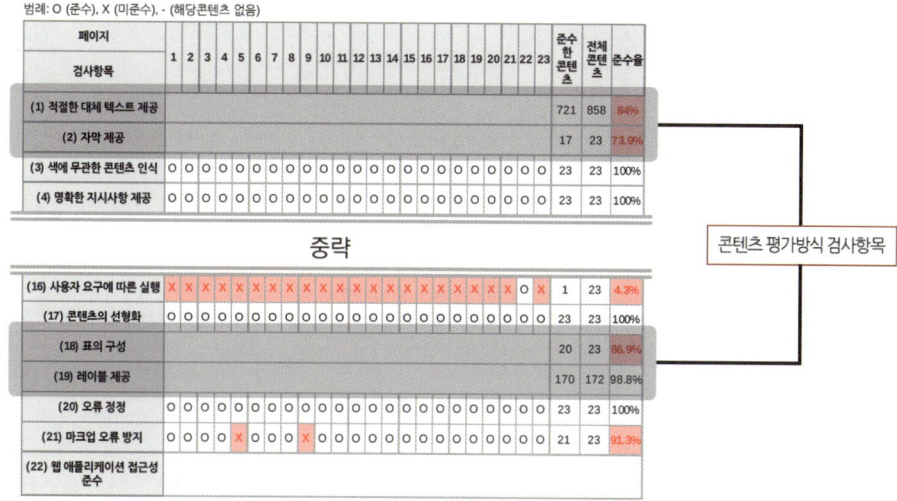

그림 2.3 콘텐츠 평가 방식 검사항목

현재 전문가 심사 인원은 총 3명이 한 조로 전체를 판단하는 수석 심사원(PM) 1명과 서로 비교할 수 있게 각 1명씩 총 2명의 심사원이 평가하는 구조로 되어 있다. 각 심사원의 역할은 표 2.5와 같다.

표 2.5 장애유형별 사용자 심사 조건

구분	역할
수석 심사원	• 심사 대상 페이지 선정 • 평가된 심사원의 결과를 검토하여 최종 취합 • 이의신청 결과에 대한 확인
전문가 심사원A	심사가이드에 의한 웹 접근성 심사
전문가 심사원B	심사가이드에 의한 웹 접근성 심사

2.2.1.2 사용자 심사 기준

사용자 심사의 통과 기준은 표 2.6과 같이 10개 이상 선정한 과업task에 대해 장애 유형별로 각 과업당 15분 이내에 수행하여 10개 모두 성공해야 한다. 즉 준수율이 100%가 되어야 한다. 각 과업을 수행하는 데 걸리는 시간을 15분으로 정한 이유는 비장애인 기준으로 3분에 해당하는 과업에 5배를 곱한 수치다.

표 2.6 과업 선정 예시와 성공률 산정 방식

번호	과업 예시(사이트마다 특성을 고려하여 과업 설정)	성공률 산정 방식
1	회원가입을 해보세요	$\dfrac{성공한 과업}{심사 대상 과업} \times 100$ 3명의 사용자 심사원이 각 과업별로 15분 이내에 성공 1. 전맹(화면 낭독기 사용) 2. 지체(보조기기를 사용하지 않음) 3. 기타(보조기기를 사용하지 않음)
2	로그인과 로그아웃을 해보세요.	
3	회원 정보를 수정해보세요(주소, 전화번호)	
4	공지사항의 첫 번째 게시물을 읽어보세요.	
5	사이트맵을 이용하여 민원업무서식을 찾아보세요.	
6	자유게시판으로 이동하여 첫 번째 게시물을 읽어보세요.	
7	3월 27일에 게시한 기사를 확인해보세요.	
8	자료실 36번의 첨부파일을 다운받으세요.	
9	감사관실 전화번호를 확인해보세요.	
10	대중교통을 이용하여 찾아가는 길을 확인해보세요.	

현재 사용자 심사 인원은 총 4명이 한 조로 시각장애인 3명과 지체장애인 1명으로 구성되어 있으며, 표 2.7과 같은 조건 아래 과업을 수행한다.

표 2.7 장애유형별 사용자 심사 조건

장애영역	등급 및 조건	비고
시각장애인	1급 시각장애 2인	화면 낭독 프로그램 사용(1인: 센스리더, 1인: 죠스 등)
시각장애인	저시력 1인	보조기기를 사용하지 않음
지체장애인	상지장애나 뇌병변 1인	보조기기를 사용하지 않음

시각장애인의 비중이 높으므로 1급 시각장애인은 2명이 각 센스리더와 죠스(한글 버전)를 사용하여 과업을 수행하고, 저시력장애인과 지체장애인 각 1명씩 심사를 수행한다.

과업은 각 사이트의 특성에 맞게 심사 신청 사이트마다 다르며, 주로 사이트의 이용 목적에 부합되는 서비스 위주로 과업을 선정한다.

2.2.2 품질인증마크 획득 준비

먼저 인증마크를 획득하려는 목적을 이해하는 것이 중요하다. 단순히 웹 접근성을 준수한 것 자체를 목표로 하고 있다면 굳이 마크를 획득할 필요는 없다. 주기적인 보고서를 만들고, 관리할 수 있는 체계를 구성하는 방향으로 설정할 수도 있다. 그러나 객관적인 증빙이 필요하거나 홍보 목적이 포함되어 있다면 어떤 마크를 어떤 가격에 어떤 전략으로 획득할지를 고민하고 준비해야 한다.

2.2.2.1 품질인증마크의 선택

앞서 '2.1.3.2 기존 사설 인증기관 비교'에서 알 수 있듯이 기존의 다양한 인증기관과 일부 상이한 인증기준은 폐지되고, 국가가 지정한 인증기관이 선정되면 지정된 인증기관을 통해서만 웹 접근성 품질인증마크를 신청할 수 있게 된다.

인증기관 선정은 국가정보화기본법에 의거하여 웹 접근성 전문가 평가와 사용자 평가를 수행할 전문인력을 일정 비율 이상 보유한 기관에게 인증기관 신청 자격을 주며, 신청한 기관의 전문성, 공정성, 조직, 인력, 시설 등의 평가를 바탕으로 검증된 기관에게 인증기관 자격을 부여한다. 여기서 중요한 사실은 기존의 다양한 사설 인증기관으로 인한 제 각각의 심사기준이 아닌 국가차원에서 정해진 심사기준을 적용한다는 점이다. 따라서 품질인증마크의 종류는 굳이 고려할 필요가 없어졌다.

2.2.2.2 인증획득 프로젝트 준비

기관이나 기업이 직접 하는 경우와 외주 업체를 이용해 인증획득을 고려하는 경우가 있다. 이에 따라 웹 에이전시에서 프로젝트를 수주하려면 인증을 정확히 이해하고 인증획득 경험이 중요한 자료로 작용한다. 이를 위해 3~6장을 공부하면 인증기준을 이해할 수 있고, 7~9장까지 학습하면 다양한 영역에 응용이 가능한 수준이 될 수 있다.

기관이나 기업은 품질인증마크를 획득하면 웹 접근성을 제대로 할 수 있다는 자신감이 생긴다. 또한 실제 프로젝트에 투입된 인력이라면 자신의 실력도 평가해 볼 수 있다. 다양한 진단을 바탕으로 인증기준에 부합될 정도로 웹 접근성 프로젝트를 성공적으로 마무리했다면 인증신청을 해보자.

2.2.2.3 심사 접수 대상 여부 판단

웹 접근성 품질인증마크 획득을 전제로 한 웹 접근성 프로젝트를 발주하려면 우선 해당 사이트가 웹 접근성 품질인증마크를 신청할 수 있는 대상인지부터 확인해야 한다. 신청하려는 대상이 일시적인 제한이 있는 경우 인증신청이 가능한 시점을 확인한 후 발주하거나 프로젝트를 완료하더라도 인증신청이 가능해진 시점에서 인증을 획득할 수 있게 제안요청서를 작성해야 한다.

인증신청이 제한되는 사이트는 표 2.8과 같다.

표 2.8 인증신청이 제한되는 사이트

구분	대상
일시 제한	금융권(보안이슈), 쇼핑몰(결제모듈)
조건 제한	보안이슈 영역(관리자 페이지, 이메일 시스템 등), 콘텐츠 유해성 사이트 (음란사이트, 사회질서 위배 등), 언어별 사이트(난이도가 높은 경우), 테스트 서버에 구축된 사이트, 중요정보 접근을 위한 테스트 계정 미 제공 사이트

일시 제한은 2014년 이후에는 신청 가능할 것으로 보인다. 이미 금융권과 쇼핑몰을 심사한 경험이 있는 사설인증기관이 새로운 국가임의인증제도에 통합될 것으로 예상되며, 이로 인해 다양한 사례를 중심으로 인증기준 등을 정비할 수 있을 것이다. 조건 제한은 인증신청 시 제한이 있을 수 있는 영역이나 콘텐츠를 의미하는데 대표적으로 관리자 페이지나 이메일 시스템 등이다. 심사원에게 모든 정보를 테스트할 수 있게 열어줘야 하는데 정보 보안 측면에서 심사 대상으로서 부적절하다고 판단했기 때문에 신청 자체가 불가하다.

마찬가지로 음란한 영상물 등을 주요 콘텐츠로 구성한 웹사이트나 사회적인 지탄을 받을 수 있는 사이트는 심사 접수를 받지 않는다. 나머지는 조건만 가능하다면 제한받지 않을 수 있는 사이트인데 영어나 일어, 중국어 수준은 심사원 중에서 해석이 가능한 경우에는 진행이 가능하지만 아랍어나 불어, 독일어와 같이 전문적인 외국어 수준을 요하는 외국어 사이트의 경우에는 콘텐츠를 번역하여 제출해야만 가능하다. 실제로 지금까지 한국정보화진흥원에 접수된 적이 있는 외국어 사이트는 중국어가 1건 있었고, 나머지는 모두 영어 사이트였다.

아울러 테스트 서버에서 구축 중인 사이트는 작업이 완료되었다 하더라도 접수를 받지 않는다. 실제 서버에 이관하여 정상적인 URL로 접속 가능한 경우만 심사 대상이 될 수 있고, 선생님 자격이 있을 때만 확인할 수 있는 교사 전용 페이지나 계정 정보 없이는 접근할 수 없는 콘텐츠가 중요한 콘텐츠로 판단되는 경우에는 반드시 테스트 계정을 제출해야 한다.

2.2.2.4 신청 대상 사이트의 범위

웹사이트에는 여러 개의 서브도메인을 갖는 경우가 있다. 이런 경우 웹 접근성 품질인증마크에서는 하나의 웹사이트 안에 여러 개의 웹사이트를 포함하고 있는 것으로 간주된다. 따라서 웹 접근성 품질인증마크의 심사 대상 사이트는 기준에 따라 범위를 정한다.

주로 대메뉴GNB, Global Navigation Bar를 공유하는 영역을 하나의 웹사이트로 간주하고, 콘텐츠가 현격하게 달라지는 경우는 별도의 사이트로 구분된다. '콘텐츠가 현격하게 달라지는 경우'란 별도의 대메뉴를 가지면서 기존 사이트의 콘텐츠와 독립적인 (기존 사이트의 주요 기능이 아닌) 콘텐츠가 제공되는 경우다.

예를 들어 대학의 '입학안내' 사이트는 대학 사이트의 주요 기능이므로 별도 사이트로 구분되지 않으며, '대학박물관' 사이트는 독립적인 기능이므로 별도 사이트로 구분된다. 또한 별도로 구성된 대메뉴와 독립적인 기능을 갖더라도 사이트 규모가 지나치게 작으면 별도 사이트로 구분이 불가하다. 예를 들어 서브메뉴 10개 이하 사이트와 같은 경우다. 외국어 사이트의 경우도 대메뉴 형태를 유지하더라도 언어별로 별도 사이트에 해당된다.

좀 더 이해하기 쉽게 포털사이트를 예로 들어보자(그림 2.4). 네이버의 경우 메일, 카페, 블로그, 지식IN, 쇼핑, 사전, 뉴스, 증권, 부동산, 지도, 영화, 뮤직, 책, 소셜게임, 해피빈, 미투데이, 쥬니버, 한게임 등 다양한 메뉴가 존재하는데 메뉴마다 고유의 대메뉴가 존재하고, 새로운 로고가 생긴다.

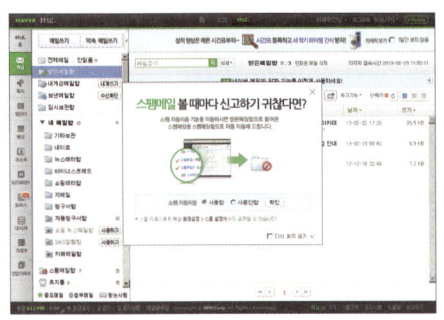
메일

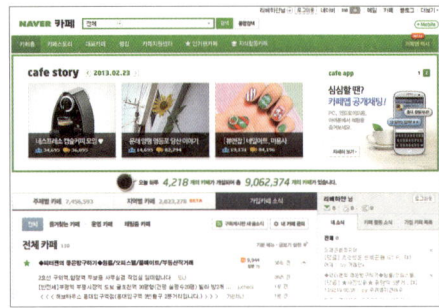
카페

블로그

그림 2.4 포털사이트 네이버의 서비스별 대메뉴 변화

이들은 각각 하나의 서비스이자 웹사이트이기 때문에 별도의 사이트로 접수해야 하며, 포털 메인의 경우는 공통 인트로 페이지와 같으므로 별도 사이트가 모두 인증될 경우에는 인증이 가능하게 되어 있다.

공인인증, 각종 인증(실명, 휴대폰, 신용카드 등), 통합 로그인 등 타 사이트에서 제공하는 콘텐츠나 서비스를 이용하는 경우에도 모두 인증심사의 대상이 되며, 특히 정부에서 자주 사용하는 국민신문고나 새올 행정시스템 등에서 제공되는 제3자 제공 콘텐츠 등도 심사 대상에 포함된다. 단 링크로 연결된 단순한 외부 사이트는 심사 대상에 포함되지 않는다.

하나의 사이트에 여러 개의 사이트가 있다고 판단되는 경우 각 심사 비용은 별도로 발생하고 별도의 사이트를 나누는 기준은 주관적일 수 있기 때문에 인증신청 전에 인증기관에 미리 확인해보는 것이 바람직하다.

2.2.3 인증신청과 결과 확인

먼저 품질인증마크를 신청할 준비가 끝났다면 본격적으로 인증심사 접수를 하고 절차에 따라 심사가 완료되면 결과를 받을 수 있다. 때에 따라 심사 결과가 잘못될 수도 있기 때문에 결과 확인 후 바로 이의신청을 해서 정확한 결과를 받는 것을 포함하는 과정이 인증획득 과정이다.

그럼 심사 접수에서부터 결과 확인까지의 과정을 알아보자. 인증기관으로 지정되는 기관은 기존의 한국정보화진흥원의 인증절차와 동일하거나 비슷한 수준이므로 한국정보화진흥원의 절차를 중심으로 설명하기로 한다.

2.2.3.1 심사 접수

심사 접수는 웹사이트에서만 가능하다. 그림 2.5와 같이 **웹 접근성 연구소 > 품질마크 > 품질마크 심사 접수**에서 **신규심사**와 **갱신심사** 중 선택하여 신청할 수 있다.

그림 2.5 웹 접근성 품질인증마크 심사 접수 화면

신청한 이후에는 수정이 불가하므로 제출서류 등 빠진 것이 없는지 확인한 이후에 **신청하기**를 눌러야 한다(그림 2.6, 그림 2.7 참조).

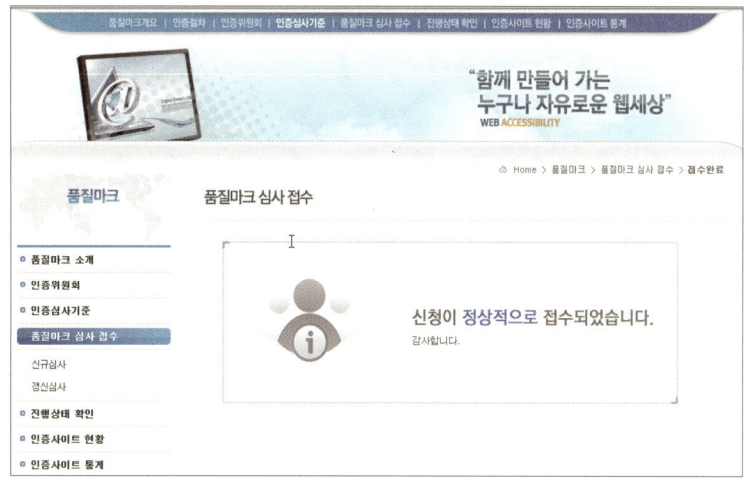

그림 2.6 웹 접근성 품질인증마크 심사 접수완료 화면

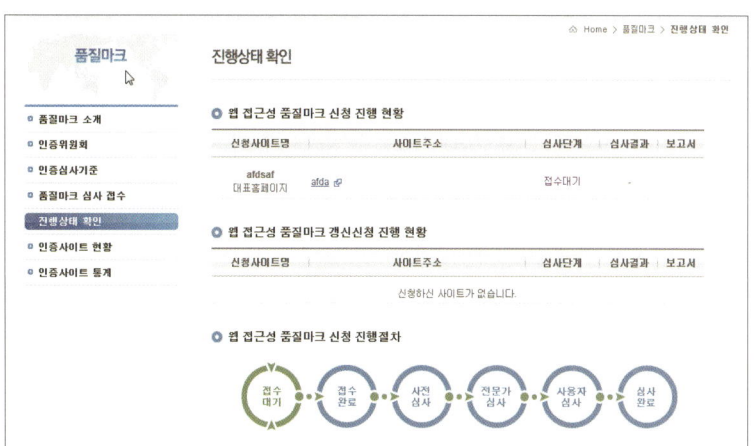

그림 2.7 웹 접근성 품질인증마크 심사 진행상태 확인 화면

2.2.3.2 심시 절차

인증획득을 하는 데 심사 절차에서 가장 중요한 2가지 과정은 온라인 신청을 통한 접수까지 잘 완료하면 심사가 끝날 때까지 기다리면 되고, 심사 결과가 나왔을 때 혹시

라도 문제가 있는 경우 바로 이의신청을 할 수 있게 대기하는 것이 중요하다(그림 2.8, 그림 2.9 참조). 이 2가지에서 인증의 결과가 뒤바뀔 수도 있기 때문이다.

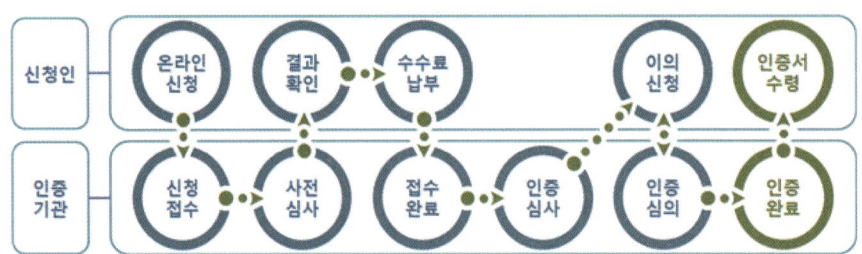

그림 2.8 웹 접근성 품질인증마크 인증 절차

사전 심사

사전 심사는 신청에 필요한 서류가 제대로 작성되었는지와 심사를 받을 수준으로 자가진단되었는지를 확인하는 정도다. 자가진단은 대체 텍스트, 제목 제공, 기본 언어 표시, 레이블 제공의 4개 항목에 각 95% 이상 준수한 경우에만 심사 신청이 가능하므로 진단한 결과를 사전 설문지와 함께 제출해야 한다. 또 신청할 때 반드시 신청하는 웹사이트의 담당자가 직접 신청해야만 접수가 가능하다.

 과거에는 신규의 경우 100개 기관까지 선착순 접수로 미리 준비하지 않으면 접수를 못하는 경우가 많았으나 최근에는 제한된 신청 건수를 넘지는 않는 수준이다. 하지만 신청이 시작되는 오전 10시에 바로 접수할 수 있게 하는 것이 안전하다. 단 갱신 접수는 제한이 없다.

 제출서류는 제출 후 수정할 수 있게 웹사이트가 구현되어 있지 않으므로 신중히 검토 후 제출하는 것이 좋으며, 이미 잘못된 서류를 제출한 경우 직접 전화하여 수정해야 한다.

 접수가 완료되면 웹 접근성 연구소 > 품질마크 > 진행상태 확인에서 상태가 접수 완료로 확인이 가능하며, 사전 심사를 통과한 것으로 볼 수 있다. 이후에는 기간 내에 수수료를 납부하면 된다.

인증심사

인증심사는 전문가 심사와 사용자 심사가 동시에 진행된다. 전문가 심사는 22번 검사항목인 웹 애플리케이션 접근성 준수 항목은 1~21번 검사항목에 녹아 있다고 볼 수 있다. 따라서 21개 검사항목 모두 95%를 넘어야 합격이다. 사용자 심사는 보통 10개 수준의 과업을 선정하여 10개 모두 과업을 성공해야 합격이다. 과업은 신청된 사이트의 특성에 맞게 정해지고 하나의 과업당 15분 이내에 수행해야 한다.

> **팁**
>
> 인증을 연장하기 위한 심사를 갱신심사라고 한다. 웹 접근성 품질인증마크는 인증 유효기간이 1년이기 때문에 만료 직전에 갱신해야 하며, 만료기간을 넘기면 신규심사로 전환되므로 수수료에서도 차이가 날 수 있다. 또 갱신심사는 간소화된 심사 절차를 거치게 되므로 좀 더 유리한 측면이 있다.
>
> 인증 유효기간 중에 웹사이트에 변화가 있다면 인증 당시 보고서의 심사 대상 페이지 중 20~50% 내의 변경 시 갱신심사와 동일한 절차를 거쳐 인증을 유지할 수 있다(표 2.9). 보통 20페이지를 심사한다면 선정된 페이지 중 4~10페이지 내에서 변화가 있는 경우가 해당된다.
>
> **표 2.9** 사이트 변경률에 따른 심사 신청 구분
>
> | 사이트 변경률 | 심사 구분 | 인증 유효기간 |
> | --- | --- | --- |
> | 20% 이하 | 간단하게 모니터링하고 문제가 없는 경우 연장 | 기존 인증기간 유지 |
> | 20% 초과 - 50% 이하 | 갱신심사로 신청 | 갱신심사 완료일로부터 1년 |
> | 50% 초과 | 신규심사로 신청 | 인증심사 완료일로부터 1년 |

이의신청 활용

인증심사가 완료되어 보고서를 받으면 먼저 합격인지 불합격인지부터 확인할 것이다. 합격이라면 문제가 없겠지만 불합격인 경우 해당 결과를 정확하게 확인해보고 정당한 이의가 있는 경우 서식으로 이의신청을 할 수 있다. 의외로 이의신청 기간이 지난 이후 확인해보면 애매하게 심사된 경우가 있는데 이런 제도를 잘 모르고 이의신청이 없어 그대로 불합격 처리되는 경우도 종종 있었다. 따라서 이의신청 단계를 잘 활용하면 결과를 뒤바꿀 수도 있다.

웹 접근성의 특성상 애매한 부분이 존재하므로 심사 기준에서 비추어 볼 때 실수가 아닌 정당성이 존재하면 해당 내용을 인정해 줄 수 있다. 사람이 심사하는 것이기 때문에 심사에 오류가 있는 경우도 존재한다.

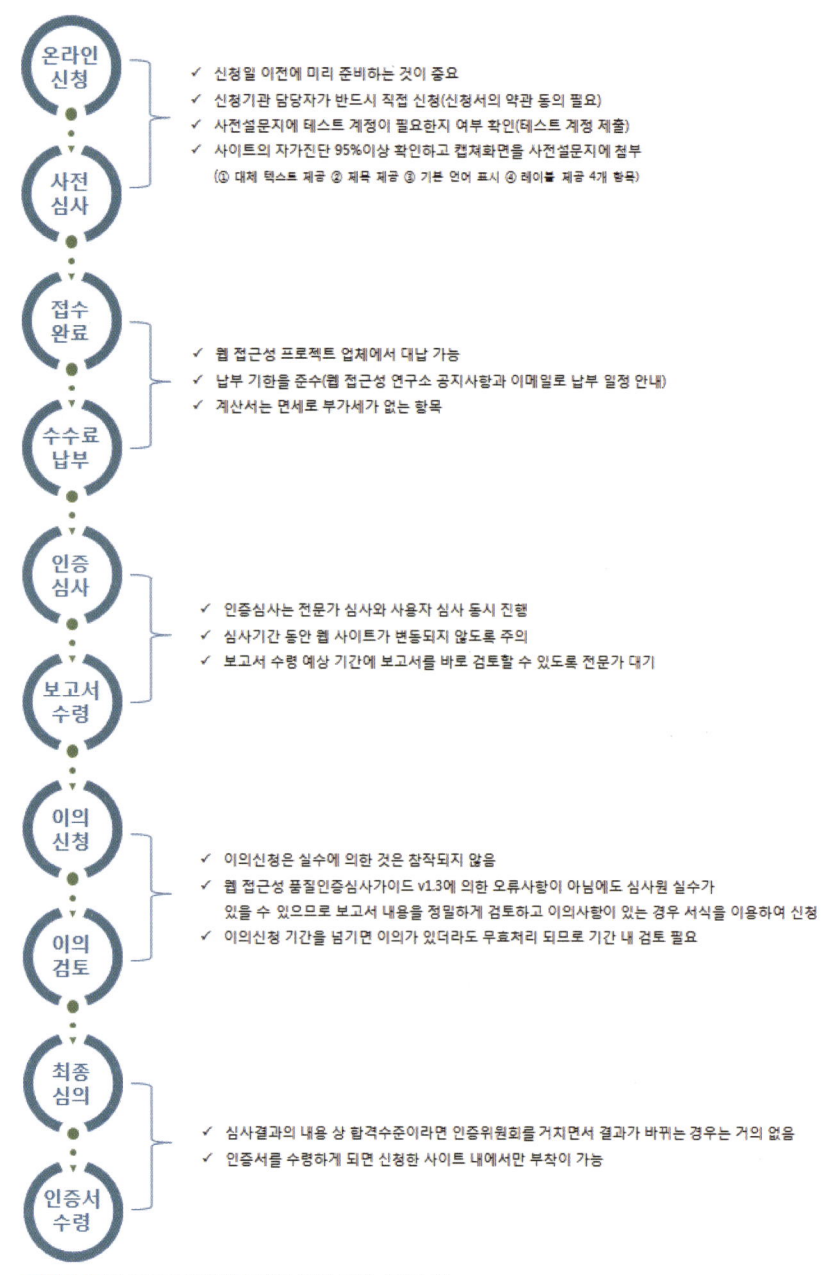

그림 2.9 웹 접근성 품질인증마크 인증 절차 체크사항

정리

웹 접근성 품질인증마크는 반드시 필요한 것은 아니다. 하지만 잘 활용한다면 장점이 많으므로 인증획득 절차와 방법은 물론 장애인차별금지법으로부터 부각된 웹 접근성 의무화와 웹 접근성 품질인증마크와의 정확한 관계를 이해하고, 실효성을 높일 수 있는 방향으로 정리할 수 있기를 기대한다.

1. **웹 접근성 품질인증마크**
   - 웹 접근성 품질인증마크란 '장애인과 고령자가 웹사이트 이용에 불편이 없도록 웹 접근성 표준을 준수한 우수 사이트에 품질을 인증하는 마크'를 의미한다.

2. **웹 접근성 품질 인증의 필요성**
   ❶ 웹 접근성 전문 지식이 없는 이해관계자에게 객관적인 웹 접근성 준수 확인 방법 제공
   ❷ 품질인증마크의 갱신을 통한 일정 수준 이상의 품질을 유지하는 역할
   ❸ 웹 접근성 프로젝트의 검사 기준 등 발주기관을 대신하여 사업실패를 방지하는 역할
   ❹ 많은 고객을 확보하고자 홍보 및 웹 접근성 향상과 기술의 선순환

3. **웹 접근성 품질인증마크와 장애인차별금지법과의 관계**
   - 공통점 : 국가표준에 기반하여 보편적인 웹 접근성을 높이는 수단으로 활용되며, 보편적인 웹 접근성 준수가 가능
   - 차이점
     ❶ 웹 접근성 품질 인증은 지침에 의한 심사로 끝나는 반면 장애인차별금지법은 지침을 다 준수하였다 하더라도 실제 사용성이 떨어진다면 차별로 간주할 수 있다.
     ❷ 웹사이트 내(iframe, 오픈 API 등)에서 활용한 외부 콘텐츠가 접근성을 준수하지 않은 경우 인증심사에서는 불합격될 수 있지만 장애인차별금지법에서는 외부 콘텐츠의 담당자나 관리자에게 시정권고가 이루어질 수 있다는 점이다.
     ❸ 웹 접근성 품질 인증은 의무가 아니지만 장애인차별금지법 준수는 의무사항이다.

4. **웹 접근성 품질 인증심사**
   - 2014년부터는 미래창조과학부에서 인증기관을 선정, 관리하게 되므로 웹 접근성 품질인증기관이 통일된 기준으로 운영된다.
   - 인증 절차는 온라인 신청 후 전문가와 사용자 심사를 통과하면 되는데 심사위원의 결과에도 실수나 다른 견해가 있을 수 있으므로 이의신청 단계를 잘 활용하는 것이 좋다.

웹 접근성의 개념과 배경 등을 이해했다면 실질적으로 웹 접근성을 적용하는 데 필요한 기본 개념을 알아보자. 웹 접근성 준수 지침의 기본 원칙과 각 검사항목의 취지를 이해할 수 있게 사례를 중심으로 살펴볼 것이다. 이 책에서 가장 중요한 부분이 3~6장이므로 주의를 기울여 세심하게 살펴보자.

2부
웹 접근성 기본 4원칙

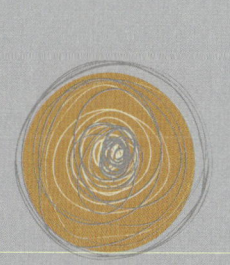
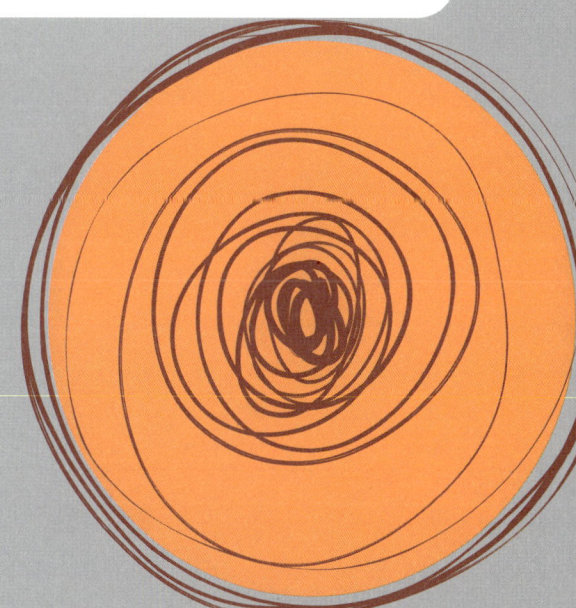

웹 접근성의 기본 원칙을 함축적으로 표현한다면 원래의 감각이나 기술, 상황에서 이를 사용할 수 없을 때 대체 기술을 통해 접근할 수 있도록 하는 것이라고 할 수 있다.

사람이라면 감각을 대체할 수 있게 하는 것이고, 기술이라면 다른 기술로 견고하게 이용할 수 있게 하는 것이다. 이런 기본 원칙을 4가지로 정한 것이 웹 접근성 기본 4원칙이다.

인식의 용이성과 운용의 용이성, 이해의 용이성, 견고성 4가지 원칙을 자동차 운전으로 비유하자면 서울에서 부산으로 가기 위한 이정표를 '인식'하고, 부산 방향으로 '운용'하여, 이정표만 따라가면 부산에 도착할 수 있도록 '이해'가 되고, 어떤 차로든 이용할 수 있는 '견고'한 도로 위로 달릴 수 있어야 하는 것과 같다.

2부에서는 웹 접근성 기본 4원칙을 알아볼 것이다.

03
인식의 용이성

모든 콘텐츠는 사용자가
인식할 수 있어야 한다

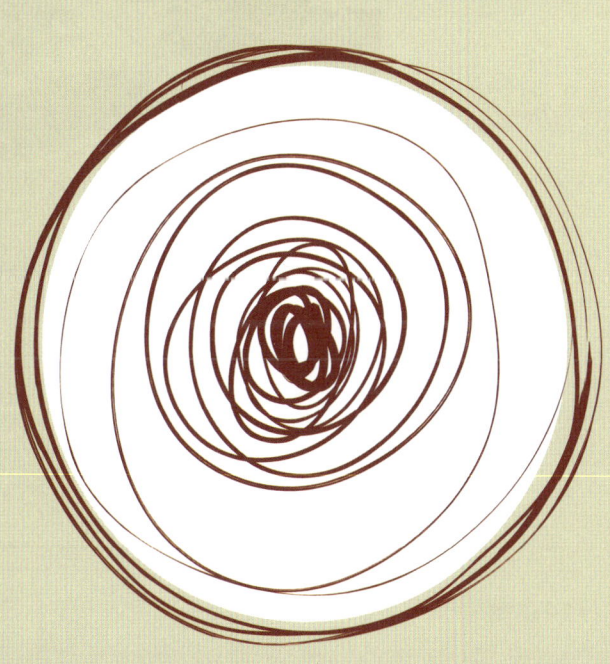

첫 번째 원칙은 인식의 용이성이다. 세 번째 원칙인 이해의 용이성과 자칫 헷갈릴 수도 있는 원칙이다. '인식'과 '이해'의 차이는 무엇일까? '인식'의 사전적 의미는 '대상을 아는 것'을 의미한다. '이해'는 '사리를 분별해 해석하는 것'을 의미한다. 따라서 직접적으로 대상 자체를 알게 되는 것을 '인식'이라고 한다면, 인식을 기반으로 해석된 내용을 아는 것을 '이해'라고 할 수 있다. 예를 들어 이정표에 있는 정보 자체를 알았다면 '정보를 인식했다'라고 하고, 이정표를 이용해 가고자 하는 목적지를 알았다면 '정보를 이해했다'라고 할 수 있다.

곧 인식의 용이성은 콘텐츠를 인식하기 쉽게 하자는 의미다. 이를 테면 눈으로 정보를 얻을 수 있는 이미지, 귀로 인식할 수 있는 동영상의 음성이나 오디오 콘텐츠 등을 다른 감각을 사용해서도 정보를 얻을 수 있게 대체 콘텐츠를 제공해주는 것이 대표적이다. 마찬가지로 색맹과 색약, 저시력자와 어르신은 글씨가 작거나 희미한 디자인이 적용된 텍스트 콘텐츠를 인식하기 어렵고, 특정한 색으로 표시된 콘텐츠로만 정보를 주면 색상을 구분하지 못하는 사용자는 정보를 인식하기 어렵다(그림 3.1).

그림 3.1 시각장애인의 인터넷 활용 (출처: 구글 이미지)

이처럼 인식의 문제를 해결하려고 주어진 원칙이 '인식의 용이성'이며, 대체 텍스트, 멀티미디어 대체 수단, 명료성의 3가지 지침으로 구성되어 있다. 표 3.1에서 검사 항목별로 개념과 목적, 원리를 알아보자.

표 3.1 인식의 용이성 검사항목

검사항목(6개)
(적절한 대체 텍스트 제공) 텍스트 아닌 콘텐츠는 그 의미나 용도를 이해할 수 있도록 대체 텍스트를 제공해야 한다.
(자막 제공) 멀티미디어 콘텐츠에는 자막, 원고 또는 수화를 제공해야 한다.
(색에 무관한 콘텐츠 인식) 콘텐츠는 색에 관계없이 인식될 수 있어야 한다.
(명확한 지시사항 제공) 지시사항은 모양, 크기, 위치, 방향, 색, 소리 등에 관계없이 인식될 수 있어야 한다.
(텍스트 콘텐츠의 명도대비) 텍스트 콘텐츠와 배경간의 명도대비는 4.5대 1 이상이어야 한다.
(배경음 사용 금지) 자동으로 재생되는 배경음을 사용하지 않아야 한다.

3.1 [검사항목 1] 적절한 대체 텍스트 제공

(적절한 대체 텍스트 제공) 텍스트 아닌 콘텐츠는 그 의미나 용도를 이해할 수 있게 대체 텍스트를 제공해야 한다.

● **개념**

대체 텍스트는 '텍스트가 아닌 콘텐츠인 이미지, 이모티콘 문자, 영상, 음성 콘텐츠 등을 텍스트 정보로 대체해주는 것'을 의미한다. 즉 '텍스트가 아닌 콘텐츠를 대체해 제공하는 텍스트 정보'를 말한다.

● **목적**

이 검사항목은 시각장애인에게 매우 중요한 지표다. 소리로 모든 내용을 이해하는 시각장애인에게는 음성으로 변환이 가능한 텍스트 정보가 가장 좋은 정보 형태다. 따라서 시각적으로 장애가 있는 경우 주로 화면 낭독기(스크린리더) 프로그램을 사용해 청각으로 정보를 받아들일 수 있게 이미지처럼 시각화된 정보나 미디어 콘텐츠, 이모티콘 문자 등 텍스트가 아니면서 정보를 제공하는 경우는 음성으로 변환이 가능한 텍스트로 제공해야 한다. 또 이미지가 제공되지 못하는 환경에서는 대체 텍스트가 화면에 보여 해당 내용을 인식할 수 있는 부가적인 효과도 생긴다. 그리고 검색엔진에서 이미지를 검색할 때 대체 텍스트를 사용하면 구글과 같은 검색 포털에서 보일 수 있는 조건을 만들어주기도 한다.

● 검사항목 해설

웹 접근성의 여러 가지 지표 중 많은 부분이 시각장애인을 위해 존재한다고 볼 수 있다. 이 중에서 가장 기초가 되고 중요한 지표가 대체 텍스트의 제공이다. 이는 곧 음성 정보로 들려야 하는 것이므로 최대한 정보를 전달하되 짧게 전달하는 것이 중요하다. 눈으로 보는 경우 긴 문장이라도 중요 문맥만 확인하고 넘어갈 수 있겠지만, 귀로 듣는 경우에는 순차적으로 정보를 받아들여야 하므로 생략하기 힘들다. 언제 중요한 정보가 들릴지 모르기 때문이다.

대체 텍스트에서 가장 중요한 것은 시각적으로 전달되는 정보의 핵심을 놓치지 않으면서 최대한 간결하게 제공하는 것이다. 즉 비장애인이 이미지를 보면서 얻는 정보와 차별성이 없게 대체 텍스트를 제공하면 되는데, 너무 짧게 제공하려다 정보를 생략하는 경우가 있으니, 자신이 없으면 우선 정보를 모두 제공하는 데 중점을 두는 편이 좋다.

특히 평가 측면에서는 길게 썼다고 감점하지는 않지만, 생략한 것은 감점이 될 수 있기 때문이다. 다만 지나치게 길어질 경우 시각장애인은 정보를 이해하는 시간이 길어져 불편하다는 점을 꼭 기억해야 한다. 설명 자체가 긴 경우는 간단한 제목을 대체 텍스트로 제공하고, 더 자세한 내용을 보고 싶은 사용자에게는 해당 내용을 설명한 다른 페이지로 이동해 확인할 수 있게 선택권을 주는 방법이 가장 좋다.

> **요약** 텍스트는 다른 감각으로 이해할 수 있게 변환이 가능한 포맷이다. 이와 같이 시각적인 정보를 청각적인 정보로 변환해 대체한다.

● 준수기준

> 이미지 등 텍스트가 아닌 콘텐츠를 이용할 경우 해당 이미지가 제공하는 의미나 용도를 동일하게 인식할 수 있는 적절한 대체 텍스트를 제공한 경우 준수한 것으로 인정한다.

3.1.1 [오류유형 1-1] 텍스트 이미지의 대체 텍스트 미 제공

텍스트 이미지에 대체 텍스트가 제공되지 않은 경우

웹사이트에서 텍스트로 정보를 제공하는 경우에도 더 예쁘게 장식하려고 이미지로 만드는 경우가 많다. 그런데 이미지로 만들어진 텍스트도 이미지이기 때문에 대체 텍스트를 제공해줘야 한다. 그림 3.2와 같이 본인인증서비스 이미지 텍스트에 아무런 대체 텍스트를 제공하지 않았다. 이 단계는 **웹 접근성을 전혀 모르는 단계**라고 할 수 있다.

<img>의 대체 텍스트를 전혀 제공하지 않으면 어떤 현상이 생길까? 시각장애인이 화면 낭독기로 읽으면 영어로 된 긴 알파벳과 숫자가 어우러진 파일명만 읽어주므로 혼란스럽고 짜증을 유발할 수 있다.

"슬래시엔유쥐유와이에이슬래시아이엠쥐슬래시엔아이씨이~씨오엔에프아이알엠 엘점기프이미지"

우리에게 이런 정보가 귀에 들어온다고 생각한다면 어떤가? 생각만 해도 끔찍하지 않을까?

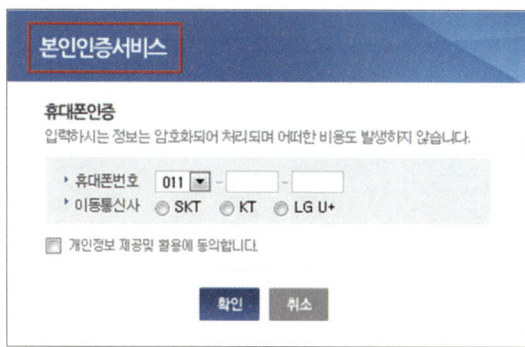

그림 3.2 텍스트 이미지에 대체 텍스트를 제공하지 않은 경우

개선 전

```
<div class="section">
    <div class="head">
        <h1><img src="/nuguya/img/nicecert_renew/0000000000/
    ↪ logo_1.gif" alt="본인인증서비스" /></h1>
```

```
        </div>
        <div class="body">
            <h2><img src="/nuguya/img/nicecert_renew/0000000000/
↪ title_phone.gif" alt="휴대폰인증" /></h2>
            <p>입력하시는 정보는 암호화되어 처리되며 어떠한 비용도 발생하지 않습니다.</p>
        <form action="" method="post">
        <fieldset>
... 중략 ...
        </fieldset>
        </form>
        </div>
        <p class="btns">
            <a href=""><img src="/nuguya/img/nicecert_renew/0000000000/
↪ btn_confirml.gif" alt="확인" /></a>
            <a href=""><img src="/nuguya/img/nicecert_renew/0000000000/
↪ btn_cancel.gif" alt="취소" /></a>
        </p>
</div>
```

텍스트 이미지는 텍스트를 이미지로 만든 것이다. 따라서 해당 이미지의 텍스트를 대체 텍스트로 그대로 적어주면 되므로 크게 어렵지 않게 대체 텍스트를 제공할 수 있다. <img>의 대체 텍스트가 제공되면 이미지에 접근하는 순간 화면 낭독기에서 대체 텍스트를 읽고 마지막에 '이미지'라고 추가로 읽어주기 때문에 해당 정보의 유형도 명확하게 인식할 수 있다.

개선 후

```
<tr>
    <td>
        <img src="/nuguya/img/nicecert_renew/0000000000/logo_1.gif"
↪ alt="본인인증서비스" />
    </td>
</tr>
... 중략
<tr>
    <td>
        <img src="/nuguya/img/nicecert_renew/0000000000/title_phone.gif"
```

```
            ↪ alt="휴대폰인증 입력하시는 정보는 암호화되어 처리되며 어떠한 비용도 발생하지
            ↪ 않습니다."   />
      </td>
  </tr>
  ............................... 중략 ............................
  <tr>
      <td>
          <a href=""><img src="/nuguya/img/nicecert_renew/0000000000/btn_
          ↪ confirml.gif" alt="확인" /></a>
          <a href=""><img src="/nuguya/img/nicecert_renew/0000000000/btn_
          ↪ cancel.gif" alt="취소" /></a>
      </td>
  </tr>
```

3.1.2 [오류유형 1-1] 불충분한 대체 텍스트를 제공한 경우

불충분한 대체 텍스트를 제공한 경우

대체 텍스트 개념은 이해하고 있으나 **아직 미흡한 단계**라고 할 수 있다. 보통 배너에서 이런 문제가 많이 발생한다. 배너에서 제공되는 정보 중 주로 제목에 해당하는 정보만을 대체 텍스트로 제공하는 경우가 있다. 그림 3.3과 같이 '2012 대한민국 취업박람회'까지만 대체 텍스트로 제공하면 배너를 시각적으로 이해하는 사람과 화면 낭독기를 사용해 이해하는 사람간의 정보가 달라진다. 배너 제목 이외에도 박람회를 여는 기간과 시간, 장소 등의 정보가 더 담겨 있기 때문이다.

그림 3.3 배너에 불충분한 대체 텍스트를 제공한 경우

개선 전

```
<div class="banner-list-img-last">
    <a title="새창에서 링크 열림" target="_blank" href="링크 주소">
    <img src="/html/imgs/pres/08236_recruit.jpg" alt="2012 대한민국
➜ 취업박람회 배너" />
    </a>
</div>
```

배너 이미지에서 중요한 것은 **제목만 대체 텍스트를 제공해서는 안 된다는 것**이다. 제목과 더불어 제공되는 일시나 장소 등 중요 정보는 반드시 같이 제공해야 한다. 잘 모르겠으면 배너에 있는 내용을 모두 기입하기 바란다. 정보를 최대한 짧게 적어주는 것이 요령이지만, 정보의 차별에 해당하는 생략이 있어서는 안 되기 때문이다.

이렇게 배너 이미지에서 중요한 정보를 제공받으면 배너를 선택하는 이유가 확실해진다. 배너의 주제뿐만 아니라 일시와 장소 등을 통해 나에게 필요한 정보라면 선택할 것이고, 그렇지 않다면 다음 콘텐츠로 넘어갈 수 있다.

개선 후

```
<div class="banner-list-img-last">
    <a title="새 창에서 링크 열림" target="_blank" href="링크 주소">
    <img src="/html/imgs/pres/08236_recruit.jpg" alt="2012
➜ 대한민국취업박람회, 고용노동부주최 일시 : 2012년 10월30일(화)~31일(수)
➜ 10시~17시, 장소 : aT센터 (서초구 양재동) 제1전시장 행사장 사이트 방문 바로가기" />
    </a>
</div>
```

> **팁**
>
> 대체 텍스트는 최대한 짧고 명시적으로 제공하되, 정보를 생략해선 안 된다. 자신이 없으면 길게 쓰더라도 정보가 생략되어 정보의 차별이 생기지 않게 하는 것이 더 중요하다.
>
> 배너의 대체텍스트가 좋은 사례인데 최대한 짧고 명시적으로 제공하기 위해서 주변 정보를 생략한 채 배너의 제목만 제공하는 경우가 대체텍스트 제공 오류 중에서 가장 많이 발생할 정도다. 주변 정보의 중요성을 확인하여 장식적인 문구는 생략할 수 있지만 판단이 어렵다면 배너의 이미지 텍스트를 그대로 넣는 것이 좋다.

> **이슈**
>
> '배너의 대체 텍스트 제공' 대목은 전문가들 사이에 일부 논란이 있다. 배너를 클릭하면 배너의 자세한 내용을 볼 수 있는 페이지로 연결되는데 굳이 배너 안의 모든 정보를 대체 텍스트로 제공하는 것이 맞느냐는 것이다. 하지만 장애인차별금지법의 웹 접근성 취지를 상기시켜본다면 생각이 달라질 수 있다.
>
> 누구에게나 웹을 이용할 수 있게 해야 하고, 정보의 차별이 발생하지 않아야 한다는 점을 고려한다면 배너 안에 있는 모든 정보를 제공하는 것이 바람직하다는 결정을 내릴 수 있다. 예를 들어 '취업박람회'라는 배너 제목만 대체 텍스트로 제공한 경우와 '취업박람회가 열리는 기간'까지도 대체 텍스트로 제공한 경우의 2가지를 살펴보자.
>
> 내가 시각장애인이고 대체 텍스트 정보를 통해 취업박람회의 기간을 알 수 있다면 취업박람회가 열리는 기간을 알 수 있고, 참여할 수 없는 일정이라면 해당 배너를 클릭하지 않았을 것이다. 하지만 이 사실을 미리 알려주지 않고 행사의 제목만 대체 텍스트를 통해 알 수 있었다면 기간을 확인하려고 세부 페이지로 이동해야만 한다. 결국 모든 내용을 다 읽고 나서야 내가 들어가지 말아야 할 배너라는 것을 깨닫게 되는 문제가 발생한다.

3.1.3 [오류유형 1-1] 대체 텍스트가 오타로 표기된 경우

대체 텍스트가 오타로 표기된 경우(오타 또는 대체 텍스트를 업데이트하지 않은 경우)

이전 텍스트 이미지의 텍스트가 아마도 '인사말씀'이었던 것 같다. 비장애인들은 '사이트맵'이라고 인식하겠지만 시각장애인의 경우 지금 접근한 콘텐츠가 '인사말씀'이라고 생각하는 문제가 발생한다(그림 3.4).

개선 전

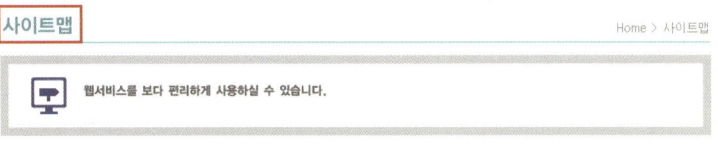

그림 3.4 대체 텍스트를 업데이트하지 않은 경우

```
<div id="con_title">
    <h2><img src="/images/sitemap.gif" alt="인사말씀" /></h2>
    <p>Home &gt; 사이트맵</p>
</div>
```

오타의 주된 이유는 시간이 촉박한 프로젝트이거나, 검사할 인원이 없는 경우, 주로 유지보수 과정에서 이미지만 교체하다가 발생하는 실수가 대부분이다. 대체 텍스트의 내용을 현 이미지 텍스트와 동일하게 alt="사이트 맵"으로 제공하면 된다. 이제 해당 정보를 사이트 맵이라고 바르게 인식할 수 있다.

개선 후

```
<div id="con_title">
    <h2><img src="/images/sitemap.gif" alt="사이트 맵" /></h2>
    <p>Home &gt; 사이트 맵</p>
</div>
```

> **팁**
> 이미지를 교체하거나 업데이트하는 경우 대체 텍스트까지 체크될 수 있는 수단을 갖추는 것이 매우 중요하다. 업데이트할 때 최종적으로 웹 접근성 유효성을 검사해 각 항목을 체크해주지 않으면 초기에 구축해놓은 웹 접근성의 수준이 계속 낮아질 수밖에 없다. 그림 3.4의 경우도 제목을 변경하는 과정에서 대체 텍스트는 그대로 두고 이미지만 교체한 탓에 발생한 미준수 사례다. 유지보수 과정에 반드시 필요한 내용임을 기억해주기 바란다.

3.1.4 [오류유형 1-1] 이미지 버튼에 대체 텍스트를 제공하지 않은 경우

〈input type="image"〉에 대체 텍스트를 제공하지 않은 경우

그림 3.5와 같이 주로 검색과 같은 버튼을 이미지로 제공하는 경우 alt="검색"과 같이 해당 텍스트로 대체 텍스트를 제공하면 된다. 간혹 alt 대신 title 속성을 이용해 대체 텍스트를 적는 경우가 있는데, 대체 텍스트의 기본은 alt 속성이라는 사실을 명심해야 한다. title 속성은 부가적인 설명을 필요로 할 때 사용하는 것이다.

개선 전

그림 3.5 〈input type="image"〉에 대체 텍스트를 제공하지 않은 경우

```
<div class="searchbox">
    <select title="검색범위 선택">
        <option value="0">전체</option>
        <option value="1">웹</option>
        <option value="2">뉴스</option>
    </select>
    <input class="inputbox" type="text" title="검색어 입력" name="qry" />
    <input type="image" src="/images/common/btn_search_big.gif" />
    .... 이하 생략
</div>
```

이미지를 이용한 입력 버튼은 <input> 태그를 사용해 구현하는데, 이런 경우에도 버튼에 사용된 이미지의 대체 텍스트는 alt 속성을 이용해 제공해야 한다.

개선 후

```
<div class="searchbox">
    <select title="검색범위 선택">
        <option value="0">전체</option>
        <option value="1">웹</option>
        <option value="2">뉴스</option>
    </select>
    <input class="inputbox" type="text" title="검색어 입력" name="qry" />
    <input type="image" src="/images/common/btn_search_big.gif"
    ↳ alt="검색" />
    .... 이하 생략
</div>
```

3.1.5 [오류유형 1-1] 게시물의 이미지에 대체 텍스트가 제공되지 않은 경우

게시판 내용 중 이미지에 대체 텍스트가 제공되지 않은 경우

그림 3.6과 같은 게시판에 올린 콘텐츠도 접근 가능해야 하므로 게시물에 이미지가 제공되고 있다면 당연히 대체 텍스트가 제공되어야 한다.

그림 3.6 게시물 이미지에 대체 텍스트가 제공되지 않은 경우

개선 전

```
<tr>
    <td><img src="/files/11/[844]DSC_0532.jpg" /><br />
        </td>
</tr>
```

게시물의 이미지는 성격에 따라 간단하게 게시물의 제목을 이미지의 내용으로 정할 수도 있고, 간단한 묘사가 들어갈 수도 있다. 그러나 해당 사진의 아주 구체적인 묘사보다는 이미지의 주제, 목적 등을 이해할 수 있는 수준에서 제공하는 것이 바람직하다.

개선 후

```
<tr>
    <td><img src="/files/11/[844]DSC_0532.jpg" alt="백화점 세일기간 길게 줄선
    ↳ 전경" /><br />
        </td>
</tr>
```

> **팁**
>
> 웹 접근성에서 빈도가 높은 질문 중 하나는 "사용자가 직접 등록하는 게시물의 이미지는 어떻게 대체 텍스트를 제공해야 하는가"다. 현재 웹 접근성 품질인증마크 기준에는 사용자가 임의로 올릴 수 있는 자유게시판 등은 평가 측면에서 예외로 보고 있지만, 관리자가 직접 작성한 게시물의 경우는 대체 텍스트를 제공하게 되어 있다. 따라서 웹 에디터를 사용해 게시물을 올리는 경우 웹 에디터 저작도구 자체의 접근성이 필요하다. 특히 글쓰기 모드에서 이미지의 대체 텍스트 입력란의 제공이 중요하다. 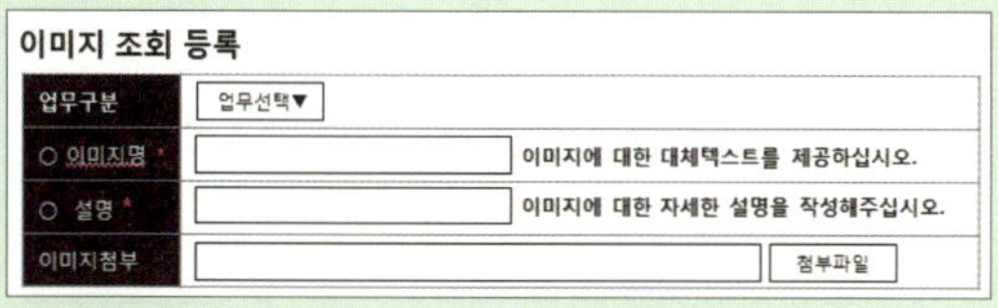
>
> **그림 3.7** 게시물 이미지의 대체 텍스트 제공 수단
>
> 인증심사 기준에서 사용자가 올리는 게시물이 예외로 인정되는 이유는 불특정 다수가 올리는 게시물에 소수의 관리자가 일일이 웹 접근성 준수 여부를 확인하기 어렵기 때문이다. 따라서 그림 3.7과 같이 게시판을 개발하거나 운영하는 경우 이미지에 대체 텍스트를 넣을 수 있는 수단을 제공하는 것이 중요하다. 그리고 사용자가 게시물을 올리려고 할 때 대체 텍스트를 제공해야 하는 이유를 설명하고 실행하게 해줘야 한다.
>
> 또 사용자가 정해져 있는 경우는(공시를 올리는 상장기업, 온라인 쇼핑몰의 입점기업 등) 예외로 인정하지 않는다. 현실적으로 어려운 경우도 있지만 정해져 있는 사용자에게는 게시물의 접근성을 준수하는 정책을 세워 웹 접근성을 향상시키려고 노력해야 한다는 차원으로 이해하면 되겠다.

3.1.6 [오류유형 1-2] 불릿 이미지에 대한 대체 텍스트를 제공하지 않은 경우

불릿 이미지에 대한 대체 텍스트를 제공하지 않은 경우

'불릿'은 '주목을 끌려고 제공하는 의미 없는 이미지'를 뜻한다. 가끔 불릿 이미지를 설명하는 대체 텍스트를 제공하거나 alt 속성 자체를 사용하지 않는 경우가 있는데, 이는 오히려 혼란스럽게 할 뿐이다. 그림 3.8과 같이 의미가 없다는 이유로 대체 텍스트 자체를 제공하지 않으면 파일명을 그대로 읽게 되어 화면 낭독기 사용자에게 혼란을 주게 된다.

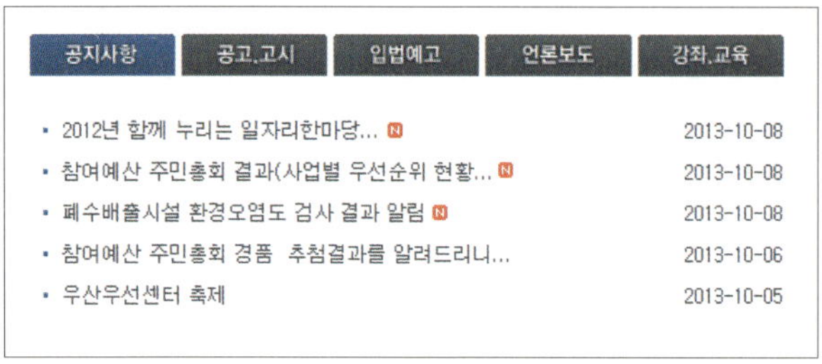

그림 3.8 불릿 이미지에 대체 텍스트를 제공하지 않은 경우

개선 전

```
<ul>
    <li><a href="#"><img src="/imges/dot_notice.gif" />
    2012년 함께 누리는 일자리 한마당..</a></li>
    <li><a href="#"><img src="/imges/dot_notice.gif" />
    참여예산 주민총회 결과(사업별 우선순위 현황..</a></li>
    <li><a href="#"><img src="/imges/dot_notice.gif" />
    폐수배출시설 환경오염도 검사 결과 알림</a></li>
    <li><a href="#"><img src="/imges/dot_notice.gif" />
    참여예산 주민총회 경품 추첨결과를 알려드립니다.</a></li>
    <li><a href="#"><img src="/imges/dot_notice.gif" />
    우산수선센터 축제 </a></li>
</ul>
```

의미 없는 이미지를 제공하는 경우 빈값(alt="")의 대체 텍스트를 제공해주면 화면 낭독기에서 불릿 이미지의 내용을 읽지 않고 넘어간다. **더불어 alt의 따옴표 사이에 빈 칸이 있어서도 안 된다.** 빈칸을 제공하면 alt를 제공하지 않은 것과 같이 파일명을 그대로 읽게 되기 때문이다.

개선 후

```
<ul>
    <li><a href="#"><img src="/imges/dot_notice.gif" alt="" />
    2012년 함께 누리는 일자리 한마당.. </a></li>
    <li><a href="#"><img src="/imges/dot_notice.gif" alt="" />
    참여예산 주민총회 결과(사업별 우선순위 현황..</a></li>
    <li><a href="#"><img src="/imges/dot_notice.gif" alt="" />
    폐수배출시설 환경오염도 검사 결과 알림</a></li>
</ul>
```

> **이슈**
>
> 이모티콘처럼 한글이나 영문자 등을 사용해 형상화한 경우는 문자나 부호 자체로는 이해하기 어렵기 때문에 대체 텍스트를 제공해주는 것이 좋다. 정답이 있다기보다 다음과 같은 다양한 방법을 사용해 대체 텍스트를 제공해주고자 하는 노력이 중요하다.
>
> ① 이모티콘의 내용을 텍스트로 함께 표기 예) OTL(좌절금지 이모티콘)
> ② 이미지로 변환하고, 대체 텍스트를 제공 예)〈img src="emoticon.gif" alt="좌절금지 이모티콘"/〉
> ③ 줄임말에 사용되는 〈abbr〉 태그를 활용 예) 〈abbr title="좌절금지 이모티콘"〉OTL〈/abbr〉

3.1.7 [오류유형 1-2] 의미 없는 이미지에 대체 텍스트를 제공한 경우

의미 없는 이미지에 대체 텍스트를 제공한 경우

장식용으로 제공한 이미지라면 꼭 해당 이미지를 설명하려 애쓰지 않아도 된다. 명백하게 정보를 제공하는 경우가 아니라면 빈값(`alt=""`)의 대체 텍스트를 제공해서 화면 낭독기 사용자의 불필요한 시간을 절약해줘야 한다(그림 3.9). 정보로서 의미가 없는 것을 굳이 읽게 만드는 것은 개발자나 사용자 모두에게 낭비다.

개선 전

그림 3.9 의미 없는 이미지의 대체 텍스트를 제공한 경우

```
<dd>
    <p><img src="/images/img02.gif" alt="민원안내에 관련된 이미지입니다." />
       <img src="/images/txt02.gif" alt="민원안내" /></p>
    <p><img src="/images/img03.gif" alt="여권민원에 관련된 이미지입니다." />
       <img src="/images/txt03.gif" alt="여권민원" /></p>
</dd>
```

빈값(alt="")의 대체 텍스트를 제공해서 의미 없는 정보를 생략하게 되어 정보를 더욱 짧고 명확하게 이해할 수 있게 됐다.

개선 후

```
<dd>
    <p><img src="/images/img02.gif" alt="" />
    <img src="/images/txt02.gif" alt="민원안내" /></p>
    <p><img src="/images/img03.gif" alt="" />
    <img src="/images/txt03.gif" alt="여권민원" /></p>
</dd>
```

3.1.8 [오류유형 1-2] 분리된 이미지 조각의 대체 텍스트 제공

여러 개로 분리한 이미지 조각의 대체 텍스트 제공

의미적으로는 하나의 이미지인데 여러 조각의 이미지로 제공됐다. 그런데 조각에 표시된 텍스트 이미지대로 대체 텍스트를 제공하는 것은 어떨까? 물론 경우에 따라 이해될 수도 있지만, '금융의' 이미지, '새로운 미래, IBK' 이미지가 별도의 의미와 이미지로 분리되어 있는 것으로 오해할 수도 있다(그림 3.10).

그림 3.10 여러 개로 분리한 이미지 조각의 대체 텍스트 제공 (출처: IBK 기업은행)

개선 전

```
<p><img src="img1.gif" alt="금융의"></p>
<p><img src="img2.gif" alt="새로운 미래, IBK"></p>
<p><img src="img3.gif" alt=""></p>
```

의미적으로는 하나의 이미지인데 여러 개의 조각 이미지를 제공하는 경우 가장 중요한 이미지나 크기가 가장 큰 이미지에 대체 텍스트를 넣어주고, 나머지는 그냥 공백으로 대체 텍스트를 제공하면 된다. 그러나 성격이 서로 다른 이미지를 하나의 이미지로 제공한 경우에는 분리해 각각에 맞는 대체 텍스트를 제공해주는 편이 바람직하다.

개선 후

```
<p><img src="img1.gif" alt="금융의 새로운 미래, IBK"></p>
<p><img src="img2.gif" alt=""></p>
<p><img src="img3.gif" alt=""></p>
```

3.1.9 [오류유형 1-3] 〈longdesc〉의 파일이 없거나 연결되지 않은 경우

〈longdesc〉 속성을 이용했지만 파일을 제공하지 않거나 연결되지 않은 경우

이미지의 내용이 복잡하거나 화면 낭독기 사용자에게 자세한 내용을 확인할 수 있게 선택권을 주고자 longdesc 속성을 사용하더라도 유지보수 과정에서 이미지를 바꾸면서 연결되어 있던 설명글 페이지(longdecs 속성의 목적지)의 경로가 연결되지 않는 경우가 있다. 그림 3.11은 longdesc 속성을 사용하고서 해당 페이지로 연결해주는 경로를 아예 제공하지 않아 페이지가 나타나지 않는 경우에 해당한다.

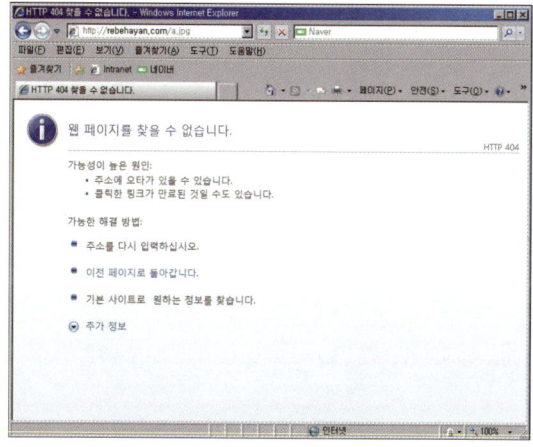

그림 3.11 longdesc 파일이 연결되지 않은 경우

개선 전

```
<p><img src="img1.gif" alt="조직도" longdesc=""></p>
```

이런 경우 화면 낭독기에서는 설명글이 있는 것처럼 안내되지만 실제로는 연결이 되지 않아 혼란을 겪을 수 있으므로 주의해야 한다. longdesc 속성을 사용하였다면 반드시 해당 경로를 바르게 제공하여 화면 낭독기에서 기능키(핫키)를 이용하여 설명글이 있는 페이지로 이동할 수 있게 해주어야 한다.

개선 후

```
<p><img src="img1.gif" alt="조직도" longdesc="html/long1.html"></p>
```

3.1.10 [오류유형 1-3] 〈longdesc〉 내용이 의미나 기능을 파악하기 어려운 경우

〈longdesc〉 속성을 이용했으나 그 내용이 해당 의미나 기능을 파악하기 어려운 경우

그림 3.12와 같은 조직도 이미지의 경우 대체 텍스트로 제공될 내용이 많으므로 세부적인 내용을 longdesc 파일로 제공한다. 하지만 해당 내용이 갱신되지 않은 경우를 자주 볼 수 있다. 이는 데이터를 갱신하거나 유지보수하는 과정에서 현행화하지 못한 경우로 결국 정보에 차별성이 생긴다. 모양으로는 대체 텍스트를 제공한 것처럼 보이지만, 실제 이용자에게는 오히려 더욱 큰 혼란을 주는 경우라 할 수 있다.

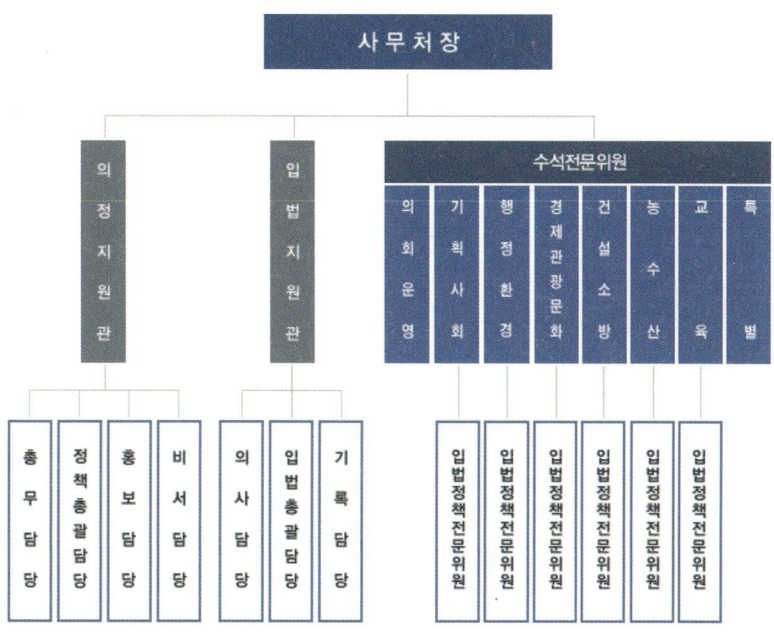

그림 3.12 longdesc의 내용과 콘텐츠의 내용이 다른 경우

개선 전

```
// longdesc 페이지

<ul>
    <li>총무담당관실
        <ul>
            <li>총무담당</li>
            <li>비서담당</li>
            <li>홍보담당</li>
        </ul>
    </li>
    <li>의사담당관실
        <ul>
            <li>의사담당</li>
            <li>의안담당</li>
            <li>기록담당</li>
        </ul>
    </li>
```

```
..... 이하 생략
</ul>
```

이미지가 갱신됐을 때 긴 설명글(longdesc) 파일도 함께 갱신될 수 있게 해줘야 한다. 이런 부분 때문에 longdesc 속성으로 제공되는 내용을 부정적으로 생각하는 경우가 많지만 대량의 정보를 제공하는 이미지에서 해당 내용의 자세한 설명을 선택할 수 있게 하는 방법으로 웹 접근성 측면에서는 매우 바람직한 방법이다.

개선 후

```
// longdesc 페이지

<ul>
    <li>사무처장
        <ul>
            <li>의정지원관
                <ul>
                    <li>총무담당</li>
                    <li>정책총괄담당</li>
                    <li>홍보담당</li>
                    <li>비서담당</li>
                </ul>
            </li>
            <li>입법지원관
                <ul>
                    ..... 중략
                </ul>
            </li>
            <li>수석전문위원
                <ul>
                    <li>의회운영</li>
                    ..... 중략
                </ul>
            </li>
        </ul>
    </li>
..... 이하 생략
</ul>
```

> **이슈** 대체 텍스트로 제공할 수 있는 글자를 255자로 알고 있는 경우가 많다. 하지만 alt의 길이에는 제한이 없으며, 255자라고 알려진 이유는 아마도 윈도우에서 제공하는 폴더명이나 경로의 길이가 512바이트로 제한되어 있어 대체 텍스트의 길이도 동일하게 제한된다고 알려진 탓으로 추측된다.
>
> 그러나 중요한 것은 대체 텍스트로 길게 설명하는 것보다는 긴 설명이 필요한 경우 longdesc 속성을 제공해 사용자가 좀 더 자세한 정보를 읽을 것인지를 직접 선택할 수 있게 해줄 수 있다는 점이다.
>
> longdesc 속성을 사용하면 화면 낭독기는 '설명 있음 이미지'라고 추가로 읽어줘서 현재 선택된 이미지에는 더 자세한 설명이 있다는 것을 이해하게 된다. 이 상태에서 Alt + Enter 키를 누르면 설명이 있는 페이지로 쉽게 이동할 수 있고, 설명을 들을 필요가 없다면 그대로 다음 콘텐츠로 넘어갈 수 있다. 이용자에게 선택권과 편의성을 제공한다는 장점 때문에 긴 설명이 있는 이미지는 longdesc 속성을 사용할 것을 추천한다.

3.1.11 [오류유형 1-4] 이미지맵의 〈img〉 요소에 alt 속성을 제공하지 않은 경우

> 〈area〉 요소에 대체 텍스트를 바르게 작성했더라도 〈img〉 요소를 alt 속성으로 제공하지 않은 경우

`<area>` 요소는 원하는 영역에 좌표 값을 주어 링크처럼 선택할 수 있는데, 대체 텍스트를 바르게 작성했더라도 `<img>` 요소의 `alt` 속성이 갖는 내용을 표기해줘야 한다. 전체 이미지가 무엇인지 이해할 수 있어야 해당 세부 정보를 이해할 수 있기 때문이다.

그림 3.13 ⟨area⟩ 요소에만 대체 텍스트가 제공되고 ⟨img⟩ 요소에는 제공되지 않은 경우

개선 전

```
<div>
    <img src="/images/jeosu_map.gif" alt="" border="0" usemap="#Map" />
    <map name="Map" id="Map">
        <area shape="rect" coords="169,610,247,634" href="#"
         alt="경기도" />
        <area shape="rect" coords="169,610,247,634" href="#"
         alt="강원도" />
        ... 이하 생략
    </map>
</div>
```

⟨area⟩ 요소에 대체 텍스트로 '전국지도'를 제공해서 ⟨area⟩ 요소를 사용해 제공되는 세부 대체 텍스트의 전체 카테고리가 전국지도라는 사실을 이해할 수 있다(그림 3.13). 이런 정보가 없었다면 경기도, 강원도, 충청북도 등 계속 읽어주는 정보가 무엇에 대한 것인지 알 수 없을 것이다.

개선 후

```
<div>
    <img src="/images/jeosu_map.gif" alt="전국지도" border="0"
     usemap="#Map" />
    <map name="Map" id="Map">
```

```
        <area shape="rect" coords="169,610,247,634" href="#"
    alt="경기도" />
        <area shape="rect" coords="169,610,247,634" href="#"
    alt="강원도" />
        ... 이하 생략
    </map>
</div>
```

3.1.12 [오류유형 1-5] 조직도 이미지맵의 〈area〉로만 대체 텍스트를 제공한 경우

이미지맵 형태로 조직의 관계나 프로세스 등 복잡한 이미지의 대체 텍스트 제공 시, 〈area〉로 각 항목만을 나열하고 조직간의 관계를 표현하지 않은 경우

그림 3.14의 조직도처럼 조직 구성의 관계나 상하관계 등의 구조적인 정보를 포함하는 콘텐츠를 이미지맵으로 제공하는 경우 개체간의 관계를 이해하기 어렵다. 이를 어려운 말로 '구조화'나 '계층 구조'라고 하는데, 이미지맵 기법으로는 구조화 정보를 이해하는 데 한계가 있으므로, `longdesc`를 이용해 구조화된 html 파일을 제공하게 하는 것이 바람직하다.

개선 전

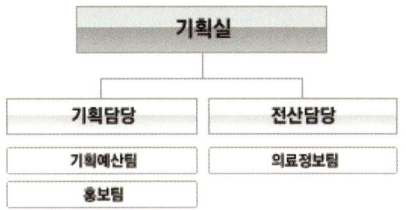

그림 3.14 〈area〉 요소에서 조직간의 관계가 표현되지 않은 경우

```
<div>
    <img src="/images/img_organ.jpg" alt="조직현황" border="0"
    usemap="#Map" />
        <map name="Map" id="Map">
```

```
            <area shape="rect" coords="116,43,330,71" href="#"
    ↪ alt="기획실" />
            <area shape="rect" coords="55,107,141,130" href="#"
    ↪ alt="기획담당" />
            <area shape="rect" coords="55,164,143,189" href="#"
    ↪ alt="전산담당" />
            <area shape="rect" coords="273,112,381,145" href="#"
    ↪ alt="기획예산팀" />
    .... 이하 생략
        </map>
</div>
```

개선 후

```
<div>
    <img src="/images/img_organ.jpg" alt="조직현황" longdesc="organ.html" />
</div>
```

```
// longdesc 페이지

<ul>
    <li>기획실
        <ul>
            <li>기획담당
                <ul>
                    <li>기획예산팀</li>
                    <li>홍보팀</li>
                </ul>
            </li>
            <li>전산담당
                <ul>
                    <li>의료정보팀</li>
                </ul>
            </li>
        </ul>
    </li>
</ul>
```

3.1.13 [오류유형 1-6] 대체 텍스트를 title만으로 제공하는 경우

대체 텍스트를 title만으로 제공하는 경우

간혹 대체 텍스트를 title 속성으로 제공하는 것으로 이해하는 경우가 있다(그림 3.15). title 속성은 화면에서 마우스에 대고 있으면 툴팁처럼 읽혀지는 부분으로 대체 텍스트가 아니라 부가 설명에 쓰려고 존재하는 태그다. 따라서 이미지의 대체 텍스트는 반드시 alt 속성으로 처리해줘야 한다. <input type="image">의 title 속성 대신 alt 속성을 제공해야 한다.

그림 3.15 대체 텍스트를 title만으로 제공하는 경우

개선 전

```
<input type="image" id="uploadButton" src="/images/btn_upload.gif"
title="파일 업로드" />
```

개선 후

```
<input type="image" id="uploadButton" src="/images/btn_upload.gif"
alt="파일 업로드" />
```

3.1.14 [오류유형 1-7] QR 코드의 이동 주소 정보를 대체 텍스트 등으로 제공하지 않은 경우

QR 코드의 이동 주소 정보 등을 대체 텍스트나 설명, 링크 등으로 제공하지 않은 경우

QR 코드는 웹 접근성과 관계가 없다고 말하는 사람이 많다. 사실 QR 코드 자체가 URL이나 경로를 담고 있는 코드인데 굳이 다른 형태로 제공해야 하는지 반감을 갖는 사람도 많다. 하지만 웹 접근성은 말 그대로 다양한 감각으로 접근할 수 있는 경로를 제공해 누구나 인터넷을 이용할 수 있게 하는 데 취지가 있다. 그림 3.16과 같은 상황은 'QR 코드'라는 대체 텍스트를 제공한 QR 코드 이미지다. 이미지가 제공하는 정보를 대체하는 대체 텍스트로는 불충분한 경우라고 할 수 있다. 그냥 QR 코드라는 것을 인식했을 뿐 이후의 정보는 알 수 없는 상태다.

그림 3.16 QR 코드에 적절한 대체 텍스트를 제공하지 않은 경우

개선 전

```
<p class="qrcode"><img src="/image/qrcode.gif" alt="QR 코드" /></p>
```

QR 코드가 이동시키는 웹 서비스가 무엇인지 대체 텍스트로 제공하고 <a> 요소를 이용해 링크로도 연결해주고 있다. 따라서 QR 코드 방식이 아니어도 이동할 수 있게 정보와 기능을 제공한다. 신기술이 발달할수록 반드시 이에 대한 대체 수단이나 대체 콘텐츠를 제공해주는 것이 중요하다. 따라서 QR 코드에는 해당 코드 이미지를 사용한 목적이나 용도를 대체 텍스트로 제공해주고 이동할 수 있는 링크를 제공해주는 것이 바람직하다.

개선 후

```
<p class="qrcode"><a href="http://m.ryu01258.com" img src="/image/qrcode.gif" alt="영일이오빠 닷컴 모바일 서비스 바로가기 QR 코드" /></p>
```

> **팁**
> 심사 기준에서는 QR 코드의 목적이나 용도, 이동 정보를 대체 텍스트로 제공해도 인정되지만, QR 코드의 주요 목적이 링크와 같은 역할인 만큼 링크를 통해 이동할 수 있게 제공해주는 것이 실제 사용자에게 유용한 방법이라 할 수 있다.

3.1.15 [오류유형 1-8] 의미 있는 배경 이미지의 대체 콘텐츠를 제공하지 않은 경우

> 배경 이미지가 의미 있는 정보를 제공하고 있으나 대체 콘텐츠를 제공하지 않은 경우

이미지 텍스트 정보를 배경 이미지로 제공하는 경우를 종종 볼 수 있다. 의미보다는 기능이나 디자인을 중심으로 웹을 제작한 경우라 할 수 있다. 그림 3.17은 '웹로그인'이라는 중요한 정보를 배경 이미지로 제공해서 화면 낭독기 사용자에게는 아무런 정보도 제공하지 않은 채 아이디 입력 창으로 이동한다. 엄밀하게 이야기하자면 아이디를 입력하는 목적을 모르게 정보를 제공하는 셈이다. 특히 배경 이미지로 제공된 이미지 콘텐츠에는 alt 속성을 사용한 대체 텍스트를 제공할 수 없게 된다.

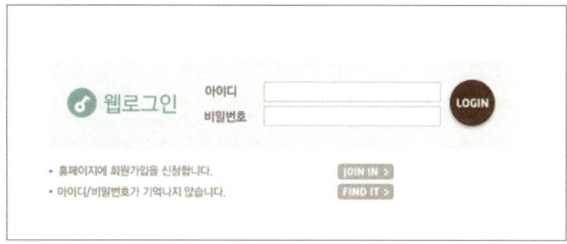

그림 3.17 이미지 텍스트 정보를 배경 이미지로 제공하고 있지만 대체 콘텐츠를 제공하지 않은 경우

개선 전

```css
.memberLoginBox{background:url(/images/bg_memberlogin.gif) no-repeat;}
```

```html
<div>
    <div class="memberLoginBox">
        <fieldset>
            <legend>회원 로그인</legend>
            <label for="id">아이디</label><input type="text" id="id" />
            <label for="pwd">비밀번호</label><input type="password" id="pwd" />
            <input type="image" src="/image/btn_login.gif" alt="로그인" />
        </fieldset>
        .... 중략
```

```
        </div>
    </div>
```

의미가 있는 이미지인 경우 배경 이미지로 사용하지 않는 것이 원칙이다. 따라서 `<img>` 요소를 사용해 대체 텍스트를 제공하는 편이 좋다. 불가피한 상황에 따라 의미 있는 이미지를 배경 이미지로 처리해야 할 경우라면 화면 낭독기에서 해당 콘텐츠의 정보를 읽을 수 있게 대체 콘텐츠를 제공해줘야 한다. 개선 후는 배경 이미지로 되어 있던 이미지를 일반 이미지로 변경 하고 `alt="웹 로그인"`으로 개선한 모습이다. 이제 대체 텍스트 정보를 통해 아이디와 패스워드를 입력할 수 있게 되었다.

개선 후

```css
.memberLoginBox{background:url(/images/bg_memberlogin.gif) no-repeat;}
.memberLoginBox span { position:absolute; left:-3000%;}
```

```html
<div>
    <div class="memberLoginBox">
        <fieldset>
            <legend>회원 로그인</legend>
            <span>웹 로그인</span>
            <label for="id">아이디</label><input type="text" id="id" />
            <label for="pwd">비밀번호</label><input type="password"
              id="pwd" />
            <input type="image" src="/image/btn_login.gif" alt="로그인" />
        </fieldset>
        .... 중략
    </div>
</div>
```

3.1.16 [오류유형 1-8] 의미 있는 색상 배경 이미지에 대체 콘텐츠를 제공하지 않은 경우

> 배경 이미지가 의미 있는 색상 정보를 제공하고 있으나 대체 콘텐츠를 제공하지 않은 경우

그림 3.18은 매주 월요일이 '휴관일'이라는 사실을 배경 이미지를 사용해 색상으로만 정보를 제공할 뿐 대체 콘텐츠를 사용한 텍스트 정보를 제공하지 않아 화면 낭독기 사용자가 휴관일인 월요일에 도서관을 찾을 수도 있는 상황이다. 웹 콘텐츠를 제작할 때 시각적으로만 정보를 제공하는 습관이 만든 정보의 차별이라 할 수 있다.

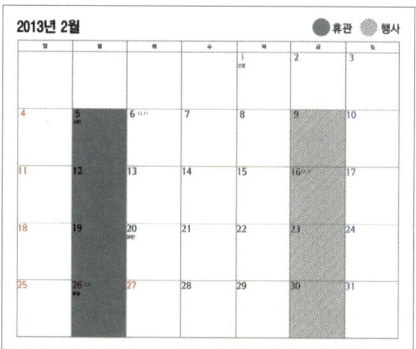

그림 3.18 배경 이미지가 의미 있는 색상 정보를 담고 있지만 대체 콘텐츠를 제공하지 않은 경우

개선 전

```
<tr>
    <td class="sun">6</td>
    <td class="holiday">7</td>
    <td>8</td>
    <td>9</td>
    <td>10</td>
    <td>11</td>
    <td>12</td>
</tr>
```

```css
/* 일정 css */
.holiday{background:url(/images/bg_holiday.gif) no-repeat;}
```

그림 3.18의 경우 배경 이미지를 일반 이미지로 바꿔 표현하는 것보다는 숨김 텍스트로 '휴관일'이라는 대체 정보를 제공하는 편이 좋다. <img> 요소를 사용해 '휴관일'이라는 대체 텍스트를 제공하면 화면 낭독기에서 불필요하게 '그래픽'이라는 표현을 한 번 더 들어야 하기 때문이다. 아울러 숨김 텍스트를 사용하는 방법은 display:none이나 visibiliy:hidden으로 처리하는 방식과 같이 화면 낭독기에서 설정 값에 따라 읽어주지 않는 방식이 아닌 CSS 기법을 사용해 화면에서 높이와 길이 값을 0으로 처리하고, 화면 밖에서 위치하게 하는 방식을 사용해 반드시 음성 지원을 받을 수 있는 형태로 제공하는 편이 좋다.

개선 후

```
<tr>
    <td class="sun">6</td>
    <td class="holiday">7<span>휴관일</span></td>
    <td>8</td>
    <td>9</td>
    <td>10</td>
    <td>11</td>
    <td>12</td>
</tr>
```

```css
/* 일정 css */
.holiday{background:url(/images/bg_holiday.gif) no-repeat;}
.holiday span {width:0px; height:0px; overflow:hidden;
position:absolute; left:-3000px; top:-3000px;}
```

3.1.17 [오류유형 1-9] 플래시 콘텐츠에 대체 텍스트를 제공하지 않은 경우

플래시 등의 웹 애플리케이션에서 대체 텍스트(Name 값 등)를 제공하지 않은 경우

플래시 등의 웹 애플리케이션에서는 성격에 따라 대체 텍스트를 제공하는 데 alt 속성을 사용할 수 없는 경우도 있다. 플래시의 경우에는 웹 문서와 같이 소스가 공개되어 있지 않아 해당 소스 코드를 볼 수 없고, <object> 요소에 삽입된 플래시 파일

명만 확인이 가능하다. 따라서 플래시 파일을 만들 때 객체마다 대체 텍스트에 해당하는 Name 값을 제공하지 않으면 화면 낭독기에서 아무런 정보도 읽어주지 못한다.

그림 3.19는 플래시로 만들어진 콘텐츠지만 자체 접근성을 준수하지 않아 본문에서 제공되는 텍스트 정보에 접근할 수 없게 되어 있다. UI를 검사하는 도구로 확인해 보면 Name 값이 비어 있는 것을 확인할 수 있다.

개선 전

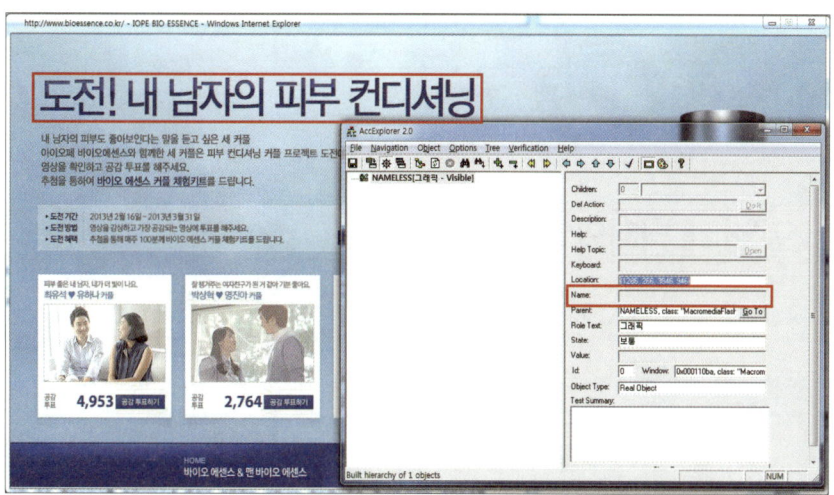

그림 3.19 플래시 콘텐츠에 대체 텍스트 정보를 제공하지 않은 경우 (출처: 아모레퍼시픽 사이트)

플래시의 경우 액세스 가능성 패널Accessibility Panel을 열어 Name 값을 넣어주면 대체 텍스트를 제공한 것과 동일한 효과를 얻을 수 있다. Name 값뿐만 아니라 포커스가 진입할 수 있게 하고, 논리적인 순서로 접근할 수 있게 접근성 있는 플래시 콘텐츠를 제작할 수 있다. 그림 3.21과 같이 UI를 검사하는 도구에서 Name 값이 적절하게 제공되는 것을 확인할 수 있다. 이제 화면 낭독기에서도 Name 값을 읽게 되어 제공된 정보를 확인할 수 있게 됐다.

> **팁**
>
> 플래시와 같이 소스를 볼 수 없는 콘텐츠는 UI를 직접 검사할 수 있는 UIA(User Interface Automation) 도구로 각 UI 요소에 대한 속성과 접근성 요소를 확인할 수 있다. UIA 도구는 '12.2.2 소프트웨어 접근성'을 참고하면 된다.

개선 후

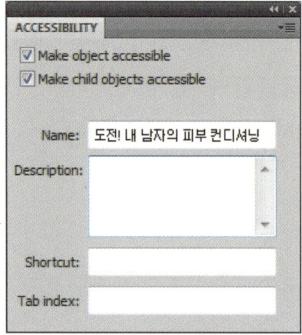

그림 3.20 플래시의 접근성 패널

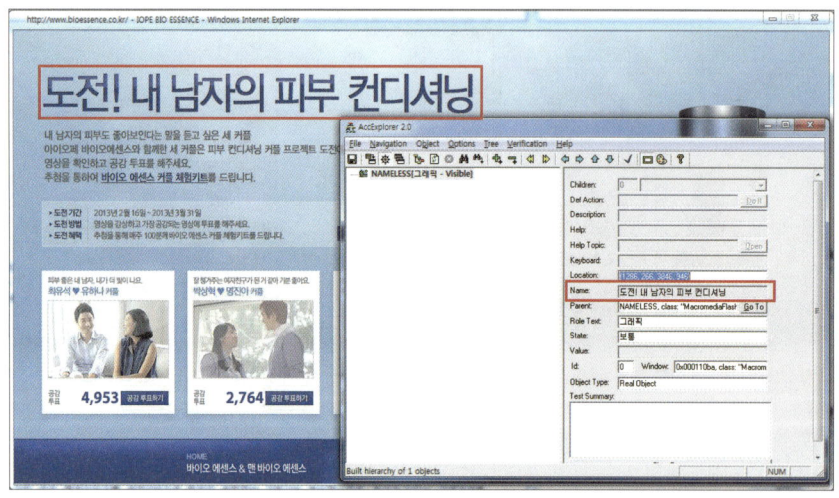

그림 3.21 플래시 콘텐츠에 대체 텍스트 정보를 제공한 경우 (출처: 아모레퍼시픽 사이트)

> **팁**
> 플래시 콘텐츠에서 Name 값은 alt와 같은 역할로 대체 텍스트를 제공할 수 있고, 설명(Description)은 longdesc 속성과 동일한 역할을 한다. 하지만 HTML에서의 longdesc 속성처럼 사용자에게 선택권을 주는 방식이 아닌 순차적으로 Name 값을 읽고 나면 바로 Description 값을 읽어주므로 Name 값으로 해결이 가능한 경우에는 Description은 사용하지 않는 편이 좋다.

3.1.18 [오류유형 1-9] 웹 애플리케이션의 대체 콘텐츠가 접근성이 없는 경우

> 플래시 등의 웹 애플리케이션에서 제공한 대체 콘텐츠의 접근이 불가한 경우 또는 제공된 내용의 의미 파악이 어려운 경우

플래시 콘텐츠의 경우 원본 파일이 없거나 기타 이유로 접근성 개선이 어려운 경우 대체 수단을 제공하는 방법으로 해결할 수 있다. 그러나 대체 수단이 웹 접근성을 준수하지 않은 경우에는 당연히 2가지 수단 모두에게서 정보를 인식할 수 없게 된다. 그림 3.22에서는 왼쪽의 플래시 콘텐츠가 접근성이 없어 대체 콘텐츠를 제공하였지만, 대체 콘텐츠에 사용한 이미지에 대체 텍스트를 제공하지 않아 결국 의미를 파악하기 어렵다.

개선 전

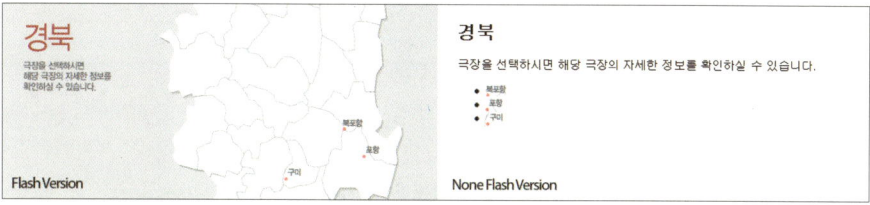

그림 3.22 플래시(좌)의 대체 콘텐츠 이미지(우)에 대체 텍스트를 제공하지 않은 경우

```
<object id="FlashID" classid="B8-444553540000" width="100%"
height="100%">
<param name="wmode" value="window" />
... 중략 ...
<param name="swfversion" value="11.0.0.0" />
<param name="expressinstall" value="js/expressInstall.swf" />
</object>

<h2>경북</h2>
<p>극장을 선택하시면 해당 극장의 자세한 정보를 확인하실 수 있습니다.</p>
<ul>
<li><a href="#a"><img src=""></a></li>
<li><a href="#a"><img src=""></a></li>
```

```
<li><a href="#a"><img src=""></a></li>
</ul>
```

플래시 콘텐츠의 대체 수단인 텍스트 이미지 콘텐츠에 각각 "북포항", "포항", "구미"로 대체 텍스트를 제공해서 플래시 콘텐츠의 자체 접근성은 없지만 대체 수단을 사용해 정보를 인식할 수 있게 됐다.

개선 후

```
<object id="FlashID" classid="B8-444553540000" width="100%" height="100%">
<param name="wmode" value="window" />
... 중략 ...
<param name="swfversion" value="11.0.0.0" />
<param name="expressinstall" value="js/expressInstall.swf" />
</object>

<h2>경북</h2>
<p>극장을 선택하시면 해당 극장의 자세한 정보를 확인하실 수 있습니다.</p>
<ul>
<li><a href="#a"><img src="" alt="북포항"></a></li>
<li><a href="#a"><img src="" alt="포항"></a></li>
<li><a href="#a"><img src="" alt="구미"></a></li>
</ul>
```

> **팁**
> 플래시 콘텐츠의 대체 콘텐츠를 제공하려고 <object>와 </object> 사이에 이미지나 문장으로 대체 수단을 제공할 수 있는데, 이런 경우에는 플래시 콘텐츠가 구동되지 않는 환경에서만 대체 콘텐츠가 보인다. 따라서 플래시를 지원하지 않는 환경에서의 대체 수단으로서는 바람직하지만 웹 접근성(특히 장애인 접근성) 측면에서는 실제로 활용되기가 어렵다. 대체 콘텐츠를 확인하려면 일부러 플래시 구동 환경을 제거해야 하기 때문이다. 따라서 이때는 <object> 요소 밖에서 처리해주는 편이 바람직하다. 두 가지 수단 중에 선택할 수 있게 해주는 것이 좋다. 다만 자체 접근성이 없다는 표시를 해줘서 대체 수단으로 바로 이용할 수 있게 유도해주는 편이 좋다.
>
> 그림 3.23은 이북(e-book)으로 된 콘텐츠를 접근성 있는 PDF 대체 콘텐츠로 유도한 경우다.

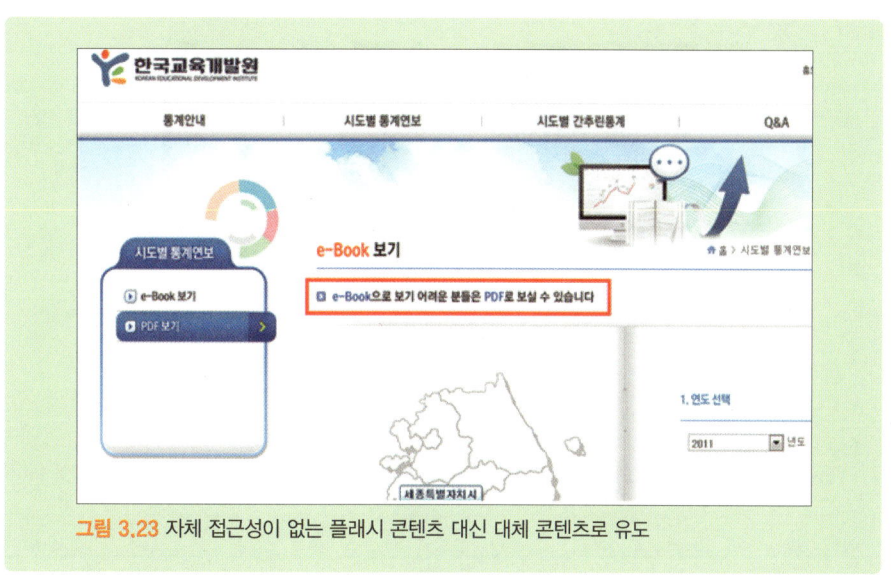

그림 3.23 자체 접근성이 없는 플래시 콘텐츠 대신 대체 콘텐츠로 유도

3.1.19 [주의사항 1-1] 이미지 링크의 제목을 제공하고, 대체 텍스트는 alt=""로 제공 시, 미 감점

이미지 링크의 경우 title로 링크의 용도를 설명하고, 이미지에 대한 대체 텍스트를 공백으로 제공한 경우에는 미 감점 처리(alt 속성이 제공되지 않은 경우에는 감점 대상)

그림 3.24와 같이 갤러리 게시판과 같이 이미지와 링크가 하나로 구성된 경우 이미지의 대체 텍스트와 이미지의 제목이 동일한 경우가 많다. 이런 경우 대체 텍스트의 내용과 링크 텍스트의 내용이 중복되기 쉽다. 화면 낭독기 사용자는 같은 제목을 두 번 읽게 되므로 이러한 중복을 피하려고 대체 텍스트를 공백으로 제공하면 (alt="") 접근성이 높은 콘텐츠라고 할 수 있다. 그리고 이제 alt 속성 자체를 제공하지 않으면 안 되는 이유 정도는 알 수 있을 것이다.

단풍나무의 삶   공원나들이 가는길

그림 3.24 이미지 제목과 내용이 동일하여 대체 테스트를 생략할 수 있는 경우

```
<li><a href="url"><img alt="" src="url">단풍나무의 삶</a></li>
<li><a href="url"><img alt="" src="url">공원나들이 가는길</a></li>

이하 생략
```

개선 전

그림 3.25 이미지 제목과 내용이 달라 대체 텍스트를 생략할 수 없는 경우

```css
ul li { float:left; width:50px; height:70px;}
ul li a { display:block;}
ul li img { display:block;}
```

```html
<ul>
<li><a target="_blank" href="url"><img width="50" height="40" alt=""
src="url">달콤봄신상<br>지금딱이야~</a></li>
```

```
<li><a target="_blank" href="url"><img width="50" height="40" alt=""
src="url">리본플랫은<br>상큼~그자체</a></li>
<li><a target="_blank" href="url"><img width="50" height="40" alt=""
src="url">봄을부르는<br>명품스타일</a></li>
<li><a target="_blank" href="url"><img width="50" height="40" alt=""
src="url">화이트데이!<br>30,500원!</a></li>

... 중략 ...
</ul>
```

주의해야 할 점은 그림 3.25와 같이 이미지의 제목만으로 이미지의 내용을 제대로 설명하고 있지 않은 경우는 비어 있는 대체 텍스트(alt="")를 사용할 수 없다. 이런 경우에는 개선 후와 같이 이미지의 제목과 별개로 이미지의 내용을 대체 텍스트로 제공해야 한다.

개선 후

```css
ul li { float:left; width:50px; height:70px;}
ul li a { display:block;}
ul li img { display:block;}
```

```html
<ul>
<li><a target="_blank" href="url"><img width="50" height="40"
alt="XX브랜드 봄 의류신상품" src="url">달콤봄신상<br>지금딱이야~</a></li>
<li><a target="_blank" href="url"><img width="50" height="40"
alt="XX브랜드 수제구두" src="url">리본플랫은<br>상큼~그자체</a></li>
<li><a target="_blank" href="url"><img width="50" height="40"
alt="XX브랜드 명품 의류" src="url">봄을부르는<br>명품스타일</a></li>
<li><a target="_blank" href="url"><img width="50" height="40"
alt="XX브랜드 명품 시계" src="url">화이트데이!<br>30,500원!</a></li>

이하 생략
```

3.1.20 [주의사항 1-2] 실시간 영상이나 CAPTCHA의 대체 텍스트는 용도만 제공해도 준수

> CCTV 등 실시간 영상이나 CAPTCHA에 대한 대체 텍스트는 해당 콘텐츠의 용도만 알려줘도 준수한 것으로 판단(단, CAPTCHA는 전화번호 인증 등의 대체 수단이 제공되어야 함)

그림 3.26의 CCTV나 생방송 콘텐츠와 같이 실시간 영상은 변화에 따라 대체 텍스트를 동적으로 제공하기 어렵기 때문에 '올림픽대로 행주대교 방향 CCTV'와 같이 용도나 목적만 제공해도 준수한 것으로 판단한다.

★ 용어

캡차 : 자동 가입 방지 프로그램으로, 사람은 구별할 수 있지만 컴퓨터는 구별하기 힘들게 의도적으로 비틀거나 덧칠한 그림 등의 내용을 물어서 확인하는 방법

그림 3.26 올림픽대로 CCTV 영상 콘텐츠

```
// Let 'sampleMoviClip' is a MovieClip instance placed on the movie's
// main timeline
sampleMoviClip.accessibilityProperties = new
AccessibilityProperties();
sampleMoviClip.accessibilityProperties.name = "올림픽대로 행주대교 방화대교 구간 CCTV";
```

다음은 캡차CAPTCHA에 대한 대체 텍스트 제공 방법이다. 캡차는 보안상의 이유로 대체 텍스트를 그대로 제공하면 안 되므로 목적이나 용도를 설명해주는 것으로 한다.

따라서 캡차의 대체 텍스트는 텍스트로 제공되는 캡차의 경우 '자동가입방지용 숫자'로 제공하고, 오디오로 제공되는 캡차에 이미지가 있는 경우는 '오디오 자동가입방지 프로그램 캡차'로 제공하면 된다. 시각장애 사용자는 목적이나 용도만 알게 되므로 실제 이용할 수 있도록 캡차 제공 시 그림 3.27과 같이 듣기로 전환하여 이용하거나 전화번호 인증 등의 대체 수단을 제공해야 한다.

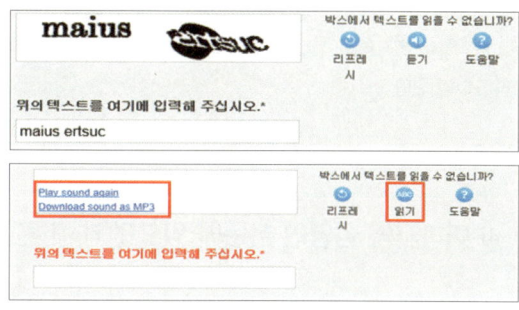

그림 3.27 캡차의 대체 수단

3.1.21 [주의사항 1-3] 이미지의 텍스트 정보와 대체 텍스트가 달라도 인식가능하면 인정

> 화면에 표시된 이미지의 텍스트 정보와 대체 텍스트가 동일하지 않더라도 해당 콘텐츠를 인식하는 데 문제가 없을 경우에는 인정 예) img[알림마당, Notice] → alt[알림마당]

경우에 따라 대체 텍스트를 생략할 수 있다고 하지만 생략했다가는 접근성을 준수하지 못할 것 같아 고민하는 경우가 있다. 가장 중요한 것은 제공되는 콘텐츠의 중심 정보를 제공하려는 노력이며, 그림 3.28과 같이 일반적인 로고의 영문 풀네임은 영문으로서의 의미가 있지만 로고의 장식적인 부분이면서 이를 생략하더라도 해당 콘텐츠를 인식하는 데 문제가 없으므로 준수한 것으로 본다.

그림 3.28 고용노동부 로고의 영문

```
<img src="url" alt="고용노동부">
```

따라서 콘텐츠를 이해하는 것이 매우 중요하다. 한글 제목에 대한 부수적인 영어 문구와 같은 중복적인 요소나 장식적인 그림 등의 대체 텍스트는 생략 가능하다.

> **팁**
> 같은 지하철 노선도 이미지라 하더라도 '지하철 노선'을 보여주려는 목적인지, 배경으로 지하철 노선이 쓰인 것인지의 차이에 따라 지하철 노선 전체에 대체 텍스트를 제공할 때가 있고, 단순히 지하철 노선도라고 대체 텍스트를 제공할 경우가 있다. 따라서 기획자의 의도를 분명하게 하는 것이 좋다. 그에 따라 대체 텍스트도 적절하게 제공해야 한다. 자세한 내용은 '7.2.1.2 의미 없는 이미지 판단'을 참고하면 된다.

3.1.22 [주의사항 1-4] 이미지의 설명이 본문에 있으면 대체 콘텐츠로 인정

찾아오시는 길 등 지도 이미지의 설명이 본문에 있으면 대체 콘텐츠로 인정

웹사이트에서 주로 제공되는 지도는 '찾아오시는 길'이 많다. 기획자의 의도는 찾아오기 지도를 제공하여 찾아오는 길을 설명하려는 것이다. 대체 텍스트는 이와 동등한 정보가 될 수 있다. 그러나 단순하게 대체 텍스트 없이 지도만 제공하는 경우에는 찾아오는 길을 설명하는 지도인지 다른 주변 정보를 알리려고 제공하는 정보인지 모를 수 있다. 그림 3.29는 분명하게 '찾아오시는 길'이라는 제목으로 지도를 제공하고 있고, 지도 내에도 길을 찾는 정보를 부각시키고 있다. 이런 경우 대체 텍스트로 '찾아오시는 길'로 제공하고 본문에서 자세하게 설명하는 내용을 바탕으로 대체 정보가 어디에서 제공되는지 알려주면 대체 콘텐츠로 인정된다.

```
<img src="url" alt="OO보건소 찾아오시는 길입니다. 이미지 하단에 자세한 내용이 있습니다.">
```

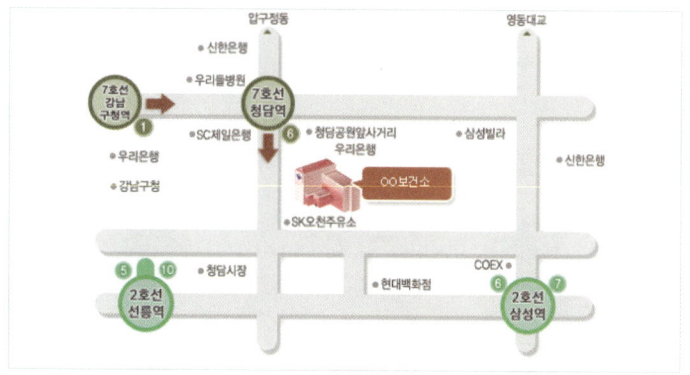

● 지하철
◆ 7호선 청담역에서 하차하신후 6번 출구 강남구보건소, 경기고등학교후문 방향으로 340m가량 오시면 버스정류장 앞에 보건소가 있습니다. 도보 5분 소요
◆ 7호선 강남구청역에서 하차하신후 1번 출구 강남구청, 청담역 방향으로 770m가량 오신후 청담역 6번 출구에서 강남구보건소, 경기고등학교후문 방향으로 340m 가량 오시면 버스정류장 앞에 보건소가 있습니다. 도보 19분 소요
◆ 2호선 삼성역에서 하차하신후 7번 출구 한국전력 앞에서 640번 버스타고 강남구보건소 앞에서 하차.

그림 3.29 이미지의 설명이 본문에 있어 대체 콘텐츠로 인정되는 경우

3.1.23 [주의사항 1-5] 구조적인 정보는 longdesc를 html로 제공하고 txt로 제공 시, 감점

> longdesc를 제공하는 경우 조직도와 같이 구조적인 정보는 html로 제공하는 것을 원칙으로 하며, txt로 제공할 경우 감점(구조적인 정보가 아닌 경우 txt로 제공 인정)

흔히 구조적인 정보라고 부르는 것은 계층hierarchy이 있음을 의미하는 것이다. 특히 조직도와 같은 경우 대표이사나 기관장 아래에 몇 개의 조직이나 부서 등으로 구성되어 있는 것이 보편적이어서 이를 표현하다 보면 반드시 구조적인 정보를 제공해야 하는 경우가 있다. 따라서 단순하게 텍스트 위주로 설명글을 제공할 때는 txt 파일로 longdesc를 제공하는 것이 가능하지만, 구조적인 정보를 제시할 때는 <ul>과 <li> 등과 같이 각 계층의 포함 관계를 설명할 수 있는 HTML 문서가 원칙이다.

조직도에 있는 이미지는 계층 관계가 있음에도 단순히 각 조직의 텍스트를 순서대로 나열하기만 하는 txt 분서의 경우 서로의 계층 관계가 생략되므로 문제가 된다. 다만 계층 구조를 "대표이사 아래 6개의 부서로 운영 중이며, 6개는 전략실, 홍보실, 전산실, 서무실, 운영실, 경영지원실이 있다"와 같이 계층의 관계를 서술식으로 풀어서 쓰는 경우라면 txt로 제공해도 무방하다. 때에 따라서는 매우 복잡한 구조의 조직도 같은 경우 HTML로 계층 구조를 표현하더라도 포함 관계가 여러 번 반복되면 이해하

기 더 어려울 수도 있다. 구조 정보가 복잡한 경우에는 HTML로 구조적인 정보와 함께 서술식으로 부연 설명을 해주는 것이 더 좋다.

3.1.24 [주의사항 1-6] 오류유형 중 1-9는 사용자 심사에서만 평가

> 오류유형 중 1-9는 사용자 심사에서만 평가됨(전문가 심사에서 한시적으로 평가하지 않음)

현재 웹 접근성 품질인증마크에서는 플래시와 같은 신기술에 대한 평가 방법이 마련되지 않아 전문가 심사에서는 한시적으로 평가하지 않는다. 우선은 사용자 심사에서 적용되는 화면 낭독기를 사용해 대체 텍스트가 읽혀지는지 적용해 심사하고 있다. 따라서 이 책을 쓰는 현재 기준에서는 플래시 콘텐츠의 대체 텍스트는 전문가 심사에서는 다루고 있지 않고, 대신 화면 낭독기를 사용해 내용을 확인하는 사용자 심사에서만 다루고 있다.

그러나 한국형 웹 콘텐츠 접근성 지침 2.0이 나온 배경이 신기술에 대한 대응 부분이 상당하므로 소프트웨어의 UI 속성 등을 검사할 수 있는 UI 자동화Automation 기법을 사용해 신기술 영역의 접근성 여부를 판단할 수 있어야 한다. 단순히 화면 낭독기에 의존하면 결국 화면 낭독기의 성능에 따라 좌우될 수 있는 부작용이 있을 수 있기 때문이다.

3.2 [검사항목 2] 자막 제공

> (자막 제공) 멀티미디어 콘텐츠에는 자막, 원고 또는 수화를 제공해야 한다.

● 개념

멀티미디어 콘텐츠는 주로 음성을 포함하는 영상이나 음성으로만 제공되는 콘텐츠 등을 의미한다. 따라서 멀티미디어 콘텐츠의 대체 수단은 음성 정보를 대신해 시각적 정보인 자막이나 원고, 수화 등을 대체해주는 것을 의미한다.

● **목적**

이 검사항목은 청각장애인에게 매우 중요한 지표다. 소리를 들을 수 없기 때문에 영상이나 음성 콘텐츠에서 제공되는 소리를 다른 시각적 정보인 자막이나 원고, 수화를 통해 인식할 수 있게 하는 것이다. 더불어 비장애인에게도 시끄러운 환경이나 소리를 들을 수 없는 경우에 이해하는 것을 도울 수 있고 부가적인 정보로 콘텐츠를 좀 더 명확히 이해시키려는 목적도 있다.

● **검사항목 해설**

자막 제공 검사항목은 사실 '동기화된 자막'이 원칙이다. 노래방에서 노래를 부를 때 박자를 맞추려고 가사에 색이 덧입혀지면서 흐름을 따라가는 것과 같다. 그러나 비용과 현실이 고려되어 양보된 항목이다. 따라서 동기화까지는 아니더라도 정보의 정확성과 한 화면에서 볼 수 있게 제공하려는 노력이 필요하다.

멀티미디어 콘텐츠의 대체 수단을 제공하는 경우 요약된 정보를 제공해서 정보의 차별이 생기지 않게 한다. 화면에 음성 정보가 없더라도 청각장애인의 경우 음성이 나오는지 알 수 없기 때문에 화면 해설과 같은 정보를 주면 좋다. 예를 들면 우리가 라디오 방송을 들을 때 누군가가 인터뷰를 한다면 인터뷰를 하고 있는 음성과 더불어 "연세대학교 산업정보경영학과 OOO교수의 인터뷰입니다"하는 다른 아나운서가 부가적인 해설을 할 때가 있다. 이처럼 볼 수 없는 라디오의 특성에 따라 현재 인터뷰를 하고 있는 사람이 누구인지 다른 해설자가 설명해준 것이다.

반대로 들을 수 없는 경우라면 바로 화면 해설과 같은 것이 좋은 대체 수단이 된다. 또한 멀티미디어 콘텐츠와 대체 수단을 한 화면에서 볼 수 있게 제공하는 것이 원칙이다. 동영상 콘텐츠를 보고 있는데 스크롤이 없는 원고를 제공한다면 원고를 읽을 수 있게 동영상 콘텐츠는 페이지에서 동영상이나 음성 콘텐츠와 같은 곳에 위치해야 한다. 파일로 제공되는 동영상과 음성, 자막도 평가 대상에 포함되므로 유의해야 한다.

또한 자막을 제공할 때 가장 바람직한 방법은 닫힌 자막Closed Caption을 오디오와 동기화시켜 제공하는 것이다. 닫힌 자막은 영상 화면에서 자막 기능을 '닫을 수 있다'라고 생각하면 금방 이해될 것이다. 반대로 열린 자막은 영상 화면에 완전히 고정되어 자막만을 수정하거나 지울 수 없는 상태를 말한다.

예외로 생방송 콘텐츠처럼 즉시성이 필요한 경우가 있는데, 이런 경우라도 실시간으로 수화를 제공하거나 녹화된 방송에 자막을 제공해 콘텐츠를 이용할 수 있게 노력해야 한다.

> **요약**
> 청각적인 정보를 시각적인 정보로 변환해 대체하려고 자막이나 원고, 수화를 제공하는 만큼 영상 콘텐츠의 경우 대체 수단과 번갈아 확인할 수 있게 한 화면에서 볼 수 있게 한다.

● **준수기준**

> 멀티미디어 콘텐츠를 동등하게 인식할 수 있게 제작하기 위해 자막, 원고나 수화를 제공한 경우 준수한 것으로 인정

3.2.1 [오류유형 2-1] 영상, 음성 콘텐츠에 대체 수단을 제공하지 않은 경우

> 영상, 음성 콘텐츠에 자막, 원고, 수화 중 하나 이상의 대체 수단을 제공하지 않은 경우

그림 3.30은 흔하게 접할 수 있는 이러닝 콘텐츠로 스트리밍 동영상으로 제공된다. 하지만 자막이나 수화, 원고 등이 제공되지 않아 청각장애인의 경우 어떤 설명을 하고 있는지 내용을 이해할 수 없다. 갑작스럽게 이러닝 콘텐츠로 수업을 대신해야 하는데 스피커가 없는 상태와 마찬가지다.

개선 전

그림 3.30 멀티미디어 콘텐츠에 대체 수단을 제공하지 않은 경우

이러닝을 통해 제공되는 수업 내용이 원고의 내용으로 제공된다. 수업의 진도에 맞추어 동기화된 원고가 제공된다면 현재 어떤 내용을 이야기하고 있는지 더 쉽게 이해할 수 있을 것이다. 가장 중요한 것은 음성으로 제공되는 내용을 그대로 원고로 제공해서 정보의 차별이 생기지 않게 하는 것이다. 이때 원고가 아닌 자막이나 수화를 활용해도 괜찮다.

개선 후

그림 3.31 멀티미디어 콘텐츠에 대체 수단을 제공한 경우

3.2.2 [오류유형 2-2] 내용 전체를 설명하지 않고 요약 정보를 제공하는 경우

내용 전체를 충분히 설명하지 않고 요약 정보나 제목만 제공하는 경우

누군가가 이야기하다 말고 귓속말로 전해준다면 기분이 어떨까? 동영상 콘텐츠에서 많은 음성 정보가 있는데, 이 중 일부만 알려준다면 정말 답답할 것이다. 요약 정보를 보면서 간단한 주제 정도는 알 수 있겠지만, 본질적으로 청각장애가 있는 사용자에게는 정보의 차별이 발생하게 된다(그림 3.32).

개선 전

그림 3.32 멀티미디어 콘텐츠에 요약 정보만을 원고로 제공한 경우

영상 콘텐츠에서 제공되는 모든 음성 정보가 원고로 제공된다. 청각장애인과 같은 사용자나 음성장치가 고장난 상황이더라도 제공되는 영상 콘텐츠의 정보를 시각적으로 이해할 수 있다. 원고의 내용이 길어진다면 스크롤해서 영상 화면과 함께 원고 내용을 볼 수 있게 해야 한다(그림 3.33).

개선 후

그림 3.33 멀티미디어 콘텐츠에 전체 정보를 원고로 제공한 경우

3.2.3 [오류유형 2-3] 텍스트만 제공하는 영상 콘텐츠에서 대체 수단을 제공하지 않은 경우

> 텍스트만 제공하는 영상 콘텐츠에서 동등한 음성을 제공하지 않은 경우

그림 3.34의 영상 콘텐츠는 현재 음성 정보가 전혀 없이 시각적으로만 정보를 주고 있는 경우다. 이런 경우 청각장애인에게는 큰 문제가 없지만, 시각장애인의 경우에는 텍스트의 내용과 동일한 내용을 음성으로 변환할 수 있는 텍스트 정보가 필요하다.

개선 전

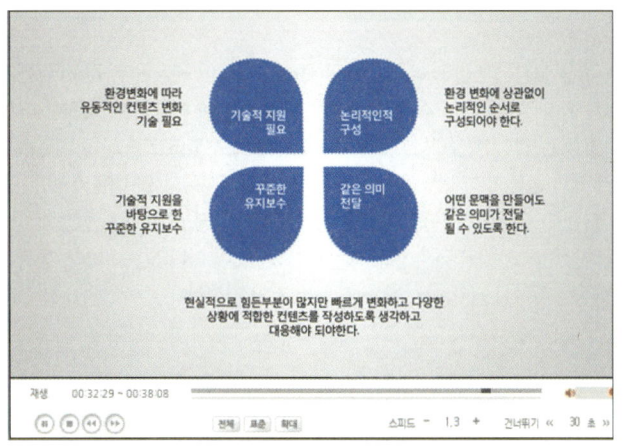

그림 3.34 텍스트만 제공하는 영상 콘텐츠에서 동등한 음성을 제공하지 않은 경우

그림 3.35와 같이 영상 안에서 텍스트 정보가 제공되고 있지만 이를 음성으로 제공하지 않으면 청각장애인의 경우 내용을 인식하는 데 문제가 없으나 음성 정보에 의존하는 시각장애인의 경우 아무 내용도 없는 것으로 생각할 수 있으므로 텍스트 내용을 그대로 음성으로 출력해주거나 관련 음성 파일을 다운로드할 수 있게 해주는 것이 원칙이며, 원고를 제공해 화면 낭독기로 내용을 파악할 수 있게 해주는 것도 좋은 방법이다.

개선 후

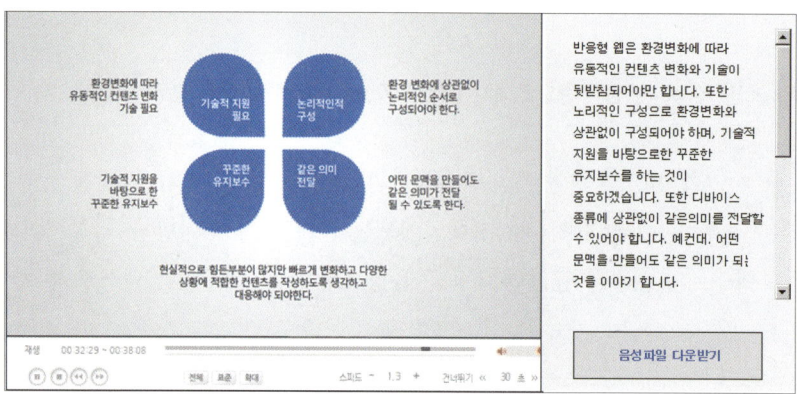

그림 3.35 텍스트만 제공하는 영상 콘텐츠에서 동등한 음성을 제공한 경우

> **이슈**
>
> 검사항목 2는 사실 청각장애인이 사용할 수 있게 하는 지표에 해당한다. 차후에 '웹 접근성 품질 인증심사가이드'를 개정한다면 오류유형 2-3은 검사항목 1에 해당하는 '적절한 대체 텍스트 제공' 항목으로 옮기는 것이 적절하다. 멀티미디어 콘텐츠도 '텍스트가 아닌 콘텐츠'에 해당하기 때문이다. 콘텐츠의 종류에 따라 정해진 지표는 22번 검사항목의 웹 애플리케이션뿐이며, 나머지 1~21번 지표는 모두 콘텐츠의 종류가 아닌 장애의 유형에 따른 대체 방법에 따라 구분되므로 무조건 '동영상'이라고 해서 검사항목 2에 해당하는 것이 아니라는 의미다. 청각 정보를 시각 정보로 대체해주는 사항이 검사항목 2에 해당하는 것이 적절하다.
>
> 그러나 현재 오류유형 2-3은 교육 동영상 콘텐츠의 경우 칠판에 적고 있는 내용이 모두 중요한 정보가 되므로 동영상 콘텐츠에서 다루는 시각적 정보는 별도의 원고로 '텍스트화'해 시각장애인에게도 정보의 차별이 없게 해주자는 취지다. 하지만 오류유형 2-3으로 명시된 '텍스트만 제공하는 영상 콘텐츠에서 동등한 음성을 제공하지 않는 경우'보다 넓은 범위인 영상 콘텐츠 속에서 텍스트 정보와 음성 정보가 동시에 나오는 경우에도 자막과 더불어 텍스트 정보 관련 원고를 함께 제공해주는 노력이 필요하다. 현재 동영상 콘텐츠의 시각장애인을 위한 대체 텍스트 제공 분야는 잘 다뤄지지 않는 것 같다.

3.2.4 [주의사항 2-1] 파일로 제공되는 영상, 음성 콘텐츠도 평가 대상에 포함

> 파일로 제공되는 영상, 음성 콘텐츠도 평가 대상에 포함(단, 파일로 제공되는 영상, 음성의 자막은 파일로 제공한 경우도 준수한 것으로 인정)

과거 '웹 콘텐츠 접근성 지침 1.0'이 국가표준이었을 당시에는 스트리밍되는 동영상 파일이나 음성 파일은 '웹 콘텐츠'의 대상이 아니라는 견해가 있었다. 그래서 특히 자막이나 원고가 없는 동영상 콘텐츠가 웹에서 스트리밍되는 경우 웹 접근성 품질인 증마크를 받는 데 위협 요소가 된다고 판단해 멀쩡하게 이용할 수 있는 스트리밍형 동영상 콘텐츠를 파일 형태로 바꾸어 게시판에 첨부하는 일이 벌어졌다. 일종의 꼼수라고 할 수 있다. 아직도 전문가 사이에는 콘텐츠의 게시 형태에 따라 그것이 웹 콘텐츠인지 아닌지를 논의하고 있지만, 사실상 장애인과 같은 사용자의 입장에서 보면 정말 안타까운 사실이다.

사용자 입장에서는 정보를 제공받고 싶은 것이지 정보가 웹 콘텐츠인지 기타 콘텐츠인지는 중요한 것이 아니기 때문이다. 웹 접근성의 취지를 알고 있다면 동영상이나 음성 콘텐츠는 웹에서 바로 이용할 수 있는 스트리밍형이 편의성을 높여주는 것이 되고, 경우에 따라서는 스트리밍형과 파일형으로 동시에 제공해 다양한 경로로 정보를 얻을 수 있게 해주는 편이 바람직하다.

결국 인증심사를 하는 과정에서는 이러한 사각지대를 막으려고 파일로 제공되는 영상, 음성 콘텐츠도 평가 대상에 포함한다. 다만 그림 3.36과 같이 파일로 제공되는 영상 콘텐츠의 경우 자막이나 수화로 함께 제공되어 하나의 파일로 첨부할 수 있지만, 원고의 경우는 어렵기 때문에 원고 파일을 별도로 제공하는 것도 준수한 것으로 인정한다. 반대로 스트리밍형 영상 콘텐츠는 가능하면 한 화면에서 볼 수 있게 해주자는 차원에서 원고를 스트리밍되는 영상 파일 주변에 게시해주는 편이 가장 좋다.

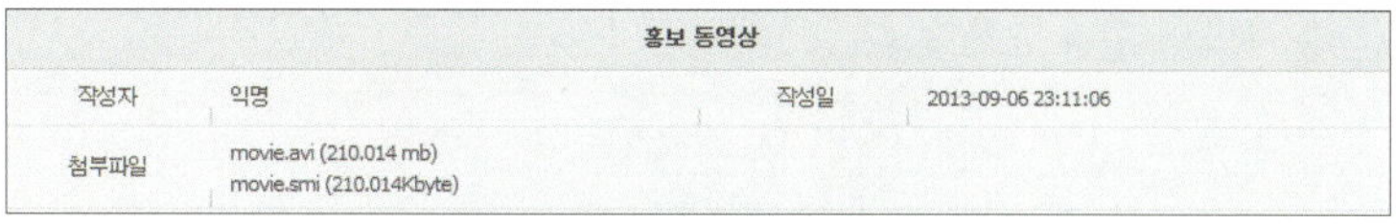

그림 3.36 게시판의 영상 파일에 자막 파일을 첨부한 경우

3.2.5 [주의사항 2-2] 자막으로 인해 수화가 가려지는 경우

자막으로 인해 수화가 가려지는 경우

검사항목에는 자막으로 인해 수화가 가려지는 경우라고 되어 있는데, 사실 수화로 인해 자막이 가려지는 경우가 대다수다. 따라서 반대의 경우도 포함하여 고려하는 것이 좋다. 그림 3.37은 화면에 자막이 고정되어 있는 열린 자막으로 제작됐기 때문에

수화가 제공되는 위치의 자막을 가공할 수 없다. 청각장애인이라면 문자의 이해보다 수화의 이해가 높을 수 있다. 하지만 자막으로 인해 수화가 가려지므로 내용을 이해하기가 어려워진다.

개선 전

그림 3.37 자막으로 인해 수화가 가려지는 경우 (출처: 기상청)

그림 3.38은 수화가 가려지지 않게 자막을 조절해 제공한다. 이렇게 자막을 가공할 수 있는 형태로 제공할 수 있는 닫힌 자막을 활용하거나 자막이 수화에 가리지 않게 제공하는 편이 바람직하다. 사실 보편적 설계란 의미의 유니버설 디자인 차원에서는 자막과 수화를 동시에 제공하는 편이 가장 좋다. 청각장애인의 경우 듣는 것이 원활하지 않다보니 문자를 이해하는 수준이 높지 않은 경우가 많아 자막을 이해하는 것이 어렵다는 사람이 많다. 반대로 비장애인의 경우 수화는 모르지만 자막을 이해하고 있기 때문에 자막의 활용도가 높다.

개선 후

그림 3.38 수화를 가리지 않게 자막을 제공한 경우 (출처: 기상청)

★ 용어

유니버설 디자인(universal design, 보편 설계, 보편적 설계): 장애의 유무나 연령 등에 관계없이 모든 사람이 제품, 건축, 환경, 서비스 등을 좀 더 편하고 안전하게 이용할 수 있게 설계하는 것으로, 미국의 로널드 메이스가 처음 주창했다. '모두를 위한 설계'(Design for All)라고도 한다.

3.2.6 [주의사항 2-3] 원고가 페이지를 벗어나는 경우

원고가 페이지를 벗어나는 경우

청각장애인의 경우 동영상과 원고를 함께 보는 것이 내용을 이해하는 데 매우 중요하지만, 그림 3.39와 같이 스크롤하지 않으면 안 될 정도로 원고를 본문에 사용하면 동영상과 아랫방향 본문을 번갈아 봐야 하는 불편함은 물론, 현재 내용을 동기화해 이해하는 데 어려움이 많다.

개선 전

그림 3.39 원고가 페이지를 벗어나는 경우 (출처: MBC)

원고는 그림 3.40과 같이 한 화면에 볼 수 있게 공간을 한정해 스크롤링을 주는 것이 한 화면 안에서 영상 정보와 원고 정보를 함께 확인할 수 있는 가장 보편적인 방법이다. 가장 좋은 것은 노란색 하이라이트가 따라다니는 노래방 가사와 같이 동기화시켜주는 방법이다.

인식의 용이성

개선 후

그림 3.40 원고가 페이지를 벗어나지 않는 경우 (출처: MBC)

3.3 [검사항목 3] 색에 무관한 콘텐츠 인식

(색에 무관한 콘텐츠 인식) 콘텐츠는 색에 관계없이 인식될 수 있어야 한다.

● 개념

차트나 그래프와 같은 데이터의 종류와 결과를 색상으로만 구분하는 경우가 많은데, 정보를 구분하는 구별점을 색상으로만 하지 않고, 색을 배제하더라도 인식할 수 있게 제공하는 것을 의미한다.

● 목적

색맹, 색약, 저시력 등의 시각장애가 있는 사용자나 고령자와 같이 색상을 구분하지 못하거나 시력이 약한 사용자도 알 수 있게 색상이 아닌 다른 방식으로 구분할 수 있는 정보를 제공해서 콘텐츠를 인지할 수 있게 한다.

● **검사항목 해설**

색에 무관한 콘텐츠 인식은 사실 그래프나 차트와 같은 도식 유형에 적용하던 검사항목이나 해당 내용이 파생되어, 현재의 페이지가 어디에 있는지 알 수 있는 페이지 내 비게이션이나 필수입력 항목 등과 같이 주로 색상만으로 구분하는 모든 요소에 적용되기 시작했다. 따라서 색상뿐만 아니라 무늬와 같은 패턴, 외곽선이나 주변 정보를 이용해 정보를 인식할 수 있게 해주는 것이 중요하다.

사실 적록색맹이나 녹내장 등 다양한 시각장애인의 유형에 따라 색상만으로 구분해주더라도 콘텐츠를 인식할 수 있을 정도로 전경과 배경의 명도차를 준다면 가능한 지표지만, 평가 측면에서 볼 때 평가자의 시력 차에 따라 다른 결과 값이 나올 우려가 있어 명도 차에 대한 색상 구분 항목은 따로 두지 않았다.

> **요약**
> 색상을 구별하지 못하는 사용자도 알 수 있게 색상 이외의 방법으로 정보를 구별할 수 있게 제공한다. 예를 들어 흑백으로 프린트해도 구분할 수 있게 정보를 제공한다고 생각해보면 좋다.

● **준수기준**

> 색을 배제해도 해당 콘텐츠를 인식할 수 있는 정보를 제공한 경우 준수한 것으로 인정

3.3.1 [오류유형 3-1] 색상만으로 내용을 분별하도록 제공된 콘텐츠

> 색상만으로 내용을 분별하도록 제공된 콘텐츠(그래프, 차트, 지도 등)

비장애인의 경우 색상만으로 각 해당 영역의 범례 정보를 인식할 수 있지만, 색을 인식하지 못하는 사용자의 경우에는 영역의 범례 정보를 인식하지 못할 수도 있다. 그림 3.41의 우측과 같이 흑백화면처럼 범례를 색상으로만 제공하였기 때문에 색맹이나 색약을 가진 사용자에게는 구분이 어렵다.

> 개선 전

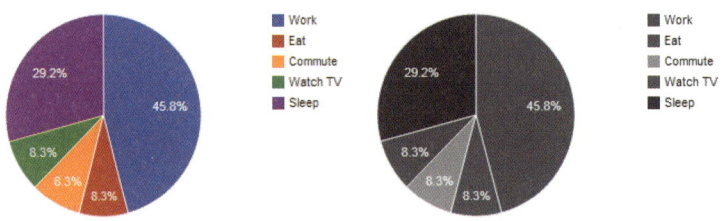

그림 3.41 색상으로만 정보를 제공한 경우 (출처: 구글차트)

따라서 색상 정보뿐만 아니라 패턴이나 각 항목의 이름을 바로 인식할 수 있게 연결해주는 방법을 고려해야 한다. 그림 3.42와 같이 색으로만 정보를 구분할 수 있게 하는 대신 보조선을 사용해 해당 그래프에서 영역에 명확한 범례를 이해할 수 있게 제공해야 한다. 이외에도 다양한 방식으로 그래프나 차트의 접근성을 준수할 수 있는 방법은 8장의 '8.3.3 색에 무관한 콘텐츠 인식 적용'에서 자세하게 다룬다.

> 개선 후

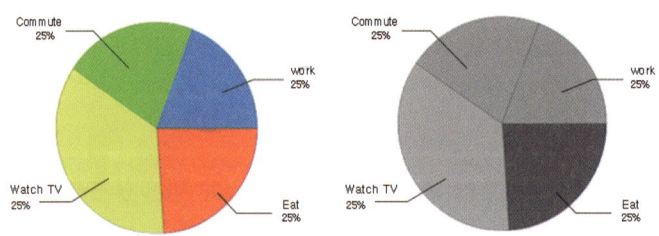

그림 3.42 색상 이외의 방법으로 정보를 제공한 경우

3.3.2 [오류유형 3-2] 페이지 내비게이션 등 색상의 변환만으로 현재의 위치를 표시한 경우

> 페이지 내비게이션, 메뉴, 현재 위치 등에 대해 명암, 패턴 등의 변화 없이 색상의 변환만으로 현재의 위치를 표시한 경우

그림 3.43의 경우 색상을 제거한다면 현재의 위치를 인식할 수 없을 것이다. 마찬가지로 색맹, 색약, 저시력 등 시력이 약한 사용자에게는 그냥 단순한 '처리 상태'에 대한 프로세스 정보인지 현 프로세스 중 나의 처리 상태인지 구분할 수 없게 된다.

개선 전

그림 3.43 프로세스의 현 위치를 색으로만 알려준 경우

그림 3.44는 처리 중에 있는 현재의 위치를 알려주려고 색상뿐만 아니라 체크표시를 해줘서 텍스트의 크기나 폰트, 선의 굵기 또는 다른 패턴 등의 다양한 방법을 사용해 해당 위치를 인식할 수 있게 정보를 제공한다. 이런 경우 색상을 제거하더라도 현재 위치를 다른 모양 정보를 이용해 인식할 수 있기 때문에 색을 구분하지 못하는 사용자라 하더라도 현재의 위치를 인식할 수 있다.

개선 후

그림 3.44 프로세스의 현 위치를 패턴으로 알려준 경우

3.3.3 [오류유형 3-3] 필수입력 항목을 색으로만 표시한 경우

> 필수입력 항목을 색으로만 표시한 경우

그림 3.45는 해당 내용과 같이 필수적으로 입력하라고 하는 중요한 정보지만, 단순히 색상만으로 구분하고 있어 색상을 구분하기 어려운 사용자는 무엇이 필수입력 사항인지 인식하기 어렵다. 주황색으로 표기한 내용도 좀 더 중요한 문구리는 구분 차원에서 제공했지만, 마찬가지로 알기 어렵게 되어 있다.

개선 전

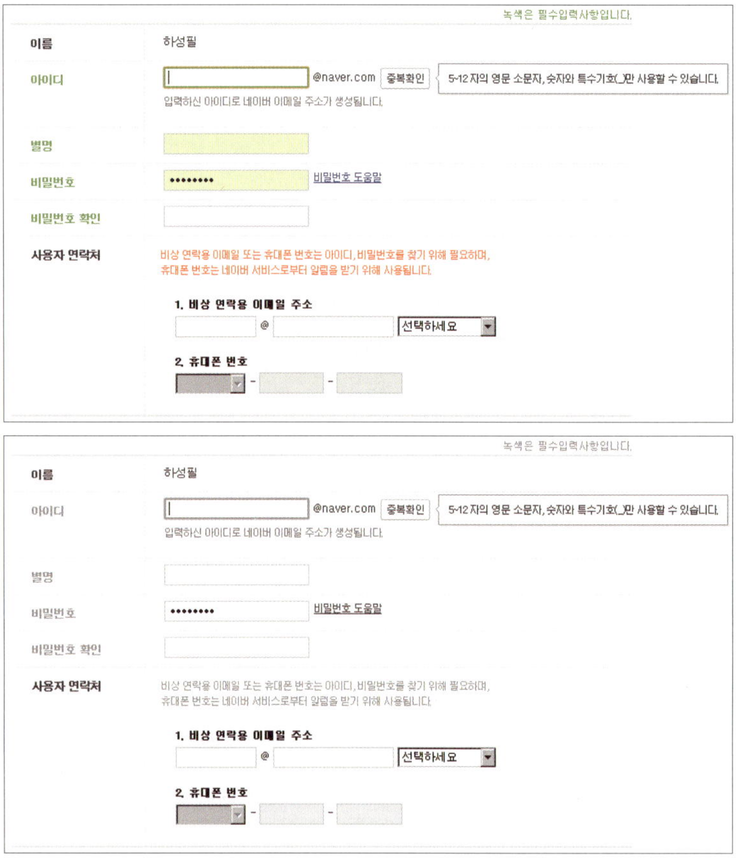

그림 3.45 필수입력 항목을 색으로만 표시한 경우(흑백화면 비교)

그림 3.46과 같이 색상으로 구별한 정보에 체크 표시를 해서 색상이 제공되지 않더라도 패턴으로 필수입력 항목을 구분할 수 있다. 또한 좀 더 주목시키는 데 사용했던 주황색 텍스트에도 느낌표(!) 아이콘을 넣어줘서 중요 문장임을 알려준다.

개선 후

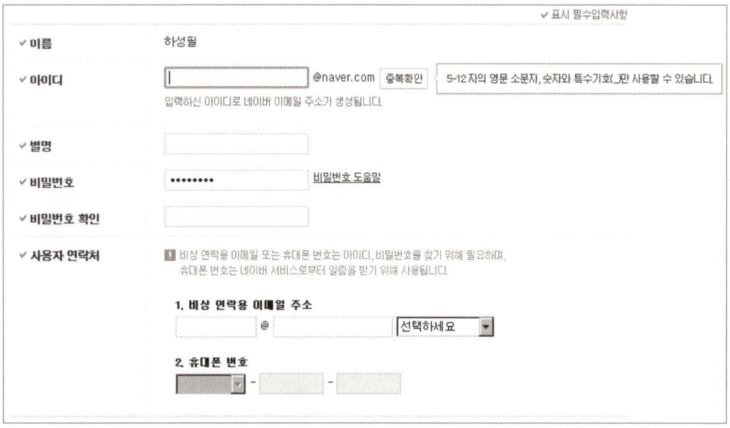

그림 3.46 필수입력 항목을 패턴으로 표시한 경우(흑백화면 비교)

> **팁**
>
> 색에 무관한 콘텐츠 인식은 주로 색맹, 색약, 저시력, 고령자 등을 위한 지표이지만, 시각장애인 사용자를 위해서도 활용할 수 있는 부분이다.
>
> 예를 들어 입력 서식에서 필수 입력 항목임을 알려주려고 해당 항목의 레이블에 '(필수)' 표시를 추가하고, 색으로 강조하면 시각장애인들도 해당 입력 서식이 필수 항목임을 인식할 수 있다.
>
> ```
> <label for="name" class="required">이름(필수) : </label>
> <input id="name" type="text" size="25" value=""/>
> <style type="text/css">
>     .required {
>         color=red;
>     }
> </style>
> ```

인식의 용이성

> **팁**
>
> **페이스북 칼라의 비밀**
>
> 페이스북의 창시자 마크 주커버그는 알려진 대로 적록색맹이다. 따라서 페이스북의 색상이 파랑색과 흰색으로 이뤄졌다.
>
>
>
> 그림 3.47 페이스북 색상의 비밀

3.4 [검사항목 4] 명확한 지시사항 제공

(명확한 지시사항 제공) 지시사항은 모양, 크기, 위치, 방향, 색, 소리 등에 관계없이 인식될 수 있어야 한다.

● 개념

명확한 지시사항 제공은 지시사항을 전달하는 콘텐츠에 한정해 적용하는 것으로, 크게 두 가지 특징이 있다. 첫 번째는 무엇을 지시하는지 명확하게 하려고 고유명사나 고유대명사와 같은 목적이 분명한 지시가 되어야 한다는 개념이고, 두 번째는 시각이나 청각 등과 같은 특정 감각에만 의존하지 않고 다른 감각을 통해서도 지시사항을 인식할 수 있게 정보를 제공하는 것을 의미한다.

● 목적

특정한 감각에 장애가 있는 사용자가 특정 감각으로만 지시를 받는 경우 해당 지시의 내용을 이해할 수 없으므로 다양한 감각으로 지시할 수 있게 하고, 지시의 내용도 목적이나 용도를 이해할 수 있게 명확하게 해서 웹사이트에서 지시된 내용을 제대로 실행할 수 있게 한다.

● **검사항목 해설**

시각 정보나 청각 정보를 이용한 지시는 서로 보완할 수 있는 타 감각과 함께 지시해 우회적인 방법으로 지시 내용을 이행할 수 있게 해준다. 지시하는 목적이나 대상을 정의할 때 '여기', '이곳', '동그란', '큰', '빨간', '아래' 등과 같이 모호하거나 한 가지 감각으로만 지시되지 않게 한다.

'창 닫기', '이력서 제출' 등과 같이 지시한다면 용도나 목적이 명확해진다. 동일한 내용을 링크 텍스트가 아닌 이미지 텍스트로 만든 링크라 하더라도 링크 텍스트의 내용과 똑같이 대체 텍스트로 제공해 시각장애가 있더라도 '창 닫기', '이력서 제출' 등의 지시를 이해할 수 있기 때문이다. 화면에 표시되는 텍스트 콘텐츠와 대체 텍스트가 제공된 정보 등 보조기술을 이용해 다른 감각으로의 전환이 가능한 것을 함께 고려해 명확한 지시사항이 되게 해주면 된다.

> **요약** 지시하는 콘텐츠의 경우 두 가지 이상의 감각으로 인식할 수 있게 해야 하고, 해당 지시의 목적지는 위치나 방향, 색상 정보가 아닌 고유명사나 고유대명사로 제공해야 한다.

● **준수기준**

> 지시사항 정보를 특정 감각에 의존하지 않고 다양한 감각을 통해 용도나 목적을 이해할 수 있게 제공한 경우 준수한 것으로 인정

3.4.1 [오류유형 4-1] 색, 크기, 모양, 방향 등으로만 정보를 제공한 경우

색, 크기, 모양, 방향 등으로만 정보를 제공한 경우

그림 3.48과 같이 색, 크기, 모양, 방향 등으로만 정보를 제공하면 시력이 없거나 색약, 색맹과 같이 특정 감각에 장애가 있는 사용자는 지시사항을 이해하지 못한다. 도대체 뭐가 우측에 있는 것인지, 여기가 어디인지, 갈색 아이콘은 어떤 것인지, 큰

버튼은 무엇인지 구별할 수 없다. 게다가 이런 버튼이 무슨 기능을 한다는 것인지 명확하지 않아 목적이나 용도를 이해하는 데도 어려움이 발생한다.

개선 전

(1) 색상 정보로 지시한 경우

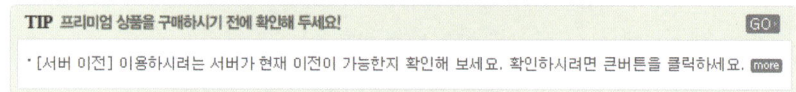

(2) 크기 정보로 지시한 경우

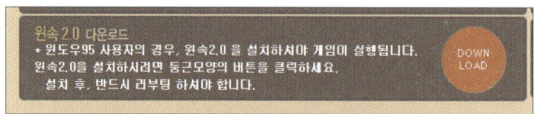

(3) 모양 정보로 지시한 경우

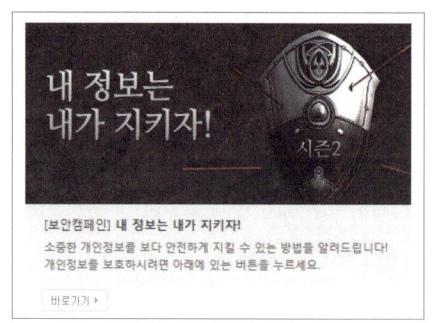

(4) 방향 정보로 지시한 경우

그림 3.48 색, 크기, 모양, 방향 등으로만 정보를 제공한 경우

그림 3.49와 같이 변경하면 '전송'이라는 명확한 목적과 용도를 이해할 수 있을 뿐만 아니라 색, 크기, 모양, 방향 등의 감각을 활용할 수 없는 사용자라 하더라도 지시 사항을 명확하게 이해할 수 있게 된다. 물론 전송 버튼에 레이블이나 대체 텍스트가 있어야 한다는 것이 전제조건이다.

개선 후

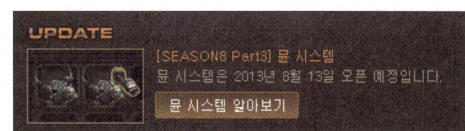

(1) 색상 정보에서 고유명사로 지시

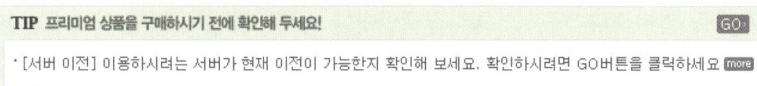

(2) 크기 정보에서 고유명사로 지시

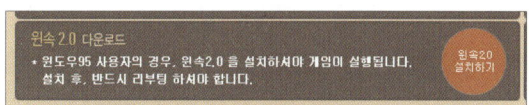

(3) 모양 정보에서 고유명사로 지시

(4) 방향 정보에서 고유명사로 지시

그림 3.49 고유명사로 지시한 경우

```
<form>
    <div>
        ...중략...
        <span>조회를 하시려면 <em>전송</em>버튼을 누르세요.</span>
    </div>
    <input type="submit" value="전송">
</form>
```

3.4.2 [오류유형 4-2] 전달하고자 하는 지시사항을 소리로만 정보를 제공한 경우

> 전달하고자 하는 지시사항을 소리로만 정보를 제공한 경우

학습용 웹사이트나 이벤트에서 종종 퀴즈가 나오곤 한다. 그림 3.50에서는 퀴즈의 정답을 맞출 경우 '딩동댕' 소리로 정답임을 알려주고, 오답일 경우 '땡' 소리로 문제가 틀렸음을 알려준다. 하지만 청각장애인이나 스피커가 없는 사용자에게는 파악할 수 없는 콘텐츠다.

개선 전

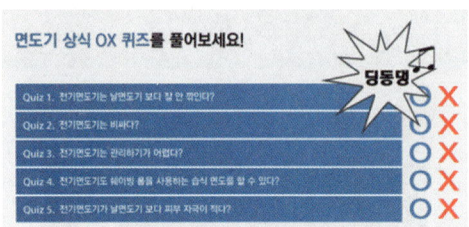

그림 3.50 지시사항을 소리 정보로만 제공한 경우

그림 3.51은 퀴즈의 정답과 오답에 대한 정보를 실로폰 소리로 구분해 알리는 것과 동시에 시각적으로도 확인할 수 있게 O와 X 표시를 제공한다. 다양한 감각으로 정보를 제공해서 하나의 감각에 장애가 있더라도 정보를 인식할 수 있게 제공한다.

개선 후

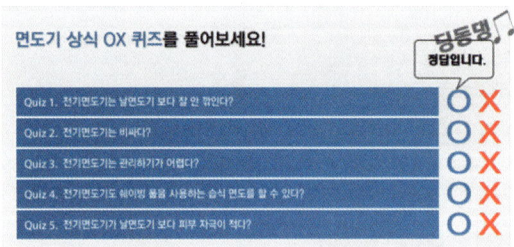

그림 3.51 지시사항을 소리 정보와 시각 정보로 제공한 경우

3.4.3 [주의사항 4-1] 위치를 이용하여 지시하지 않도록 콘텐츠를 구현하는 것을 권장

> 노인이나 약시자의 경우에 브라우저의 글자체를 확대시켜 콘텐츠를 표시하면 콘텐츠의 표시 위치가 지시하는 위치와 달라져 혼란을 줄 수 있으므로 가급적 위치 정보를 이용하여 지시하지 않도록 콘텐츠를 구현하는 것을 권장

고령자나 저시력자의 경우 화면 확대기를 사용하거나 브라우저에서 글자체를 확대하는 경우가 많은데 이때 레이아웃이 달라지거나 화면 전체를 사용하지 못할 수도 있기 때문에 '우측 상단의 바로보기 버튼을 누르세요'와 같이 위치 관련 정보를 이용하기보다는 그냥 해당 버튼의 레이블을 이용하여 지시하는 것이 좋다.

> **팁**
> 특수기호만을 이용해 지시사항을 알려주는 경우에는 시각적으로는 의미가 있고 이해할 수 있지만 화면 낭독기와 같은 보조기기에서는 의미를 파악하기가 매우 어렵다.
>
>
>
> **그림 3.52** 지시사항이 특수기호로만 제공된 경우
>
> 그림 3.52와 같은 경우에는 *가 의미하는 것이 무엇인지조차 안내하지 않는다. 따라서 '필수 제출'과 같은 의미 있는 텍스트로 변경해주는 편이 바람직하다. 또는 시각적으로는 *가 보이지만 숨김 텍스트를 이용해 '필수 제출'이라는 음성 정보가 시각장애인에게 지원될 수 있게 하는 것도 하나의 방법이라고 할 수 있다.
>
> ```
> span { width:0; height:0; overflow:hidden; position:absolute;
> left:-1000%;}
> <td>*필수제출</td>
> ```

그림 3.53 지시사항을 특수기호와 텍스트로 함께 제공한 경우

그림 3.53의 경우도 역시 특수기호(◆)를 사용해 선택적 교과목을 표시했지만, 보조기기에서 이해하기 어려우므로 '해당'이란 표현과 같이 의미가 있는 텍스트로 변경해주는 편이 좋다.

3.5 [검사항목 5] 텍스트 콘텐츠의 명도대비

(텍스트 콘텐츠의 명도대비) 텍스트 콘텐츠와 배경간의 명도대비는 4.5 대 1 이상이어야 한다.

● 개념

명도란 물체의 색이나 빛의 색이 지니는 밝기의 정도를 말한다. 따라서 텍스트 콘텐츠의 명도대비란 웹 페이지에 보이는 텍스트 콘텐츠와 배경간의 명암 차이를 말하는 것으로 4.5 대 1 이상을 권장한다.

● 목적

텍스트 콘텐츠의 명도대비는 색맹, 색약, 저시력, 고령자 등 시력이 약한 사용자를 위한 지침이다. 텍스트와 배경간의 색 구분이 명확하지 않은 경우 웹사이트에서 제공된 콘텐츠에 대한 정보를 습득하는 데 어려움이 생기므로 최소한의 명도 차이를 둬서 정보를 인식할 수 있게 한다.

● **검사항목 해설**

논란이 매우 많았던 지표 중 하나다. 현재는 본문 콘텐츠에만 적용하고, 본문 콘텐츠에 단순히 장식 목적으로만 사용한 텍스트, 로고, 상호와 같은 텍스트 이미지, 마우스나 키보드를 활용해 초점을 받았을 때 색이나 명도대비가 변화하는 콘텐츠, 사용할 수 없음을 표시하려고 명도대비를 낮춘 회색의 컨트롤이나 입력 서식 등은 이 검사항목의 적용을 받지 않는다.

> **요약**
> 보통 크기(18호 미만, 또는 굵은 14호 미만)의 텍스트는 4.5:1을 만족해야 하고, 그 이상의 텍스트(18호 이상, 또는 굵은 14호 이상)는 3:1을 만족해야 하며, 이미지로 되어 있는 텍스트도 해당된다.

★ **용어**

명도 : 물체의 색이나 빛의 색이 지니는 밝기의 정도로, 포토샵에서 명도는 0~100%나 0~255단계까지의 값을 이용해 이미지나 색상의 밝기를 조절한다.

● **준수기준**

> 본문 콘텐츠에 한해 텍스트나 이미지 텍스트 정보에 대해 폰트의 크기가 4.5:1 이상(18pt 이상, 굵은 14pt 이상은 3:1 이상)의 명도대비를 제공하는 경우 준수하는 것으로 인정

3.5.1 [오류유형 5-1] 보통 크기의 텍스트가 4.5:1을 만족하지 않은 경우

> 텍스트의 규격 정보가 있으며, 보통 크기(18pt 미만, 또는 굵은 14pt 미만)의 텍스트가 4.5:1을 만족하지 않은 경우

그림 3.54는 12px 크기의 검은색 텍스트로 정보를 제공하지만, 수변 바탕색이 너무 어두워 텍스트를 제대로 읽기 힘든 상황이다. 특히 저시력자들은 화면을 확대해 보더라도 단순히 어두운 바탕색만 있는 것처럼 보인다.

개선 전

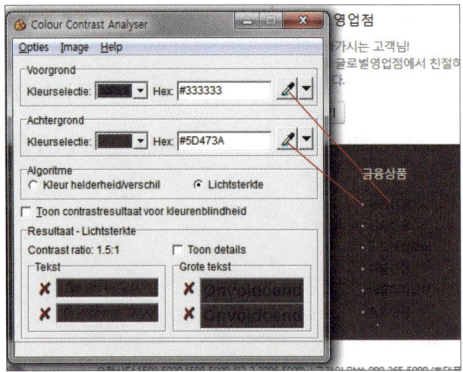

그림 3.54 텍스트의 명도대비가 4.5:1 미만인 경우

```css
ul { background:#5d473a;}
li a { font-size:12px; color:#333;}
```

```html
<ul>
<li><a href="#">예금신규</a></li>
<li><a href="#">펀드신규</a></li>
<li><a href="#">펀드계좌조회신규</a></li>
.. 중략...
</ul>
```

그림 3.55와 같이 텍스트(전경)와 바탕(배경)의 명암 차이는 4.5:1 비율 이상을 유지해야 한다. 특히 디자이너의 경우 이 항목에 불만이 많다. 하지만 W3C에서 '중요도 1'의 기준으로 보면 명도대비 기준은 7:1 비율 이상을 요구하고 있는 만큼 4.5:1 이상 가독성을 높여주면서 아름다운 디자인을 만들 수 있게 노력해야 한다. 그림 3.54와 그림 3.55는 확연히 가독성에서 차이가 있다. 이렇게 명도대비를 높여줄수록 텍스트를 읽기 좋아진다.

개선 후

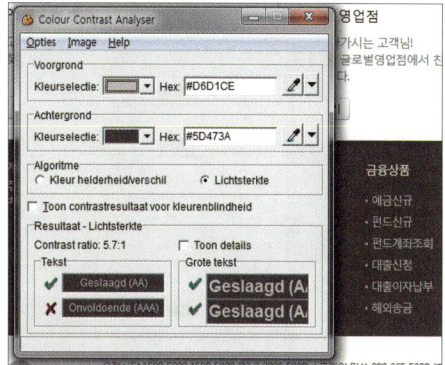

그림 3.55 텍스트의 명도대비가 4.5:1 이상인 경우

```css
ul { background:#5d473a;}
li a { font-size:12px; color:#d6d1ce;}
```

```html
<ul>
<li><a href="#">예금신규</a></li>
<li><a href="#">펀드신규</a></li>
<li><a href="#">펀드계좌조회신규</a></li>
.. 중략...
</ul>
```

3.5.2 [오류유형 5-2] 18pt, 굵은 14pt 이상의 텍스트가 3:1을 만족하지 않은 경우

> 텍스트의 규격 정보가 있으며, 텍스트의 크기가 18pt 이상, 또는 굵은 14pt 이상의 텍스트가 3:1을 만족하지 않은 경우

그림 3.56은 글자의 크기가 19px에 해당하는 굵은 14pt 이상의 텍스트지만 명도대비를 측정해본 결과 1.9:1에 불과하다. 글씨도 크고 잘 보인다고 생각할 수 있지만, 저시력, 색맹, 색약, 고령자에게는 명도대비가 부족하기 때문에 가독성이 떨어진다.

인식의 용이성 **175**

개선 전

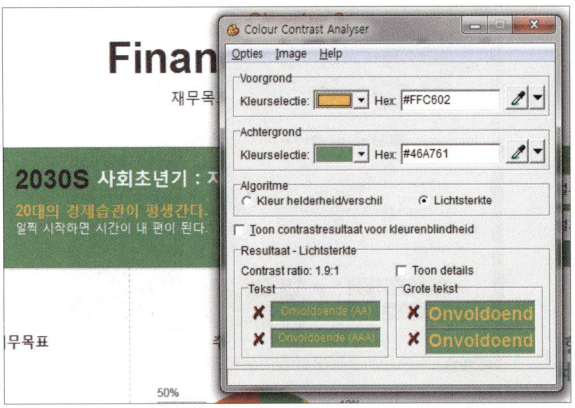

그림 3.56 굵은 14pt 이상의 텍스트 명도대비가 3:1 미만인 경우

```css
div { background:#46a761; padding:20px;}
div p { font-size:19px; font-weight:bold; color:#ffc602;}
```

```
<div>
<p>20대의 경제습관이 평생간다.</p>
</div>
```

그림 3.57은 전경이 되는 텍스트의 색상을 좀 더 밝은 노란색으로 변경했고, 배경이 되는 바탕색은 좀 더 어두운 녹색을 재지정해서 3.1:1로 명도대비를 올렸다. 현재 굵은 14pt 이상의 텍스트에서 명도대비를 3:1 이상으로 규정하고 있어 가까스로 기준에 부합한다. 가능하면 규정보다 좀 더 높게 명도의 차이를 주는 편이 좋다. 직접 봐도 그림 3.56과 그림 3.57의 가독성 차이를 느낄 수 있다.

> 개선 후

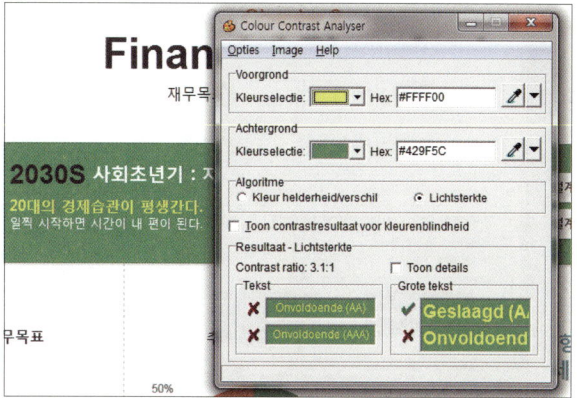

그림 3.57 굵은 14pt 이상의 텍스트 명도대비가 3:1 이상인 경우

```
div { background:#46a761; padding:20px;}
div p { font-size:19px; font-weight:bold; color:#ffff00;}
```

```
<div>
<p>20대의 경제습관이 평생간다.</p>
</div>
```

3.5.3 [오류유형 5-3] 이미지 텍스트가 명도대비 기준을 준수하지 않은 경우

> 이미지 텍스트가 14pt 크기에 해당하는 18.66px 미만인 경우 4.5:1 이상이거나 18.66px 이상인 경우 3:1 이상을 만족하지 않은 경우

이미지 텍스트인 경우에도 명도대비 지표의 적용을 받는데, 이는 텍스트만 명도대비를 적용하는 경우 일부러 이미지 텍스트로 변환할지도 모른다는 우려 때문이다. 더불어 이미지 텍스트이든지 그냥 텍스트이든지 정보 차원에서는 같은 텍스트이므로 명도대비의 취지에 부합한다고 판단했기 때문이다. 따라서 이미지 텍스트인 경우 글자의 크기는 규정된 픽셀의 절대 크기로 확인할 수 있으며, 그림 3.58의 경우 4.5:1을 만족하지 않는다.

개선 전

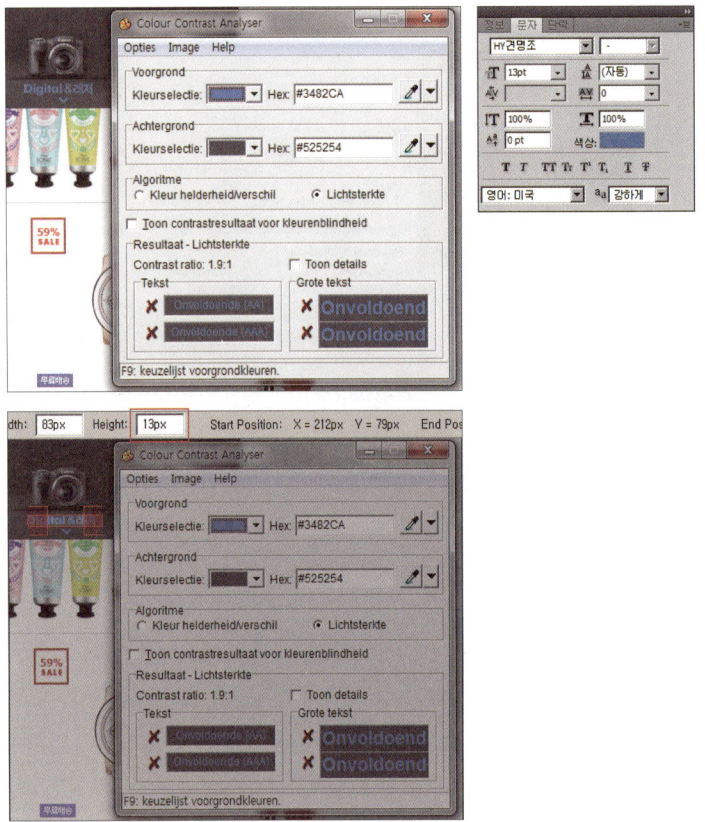

그림 3.58 14pt 미만의 이미지 텍스트 명도대비 준수 기준에 미달하는 경우

이미지 텍스트의 경우 글자의 크기는 파이어폭스의 부가 기능을 이용해 확인할 수 있으며, 그림 3.59의 글자 크기를 측정한 결과 13px로 픽셀 정보를 절대 크기로 환산해보더라도 14pt 이하인 것을 알 수 있다. 따라서 명도대비가 4.5:1 이상을 만족해야 하는데, 명도대비 도구로 측정한 결과 4.9:1로 기준에 부합한다. 픽셀을 통해 글자 크기를 환산하는 방법은 검사항목 5의 주의사항에서 자세히 다루며, 이미지 텍스트 크기 측정은 '10.3.3 도구 평가'에서 자세히 다룬다.

개선 후

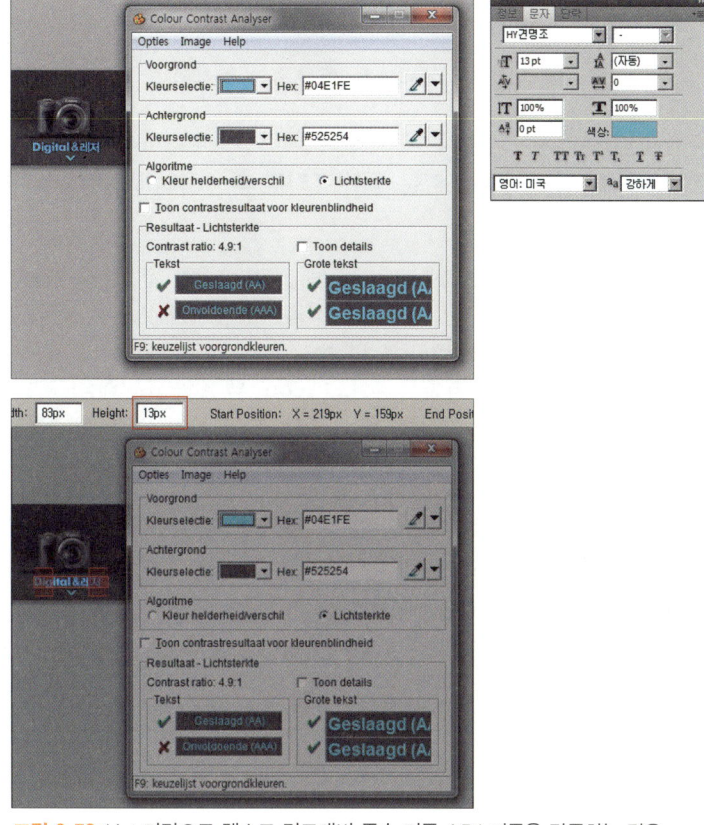

그림 3.59 14pt 미만으로 텍스트 명도대비 준수 기준 4.5:1 기준을 만족하는 경우

3.5.4 [주의사항 5-1] 본문은 콘텐츠 영역의 텍스트, 표, 그래프의 텍스트 내용을 의미

> 본문은 콘텐츠 영역으로 제공된 텍스트나 정보를 제공하는 표, 그래프와 텍스트 이미지의 텍스트 내용을 의미

국가표준인 '한국형 웹 콘텐츠 접근성 지침 2.0'에서는 명도의 차이를 두어야 하는 대상으로 '핵심 콘텐츠'와 '배경'을 이야기한다. 따라서 이 선언적인 표현의 초기 대상으로 '본문'만을 심사 대상으로 정하고 있다는 의미이며, 구체적으로 본문에 사

용된 텍스트로 단순 텍스트와 이미지 텍스트 모두를 포함하며, 정보를 제공하는 표와 그래프에서 쓰이는 텍스트도 본문에 포함된다. 하지만 점차적으로 본문뿐만 아니라 하단의 푸터나 메뉴의 제목 등도 대상에 포함되는 것이 원칙이므로 장식적인 문구를 제외한 모든 텍스트에 명도대비를 지켜주는 편이 바람직하다.

3.5.5 [주의사항 5-2] 이미지 텍스트는 절대크기로 환산하여 명도대비 기준 적용

> 텍스트 크기가 구분이 되지 않는 경우나 이미지 텍스트의 경우는 글 모양과 상관없이 윈도우에서 14pt는 18.66px이고, 18pt는 24px로 적용하며(맥OS는 pt와 px가 같음), 굵기의 여부와 상관없이 14pt 이상은 3:1 이상, 미만은 4.5:1 이상의 명도대비를 제공하는 경우 준수하는 것으로 인정(윈도우의 표준 해상도: 96dpi, 맥OS의 표준 해상도: 72dpi, 평가는 윈도우의 기준으로 실시)

텍스트를 이미지로 만들어 제공하는 경우가 많아 텍스트의 높이 값을 절댓값으로 적용해 텍스트의 크기 단위인 pt로 전환할 수 있게 px 정보를 설명한 것이다. 운영체제에 따라 값이 달라지므로 윈도우에서는 18.66px, 맥에서는 14px가 14pt에 해당한다는 설명이다. 이때 굵기의 여부는 판단하기가 곤란하기 때문에 굵은 것으로 인정해준다. 이렇게 하면 이미지 텍스트라도 텍스트 크기에 따라 명도대비 기준을 다르게 적용할 수 있게 되며 그림 3.59를 참고하면 된다.

3.5.6 [주의사항 5-3] 장식용 이미지나 비활성화 영역, 초점 진입 시 명도대비 준수 등은 예외

> 본문 콘텐츠에 단순히 장식 목적으로만 사용한 텍스트, 로고, 상호와 같은 텍스트 이미지, 마우스나 키보드를 활용해 초점을 받았을 때 색이나 명도대비가 변화하는 콘텐츠, 사용할 수 없음을 표시하기 위해 명도대비를 낮춘 회색의 컨트롤이나 입력 서식 등은 이 검사항목의 적용을 받지 않음

장식 목적으로 사용한 텍스트나 로고 등의 이미지 텍스트와 같은 경우는 정보를 제공할 목적보다는 꾸미려고 텍스트를 활용하는 경우로, 심미적인 목적이 더 크므로 명도대비의 대상으로 보지 않는다는 것이다. 또한 마우스나 키보드가 접근했을 때

색이나 명도가 변화하는 경우에는 높은 명도에 적용하고 비활성화를 나타내려고 명도를 낮춰 회색으로 적용하는 컨트롤이나 입력 서식은 명도대비 검사 대상에서 제외한다.

하지만 인증심사 측면에서 정확한 기준을 주려고 제시한 것으로 실제 저시력 사용자에게는 불편한 부분이 있다. 예를 들어 마우스나 키보드가 접근하기 전에는 명도가 낮은 메뉴는 아예 보이지 않을 수도 있다. 가능하면 모든 텍스트에 명도대비를 지켜주는 편이 가장 바람직한 웹 접근성 향상의 방법이다.

3.5.7 [주의사항 5-4] 전체 웹사이트의 색상 정보를 변경해 준수한 경우 인정

> 색상 테마 등을 이용해 전체 웹사이트의 색상 정보를 변경해 준수한 경우 인정

현재 제공된 텍스트와 배경의 색상이 준수해야 할 명도대비 기준을 지키지 못했더라도 CSS 등을 이용하여 색상을 변경할 수 있는 기능을 제공하여 해당 기능을 실행한 색상값이 명도대비 기준을 준수한 경우 접근성이 있는 것으로 판단할 수 있다는 의미이다. 기업의 브랜드 사이트와 같이 특정 색을 반드시 사용해야 하는 경우 이와 같은 대체 수단을 이용하는 것이 바람직하다.

3.6 [검사항목 6] 배경음 사용 금지

> (배경음 사용 금지) 자동으로 재생되는 배경음을 사용하지 않아야 한다.

● 개념

배경음은 웹 페이지에서 배경으로 제공되는 음성 정보 모두를 지칭한다. 따라서 반드시 음악이 아닐 수 있으며, 웹 페이지에 진입했을 때 자동으로 배경음(음성, 음악 등)이 재생된다면 화면 낭독기로만 웹사이트를 이용할 수밖에 없는 시각장애인 사용자는 콘텐츠를 인식하는 데 방해를 받는다. 따라서 자동으로 재생되는 배경음을 사용하지 않게 하거나 3초 미만으로 사용해 웹 콘텐츠를 인식할 수 있게 해줘야 한다.

● 목적

화면 낭독기 사용자를 위한 지침이다. 특히 시각장애인의 경우 화면 낭독기의 음성이 비장애인의 눈과 같이 길잡이(내비게이션) 역할을 하게 되므로, 배경음으로 인해 화면 낭독기의 음성이 방해받지 않게 해서 웹 콘텐츠를 인식 가능하게 만들어준다.

● 검사항목 해설

양쪽에서 두 사람이 무언가를 이야기한다면 양쪽의 정보가 한꺼번에 입력되어 어느 한 가지도 이해하지 못하게 되는 경우와 같다. 특히 시각장애인과 같이 화면 낭독기의 음성에 의존해 콘텐츠를 확인하는 사용자에게 원치 않는 자동 재생은 골칫거리가 될 수 있다. 따라서 배경음이 자동으로 재생되지 않게 하는 것이 가장 좋은 방법이고, 부득이한 경우 3초 미만이거나 배경음을 제어할 수 있는 수단(멈춤, 일시정지, 음량조절 등)을 웹 페이지의 첫 부분에 제공하는 것은 지침에서 예외로 하고 있다.

다만 배경음을 제어할 수 있는 수단을 웹 페이지의 최초에 제공하더라도 제어할 수 있는 수단을 미리 인지하지 못한다면 마찬가지로 배경음의 방해로 화면 낭독기의 음성을 듣지 못할 수 있기 때문에 가능하면 사용하지 않는 편이 좋다.

> **요약** 화면 낭독기 사용자는 음성으로 콘텐츠를 이해하기 때문에 원치 않는 배경음은 방해가 될 수 있으므로 자동으로 재생하지 않게 제공하는 편이 가장 좋다.

● 준수기준

> 웹 페이지에서 자동으로 재생되는 배경음으로 인해 콘텐츠를 인식하는 데 방해를 받지 않으면 준수한 것으로 인정

3.6.1 [오류항목 6-1] 자동적으로 재생되는 3초 이상의 배경음 콘텐츠를 제공하는 경우

> 웹 페이지에서 자동적으로 재생되는 3초 이상의 배경음(동영상, 음성, 음악 등) 콘텐츠를 제공하는 경우

그림 3.60은 웹 페이지에 진입하자마자 페이지 내에서 동영상 콘텐츠가 자동으로 실행되는 사례다. 이 영상 콘텐츠에서 나오는 배경음으로 인해 화면 낭독기 음성을 방해받게 되므로 콘텐츠에 접근하는 데 어려움을 겪게 된다. 영상 콘텐츠를 정지하려 해도 어디서 어떻게 제어할 수 있는지 알기 어렵다.

개선 전

그림 3.60 자동 재생되는 동영상 콘텐츠

```
<embed width="20" hidden="true" height="20" border="0" loop="true"
autostart="true" src="/file/1.wmv">
```

그림 3.61은 동영상이 자동으로 실행되지 않게 처리해 정지된 상태에서 동영상 콘텐츠를 이용할 수 있게 했다. 따라서 화면 낭독기 사용자도 해당 콘텐츠까지 접근할 수 있고 이후 동영상 콘텐츠를 이용할 것인지 선택할 수 있으며, 배경음의 방해가 없어 콘텐츠를 인식하거나 이용하는 데 무리가 없다.

개선 후

그림 3.61 정지 상태의 동영상 콘텐츠

```
<embed width="20" hidden="true" height="20" border="0" loop="true"
autostart="false" src="/file/1.wmv>
```

> **팁**
>
> 미디어 플레이어의 접근성은 사실 웹 접근성이 아닌 소프트웨어 접근성에 해당한다. 참고로 소프트웨어 접근성 지침 1.0은 12개 검사항목으로 되어 있으며 이 중 화면 낭독기 사용자는 음성으로 콘텐츠를 이해하기 때문에 원치 않는 배경음은 방해가 될 수 있으므로 자동으로 재생하지 않게 제공하는 편이 가장 좋다.

3.6.2 [오류항목 6-2] 자동으로 배경음이 3초 이상 실행되는 경우

> 마우스 오버나 키보드 초점을 받아 자동으로 배경음이 3초 이상 실행되는 경우

그림 3.62는 포털사이트에서 자주 경험했던 사례로, 마우스를 올리거나 키보드의 초점이 진입하면 영화 예고편 동영상이 자동으로 실행된다. 시각적으로 미리 판단할 수 있는 일반 사용자에 비해 시각장애인의 경우 콘텐츠에 접근하게 되는 순간 자동으로 콘텐츠가 실행되어 이를 제어하는 데 어려움을 겪게 되며, 갑작스러운 배경음으로 화면 낭독기의 음성 지원에 방해를 받게 된다.

개선 전

그림 3.62 마우스를 올리면 자동으로 재생되는 동영상

자바스크립트
```
$('#banner').bind('focus mouseover', function() {
    play();
});
```

```
<a id="banner"><img src="url" alt="2013 대표 힐링로맨스 실버라이닝 플레이북 2월 14일 대개봉! 아카데미 화제작! 예매필수 HD고화질로 감상하세요!" /></a>
```

그림 3.63의 경우에는 마우스를 클릭하거나 키보드로 접근한 후 선택해야 동영상이 실행되게 영상 콘텐츠를 구현하고 있어 배경음으로 인한 방해가 없다. 그림 3.62를 개선하려면 마우스 오버가 아닌 마우스 클릭이나 Enter 키에 의해 영상 콘텐츠가 실행되게 해줘야 한다.

개선 후

그림 3.63 마우스나 키보드로 선택해야만 실행되는 동영상 (출처: 네이버 포털)

```javascript
$('#banner').bind({
    'keyup': function(e) {
        var code = e.keyCode;
        if (code == 13) {
            play();
        }
    },
    'click': function() {
        play();
    }
});
```

```html
<a id="banner"><img src="url" alt="2013 대표 힐링로맨스 실버라이닝 플레이북 2월 14일 대개봉! 아카데미 화제작! 예매필수 HD고화질로 감상하세요!" /></a>
```

3.6.3 [주의사항 6-1] 3초 미만의 배경음은 예외

3초 미만의 배경음은 예외

3초 미만의 배경음은 화면 낭독기를 방해하기에 짧은 시간으로, 경고음이나 환영인사 정도의 짧은 음성은 예외에 해당한다.

3.6.4 [주의사항 6-2] 가장 첫 부분에 배경음 제어 수단이 제공되는 경우 준수

> 자동으로 재생되는 배경음의 지속시간이 3초 이상이지만 제어 수단이 페이지의 가장 첫 부분에 제공되는 경우에는 준수한 것으로 인정

건너뛰기 링크보다 앞서 웹 페이지에서 제공하는 배경음을 멈출 수 있는 수단을 제공해주면 배경음을 멈출 때까지 화면 낭독기의 음성 안내를 받을 필요가 없기 때문에 제어 수단이 페이지의 가장 첫 부분에 제공되면 준수한 것으로 본다.

> **팁**
>
> 자동으로 재생되는 배경음을 사용하지 않는 것이 가장 좋겠지만 부득이하게 자동으로 재생되는 배경음을 사용해야 할 경우가 있다. 이때 제어할 수 있는 수단을 페이지의 최초에 제공하는 것보다는 이미 제어 수단을 이해한 상태에서 원하면 바로 제어할 수 있게 하는 편이 가장 좋다.
>
> 웹사이트에 접속했을 때 사전 공지 성격으로 알려주거나 자동으로 재생되는 배경음 페이지 이전 페이지에서 "다음 페이지에서 ESC 키를 누르면 자동재생 배경음을 정지시키실 수 있다"라는 안내 후 페이지 최초에 ESC 키로 자동 재생 멈추기 버튼을 제공해준다면 화면 낭독기의 음성 지원이 방해받더라도 금방 제어가 가능하다.

정리

웹 접근성의 기본 원칙 중 가장 기초가 되는 '인식의 용이성'을 알아보았다. 인식의 용이성을 간단하게 요약하면 다음과 같다.

1. **적절한 대체 텍스트 제공**
    - 대체 텍스트는 이미지의 alt 속성 값을 이용해서 제공한다.
    - 이미지의 내용이 복잡하거나 길어질 경우에는 longdesc 속성을 이용해 별도의 파일로 제공한다.

2. **자막 제공**
    - 동영상의 내용과 동일한 자막, 수화, 원고 등을 제공해야 한다.
    - 실시간으로 제공하는 CCTV 같은 영상은 자막을 제공하지 않는다.

3. **색에 무관한 콘텐츠 인식**
   - 그래프의 경우 색이 아닌 패턴이나 인출선 등을 이용해 알려준다.
   - 필수입력 항목을 색으로만 표현하지 않고, 불릿이나 텍스트의 형태를 구분해 제공한다.

4. **명확한 지시사항 제공**
   - '여기를 클릭하세요.', '검정색을 클릭하세요.' 등 모양, 색, 방향 등으로만 구분지어서는 안 된다.

5. **텍스트 콘텐츠의 명도대비**
   - 굵은 14px 이상 굵은 18px 미만의 텍스트 명도대비는 3:1로 제공해야 한다.
   - 보통 형태의 18px 미만의 텍스트 명도대비는 4.5:1로 제공해야 한다.
   - 보통 형태의 18px 이상의 텍스트 명도대비는 3:1로 제공해야 한다.

6. **배경음 사용 금지**
   - 3초 이하 자동으로 재생되는 배경음은 예외 사항이다.
   - 3초 이상 자동으로 재생되는 배경음에 대해 정지 기능을 바로 제공하면 준수로 인정한다.

지금까지 인식의 용이성을 정리했다. 이제 인식을 바탕으로 어떻게 하면 웹 콘텐츠에 대한 운용이 쉬워지는지 4장에서 운용의 용이성을 알아본다.

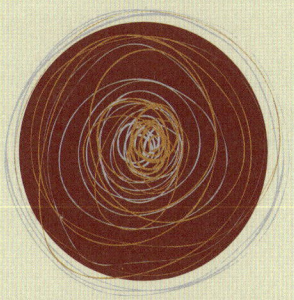

04
운용의 용이성

사용자 인터페이스 구성요소는 조작 가능하고
내비게이션할 수 있어야 한다

첫 번째 원칙으로 인식이 용이했다면 두 번째는 인식을 바탕으로 원하는 콘텐츠로 쉽게 이동하면서 원하는 기능을 이용할 수 있어야 할 것이다. 그래서 두 번째 원칙은 운용의 용이성이다. 운용의 용이성은 사용자나 환경에 상관없이 웹 콘텐츠를 탐색하고 이용하는 데 키보드만으로도 운용이 가능하고, 어떠한 기능을 이용할 때 충분히 시간을 제공하거나 조절할 수 있게 하여 필요한 정보에 접근하는 것이 용이해야 한다는 것을 의미한다.

그림 4.1 마우스 스틱 사용자 (출처: 시사저널)

일반적인 사용자는 키보드와 마우스를 이용해 자유롭게 웹사이트에서 제공하는 모든 콘텐츠의 기능을 이용한다. 하지만 화면을 볼 수 없는 사용자라면 마우스를 이용하여 원하는 콘텐츠를 선택하거나 컨트롤할 수 있을까? 또한 입력장치를 주로 조작해야 하는 손과 팔 등에 운동 장애가 있어 마우스를 사용하기 불편하거나 정밀한 컨트롤이 어려운 경우에는 자유로운 동선을 그리지 않고, 순차적인 이동으로 컨트롤할 수 있는 키보드를 이용할 수 있어야 한다.

키보드로 이용할 때는 시각적으로 위치를 인식할 수 있게 초점과 동일한 기능을 제공해야 하며, 콘텐츠간에 이동할 때도 상식적인 순서로 이동할 수 있게 한다. 또한 입력 서식에서 다양한 내용을 작성할 때도 인지가 늦거나 신체적인 제약으로 인해 충분한 시간이 필요하다. 특히 움직이는 콘텐츠를 사용하게 되거나 자동으로 변경이 일어나는 데이터의 경우 움직임이나 변경을 제어할 수 있는 기능을 제공해야 한다.

번쩍거리는 콘텐츠는 광과민성 발작 등의 증세를 일으키는 사용자를 위해 제공하지 않거나 사전에 알려주는 것이 좋으며, 웹사이트 내에서 쉽게 이동할 수 있게 페이지나 프레임, 콘텐츠의 단위마다 적절하게 해당 제목을 제공하는 것이 좋다. 링크 역시 용도나 목적을 이해할 수 있게 적절한 정보를 제공하는 것이 중요하다.

이처럼 운용의 문제를 해결하려고 주어진 원칙이 '운용의 용이성'이며, 키보드 접근성, 충분한 시간 제공, 광과민성 발작 예방, 쉬운 내비게이션 4가지 지침으로 구성되어 있다.

표 4.1 운용의 용이성 검사항목

검사항목(8개)
(키보드 사용 보장) 모든 기능은 키보드만으로도 사용할 수 있어야 한다.
(초점 이동) 키보드에 의한 초점은 논리적으로 이동해야 하며 시각적으로 구별할 수 있어야 한다.
(응답시간 조절) 시간 제한이 있는 콘텐츠는 응답시간을 조절할 수 있어야 한다.
(정지 기능 제공) 자동으로 변경되는 콘텐츠는 움직임을 제어할 수 있어야 한다.
(깜빡임과 번쩍임 사용 제한) 초당 3~50회 주기로 깜빡이거나 번쩍이는 콘텐츠를 제공하지 않아야 한다.
(반복 영역 건너뛰기) 콘텐츠의 반복되는 영역은 건너뛸 수 있어야 한다.
(제목 제공) 페이지, 프레임, 콘텐츠 블록에는 적절한 제목을 제공해야 한다.
(적절한 링크 텍스트) 링크 텍스트는 용도나 목적을 이해할 수 있도록 제공해야 한다.

4.1 [검사항목 7] 키보드 사용 보장

(키보드 사용 보장) 모든 기능은 키보드만으로도 사용할 수 있어야 한다.

● 개념

키보드는 사용자가 텍스트를 입력하는 데 사용하는 입력장치를 말한다. 따라서 키보드 사용 보장이란 기본적으로 텍스트를 입력하는 키보드 조작 외에도 마우스로 이용 가능한 모든 기능을 키보드로도 이용할 수 있게 보장하는 것을 말한다. 예를 들어 마우스를 움직여 상하좌우로 자유롭게 움직일 수 있다면 키패드의 상하좌우 화살표로도 동일하게 움직일 수 있는 것과 같다.

마우스의 경우 시각적으로 포인터(화살표 모양)를 이용하기 때문에 시각장애가 있는 사용자는 이용할 수 없다. 아울러 상지장애인과 같이 손이나 팔 등이 불편한 경우도 자유로운 동선을 그리며 선택하거나 움직여야 하는 마우스 대신 그림 4.1처럼 입이나 이마에 키보드를 누를 수 있는 스틱 형태의 보조도구를 사용해 키보드를 사용한다. 따라서 모든 기능은 키보드만으로도 사용할 수 있게 해야 한다.

● 목적

이 검사항목은 시각장애, 상지장애, 운동장애와 같이 마우스를 이용하기 어려운 사용자가 키보드를 이용할 수 있게 하는 데 목적이 있다. 아울러 일반적인 사용자의 경우도 때에 따라서 마우스 없이 이용해야 할 경우가 있으며, 또한 마우스로 컨트롤하기 힘든 매우 작은 요소를 선택하거나 진입하는 등의 동작을 키보드로 입력해 좀 더 빠르고 정확한 컨트롤이 가능해지는 부가적인 효과도 기대할 수 있다.

● 검사항목 해설

웹 접근성 준수에서 가장 기본이 되는 두 가지 항목을 선택한다면 대체 텍스트 제공과 키보드 사용 보장이라고 할 수 있을 정도로 키보드 사용 보장은 매우 중요한 지표다. 시각적인 정보와 이를 대체하는 정보가 차별이 없어야 하는 것처럼 마우스와 키보드간의 기능이나 움직임에도 차별이 있어서는 안 된다.

단 포토샵의 붓칠과 같이 자유롭게 움직이는 아날로그적인 기능은 키보드의 디지털적인 움직임처럼 정해진 수준의 이동으로 동일한 효과를 나타내기 어렵다. 또한 고도의 조정력이 필요한 우주비행 시뮬레이션과 같은 콘텐츠, 지리정보 콘텐츠 등에서 입체적인 시각화 기능이나 마우스를 끌어서(드래그) 거리를 측정할 수 있는 연산기능 등은 예외로 적용할 수 있다. 하지만 이런 경우에도 해당 콘텐츠를 둘러싸고 있는 프레임이나 인터페이스는 키보드로 이용할 수 있게 해야 한다.

> **요약** 마우스로 이용 가능한 기능을 키보드로도 이용할 수 있게 구현한다.

● 준수기준

> 모든 기능을 키보드로 접근 가능하고, 사용 가능하도록 제공한 경우 준수한 것으로 인정

4.1.1 [오류유형 7-1] 이미지에 onclick 이벤트를 적용하여 키보드로 제어할 수 없는 경우

> 이미지에 onclick 자바스크립트 이벤트를 적용하여 키보드로 제어할 수 없는 경우

자주 발생하는 사례 중 하나인 `<img>` 요소에 onclick 이벤트를 적용한 경우다. 그림 4.2는 다양한 배너를 롤링 형태로 구성한 콘텐츠로 좌로 이동하거나 우로 이동하는 기능인 좌, 우 화살표에 onclick 자바스크립트 이벤트 핸들러를 적용하여 마우스로 클릭하면 기능을 이용할 수 있지만 키보드로는 진입이 되지 않는다. 키보드로만 이용할 수밖에 없는 사용자에게는 지금의 상황은 '그림의 떡'과 같은 것이다.

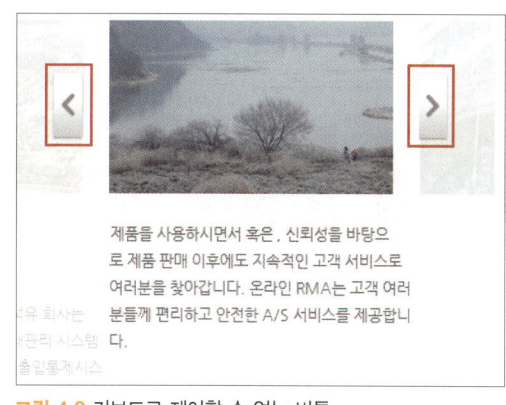

그림 4.2 키보드로 제어할 수 없는 버튼

개선 전

```
<span><img src="../prev.gif" alt="왼쪽" onclick="prev();" /></span>
<span><img src="../next.gif" alt="오른쪽" onclick="next();" /></span>
```

그림 4.2에서 이전 내용으로 이동하거나 다음 내용으로 이동하는 이미지에 onclick 이벤트를 적용했던 것을 `<button>`을 사용하여 키보드가 진입할 수 있도록 개선되었다. 이제 마우스뿐만 아니라 키보드로도 진입이 되고 **Enter** 키를 이용하여 기능을 실행할 수 있다. 링크로 이동할 수 있게 연결해주는 `<a>`, 서식에 정보를 입력할 수 있는 `<input>`, 몇 가지의 내용을 나열하여 선택할 수 있게 보여주는 `<select>`, 글쓰기 등에 사용하는 편집창인 `<textarea>`, 액션을 실행시킬 수 있는 `<button>` 요소

운용의 용이성 **193**

가 아닌 다른 요소에 스크립트를 통해 강제로 제어하면 키보드 접근이 불가능하게 되므로 키보드 제어가 가능한 〈a〉, 〈input〉, 〈select〉, 〈textarea〉, 〈button〉 요소 등을 사용하여 키보드가 접근할 수 있게 하는 것이 매우 중요하다.

개선 후

```
<button type="button" class="prev" onclick="prev();">이전 내용</button>
<button type="button" class="next" onclick="next();">다음 내용</button>
```

팁

기능이 많은 홈페이지나 인터페이스가 중요하지 않은 웹사이트의 경우 특히 개발자가 디자인까지 한꺼번에 처리하는 경우가 많은데 이때 개발자는 마우스로 기능을 이용하는 것만 고민하곤 한다. 특히 〈img〉에 onclick 이벤트로 링크를 걸어주는 경우를 상당히 많이 볼 수 있다. 키보드로 진입할 경우에 대비해 〈a〉 요소를 이용하여 링크를 제공해주면 간단한 내용임에도 자바스크립트를 습관적으로 남용하는 경우다.

그림 4.3 키보드로 이동할 수 없는 이미지링크

개선 전

```
<img class="border1" width="140px" height="105px" onclick="location.href=URL;" alt="[분류1]숲으로 떠나는 여행" src="http://www.heaven.co.kr/upload/1.jpg" />
```

〈img〉에 onclick 이벤트 핸들러를 사용하는 경우 키보드로는 접근이 되지 않아 키보드밖에 사용할 수 없는 이용자에게는 접근이 불가하다.

개선 후

```
<a href="url"><img class="border1" width="140px" height="105px" alt="(분류1)숲으로 떠나는 여행" src="http://www.heaven.co.kr/upload/1.jpg" /></a>
```

〈img〉 요소에 포커스가 진입할 수 있는 경우는 〈a〉 요소로 안에서 href 속성을 지정하는 방식으로 수정하면 키보드 초점을 받을 수 있게 된다.

4.1.2 [오류유형 7-1] 키보드 이벤트를 적용하지 않아 키보드 접근이 안 되는 경우

> 마우스에 대응되는 키보드 이벤트 핸들러를 적용하지 않아 키보드 접근이 안 되는 경우

그림 4.4와 같이 이미지 위에 마우스를 올리면 자세한 설명이 실행되고, 마우스가 떠나면 해당 실행이 중지되는데 키보드 포커스가 해당 버튼에 초점을 받았을 때와 초점이 영역을 벗어났을 때는 아무런 동작을 하지 않아 키보드 사용자에게 정보의 차별이 발생한다.

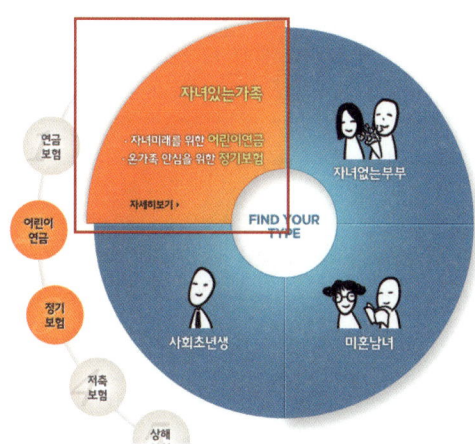

그림 4.4 마우스로만 실행되는 이미지 버튼

개선 전

```
... 중략 ...
<li>
<a onmouseover="MM_swapImage('Image5','','img/re_btn1.gif',1)"
onmouseout="MM_swapImgRestore()" href="javascript:open_window('report.
asp?pflag=1','700','600')" title="새창열림" ><img name="Image5"
width="69" height="19" src="img/re_btn.gif" border="0" alt="자녀있는가족
자녀 미래를 위한 어린이 연금 온가족 안심을 위한  정기보험 자세히보기" /></a>
    <div>
    <a href="#a"><img src="url" alt="어린이연금"></a>
    <a href="#a"><img src="url" alt="정기보험"></a>
    </div>
</li>
... 중략 ...
```

마우스 이벤트 핸들러와 대응되는 키보드 이벤트 핸들러를 추가하여 개선하였다. 마우스뿐만 아니라 키보드에서도 마우스에서 이용하던 동일한 기능을 실행할 수 있게 되었다.

개선 후

```
... 중략 ...
<li>
<a onmouseover="MM_swapImage('Image5','','img/re_btn1.gif',1)" onfocus=MM_swapImage('Image5','','img/re_btn1.gif',1)" onmouseout="MM_swapImgRestore()" href="javascript:open_window('report.asp?pflag=1','700','600')" onblur="MM_swapImgRestore()" href="javascript:open_window('report.asp?pflag=1','700','600')" title="새 창 열림"><img name="Image5" width="69" height="19" src="img/re_btn.gif" alt="자녀있는가족 자녀 미래를 위한 어린이 연금 온가족 안심을 위한 정기보험 자세히보기" /></a>
    <div>
    <a href="#a"><img src="url" alt="어린이연금"></a>
    <a href="#a"><img src="url" alt="정기보험"></a>
    </div>
</li>
... 중략 ...
```

> **팁**
>
> ### 마우스와 키보드 이벤트 핸들러 비교
>
> 마우스를 올리면 어떤 동작을 하는 마우스 이벤트 핸들러를 사용하게 되면 마우스로는 해당 동작이 되지만 키보드로는 해당 동작을 하지 못하는 경우가 있다. 키보드 사용을 보장하려면 마우스 이벤트 핸들러에 해당하는 키보드 이벤트 핸들러를 같이 사용해야 한다. 따라서 표 4.2와 같이 마우스에 대응되는 키보드 이벤트 핸들러를 사용해야 한다는 것을 명심하자.
>
> **표 4.2** 마우스에 대응되는 키보드 이벤트 핸들러
>
> | 마우스 이벤트 | | 키보드 이벤트 | |
> |---|---|---|---|
> | 이벤트 명 | 이벤트 발생 시점 | 이벤트 명 | 이벤트 발생 시점 |
> | mousedown | 마우스 버튼을 눌렀을 때 | keydown | 키가 눌렸을 때 |
> | mouseup | 마우스 버튼이 복귀될 때 | keyup | 키가 눌렸다가 놓았을 때 |
>
> 이어짐

마우스 이벤트		키보드 이벤트	
이벤트 명	이벤트 발생 시점	이벤트 명	이벤트 발생 시점
mouseover	마우스 커서가 객체 위에 있을 때	focus	객체가 초점을 받았을 때
mouseout	마우스 커서가 객체 영역을 벗어날 때	blur	객체가 초점을 벗어날 때

4.1.3 [오류유형 7-1] readonly 속성을 사용하여 대체 수단이 비활성화되는 경우

readonly 속성을 사용하여 이용 가능한 대체 수단이 비활성화되는 경우

보통 우편번호를 입력하는 경우 readonly 속성을 사용하는 이유는 우편번호 찾기 레이어 팝업을 통해 우편번호를 검색하고 정확한 우편번호 값을 적용하기 위해서다. 그러나 그림 4.5와 같이 우편번호 찾기 버튼이 키보드로 접근하지 못하여 우편번호 검색 레이어 팝업을 이용할 수 없는 경우라면 대체 수단으로 우편번호를 직접 입력할 수 있게 하는 방법이 인정된다.

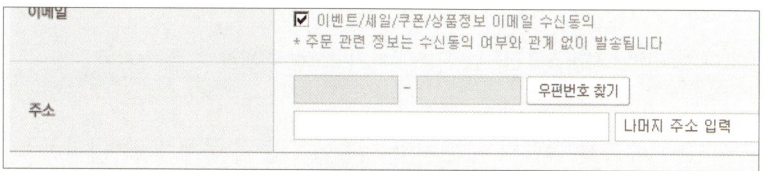

그림 4.5 readonly 속성으로 키보드로 입력할 수 없는 서식

개선 전

```
<input type="text" title="우편번호 앞자리" readonly="readonly" /> -
<input type="text" title="우편번호 뒷자리" readonly="readonly" />
<img src="url" onclick="window.open('win_brith.html','popup', '');" alt="우편번호 찾기" />
```

'우편번호 입력 서식'을 키보드로 작성할 수 있게 readonly 속성을 제거하고, '우편번호 찾기'를 href에 유효한 URL로 구성하여 키보드로 해당 기능을 이용할 수 있도록 구현하는 방법도 대체 수단으로 인정된다.

개선 후

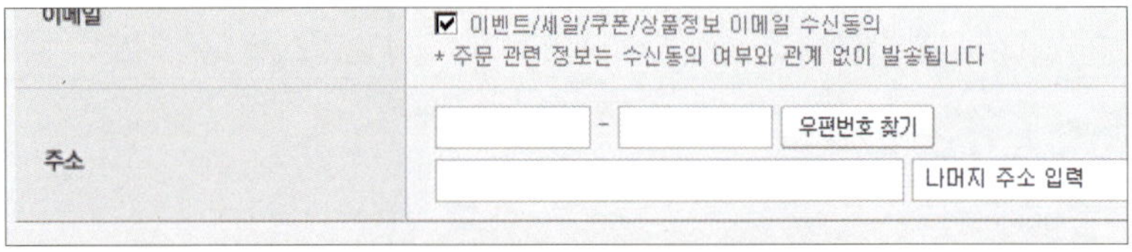

그림 4.6 readonly 속성을 제거하여 키보드로 입력할 수 있는 서식

```
<input type="text" title="우편번호앞자리" /> -
<input type="text" title="우편번호뒷자리" />
<a href="#" title="새창열림" onclick="window.open('win_brith.
html','popup', '');" ><img src="url" alt="우편번호 찾기" /></a>
```

4.1.4 [오류유형 7-1] 마우스용 자바스크립트 사용으로 키보드 이용이 불가능한 경우

> 마우스에 종속적인 자바스크립트를 사용하여 키보드로 이용할 수 없는 경우

그림 4.7은 마우스를 이용할 때는 메뉴 이용에 아무런 문제가 없다. 자바스크립트로 hover에만 기능을 제공해서 대메뉴에서 마우스를 올리면 색상이 변하고 2차 메뉴를 드롭다운하여 볼 수 있게 되지만 키보드로 접근했을 때는 아무런 반응이 없다. 키보드 사용자는 이용할 수 없다는 이야기다.

그림 4.7 키보드로 2차 메뉴를 볼 수 없는 메뉴 바

개선 전

```
// gnb -----------------------------------------
var $gnbmenu = $(".gnbmenu > ul > li > strong > a");
var $submenu = $(".gnbmenu > ul > p");
$gnbmenu.removeClass("on");
$submenu.hide();
$gnbmenu.hover(function(){
    $(this).addClass("on");
    $gnbmenu.not($(this)).removeClass("on");
    $gnbmenu.each(function(i){
        if($gnbmenu.eq(i).hasClass("on"))
        {
            $gnbmenu.eq(i).parent().next().show();
        } else {
            $gnbmenu.eq(i).parent().next().hide();
        }
    });
});
```

그림 4.8은 마우스로만 이용 가능한 2차 메뉴 보이기를 키보드로도 구현하고자 자바스크립트 소스에서 hover에 정의했던 기능을 그대로 복사하여 keyup 이벤트에 추가해서 키보드 초점을 받았을 때도 동일하게 작동된다. 이제 마우스나 키보드 어떤 방식으로 접근하더라도 대메뉴에서 2차 메뉴까지 확인하고 선택할 수 있다.

개선 후

그림 4.8 키보드로 2차 메뉴를 볼 수 있는 메뉴 바

```
// gnb -----------------------------------------
var $gnbmenu = $(".gnbmenu > ul > li > strong > a");
var $submenu = $(".gnbmenu > ul > p");
$gnbmenu.removeClass("on");
$submenu.hide();
```

```
$gnbmenu.hover(function(){
    $(this).addClass("on");
    $gnbmenu.not($(this)).removeClass("on");
    $gnbmenu.each(function(i){
        if($gnbmenu.eq(i).hasClass("on"))
        {
            $gnbmenu.eq(i).parent().next().show();
        } else {
            $gnbmenu.eq(i).parent().next().hide();
        }
    });
});
$gnbmenu.keyup(function(){
    $(this).addClass("on");
    $gnbmenu.not($(this)).removeClass("on");
    $gnbmenu.each(function(i){
        if($gnbmenu.eq(i).hasClass("on"))
        {
            $gnbmenu.eq(i).parent().next().show();
        } else {
            $gnbmenu.eq(i).parent().next().hide();
        }
    });
});
```

4.1.5 [오류유형 7-2] 플래시 wmode 값 설정으로 키보드 이용이 불가능한 경우

웹 어플리케이션의 wmode 값 설정으로 인해 키보드 이용이 불가능한 경우

플래시 콘텐츠의 wmode 값을 transparent나 opaque로 지정하면 MSAA를 사용할 수 없어 화면 낭독기로 인식이 불가능하다.

그림 4.9와 같이 wmode를 transparent로 지정하면 화면 낭독기에서 키보드가 접근하지 못한다. 이는 창 위에 투명한 레이어를 한 장 얹는 것과 같아서 해당 창의 내용을 미리 읽어들이는 가상 커서 방식에서는 접근하지 못하기 때문이다. 즉 마이크로소프트에서 제공하는 접근성 API인 MSAA를 이용해서만 읽어들일 수 있는 정보가

있는 창 위에 플래시 콘텐츠를 올려놓는 모양이 되어 키보드로 진입이 가능해야 하는 버튼이나 콘텐츠가 존재함에도 아무것도 실행할 수 없게 된다.

> ★ **용어**
>
> MSAA(MicroSoft Active Accessibility) : 접근성을 지원해주는 API(Application Programing Interface)로 애플리케이션이나 보조기술간의 정보를 교환하기 위한 표준과 일관된 메커니즘을 제공하는 기술

개선 전

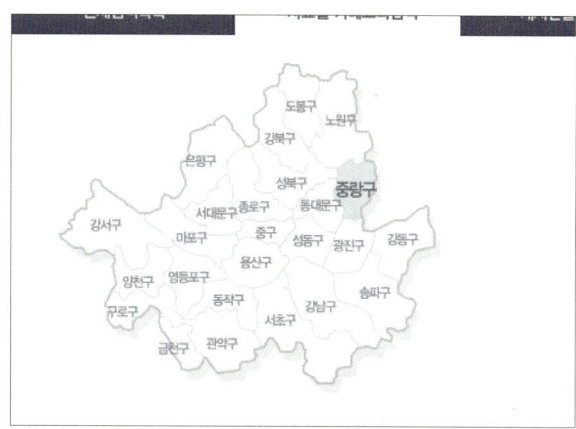

그림 4.9 키보드가 접근할 수 없는 플래시 지도

```
<OBJECT classid="clsid:D27CDB6E-AE6D-11cf-96B8-444553540000"
codebase="http://~~~" vspace="0" hspace="0">
    <param name="movie" value="(파일명 flash/menu.swf)">
    <param name="play" value="true">
    <param name="loop" value="true">
    <param name="quality" value="high">
    <param name="wmode" value="transparent">
</object>
```

플래시 콘텐츠의 wmode 값을 window로 지정해주었다. 따라서 MSAA를 사용해 본문에 포함된 플래시 콘텐츠를 화면 낭독기에서 인식할 수 있다. 즉 하나의 레이어 안에서 콘텐츠를 인식하게 되므로 키보드 접근이 가능해진다. 간단한 방법으로 접근성을 확보할 수 있지만 투명하게 레이어를 얹어 놓은 디자인적인 효과 때문에

transparent를 많이 사용한다. 따라서 HTML 문서 위에 플래시 콘텐츠를 구성하는 경우 투명한 느낌을 주려면 아예 플래시 저작도구 안에서 레이어를 겹치는 효과를 만들고 웹 문서 안에서는 wmode 값을 window로 지정해주는 방법이 있다.

개선 후

```
<OBJECT classid="clsid:D27CDB6E-AE6D-11cf-96B8-444553540000"
codebase="http://~~~" vspace="0" hspace="0">
    <param name="movie" value="(파일명 flash/menu.swf)">
    <param name="play" value="true">
    <param name="loop" value="true">
    <param name="quality" value="high">
    <param name="wmode" value="window">
</object>
```

팁

플래시 콘텐츠를 만들고 이를 웹 문서 속에 포함시킬 때는 wmode 값을 지정하게 되어 있다. 이때 wmode 값을 transparent로 하는 경우가 많은데 웹 접근성을 준수하려면 wmode 값을 window로 해주어야 한다. 그래야만 하나의 도로에서 정보가 오고 가는 것처럼 MSAA가 지원하는 보조기술을 이용할 수 있다. 그림 4.10과 같이 wmode가 window인 경우는 창이 하나가 되고, transparent인 경우 플래시 콘텐츠는 위의 레이어에 있게 된다.

2층의 정보는 MSAA에서 지원하지 않게 되므로 자연스럽게 1층의 정보만을 읽어주는 것과 같다. 이 같은 이유로 마이크로소프트에서 제공하는 접근성 API뿐만 아니라 타 브라우저에서 제공하는 접근성 API를 보조기기가 활용해야만 타 브라우저에서도 이와 같은 애플리케이션과 다양한 기술에 의한 콘텐츠를 접근성 있게 구현하고 보조기술에 활용할 수 있게 된다.

그림 4.10 wmode 값에 따른 레이어의 변화

4.1.6 [주의사항 7-1] 웹 접근성 품질인증심사에서는 IE8 브라우저에서 키보드 테스트함

> 웹 접근성 품질인증심사에서는 OS의 편의와 보조기기의 호환을 위해 IE8 브라우저에서 키보드로 접근가능한 유무를 테스트하므로 타 브라우저 및 IE의 타 버전으로 키보드 이용 여부를 판단하지 않으므로 반드시 IE8에서 확인할 것

사실 큰 의미가 있는 것은 아니지만 품질인증심사가이드 제작 당시, 윈도우 xp와 윈도우 7에서 모두 사용 가능한 브라우저는 IE8뿐이었기 때문에 공식적으로 지정된 것이다. 웹 접근성 테스트 브라우저 버전은 운영체제의 브라우저 지원 정도에 따라 계속 바뀔 수 있는 내용이므로 프로젝트 진행 시 확인이 필요하다. 다른 버전의 브라우저에서도 테스트한다면 더 높은 접근성과 사용성을 보장한다는 것은 당연한 사실이다.

4.1.7 [주의사항 7-2] onclick 이벤트 핸들러에 키보드로 제어가 불가한 경우 감점

> onclick 이벤트 핸들러를 사용한 요소에 동등한 기능을 수행하는 onkeypress, onkeydown, onkeyup 이벤트 핸들러를 사용하여 키보드로 제어가 불가한 경우 감점

웹 접근성을 높여주려면 마우스 이벤트 핸들러인 onclick과 키보드 이벤트 핸들러인 onkeypress 등을 함께 사용하면 중복 실행의 우려가 있기 때문에 주의를 환기시키는 내용이다.

4.1.8 [주의사항 7-3] 예외 콘텐츠라도 주변 인터페이스는 키보드로 사용할 수 있어야 함

> 지리정보(GIS) 콘텐츠나 가상현실(VR) 콘텐츠의 경우 예외로 인정하나 부가적인 검색, 이동 등 기타 인터페이스는 키보드만으로 사용할 수 있어야 함

웹 접근성 준수 대상에서 지리정보 콘텐츠나 가상현실 콘텐츠와 같이 시각적인 요소를 가미한 콘텐츠에서 마우스로 좌표 값을 드래그하여 거리를 재거나 붓칠과 같은 기능을 키보드로 이용하게 구현하는 것은 매우 어려운 일이므로 예외로 인정하고 있다. 하지만 이런 경우라도 해당 콘텐츠의 프레임이나 부가적인 기능 등 인터페이스는 접근성을 구현해주어야 한다.

4.1.9 [주의사항 7-4] 키보드로 탭메뉴에서 탭 내용을 확인할 수 없는 경우 감점

> 키보드를 이용하여 탭메뉴에서 탭1→탭2→탭3으로 이동하면서 모든 탭 내용을 확인할 수 없는 경우 감점

탭메뉴에서 제목으로만 이동이 가능하고, 제목과 연결되어 있는 내용으로 이동하는 것이 키보드로는 불가한 경우는 웹 접근성을 준수하지 못한 것으로 판단된다. 키보드 사용자가 접근하는 자체가 불가능해서 정보의 차별이 발생하기 때문이다.

4.1.10 [주의사항 7-5] onfocus="this.blur();" 사용 시, 검사항목 7, 8, 16에서 감점

> onfocus="this.blur();"를 사용하는 경우 키보드 접근은 물론 초점의 시각적 구분이 불가하고, 의도하지 않은 초점변화가 실행되므로 검사항목 7, 8, 16에서 동시 감점

onfocus="this.blur();"는 웹 접근성 차원에서는 가장 문제가 되는 자바스크립트다. 초점이 진입하면 초점을 없애라는 명령이다. 그리고 초점은 가장 상단으로 강제 이동된다. 따라서 키보드로 이용이 불가하고, 초점이 사라지며, 의도하지 않은 실행이 일어나므로 인증심사 시 3개 항목에서 동시에 감점이 된다.

4.1.11 [주의사항 7-6] wmode를 transparent, opaque로 지정 시 화면 낭독기 인식 불가능

> 플래시 콘텐츠의 wmode값은 기본적으로 transparent 또는 opaque로 지정하게 되면 MSAA를 사용할 수 없어 화면 낭독기로 인식이 불가함(단, 링크와 같은 특정 기능 없이 단순정보 전달이나 디자인용 등 키보드 포커스가 불필요한 플래시 콘텐츠의 경우, wmode를 window로 지정하면 키보드 포커스가 브라우저 메뉴 영역에 갇혀 더 이상 운용이 어려운 상황이 초래됨, 이 경우 transparent 또는 opaque를 사용하되 정보가 있는 경우 대체 콘텐츠로 제공하는 등 키보드 사용이 가능하도록 제공해야 함)

주의사항의 설명이 자세하여 또 다른 설명이 필요 없지만 요약하면 상황에 따라 transparent를 사용할 경우도 있을 수 있다는 점이 흥미롭다. 플래시 콘텐츠 내에 링크나 버튼과 같이 포커스가 필요없는 콘텐츠의 경우에는 wmode가 window가 되면 해당 콘텐츠에 갇히는 현상이 있다. 따라서 이런 경우 고의로 링크와 같은 포커스가 진입할 수 있는 요소를 주거나 아니면 wmode 값을 tranparent로 지정하여 콘텐츠가 무시되게 하는 대신 대체 수단을 제공하여 해당 플래시 콘텐츠의 내용이 무엇인지 알 수 있게 해주는 방법이 있다.

그림 4.11 키보드 포커스가 불필요한 디자인용 플래시 콘텐츠 (출처: LG전자)

```
<style>
.hidden { position:absolute; left:-3000%; top:-3000%;}
</style>

<object classid="clsid:D27CDB6E-AE6D-11cf-96B8-444553540000"
codebase="http://~~~" vspace="0" hspace="0">
    <param name="movie" value="(파일명 flash/menu.swf)">
    <param name="play" value="true">
```

```
        <param name="loop" value="true">
        <param name="quality" value="high">
        <param name="wmode" value="transparent">
</object>
<div class="hidden">세상에서 가장 기분좋은 바람 바람의 이야기가 시작된다.</div>
```

단 링크와 같은 특정 기능이 없고 단순정보 전달이나 디자인용 등 키보드 포커스가 불필요한 플래시 콘텐츠의 경우 `wmode`를 `window`로 지정하면 키보드 포커스가 브라우저 메뉴 영역에 갇혀 더 이상 운용이 어려운 상황이 된다. 이 경우에는 `transparent`나 `opaque`를 사용해야 한다. 이 문제로 어도비 사에 문의해보았으나 어도비 사도 특별한 이유를 찾지 못하였다. 따라서 정보가 있는 경우에는 대체 콘텐츠로 제공하는 등 키보드 사용이 가능하게 제공해야 한다.

4.2 [검사항목 8] 초점 이동

> (초점 이동) 키보드에 의한 초점은 논리적으로 이동해야 하며, 시각적으로 구별할 수 있어야 한다.

● 개념

초점은 웹사이트에서 현재 위치하는 영역을 시각적으로 안내하려고 제공하는 형태로 포커스 형태와 커서 형태 등으로 위치를 안내하므로 초점의 순서는 논리적으로 이동해야 하며, 키보드가 이동할 때마다 시각적으로 구별할 수 있어야 한다.

● 목적

이 검사항목은 시각장애인이나 상지장애인과 같이 키보드로만 웹사이트를 이용하는 사용자가 운용이 용이할 수 있게 현재 초점의 위치를 이해하고 이를 바탕으로 원하는 콘텐츠를 이용할 수 있게 하는·데 목적이 있다.

● 검사항목 해설

검사항목 8번 초점 이동은 크게 두 가지로 나뉘는데 초점의 시각화는 검사항목 7번의 키보드 사용 보장과 관계가 있고, 초점의 논리적 순서는 검사항목 17번의 콘텐츠의 선형화와 관련이 있다. 우선 '초점의 시각화' 여부는 키보드가 접근할 수 없어서 초점 여부를 볼 수 없는 경우는 검사항목 7번인 키보드 사용 보장에서 준수하지 못한 것으로 볼 수 있고, 초점을 안 보이게 감추거나 정확하게 어떤 객체의 라인과 초점이 겹쳐서 확인되지 않는 경우에는 초점 이동에서 미 준수한 것으로 평가된다.

또한 '초점의 논리적 순서'는 `tabindex`나 자바스크립트에 의한 포커스를 강제로 이동시켜 논리적인 순서를 지키지 않은 경우는 초점 이동에서 준수하지 않은 것으로 보고, CSS를 제거하고 나서 콘텐츠의 순서가 논리적이지 않은 경우는 콘텐츠의 선형화에서 준수하지 않은 것으로 평가한다. `tabindex`와 같이 강제로 순서를 설정해주는 경우는 CSS를 제거하면 해당 설정이 적용되지 않기 때문에 초점의 이동 순서가 달라질 수 있다.

> **요약** 초점을 표시하는 방식은 초점을 받았을 때 해당 모양이 반드시 점선의 사각형이 아니더라도 시각적으로 구분 가능하다면 초점을 제공한 것으로 볼 수 있다.

● 준수기준

> 키보드 초점을 받은 링크, 컨트롤 및 입력 서식은 초점을 받지 않은 객체들로부터 구분될 수 있도록 제공한 경우 준수한 것으로 인정

4.2.1 [오류유형 8-1] 초점의 이동 순서가 논리적이지 않으며 일관성이 없는 경우

> Tab 키와 Shift+Tab 키에 의한 초점의 이동 순서가 논리적이지 않으며 일관성이 없는 경우

그림 4.12는 키보드로 접근하면 아이디 → 로그인 → 비밀번호 순으로 이동한다. 테이블로 만든 구조이므로 논리적 순서가 아니라 테이블에서의 초점 이동 순서인 가로에서 세로, 위에서 아래로 이동하기 때문이다. 이동 순서가 논리적이지 않기 때문에

시각장애인이 콘텐츠를 이해하는 데 어려움이 있고, 불필요한 컨트롤을 더 해야 한다. 이는 비장애인에게도 마찬가지다. 일반 사용자도 보통 마우스를 사용하지만 로그인과 같이 빠르게 입력해야 하는 경우에는 부분적으로 키보드를 사용하여 컨트롤하는 경우가 많기 때문이다.

개선 전

그림 4.12 초점의 순서가 비논리적인 로그인

```
<table>
    <tr>
        <td>
            <input type="text" value="아이디" title="아이디 입력">
        </td>
        <td rowspan="2">
            <input type="image" src="" alt="로그인">
        </td>
    </tr>
    <tr>
        <td>
            <input type="password" title="비밀번호 입력">
        </td>
    </tr>
</table>
```

그림 4.13은 콘텐츠들을 테이블을 사용하여 위치시키지 않고, 논리적인 순서로 소스 코드를 배열하여 CSS를 활용하여 시각적으로 동일한 배치 효과를 가지는 로그인 입력폼이다. 따라서 키보드로 접근하게 되면 상식적인 순서대로 아이디 → 비밀번호 → 로그인 순으로 이동할 수 있어서 운용하기에 용이하고 콘텐츠를 쉽게 이용할 수 있게 된다.

> **개선 후**

그림 4.13 초점의 순서가 논리적인 로그인

```
<style>
ul { width:200px; position:relative;}
ul li { padding:0 0 10px 0;}
ul li input[type="text"],
ul li input[type="password"] { width:120px;}
ul li.btn { position:absolute; right:0; top:0;}
</style>

<ul>
<li><input type="text" value="아이디" title="아이디 입력"></li>
<li><input type="password" title="비밀번호 입력"></li>
<li class="btn"><input type="image" src="" alt="로그인"></li>
</ul>
```

4.2.2 [오류유형 8-2] 초점의 위치가 시각적으로 표시되지 않은 경우

> 초점 또는 키보드의 위치를 나타내는 요소가 시각적으로 표시되지 않은 경우

그림 4.14는 팝업존에서 보이는 배너 선택 요소에 onfocus="this.blur();"를 사용하여 초점의 시각적 표시를 고의로 막고 있다. onfocus="this.blur();"는 웹 접근성 관점에서는 반드시 없어져야 하는 코드로 초점을 보이지 않게 하면서 초점의 위치를 페이지 상단으로 강제 이동시킨다. 이 때문에 키보드로 웹 페이지를 탐색하는 시각장애인과 읽지장애인은 이 콘텐츠에서 더 나아갈 수 없게 되니, 위치 정보가 혼란스러워진다. 즉 현재 초점 위치를 인지할 수 없게 되는 문제가 발생한다.

개선 전

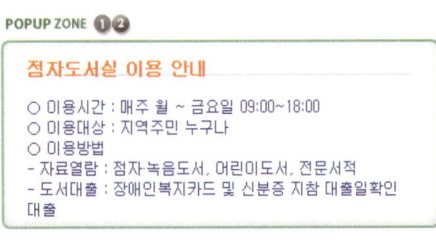

그림 4.14 초점이 시각적으로 표시되지 않은 경우

```
<a href="" onfocus="this.blur();"><img src="" alt="점자도서실 이용안내 배너"></a>
<a href="" onfocus="this.blur();"><img src="" alt="축제참여하기 배너"></a>
```

그림 4.15에서는 onfocus="this.blur();"가 제거되면서 초점이 시각적으로 표시되고 있다. 따라서 현재 위치가 팝업존의 첫 번째 콘텐츠임을 시각적으로 인지할 수 있다. 이렇게 초점을 보이게 하는 것은 이전에 디자이너들이 안 보이게 하는 것이 실력이었던 때와 많이 달라졌다. 초점이 더 잘 보이게 하는 것이 앞으로는 더욱 중요한 요소가 될 수 있다.

개선 후

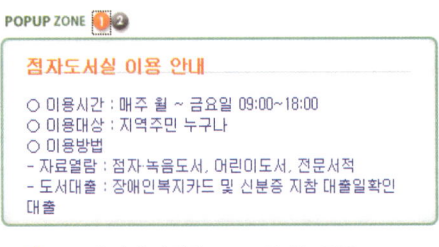

그림 4.15 초점이 시각적으로 표시되는 경우

```
<a href=""><img src="" alt="점자도서실 이용안내 배너"></a>
<a href=""><img src="" alt="축제참여하기 배너"></a>
```

> **팁**
>
> 초점이나 키보드의 위치를 나타내는 요소를 자바스크립트뿐만 아니라 CSS로도 감출 수 있다. 다음과 같은 경우는 IE7 이하에서는 적용되지 않고, IE8 이상에서는 적용이 되지만 초점이 보이지 않게 되므로 사용하지 말자.
>
> ```
> <style>
> a { outline:0;}
> </style>
>
> <a href="#">링크</a>
> ```

> **팁**
>
> 초점은 표 4.3과 같이 브라우저에서 기본적으로 제공하지만 브라우저의 초점 형태는 각기 다른 모습을 보여준다. IE와 파이어폭스의 초점 형태는 시각적으로 구분하기 어려울 수도 있기 때문에 CSS를 활용하여 좀 더 시각적으로 초점을 부각한다면 키보드로 이용해야 하는 사용자에게는 큰 도움이 될 수 있다.
>
> **표 4.3** 브라우저별 키보드 초점 형태
>
>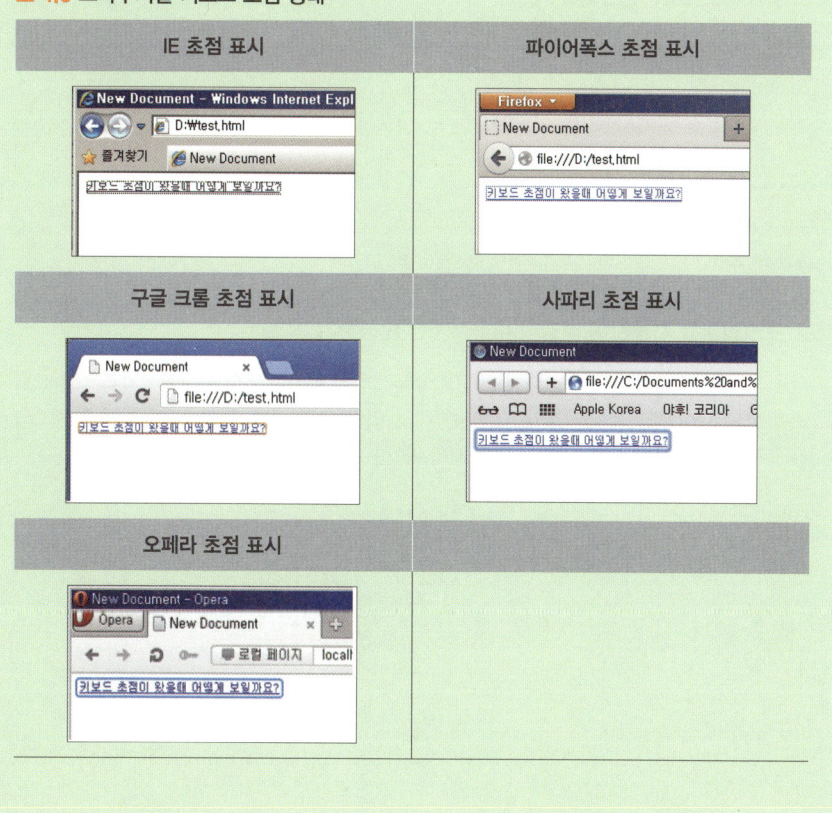

CSS는 보통 웹사이트를 꾸미는 데 사용하지만 초점을 받은 요소의 화면 표시를 정의하는 데 :focus를 사용할 수도 있다. 이때 :focus와 대응되는 마우스 기능인 :hover도 같이 CSS로 정의해주면 마우스를 사용하는 경우에도 초점이 명확하게 보일 수 있다.

1. CSS의 가상 클래스 :focus 제공

다음과 같이 CSS를 추가하면 그림 4.16과 같이 점선으로 되어 있던 기본 초점 형태가 1px의 굵기로 색상이 더해져서 명확하게 보인다.

```
a:hover,
a:focus   { border:1px solid #ee6600;   }
```

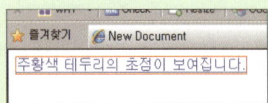

그림 4.16 CSS로 표현한 키보드 초점

외곽선 제공으로 레이아웃이나 디자인에 영향이 간다면 초점의 시각적인 표현을 밑줄, 텍스트의 굵기 등으로 표현해도 좋다.

텍스트를 굵게 표현하는 방법

```
a:hover,
a:focus   { font-weight:bold; }
```

텍스트에 밑줄로 표현하는 방법

```
a:hover,
a:focus   { text-decoration:underline;}
```

2. 스크립트를 사용하여 배경색이나 경계선 변경하기

다음 방법은 스크립트를 이용하여 링크가 초점을 받으면 배경이 회색으로 표시되고 초점을 잃으면 정상적으로 바뀌게 제공할 수 있는 방법이다. 그림 4.17과 같이 현재 초점의 위치가 강조되는 장점이 있다. 하지만 현실적이지 않은 자바스크립트 소스이기도 하다.

```
<script>
function toggleFocus(el)
{
    el.style.backgroundColor = el.style.backgroundColor=="yellow" ?
"inherit" : "yellow";
}
</script>
<a href="sample.html" onfocus="toggleFocus(this)" onblur="toggleFocus(this)">focus me</a>
```

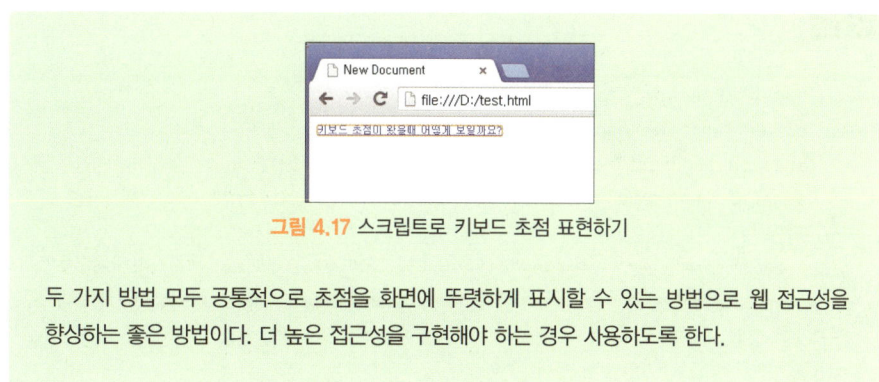

그림 4.17 스크립트로 키보드 초점 표현하기

두 가지 방법 모두 공통적으로 초점을 화면에 뚜렷하게 표시할 수 있는 방법으로 웹 접근성을 향상하는 좋은 방법이다. 더 높은 접근성을 구현해야 하는 경우 사용하도록 한다.

4.2.3 [오류유형 8-3] ⟨area⟩ 요소의 순서가 키보드 순서와 다른 경우

⟨area⟩ 요소의 진행 순서에 의미가 있으나 키보드 접근 순서가 의미와 일치하지 않은 경우

그림 4.18은 조직도를 하나의 이미지로 만들어서 영역을 정하여 초점을 받을 수 있는 <area> 요소를 사용해 각 부서명과 조직을 이해할 수 있게 구현하였다. 그러나 키보드의 순서가 논리적인 순서에 따라 이동하지 않고, 모든 부서명을 좌측에서 우측으로 나열한다. 이에 따라 조직의 계층 순서가 아닌 임의적인 방식으로 이동하고 있어 시각장애인의 경우 조직도를 이해할 때 키보드의 순서가 계층의 순서를 나타내는지, 부서를 나열하고 있는지 이해하기 어렵다.

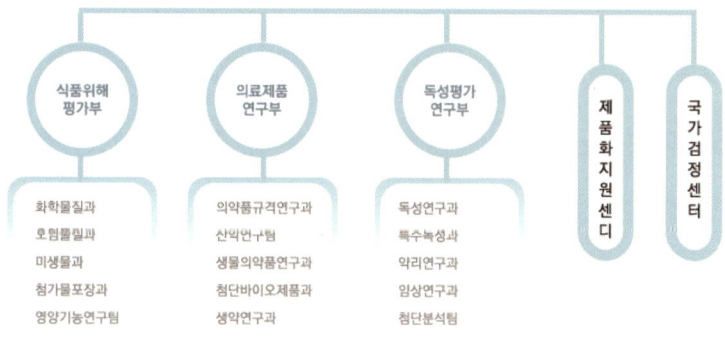

그림 4.18 ⟨area⟩의 키보드 접근 순서가 의미와 일치하지 않는 경우

개선 전

```
<img src="" usemap="#map" alt="조직도">
<map name="map" id="map">
    <area shape="rect" coords="518,59,605,93" href="" alt="식품위해 평가부">
    <area shape="rect" coords="514,146,611,185" href="" alt="의료제품
 ↪ 연구부">
    <area shape="rect" coords="518,46,611,15" href="" alt="독성평가 연구부">
    <area shape="rect" coords="519,146,11,85" href="" alt="제품화 지원센터">
<!-- 중간 생략 -->
</map>
```

그림 4.17에서 부서간으로 이동하던 이미지맵을 부서명과 부서에 속한 '과'로 계층의 순서대로 키보드의 순서가 바뀌었다. 구현한 소스의 순서대로 초점이 이동하기 때문에 부서 다음에는 부서원이나 하위 부서 순서로 논리적으로 나열되는 것이 바람직한 순서가 된다.

개선 후

```
<img src="" usemap="#map" alt="조직도">
<map name="map" id="map">
    <area shape="rect" coords="518,59,605,93" href="" alt="식품위해 평가부">
    <area shape="rect" coords="514,146,611,185" href="" alt="화학물질과">
    <area shape="rect" coords="518,46,611,15" href="" alt="오염물질과">
    <area shape="rect" coords="519,146,11,85" href="" alt="미생물과">
<!-- 중간 생략 -->
</map>
```

4.2.4 [주의사항 8-1] onfocus="this.blur();" 사용 시, 검사항목 7, 8, 16에서 감점

> onfocus="this.blur();"를 사용하는 경우 키보드 접근은 물론 초점의 시각적 구분이 불가하고, 의도하지 않은 초점 변화가 실행되므로 검사항목 7, 8, 16에서 동시 감점

onfocus="this.blur();"는 웹 접근성 차원에서는 가장 문제가 되는 자바스크립트다. 초점이 진입하면 초점을 없애라는 명령이다. 그리고 초점은 가장 상단으로 강

제 이동된다. 따라서 키보드로 이용이 불가하고, 초점이 사라지며, 의도하지 않은 실행이 일어나므로 인증심사 시 3개 항목에서 동시에 감점된다.

4.3 [검사항목 9] 응답시간 조절

(응답시간 조절) 시간 제한이 있는 콘텐츠는 응답시간을 조절할 수 있어야 한다.

● 개념

응답시간 조절은 제한된 시간 안에 요구되는 지시나 읽어야 할 내용이 있는 콘텐츠의 경우 해당 시간을 조절할 수 있게 기능을 제공해야 한다는 의미다.

● 목적

제한시간은 다양한 목적으로 주어지지만 일반적인 사용자의 수준에 맞추어 주어진 제한시간은 해당 감각에 장애가 있는 사용자에게는 다른 수단을 이용해 접근할 경우 시간이 부족할 수 있다. 따라서 적용된 제한시간을 멈추거나 회피할 수 있게 하여 동등한 정보를 인식할 수 있게 보완해주는 목적이 있다.

● 검사항목 해설

응답시간 조절 검사항목은 경매나 실시간 게임, 듣기평가용 콘텐츠 등과 같이 원천적으로 정해진 시간이 해당 콘텐츠의 중요한 목적이 되거나 수단이 되는 경우를 예외로 하고 있다. 다만 제한된 시간이 일반적인 사용자에게 적합하게 제시되어 있는 경우는 정보를 습득하거나 기능을 이용할 때 장애인 사용자에게는 차별적인 요소가 될 수 있다. 예를 들어 수능시험과 같은 경우 보통 시각장애인과 같은 특수한 경우는 활동 보조인이 도움을 줄 수 있고, 일반 학생에 비해 3배 정도의 시험시간을 주는데 이는 장애인이 비장애인보다 시험 문제를 읽거나 답을 제출할 때 지체해야 하는 시간이 더 많기 때문이다.

마찬가지로 인지가 느리거나 고령자와 같이 시각이나 지각에 조금씩 장애가 있는 사용자에게는 제한시간이 있는 콘텐츠를 시간 안에 다 이해하지 못하거나 처리하지 못하는 경우가 있을 수 있다. 따라서 시간을 연장할 수 있거나 정지할 수 있게 콘텐츠를 제공하는 것이 좋다. 보통 '3초 뒤에 이동한다'와 같은 쇼핑몰의 리디렉션 페이지나 은행에서 보안을 목적으로 일정 시간 이후 세션을 종료하는 경우 등이 이에 해당한다.

> **요약** 시간 제한이 있는 콘텐츠는 정지하거나 시간을 연장할 수 있는 기능을 제공한다.

● 준수기준

> 시간 제한이 있는 콘텐츠의 응답시간을 조절할 수 있도록 제공한 경우 준수한 것으로 인정

4.3.1 [오류유형 9-1] 페이지 재이동 시 회피할 수 있는 수단을 제공하지 않은 경우

> 페이지 재이동 시 회피할 수 있는 수단을 제공하지 않은 경우

그림 4.19와 같이 매우 짧은 시간 안에 메인 페이지로 재이동하는 경우가 있다. 특히 5초 시간을 주면서 다 읽을 수 없을 만큼 많은 양의 텍스트 정보를 제공하는 경우도 있다. 일반적인 사용자도 읽기 어려운 시간에 장애인과 같이 더 많은 시간을 필요로 하는 사용자에게는 현재 일어나는 상황이 무엇인지 인지하지 못한 채 페이지가 이동되어 불편하다.

개선 전

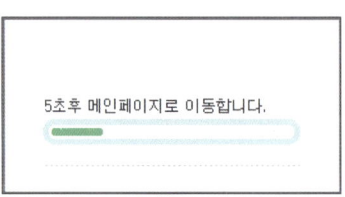

그림 4.19 페이지 재이동 시 회피 수단이 없는 경우

```
<SCRIPT>
setTimeout("location.href='http://www.example.com'", 5000);
</SCRIPT>
```

그림 4.20은 메인 페이지로 이동하는지 여부를 사용자가 선택할 수 있게 **확인**과 **취소** 버튼을 제공하면서 충분한 시간도 함께 준다. 따라서 다양한 장애 유형에 따른 사용자라 하더라도 인지할 수 있게 하여 콘텐츠를 제공하는 것이 무엇보다도 중요하다.

개선 후

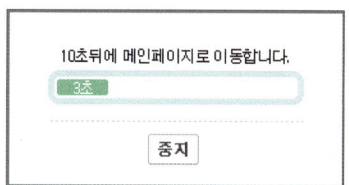

그림 4.20 페이지 재이동 시 회피 수단이 있는 경우

```
<p>10초 뒤에 메인페이지로 이동합니다.</p>
... 중략 ...
<a href="url">정지</a>
```

4.3.2 [오류유형 9-2] 제한시간을 연장하는 방법에 제한시간이 있는 경우

제한시간을 연장하는 방법에 제한시간이 있는 경우

그림 4.21은 10분 동안 사용자가 아무런 실행도 하지 않는 경우 자동으로 로그아웃되는 상황으로 보통 은행 사이트에서 보안을 이유로 세션이 만료되게 구현한 사례다. 이때 10분간 사용자가 실행하지 않아 <u>로그아웃됨</u>을 알리고 로그아웃되지 않게 <u>시간 연장</u> 버튼을 누를 수 있는 제한시간이 설정되어 있다.

개선 전

그림 4.21 세션 만료를 연장하는 데 제한시간이 있는 경우

그러나 로그인을 연장하는 기능을 인지시켜줄 수 없거나 해당 기능까지 도달하는 데 걸리는 시간을 비장애인 기준으로 계산하여 제한시간을 충분하게 제공하지 않으면 매우 불편할 수 있다. 로그아웃된다는 경고를 화면에 시각적으로만 안내하는 것뿐만 아니라 나레이션이나 경고음으로 알려주고, 이를 해결하려고 그림 4.22와 같이 특정 단축키를 제공하여 편하고 빠르게 시간을 연장할 수 있게 해주면 될 것이다. 또한 시간 연장 안내를 레이어 팝업을 이용해 알리는 것보다 그림 4.22처럼 새 창으로 알려 화면 낭독기 사용자에게 페이지 변화를 알리는 것도 좋은 방법이다.

개선 후

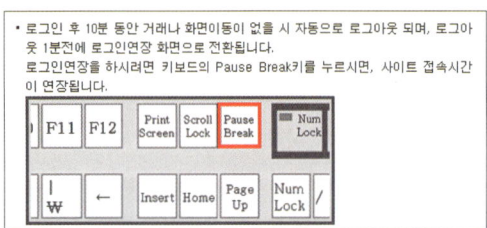

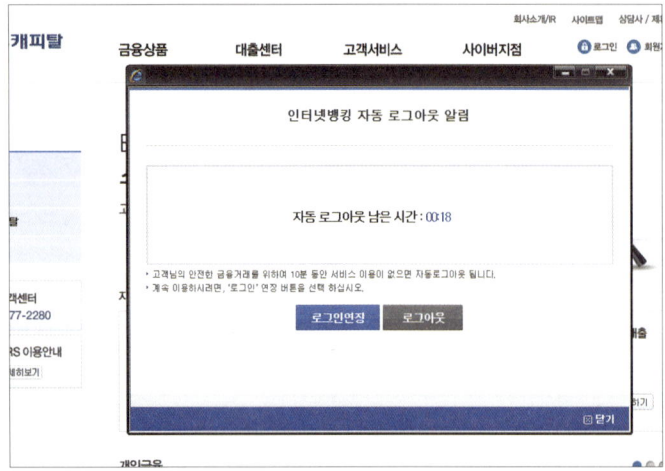

그림 4.22 제한시간 연장 방법을 제공한 사례

4.3.3 [주의사항 9-1] 콘텐츠의 이용 시간 조절을 허용할 수 없는 콘텐츠는 예외

> 경매나 실시간 게임, 듣기평가용 콘텐츠 등과 같이 원천적으로 콘텐츠의 이용에 따르는 시간 조절을 허용할 수 없는 콘텐츠는 예외로 인정

경매는 정해진 시간 안에 가격 경쟁을 해서 구매를 결정하는 방식으로 시간을 제한하는 것이 중요한 경쟁 요소이기 때문에 응답시간 조절 검사항목에서 다루지 않는다. 마찬가지로 실시간 게임, 듣기평가용 콘텐츠 등과 같이 정해진 시간이 해당 콘텐츠의 중요한 목적이 되거나 수단이 되는 경우를 예외로 하고 있다.

4.3.4 [주의사항 9-2] 자동전환 페이지, 제한시간 연장 및 만료 경고 등이 해당됨

> 검사 대상은 자동전환 페이지(Redirection page), 제한시간 연장, 제한시간 만료 경고 등이 해당됨

검사항목 10번 '정지 기능 제공'과 대상이 되는 콘텐츠가 헷갈릴 수 있다. '정지 기능 제공'은 자동으로 움직이는 콘텐츠를 대상으로 하며, 이 항목은 몇 초 뒤에 이동하는 자동 전환 페이지, 제한시간 이후 종료를 알리는 메시지 등 연장이나 만료 등의 경고 페이지를 대상으로 한다.

4.4 [검사항목 10] 정지 기능 제공

> (정지 기능 제공) 자동으로 변경되는 콘텐츠는 움직임을 제어할 수 있어야 한다.

● 개념

스크롤되는 배너, 뉴스, 실시간 검색어 등과 같이 자동으로 흐르거나 움직이는 콘텐츠를 자동으로 변경되는 콘텐츠라고 한다. 이런 콘텐츠는 다양한 사용자가 인지하고 이용할 수 있게 정지 기능을 제공해야 한다.

● 목적

자동으로 움직이는 콘텐츠를 느리게 인식하는 고령자나 어린이, 시각, 상지, 인지 등의 장애가 있는 사용자의 경우 콘텐츠를 인식하는 시간이 오래 걸리므로 정지 기능을 제공해서 자동으로 흘러서 콘텐츠를 놓치지 않게 제어할 수 있게 한다.

● 검사항목 해설

정지 기능 제공 검사항목은 한정된 공간에서 좀 더 많은 콘텐츠를 활용하려고 자동으로 롤링되게 만든 배너존이나 포털의 한 줄 뉴스와 같은 콘텐츠를 검사할 때 자주 활용된다. 흐르는 콘텐츠에 정지, 이전, 다음과 같은 기능이 없다면 콘텐츠를 인지할 시간이 부족하여 놓친 콘텐츠를 다시 확인하는 데 더 많은 시간이 소비되거나 원하지 않는 기능이 실행돼 불편하기 때문에 반드시 제공해야 한다.

자동으로 변경되는 콘텐츠 중에는 플래시 콘텐츠가 많은데 단순히 장식용으로 변하는 그림에도 정지 버튼을 달라고 하는 전문가가 있기도 한데 반드시 버튼의 형태로만 기능을 제공해야 하는 것은 아니다. 또한 정보를 전달하려는 목적의 콘텐츠가 아닌 의미 없이 디자인 요소로 이미지가 변경되는 경우 등은 자동으로 변경되는 콘텐츠로 보기 어렵기 때문에 정보 제공 여부를 확인하여 정지 기능을 제공하는 것이 좋다.

> **요약** 정보를 제공하는 콘텐츠가 자동으로 변경되는 경우 반드시 이전, 다음, 정지 기능을 제공해야 한다.

● 준수기준

> 자동으로 변경되는 콘텐츠의 움직임을 제어할 수 있도록 제공한 경우 준수한 것으로 인정

4.4.1 [오류유형 10-1] 시간에 따라 변화하는 콘텐츠에 정지, 이전, 다음 기능이 없는 경우

> 시간에 따라 변화하는 콘텐츠에 정지, 이전, 다음 기능이 없는 경우

그림 4.23은 자동으로 움직이는 배너이지만 정지, 다음, 이전 기능이 아예 제공되지 않아 제어할 수가 없다. 사용자의 의도와 상관없이 일방적으로 시간에 따라 변하는 콘텐츠이므로 해당 콘텐츠를 이해하려면 여러 번 확인해야 하는 어려움이 있다.

개선 전

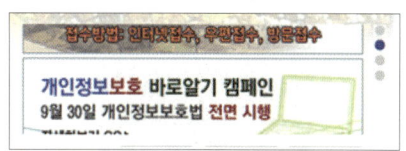

그림 4.23 자동 배너에 움직임을 제어할 수 없는 경우

그림 4.24와 같이 자동으로 움직이는 배너를 제어할 수 있는 기능을 제공하면 놓친 정보라고 해도 컨트롤하여 정보를 인식할 수 있게 된다. 따라서 이런 경우 정지, 이전, 다음 버튼을 소스에서 앞 순서에 나올 수 있게 하여 컨트롤할 수 있는 기능이 있음을 먼저 알 수 있게 제공하는 것이 바람직하다. 배너보다 위치가 뒤에 있더라도 소스에서는 앞 순서에 오게 하고 CSS를 사용해 위치를 정해주는 것이 하나의 방편이 되겠다.

개선 후

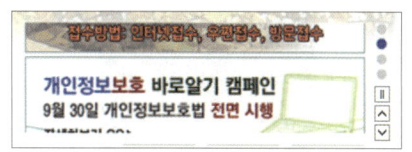

그림 4.24 자동 배너에 움직임을 제어할 수 있는 경우

4.4.2 [오류유형 10-2] 변하는 콘텐츠가 마우스와 키보드로 제어 불가능한 경우

> 시간에 따라 변화하는 콘텐츠가 마우스와 키보드로 제어 불가능한 경우

그림 4.25는 좌우 화살표를 마우스로 움직일 때는 정지해 있으나 키보드로 접근할 때는 정지하지 않고 배너가 오른쪽에서 왼쪽으로 계속 흐르는 현상을 보여 멈출 수 있는 기능을 제공해야 한다.

개선 전

그림 4.25 자동으로 움직이는 콘텐츠를 제어할 수 없는 경우

그림 4.26과 같이 키보드와 마우스 모두 사용자가 콘텐츠를 제어할 수 있는 **정지** 버튼을 제공하여 접근성 향상시킨다.

개선 후

그림 4.26 자동으로 움직이는 콘텐츠를 제어할 수 있는 경우

4.4.3 [주의사항 10-1] 시간에 따라 변화하는 콘텐츠를 키보드와 마우스로 평가

> 움직이는 배너, 뉴스 등 시간에 따라 변화하는 콘텐츠를 키보드와 마우스로 평가

정지 기능을 제공하였더라도 마우스로만 이용 가능하다면 해당 검사항목에서 준수하지 않은 것으로 인정되기 때문에 반드시 키보드와 마우스로 평가해야 한다.

4.4.4 [주의사항 10-2] 키보드 포커스 및 마우스 오버 시 변화가 멈추면 정지 기능으로 인정

> 키보드 포커스 및 마우스 오버 시 콘텐츠의 변화가 멈춰지면 정지 기능이 제공된 것으로 인정

정지, 이전, 다음을 반드시 버튼 형태로만 제공해야 하는 것은 아니다. 따라서 롤링 배너의 경우와 같이 배너 자체가 움직이고 있을 때 키보드 포커스가 진입하거나 마우스를 올렸을 때 정지된다면 정지 버튼과 같은 역할을 하게 되므로 정지 기능이 제공된 것으로 인정된다.

4.4.5 [주의사항 10-3] 자동 스크롤 배너, 실시간 검색순위 등이 해당됨

> 검사 대상은 자동적으로 스크롤되는 배너, 자동 변경되는 실시간 검색순위 등이 해당됨

검사항목 9번 '응답시간 조절'과 대상이 되는 콘텐츠가 헷갈릴 수 있다. 이 항목은 스크롤되는 배너나 롤링되고 있는 뉴스, 자동으로 순위가 바뀌는 실시간 순위 등을 대상으로 하며, '응답시간 조절'은 연장이나 만료 등의 경고 페이지를 대상으로 한다.

4.5 [검사항목 11] 깜빡임과 번쩍임 사용 제한

> (깜빡임과 번쩍임 사용 제한) 초당 3~50회 주기로 깜빡이거나 번쩍이는 콘텐츠를 제공하지 않아야 한다.

● 개념

깜빡임과 번쩍임은 사용자를 주목시키려는 목적으로 사용될 수 있으며, 초당 3~50회 주기로 깜빡이는 콘텐츠가 대상이다. 이러한 콘텐츠는 광과민성 발작을 일으킬 수 있기 때문에 반드시 사전에 경고하거나 제작하지 않게 해야 한다.

● 목적

빠르게 깜빡이거나 번쩍이는 콘텐츠를 사용할 경우 어린이나 광과민성 발작 증세가 있는 사용자에게 사전에 알려주거나 아예 사용하지 않게 하여 광과민성 발작 증세를 예방한다.

● 검사항목 해설

깜빡임과 번쩍임 사용 제한 검사항목을 잘 설명해주는 유명한 사례가 있다. 1997년 12월 16일에 방영된 '포켓몬스터 38화 전뇌전사 폴리곤' 편을 지켜본 일본의 어린이 중 750명이 광과민성 발작을 일으켰으며, 이 중 135명이 입원했다. 발작 증상의 원인으로는 섬광이나 번쩍이는 화면이 많은 전투 장면 등에서 특히 빨간색과 하나 이상의 원색이 교차적으로 빠르게 전환되면서 시신경 등에 영향을 미쳐 발작을 일으킨 것으로 알려졌다. 특히 어두운 곳에서 아주 밝은 TV를 가까이 보는 경우 위험도가 더욱 높아진다.

따라서 웹사이트에서 제공되는 모든 영상 콘텐츠를 초당 3~50회 정도로 깜빡이는 경우 반드시 사전에 경고하거나 제공하지 않게 해야 한다. 아직까지 공공부문에서는 해당 검사항목을 준수하지 않은 경우를 발견한 적이 없으나 민간부문에서는 쇼핑몰과 같이 사용자의 시선을 유도하려고 사용하거나 영화와 같은 콘텐츠에서 사용될 우려가 있어 주의가 필요하다.

> **요약** 초당 3~50회 주기로 깜빡이거나 번쩍이는 영상 콘텐츠는 제공하지 않거나 사전에 경고해야 한다.

● 준수기준

> 초당 3~50회 주기로 깜빡이거나 번쩍이는 콘텐츠를 제공하지 않은 경우 준수한 것으로 인정

4.5.1 [오류유형 11-1] 사전 경고 없이 초당 3~50회 깜빡이는 콘텐츠가 존재할 경우

> 사전 경고 없이 초당 3~50회 깜빡이는 콘텐츠가 존재할 경우

그림 4.27은 검사항목 해설에서 안내했던 '포켓몬스터 38화 전뇌전사 폴리곤' 편의 한 장면이다. 화면에서 각기 다른 단색과 섬광이 교대로 빠르게 깜빡거려서 광과민성 발작을 일으켜 4개월간 방영이 중단되었을 만큼 사회에 큰 파장을 일으켰다. 깜빡이는 콘텐츠는 특히 빨간색과 타 색상이 초당 3~50회 교차하는 경우에 시신경을 자극할 수 있으므로 더욱 주의해야 한다.

그림 4.27 포켓몬스터 38화의 한 장면 (출처: 구글 이미지)

4.5.2 [주의사항 11-1] 깜빡임 제어 수단 제공 시, 미리 경고하지 않은 경우 감점

> 깜빡임을 중단할 수 있는 수단을 제공했더라도 깜빡임을 미리 경고하지 않은 경우는 감점

웹 접근성에서 자체 접근성이 없는 경우는 반드시 대체 수단을 제공하게 되어 있다. 하지만 대체 수단이 어디에 있는지 알기 어렵다면 콘텐츠를 대체하는 것 역시 어려워진다. 마찬가지로 깜빡임을 중단할 수 있는 수단을 제공했더라도 해당 수단을 사전에 알리지 않은 경우 감점된다.

4.5.3 [주의사항 11-2] 깜빡임이 3초 미만인 경우 인정

> 깜빡임이 3초 미만인 경우 인정

짧은 시간에 깜빡이는 콘텐츠는 광과민성 발작을 일으키기에 충분하지 않으므로 3초 미만의 콘텐츠는 해당 검사항목에서 예외로 인정된다.

4.5.4 [주의사항 11-3] 동영상 콘텐츠도 검사 대상

> 동영상 콘텐츠도 검사 대상

웹 페이지에서 보이는 이미지나 스트리밍되는 플래시 등 동영상 화면뿐만 아니라 다운로드할 수 있는 동영상 콘텐츠도 모두 검사 대상이 된다.

4.6 [검사항목 12] 반복 영역 건너뛰기

> (반복 영역 건너뛰기) 콘텐츠의 반복되는 영역은 건너뛸 수 있어야 한다.

● 개념

대메뉴와 같이 자주 반복되는 영역은 본문이나 타 메뉴로 바로 건너뛸 수 있게 하는 것을 건너뛰기 링크나 스킵 내비게이션Skip Navigation이라고 한다. 이를 이용하면 키보드로 운용할 때 좀 더 쉽게 만들 수 있다.

● 목적

키보드를 사용해야만 하는 시각 및 상지장애인들이 마우스 사용자와 같이 원하는 위치로 바로 이동할 수 있게 건너뛰기 링크를 제공해서 순차적인 이동의 단점을 극복하고 원하는 콘텐츠로 쉽게 접근할 수 있게 한다.

● 검사항목 해설

건너뛰기 링크는 반복되는 영역을 피하려고 사용한다. 보통 반복 영역은 대메뉴를 의미하므로 본문 바로가기가 대표적인 건너뛰기 링크라 할 수 있다. 마찬가지로 대메뉴처럼 반복이 잦은 부분을 건너뛰기 링크로 제공할 수 있는데 이때 3-4개를 넘지 않는 것이 바람직하다. 건너뛰기 링크를 본문 바로가기, 하위 메뉴 바로가기, 퀵 메뉴 바로가기, 푸터 바로가기 등 여러 개로 제공하는 순간 건너뛰기 링크 자체가 또 하나의 반복되는 영역을 만들기 때문이다.

또한 건너뛰기 링크를 제공했으나 내부 링크에 연결되지 않거나 `display:none`과 같이 키보드의 접근을 막는 CSS를 사용하여 감추는 경우는 건너뛰기 링크의 취지를 해치기 때문에 제공하지 않은 것과 마찬가지다. 아울러 건너뛰기 링크는 시각 장애인뿐만 아니라 화면 낭독기를 사용하지 않는 상지 장애와 같은 키보드 사용자가 있을 수 있기 때문에 웹 페이지에서 시각적으로 보이게 제공하는 것이 가장 좋으며, `<body>` 요소 다음에 바로 오는 것이 원칙이다.

> **요약**
> 대메뉴와 같이 반복되는 영역이 있는 경우 바로 건너뛸 수 있게 건너뛰기 링크를 제공해야 하며, 반복되는 영역이 아닌 경우에는 없어도 된다.

● 준수기준

> 대메뉴 등 반복되는 영역을 건너뛸 수 있는 건너뛰기 링크를 제공한 경우 준수한 것으로 인정

4.6.1 [오류유형 12-1] 건너뛰기 링크를 제공하지 않은 경우

건너뛰기 링크를 제공하지 않은 경우

보통 건너뛰기 링크는 `<body>` 요소 다음에 오는데 그림 4.28은 건너뛰기 링크를 제공하지 않았다. 이로 인해 키보드 사용자는 수많은 메뉴를 반드시 순차적으로 거쳐서 본문에 도달할 수 있다. 따라서 다음 페이지로 이동하더라도 공통으로 적용되는 대메뉴를 다시 반복적으로 거쳐야 해서 불편하다.

개선 전

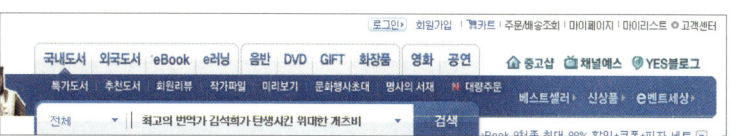

그림 4.28 건너뛰기 링크를 제공하지 않은 경우 (출처: YES24)

```
<body>
<div id="warp">
... 중략 ...
</div>
```

그림 4.29는 **본문 바로가기**를 제공해서 마우스 사용자와 같이 본문으로 바로 이동할 수 있어 콘텐츠를 운용하는 데 원활해진다. 이와 같이 대메뉴뿐만 아니라 반복되는 콘텐츠 영역은 건너뛸 수 있게 제공해서 운용의 용이성을 높일 수 있다.

개선 후

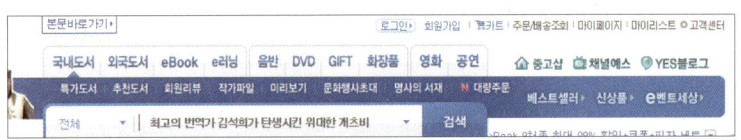

그림 4.29 건너뛰기 링크를 제공한 경우 (출처: YES24)

```
<body>
<div><a href="#contents">본문 바로가기</a></div>
<div id="warp">
...
</div>
```

4.6.2 [오류유형 12-2] 건너뛰기 링크를 제공했으나 접근이나 동작이 안 되는 경우

건너뛰기 링크는 제공하고 있으나 동작이 안 되거나 접근할 수 없는 경우

그림 4.30은 **본문 바로가기**를 제공하지만 건너뛰기 링크의 아이디와 본문 바로가기의 타깃이 되는 본문 영역의 아이디가 서로 연결되지 않아 건너뛰기 링크를 눌러도 초점이 이동되지 않는다. 결과적으로 제공하지 않은 것과 마찬가지다.

개선 전

그림 4.30 건너뛰기 링크를 잘못 연결한 경우

```
<body>
<ul>
<li><a href="#contents">본문 바로가기</a>
<li><a href="#footer">하위 메뉴 바로가기</a>
</ul>
<div id="main">
...
</div>
```

그림 4.29의 본문 바로가기 링크의 아이디를 본문 영역의 아이디와 연결해서 정상적으로 건너뛰기 링크를 이용할 수 있다.

개선 후

```
<body>
<ul>
<li><a href="#contents">본문 바로가기</a>
<li><a href="#footer">하위 메뉴 바로가기</a>
</ul>
<div id="contents">
...
</div>
```

4.6.3 [주의사항 12-1] 지나치게 많은 건너뛰기 링크를 제공하지 말 것

지나치게 많은 건너뛰기 링크를 제공하지 말 것(3개 이내 권장)

건너뛰기 링크의 목적이 반복되는 영역을 생략할 수 있게 하는 것인데 건너뛰기 링크가 너무 많아지면 또 다시 반복 영역을 만드는 셈이다. 따라서 3개 이하로 제공하는 것을 권장한다.

4.6.4 [주의사항 12-2] 건너뛰기 링크에 키보드 접근 불가 시, 검사항목 7, 12에서 감점

> 건너뛰기 링크에 키보드 접근이 불가한 경우 검사항목 7, 12에서 동시 감점

보편적으로 건너뛰기 링크가 디자인을 헤친다고 생각하는 경향으로 CSS나 자바스크립트로 감추는 경우가 매우 많다. 주로 CSS 속성 중에 `display:none`을 사용하는 경우가 있는데 이는 시각적으로 보이지 않을 뿐만 아니라 키보드 접근이 불가능하므로 키보드 사용자는 건너뛰기 링크를 이용할 수 없게 된다. 따라서 7번 키보드 사용 보장 검사항목과 12번 반복영역 건너뛰기 검사항목 모두에서 감점된다.

4.6.5 [주의사항 12-3] 건너뛰기 링크는 화면에서 볼 수 있도록 제공하는 것을 권장

> 건너뛰기 링크는 display:none 등으로 감추지 않고, 화면에서 볼 수 있도록 제공하는 것을 권장(디자인의 특성상 건너뛰기 링크를 보이지 않도록 구현하더라도 키보드 내비게이션에 의하여 초점을 받으면 건너뛰기 링크가 표시되도록 구현하는 것을 권장)

`display:none`을 사용하는 것은 화면 낭독기 없이 키보드로만 접근하는 사용자에게는 아예 없는 콘텐츠로 인식되며, 화면 낭독기 사용자도 옵션 설정에 따라 접근하지 못할 수 있다. 따라서 화면에서 건너뛰기 링크를 바로 보여주는 것이 가장 좋으나 디자인상 초점을 받을 때만 건너뛰기 링크를 보이게 하고 싶다면 다음과 같은 코드로 구현할 수 있다.

```
<style>
#skip a { position:absolute; left:0; top:-1000%; width:100%; text-align:center; }
#skip dd a:hover,#skip dd a:focus,#skip dd a:active { position:
```

```
absolute; top: 0;  padding: 15px 0; background:#ff0000; color:#fff; }
</style>
<body>
<dl id="skip">
<dd><a href="#contents">본문 바로가기</a></dd>
<dd><a href="#footer">하위 메뉴 바로가기</a></dd>
</dl>
```

4.6.6 [주의사항 12-4] 불필요하게 제공된 건너뛰기 링크가 동작하지 않는 경우도 감점

> '서브메뉴 바로가기 링크' 등 부가적인 건너뛰기 링크가 동작이 안 되는 경우 또는 건너뛰기 링크가 필요없음에도 제공하여 동작되지 않는 경우에도 감점

불필요하게 제공된 건너뛰기 링크라 하더라도 기능이 동작하지 않으면 감점의 요인이 된다. 따라서 형식적인 건너뛰기 링크는 제공하지 않는 것이 가장 좋다.

4.6.7 [주의사항 12-5] 메뉴나 링크 등의 반복되는 콘텐츠가 있을 경우에만 건너뛰기 필요

> 콘텐츠 블록마다 링크의 수가 많거나 메뉴나 링크 등의 반복되는 콘텐츠가 많은 복잡한 페이지일 경우에만 반복 영역 건너뛰기가 필요

메뉴의 수가 적거나 반복될 정도의 콘텐츠가 아닌 경우에는 반복 영역 건너뛰기를 굳이 제공할 필요가 없다. 불필요한 건너뛰기 링크는 오히려 키보드 사용자를 불편하게 할 수 있다.

4.7 [검사항목 13] 제목 제공

> (제목 제공) 페이지, 프레임, 콘텐츠 블록에는 적절한 제목을 제공해야 한다.

● **개념**

제목은 웹 페이지에 접근할 때 가장 먼저 이해할 수 있는 중요한 주제다. 따라서 시각적으로 콘텐츠 전체를 확인할 수 없는 장애인 사용자의 경우 제공된 제목을 보면서 해당 페이지를 탐색할지 건너뛸지 판단하게 되므로 모든 제목에는 해당 페이지의 유일한 제목을 제공하여 구별해주는 것이 바람직하다.

● **목적**

웹 페이지의 제목과 각 프레임 및 콘텐츠 블록(영역)의 제목은 해당 콘텐츠가 어떤 내용을 담고 있는지 미리 짐작할 수 있게 해준다. 따라서 쉽게 웹사이트를 내비게이션할 수 있는 이정표의 역할을 하고 웹 콘텐츠를 잘 확인할 수 있게 안내한다.

● **검사항목 해설**

제목 제공은 책을 살 때 가장 먼저 제목을 확인하고 목차를 보면서 전체 내용을 예측하는 것처럼 책에서의 목차 역할을 하는 동시에 원하는 내용의 페이지로 안내해주는 인덱스와 같다. 따라서 웹 페이지도 페이지 전체에 제공하는 페이지 제목과 프레임 등으로 제공된 영역별 제목인 프레임 제목과 콘텐츠 영역별로 제목을 제공하여 원하는 콘텐츠로 이동하기 쉽게 정보를 제공하는 콘텐츠 블록 등으로 나눌 수 있다. 또한 쉽게 내비게이션할 수 있게 정보를 제공하는 중요한 지표다.

제목 제공은 `<title>`, `<frame>`, `<iframe>`, `<frameset>` 등의 요소에 `title` 속성을 이용하여 구별된 정보를 제공해주는 것을 원칙으로 한다. 또한 본문의 콘텐츠도 영역을 나누어 접근할 수 있게 `<h1>`~`<h6>` 요소 등을 사용해 제목을 제공할 수 있다. 현재는 콘텐츠 블록을 제대로 평가하지 않고 있지만 `<h>` 태그를 쓰다가 동일한 계열에 `<p>` 태그를 쓰거나 `<h1>`에서 `<h3>`으로 단계를 건너뛰어 제공하는 경우 등은 감점될 수 있다.

> **요약** 모든 페이지와 프레임에는 해당 페이지와 프레임의 적절한 제목을 제공해야 한다.

● 준수기준

> 페이지, 프레임, 콘텐츠 블록에 적절한 제목을 제공 시 준수한 것으로 인정

4.7.1 [오류유형 13-1] 페이지 제목의 title 속성을 제공하지 않은 경우

> 페이지 제목의 title 속성을 제공하지 않은 경우

그림 4.31의 경우는 제목을 제공하지 않았기 때문에 웹 브라우저 상단의 탭에 URL이 그대로 노출되었다. 따라서 해당 페이지에 무슨 정보가 있는지 알 수 없어 직접 페이지 내용을 탐색해야만 내가 찾고 있는 페이지인지 확인할 수 있어 불편하다.

개선 전

그림 4.31 페이지 제목을 제공하지 않은 경우

```
<head>
<title></title>
</head>
```

그림 4.32는 제목을 제공하였기 때문에 현재의 페이지가 'KBS 라디오'에 관한 정보가 담겨있는지 알 수 있다. 따라서 페이지의 제목은 해당 페이지의 가장 대표적인 주제나 내용으로 짧게 제공해주는 것이 좋다.

개선 후

그림 4.32 페이지 제목을 제공한 경우

```
<head>
<title>KBS 라디오</title>
</head>
```

4.7.2 [오류유형 13-1] 페이지 제목이 내용과 다른 의미의 제목을 사용한 경우

페이지 제목이 내용과 다른 의미의 제목을 사용한 경우

그림 4.33의 경우 현재 페이지의 제목을 제공하였지만 본문과 내용이 일치하지 않아 사용자가 혼란스럽다. 일반 사용자에게는 '제목이 잘못되었구나' 정도로 이해하겠지만 화면 낭독기 사용자의 경우에는 제목을 보고 본문 안에서 정보를 탐색하기 때문에 매우 혼란스럽다.

개선 전

그림 4.33 페이지 제목이 내용과 다른 의미일 경우

```
<title>입학전형 일정표</title>
```

그림 4.34는 '모집요강'이라는 현재 페이지의 주된 내용을 제목으로 제공해서 주된 내용을 추측할 수 있다. 가능하면 본문의 제목과 같이 뚜렷한 제목을 페이지의 제목으로 제공하는 것이 좋다.

개선 후

그림 4.34 페이지 제목이 내용과 의미가 동일함

`<title>모집요강 > **대학교</title>`

4.7.3 [오류유형 13-2] 페이지 제목에 반복되는 특수문자를 제공한 경우

페이지 제목에 반복되는 특수문자를 제공한 경우

그림 4.35의 경우와 같이 모양을 만들려고 연속된 특수기호를 사용하면 화면 낭독기에서 '스타스타스타'와 같이 불필요한 음성을 출력해서 혼란스러울 수 있다. 대다수 이런 경우 저작도구에서 설정되어 나오는 경우가 많다.

개선 전

그림 4.35 반복된 특수문자를 제공한 경우

```
<title>☆☆☆안녕하세요. 국립***학교이다.☆☆☆</title>
```

그림 4.36에서는 반복된 특수문자를 제거해서 정확히 제목을 인식할 수 있다. 페이지의 제목이 화면 낭독기에서 읽는 용도라는 사실을 모른 채 시각적으로 장식하려고 반복되는 특수문자를 사용하는 경우가 없어야 하겠다.

개선 후

그림 4.36 반복된 특수문자가 없을 경우

```
<title>안녕하세요. 국립***학교이다.</title>
```

4.7.4 [오류유형 13-3] 분류가 더 가능한데 상위 범주로 제목을 제공한 경우

> 페이지 제목의 분류가 더 가능함에도 불구하고, 상위 범주로 제목을 제공한 경우

그림 4.37에서는 '샘플보고서 SDI 웹진'이라는 최종적인 페이지 제목으로 분류할 수 있음에도 '샘플보고서'라고 제목을 제공해 제목에서 보고서의 종류를 구분할 수 없다.

개선 전

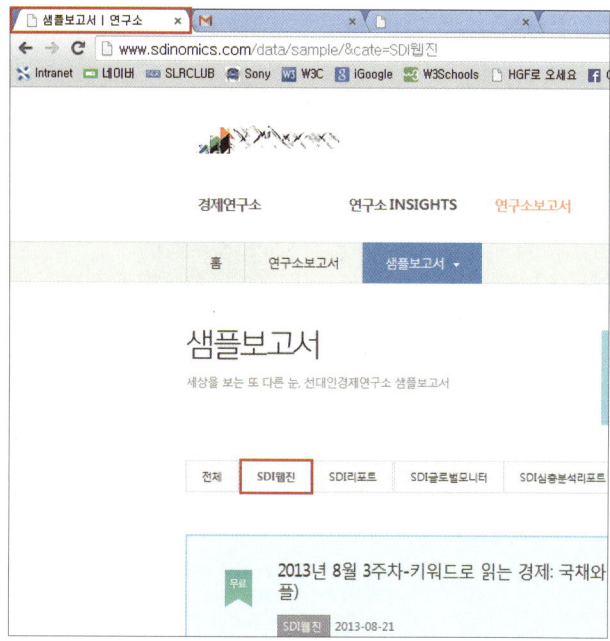

그림 4.37 상위 범주로 제목을 제공한 경우

```
<title>샘플보고서 | 연구소</title>
```

하지만 그림 4.38은 페이지간 이동되는 탭메뉴다. '샘플보고서 SDI 웹진'으로 페이지 제목을 제공하여 현재 페이지 위치를 파악할 수 있다.

단, 한 페이지 안에서 콘텐츠가 변하는 내부 링크인 경우라면 페이지의 이동이 없어 순차적으로 콘텐츠를 이용하기 때문에 '샘플보고서'와 같이 탭메뉴 상위에서 제목을 제공할 수 있다.

개선 후

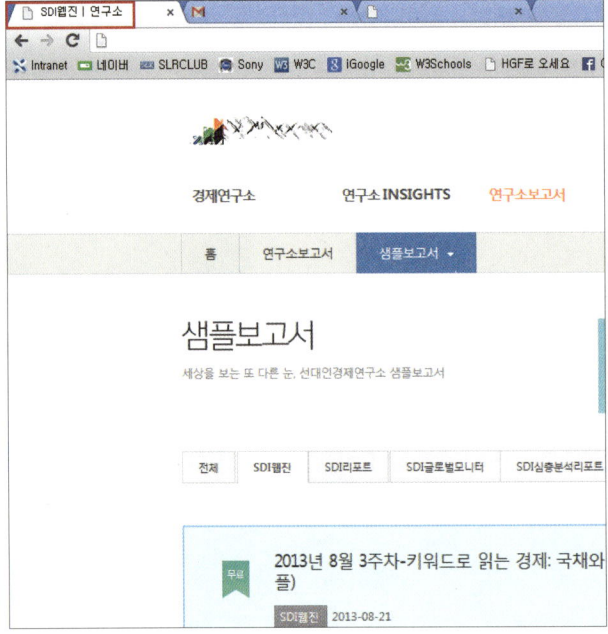

그림 4.38 제목을 잘 제공한 경우

```
<title> 샘플보고서 SDI 웹진 - 연구소</title>
```

팁

페이지 제목의 분류가 최하위까지 잘 이루어졌더라도 제목으로 제공할 때는 최하위를 제목으로 제공하는 것이 좋은지 한 단계 상위 분류를 포함하여 제목을 제공하는 것이 좋은지 판단하여 제공하는 것이 좋다.

예를 들어 '오시는 길'의 경우 최하위단계가 '자동차', '도보', '대중교통'과 같이 단독으로 의미 파악이 어려운 경우는 〈title〉 오시는 길 ? 자동차〈/tilte〉과 같이 이해가 쉬운 제목을 선택하여 제공하는 것이 바람직하다.

4.7.5 [오류유형 13-4] 〈frame〉, 〈iframe〉, 〈frameset〉 요소의 title 속성이 없는 경우

〈frame〉, 〈iframe〉, 〈frameset〉 요소의 title 속성이 없는 경우

`<frame>`, `<iframe>`, `<frameset>` 요소에는 반드시 title 속성을 이용하여 제목을 제공해야 한다. 제목을 제공하지 않으면 프레임 내의 페이지에 대한 내용을 확인할 수 없어 원하지 않는 광고 프레임과 같은 페이지도 접근하여 확인해야 해서 불편하다.

개선 전

```
<iframe id="d" name="frame" src="url"></iframe>
```

프레임 내 콘텐츠의 목적이나 용도를 알 수 있게 title 속성을 이용하여 제목이 제공되었다. 해당 프레임에 접근할지 다른 영역으로 이동할지를 선택할 권한이 주어진 셈이다. 이를 통해 좀 더 원활한 내비게이션이 가능해졌다.

개선 후

```
<iframe title="회원가입용" id="d" name="frame" src="url"></iframe>
```

4.7.6 [오류유형 13-4] 〈frame〉, 〈iframe〉, 〈frameset〉 요소의 title 속성값을 비워둔 경우

〈frame〉, 〈iframe〉, 〈frameset〉 요소의 title 속성값을 비워둔 경우

프레임의 제목(title 속성)을 빈값으로 제공하여 프레임의 목적을 알 수 없게 구현한 사례다. title을 제공하였기 때문에 자동검사 도구와 같이 태그만을 확인하는 점검에서는 제목을 제공한 것으로 나타날 수 있겠지만 실제 사용자에게는 목적이나 용도를 이해할 수 없게 된다.

개선 전

```
<iframe id="d" title="" name="frame" src="url"></iframe>
```

프레임의 목적이나 용도를 알 수 있게 title을 이용하여 제목을 제공하였다. 이제 해당 프레임에 접근할지 다른 페이지로 이동할지 선택권을 주어 운용이 용이해졌다.

개선 후

```
<iframe title="회원가입용" id="d" name="frame" src="url"></iframe>
```

4.7.7 [오류유형 13-4] 프레임 요소의 title 속성값 내용이 부적절한 경우

〈frame〉, 〈iframe〉, 〈frameset〉 요소의 title 속성값 내용이 부적절한 경우

프레임의 제목(title 속성)이 이해할 수 없는 문자로 제공한 경우다. 업데이트하지 않은 경우 주로 이런 소스 코드를 발견하게 되는데 프레임의 내용을 파악할 수 있는 제목으로 제공하는 것이 바람직하다.

개선 전

```
<iframe title="????? ?? ???" id="d" name="frame" width="0" height="0"></iframe>
```

프레임의 목적이나 용도를 알 수 있게 title을 이용하여 제목을 제공하였다. 이제 해당 프레임에 접근할지 다른 페이지로 이동할지 선택권을 주어 운용이 용이해졌다.

개선 후

```
<iframe title="실명인증 전용 프레임" id="d" name="frame" width="0" height="0"></iframe>
```

4.7.8 [오류유형 13-5] 내용 또는 기능이 없는 프레임에 〈title〉을 비워둔 경우

> 내용 또는 기능이 없는 프레임에 〈title〉을 비워둔 경우

빈 프레임으로 제공되더라도 제목을 제공하여 "빈 프레임" 정보를 알려줘야 한다. title을 빈값으로 비워두면 원하는 목적을 달성할 수 없다.

개선 전

```
<iframe src="" title="" id="d" name="frame" width="0" height="0"></iframe>
```

프레임의 목적이나 용도를 알 수 있게 title을 '공인인증서 데이터 처리용 프레임'으로 제공하였다. 이제 프레임의 목적이 명확해져 시각장애인이 해당 프레임의 용도를 사전에 알 수 있다. 데이터를 처리할 때 사용할 빈 프레임을 사용할 경우에는 title을 "빈 프레임"이라고 제공하여 해당 프레임에 내용이 없다는 것을 알려주는 것도 가능하다.

개선 후

```
<iframe src="" title="공인인증서 데이터 처리용 프레임" id="d" name="frame" width="0" height="0"></iframe>
```

4.7.9 [오류유형 13-5] 내용 또는 기능이 없는 프레임에 〈title〉을 제공하지 않은 경우

> 내용 또는 기능이 없는 프레임에 〈title〉을 제공하지 않은 경우

빈 프레임으로 제공되는 경우라 하더라도 title을 사용하여 제목을 제공해야 한다. 아예 제공하지 않는 경우에는 제목을 제공하지 않은 것으로 간주된다.

개선 전

```
<iframe src="" id="d" name="frame" width="0" height="0"></iframe>
```

프레임의 목적이나 용도를 알 수 있게 title을 이용하여 '공인인증서 데이터 처리용 프레임'이라고 하였다. 또는 "빈 프레임"이라고 제공하여 해당 프레임이 내용을 가지고 있지 않다는 것을 알려주는 것도 바람직하다. 프레임의 목적을 명확히 작성하여 시각장애인이 해당 프레임에 접근하기 전에 목적을 사전에 알 수 있다.

개선 후

```
<iframe src="" title="공인인증서 데이터 처리용 프레임" id="d" name="frame" width="0" height="0"></iframe>
```

4.7.10 [오류유형 13-6] 콘텐츠 블록에 〈h1~6〉을 사용하여 제목을 제공하지 않은 경우

> 콘텐츠 블록에 〈h1~6〉을 사용하여 제목을 제공하지 않은 경우

그림 4.39와 같이 제목을 강조하려고 <em>구조조정정보</em>을 사용한 경우다. <em>은 단순하게 강조할 때 사용되는 요소이지 콘텐츠 영역의 제목으로 구분되는 요소는 아니다.

개선 전

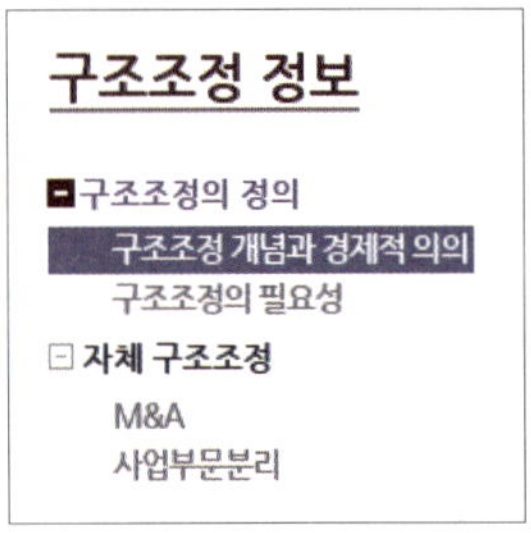

그림 4.39 콘텐츠 블록을 사용하지 않은 경우

```
<em>구조조정정보</em>
<ul>
<li><a href="">구조조정의 정의</a></li>
...
...
</ul>
```

`<h2>구조조정정보</h2>`로 구현하여 제목 용도인 `<h>` 요소를 사용해서 시각적인 구분뿐만 아니라 콘텐츠 영역의 제목이라는 의미적인 구분도 가능해져 내비게이션에도 유용하다. 특히 화면 낭독기에서 제목간 이동이 가능해지므로 운용이 더욱 용이해진다.

개선 후

```
<h2>구조조정정보</h2>
<ul>
<li><a href="">구조조정의 정의</a></li>
...
...
</ul>
```

> **팁**
>
> 〈title〉 요소는 다양한 역할을 한다. 페이지의 제목으로 사용되는 〈title〉은 시각장애인 사용자에게는 웹사이트에 접근했을 때 가장 먼저 안내되는 정보가 된다. 화면 낭독기가 읽어주는 페이지 제목에 따라 해당 페이지를 탐색할지 다른 페이지로 이동할지 결정하게 되는 만큼 중요한 역할을 한다. 그러나 이는 시각장애인이나 상지장애인은 물론 일반 사용자에게도 영향을 끼친다.
>
> 페이지 제목으로 〈title〉 요소를 제공하여 제목을 입력하면 그림 4.40과 같은 웹 브라우저 상단이나 브라우저 탭 제목으로 출력된다.
>
>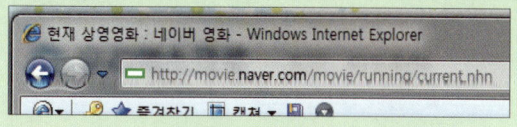
>
> 그림 4.40 〈title〉 요소 제공에 따른 브라우저 제목 화면
>
> 브라우저 상단에 텍스트로 제공되어서 보일 뿐만 아니라 표 4.4와 같이 다양한 〈title〉 정보의 효과가 발생한다.

표 4.4 〈title〉 요소의 다양한 용도

브라우저 탭의 제목	윈도우 하단 창의 제목
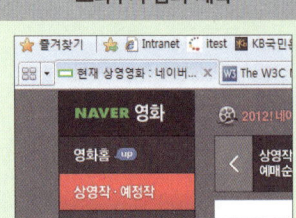	
즐겨찾기 제목	웹사이트를 다른 이름으로 저장할 때 나타나는 파일명
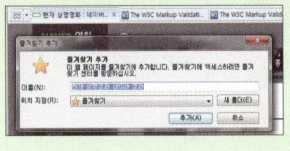	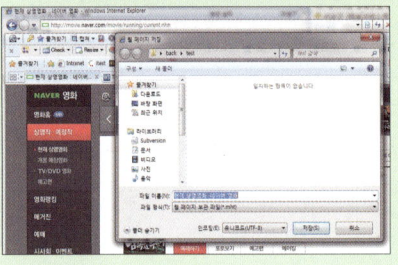

〈title〉은 다양한 용도로 사용되므로 해당 페이지를 잘 설명할 수 있게 제공되어야 한다. 페이지 제목으로 쉽게 적용할 수 있는 방법 중 하나는 현재 위치를 활용하는 방법이다.

`<title>`현재위치 | 사이트명`</title>`

현재 위치까지의 중간 경로는 생략하고, 최종 경로와 사이트명만 명시하면 해당 페이지만의 유일한 제목으로 쉽게 사용할 수 있고, 사이트명을 제공하여 사이트 내에 있음을 안내할 수 있다.

웹사이트에서 페이지의 경로를 나타내는 로케이션 바는 대부분 사이트명 〉 현재위치로 제공되는데 예제 소스에서 역순으로 제공하는 이유는 그림 4.41을 보면 이해할 수 있다.

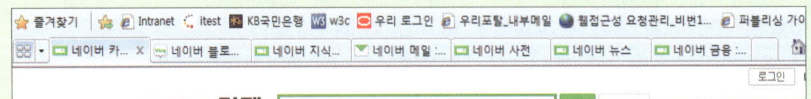

그림 4.41 페이지별 다른 〈title〉 제공 시 브라우저 탭 화면

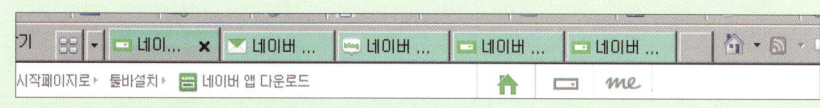

그림 4.42 동일한 〈title〉 제공 시 브라우저 탭 화면 문제

이 예제 이미지를 보면 모든 탭메뉴가 네이버라고 제공되는데 실제 각 탭은 모두 다른 서비스 페이지다. 제목의 첫 부분을 사이트명으로 시작하면 일반 사용자의 접근성도 해칠 수 있는데 탭의 수가 많아질수록 〈title〉로 제공한 탭의 텍스트 길이는 줄어들므로 간단히 제공하여 현재 위치 > 사이트명의 순으로 제공하는 것이 좋다.

중간 경로를 생략하는 이유는 〈title〉로 제공한 제목의 길이 문제 때문인데 경로의 깊이가 깊어질수록 제목의 길이가 늘어나 시각장애인이 해당 제목을 음성으로 들으면 시간이 소비되고 정작 원하는 정보를 이해하거나 현재 페이지의 제목을 놓칠 수 있다.

몇 가지 유의점도 있는데 주로 게시판과 탭메뉴와 관련이 많다. 예를 들어 자유게시판 리스트, 읽기, 쓰기 등의 제목을 제공할 때 보통 퍼블리셔 입장에서는 제시한 3개의 페이지를 한 묶음으로 보고 〈title〉자유게시판〈/title〉로만 제공한다.

자유게시판의 읽기든, 쓰기든, 보기든 단순 자유게시판으로만 제공하면 시각장애인이 모두 다 같은 정보를 제공하고 있는 게시판으로 오해할 수 있는 여지가 있다.

또한 탭메뉴가 제공된 페이지도 유의해야 된다. 보통 〈title〉을 제공할 때 콘텐츠 영역의 첫 번째 〈hx〉 요소를 〈title〉의 제목으로 사용한다. 대부분 콘텐츠 영역의 첫 번째 〈h〉 요소가 해당 페이지의 제목이 되기도 하지만 그렇지 않을 때도 있다. 바로 탭메뉴가 존재할 때다.

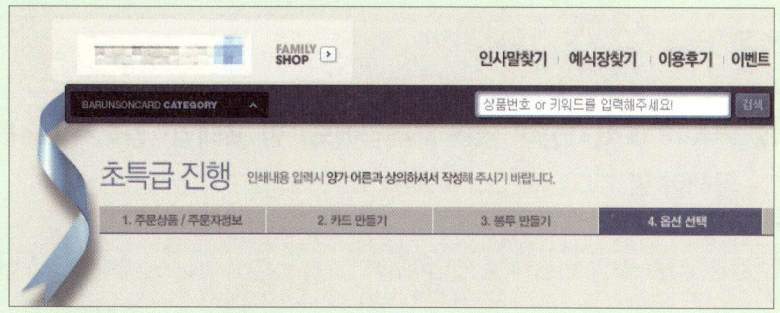

그림 4.43 탭메뉴 제공 시 제목 제공 사례

그림 4.43은 많이 실수할 수 있는 부분이다. 대부분 위의 같은 경우 〈title〉초특급진행 > 사이트명〈/title〉로 제공한다. 하지만 위의 방법은 제대로 사이트명을 제공한다고 볼 수 없다. 〈title〉4단계 옵션선택 > 사이트명〈/title〉로 해야만 올바른 제목을 제공했다고 볼 수 있다.

또한 게시판 리스트, 읽기, 쓰기, 수정 페이지도 특정 게시판 명으로 제목을 제공하는 것이 아니라, 업무별로 제공하는 것이 좋다. 같은 게시판이라고 명시하면 사용자가 혼란스러울 수 있기

> 때문이다. 마지막으로 페이지의 제목이 전문 용어로 되어 있을 경우 일반 사용자도 알기 쉬운 용어로 순서를 바꾸어 주는 것이 좋다.
>
> 〈title〉markup(코딩) 〉 네이버〈/title〉 X
>
> 〈title〉코딩(markup) 〉 네이버〈/title〉 O
>
> 전문 용어보다 쉬운 용어를 먼저 안내하여 이해도를 높여주는 것이 좋다. 〈title〉은 단순하지만 중요한 정보로 좀 더 세심하게 제공하려고 노력해야 한다.

4.7.11 [주의사항 13-1] 프레임 제목은 프레임 콘텐츠를 유추할 수 있는 간결한 제목을 제공

> 프레임 제목은 프레임 내에 포함된 콘텐츠를 유추할 수 있는 간결한 제목을 제공
> 예) "메인 메뉴", "참고 문서" 등은 적절, "top프레임", "main프레임" 등은 부적절

음성으로 지원되는 모든 정보는 가능한 짧고 명시적으로 제공하는 것이 좋다. 따라서 프레임 제목은 간결하게 목적이나 용도를 알 수 있게 제공하는 것이 좋다. 그러나 정보의 내용이 아니라 위치나 상대적인 개념으로 제목을 설정하면 이해하는 데 어려움을 느끼므로 부적절한 제목이 된다.

4.7.12 [주의사항 13-2] 내용이 없는 프레임에도 "빈 프레임" 등으로 title을 제공해야 함

> 내용 또는 기능이 없는 프레임에도 "빈 프레임", "내용 없음"과 같이 title을 제공해야 함

내용이 없더라도 내용이 없다는 정보를 제공해주는 것이 좋다. 따라서 비어 있는 프레임에는 "빈 프레임"이나 "내용 없음"과 같이 제목을 제공해주는 것이 바람직하다.

4.7.13 [주의사항 13-3] 게시판의 목록, 읽기, 쓰기 등으로 페이지 제목을 구분하는 것을 권장

> 게시판의 '목록, 읽기, 쓰기' 페이지의 제목을 읽기(해당 글의 제목), 쓰기 등으로 구분하여 제공하는 것을 권장

게시판에서 목록과 읽기, 쓰기의 경우 페이지를 이용하는 목적이 다름에도 그림 4.44와 같이 보통 게시물 제목으로만 페이지 제목이 제공되는 경우가 많다.

개선 전

그림 4.44 게시판 페이지 제목이 잘못 제공된 사례

```
<title>자유게시판 | 경제연구소</title>
```

따라서 그림 4.45와 같이 읽기(글의 제목), 회신(글의 제목)과 같이 좀 더 구분 가능한 수준까지 제목을 제공하는 것을 권장하고 있다.

개선 후

그림 4.45 게시판 페이지 제목이 잘 제공된 사례

4.8 [검사항목 14] 적절한 링크 텍스트

(적절한 링크 텍스트) 링크 텍스트는 용도나 목적을 이해할 수 있도록 제공해야 한다.

● 개념

링크 텍스트란 텍스트를 링크가 감싸고 있어 선택하는 경우 해당 링크로 이동시킬 수 있는 기능을 의미한다. 이때 링크의 목적이나 용도를 이해하고 이동할 수 있게 링크 텍스트를 제공해야 한다.

● 목적

링크로 이동할 수 있게 하는 기능에서 텍스트 정보를 이용해 목적이나 용도를 잘 제공해준다면 해당 내용을 잘못 이해하여 컨트롤의 수를 반복하는 사용자의 실수나 번거로움을 줄일 수 있다.

● 검사항목 해설

링크 텍스트는 국내에서는 많이 쓰지 않는 유형이지만 해외에서는 단순 텍스트 링크를 많이 이용한다. 하지만 해당 검사항목은 반드시 링크 텍스트 형태라기보다는 링크로 이동시키기 위한 정보가 해당 링크의 목적이나 용도를 정확하게 제공해서 웹 콘텐츠를 이해하기 쉽게 하는 역할을 한다. 특히 "화면을 확대하려면 '여기'를 클릭하세요"와 같이 구체적이지 않은 위치보다는 "화면 확대 버튼을 클릭하세요"와 같이 명확하게 제공하는 것이 좋다. '더보기'와 같은 경우도 '공지사항 더보기'와 같이 구체적인 대상을 정확하게 이해시킬 수 있게 링크 텍스트를 제공하는 것이 바람직하다.

> **요약** 링크 텍스트는 고유명사나 대명사를 이용하여 명확한 목적과 용도를 나타내 주어야 한다.

● 준수기준

> 링크 텍스트의 용도나 목적을 이해할 수 있도록 제공한 경우 준수한 것으로 인정

4.8.1 [오류유형 14-1] 목적이나 용도를 알기 어려운 링크 텍스트를 제공한 경우

목적이나 용도를 알기 어려운 링크 텍스트를 제공한 경우

목적이나 용도를 이해하기 어려운 단순 동작의 내용만을 담은 링크 텍스트로 제공하여 직관적으로 해당 파일의 성격이 무엇인지 이해하기 어렵다. 무엇을 위한 PDF 보기인지를 설명하지 않기 때문에 실제로 PDF를 열어봐야 해당 내용을 확인할 수 있게 제공한 링크다.

개선 전

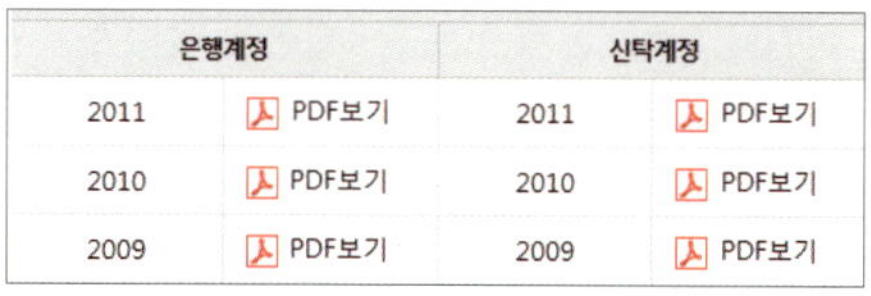

은행계정		신탁계정	
2011	PDF보기	2011	PDF보기
2010	PDF보기	2010	PDF보기
2009	PDF보기	2009	PDF보기

그림 4.46 목적을 알기 어려운 링크 텍스트

```
<a href="/file/kdf.pdf">PDF보기</a>
```

어떤 데이터의 PDF 파일인지 title 속성으로 안내해서 마우스 사용자는 툴팁으로, 화면 낭독기 사용자는 title을 읽어서 좀 더 명확하게 파일의 성격을 구분할 수 있다. 본문에 바로 사용하기 어려운 경우는 그림 4.47과 같이 적절한 링크 텍스트와 동일한 효과를 주는 방법을 사용할 수 있다.

개선 후

그림 4.47 목적을 이해할 수 있는 링크 텍스트

```
<a href="/file/kdf.pdf" title="2011년 은행계정 재무상태표">PDF보기</a>
```

> **팁**
> 링크의 목적을 키보드의 순서나 문맥을 통해 이해할 수 있다면 준수한 것으로 본다. 이때 단순한 URL 경로로만 링크 텍스트를 제공하는 것은 바람직하지 않다. 특히 링크간 이동을 하는 경우에는 링크에 있는 텍스트 정보만을 읽게 되므로 링크로 연결되지 않은 부가적인 정보를 인식할 수 없다. 따라서 링크 텍스트 자체에서 목적과 용도를 알 수 있게 제공하는 것이 좋다.

4.8.2 [주의사항 14-1] 링크의 목적을 키보드의 순서나 문맥을 통해 이해할 수 있으면 인정

링크의 목적을 키보드의 순서나 문맥을 통해 이해할 수 있으면 인정

그림 4.48과 같이 '더보기' 링크 텍스트를 제공했더라도 '공지사항' 탭에서 출발하여 공지사항의 내용을 살펴보고 이후 '더보기' 링크 텍스트에 도달했다면 키보드의 순서나 문맥에 따라 자연스럽게 공지사항을 더 볼 수 있다는 내용으로 유추가 가능하다. 따라서 '더보기'는 순차적으로 진행하는 경우(제목→내용→더보기)에 해당 검사항

목에서 인정한다. 그러나 가능하면 '공지사항 더보기'라고 직접적으로 링크 텍스트를 제공하는 것이 좋다.

그림 4.48 더보기 링크 테스트

```
<h2>공지사항</h2>
<ul class="listDefault">
<li><a href="#a">2013 하반기 신입직원(5급) 공개...</a></li>
<li><a href="#a">eFriend Smart 모의투자 App 오픈 ...</a></li>
... 중략 ...
</ul>
<a href="#a">더보기</a>
```

4.8.3 [주의사항 14-2] 링크 텍스트를 단순히 URL 경로로만 제공하지 않는 것을 권장

> 링크 텍스트를 단순히 URL 경로로만 제공하지 않는 것을 권장

적절한 링크 텍스트는 목적과 용도를 설명하는 내용을 링크로 연결하는 것이 좋다. 따라서 링크 텍스트를 단순히 URL 경로로만 제공하지 않는 것을 권장한다.

그림 4.49처럼 URL만 링크로 제공하면 링크간 이동하는 화면 낭독기 사용자에게는 링크에 접근 시, 갑자기 URL 정보를 읽어주게 되므로 다시 주변 정보를 살펴야 이 링크의 목적이나 용도를 확인할 수 있게 된다.

개선 전

그림 4.49 URL 경로로만 제공한 링크 텍스트

```
<h2>고객만족위한 홈페이지 개편 및 이벤트 실시</h2>
<div>등록일 2013-08-14</div>
<p><웹서비스 통합구축 이벤트>는 15일(목)부터 한 달간 <a href="url">www.skylife.
co.kr</a>나 모바일 앱을 통해 회원가입을 ... 중략 ...</p>
```

그러나 그림 4.50처럼 URL의 용도를 알 수 있는 정보와 함께 URL을 링크로 걸어주면 링크만을 탐색하는 경우라도 바로 하늘생활사이트라는 정보를 이해한 채로 링크 이동이 가능해진다.

개선 후

그림 4.50 링크 텍스트의 목적을 알린 사례

```
<h2>고객만족 위한 홈페이지 개편 및 이벤트 실시</h2>
<div>등록일 2013-08-14</div>
<p>
<웹서비스 통합구축 이벤트>는 15일(목)부터 한 달간 <a href="url">하늘생활 사이트
www.skylife.co.kr</a>나 모바일 앱을 통해 회원가입을
 ... 중략 ...
</p>
```

정리

웹 접근성의 기본 원칙 중 두 번째 원칙인 '운용의 용이성'을 알아보았다. 운용의 용이성을 간단하게 요약하면 다음과 같다.

1. **키보드 사용 보장**
   - 마우스로 이용할 수 있는 모든 기능은 키보드로도 이용할 수 있어야 한다.
   - 플래시 콘텐츠의 경우 wmode는 window로 설정해야 키보드 접근이 가능해진다.

2. **초점 이동**
   - 초점은 키보드 사용자의 현재 위치를 알려주는 것으로 반드시 시각적으로 보여야 한다
   - 초점의 순서는 좌에서 우, 상에서 하로 이동하는 것처럼 논리적인 순서대로 이동해야 한다.

3. **응답 시간 조절**
   - 시간 제한이 있는 콘텐츠는 인식이나 컨트롤이 늦어지는 사용자도 놓치는 정보가 없게 정지하거나 시간을 연장하는 방법을 제공해야 한다.
   - 경매, 실시간 게임 등 원천적으로 콘텐츠의 이용에 따르는 시간 조절을 허용할 수 없는 콘텐츠는 예외 사항이다.

4. **정지 기능 제공**
   - 롤링 배너와 같이 자동으로 움직이는 콘텐츠에는 정지, 이전, 다음과 같은 제어 기능이 있어야 한다.
   - 자동으로 움직이는 콘텐츠에 키보드 진입하거나 마우스를 올렸을 때 움직임이 정지되어도 정지 기능을 제공한 것으로 인정된다.

5. 깜빡임과 번쩍임 사용 제한
   - 초당 3~50회 깜박임이 반복되는 콘텐츠를 제공하면 안 된다.
   - 깜빡임이 3초 이하로 제공되는 경우는 문제가 되지 않는다.

6. 반복 영역 건너뛰기
   - 특별한 경우가 있지 않은 한 〈body〉 요소 다음으로 제공해야 한다.
   - 3개 이하의 반복 영역 건너뛰기 링크를 제공해야 한다.

7. 제목 제공
   - 페이지 제목이 콘텐츠의 내용을 나타내야 한다.
   - 콘텐츠 구분은 〈h1~6〉 요소를 활용하여 제공한다.
   - 〈frame〉, 〈frameset〉, 〈iframe〉 사용 목적을 title로 제공해야 한다.

8. 적절한 링크 텍스트
   - 링크의 목적을 알 수 있게 제공해야 한다.
   - 링크 텍스트를 URL로만 제공하지 않다.

'운용의 용이성'을 살펴보았다. 이제 해당 콘텐츠로 접근하는 것이 용이해질 수 있다면 웹 콘텐츠를 사용해 원하는 정보를 얻을 수 있게 이해가 쉬워져야 한다. 5장에서 이해의 용이성을 알아보자.

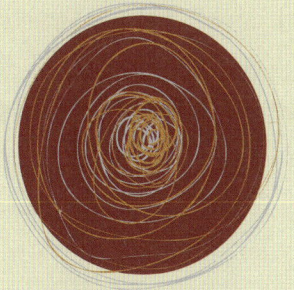

05
이해의 용이성
콘텐츠는 이해할 수 있어야 한다

세 번째 원칙인 '이해의 용이성'을 살펴보자. 3장에서 '인식의 용이성'을 높이면 직접적으로 정보를 인식할 수 있었고, 4장에서 '운용의 용이성'을 높이면 다양한 유형의 콘텐츠를 쉽게 이용할 수 있었다. 이제는 인식된 콘텐츠에 접근해서 콘텐츠가 제공하고자 하는 정보를 바탕으로 쉽게 콘텐츠의 목적을 달성하게 해주는 것이 '이해의 용이성'이다. 자동차를 운전하여 목적하고자 하는 곳을 찾아가는 데 이정표 자체를 알아보지 못하는 것은 '인식'에 실패하는 것이고, 이정표는 알아보겠는데 이정표를 보고 어디로 가야할지를 찾지 못한다면 '이해'에 실패하는 것과 같은 개념이다.

좀 더 구체적으로 이야기해보자. 내가 읽은 것이 영어인줄은 알겠지만 영어로 된 설명은 모를 수도 있다. 표 안에 텍스트를 읽을 수 있겠지만 이를 조합하여 표에서 제공하고자 하는 정보를 이해하지 못한다면 어떨까? 원하는 콘텐츠가 어디에 있는지 알 수 없거나 원하지 않는 기능이 실행돼 콘텐츠를 이용하기 어려운 경우도 마찬가지다. 텍스트 정보가 순서 없이 섞여 있다면 전체적인 이해가 어려울 것이다. 입력하고자 하는 서식에 어떤 값을 넣어야 할지 알려주지 않는다면 '이해의 용이성'이 부족한 경우라 할 수 있겠다.

이처럼 이해하기 쉽게 콘텐츠를 구성하고 기능을 제공해서 정보를 이해하는 데 용이하게 하는 목적을 달성할 수 있게 하는 원칙이 '이해의 용이성'이며, 가독성, 예측 가능성, 콘텐츠의 논리성, 입력 도움의 네 가지 지침으로 구성되어 있다. 그럼 검사항목별로 개념과 목적, 원리를 알아보자.

표 5.1 이해의 용이성 검사항목

검사항목(6개)
(기본 언어 표시) 주로 사용하는 언어를 명시해야 한다.
(사용자 요구에 따른 실행) 사용자가 의도하지 않은 기능(새 창, 초점 변화 등)은 실행되지 않아야 한다.
(콘텐츠의 선형화) 콘텐츠는 논리적인 순서로 제공해야 한다.
(표의 구성) 표는 이해하기 쉽게 구성해야 한다.
(레이블 제공) 입력 서식에는 대응하는 레이블을 제공해야 한다.
(오류 정정) 입력 오류를 정정할 수 있는 방법을 제공해야 한다.

5.1 [검사항목 15] 기본 언어 표시

> (기본 언어 표시) 주로 사용하는 언어를 명시해야 한다.

● 개념

기본 언어는 웹사이트에서 주로 사용하는 언어를 말한다. 기본 언어를 명시하게 하여 화면 낭독 프로그램이 텍스트를 음성으로 변환하여 읽어줄 때 기본 언어에서 지정한 국가별 언어에 맞추어 음성으로 바꿔준다. 곧 기본 언어를 명시하면 화면 낭독기나 음성 지원용 소프트웨어가 접근했을 때 해당 언어를 정확하게 발음하여 콘텐츠를 이해하기 쉽게 도울 수 있다.

● 목적

이 검사항목은 다양한 언어를 공부하거나 이용하는 사용자에게 중요한 지표다. 중국어를 공부하는 웹사이트에서 기본 언어를 중국어로 명시하지 않는다면 한자를 읽어줄 때 우리나라 음에 따라 한문을 그대로 읽는다. 따라서 중국어를 공부하는 웹사이트에서 제공하는 정보를 이해할 수 없고 중국어를 공부한다는 목적에 도달할 수 없으므로 기본 언어를 명시해서 언어별 콘텐츠가 원활한 음성 낭독 지원을 받을 수 있게 한다.

● 검사항목 해설

관심만 있다면 누구나 쉽게 해결할 수 있는 항목이다. 어려운 기술도 아니고 그대로 복사하여 붙여도 되는 수준으로 웹 페이지를 제작할 때 가장 처음 처리해야 할 항목이다.

　기본 언어는 주로 사용되는 언어를 명시하지만 언어가 다양하게 사용되는 웹사이트의 경우 굉장히 유용한 항목이라고 할 수 있다. 현재 웹 접근성 품질인증마크에서는 문서 전체에서 사용할 기본 언어만 명시하면 준수한 것으로 인정한다. 하지만 실제로는 중간에 언어가 바뀌는 경우 `lang` 속성을 사용해 언어를 바꿔주면 훨씬 더 이해하기 좋은 사이트가 된다.

　문서 전체에 사용할 기본 언어 명시는 문서의 시작을 선언하는 `<html>` 태그에 `lang` 속성을 이용하여 ISO 639에서 규정하는 국가별 언어 코드를 넣어주면 해당 값에 따라 화면 낭독기의 언어 지원이 달라진다. 물론 웹 브라우저가 표준문법을 지키지 않았더라도 화면에 표시되게 지원하는 것처럼 반드시 기본 언어를 표시하지 않더라도 기본적으로 화면 낭독기에서 한국어, 영어, 일어 등을 해석하여 읽어주는 것으로 알려져 있다. 하지만 화면 낭독기 외에도 다양한 보조기기나 디바이스에 따라 언어별 음성 지원을 받을 수 있게 반드시 기본 언어를 명시해야 한다.

> **요약**
> 기본 언어 표시는 화면 낭독 프로그램과 같은 보조기기에서 기본 언어에 맞는 TTS(Text To Speech) 엔진을 가동시키는 역할을 한다.

● 준수기준

> 웹 페이지에서 주로 사용하는 언어를 〈html〉에 lang 속성을 사용하여 제공한 경우 준수한 것으로 인정

5.1.1 [오류유형 15-1] 〈html〉에 lang 속성을 명시하지 않은 경우

> 〈html〉에 lang 속성을 명시하지 않은 경우

HTML로 개발된 웹 문서의 첫 시작은 늘 `<html>`로 시작한다. '기본 언어 표시' 검사항목은 제작이나 검사할 때 가장 첫 단계인데 소스를 확인했을 때 덩그러니 `<html>`만 써 있다면 뭔가 허전함을 느껴야 맞다. 국가표준인 한국형 웹 콘텐츠 접근성 지침 2.0에서 새로 생겨난 검사항목으로 오래 전에 웹 접근성을 준수했던 웹사이트도 종종 `<html>`만 선언되어 있고 기본 언어를 표시하지 않은 경우를 볼 수 있다. 웹사이트의 소스를 열었을 때 기본 언어가 명시되어 있지 않다면 웹 접근성의 기본을 지키지 않은 상태라고 진단할 수 있다.

개선 전

```
<!DOCTYPE HTML PUBLIC "-//W3C//DTD HTML 4.01//EN""http://www.w3.org/TR/html4/strict.dtd">
<html>
```

기본 언어는 페이지의 상단에 `<html>` 태그에 `lang` 속성을 이용하여 지정하고, `lang`의 속성값에는 ISO 639-1에서 지정한 두 글자로 된 언어 코드(한국어: ko)를 사용하는 것이 바람직하다. 이제 `lang` 속성값을 제공해서 화면 낭독기에서 지원하게 될 언어가 설정되어 기본적인 언어는 결정된 셈이다.

개선 후

```
<!DOCTYPE HTML PUBLIC "-//W3C//DTD HTML 4.01//EN""http://www.w3.org/
TR/html4/strict.dtd">
<html lang="ko">
```

 인코딩 셋(문자 셋)과 혼동하는 분이 많다. 인코딩 셋은 EUC-KR이나 UTF-8과 같은 화면에 보여주기 위한 문자 세트인 반면 기본 언어는 들려주기 위한 언어 명시다.

5.1.2 [오류유형 15-1] 〈html〉에 lang 속성을 잘못 명시한 경우

〈html〉에 lang 속성을 잘못 명시한 경우

`lang` 속성값을 이용하여 기본 언어를 명시하였지만 잘못된 형식으로 `lang` 속성을 제공했다. 현재 페이지에서 선언된 문서 형식이 무엇인지 모르는 경우에 자주 발생하는 사례다.

개선 전

```
<!DOCTYPE html PUBLIC "-//W3C//DTD XHTML 1.0
Strict//EN""http://www.w3.org/TR/xhtml1/DTD/xhtml1-strict.dtd">
<html lang="ko" xmlns="http://www.w3.org/1999/xhtml">
```

XHTML 방식에 맞는 기본 언어가 명시되어야 한다. 선언된 문서 타입이 HTML 4.01인 경우는 간단하게 `lang` 속성만 사용하여 기본 언어를 명시하면 되지만 XHTML의 경우 1.0과 1.1에서 명시 방법이 다르다. `xml:lang`과 `lang` 두 가지에 모두 언어 코드를 제공하는 이유는 호환성을 높여주려는 의도 때문이며 웹 접근성 품질인증심사가이드에서 제공하는 가이드의 표준 소스 예시를 그대로 사용하면 된다.

개선 후

```
<!DOCTYPE html PUBLIC "-//W3C//DTD XHTML 1.0
Strict//EN""http://www.w3.org/TR/xhtml1/DTD/xhtml1-strict.dtd">
<html lang="ko" xml:lang="ko" xmlns="http://www.w3.org/1999/xhtml">
```

> **팁**
>
> 기본 언어를 표시하는 데 사용되는 lang 속성의 위치는 문제되지 않는다. 아래 두 가지 방식 모두 올바르게 사용된 문법이다.
>
> ❶ `<html xmlns="http://www.w3.org/1999/xhtml" xml:lang="ko" lang="ko">`
>
> ❷ `<html lang="ko" xml:lang="ko" xmlns="http://www.w3.org/1999/xhtml">`

5.1.3 [주의사항 15-1] lang 속성값에 국가별 지정언어 코드를 사용해야 함

> 기본 언어는 페이지의 상단에 html 태그에 lang 속성을 이용하여 지정하고, lang의 속성값에는 ISO 639-1에서 지정한 두 글자로 된 언어 코드를 사용해야 함

기본 언어로 지정하려면 lang의 속성값에 공식 언어 코드(ISO 639)를 사용하는데 웹사이트 http://www.loc.gov/standards/iso639-2/php/code_list.php에서도 확인할 수 있다. 특히 한국어의 경우 ko로 사용해야 하는데 kr로 쓰는 경우가 많으니 주의해야 한다.

표 5.1 언어별 언어 표시(ISO 639)

언어	언어 코드	언어	언어 코드
중국어(Chinese)	zh	일본어(Japanese)	ja
독일어(German)	de	한국어(Korean)	ko
영어(English)	en	러시아어(Russian)	ru
불어(French)	fr	스페인어(Spanish)	es

> **팁**
>
> 기본 언어를 표시하는 데 반드시 함께 생각해야 할 것이 DTD(Document Type Definition) 문서 타입 선언이다. 현재 내가 쓰고 있는 문법이 무엇인지 먼저 선언해야 해당 문서 타입에 따른 기본 언어 표시의 형태가 달라지기 때문이다.
>
> 표 5.2 HTML 4.01 문서 타입 목록
>
> | 문서 타입 | 선언 |
> |---|---|
> | Strict | \<!DOCTYPE html PUBLIC "-//W3C//DTD HTML 4.01//EN" "http://www.w3.org/TR/html4/strict.dtd"\> |
> | Transitional | \<!DOCTYPE html PUBLIC "-//W3C//DTD HTML 4.01 Transitional//EN" "http://www.w3.org/TR/html4/loose.dtd"\> |
> | Frameset | \<!DOCTYPE html PUBLIC "-//W3C//DTD HTML 4.01 Frameset//EN" "http://www.w3.org/TR/html4/frameset.dtd"\> |
>
> ※ HTML 4.01에서는 2행 생략 가능
>
> 표 5.3 XHTML 1.0 문서 타입 목록
>
> | 문서 타입 | 선언 |
> |---|---|
> | Strict | \<!DOCTYPE html PUBLIC "-//W3C//DTD XHTML 1.0 Strict//EN" "http://www.w3.org/TR/xhtml1/DTD/xhtml1-strict.dtd"\> |
> | Transitional | \<!DOCTYPE html PUBLIC "-//W3C//DTD XHTML 1.0 Transitional//EN" "http://www.w3.org/TR/xhtml1/DTD/xhtml1-transitional.dtd"\> |
> | Frameset | \<!DOCTYPE html PUBLIC "-//W3C//DTD XHTML 1.0 Frameset//EN" "http://www.w3.org/TR/xhtml1/DTD/xhtml1-frameset.dtd"\> |
>
> XHTML 1.1의 문서 타입 선언은 다음과 같다.
>
> 표 5.4 XHTML 1.1 문서 타입 목록
>
> | 선 언 |
> |---|
> | \<!DOCTYPE html PUBLIC "-//W3C//DTD XHTML 1.1//EN" "http://www.w3.org/TR/xhtml11/DTD/xhtml11.dtd"\> |
>
> 저작도구를 사용하는 경우라면 DTD 선언이 자동으로 적용되는데 올바른 문법에 따른 적용인지 한 번 확인하는 것이 좋다. 다음은 참고로 저작도구에서 사용하면 안 되는 DTD 목록이다.

표 5.5 저작도구에서 사용하면 안 되는 문서 타입 목록

문법	선언
HTML 4.0	http://www.w3.org/TR/1998/REC-html40-19980424/strict.dtd http://www.w3.org/TR/1998/REC-html40-19980424/loose.dtd http://www.w3.org/TR/1998/REC-html40-19980424/frameset.dtd
HTML 4.01	http://www.w3.org/TR/1999/REC-html401-19991224/strict.dtd http://www.w3.org/TR/1999/REC-html401-19991224/loose.dtd http://www.w3.org/TR/1999/REC-html401-19991224/frameset.dtd
XHTML 1.0	http://www.w3.org/TR/2000/REC-xhtml1-20000126/DTD/xhtml1-strict.dtd http://www.w3.org/TR/2000/REC-xhtml1-20000126/DTD/xhtml1-transitional.dtd http://www.w3.org/TR/2000/REC-xhtml1-20000126/DTD/xhtml1-frameset.dtd
XHTML 1.1	http://www.w3.org/TR/2001/REC-xhtml11-20010531/DTD/xhtml11.dtd

5.1.4 [주의사항 15-2] 페이지 중간에 언어가 바뀔 때 lang 속성으로 명시해주는 것을 권장

페이지 중간에 언어가 바뀔 때 변경된 언어를 lang 속성으로 명시해주는 것을 권장

앞서 강조한 것처럼 기본 언어를 표시하는 데 가장 효과적인 웹사이트는 언어가 자주 바뀌는 외국어 학습 사이트일 것이다. 외국어를 학습시켜야 하는 웹사이트에서 단순히 기본 언어 명시만으로 외국어를 이해시키는 것은 어려운 일이다. 따라서 페이지 안에서 다양한 언어를 사용하는 경우 언어가 바뀔 때마다 lang 속성을 이용하여 별도로 언어를 지정해주는 것이 바람직하다.

```
<p>세계 각 국의 새해 인사를 배워보겠다.</p>
<p>한국어로는 새해 복 많이 받으세요.</p>
<p>영어로는 <span lang="en">happy new year</span></p>
<p>중국어로는 <span lang="zh">新年好</span></p>
<p>러시아어로는 <span lang="ru">С НОВИМ ГОДОМ</span></p>
<p>일어로는 <span lang="ja">けましておめでとうございます</span></p>
```

```
<p>독일어로는 <span lang="de">glückliches neues Jahr</span></p>
<p>열심히 연습하세요.</p>
```

화면 낭독 프로그램에 해당 언어의 TTS 음성 엔진이 탑재되어 있다면 앞의 문장을 각국의 언어로 읽어줄 것이다. 세계 각국의 새해 인사말을 배운다고 가정할 때 기본 언어를 지정하지 않았다면 중국어의 경우 "신년호"라고 한문의 음을 그대로 읽게 되어 정확한 중국어 발음을 들을 수 없다. 하지만 lang 속성값을 중국어로 지정했다면 "신 니엔 하오"라고 정확한 중국어 발음으로 인사말을 들려주게 된다.

5.2 [검사항목 16] 사용자 요구에 따른 실행

(사용자 요구에 따른 실행) 사용자가 의도하지 않은 기능(새 창, 초점 변화 등)은 실행되지 않아야 한다.

● 개념

사용자 요구에 따른 실행이란 말 그대로 사용자가 원하고 선택한 기능이 실행되게 하는 것을 말한다. 현재 이용 중인 창에서 새 창으로 열리거나 현재 위치에서 표시되는 초점이 갑작스런 변화를 일으키지 않게 하여 사용자가 의도한 대로만 기능이 실행되게 하는데 의미를 두고 있다.

● 목적

화면의 변화를 잘 인지하지 못하거나 키보드 사용자가 예상하지 않은 실행이 이루어질 경우 이를 되돌리거나 이해하는 데 더 큰 노력을 필요로 한다. 특히 웹사이트에 진입하자마자 생각하지 못했던 팝업 창이 여러 개 뜨면 시각을 활용하지 못하는 사용자는 어디가 원래 창인지 알기 어렵고, 해당 내용을 읽어야 하는지, 읽지 말아야 하는지 여러 가지 혼란을 겪게 된다. 따라서 사용자가 의도하지 않은 새 창이나 초점 변화를 일으키지 않게 하며, 해당 사항이 발생할 경우 사전에 내용을 알려줘서 현재 위치하고 있는 콘텐츠와 이동에 문제가 없게 하여 콘텐츠의 이해를 높이려는 목적이 있다.

● **검사항목 해설**

웹 접근성 준수를 위한 여러 검사항목이 있지만 국내에서 가장 잘 지켜지지 않는 항목 중에 하나라고 할 수 있다. 웹사이트에 처음 들어가면 반드시 전해야 하는 소식이나 광고를 팝업 창으로 많이 제공한다. 하지만 최근에는 메인 화면에 팝업 영역을 넓게 할애하여 팝업 창처럼 주목시키는 효과를 주면서도 웹 접근성을 준수하는 방식이 각광받고 있다. 이렇게 첫 페이지에서 새 창을 사용하지 않게 하고, 링크 이동 시에는 새로운 창으로 이동하는지 여부를 사전에 알려 사용자의 의도와 다른 명령이나 실행을 방지하는 것이 중요하다.

특히 사용자 입력이 초점을 받았을 때 의도하지 않는 기능이 자동으로 실행되지 않게 콘텐츠를 개발해야 한다. 사용자가 마우스로 클릭하거나 키보드를 이용하여 입력한 후 기능이 실행되는 것이 원칙이며 특히 시각장애인이나 상지장애인 사용자에게 필요하지 않거나 의도하지 않은 콘텐츠를 제공하면 이를 인지하는 데 시간이 오래 걸리고, 이를 다시 되돌리는 데 많은 노력이 요구된다. 따라서 이 검사항목은 웹 페이지에서 사용자가 의도하지 않았는데 자동으로 실행되는 콘텐츠나 기능이 없게 하고, 키보드로 웹사이트를 이용할 때 현재 초점이 어디에 있는지 늘 알 수 있게 해야 한다.

● **준수기준**

> 사용자가 의도하지 않은 기능이 자동 실행되지 않도록 제공한 경우 준수한 것으로 인정

5.2.1 [오류유형 16-1] 사용자가 예측하지 않은 새 창이 열리는 경우

> 사용자가 실행하지 않은 상황에서 예측하지 않은 새 창이 열리는 경우

선택상자에 onchange 이벤트 핸들러를 제공한 경우다. 이런 경우 마우스로는 선택상자 안에 있는 다양한 옵션에서 사이트를 골라 클릭하여 이동할 수 있지만 키보드로 진입한 경우에는 선택상자에서 옵션을 선택하려면 아래 화살표 방향키를 눌러도 onchange 이벤트가 실행되어 가장 첫 옵션에서 지정한 웹사이트로 이동한다. 결국 키보드 사용자는 첫 선택만 가능한 상황이 된다.

개선 전

그림 5.1 이동 버튼이 없는 목록 선택상자

```
<label for="nearsite1">유관기관</label>
<select onchange="copyrtChgUrl(this.value)" id="nearsite1">
<option value="0">경기도 교육청 관련기관</option>
<option value="http://~~~">경기도교육청</option>
<option value="http://~~~">경기도교육청 북부청사</option>
<option value="http://~~~">경기도수원교육지원청</option>
... 중략 ...
</select>
```

    마우스를 이용하는 것이 불가능한 사용자는 옵션 선택만으로 이동되어서는 안 되므로 선택상자에 제공되었던 onchange 이벤트 핸들러를 제거하여 마우스나 키보드 모두 원하는 옵션 값을 선택할 수 있게 한다. 따라서 최종 이동할 수 있게 **이동** 버튼을 별도로 제공하여 의도하지 않은 실행이 일어나지 않게 만들 수 있다.

개선 후

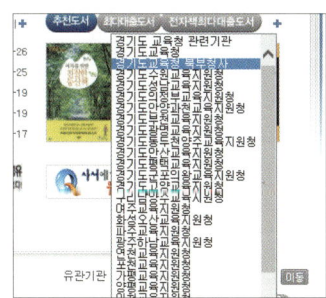

그림 5.2 이동 버튼이 있는 목록 선택상자

```
<form name="selectForm1" action="#" onsubmit="goSelectUrl(1);return
false;">
<label for="nearsite1" >유관기관</label>
<select name="url" id="nearsite1">
<option value='' selected >경기도 교육청 관련기관</option>
<option value="http://~~~">경기도교육청</option>
<option value="http://~~~">경기도교육청 북부청사</option>
<option value="http://~~~">경기도수원교육지원청</option>
... 중략 ...
</select>
<input type="image" src="/general/btn_go.gif" alt="이동" title="새 창으로
이동">
</form>
```

디자인적인 이유로 이동 버튼을 제공하기 싫다면 다음과 같이 change와 keyup, keydown 등의 이벤트를 자바스크립트로 따로 구현해야 한다.

```
<script src="http://code.jquery.com/jquery-1.9.1.min.js"></script>
<script type="text/javascript">
    $(document).ready(function () {
        $("#nearsite1").change(function(){
            location.href=$("#nearsite1 option:selected").val();

        });
    $("#nearsite1").keyup(function(event){
        if(event.which==13){ // 엔터키일 경우
            location.href=$("#nearsite1 option:selected").val();
        }
    });
});
</script>
```

```
<form name="selectForm1" action="#">
<label for="nearsite1" >유관기관</label>
<select name="url" id="nearsite1">
<option value='' selected >경기도 교육청 관련기관</option>
<option value="http://~~~">경기도교육청</option>
<option value="http://~~~">경기도교육청 북부청사</option>
```

```
<option value="http://~~~">경기도수원교육지원청</option>
... 중략 ...
</select>
</form>
```

이 코드는 jQuery를 사용하여 <select> 엘리먼트의 change와 keyup, keydown 이벤트를 사용하여 구현한 코드다. keyup 이벤트 코드를 구현할 때는 Enter 키를 눌렀을 때 사이트를 이동할 수 있도록 코딩해야 한다는 점을 주의하자.

5.2.2 [오류유형 16-1] 사전에 알리지 않은 새 창이 발생되는 경우

> 버튼 또는 링크 등을 실행할 때 사전에 알리지 않고 새 창이 발생되는 경우

단순 링크임에도 습관적으로 자바스크립트를 통해 새 창이 열리게 구현된 내용이다. 그림 5.3과 같이 해당 링크를 실행시키면 새 창이 발생하지만 사전에 알려주지 않으므로 시각장애인의 경우 해당 창에서 그대로 이동했다고 생각하고 다음 컨트롤을 하게 된다. 해당 정보를 다 이해한 뒤에도 새로운 창에서 원래 창의 보고 싶은 내용을 검색하고 있을 수도 있다. 물론 아무리 검색해도 나오지 않는 정보를 찾게 되는 셈이다.

개선 전

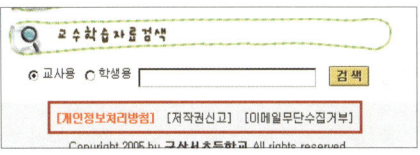

그림 5.3 링크 실행 시 사전에 알리지 않고 새 창이 발생되는 경우

```
<p>
<a href="javascript:bOpen('/index.jsp','private','620','650')">
[개인정보보호규정]
</a>
```

```
<a href="javascript:bOpen('/index2.jsp','copy','620','550')">
[저작권신고]
</a>
<a href="javascript:bOpen('/index3.jsp','email','620','450')">
[이메일무단수집거부]
</a>
</p>
```

링크에 title 속성을 이용해 새 창으로 열릴 것이라는 사전 안내가 되었다. 사용자는 링크 실행 전에 "새 창 열림" 정보를 바탕으로 링크 이동 후에는 새로운 창 위에 위치한다는 사실을 인지하게 된다. 새 창에서의 정보를 확인한 후에는 새 창을 닫고 다시 원래 창에서 계속 정보를 탐색하며 이용할 수 있게 된다.

개선 후

```
<p>
<a href="javascript:bOpen('/index.jsp','private','620','650')"
title="새 창 열림">
[개인정보보호규정]
</a>
<a href="javascript:bOpen('/index2.jsp','copy','620','550')"
title="새 창 열림">
[저작권신고]
</a>
<a href="javascript:bOpen('/index3.jsp','email','620','450')"
title="새 창 열림">
[이메일무단수집거부]
</a>
</p>
```

5.2.3 [오류유형 16-2] 웹사이트 초기화면에 팝업창을 제공하는 경우

웹사이트 초기화면에 팝업창(레이어 팝업 포함)을 제공하는 경우 국내 웹사이트는 대부분 한시적인 이벤트나 공지사항을 보여주려고 웹사이트 초기화면에 새 창을 제공하는 경우가 매우 많다. 특히 사용자에게 필요한 경우보다 원하지 않는 팝업(레이어 팝업 포함)인 경우도 많아서 부정적인 마케팅 방식이라는 인식도 높은 편이다. 또한 대부분의 웹 브라우저가 팝업 창을 차단하는 옵션을 제공하고 있어 실질적인 광고와 홍보 효과도 떨어지는 편이다. 그럼에도 불구하고 팝업 기법은 많이 사용되는데 사용자가 예측하지 못한 팝업은 시각장애인, 지체장애인, 인지능력이 떨어지는 사람 등이 웹 탐색을 더욱 어렵게 만드는 요인이 된다.

개선 전

그림 5.4 웹사이트 초기화면에 새 창이 제공되는 경우 (출처: 일본위안부피해자 e역사관)

```
if ( notice_getCookie("CookieName5") != "done" )  {
    window.open('http://poll.kofst.or.kr:8080/Email_poll_101015_pop.
  aspx','CookieName
        5','status=no,width=480, height=320,resizable=no,left=0,top=21
      5,scrollbars=no')
}
```

팝업 창(레이어팝업 포함)을 쓰지 않고 웹사이트 초기화면에서 중요한 내용을 사용자가 잘 보거나 전달받을 수 있게 배치하고 디자인하는 것이 실질적인 홍보 효과와 함께 웹 접근성을 높일 수 있는 방법이 된다. 웹 기획자라면 팝업 창에서 제공해야 하는 정보가 반드시 필요한 내용인지 다시 한 번 생각해보고 좋은 방법을 모색해 볼 필요가 있다.

개선 후

그림 5.5 웹사이트 초기화면에 새 창을 제공하지 않은 경우 (출처: 일본군위안부피해자 e역사관)

> **팁**
>
> 팝업과 레이어 팝업의 차이점을 궁금해 하는 경우가 많은데 팝업은 새로운 브라우저 창에 띄워지지만 레이어 팝업은 내부 팝업으로 현재의 브라우저 안에서 새로운 레이어 형태로 보인다.
>
> 웹 접근성 준수지침이 1.0 버전이었을 때는 지침의 내용에 새 창은 규제되었으나 레이어 팝업은 명시되지 않아 새 창을 대신하여 악용되었다. 하지만 레이어 팝업은 원래 콘텐츠를 가리거나 논리적인 순서에 따라 제공되지 않을 때가 많아 콘텐츠의 맥락을 이해하기 어렵다.
>
> 이에 따라 한국형 웹 콘텐츠 접근성 지침 2.0에서는 레이어 팝업을 직접적으로 명시하여 첫 페이지에 진입할 때 사용되지 않게 하고 있다. 다만 퀵 메뉴와 같이 z-index로 제공되어 화면의 콘텐츠를 가리지 않으면서 논리적인 순서에 따라 제공된다면 웹 접근성에 위배된다고 볼 수 없다. 레이어 팝업의 접근성을 준수하려면 레이어 팝업을 열기 위한 수단(버튼, 링크, 선택상자 등)과 레이어 팝업간에 초점이 논리적으로 이동되게 해야 하며 레이어 팝업의 닫기 버튼을 누른 후에는 원래 위치에 초점이 유지되어야 한다.

새 창과 레이어 팝업의 공통점

두 가지 모두 시각적으로 기존 콘텐츠를 덮어 그 위에 제공되는 경우가 많다.

그림 5.6 새 창의 예

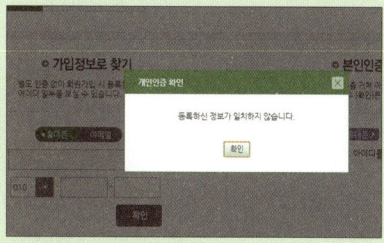
그림 5.7 레이어 팝업의 예

새 창과 레이어 팝업의 차이점

새 창은 제공하기 전에 미리 알려야 하며 레이어 팝업은 사전에 알리지 않아도 된다. 이유는 레이어 팝업은 사실상 새 창이 아니고, 원래 창에서 제공되는 콘텐츠로 모양만 새 창과 같은 효과를 주기 때문이다.

5.2.4 [오류유형 16-3] 사용자가 의도하지 않은 초점 변화가 발생하는 경우

사용자가 의도하지 않은 초점 변화가 발생하는 경우

그림 5.8은 페이지가 로딩되면 비밀번호 입력 영역으로 가장 먼저 초점 이동을 하는 경우다. 역시 시각장애인 같은 경우라면 현재 출금계좌정보 표 안에 들어 있는지 어떤 출금계좌번호인지 모른 채 편리하려고 만들어진 자동 초점 이동 기능으로 갑작스럽게 계좌비밀번호를 눌러야 하는 상황이 되어 전체 상황을 인지하려고 다시 키보드로 제목을 찾아 이동해야 하는 경우다.

개선 전

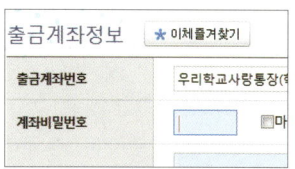
그림 5.8 페이지 로딩 후 자동 초점 이동이 되는 사례

이해의 용이성

```
<script>
window.onload = function() {
    document.getElementById('input1').focus();
}
</script>

<input type="password" id="input1" title="계좌비밀번호">
```

그림 5.9는 자바스크립트 코드를 삭제하여 처음부터 어떤 정보인지 확인하고 순서에 따라 입력할 수 있게 된다. 따라서 입력해야 하는 값을 이해하고 처리할 수 있다. 검색 사이트와 같이 목적이 분명한 경우에 한해 자동 초점 이동을 이용할 수는 있으나 이런 경우에도 사전에 초점이 이동된다는 점을 고지하여 콘텐츠와 기능 이용에 무리가 없게 해야 한다.

개선 후

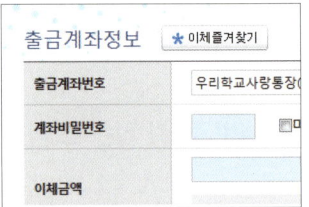

그림 5.9 자동 초점 이동이 되지 않는 사례

```
<script>
해당 코드를 삭제한다.
</script>

<input type="password"    title="계좌비밀번호">
```

이슈 현재 심사에서도 문맥이나 맥락이 많이 바뀌지 않고 이용에 무리가 없는 경우라면 반드시 논리적인 순서가 아니더라도 자동 초점을 이용하여 주 목적부터 웹 콘텐츠를 이용하게 구현된 웹사이트의 접근성 준수를 인정하는 방안을 논의 중이다. 예를 들어 검색 사이트에서 가장 처음에 검색어 입력창으로 초점을 이동시키는 경우가 해당될 수 있다. 결국 논리적인 순서라는 것은 상식적인 순서를 의미하므로 전체적인 이용에 문제가 없다면 가능하다. 하지만 웹 접근성의 논리 자체가 다수에 따르는 것이 아니라 소수의 불편한 이용자를 배려하는 부분인 만큼 여러 가지로 생각하고 결정해야 한다.

| 16-4 | 체크상자의 선택, 텍스트 입력 서식의 값 변경만으로 값이 제출되어 문맥이 바뀌는 경우 |

5.2.5 [오류유형 16-4] 입력 서식의 값 변경만으로 제출되어 문맥이 바뀌는 경우

텍스트 입력 서식의 값 변경만으로 값이 제출되어 문맥이 바뀌는 경우

그림 5.10은 전화번호와 같은 텍스트 입력을 받을 때도 입력 후 별도의 제출, 확인과 같은 버튼을 제공하지 않았다. 사용자는 단순히 번호를 끝까지 입력했을 뿐인데 마지막 번호를 입력하자마자 값이 제출이 되어 입력 오류를 수정하기가 매우 어려워지고 의도하지 않은 실행으로 혼란을 줄 수 있다.

개선 전

그림 5.10 입력 서식 값 입력만으로 자동 제출되는 경우

```
<form method="get" id="form1">
<select title="통신사번호 선택">
<option>010</option>
<option>011</option>
<option>016</option>
</select> -
<input type="text" name="text2" size="3" maxlength="3" title="휴대폰 중간자리"> -
<input type="text" name="text3" size="4" maxlength="4" title="휴대폰 마지막자리" onchange="form1.submit();">
</form>
```

마지막 필드 값에 변화가 생길 때 자동으로 값이 제출되는 스크립트를 제거하고 별도의 제출 버튼을 두어 서식 값을 제출하게 한다. 이는 장애인뿐 아니라 일반 사용자에게도 입력 값을 확인하고 수정할 수 있는 시간을 제공할 수 있어 사용성과 정확성을 높일 수 있다.

개선 후

```
<form method="get" id="form1" action="http://example.com/handle">
<select title="통신사번호 선택">
<option>010</option>
<option>011</option>
<option>016</option>
</select> -
<input type="text" name="text2" size="3" maxlength="3" title="휴대폰 중간자리"> -
<input type="text" name="text3" size="4" maxlength="4" title="휴대폰 마지막자리">
<input type="submit" value="Submit" />
</form>
```

5.2.6 [오류유형 16-4] 체크상자의 선택만으로 값이 제출되어 문맥이 바뀌는 경우

체크상자의 선택만으로 값이 제출되어 문맥이 바뀌는 경우

그림 5.11은 라디오 버튼 선택만으로 사용자가 의도하지 않은 새 창이 제공되어 오류가 되는 사례다. 해당 사례는 키보드 및 화면 낭독기 사용자의 접근성을 저하시킨다.

개선 전

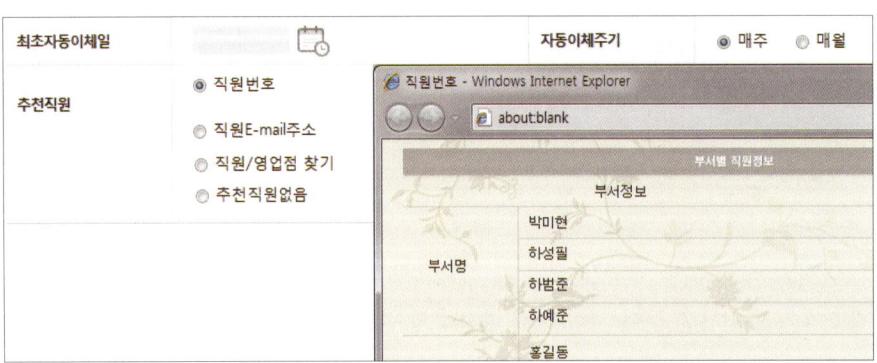

그림 5.11 체크상자 선택만으로 문맥이 바뀌는 경우

```
<ul>
<li><input type="radio" id="a"><label for="a">직원번호</label></li>
<li><input type="radio" id="b"><label for="b">직원 E-mail 주소</label>
</li>
... 중략
</ul>
```

그림 5.12는 라디오 버튼 선택으로 새 창이 제공되는 것이 아니라 별도의 컨트롤 요소를 두어 사용자에게 선택 여부를 제공하는 것이 좋다. 이는 새 창을 사용하는 데 불편함이 예상되는 사용자에게 선택권을 주어 접근을 높여준다.

개선 후

그림 5.12 체크상자를 선택하여도 문맥이 유지되는 경우

5.2.7 [주의사항 16-1] onkeypress에 의해 포커스를 옮기는 동작만으로 새 창이 발생하면 감점

onkeypress에 의해 포커스를 옮기는 동작만으로 새 창이 발생하면 감점

2010년 이전에는 인터넷 웹 콘텐츠 접근성 지침 1.0의 제작기법 문서에 onclick 마우스 이벤트 핸들러와 대응되는 키보드 이벤트 핸들러로 onkeypress를 함께 사용하게 명시했있다. 당시 존재하던 브라우저는 onclick 이벤트를 등록하면 마우스로만 이벤트 실행이 가능하였고, onkeypress도 키보드로만 실행 가능한 이벤트였기 때문에 이를 권장할 수 있었다. 그러나 2010년 이후 다양한 브라우저에서 onclick은 마

우스 클릭뿐만 아니라 Enter 키에도 동작해서 굳이 onkeypress를 사용할 필요가 없어졌다. 오히려 onkeypress 이벤트를 onclick과 함께 사용하면 Enter 키를 입력할 때 두 이벤트가 중복으로 실행되는 문제가 있다.

> **팁**
> 현재 onclick과 onkeypress 이벤트를 함께 적용하는 경우에는 탭 키를 사용할 때 IE에서는 문제가 없으나 파이어폭스에서는 onkeypress에 의해 포커스를 옮기는 동작만으로 이벤트가 발생된다. 따라서 onkeypress 이벤트 핸들러를 사용할 때 주의가 필요하다.

5.2.8 [주의사항 16-2] 〈a target="_blank"〉로만 새 창을 알린 경우는 감점하지 않음

> 〈a target="_blank"〉로만 새 창을 알린 경우는 감점하지 않음

웹 접근성 품질인증마크 심사 기준에서 새 창이 열리는 링크에 title로 "새 창"과 같이 새 창으로 열리는 것을 알려주지 않고 target="_blank"만 사용해도 웹 접근성을 준수한 것으로 허용되는 이유는 센스리더에서 "새 창"이라고 읽어주기 때문이 아니다. 사실은 특정 화면 낭독기 때문이 아닌 HTML에서 새 창을 열어주는 용도로 사용되는 속성이 target="_blank"이기 때문에 화면 낭독기가 그 용도를 활용하는 것이 바람직하다는 측면에서 인정되는 것이다. 이런 이유로 센스 리더에서 읽혀지면 모두 문제가 없다는 인식은 버려야 하며 가장 정확한 기준으로 표준문법이 중심적인 역할을 하는 것이 좋다.

5.2.9 [주의사항 16-3] onfocus="this.blur()" 사용 시, 검사항목 7, 8, 16에서 감점

> onfocus="this.blur()"를 사용하는 경우 키보드 접근은 물론 초점의 시각적 구분이 불가하고, 의도하지 않은 초점 변화가 실행되므로 검사항목 7, 8, 16에서 동시 감점

앞서 검사항목 7과 8에서 설명되고 있는 내용으로 검사항목 16에서도 감점이 되는 경우이므로 어떠한 경우에도 onfocus="this.blur()"는 사용하지 않아야 한다.

5.2.10 [주의사항 16-4] 플래시 등에서도 새 창을 사전에 안내하지 않으면 감점

> 플래시 등에서 제공하는 새 창에서도 Name, Description 값에서 새 창 안내에 대한 내용을 포함하지 않으면 감점

HTML과 같은 마크업 언어에서는 `target="_blank"`나 `title`로 새 창이 열리는 것을 사전에 알려주는 것과 마찬가지로 플래시 등의 웹 애플리케이션 영역에서도 이동 기능을 실행할 때 새 창이 발생한다면 `Name` 값이나 기타 방법으로 사전에 새 창이 열릴 것을 안내해야 한다.

5.2.11 [주의사항 16-5] 오류 정정을 위한 자동 초점 변경은 예외

> 오류 정정을 위한 자동 초점 변경은 예외

오류를 고치려고 오류의 위치로 이동시키는 것을 원치 않았다는 사용자는 아마 없을 것이다. 오류가 발생하여 이를 해결하기 위한 측면에서 초점을 자동으로 이동시키는 경우는 사용자가 의도하지 않은 실행으로 보지 않는다.

> **팁**
> Alert 경고창은 운영체제에서 제공하는 기능으로 새 창으로 보지 않는다. 또한 마우스 오버로 인해 색상이 변화하는 것과 같이 이용 중인 콘텐츠의 문맥이나 맥락을 변화시키지 않는 경우 역시 의도하지 않은 실행으로 보지 않는다.

5.3 [검사항목 17] 콘텐츠의 선형화

> (콘텐츠의 선형화) 콘텐츠는 논리적인 순서로 제공해야 한다.

● 개념

콘텐츠의 선형화는 웹 문서를 제작할 때 뼈대가 되는 HTML 마크업 언어로 먼저 논리적인 순서에 맞게 개발하고 여기에 대한 레이아웃이나 장식 등을 표현하는 데 CSS를 적용한다. CSS를 사용해 꾸며진 상태의 순서가 아닌 CSS가 제거된 상태에서의 콘텐츠 순서가 우리가 콘텐츠를 읽어나갈 때 이해가 될 수 있는 상식적인 순서로 제공되고 있는가 하는 개념이다.

● 목적

웹 페이지에 제공되는 콘텐츠의 시각적인 순서와 키보드 초점의 이동 순서를 보면 좌에서 우로, 위에서 아래로 책을 읽어나가듯이 논리적인 순서로 제공되는 것이 좋다. 하지만 시각장애인이 사용하는 화면 낭독기는 보통 CSS가 제거된 콘텐츠의 뼈대만을 가져와서 보이지 않는 화면에 가상으로 나열하고 이를 순서대로 읽어나가는 가상 커서 방식으로 콘텐츠를 읽는 순서가 결정된다.

따라서 CSS를 제거한 순서가 논리적이며, CSS를 제거하기 전 초점 이동의 논리적 순서가 일치하는 것이 두 가지 서로 다른 커서 방식을 이용하는 사용자의 차별이 없게 된다. CSS를 제거하였을 때는 순서가 HTML 코드 순으로 읽어나가므로 HTML이 선형적으로 풀어지는 것이 가장 좋고 시각적으로 보였던 순서와 가상 커서의 순서를 맞춰줘서 화면 낭독기 사용자의 이해를 돕는다.

● 검사항목 해설

이 검사항목은 검사항목 8번과 매우 큰 연관이 있다. 가장 중요한 것은 검사항목 8번의 초점 이동이 논리적인 순서로 이동해야 하는데 이와 같이 CSS를 제거한 콘텐츠의 순서도 동일한 순서로 초점 이동이 되어야 한다는 데 있다. 기본적으로 CSS를 제거하면 의미가 있는 마크업인 있는 경우 선형화가 이루어져서 소스 코드의 순서대로 초점이 이동하게 되나 예전 Table 코딩 방식으로 짜여진 경우 순서가 위치를 기반으로 하여 표에서 이동하는 방식으로 접근되기 때문에 선형화가 이루어지지 않는다. 따라서 가장 먼저 문서의 구조와 표현을 분리하는 작업이 우선 시 되는 지표라고 볼 수 있다.

결국 검사항목 17번과 8번의 관계는 일반 윈도우 커서와 가상 커서의 순서를 맞춰주는 것과 같다고 보면 된다. 그래서 초점 이동을 tabindex 등을 이용하여 인위적으로 맞춘 경우에 문제가 될 수 있다. 해당 기능이 적용되지 않게 CSS를 제거하였을 때 논리적인 순서가 달라지기 때문이다.

> **요약**
> 콘텐츠의 논리적 순서는 구현된 코드 순서대로 따른다. 또한 제목-내용과 같이 계층을 잘 이해할 수 있게 제공하는 것이 원칙이지만 내용이 방대한 경우 제목-제목으로 이동할 수 있으므로 반드시 정형화된 순서가 아님을 기억해야 한다.

● 준수기준

> 콘텐츠의 순서가 논리적으로 선형화되어 제공한 경우 준수한 것으로 인정

5.3.1 [오류유형 17-1] 계층 구조 콘텐츠를 구조적으로 마크업하지 않은 경우

> 계층 구조가 명백하게 필요한 콘텐츠를 중첩 마크업을 이용하여 표현하지 않은 경우

그림 5.13의 경우 시각적으로 정보를 확인하면 감사 업무는 감사실이 담당하고 감사실은 크게 3개의 팀으로 구성되어 있다는 계층 구조 정보를 이해할 수 있지만 이를 전체 이미지로 제공하여 대체 텍스트를 나열식으로 처리하였기 때문에 화면 낭독기를 사용해 확인하면 계층 구조 정보라고 생각하기 어렵게 된다.

개선 전

그림 5.13 계층 구조를 준수하지 않은 사례

```
<img src="" alt="감사 > 감사실 > 감사1팀, 감사2팀, 청렴전략팀">
```

순서가 없는 리스트인 <ul>과 해당 리스트인 <li>를 활용하여 계층 구조를 표현하면 구조적인 정보를 제공하게 되어 포함 관계 등을 이해하는 데 도움이 된다. 따라서 직관적으로 이해할 수 있게 콘텐츠를 마크업하여 제공하는 것이 바람직하다.

개선 후

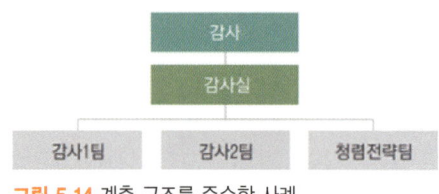

그림 5.14 계층 구조를 준수한 사례

```
<img src="~" alt="감사팀 조직도" longdesc="system.html" />
```

```
// longdesc 페이지
<ul>
<li>감사
    <ul>
        <li>감사실
            <ul>
                <li>감사1팀</li>
                <li>감사2팀</li>
                <li>청렴전략팀</li>
            </ul>
        </li>
    </ul>
</li>
</ul>
```

5.3.2 [오류유형 17-2] '제목-내용' 콘텐츠 목록의 배치가 분리되어 이해가 불가능한 경우

'제목-내용'으로 구성된 콘텐츠 목록의 배치가 분리되어 내용을 직관적 이해가 불가능한 경우 탭 게시판 형태로 제목과 내용이 분리되어 있어 제목만 계속 읽어준 후 다음 내용이 어떤 제목의 내용인지 직관적으로 파악하기 힘든 사례다. 그림 5.14는 탭이 2개뿐이지만 더 많은 탭이 있는 경우라면 더욱 이해하기 힘든 구조다.

개선 전

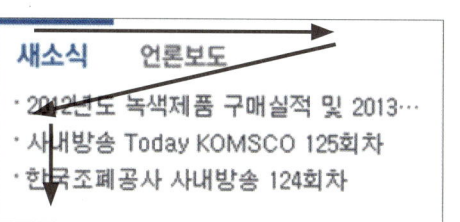

그림 5.15 제목과 내용이 분리되어 직관적인 이해가 불가능한 사례

```css
h2 { float:left;}
div { clear:both;}
```

```html
<h2><a href="">새소식</a></h2>
<h2><a href="">언론보도</a></h2>
<div>
    <ul>
    <li>2012년도 녹색제품 구매실적 및 2013년도 녹색제품 구매계획</li>
    <li>사내방송 Today KOMSCO 125회차</li>
    <li>한국조폐공사 사내방송 124회차</li>
    </ul>
</div>
<div style="display:none;">
    <ul>
    <li>조폐공사, 공사 최초 미국 마켓시장 상품권 수출</li>
    <li>「노사상생협력 유공」국무총리 표창 수상</li>
    <li>'가장 아름다운 지자체상품권'에 경주시</li>
    </ul>
</div>
```

이해의 용이성

제목 다음에 내용 관련 소스 코드의 순서로 되어 있어 콘텐츠를 이해하는 데 어려움이 없다. 다만 탭 게시판과 같이 내용이 간결하게 되어 있는 경우에는 현재의 순서가 직관적으로 이해하기 쉬운 가장 바람직한 계층 구조라고 할 수 있다.

개선 후

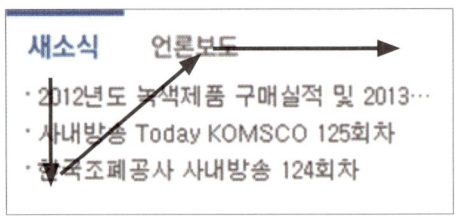

그림 5.16 제목과 내용이 분리되어 직관적인 이해가 가능한 사례

```css
.news { position:relative; padding:50px 0 0 0;}
.news h2 { float:left}
.news div { position:absolute; top:50px; left:0;}
```

```html
<div class="news">
    <h2><a href="">새소식</a></h2>
    <div>
        <ul>
            <li>2012년도 녹색제품 구매실적 및 2013년도 녹색제품 구매계획</li>
            <li>사내방송 Today KOMSCO 125회차</li>
            <li>한국조폐공사 사내방송 124회차</li>
        </ul>
    </div>
    <h2><a href="">언론보도</a></h2>
    <div style="display:none;">
        <ul>
            <li>조폐공사, 공사 최초 미국 마켓시장 상품권 수출</li>
            <li>「노사상생협력 유공」국무총리 표창 수상</li>
            <li>'가장 아름다운 지자체상품권'에 경주시</li>
        </ul>
    </div>
</div>
```

5.3.3 [주의사항 17-1] 탭메뉴의 순서로 내용을 확인할 수 있는 경우에도 논리적으로 구성

> 탭메뉴에서 탭1→탭2→탭3으로 이동하여 모든 탭 내용을 확인할 수 있는 경우에도 보다 논리적으로 구성할 것

탭1→탭2→탭3 순서로 이동하면서 모든 탭을 확인하는 것은 두 가지 방법이 있다. 키보드로 접근할 때와 마우스를 탭메뉴에 올렸을 때다. 이는 일반인과 지체장애인처럼 시각적으로 보고 판단이 가능한 사용자만 해당 콘텐츠를 이해 할 수 있는 구조다. 이는 제목+내용 구조로 논리적인 마크업이 되지 않았기 때문에 좀 더 논리적으로 구성하라는 주의가 필요하다.

개선 전

```css
h2 { float:left;}
ul { clear:both;}
```

```html
<h2 class="on"><a href="">공지사항</a></h2>
<h2><a href="">뉴스</a></h2>
<h2><a href="">이벤트</a></h2>
<ul>
<li><a href="">공지사항 내용이다.1</a></li>
<li><a href="">공지사항 내용이다.2</a></li>
<li><a href="">공지사항 내용이다.3</a></li>
</ul>
<ul style="display:none;">
<li><a href="">뉴스 내용이다.1</a></li>
<li><a href="">뉴스 내용이다.2</a></li>
<li><a href="">뉴스 내용이다.3</a></li>
</ul>
<ul style="display:none;">
<li><a href="">이벤트 내용이다.1</a></li>
<li><a href="">이벤트 내용이다.2</a></li>
<li><a href="">이벤트 내용이다.3</a></li>
</ul>
```

제목+제목+제목 구조가 아닌 제목+내용 구조를 제공해서 시각장애인이 콘텐츠를 파악하는 데 문제가 되지 않는다.

개선 후

```css
div { position:relative; padding:50px 0 0 0;}
div h2 { float:left}
div ul { position:absolute; top:50px; left:0;}
```

```html
<div>
    <h2 class="on"><a href="">공지사항</a></h2>
    <ul>
    <li><a href="">공지사항 내용이다.1</a></li>
    <li><a href="">공지사항 내용이다.2</a></li>
    <li><a href="">공지사항 내용이다.3</a></li>
    </ul>
    <h2><a href="">뉴스</a></h2>
    <ul style="display:none;">
    <li><a href="">뉴스 내용이다.1</a></li>
    <li><a href="">뉴스 내용이다.2</a></li>
    <li><a href="">뉴스 내용이다.3</a></li>
    </ul>
    <h2><a href="">이벤트</a></h2>
    <ul style="display:none;">
    <li><a href="">이벤트 내용이다.1</a></li>
    <li><a href="">이벤트 내용이다.2</a></li>
    <li><a href="">이벤트 내용이다.3</a></li>
    </ul>
</div>
```

5.3.4 [주의사항 17-1] 1차 메뉴와 2차 메뉴는 서로 다른 계층으로 표현되어야 한다

2단계의 깊이를 가진 메뉴에서 1차 메뉴와 2차 메뉴는 서로 다른 계층으로 표현되어야 하며 탭메뉴와 탭 콘텐츠도 서로 다른 계층으로 표현되어야 함(예 : ul 〉 li 〉 ul 〉 li 또는 ol 〉 li 〉 ol 〉 li 구조는 계층 구조로 인정)

그림 5.17은 2단계 깊이를 가진 메뉴로 1차 메뉴와 2차 메뉴로 서로 다른 계층으로 표현되어 있지 않다. 첫 번째 <li>에 포함된 '웹 접근성의 이해'와 두 번째 <li>에 있는 하위 메뉴는 같은 계층이 아니다. 따라서 1차, 2차 메뉴간의 계층이 동일선상에 표현되어 시각장애인에게 계층의 관계를 명확히 설명하지 못하여 구조를 이해하는 데 어려움을 겪는다.

그림 5.17 메뉴의 계층 구조

개선 전

```
<ul>
<li><a href="#none">웹 접근성의 이해</a></li>
<li>
    <div>
    <p><a href="#none">웹 접근성의 정의</a></p>
    <p><a href="#none">법&middot;제도</a></p>
    <p><a href="#none">장애인의 웹사이트 이용 이해</a></p>
    <p><a href="#none">관련사이트</a></p>
    <p><a href="#none">홍보 동영상</a></p>
    </div>
</li>
<li><a href="#none">품질인증마크</a></li>
... 중략 ...
</ul>
```

2차 메뉴가 1차 메뉴에 포함되어 있는 구조로 의미 있게 구현되었다. 따라서 1차 메뉴에서 하위 메뉴가 어떻게 구성되어 있는지 확인하고 다음 1차 메뉴로 이동할 수 있게 되면서 메뉴의 배열을 쉽게 이해할 수 있다. 이렇게 계층을 이루는 구조는 상위와 하위를 이해할 수 있게 콘텐츠를 의미 있는 순서로 배열해주는 것이 필요하고, 탭 메뉴와 탭 내용의 경우도 서로 다른 계층으로 표현되는 것이 원칙이다.

개선 후

```html
<ul>
<li><a href="#none">웹 접근성의 이해</a>
    <ul>
    <li><a href="#none">웹 접근성의 정의</a></li>
    <li><a href="#none">법&middot;제도</a></li>
    <li><a href="#none">장애인의 웹사이트 이용 이해</a></li>
    <li><a href="#none">관련사이트</a></li>
    <li><a href="#none">홍보 동영상</a></li>
    </ul>
</li>
<li><a href="#none">품질인증마크</a></li>
... 중략...
</ul>
```

5.3.5 [주의사항 17-3] 탭메뉴와 탭 콘텐츠는 '제목-내용'으로 표현 가능

> 탭메뉴와 탭 콘텐츠의 계층 구조는 경우에 따라 마크업 중첩이 아닌 '제목-내용'으로 표현 가능, hx-ul, hx-div, hx-p, dt-dd 형식으로 마크업했다면 계층 구조로 인정

제목 역할을 하는 <h1~6>과 정의형 목록의 <dt>를 제목 용도로 사용하고, 내용에 해당하는 부분을 <ul>, <div>, <p>와 정의형 목록에서의 <dd>로 구성한 경우 계층 구조로 인정된다는 설명이다. 그러나 <h1~6>과 <dt>는 용도와 의미에서 일부 차이가 있다. <h1~6>은 주로 콘텐츠를 구분하려는 제목으로 활용되며, <dt>는 정의형 목록에서의 제목으로 활용된다.

하지만 <h1~6>은 화면 낭독기에서 대부분 '제목'이라고 읽어주지만 정의형 목록은 다수의 화면 낭독기에서 <ul>과 같이 비순서형 목록으로 '몇 개의 목록 중 몇 번째의 목록'이라는 부가정보를 읽어준다. 결국 화면 낭독기 사용자는 '제목'인지 '목록'인지 구분할 수 없다. 결국 <h1~6> 요소를 이용하여 제목을 제공해주는 것이 제목과 내용을 구분하는 데 명확해지므로 가장 좋은 방법이다.

5.3.6 [주의사항 17-4] 사용 방법 안내는 콘텐츠 이전에 정보를 제공할 것

로그인, 회원가입 등의 방법 안내는 로그인, 회원가입 이전에 정보를 제공할 것

로그인하기 전에 먼저 읽어야 할 안내 메시지가 있다면 로그인하기 전에 읽을 수 있게 제공하는 것이 상식적인 순서다. 따라서 메시지를 먼저 읽게 하려고 마크업 순서상 로그인 폼보다 먼저 제공하더라도 웹 화면에서는 CSS를 활용하여 로그인 폼 아래 위치할 수 있게 구현할 수 있다.

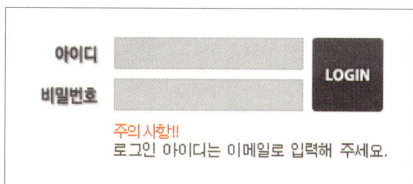

그림 5.18 코드 순서와 다른 로그인 안내 메시지

```css
p { position:absolute; bottom:0; left:0;}
ul { padding-bottom:30px;}
```

```html
<p>주의사항!!<br>로그인 아이디는 이메일로 입력해 주세요.</p>
<ul>
<li><label for="a">로그인</label><input type="text" id="a"></li>
<li><label for="b">패스워드</label><input type="password" id="b"></li>
<li><input type="submit" value="로그인"></li>
</ul>
```

5.3.7 [주의사항 17 5] 서브 메뉴 우측부터 순서대로 하더라도 혼란이 없다면 인정

서브 메뉴 → 내용 순으로 선형화된 페이지에서 서브 메뉴가 우측에 위치하는 경우 등 혼란이 없는 경우는 인정

보통 Quick 메뉴와 같이 빠르게 이용해야 할 메뉴를 우측에 제공할 경우가 있다. 기본적으로 논리적 순서는 좌에서 우로 이동하게 구현하는 것이 원칙이지만 콘텐츠의 성격이나 중요도에 따라 좌, 우의 순서가 바뀌더라도 혼란이 없는 수준은 인정한다는 의미다. CSS를 제거한 콘텐츠의 순서가 논리적이라면 문제가 되지 않는다. 경직되게 좌에서 우, 상에서 하로만 화면상의 순서만을 논리적으로 본다면 CSS를 활용하는 콘텐츠 배치 기법의 장점이 훼손될 수 있기 때문이다.

그림 5.19 서브 메뉴 + 내용 순으로 선형화된 페이지 (출처: 공중보건포털)

```
#quick { float:right;}
#snb { float:left;}
#contents { float:left;}
```

```
<div id="quick">퀵 메뉴 내용</div>
<div id="snb">서브 메뉴 내용</div>
<div id="contents">콘텐츠 내용</div>
```

5.4 [검사항목 18] 표의 구성

> (표의 구성) 표는 이해하기 쉽게 구성해야 한다.

● **개념**

표는 데이터간의 상관 관계를 요약하여 제공하는 정보로 행과 열이 얽힌 표에 담긴 정보를 음성으로 듣고 이해할 수 있게 제목셀과 내용셀로 구분하여 서로 짝지어 읽을 수 있게 하고, 제목과 요약을 제공하여 표의 내용을 쉽게 이해할 수 있게 한다.

● **목적**

복잡한 표를 풀어서 읽을 수 있게 구현해서 화면 낭독기에서 이용할 수 있는 제목셀과 내용셀을 짝지어 읽게 하거나 표 관련 설명 정보를 미리 확인할 수 있게 하여 표를 이해하기 쉽게 만든다.

● **검사항목 해설**

표는 크게 두 가지로 나뉜다. 테이블은 원래 데이터의 상관 관계를 나타내는 데이터 테이블과 디자인적인 배치에 사용하는 레이아웃용 테이블이 있다. 데이터 테이블과 레이아웃용 테이블의 구분법은 표의 형식을 제거하고 남아 있는 데이터를 나열했을 때 이해를 할 수 없으면 데이터 테이블이고, 이해를 할 수 있으면 레이아웃용 테이블로 간주한다.

데이터 테이블은 제목셀과 내용셀을 구분하여 각각을 짝지어 읽게 하는 것이 중요하다. 그래야만 아무리 긴 표라 하더라도 제목셀을 놓치지 않고 내용셀과 함께 읽을 수 있기 때문이다. 또한 표에 접근했을 때 해당 표가 어떤 내용을 담고 있는지 제목과 요약을 통해 먼저 인지한다면 표를 이해하는 데 더욱 도움이 된다.

> **요약** 데이터 테이블은 제목셀과 내용셀로 구분하고, 표의 제목과 요약을 제공하여 이해하기 쉽게 하고, 배치에 사용하는 레이아웃용 테이블은 제목셀, 제목, 요약 등을 제공하지 않는다.

● 준수기준

> 표를 이해할 수 있도록 정보를 제공한 경우 준수한 것으로 인정

5.4.1 [오류유형 18-1] ⟨caption⟩ 요소, summary 속성을 제공하지 않은 경우

> ⟨caption⟩ 요소, summary 속성을 제공하지 않은 경우

그림 5.20은 테이블의 제목과 요약이 제공되지 않아 시각장애인과 같은 사용자에게 표의 전반적인 내용을 미리 이해시키지 못하여 모든 내용을 확인해야 해 번거롭다.

개선 전

▶ 자료현황 : 총 51,282권

합계(권)	000	100	200	300	400	500	600	700	800	900
	총류	철학	종교	사회	순수	기술	예술	어학	문학	역사
51,282권	2,466	965	634	4,179	5,929	634	735	1,576	27,038	7,126

그림 5.20 제목과 요약글을 제공하지 않은 표

```
<table>
<tr>
<th rowspan="2">합계(권)</th>
<th>000</th>
...
... 중략...
...
</table>
```

표의 제목과 요약을 제공해서 표에 접근했을 때 먼저 표의 내용이 무엇이라는 정보를 알 수 있고, 원하는 정보일 경우에는 표에서 정보를 확인할 수 있다.

개선 후

```
<table summary="총류, 철학, 종교, 사회, 순수, 기술, 예술, 어학, 문학, 역사책 자료 
총 51,282권">
<caption>도서관 자료현황 표</caption>
<tr>
<th rowspan="2">합계(권)</th>
<th>000</th>
...
... 중략...
...
</table>
```

5.4.2 [오류유형 18-1] 〈caption〉 요소, summary 속성의 용도가 부적절한 경우

〈caption〉 요소, summary 속성의 용도가 부적절한 경우

그림 5.21은 표의 제목과 요약을 용도에 맞지 않게 반대로 제공한 경우다. 또는 요약에 제목만을 제공하거나 제목에 요약만을 제공하는 경우도 있다. 표의 제목은 <caption>으로 짧게 제공하고 요약은 summary로 표의 전체적인 요약 정보나 구조 관련 설명을 제공하는 것이 바람직하다.

개선 전

센터명	주소	전화번호
서울·경기	서울 강남구 역삼동 879 GS타워 6층	02-508-3636
충청·호남	대전 서구 둔산동 1034 갤러리아 백화점 별관2층	042-472-7303
대구·경북	대구 중구 남일동 50-1 대구지점 4층	053-421-2987
부산·경남	부산 해운대구 우동 1406번지 해운대아이파크지점	051-744-9942

그림 5.21 제목과 요약글의 용도가 부적절한 표

```
<table summary="센터 안내">
<caption>총 4개 센터에 대한 주소와 전화번호를 안내하고 있다.</caption>
<tr>
<th>센터명</th>
```

이해의 용이성

```
<th>주소</th>
...
... 중략...
...
</table>
```

표의 제목과 요약에 적절한 내용이 제공되어서 표를 이해하기 쉬워졌다.

개선 후

```
<table summary="총 4개 센터에 대한 주소와 전화번호를 안내하고 있다.">
<caption>센터 안내</caption>
<tr>
<th>센터명</th>
<th>주소</th>
...
... 중략...
...
</table>
```

5.4.3 [오류유형 18-1] ⟨caption⟩ 요소, summary 속성의 설명이 부적절한 경우

⟨caption⟩ 요소, summary 속성의 설명이 부적절한 경우

표의 제목과 요약을 제공하였으나, 그림 5.22의 내용과 달라 표의 내용을 오해할 수 있다. 보통 표만 업데이트하고 제목과 요약을 그대로 제공하는 경우를 주의해야 한다.

개선 전

날짜	내역	사용머진	입찰일	낙찰여부
2012.09.11	2012 홍경민 15주년 기념콘서트	0	2012.09.11	진행중
2012.09.11	2012 홍경민 15주년 기념콘서트	1,000	2012.09.11	낙찰
2012.09.11	2012 홍경민 15주년 기념콘서트	1,000	2012.09.11	낙찰
2012.09.11	2012 홍경민 15주년 기념콘서트	0	2012.09.11	유찰

그림 5.22 제목과 요약글의 설명이 부적절한 표

```
<table summary="경매내용">
<caption>경매</caption>
<tr>
<th>날짜</th>
<th>내역</th>
...
... 중략...
...
</table>
```

도서관 자료현황 표임을 알 수 있게 제목을 제공하며, 해당 책의 종류와 권수 등을 요약 정보로 제공하여 더 자세한 정보를 확인하고 싶으면 표에 접근할 수 있게 상세한 안내가 되어 있는 표가 되었다.

개선 후

```
<table summary="총4개의 경매가 진행되고 있으며, 그 중 1건 진행, 2건 낙찰, 1건 유찰되었다.">
<caption>경매입찰내역</caption>
<tr>
<th>날짜</th>
<th>내역</th>
...
... 중략...
...
</table>
```

5.4.4 [오류유형 18-2] 제목셀과 내용셀을 요소로 구분하지 않은 경우

> 데이터 테이블에 제목셀과 내용셀을 <th>와 <td> 요소로 구분하지 않은 경우

번호, 카테고리, 글제목 등 데이터 테이블에 <caption>, summary와 제목셀과 내용셀을 <th>와 <td> 요소로 구분하지 않았다. 따라서 화면 낭독기에서 짝지어 읽을 수 없기 때문에 셀 제목이 어디까지인지도 모르고 셀간의 상관 관계를 알 수 없게 된다.

개선 전

번호	카테고리	글제목	이름	날짜
15	솔루션	🔒 인트라넷 로그인페이지가 필요합니다. [1]	김철현	2012.9.24
14	솔루션	🔒 간단한 회원관리시스템은 언제쯤 올라오나요? 🖼	조민수	2012.9.24
13	디자인	🔒 대시보드의 메인페이지가 필요합니다. 🖼	박성범	2012.9.24

그림 5.23 제목셀과 내용셀을 구분하지 않은 경우

```
<table summary="번호, 카테고리, 글제목, 이름, 날짜 정보를 제공하는 표">
<caption>제품 신청 게시판 리스트</caption>
<tbody>
<tr>
    <td>번호</td>
    <td>카테고리</td>
    <td>글제목</td>
    <td>이름</td>
    <td>날짜</td>
</tr>
<tr>
    <td>15</td>
...
...
</tr>
</tbody>
```

표의 제목셀과 내용셀을 <th>와 <td>로 구분해서 화면 낭독기에서 제목셀과 내용셀을 함께 읽어줄 수 있게 되었다. 이에 따라 내용셀이 여러 개가 되더라도 해당 내용의 제목이 무엇인지 이해할 수 있게 된다.

개선 후

```
<table summary="번호, 카테고리, 글제목, 이름, 날짜 정보를 제공하는 표">
<caption>제품 신청 게시판 리스트</caption>
<thead>
<tr>
    <th>번호</th>
    <th>카테고리</th>
```

```
        <th>글제목</th>
        <th>이름</th>
        <th>날짜</th>
    </tr>
</thead>
<tbody>
<tr>
    <td>15</td>
    ...
    ...
</tr>
</tbody>
```

5.4.5 [오류유형 18-3] 복잡한 표 제공 시 id, headers 또는 scope로 제공하지 않음

복잡한 표 제공 시 id, headers 또는 scope로 제공하지 않음

그림 5.24는 제목셀이 한 줄이 아니라 두 줄이고, 셀간의 다단과 병합이 포함된 복잡한 표다. 따라서 제목셀과 내용셀로 구분하더라도 병합되어 있는 제목 중의 전체 제목인 '당월 결제하실 금액'과 같은 경우에는 처음 한 번만 제목셀로 읽어주고 이후부터는 짝지어 읽지 못하여 이해력이 떨어진다.

개선 전

| 이용일자 | 카드구분 | 이용카드 | 매출구분 | 이용가맹점(은행)명 | 이용금액(현지금액) | 할부개월 | 당월 결제하실 금액 | | | | | 결제 후 잔액 |
							회차	원금	혜택금액	환율	수수료	
2012.09.09	신용/본인	7059	국내일시불	엉터리상암동삼겹살	600,000,000	012	011	600,000,000	500,000	5,000	5,000	5,600,000,000
2012.09.09	신용/본인	7059	국내일시불	엉터리상암동삼겹살	600,000,000	012	011	600,000,000	500,000	5,000	5,000	5,600,000,000

그림 5.24 복잡한 표에 id나 headers, scope를 제공하지 않은 사례

```html
<table summary="이용일자, 카드구분, 이용카드, 매출구분, 이용가맹점(은행) 명,
이용금액(현지금액), 할부개월, 당월 결제하실 금액, 결제 후 잔액, 회차, 원금, 혜택금액,
환율, 수수료 제공">
<caption>카드 이용대금결제 테이블</caption>
<thead>
<tr>
    <th rowspan="2">이용일자</th>
    <th rowspan="2">카드<br>구분</th>
    <th rowspan="2">이용<br>카드</th>
    <th rowspan="2">매출<br>구분</th>
    <th rowspan="2">이용가맹점<br>(은행) 명</th>
    <th rowspan="2">이용금액<br>(현지금액)</th>
    <th rowspan="2">할부<br>개월</th>
    <th colspan="5" class="col">당월 결제하실 금액</th>
    <th rowspan="2">결제 후 잔액</th>
</tr>
<tr>
    <th>회차</th>
    <th>원금</th>
    <th>혜택금액</th>
    <th>환율</th>
    <th>수수료</th>
</tr>
</thead>
<tbody>
<tr>
    <td>2012.09.09.</td>
    ...
    ...
    ...
</tr>
</tbody>
</table>
```

복잡한 표에는 직접적으로 제목셀의 범위를 지정해주는 scope와 제목셀과 내용셀을 연결해주는 id, headers를 사용하여 짝지어 읽는 수준을 높일 수 있다. 화면 낭독기에서는 scope로 제공한 경우 큰 효과가 없지만 품질인증심사에서는 웹 접근성을 준수한 것으로 인정되고, id, headers로 짝을 지어준 경우 실제로 원하는 셀들, 즉 함

께 짝지어 읽으면 좋은 셀을 직접적으로 연결하여 읽어주게 되어 표를 이해하는 데 가장 도움이 되는 방법이다.

개선 후

```
<table summary="이용일자, 카드구분, 이용카드, 매출구분, 이용가맹점(은행)명,
이용금액(현지금액), 할부개월, 당월 결제하실 금액, 결제 후 잔액, 회차, 원금, 혜택금액,
환율, 수수료 제공">
<caption>카드 이용대금결제 테이블</caption>
<thead>
<tr>
    <th scope="col" rowspan="2">이용일자</th>
    <th scope="col" rowspan="2">카드<br>구분</th>
    <th scope="col" rowspan="2">이용<br>카드</th>
    <th scope="col" rowspan="2">매출<br>구분</th>
    <th scope="col" rowspan="2">이용가맹점<br>(은행) 명</th>
    <th scope="col" rowspan="2">이용금액<br>(현지금액)</th>
    <th scope="col" rowspan="2">할부<br>개월</th>
    <th colspan="5" class="col" id="a1">당월 결제하실 금액</th>
    <th scope="col" rowspan="2">결제 후 잔액</th>
</tr>
<tr>
    <th id="a2">회차</th>
    <th id="a3">원금</th>
    <th id="a4">혜택금액</th>
    <th id="a5">환율</th>
    <th id="a6">수수료</th>
</tr>
</thead>
<tbody>
<tr>
    <td>2012.09.09.</td>
... 중략 ...
    <td headers="a1 a2">10,000</td>
    <td headers="a1 a3">10,000</td>
    <td headers="a1 a4">10,000</td>
    <td headers="a1 a5">10,000</td>
    <td headers="a1 a6">10,000</td>
... 중략 ...
</tr>
```

```
    </tbody>
</table>
```

5.4.6 [주의사항 18-1] 〈caption〉 요소와 summary 속성 중 하나만 제공해도 준수한 것으로 인정

> 원칙적으로 〈caption〉 요소와 summary 속성을 모두 사용해야 하며, 이 중 하나 이상 적절히 제공한 경우 준수한 것으로 인정

원칙은 `<caption>` 요소와 summary 속성을 모두 사용해야 하지만 하나만 사용하더라도 표를 이해하는 데 문제가 없다는 측면에서 하나만 써도 준수한 것으로 인정하고 있다. 하지만 원칙대로 두 가지 모두 제공하는 것이 바람직하다.

5.4.7 [주의사항 18-2] 〈caption〉 요소는 표의 제목을, summary 속성에는 표의 요약을 기술

> 〈caption〉 요소는 표의 제목을, summary 속성에는 표의 요약, 구조나 탐색 방법을 기술해 주어야 함(summary와 caption을 같은 용도로 사용하지 않아야 함)

종종 `<caption>` 요소와 summary 속성 모두를 동일하게 제목으로 제공하는 경우가 발견된다. 그러나 각 용도와 목적이 다르므로 `<caption>`에는 제목을, summary에는 요약 정보나 구조, 탐색 방법 등을 기술해 주는 것이 좋다. 특히 이 검사항목은 화면 낭독기 사용자에 특화된 항목이므로 복잡한 표일 경우 summary에 요약 정보보다는 해당 표를 어떻게 탐색하면 편리한지 등을 담아주는 것이 더욱 좋다. 기본적으로 표에서는 몇행, 몇열인지를 읽어주므로 행×열 등의 정보는 오히려 중복된 정보를 제공하게 되니 주의하는 것이 좋다.

5.4.8 [주의사항 18-3] 데이터 테이블은 표의 형식을 제거하면 내용을 이해할 수 없는 경우

> 데이터 테이블은 자료들(텍스트, 숫자, 그림 등)간의 논리적인 관계를 나타내기 위해 표를 사용한 경우를 말하며, 표의 형식을 제거하고 선형화했을 때 이해할 수 없는 경우에 해당

데이터 테이블은 제목셀과 내용셀간의 상관 관계가 있기 때문에 표의 형식을 제거하고 선형화하면 해당 정보를 이해할 수 없다. 이런 표를 데이터 테이블이라고 한다.

5.4.9 [주의사항 18-4] 배치용 테이블은 표의 형식을 제거해도 내용을 이해할 수 있는 경우

> 배치용(레이아웃용) 테이블은 화면 배치를 위해 작성된 경우를 말하며, 표의 형식을 제거하고 선형화했을 때 이해 가능한 경우에 해당

배치용 테이블은 제목셀과 내용셀간의 상관 관계 없이 단순히 배치하려고 데이터를 표 안에서 제공하므로 표의 형식을 제거하더라도 이해하는 데 전혀 문제가 없다. 그만큼 표 안의 순서와 상관이 없기 때문이다. 이러한 테이블을 배치용 테이블이나 레이아웃용 테이블이라고 한다.

5.4.10 [주의사항 18-5] 배치용 테이블에는 <th>, <caption> 요소, summary 속성 사용금지

> 배치용 테이블에는 <th>, <caption> 요소, summary 속성을 사용하지 않아야 함

배치용 테이블에서 <th>, <caption> 요소, summary 속성을 사용하면 화면 낭독기 사용자는 습관적으로 이 테이블을 데이터 테이블로 인식하고 짝지어 읽기를 시도한다. 하지만 배치용 테이블은 제목셀과 내용셀의 관계가 없기 때문에 오히려 표를 이해하는 데 방해가 된다. 따라서 배치용 테이블에서는 <th>, <caption> 요소, summary 속성을 사용하면 감점이 된다.

5.5 [검사항목 19] 레이블 제공

(레이블 제공) 입력 서식에는 대응하는 레이블을 제공해야 한다.

● **개념**

레이블은 흔히 라벨이라 부르는 꼬리표를 의미한다. 곧 입력 서식이나 편집창과 같은 폼의 요소에 대한 목적이나 용도를 의미한다.

● **목적**

운동장애가 있는 분이 레이블을 클릭하면 입력 폼으로 바로 진입할 수 있게 지원해 주며, 화면 낭독기 사용자에게는 입력창에 접근하는 순간 어떤 용도의 입력창인지를 알 수 있게 하여 입력 서식을 이해하기 쉽게 한다.

● **검사항목 해설**

레이블 제공은 논란이 많았던 지표 중에 하나다. 가장 좋은 레이블은 `<label>`의 for와 폼 요소의 id를 연결해주는 방법이다. 하지만 모든 콘텐츠가 id와 for만으로 연결할 수 없는 경우도 있다. 예를 들어 전화번호 입력 서식 같은 경우에는 레이블과 연결할 수 있는 입력 서식은 1:1로만 가능하므로 여러 입력 서식을 하나의 레이블에 연결할 수 없다. 따라서 이때는 요소의 설명을 의미하는 `title` 속성을 활용하여 사용해야 한다.

> **요약**
> 〈label〉의 for 값과 폼 요소의 id 값을 동일하게 제공해야 하여 연결해 주거나, 1:1에 대응하는 레이블을 제공할 수 없는 경우에는 title 속성을 이용하여 폼 요소의 설명을 제공해야 한다.

● **준수기준**

입력 서식에 대응하는 레이블을 제공한 경우 준수한 것으로 인정

5.5.1 [오류유형 19-1] 웹 애플리케이션의 대체 콘텐츠가 접근성이 없는 경우

> ⟨input⟩, ⟨textarea⟩, ⟨select⟩ 요소에 1:1 대응하는 ⟨label⟩ 요소 또는 title 속성을 제공하지 않은 경우

1:1에 대응하는 레이블을 제공하지 않았다. 이는 시각장애인에게 입력하고자 하는 폼 요소의 목적을 파악할 수 없어 온라인 서식을 입력하는 데 문제가 된다.

개선 전

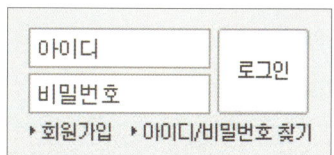

그림 5.25 1:1에 대응하는 label이나 title이 없는 경우

```
<fieldset>
<legend>회원 로그인</legend>
<ul>
<li><input type="text" id="userId" value="아이디" /></li>
<li><input type="password" id="userPwd" value="비밀번호" /></li>
</ul>
```

`<label>`의 for와 `<input>`의 id가 동일하게 매칭되게 제공해서 입력 서식의 목적을 사용자에게 명확히 제공한다.

개선 후

```
<fieldset>
<legend>회원 로그인</legend>
<ul>
<li><label for="userId">아이디</label><input type="text" id="userId" />
</li>
<li><label for="userPwd">비밀번호</label><input type="password"
```

```
id="userPwd" /></li>
</ul>
```

5.5.2 [오류유형 19-2] ⟨input⟩의 id와 ⟨label⟩의 for가 다른 경우

⟨input⟩의 id와 ⟨label⟩의 for가 다른 경우

`<label>`의 for 값과 `<input>`의 id 값이 일치하지 않아 1:1에 대응하는 레이블 형성이 제대로 이루어지지 않았다. 이로 인해 입력 서식의 설명이 부족하여 사용자가 온라인 서식을 이용하는 데 불편함이 예상된다.

개선 전

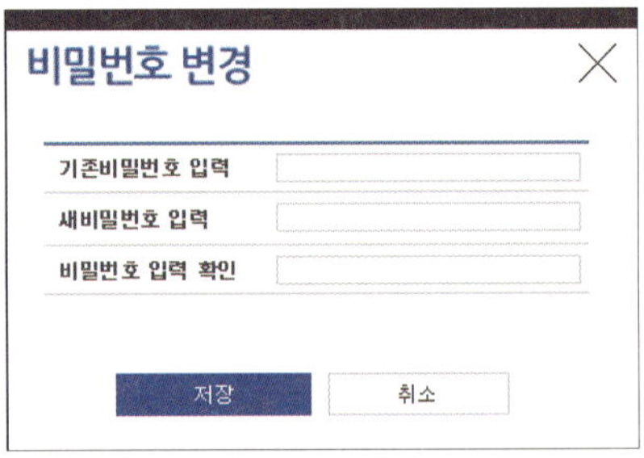

그림 5.26 label의 for와 input의 id가 다른 경우

```
<dl>
    <dt><label for="pwd">기존비밀번호 입력</label></dt>
    <dd><input type="password" id="password1"/></dd>
    <dt><label for="pwd2">새비밀번호 입력</label></dt>
    <dd><input type="password" id="password2"/></dd>
    <dt><label for="pwd3">비밀번호 입력 확인</label></dt>
    <dd><input type="password" id="password3"/></dd>
</dl>
....이하 생략
```

<label>의 for 값과 폼 요소의 id 값을 동일하게 제공하여 사용자가 폼 요소의 용도를 파악할 수 있다.

개선 후

```
<dl>
    <dt><label for="pwd">기존비밀번호 입력</label></dt>
    <dd><input type="password" id="pwd"/></dd>
    <dt><label for="newPwd">새비밀번호 입력</label></dt>
    <dd><input type="password" id="newPwd" /></dd>
    <dt><label for="pwdConfirm">비밀번호 입력 확인</label></dt>
    <dd><input type="password" id="pwdConfirm"/></dd>
</dl>
```

5.5.3 [오류유형 19-2] 〈input〉의 id와 페이지 안에 같은 id가 있는 경우

〈input〉의 id와 페이지 안에 같은 id가 있는 경우

id 값이 중복되어 폼 요소의 레이블이 제대로 작동되지 않는다. 이는 사용자에게 폼 요소의 설명을 잘못 알려 에러를 유도할 수 있게 된다.

개선 전

그림 5.27 input의 id와 페이지 안에 같은 id가 있을 경우

```
<dl>
<dt><label for="kind">용도</label></dt>
<dd>
    <select id="kind">
    <option>월급여</option>
    <option>알바</option>
    ... 중략 ...
```

```
    </select>
</dd>
<dt><label for="account">받는분통장표시내용</label></dt>
<dd><input type="text" id="kind" /><button>일괄입력</button> 최대 10자리</dd>
</dl>
```

폼 요소의 id 속성값을 별도로 제공하여 올바른 레이블 연결이 되었다.

개선 후

```
<dl>
<dt><label for="kind">용도</label></dt>
<dd>
    <select id="kind">
    <option>월급여</option>
    <option>알바</option>
    ... 중략 ...
    </select>
</dd>
<dt><label for="account">받는분통장표시내용</label></dt>
<dd><input type="text" id="account" /><button>일괄입력</button> 최대 10자리</dd>
</dl>
```

5.5.4 [오류유형 19-3] 〈select〉 요소의 첫 번째 〈option〉이 레이블 역할을 대신하는 경우

〈select〉 요소의 첫 번째 〈option〉이 레이블 역할을 대신하는 경우

그림 5.28과 같은 사례는 첫 번째 `<option>` 요소가 `<label>` 요소를 대신하는 경우다. `<option>` 요소는 선택하고자 하는 데이터를 나열하는 의미로 사용되는 것이지 폼 요소의 설명을 대신할 수 없다. 첫 번째 `<option>`이 폼 요소의 설명을 대신하면 화면 낭독기 사용자에게는 해당 옵션의 내용을 선택하는 것으로 오해할 소지가 있어 불편함이 예상된다.

개선 전

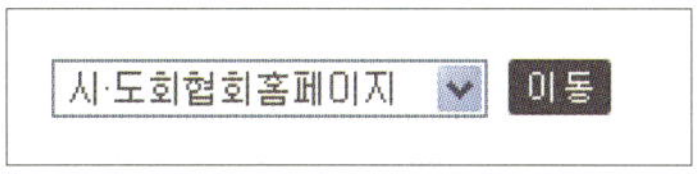

그림 5.28 ⟨select⟩ 요소의 첫 번째 ⟨option⟩이 레이블을 대신하는 경우

```
<select>
<option value="">시&middot;도협의회 홈페이지</option>
<option value="http://www.s-win.or.kr">서울특별시사회복지협의회</option>
...(중간 생략)...
</select>
```

⟨select⟩ 요소에 title을 제공하여 해당 요소에 대한 설명을 제공하여 사용자가 해당 요소를 사용한 목적을 파악할 수 있게 되었다.

개선 후

```
<select title="시&middot;도협의회 홈페이지 바로가기">
<option value="http://www.s-win.or.kr">서울특별시사회복지협의회</option>
...(중간 생략)...
</select>
```

5.5.5 [주의사항 19-1] 레이블로 연결할 수 있는 경우 title 속성보다 ⟨label⟩ 요소를 권장

> 레이블로 연결할 텍스트가 있는 경우 title 속성보다 ⟨label⟩ 요소를 제공하는 것을 권장

이 항목은 <label> 요소로 연결해야 하는 이유는 운동장애가 있는 사용자에게 선택할 수 있는 범위를 넓혀줘서 사용성을 높여주려는 것이다. 하시만 title을 제공하면 폼 요소의 선택 범위가 제한적이 되어 접근성이 떨어진다.

5.5.6 [주의사항 19-2] 암묵적 레이블 방법을 사용한 경우도 인정하지만 권장하지 않음

> id, for 속성을 사용하지 않고 〈label〉 요소로 레이블 텍스트와 서식 콘트롤을 한꺼번에 묶는 암묵적인 방법을 사용한 경우도 인정하지만 권장하지 않음

레이블 제공하는 방법은 두 가지다.

`<label>` 요소의 `for` 값과 입력 서식의 `<input>`의 id 값을 동일하게 제공하여 레이블과 입력 서식을 연결해주는 명시적 방법이 있다.

```
<label for="a1">명시적 방법</label><input type="text" id="a1">
```

명시적 방법은 레이블 제공 원칙에서 가장 좋은 방법인데 이유는 입력할 창이 작아서 상지장애나 손을 떠는 등 운동장애가 있는 분이 레이블 영역을 클릭해도 입력 폼 안으로 초점이 바로 진입할 수 있게 되고, 화면 낭독기 사용자에게는 현재의 입력 창이 어떤 용도인지 레이블을 읽어주어 입력 서식을 이해하기 쉽게 만들기 때문이다.

또 한 가지 방법은 `<label>` 요소로 입력 서식을 감싸는 암묵적 방법이 있다.

```
<label><input type="text">암묵적 방법</label>
```

하지만 암묵적 방법은 레이블 영역을 클릭하면 입력 폼 안으로 초점이 진입하는 반면 레이블 값을 읽어주지 못하는 단점이 있다. 문제는 W3C에서 제공하는 `<label>` 요소 설명을 보면 암묵적 방법의 레이블 제공이 예제로 명시되어 있다는 점이다. W3C에서 제공되는 예제는 곧 표준문법에 해당하기 때문에 웹 접근성 측면에서는 좋은 방식이 아니면서도 표준문법상 문제가 없는 상황이기 때문에 사용을 제한하지는 않게 되었다. 따라서 화면 낭독기가 암묵적 레이블에 대해서도 음성 지원을 할 수 있게 추후 지원되는 것이 바람직하다는 측면에서 암묵적 레이블 제공을 웹 접근성을 준수한 것으로 인정하면서도 권장하지 않고 있다.

5.6 [검사항목 20] 오류 정정

> (오류 정정) 입력 오류를 정정할 수 있는 방법을 제공해야 한다.

● **개념**

오류 정정은 사용자가 입력한 정보가 요구되는 정보가 아닐 경우 오류로 인지할 수 있게 하는 동시에 해당 오류를 정정할 수 있는 방식과 내용을 안내해주고, 정정할 수 있는 수단을 제공하여 입력 목적을 달성할 수 있게 하는 것을 의미한다.

● **목적**

사용자가 잘못 입력한 데이터를 안내해서 해당 오류의 원인을 이해하고, 이를 정정할 수 있는 수단을 제공해서 오류 사실과 오류 원인, 오류를 정정할 수 있는 방법과 수단을 안내하거나 유도하여 쉽게 정정할 수 있게 구현하여 오류 정정에 많은 시간을 할애해야 하는 장애인 사용자뿐만 아니라 비장애인의 사용성까지 향상하기 위함이다.

● **검사항목 해설**

사용자가 입력한 서식의 오류 사실을 구체적으로 알려주지 않는다면 사용자는 반복된 검증을 통하여 스스로 오류 사실을 이해해야 하는 데 시간을 쏟아야 하거나 해당 서비스 사용을 포기한다. 따라서 오류 사실을 정확하게 알리고, 해당 오류를 정정할 수 있는 설명과 함께 해당 위치로 이동할 수 있는 수단을 제공하여 쉽게 오류 정정을 할 수 있게 구현한다. 이 검사항목을 통하여 사용자가 입력한 서식 정보가 초기화되어 새로 입력하거나 자체적으로 오류 내용을 검증해야 하는 수고를 막아줄 수 있는 사용성에 근접한 검사항목이다.

> **요약**
> 오류입력 항목에 정정할 수 있는 방법을 제공해야 한다. 오류 메시지를 알린 후 오류입력 항목에 초점이 자동으로 이동하는 것이 좋다.

● **준수기준**

입력 오류를 정정할 수 있는 방법을 제공한 경우 준수한 것으로 인정

5.6.1 [오류유형 20-1] 입력 서식을 잘못 작성 시, 해당 필드로 초점이 이동하지 않는 경우

> 입력 서식을 잘못 작성한 경우 해당 서식 필드로 초점을 이동하도록 제공하지 않은 경우

그림 5.29는 아무것도 입력하지 않고, 로그인 버튼을 눌렀는데도 오류 정정이 이루어지지 않은 사례. 해당 오류는 아이디나 비밀번호를 입력하지 않았는지 기능이 실행중인지 전혀 파악할 수 없어 시각장애인이 사용하는 데 불편하다.

개선 전

그림 5.29 오류를 정정할 수 있는 방법을 제공하지 않은 경우

그림 5.30은 입력되지 않은 서식에 대한 오류 정정이 이루어진 사례다. 사용자의 실수를 방지해주고 입력되지 않은 서식을 안내해주면서 아이디를 입력할 수 있게 아이디 편집창으로 초점을 이동시켜준다.

개선 후

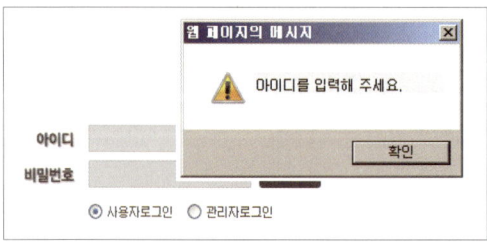

그림 5.30 오류를 정정할 수 있는 방법을 제공한 경우

5.6.2 [오류유형 20-1] 서식의 전송 버튼을 눌렀을 때, 입력 내용이 모두 사라지는 경우

> 서식의 전송 버튼을 눌렀을 때, 입력 내용이 모두 사라지는 경우

그림 5.31은 서식에 입력된 값이 **전송** 버튼이나 **확인** 버튼을 눌렀을 때 기존에 입력되었던 서식의 내용이 모두 사라지는 경우다. 해당 오류는 서식의 양이 많을수록 모든 사용자에게 불편을 초래하는 사례다.

개선 전

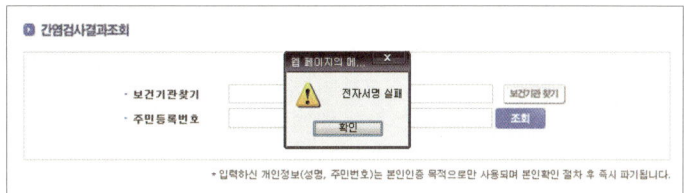

그림 5.31 전송 버튼을 눌렀을 때 내용이 모두 사라지는 경우

그림 5.32는 **조회** 버튼을 클릭한 후 입력된 서식이 사라지지 않은 사례다. 시스템이나 환경적 요인으로 전송이 실패하였을 때 사용자가 서식을 재작성해야 하는 불편함을 보완하였다.

개선 후

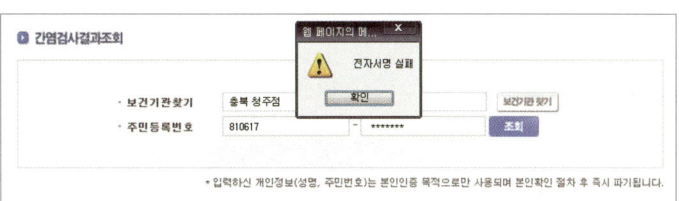

그림 5.32 전송 버튼을 눌렀을 때 내용이 모두 사라지지 않음

5.6.3 [오류유형 20-2] 오류 발생 시, 정정할 수 있는 수단을 제공하지 않는 경우

오류 발생 시, 정정할 수 있는 수단을 제공하지 않는 경우

그림 5.33은 첨부파일 용량 제한을 초과한 파일을 등록하고 검사 요청 시 오류 메시지가 제공되지 않아 다음 단계로 진행이 불가능한 사례다. 그림 5.32와 같은 사례는 대부분 데이터 처리 중으로 오해하거나 사용자의 입력 값이 잘못 제공되는 것을 파악하지 못하여 일어난다.

개선 전

그림 5.33 오류 메시지가 제공되지 않은 경우

그림 5.34는 사용자의 실수로 잘못 작성된 서식에 오류 메시지를 제공하여 사용자가 파악할 수 있게 한 사례다.

개선 후

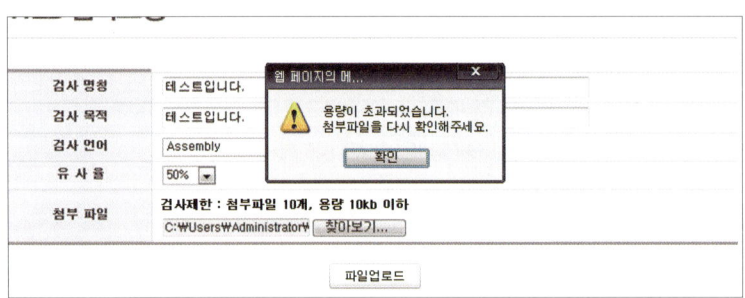

그림 5.34 오류 메시지가 제공된 경우

5.6.4 [오류유형 20-3] 입력 정정 방식을 잘못 제공한 경우

> 입력 정정 방식을 잘못 제공한 경우

그림 5.35는 오류 정정을 제공하였으나 경고창이 아닌 온라인 서식 상단에 콘텐츠 형식으로 제공하여 시각적으로 파악할 수 없는 저시력 사용자나 전맹 사용자가 인지하기 힘든 사례다.

개선 전

그림 5.35 입력 정정 방식을 잘못 제공한 경우

그림 5.36은 오류 정정을 경고창으로 제공하여 시각장애인 사용자가 직관적으로 인지할 수 있게 보완하였다.

개선 후

그림 5.36 입력 정정 방식을 잘 제공한 경우

5.6.5 [오류유형 20-3] 입력 정정 방식의 내용을 잘못 제공한 경우

> 입력 정정 방식의 내용을 잘못 제공한 경우

그림 5.37은 희망직종 부분의 입력 오류이나 오류 정정을 제목으로 제공한 사례다. 이는 시각장애인 사용자에게 잘못된 정보를 제공하여 해당 콘텐츠를 이용할 수 없게 하였다.

개선 전

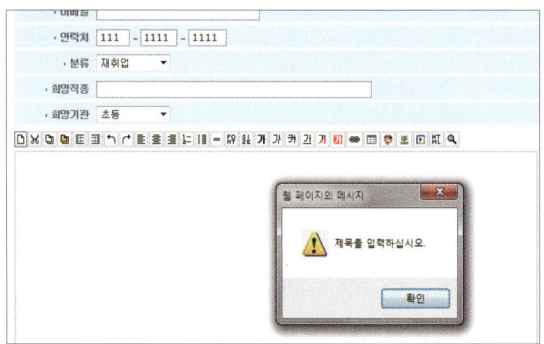

그림 5.37 정정 방식의 내용을 잘못 제공한 경우

그림 5.38은 그림 5.37의 잘못 제공된 오류유형을 정정한 사례다. 시각장애인 사용자는 잘못 제공된 정보로 인하여 많은 시간을 허비하거나 해당 콘텐츠를 사용하지 못하는 경우가 많다. 이런 점을 유의하여 서비스를 제공해야 할 것이다.

개선 후

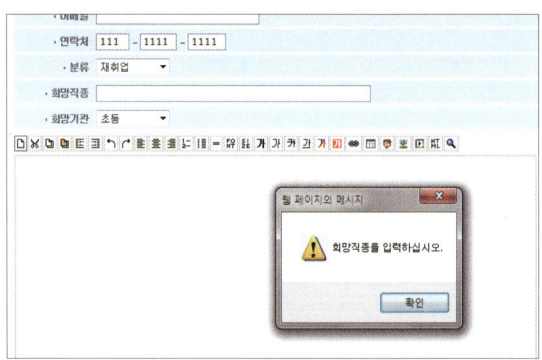

그림 5.38 정정 방식의 내용을 정상적으로 제공한 경우

5.6.6 [주의사항 20-1] 오류 발생 시, 오류의 내용을 먼저 알 수 있도록 설명해 주어야 함

> 이미지에 onclick 자바스크립트 오류가 있는 곳에만 오류 표시를 하면 전맹이나 저시력자는 오류가 난 곳에 도달하기 전까지는 어디에 오류가 있는지 알기 어려우므로 오류의 내용을 먼저 텍스트로 설명해주거나, 프로그램을 통해 오류가 난 위치에 도달하도록 하고, 오류의 내용을 설명해 주어야 자바스크립트 이벤트를 적용하여 키보드로 제어할 수 없는 경우

오류의 내용을 경고창으로 알린 후 **확인** 버튼을 누를 경우 오류 부분으로 초점이 자동 이동해야 하는 내용이다. 이는 마우스 이용이 불편하거나 앞을 볼 수 없는 지체, 시각장애인에게 해당되는 오류 항목이다.

정리

웹 접근성의 기본 원칙 중 세 번째 원칙인 '이해의 용이성'을 알아보았다. 이해의 용이성을 간단하게 요약하면 다음과 같다.

1. **기본 언어 표시**
   - 기본 언어 표시는 화면 낭독기와 같은 보조기기가 접근했을 때 어떤 언어로 지원할지를 결정하는 데 필요하며, 콘텐츠에서 제공하는 주 언어를 lang 속성값으로 제공한다.
   - 문서 타입 선언에 따라 lang 속성이 달라지므로 주의한다.

2. **사용자 요구에 따른 실행**
   - 웹 페이지에 진입했을 때 사용자가 의도하지 않은 새 창이나 레이어 팝업을 제공하면 안 된다.
   - 링크나 버튼 등으로 연결된 콘텐츠가 새 창으로 제공될 경우 사전에 이를 안내해야 한다.
   - 이미지 콘텐츠라면 alt로, 링크 콘텐츠라면 title로 "새 창"으로 안내하거나, target="_blank"를 활용하는 것이 바람직하다.

3. 콘텐츠의 선형화
- 제목과 내용이 연속되어 있는 구조인 경우 제목에 해당하는 내용임을 인식할 수 있게 순서대로 구성하는 것이 바람직하다. 즉, 제목+내용 구조로 콘텐츠를 표현하는 것이 좋다.
- 반드시 제목과 내용 순으로만 가지 않더라도 직관적으로 내용을 이해할 수 있는 형태로 구성되어 콘텐츠를 선형화하였을 때 이해가 용이하게 제공해야 한다.

4 표의 구성
- 데이터 테이블이라면 표의 제목, 요약과 함께 제목셀, 내용셀을 구분하여 제공해야 한다.
- 레이아웃용 테이블이라면 표의 제목, 요약은 물론 제목셀과 내용셀을 구분하지 않아 데이터가 들어 있는 표가 아님을 알 수 있게 제공해야 한다.
- 데이터 테이블과 레이아웃용 테이블은 표의 형식을 제거하고 내용을 선형화시켜 내용을 이해하는 데 문제가 있으면 데이터 테이블, 없으면 레이아웃용 테이블로 구분할 수 있다.

5. 레이블 제공
- 입력 서식에는 반드시 레이블을 제공하여 입력 창에 대한 설명을 제공한다.
- 레이블과 입력 서식이 1:1로 대응하는 경우 label for값과 input의 id값을 연결하여 주고, 레이블로 연결할 입력 서식이 여러 개인 경우 title 속성값으로 입력 서식 요소의 용도나 목적을 제공한다.

6. 오류 정정
- 입력 서식에 대한 오류가 발생할 경우 오류를 정정할 수 있게 오류 내용을 알려주고, 이를 정정할 수 있게 오류 위치로 이동시켜 주어야 한다.

이해의 용이성을 정리하였다. 이제 웹사이트에서 제공되는 여러 콘텐츠를 이용해 원하는 정보에 도달하고 습득할 수 있게 되었다. 마지막으로 미래의 기술, 다양한 환경에서도 웹 콘텐츠가 보여지고 이용할 수 있게 견고하게 웹을 구현하는 '6장. 견고성'을 알아보자.

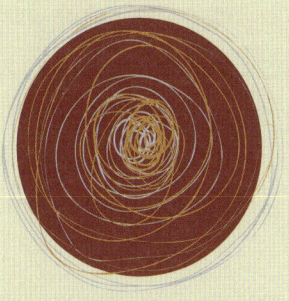

06
견고성

웹 콘텐츠는 미래의 기술로도 접근할 수 있도록
최대한 호환되어야 한다

콘텐츠를 구성하는 소스 코드에 문법적인 오류가 있거나 모호한 부분이 있다면 사용하는 브라우저에 따라 오류를 해석하는 방법이나 모호한 부분을 처리하는 과정이 달라 사용자에게 전달되는 정보에 차이가 발생할 수 있다. 이러한 차이로 인하여 사용자가 웹 콘텐츠를 인식하여 이해하고 사용하는 데 크고 작은 영향을 준다. 따라서 콘텐츠를 개발하는 과정에서 마크업 언어의 표준을 준수하고 가능한 한 문법적 오류나 모호성이 없게 구현되어야 한다.

네 번째 원칙은 '견고성'이다. 견고성은 '굳고 단단한 성질'이란 사전적 의미가 있다. 같은 의미로 웹사이트를 만들 때 다양한 기술이나 환경에서도 문제없이 잘 동작하고, 오류 없이 정보가 잘 전달될 수 있게 만들자는 원칙이다. 따라서 이 원칙은 문서의 뼈대라고 할 수 있는 마크업 언어를 문법적으로 오류가 없게 사용하는 것이 가장 기본이다.

문법적인 오류가 있는 경우 웹 브라우저에서 오류를 감안하여 화면에 제대로 보여줄 수 있기도 하지만 다른 기기나 보조기기에 따라 오류를 해석하는 방법이나 정보를 전달하는 기능 등에서 차이가 발생할 수 있다. 따라서 표준을 준수하고 웹 애플리케이션의 자체적인 접근성 기능을 구현하여 동작이나 기능을 풍부하게 해주는 기술 속에서도 견고하게 콘텐츠의 정보가 다양한 환경에서 동일하게 전달될 수 있게 구현하는 것이 중요하다.

이처럼 견고하게 웹을 만들려고 주어진 원칙이 '견고성'이며, 마크업 오류 방지, 웹 애플리케이션 접근성 준수 2가지 지침으로 구성되어 있다. 그럼 검사항목별로 개념과 목적, 원리를 알아보자.

표 6.1 견고성 검사항목

검사항목(2개)
6.1 (마크업 오류 방지) 마크업 언어의 요소는 열고 닫음, 중첩 관계 및 속성 선언에 오류가 없어야 한다.
6.2 (웹 애플리케이션 접근성 준수) 콘텐츠에 포함된 웹 애플리케이션은 접근성이 있어야 한다.

6.1 [검사항목 21] 마크업 오류 방지

> (마크업 오류 방지) 마크업 언어의 요소는 열고 닫음, 중첩 관계 및 속성 선언에 오류가 없어야 한다.

● **개념**

마크업 오류는 웹 페이지의 기본이 되는 HTML이나 XHTML과 같은 마크업 언어의 문법에 맞지 않게 구현할 때 발생되는 것으로 W3C에서 제공하는 유효성 검사기 validator로 확인할 수 있다. 문법에 맞지 않게 개발된 마크업 문서는 화면에 보이는 출력에 이상이 생기거나 기능 동작에 문제를 일으킬 수 있다는 측면에서 문법을 준수하여 오류가 없게 개발해야 한다.

● **목적**

마크업 언어의 문법 오류를 방지해서 브라우저뿐만 아니라 다양한 보조기기 등에서 콘텐츠를 문제없이 해석할 수 있게 제공할 수 있으며, 앞으로 새로운 기술이 생겨나도 견고성을 유지하려는 목적으로 제시되는 검사항목이다.

● **검사항목 해설**

웹 페이지의 기본이 되는 마크업 언어는 문서의 구조를 만들기 때문에 매우 중요한 뼈대다. 따라서 이 검사항목은 사실상 표준문법을 모두 준수하는 것을 원칙으로 하고 있지만 표준문법 중에서도 가장 기본이 되는 최소한의 사항을 정의한 것으로 열고 닫음, 중첩 관계, 속성 선언에 오류가 없어야 한다는 내용을 담고 있다.

> **요약** 문법을 준수하는데도 가장 기본이 되는 태그의 열고 닫음, 중첩 오류, 중복 선언된 속성 오류를 방지하는 것을 최우선으로 한다.

● **준수기준**

> 마크업 언어 요소의 열고 닫음, 중첩 관계 및 속성 선언에 오류 없이 제공한 경우 준수한 것으로 인정

마크업 오류 방지는 W3C에서 제공하는 유효성 검사(http://validator.w3.org)에서 가능하다. 한국어 서비스는 http://validator.kldp.org를 참조하기 바란다.

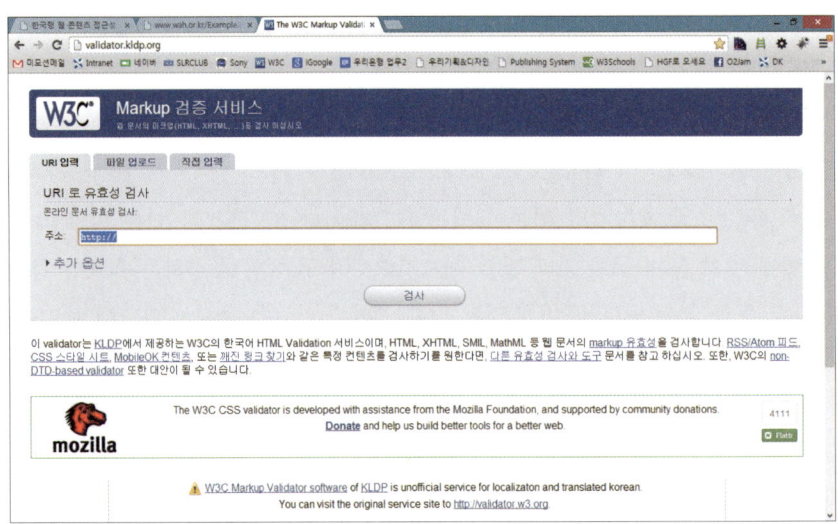

그림 6.1 한글 번역 마크업 유효성 검사 페이지

6.1.1 [오류유형 21-1] 태그의 열고 닫음 오류

태그의 열고 닫음 오류

<a> 요소로 열었으면 닫아서 링크 영역을 감싸주는 것이 원칙이다. 하지만 </a> 링크를 닫지 않아 하위 요소까지 링크 영역으로 제공되며 태그의 열고 닫음 오류가 발생한다.

개선 전

```
<a href="">링크 <span>바로가기</span>
<p>내용이 들어갈 곳</p>
```

이제 원칙대로 <a> 요소로 열고, </a>로 닫아주어 링크의 영역이 정확히 표현되었고 표준문법을 준수해서 브라우저가 태그를 바르게 해석할 수 있게 되어 태그의 열고 닫음 오류가 수정되었다.

개선 후

```
<a href="">링크 <span>바로가기</span></a>
<p>내용이 들어갈 곳</p>
```

팁 문서 타입 선언에 따라 문법 검사가 되므로 가장 먼저 선언된 문서 형태를 확인하고 오류의 숫자가 많더라도 몇 가지 오류를 해결하면 같은 유형의 오류가 동시에 사라지거나 열고 닫는 태그가 순차적으로 밀려있던 오류가 한꺼번에 해결되는 경우가 많으므로 오류의 숫자보다는 해당 오류유형의 숫자가 얼마나 많은지가 관건이 된다는 점을 알아두자.

6.1.2 [오류유형 21-2] 태그의 중첩 오류

태그의 중첩 오류

HTML 요소는 DOM Document Object Model 에서 제시한 문서구조를 기준으로 해서 계층의 순서에 맞게 중첩되어야 한다. 하지만 개발자가 실수로 요소간에 엇갈리게 중첩 관계를 표시하는 경우가 종종 발생한다. 이렇게 중첩 관계가 잘못되면 적용한 요소나 속성 등이 반영되지 않아 원하는 콘텐츠가 화면에 표시되는 것을 확신할 수 없다.

개선 전

```
<div><span>사이트 소개</div></span>
```

가장 처음 여는 태그로 시작한 <div> 요소가 마지막으로 닫는 태그로 정리되고, 그 안에 <span> 요소를 열고 닫아서 중첩 오류를 해결하였다.

개선 후

```
<div><span>사이트 소개</span></div>
```

견고성

6.1.3 [오류유형 21-3] 중복 선언된 속성 오류

> 중복 선언된 속성 오류

한 페이지에서 아이디는 항상 유일해야 한다. 같은 페이지 내에서 동일한 아이디를 제공하면 어떤 표현이나 동작의 목표점이 어디인지 해석할 수 없게 되어 오류를 일으킨다. 레이블을 연결해주는 입력 서식의 아이디가 중복되어 서로 다른 레이블이지만 한 가지는 연결되지 않게 된다.

개선 전

```
<label for="a">이름</label><input type="text" id="a">
<label for="b">비밀번호</label><input type="password" id="a">
```

이제 서로 다른 아이디를 제공하게 되어 두 가지 레이블에 대한 연결 기능이 정상적으로 작동하여 올바른 레이블 제공이 가능해진다. 같은 페이지 내에서는 아이디는 반드시 하나만 사용해야 한다. 아이디라는 표현 자체가 아이덴티티identity에서 온 것이므로 자신만의 정체성을 분명해야 한다.

개선 후

```
<label for="a">이름</label><input type="text" id="a">
<label for="b">비밀번호</label><input type="password" id="b">
```

6.1.4 [주의사항 21-1] ID 값 중복 선언은 오류유형 21-3에서 심사

> ID 값 중복 선언은 오류유형 21-3에서 심사

웹 접근성 품질인증마크 심사에서는 감점이 분명한데 레이블 제공 항목과 표준문법 준수 항목 중 어느 항목에서 감점해야 하는지 알려주기 위한 주의사항이다. 레이블 제공에서 label for와 input id를 연결해 주는 과정에서 id가 중복되더라도 오류유형 21-3에서 감점하고 두 가지 검사항목에서 중복으로 감점하지 않기 위한 설명이다. id 값뿐만 아니라 속성을 중복시키는 경우에도 속성 중복으로 21번 검사항목에서 감점되지만 레이블 제공 항목에서 특히 id 중복이 많으므로 주의사항에 별도로 명시하였다.

6.1.5 [주의사항 21-2] 위에 언급된 항목 이외의 표준문법 오류는 포함하지 않음

> 위에 언급된 항목 이외의 표준문법 오류는 포함하지 않음

실제로 웹 표준문법검사를 해보면 다양한 오류 유형이 발견될 수 있지만 웹 표준의 전체 영역으로 보고 웹 접근성 측면에서의 표준문법 준수는 웹 접근성 품질인증마크 기준으로 태그의 열고 닫음, 중첩 오류, 중복 선언된 속성의 3가지만 오류로 보겠다는 설명이다.

6.1.6 마크업 오류 세부 사례

6.1.6.1 [열고 닫음 오류 사례 1] ⟨a⟩ 요소 여는 태그 미 제공

⟨a⟩ 요소 여는 태그 미 제공으로 인하여 링크가 생성되지 않아 사용자가 해당 콘텐츠에 링크를 사용할 수 없다.

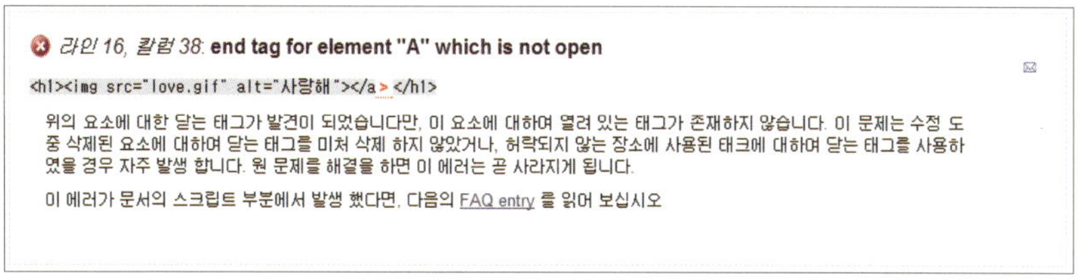

> ❌ 라인 16, 칼럼 38: end tag for element "A" which is not open
> `<h1><img src="love.gif" alt="사랑해"></a></h1>`
> 위의 요소에 대한 닫는 태그가 발견이 되었습니다만, 이 요소에 대하여 열려 있는 태그가 존재하지 않습니다. 이 문제는 수정 도중 삭제된 요소에 대하여 닫는 태그를 미처 삭제 하지 않았거나, 허락되지 않는 장소에 사용된 태크에 대하여 닫는 태그를 사용하였을 경우 자주 발생 합니다. 원 문제를 해결을 하면 이 에러는 곧 사라지게 됩니다.
> 이 에러가 문서의 스크립트 부분에서 발생 했다면, 다음의 FAQ entry 를 읽어 보십시오

그림 6.2 ⟨a⟩ 요소 여는 태그 미 제공 점검 결과

개선 전

```
<h1><img src="love.gif" alt="사랑해"></a></h1>
```

⟨a⟩ 요소 여는 태그 제공으로 정상적인 링크가 형성되어 사용자가 해당 링크를 이용할 수 있게 되었다.

개선 후

```
<h1><a><img src="love.gif" alt="사랑해"></a></h1>
```

6.1.6.2 [열고 닫음 오류 사례 2] <ul> 요소 여는 태그 미 제공

<ul> 요소 여는 태그 미 제공으로 인하여 화면 낭독기 사용자에게 비순서형 목록이 있는 것을 사전에 알려주지 못하여 불편함이 예상된다.

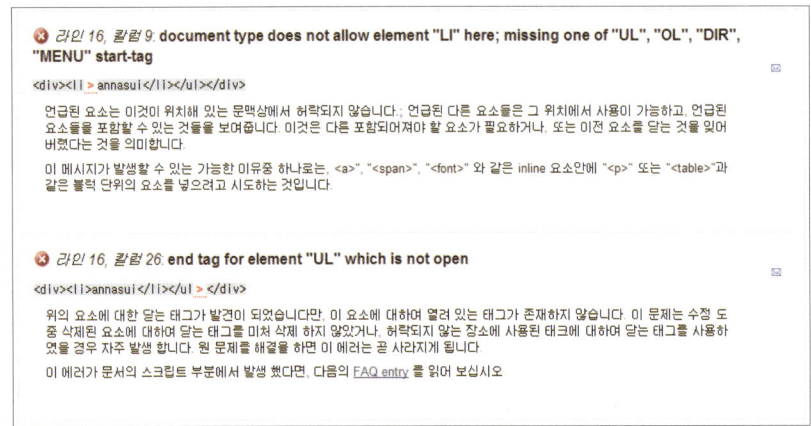

그림 6.3 <ul> 요소 여는 태그 미 제공 점검 결과

개선 전

```
<div><li>annasui</li></ul></div>
```

<ul> 요소의 여는 태그를 추가해서 해당 콘텐츠를 화면 낭독기 사용자에게 이해할 수 있게 제공하였다.

개선 후

```
<div><ul><li>annasui</li></ul></div>
```

6.1.6.3 [열고 닫음 오류 사례 3] <div> 요소 여는 태그 미 제공

<div> 요소 여는 태그 미 제공으로 레이아웃이 정상적으로 제공되지 않아 사용자에게 불편함이 예상된다.

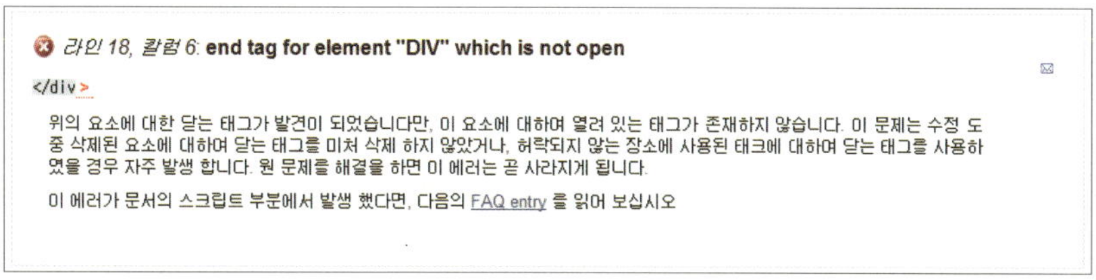

그림 6.4 <div> 요소 여는 태그 미 제공 점검 결과

개선 전

```
<body>
저희 홈페이지에 오신 것을 환영합니다.
</div>
</body>
```

<div> 요소 여는 태그를 제공해서 사용자에게 정상적인 레이아웃이 제공되었다.

개선 후

```
<body>
<div>
저희 홈페이지에 오신 것을 환영합니다.
</div>
</body>
```

6.1.6.4 [열고 닫음 오류 사례 4] <a> 요소 닫는 태그 미 제공

<a> 요소 닫는 태그 미 제공으로 해당 요소 뒤에 제공되는 모든 마크업에 대하여 링크가 형성되어 접근성에 큰 문제가 된다.

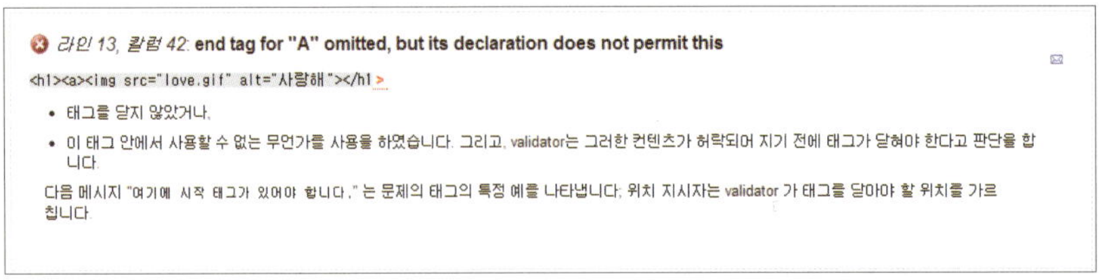

그림 6.5 〈a〉 요소 닫는 태그 미 제공 점검 결과

개선 전

```
<h1><a><img src="love.gif" alt="사랑해"></h1>
```

<a> 요소 닫는 태그 제공으로 단일 링크가 형성돼 사용자가 링크와 링크가 아닌 콘텐츠를 구분할 수 있게 되었다.

개선 후

```
<h1><a><img src="love.gif" alt="사랑해"></a></h1>
```

6.1.6.5 [열고 닫음 오류 사례 5] 〈strong〉 요소 닫는 태그 미 제공

<strong> 요소 닫는 태그 미 제공으로 해당 요소 하위의 모든 텍스트에 볼드 효과가 나타나 강조문이 어떤 것인지 혼란스러울 수 있다.

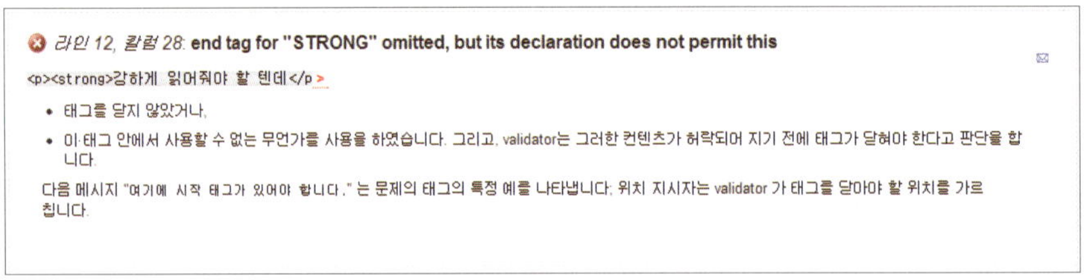

그림 6.6 〈strong〉 요소 닫는 태그 미 제공 점검 결과

개선 전

```
<p><strong>강하게 읽어줘야 할 텐데</p>
```

<strong> 요소 닫는 태그 제공으로 강조문과 일반문을 구분할 수 있어 콘텐츠를 이해할 수 있게 되었다.

개선 후

```
<p><strong>강하게 읽어줘야 할 텐데</strong></p>
```

6.1.6.6 [열고 닫음 오류 사례 6] ⟨h⟩ 요소 닫는 태그 미 제공

<h> 요소 닫는 태그 미 제공으로 해당 코드 하위에 있는 모든 요소가 제목으로 인지하게 되어 콘텐츠의 논리적 선형화에 문제가 될 수 있다.

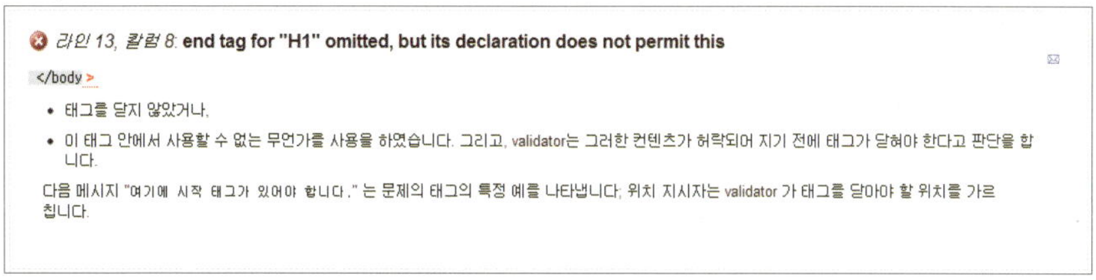

그림 6.7 ⟨h⟩ 요소 닫는 태그 미 제공 점검 결과

개선 전

```
<h1><img src="love.gif" alt="사랑해">
```

<h> 요소 닫는 태그 제공으로 제목과 내용 구분이 가능해서 콘텐츠를 이해할 수 있게 되었다.

개선 후

```
<h1><img src="love.gif" alt="사랑해"></h1>
```

6.1.6.7 [태그의 중첩 오류 사례] ⟨p⟩와 ⟨strong⟩의 중첩 제공

<p>, <strong> 요소의 닫는 태그가 중첩되게 제공하여 화면의 레이아웃이 틀어지는 현상이 발생하여 사용자에게 불편함을 줄 수 있다.

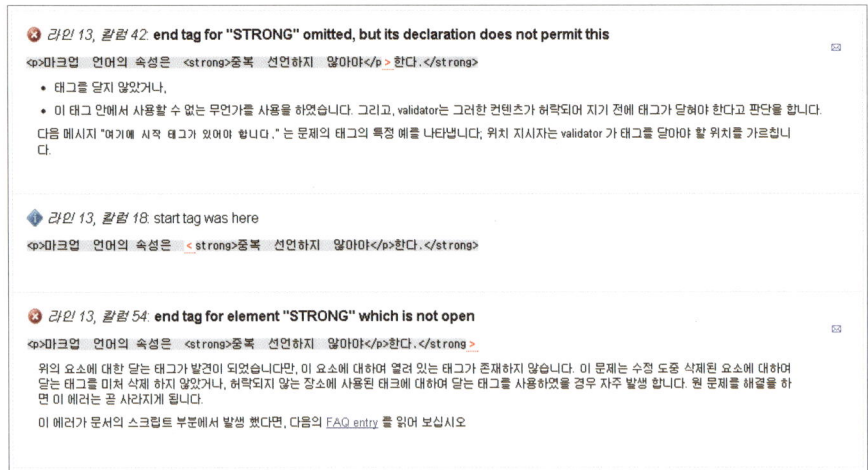

그림 6.8 태그의 중첩 오류 사례

개선 전

```
<p>마크업 언어의 속성은   <strong>중복 선언하지 않아야</p>한다.</strong>
```

요소의 열고 닫음을 중첩되지 않게 정상적으로 제공하여 콘텐츠를 정상적으로 제공하였다.

개선 후

```
<p>마크업 언어의 속성은   <strong>중복 선언하지 않아야</strong>한다.</p>
```

6.1.6.8 [속성 중복 오류 사례 1] ⟨p⟩ 요소에 대한 ⟨style⟩ 속성 중복 제공

<p> 요소에 style 속성을 중복으로 사용하여 오류가 발생하였다.

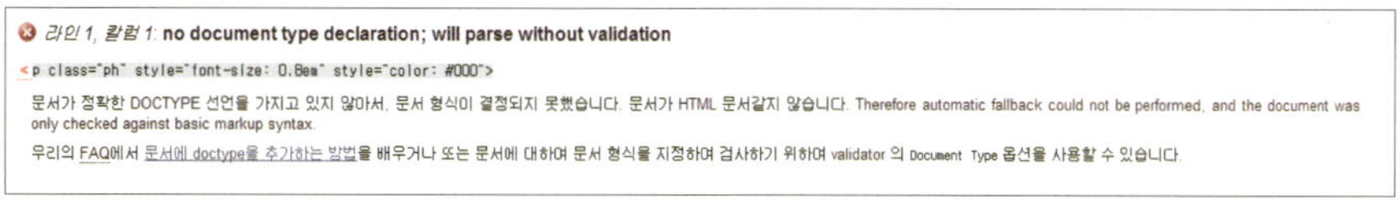

> 라인 1, 칼럼 1: no document type declaration; will parse without validation
> <p class="ph" style="font-size: 0.8em" style="color: #000">
> 문서가 정확한 DOCTYPE 선언을 가지고 있지 않아서, 문서 형식이 결정되지 못했습니다. 문서가 HTML 문서같지 않습니다. Therefore automatic fallback could not be performed, and the document was only checked against basic markup syntax.
> 우리의 FAQ에서 문서에 doctype를 추가하는 방법을 배우거나 또는 문서에 대하여 문서 형식을 지정하여 검사하기 위하여 validator 의 Document Type 옵션을 사용할 수 있습니다.

그림 6.9 style 속성 중복 제공 사례

개선 전

```
<p class="ph" style="font-size: 0.8em" style="color: #000">
```

<p> 요소에 style 속성을 한 개로 제공하여 오류를 해결되었다.

개선 후

```
<p class="ph" style="font-size: 0.8em; color: #000">
```

6.1.6.9 [속성 중복 오류 사례 2] ID 속성 중복 제공

한 페이지에 동일한 id의 속성값을 제공해서 웹사이트의 기능이 원활히 제공되지 않을 수 있다.

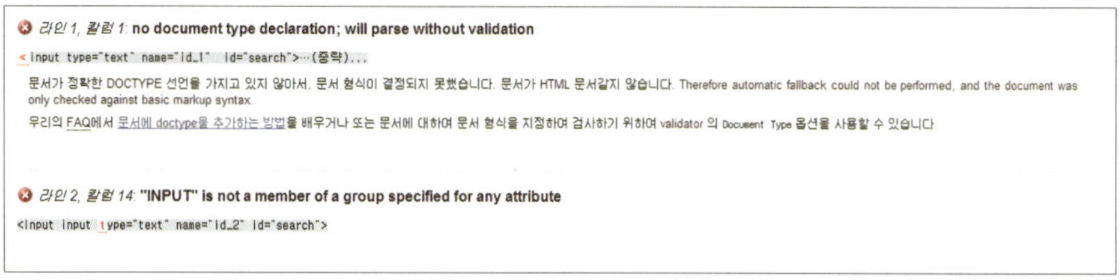

> 라인 1, 칼럼 1: no document type declaration; will parse without validation
> < input type="text" name="id_1" id="search">…(중략)…
> 문서가 정확한 DOCTYPE 선언을 가지고 있지 않아서, 문서 형식이 결정되지 못했습니다. 문서가 HTML 문서같지 않습니다. Therefore automatic fallback could not be performed, and the document was only checked against basic markup syntax.
> 우리의 FAQ에서 문서에 doctype를 추가하는 방법을 배우거나 또는 문서에 대하여 문서 형식을 지정하여 검사하기 위하여 validator 의 Document Type 옵션을 사용할 수 있습니다.
>
> 라인 2, 칼럼 14: "INPUT" is not a member of a group specified for any attribute
> <input input type="text" name="id_2" id="search">

그림 6.10 id 속성값 중복 제공 사례

개선 전

```
<input type="text" name="id_1"  id="search">...(중략)...
<input input type="text" name="id_2" id="search">
```

id의 속성값을 중복되지 않게 유일하게 제공하여 웹사이트의 기능 실행을 위한 목표 대상이 정확해졌다. 이를 위한 기능은 정상적으로 작동한다.

> **개선 후**
>
> ```
> <input type="text" name="id_1"  id="search1">...(중략)...
> <input input type="text" name="id_2" id="search2">
> ```

> **팁**
>
> 열고 닫음, 중첩 오류, 속성 중복에서 주로 나타나는 문법 오류 메시지를 살펴보면 주로 end tag for, duplicate specification of attribute, already defined가 주요 문자열이 되므로 오류 메시지가 나타났을 때 좀 더 빠르게 판단할 수 있다. 표 6.2는 W3C Vaildation 오류항목 중 마크업 오류 방지에 해당되는 메시지를 나열한 표다. 해당 표를 참고하여 마크업 오류항목을 파악하자.

표 6.2 Validation 오류 예시

No	오류 구분	오류 설명	오류 예시	Validation 오류	필터링 문자열
1	열고 닫음	여는 태그 미 제공	`<h1><img src="logo.gif" alt="로고" /></a></h1>`	end tag for element "A" which is not open	end tag for
2			`...(중략) </ul>`	end tag for element "UL" which is not open	
3			`...(중략) </div>`	end tag for element "DIV" which is not open	
4		닫는 태그 미 제공	`<a href="test.html"><img src="logo.gif" alt="로고" />`	end tag for "A" omitted, but its declaration does not permit this	
5			`<strong> (중략)...`	end tag for "STRONG" omitted, but its declaration does not permit this	
6			`<h2> (중략)...`	end tag for "H2" omitted, but its declaration does not permit this	
7					
8					
9					

이어짐

No	오류 구분	오류 설명	오류 예시	Validation 오류	필터링 문자열
10	중첩 오류	중첩 오류 발생	<p>마크업 언어의 속성은 <strong>중복 선언하지 않아야</p>한다.</strong>	end tag for "STRONG" omitted, but its declaration does not permit this	end tag for
11				end tag for element "STRONG" which is not open	
12			<h1><a href="test.html"><img src="logo.gif" alt="로고" /></h1></a>	end tag for "A" omitted, but its declaration does not permit this	
13				end tag for element "A" which is not open	
14			<p class="other"><span><a href="test.html"><img src="img.gif" alt="이미지" border="0" /></a></p></span>	end tag for "SPAN" omitted, but its declaration does not permit this	
15				end tag for element "SPAN" which is not open	
16	중복 선언된 속성	한 태그 내에 중복된 속성 사용	<p class="slogan" style="font-size:0.8em" style="color: #000">	duplicate specification of attribute "STYLE"	duplicate specification of attribute
17			<img src="image.gif" alt="이미지" alt="이미지" />	duplicate specification of attribute "ALT"	duplicate specification of attribute
18		중복된 속성값 사용 (id 속성)	<input type="text" name="id_1" id="search">…(중략)… <input input type="text" name="id_2" id="search">	ID "SEARCH" already defined	already defined

이외에도 태그의 <, > 부호를 누락한 경우에도 unclosed start-tag requires SHORTTAG YES, unclosed end-tag requires SHORTTAG YES, empty start-tag, empty end-tag 등의 오류 메시지가 나타날 수 있으므로 start-tag와 end-tag를 필터링 문자열로 추가할 수 있다.

6.2 [검사항목 22] 웹 애플리케이션 접근성 준수

> (웹 애플리케이션 접근성 준수) 콘텐츠에 포함된 웹 애플리케이션은 접근성이 있어야 한다.

● 개념

웹 애플리케이션은 웹 콘텐츠에 포함되어 특정한 기능을 수행하게 구성된 애플리케이션을 말한다. 따라서 웹 콘텐츠 내에 삽입되는 별도의 애플리케이션이나 자바스크립트로 구현된 프로그램 등은 자체적으로 접근성이 있어야 하며, 자체적인 접근성이 있다는 의미는 검사항목 1~21번 항목을 준수한 경우를 말한다.

● 목적

웹 콘텐츠에 포함된 부가적인 애플리케이션이나 기능을 실행하는 데 운영체제에서 제공하는 접근성 API를 사용하여 제작되게 하고, 이를 활용하여 웹 애플리케이션 영역에도 접근성을 제공하여 모든 형태의 콘텐츠에서 차별 없이 이용할 수 있게 하려는 것이다.

● 검사항목 해설

웹 애플리케이션은 주로 플래시, 플렉스, 실버라이트, 자바 애플릿 등과 같은 플러그인 기술이나 RIA 기술이 주류를 이룬다. 이러한 다양한 기술에 대해 자체적인 접근성 구현 방법은 웹 접근성 연구소에서 제공하고 있으므로 이를 활용하여 자체적인 접근성을 구현하는 것이 가장 최선의 방법이다. 다만 원본 소스가 없다거나 해당 콘텐츠나 기능의 난이도로 인하여 직접적으로 접근성을 구현하기 어려운 경우 대체 수단을 제공해서 우회할 수 있는 경로를 제공해줄 수 있다.

> **요약**
> 기술적인 한계가 없다면 자체적인 접근성을 높이고, 접근성을 높이기 어렵다면 대체 수단을 제공하여 어떤 경로든지 웹 접근성이 있는 콘텐츠를 통해 동등한 정보를 제공하는 것이 중요하다.

● 준수기준

> 웹 애플리케이션의 자체 접근성을 준수하여 제공한 경우 준수한 것으로 인정

6.2.1 [오류유형 22-1] 접근성이 없는 웹 애플리케이션 대체 콘텐츠가 없는 경우

> 웹 애플리케이션이 자체적인 접근성이 없으며 대체 콘텐츠가 존재하지 않는 경우

플래시 콘텐츠이지만 접근성 패널을 이용하여 자체 접근성을 제공하지 않은 콘텐츠다. 하지만 원본이 없어서 이를 수정하지 못한 채로 운영 중인 경우로 키보드 사용자나 화면 낭독기 사용자는 이 콘텐츠에 접근할 수 없으면서 대체할 수 있는 수단도 제공하지 않은 경우다.

개선 전

그림 6.11 접근성이 제공되지 않은 플래시

플래시 버전은 그대로 두고, 플래시를 이용하지 못하는 사용자에게 일반 HTML로 제공된 대체 수단을 함께 나열하여 접근성을 준수하고 있다. 이제 원하는 형태로 선택하여 같은 정보를 제공받을 수 있다.

> 개선 후

그림 6.12 대체 콘텐츠가 제공된 플래시

> **팁**
>
> 웹 애플리케이션의 자체 접근성을 제공하기 어려워 대체 수단을 제공하는 경우 대체 수단에서 제공되는 정보나 기능이 웹 애플리케이션에서 접근성을 구현한 수준과 동일하지는 않더라도 동등한 수준으로 제공되어야 한다. 하지만 동등한 수준이 무엇인지 정확한 언급이 없기 때문에 애매한 것이 사실이다. 따라서 가능한 한 동일한 수준으로 제공하려는 노력이 필요하고 동등하게 제공한다는 것을 구체적으로 표현해볼 수 있다.
>
> 예컨대 3D로 시각화한 지도에서 다양한 연산 기능이 제공될 때 2D 형태의 지도나 지역을 목록화한 데이터를 보여주고, 이에 해당하는 연산의 가장 많이 사용되는 정보나 주요한 결괏값 정도를 제공하면 동등한 수준으로 인정된다. 모든 정보가 아니더라도 주요한 정보나 목표된 정보에 대한 구체성이 있다면 준수한 것으로 본다는 것이다. '찾아오시는 길'의 지도 정보에서 지도 안의 모든 정보보다는 찾아오는 길 위주의 설명만으로 동등한 정보를 제공한 것으로 인정되는 것과 같은 이치다.

6.2.2 [오류유형 22-2] 대체 콘텐츠가 핵심 기능을 동등하게 제공하지 못한 경우

대체 콘텐츠를 제공했지만 핵심 기능을 동등하게 제공하지 못한 경우

플래시로 제작된 이북e-book 콘텐츠가 있지만 자체적인 접근성을 구현할 수 없어 HTML 페이지로 대신 제공했다면 대체 수단으로 인정될 수 있다. 하지만 이북 콘텐츠의 내용을 그대로 제공하지 않고 요약 형태로 제공했다면 동등하게 제공하지 못한 경우라고 할 수 있다. 플래시 내에 있던 원본 PDF 문서를 제공했다면 해당 PDF 문서의 내용은 동등하게 제공되었지만 PDF 문서에 접근성이 있어야 한다.

> **팁**
> 이 책을 쓰고 있는 현재 시점에서 웹 접근성 품질인증마크는 대체 수단으로 제공된 PDF 문서는 자체 접근성을 평가하지 않는 상황이다. 하지만 실제 접근성에는 문제가 있기 때문에 차후에 문서 접근성도 평가하는 형태로 바뀌는 것이 바람직하며 여기까지 대비할 필요가 있다. PDF 문서 접근성은 '10장, 웹 접근성 평가 기법'에서 자세히 다룬다.

6.2.3 [주의사항 22-1] 자바스크립트 미지원 환경에서는 평가하지 않음

> 자바스크립트 미지원 환경에서는 평가하지 않음

웹 콘텐츠 접근성 지침 1.0에서 가장 화두가 되었던 지표는 18번 '마크업으로 구현 가능한 기능을 자바스크립트로만 구현하지 말아야 한다'다. 이 지표는 링크나 입력 서식, 버튼과 같은 마크업 언어로 만들 수 있는 기능조차 자바스크립트로 구현하여 자바스크립트가 작동하지 않는 경우 기능적 문제를 일으키기 때문에 웹 접근성을 저해하는 요소로 판단되었다. 특히 18번 항목을 검사하려고 실제로 자바스크립트 지원 환경을 고의로 미지원시켜 평가하는 형태로 잘못 이해되기도 하였다. 따라서 웹 애플리케이션에 해당하는 자바스크립트 프로그램 등에 지원 환경을 제거하여 평가하지 않게 주의사항에 명시하게 되었다.

6.2.4 [주의사항 22-2] 웹 애플리케이션에 대한 자체 접근성은 각 검사항목에서 평가

> 웹 애플리케이션에 대한 자체 접근성은 각 검사항목에서 평가

웹 애플리케이션의 자체 접근성은 웹 애플리케이션 영역에 대해 1~21번 검사항목을 준수하는지 판단하게 되므로 22번 검사항목은 타 검사항목과 달리 영역의 성격으로 규정할 수 있다. 따라서 22번 검사항목은 타 검사항목에 각각 나뉘어서 들어간다고 생각하면 되므로 22번 검사항목에서는 자동으로 해당사항이 없다.

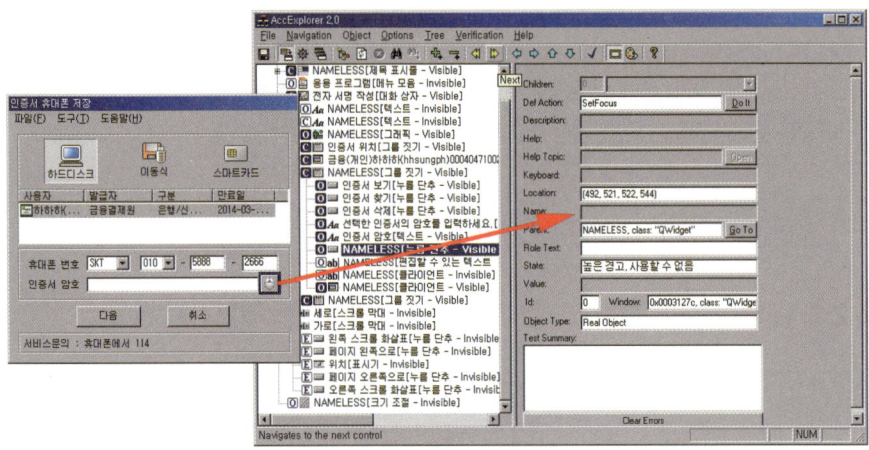

그림 6.13 대체 텍스트가 제공되지 않은 웹 애플리케이션

정리

웹 접근성을 준수할 때 미래에 새로운 기술이 나오더라도 영향이 적게 웹을 만들기 위한 기본 원칙인 '견고성'을 알아보았다. 견고성에는 2가지 검사항목이 있지만 의외로 웹 표준문법 관련 지식과 다양한 웹 애플리케이션의 접근성 지식이나 이를 대체할 수 있는 수단을 알아야 한다.

1. **마크업 오류 방지**
   - 태그를 열었으면 반드시 닫아서 오류가 발생하지 않게 한다.
   - 태그를 중첩되게 제공하지 않는다.
   - 한 페이지에 id나 한 요소에서 속성을 중복으로 제공하여 기능의 오류를 일으키지 않게 한다.
   - 열고 닫음, 중첩 오류, 속성 중복에 대해 주로 나타나는 문법 오류 메시지를 살펴보면 주로 end tag for, duplicate specification of attribute, already defined, start-tag, end-tag 등이 주요 문자열이 되므로 오류 메시지에서 해당 문자열이 나타나면 좀 더 주의 깊게 확인할 필요가 있다.

2. **웹 애플리케이션 접근성 준수**
   - 플래시, 실버라이트, 자바 애플릿 등 웹 애플리케이션에는 자체 접근성이 있어야 하며, 자체 접근성이란 '한국형 웹 콘텐츠 접근성 지침 2.0'의 1~21번 항목을 준수하는 것을

의미한다.
- 기술적 제약 등 웹 애플리케이션의 자체 접근성 준수가 어려운 경우 대체 콘텐츠나 대체 수단을 제공해야 한다.

이제 견고성까지 4가지 기본 원칙을 모두 확인했다. 마지막으로 웹 접근성의 4대 원칙을 정리해보자.

❶ 웹 콘텐츠에 접근할 때 가장 먼저 콘텐츠를 인식할 수 있어야 한다. 이미지 등에는 대체 텍스트를, 영상 콘텐츠에 자막과 같은 다양한 감각에서 인식할 수 있게 제공하여 직접적인 콘텐츠를 인식할 수 있게 해준다.

❷ 다양한 수단과 경로로 콘텐츠에 접근이 용이해야 한다. 마우스와 키보드뿐만 아니라 콘텐츠와 콘텐츠간에 건너뛰면서 쉬운 컨트롤로 운용이 편리할 수 있게 한다.

❸ 인식과 운용이 용이한 상황에서 콘텐츠를 구성하고 쉽게 이해할 수 있어야 한다. 주 언어를 명시하고, 표나 레이블 등을 이해하기 쉽게 만들고 오류가 나더라도 쉽게 정정할 수 있고, 움직이거나 시간 제한이 있는 콘텐츠를 제어할 수 있게 하여 구성되어 있는 콘텐츠 전체를 제대로 이해하고 원하는 정보를 얻을 수 있게 구성되어야 한다.

❹ 접근이 원활해진 모든 콘텐츠의 다양한 환경과 기술에서 오류가 없게 견고성을 유지해야 한다. 표준을 준수하고, 다양한 기술의 자체 접근성을 준수해야 한다.

3부
웹 접근성 실전

웹 접근성은 결국 4대 원칙에 따라 콘텐츠를 인식하고, 운용하고, 이해하며 이를 새로운 기술이 나오더라도 문제없이 이용할 수 있게 하는 것이 기본 뼈대다. 3~6장을 통해 기본적인 원칙과 취지, 사례 등 웹 접근성의 전반을 이해할 수 있을 것이다. 그러나 실제 웹 접근성을 준수하려고 복잡한 웹사이트를 들여다보면 예산이나 콘텐츠의 문제로 있는 상태 그대로에서 웹 접근성을 준수할 수 있게 해야 하거나 기본적인 내용 이상의 응용이 필요한 경우가 매우 많다. 웹 접근성 개선 프로젝트를 수행해본 담당자의 입장에서는 좀 더 다양하고, 복잡한 사례를 어떻게 처리했는지 궁금한데 3부에서는 다양한 응용 사례와 방법을 알아볼 것이다.

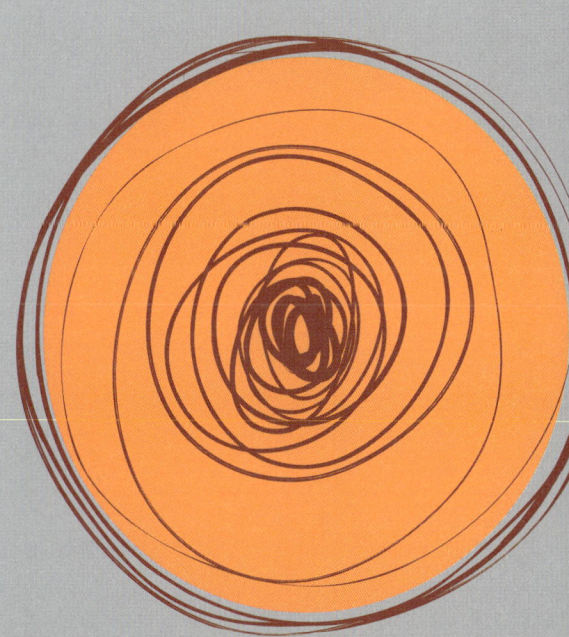

07
웹 접근성 난제 해결

7.1 난제 해결 기본 원칙 확립

웹 접근성 관련 난제 해결에는 기본적인 몇 가지 원칙이 있다. 이 원칙을 살펴보면서 3~6장에서 살펴본 기본 원리를 다시 한 번 되짚어보자.

7.1.1 지침과 사용자 분석

3~6장에서 한국형 웹 콘텐츠 접근성 지침 2.0의 원리와 취지 등을 확인했다. 이제 장애유형별로 각 검사항목을 준수하였을 경우 입을 수혜자를 고려해보자. 각 검사항목의 대상이 누구고 어떤 특성이 있는지 알 수 있으며 앞서 습득한 기본 원리에 확신을 더해주게 될 것이다.

표 7.1 검사항목별 해당 장애유형과 비중

순번	검사항목	시각장애				청각장애	상지장애	지적장애
		전체	전맹	저시력	색맹·색약			
	장애유형별 비중	95.5%	81.8%	54.5%	22.7%	22.7%	50.0%	36.4%
1	적절한 대체 텍스트 제공	○	○	○				
2	자막 제공					○		
3	색에 무관한 콘텐츠 인식	○		○	○			
4	명확한 지시사항 제공	○	○	○		○		○
5	텍스트 콘텐츠의 명도대비	○		○	○			
6	배경음 사용 금지	○	○					
7	키보드 사용 보장	○	○				○	
8	초점 이동						○	
9	응답시간 조절	○	○	○			○	○
10	정지 기능 제공	○		○			○	
11	깜빡임과 번쩍임 사용 제한	○		○	○	○	○	○
12	반복 영역 건너뛰기	○	○				○	
13	제목 제공	○	○					

이어짐

순번	검사항목	시각장애				청각장애	상지장애	지적장애
		전체	전맹	저시력	색맹·색약			
	장애유형별 비중	95.5%	81.8%	54.5%	22.7%	22.7%	50.0%	36.4%
14	적절한 링크 텍스트	○	○					
15	기본 언어 표시	○	○					
16	사용자 요구에 따른 실행	○	○	○			○	○
17	콘텐츠의 선형화	○	○					
18	표의 구성	○	○					
19	레이블 제공	○	○	○			○	
20	오류 정정	○	○	○			○	○
21	마크업 오류 방지	○	○	○	○	○	○	○
22	웹 애플리케이션 접근성 준수	○	○	○	○	○	○	○

표 7.1은 22개 검사항목의 수혜대상자 중 장애유형별로 분석한 자료다. 장애유형은 실제로 더 있지만 가장 보편적으로 이해할 수 있을 수준에서 분류하였으며, 고령자나 어린이, 기타 분류되지 않은 장애유형은 대상에 포함하지 않았다. 눈이 침침하신 어르신이 저시력의 특징과 유사하고, 이해력이 어른보다 떨어지는 어린이 등은 인지장애나 지적장애의 특징에 포함되는 경우로 판단하여 생략하였다. 또한 전맹은 화면 낭독기 사용자를 의미하며, 저시력자 중에 화면 낭독기를 사용해야 할 만큼 시력이 좋지 않은 사용자의 경우는 전맹으로 포함하였다.

따라서 표 7.1의 저시력자는 화면 낭독기를 사용하지 않고, 화면 확대기만을 사용한다는 전제를 내포하고 있다. 마지막으로 견고성에 해당하는 21번과 22번 검사항목은 모든 계층이 대상이 된다고 볼 수 있다. 21번의 마크업 오류 방지의 경우 표준문법을 준수하여 보조기술이나 새로운 기술에서도 오류 없이 작동하기 위한 것으로 장애유형과 상관없이 모든 사용자에 해당하기 때문이다. 아울러 웹 애플리케이션 접근성 준수도 1번에서 21번까지 검사항목 모두를 의미하는데 여기에 모든 장애유형이 포함되므로 결국 모든 사용자에 해당한다고 볼 수 있다.

7.1.2 검사항목별 수혜 장애유형 분석

"시간이 없는데 22개 검사항목 중 뭐부터 준수하면 되나요?", "검사항목 중에 가장 중요한 검사항목이 뭐에요?" 이런 질문을 꽤 많이 받는다. 웹 접근성의 취지상 모든 사용자를 고려하는 것이 중요하고, 비중을 나누는 것은 의미가 없지만 단계적인 측면에서 우선적으로 고려한다면 지체 없이 시각장애와 상지장애에 크게 영향을 미치는 1번의 대체 텍스트 항목과 7번의 키보드 사용 보장 항목을 꼽게 된다. 이유는 그림 7.1과 같다. 웹 접근성 지침은 장애유형에 따라 지침의 비중이 다른데 이미지의 대체 텍스트 제공과 키보드로 이용이 가능하다면 가장 높은 비중의 시각장애와 상지장애 부분을 해소했다고 보기 때문이다.

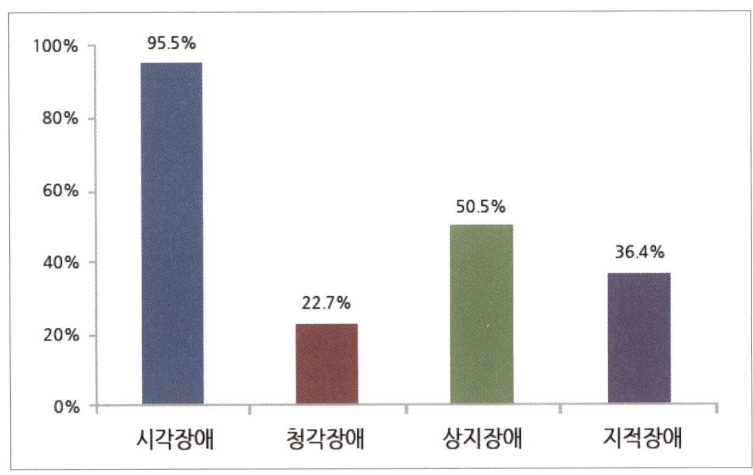

그림 7.1 검사항목별 해당 장애유형과 비중

하지만 웹 접근성 품질인증마크에서는 장애유형별로 검사항목을 고려하여 전체를 평균하여 통과 준수율을 잡지 않고, 항목별로 95% 이상을 준수해야 인증을 주고 있다. 모든 장애유형에서 문제없이 접근이 가능해야 한다는 취지 때문이다.

그래서 웹 접근성을 준수하는 데 지침도 중요하지만 화면 낭독기도 상당 부분 중요하다는 결론을 내릴 수밖에 없다. 가장 높은 비중을 가지고 있는 전맹 시각장애인에게는 화면 낭독기가, 저시력 시각장애인에게는 화면 확대기가 필수 보조기기다. 보조기기의 특성이 전반적으로 지침에도 포함되어 있지만 화면 낭독기에 비해 화면 확대기를 고려한 부분은 거의 없다. 화면 확대기를 고려한 지침은 국가 표준인 한국형 웹 콘텐츠 접근성 지침 2.0보다는 단체 표준인 장애인 웹 콘텐츠 사용성 지침 1.0을 확인하는 것이 더 좋다.

즉 화면 낭독기가 현재의 웹 접근성에서 매우 큰 영향을 미치고 있는데, 화면 낭독기가 다양한 브라우저를 지원하지 못하고 있기 때문에 현실적으로 장애인은 종속된 운영체제와 브라우저에 갇혀 원래의 취지대로 다양한 기기와 환경에서 접근성을 지키지 못하고 있다. 웹 접근성 난제 중 하나가 이러한 화면 낭독기에서 발생하는 문제를 잘 이해하지 못할 때 발생한다.

화면 낭독기 관련 부분은 '11장, 보조기술'에서 자세하게 확인할 수 있다. 웹 접근성 난제 해결의 웹 접근성 전문가가 되려면 표준지침과 각 사용자의 특성, 보조기술을 이해하고 있어야 한다.

★ **용어**

보조기술(Assistive technology): 장애가 있는 사용자의 요구조건을 만족시키는 기능을 추가하여 제공하는 하드웨어나 소프트웨어를 의미한다. 대표적으로 화면 낭독 프로그램(Screen reader), 화면 확대 프로그램, 특수 키보드 등을 들 수 있다. 보조기술은 보조공학이라고 하기도 한다.

7.1.3 웹 접근성 핸들링

모든 콘텐츠의 웹 접근성 이슈를 해결하려면 표준지침만으로 이해하기 어렵다. 따라서 표준지침을 우선순위로 하되 보조기술과 사용자를 반드시 이해하는 관점에서 준수해야 할 대상을 분석해야 한다. 이를 정리해보면 그림 7.2와 같으며 이를 '웹 접근성 핸들링'이라 명명했다.

기본적으로 가장 중요한 것은 표준지침일 것이다. 국가가 정한 표준에 의거하여 콘텐츠를 바라보면 기본적인 해결 방안을 만들 수 있다. 그러나 표준지침은 해당 표현이 전체성을 띠거나 집약적이어서 모든 상황에서 구체적인 해결 방안을 제시할 수 없으며 지침에서 해결할 수 없는 사각지대가 존재하므로 보조기술과 사용자 측면을 반드시 함께 확인해야 한다. 이와 같은 이유로 전문가 평가와 함께 사용자 평가가 존재하는 것이다.

그림 7.2 웹 접근성 핸들링

7.1.4 웹 접근성 핸들링의 우선순위

그림 7.3은 웹 접근성 핸들링과 우선순위를 나타낸 그림이다. 1순위는 표준지침이다. 간혹 화면 낭독기에 콘텐츠를 맞추려고 표준지침을 위배하는 경우가 있는데 잘못된 것이다. 중요한 것은 표준지침이 모든 상황을 고려하여 제작되었고, 이를 기반으로 만들어진 약속이므로 표준을 중심으로 화면 낭독기가 표준지침을 지원할 수 있게 보조기술에서 해결해야 할 문제다.

2순위는 보조기술이다. 표준지침을 준수한 상황에서 보조기술이 지원하는 부분이라면 최대한 보조기기에서 콘텐츠를 인식하고 이해하는 데 문제가 없게 제작해야 한다. 보조기술은 주기적으로 업데이트되면서 변할 수 있기 때문에 지속적으로 모니터링하면서 더 향상된 방식을 택할 수 있게 하는 것이 좋다.

3순위는 사용자다. 보조기기를 사용하는 사용자는 이미 보조기술에서 고려된 것이라 볼 수 있으므로 결국 보조기기를 사용하지 않는 사용자가 대상이 된다. 예를 들어 동영상 콘텐츠에 원고, 자막, 수화 중 1가지 이상의 수단을 제공하게 되어 있는데 단순히 표준지침만을 고려한다면 가장 비용이나 노력이 적게 들어가는 원고를 택할 가능성이 높다. 그러나 청각장애인의 입장에서 보면 제공된 원고가 동기화되어 있지 않을 경우 영상의 흐름을 놓칠 수 있어 정보를 이해하는 데 어려움이 있다.

보통 청각장애인은 듣지 못하기 때문에 언어를 습득하고 인지하는 데 어려움을 겪어 문맹률이 낮은 편이다. 따라서 자막과 같은 문자를 이해하는 것보다 수화를 선호한다고 한다. 그러나 잘 들리지 않는 고령자, 시끄러운 환경에 있는 작업자 등 다양한 장애 상황까지 고려한다면 자막과 수화가 동시에 제공되는 것이 가장 좋은 해결책이 될 것이다. 물론 이때는 비용과 환경 등을 고려하여 수준을 결정할 수 있다. 이와 같이 콘텐츠를 바라보는 관점과 우선순위를 두고 정리를 해보면 웹 접근성을 준수하는 다양한 방법에서 해당 순서를 결정할 수 있을 것이다.

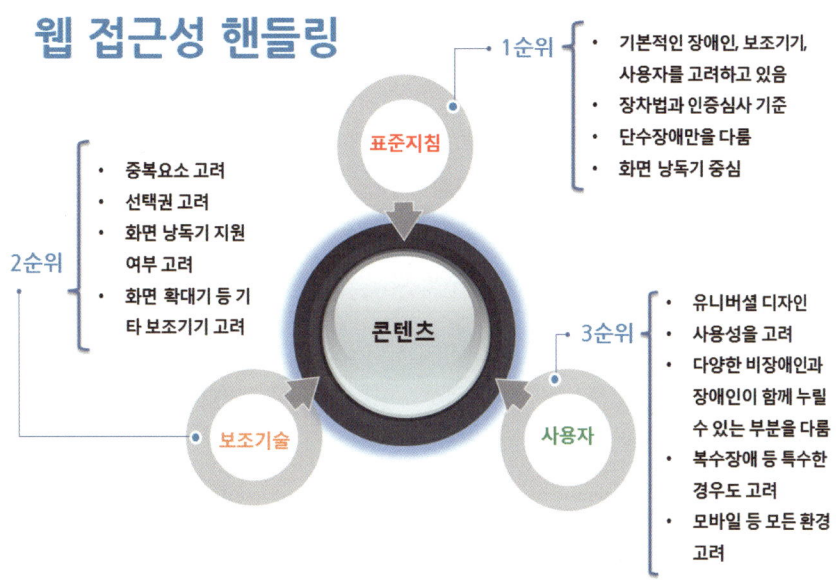

그림 7.3 웹 접근성 핸들링 우선순위

이제 다른 각도에서 우선순위에 따른 판단 방법을 살펴보자.

웹 접근성을 준수할 때 1차 판단의 근거는 표준지침이다. 국가에서 정한 표준이기 때문에 매우 큰 영향력이 있다. 장애인차별금지법에서 웹 접근성 준수 여부를 판단할 때도 마찬가지로 1차 판단의 기준은 표준지침이 된다. 인증심사에서도 근간은 마찬가지로 국가표준과 품질인증심사가이드이다. 따라서 이를 통해 기본적인 해결 방안을 만들 수 있다. 그림 7.4와 같이 기본적으로 웹 접근성 표준을 준수하지 않은 경우 ①번과 같이 일반적인 비장애인 사용자만 고려한 경우로 접근성이 없는 계단 형태와 같다. 그러나 웹 접근성 표준을 준수하였다면 ②번과 같이 장애인, 고령자 등을 고려한 접근성이 있는 경사로의 형태와 같다고 할 수 있다. ②번과 같이 만들어서 우선 가장 중요한 목적인 웹 접근성 준수에는 도달하였다고 할 수 있다.

그림 7.4 웹 접근성 유무 판단

웹 접근성을 준수하는 목적을 달성한 이후에는 경사로의 형태를 보고 웹 접근성 수준을 또 다시 생각해 볼 수 있다. ②번 경사로는 계단이 아닌 경사로로서의 의미가 있다. 하지만 웹 접근성을 준수해도 실제로 사용할 수 있는 수준이냐는 또 다른 이야기이다. 더 높은 접근성과 사용성을 고려하는 2차 판단을 확인해보자. ②번과 같이 기본적인 웹 접근성은 준수하였지만 ③번과 ④번을 보면 단계별로 좀 더 높은 접근성과 사용성을 제공한 경우의 차이를 볼 수 있다.

그림 7.5 웹 접근성의 수준 판단

그림 7.5와 같이 웹 접근성의 수준을 바탕으로 2차 판단을 할 수 있는데 ②번은 높은 경사각으로 인해 힘이 있는 휠체어 사용자만 이용할 수 있는 경우라 할 수 있다. 하지만 ③번 경사로는 경사각을 낮추어 제공해서 좀 더 많은 휠체어 사용자가 이용할 수 있겠다. 마지막으로 ④번 경사로는 경사로 중간에 쉬어 갈 수 있는 공간을 제공해서 편의성까지 함께 고려하고 있어 많은 사용자에게 만족감을 준다. 같은 경사로라 하더라도 이처럼 사용자의 입장을 고려하는 '수준'이 다른 형태가 존재한다.

표준지침을 준수한 것이 매우 힘든 경사로라는 의미는 아니다. 하지만 사이트에 따라서 그런 경사로가 만들어지는 것과 비슷한 경우가 종종 발생한다. 특히 쇼핑몰이나 금융권 등 특징적인 사이트의 경우는 지침을 준수하는 것에만 급급해서는 안 된다. 장애인차별금지법에서도 웹 접근성 준수를 판단할 때 한국형 웹 콘텐츠 접근성 지침 2.0의 준수 여부를 기준으로 하고 있지만 5% 수준에서는 사용성 테스트를 거쳐 확인해야 할 정도로 문제가 있는 사이트도 있다는 것이다. 곧 표준지침을 준수하였다고 반드시 장애인을 차별하지 않은 것이 아니라는 의미다.

예를 들어 계단과 경사로의 길이가 반드시 같을 수는 없지만 상식적인 수준을 벗어나게 경사로가 설계되어 있는 경우라 생각할 수 있다. 쇼핑몰과 같은 사이트에서 상품 하나의 이미지에는 너무 많은 정보가 연속적으로 붙어 있어 여기에 대체 텍스트를 제공한다 하더라도 정보를 이해하지 못하거나 다른 콘텐츠로 유도될 수 있는 경우다. 그림 7.6은 예외 사례를 쉽게 이해할 수 있게 다시 경사로의 비유를 들어 설명한 그림이다.

 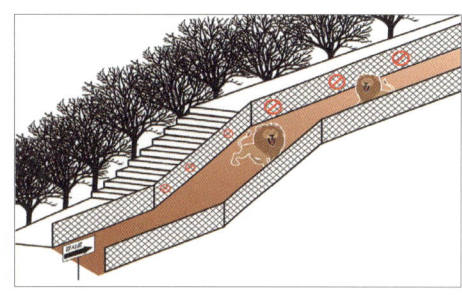

⑤ 지침을 준수했으나 차별된 설계의 경우   ⑥ 지침을 준수했으나 이용이 불가한 경우

그림 7.6 지침을 준수했으나 차별되는 사례

⑤번의 경우 계단 길이에 비해 지나치게 돌아가는 경사로를 의미한다. ⑥번의 경우는 정상적인 설계이지만 경사로에는 실제 사용할 수 없는 상황을 묘사한 것이다. 웹 접근성 전문가의 관점이라고 한다면 단순히 기술적인 접근이나 지침에만 의존하는 것이 아니라 콘텐츠의 성격을 이해하고 다양한 사용자를 고려해보면서 실제 사용할 수 있는지를 판단해야 한다. 더욱 높은 접근성을 제공할 수 있을 만큼의 기술과 콘텐츠를 이해하는 것을 필요로 한다.

결국 '웹 접근성이 없다'는 판단은 단순한 반면 '웹 접근성이 있다'는 답은 수준별로 다양하게 존재한다. 이 중에 정답은 상황에 따라 다를 수 있다. 원칙적으로는 가장 향상된 웹 접근성을 제공하는 것이 목표겠지만 현재의 다양한 상황과 예산, 콘텐츠의 분량 등을 고려하여 상황에 따라 정답이 달라질 수 있다. 현재 이용 중이지만 구매할 수 없는 솔루션이 포함되어 있는 사이트의 경우 대체 수단을 제공하는 데 최선을 다하는 것과 마찬가지로 가장 합리적인 적용을 할 수 있어야 웹 접근성 컨설턴트나 웹 접근성 전문가라고 할 수 있다.

7.1.5 웹 접근성 핸들링 적용

웹 접근성 핸들링이란 관점을 통해 실제 적용해보는 훈련을 해보자. 웹 콘텐츠를 이해하면 어떻게 웹 접근성을 높일 수 있는지와 여러 가지 답이 보인다.

먼저 [문제 1]번을 풀어보면서 웹 접근성 준수 방안을 소개하고자 한다. 다음과 같은 상황에서 어떤 웹 접근성 해결책을 내어 놓을 수 있는지 생각해보자.

문제 1번 : 웹 접근성 핸들링을 이용하여 콘텐츠를 이해하라

[문제 1] 다음과 같은 표에서 웹 접근성을 준수하는 개선 방식을 설명해보세요.

당사 기업지배구조 평가등급

연도 〈td〉	2010년 〈td〉	2011년 〈td〉	2012년 〈td〉
등급 〈td〉	보통(B+) 〈td〉	양호(A) 〈td〉	우수(A+) 〈td〉

```
<table summary="OO기업의 연도별 기업지배구조 평가등급을 제공한 표입니다.">
<caption>당사 기업지배구조 평가등급</caption>
```

표를 만나면 <caption>과 summary를 이용해 어떤 표인지 알 수 있게 해주고, 이후 제목셀과 내용셀을 구분해서 표 안의 정보 관련 제목을 상시적으로 인식할 수 있게 해주는 것이 원칙이다. 우선 소스에 <caption>과 summary가 문제없음을 인지했지만 제목셀과 내용셀을 구분하지 않은 것이 눈에 띌 것이다.

첫 번째 생각 : 제목셀과 내용셀 구분해주기

첫 번째 생각은 '제목셀과 내용셀을 구분해주어야겠구나'라고 생각하게 되어 표 안의 셀에 색으로 구분되어 있는 '연도'와 '등급'에 <th>로 수정해준다. 그러면 화면 낭독기에서 제목셀과 내용셀을 짝지어 읽을 수 있게 된다.

당사 기업지배구조 평가등급

연도 〈th〉	2010년 〈td〉	2011년 〈td〉	2012년 〈td〉
등급 〈th〉	보통(B+) 〈td〉	양호(A) 〈td〉	우수(A+) 〈td〉

두 번째 생각 : 보조기술과 사용자 다시 생각해보기

첫 번째 생각과 더불어 두 번째 생각을 해본다면 '제목셀과 내용셀을 구분한 뒤 시각장애인 입장에서 화면 낭독기가 어떻게 읽을지를 확인해봐야 한다. 화면 낭독기는 표를 만나면 위에서 아래로, 왼쪽에서 오른쪽으로 읽어 나가기 때문에 짝지어 읽는다는 가정 하에 다음과 같이 읽게 됨을 확인할 수 있다.

연도 2010년 연도 2011년 연도 2012년
등급 보통 괄호 열고 비 플러스 괄호 닫고 등급 양호 괄호 열고 에이 괄호 닫고 등급 우수 괄호 열고 에이 플러스 괄호 닫고

여기서 보조기술과 사용자를 고려해본다면 화면 낭독기가 표를 읽어 나가는 순서를 의식하여 표를 회전시켜볼 필요가 있다는 것을 알게 된다.

당사 기업지배구조 평가등급

연도 〈th〉	등급 〈th〉
2010년 〈td〉	보통(B+) 〈td〉
2011년 〈td〉	양호(A) 〈td〉
2012년 〈td〉	우수(A+) 〈td〉

연도 2010년 등급 보통 괄호 열고 비 플러스 괄호 닫고
연도 2011년 등급 양호 괄호 열고 에이 괄호 닫고
연도 2012년 등급 우수 괄호 열고 에이 플러스 괄호 닫고

두 번째 생각과 같이 표를 돌려서 적용하면 화면 낭독기에서 읽는 순서가 정렬되면서 콘텐츠를 훨씬 잘 이해할 수 있다. 웹 콘텐츠를 이해하는 수준이 곧 기초 수준이냐 실력 수준이냐의 잣대가 된다.

- 초급 : 지침을 단순히 적용한다.
- 중급 : 지침에서 더 좋은 접근성을 적용한다.
- 고급 : 지침의 기본 원칙 하에 콘텐츠와 사용자를 고려하여 적용한다.

[문제 2]번을 풀어보면서 웹 접근성을 적용할 때 가져야 할 생각을 소개하고자 한다. 보기와 같은 소스 코드나 상황이 있다면 웹 접근성을 준수하는 데 사용해야 할까? 사용하지 말아야 할까?

문제 2번 : 지침에 고정된 생각을 버리고 실질적인 웹 접근성을 적용하라

[문제 2] 다음 중 웹 접근성 구현을 위해 사용하지 말아야 하는 것을 골라보세요.

① wmode="transparent"
② tabindex=0
③ tabindex=-1
④ onfocus=this.blur();
⑤ 첫 페이지에서 레이어 팝업

[문제 2]번을 언뜻 보면 보기로 제시된 5가지 모두 사용하면 안 되는 것으로 인식하기 쉽다. 실제 심사원이나 컨설턴트 중에도 소스에서 기계적으로 `wmode="transparent"`의 경우 `wmode="window"`로 사용하지 않았다는 이유로 콘텐츠를 확인하지도 않고 감점하거나 오류로 보는 경우가 많다. 웹 접근성은 지침이 제정되면서 점점 더 콘텐츠 내용을 확인하게 요구한다. 그러나 시간에 쫓기는 프로젝트나 인증심사에서 단순히 소스 사용만을 보고 판단하는데 실제로 웹 접근성과 무관한 경우가 많다.

①번의 경우에도 링크와 같은 요소가 없는 플래시 콘텐츠에서는 `wmode` 값을 `window`로 설정하면 오히려 키보드 초점이 갇히는 현상이 발생할 수 있으므로 사용된 콘텐츠에 대체 콘텐츠를 제공하고, 접근성이 없는 원래 콘텐츠를 무시할 수 있는 `transparent` 설정 값을 사용해야 할 때가 있다. 원본 소스가 없는 플래시 콘텐츠라면 접근성이 없어도 고칠 수 없어 그대로 사용해야 하는 경우가 있는데 이런 경우 ①번과 ③번의 기법으로 그림 7.7의 사례처럼 접근성 없는 플래시 콘텐츠를 무시되고 대체 콘텐츠가 읽혀 접근성을 제공할 수 있다.

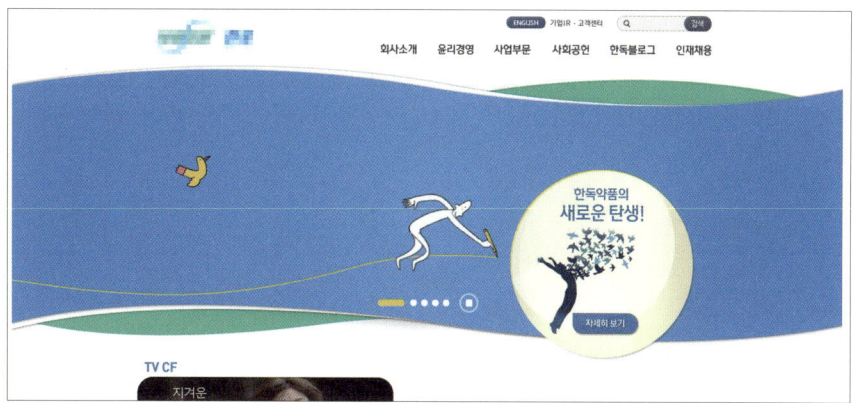

그림 7.7 ① tabindex="-1"과 ③ wmode의 transparent 값을 사용한 예 (출처: 한독약품)

```css
div { position:relative;}
div a { position:absolute; left:-3000%;}
div a:focus { left:0;}
```

```html
<div tabindex="-1">
<object classid="clsid:d27cdb6e-ae6d-11cf-96b8-444553540000"
width="100%" height="580" id="visualF">
    <param name="movie" value="/_home/flash/visual.swf">
    <param name="wmode" value="transparent">
</object>
<a href="#a">회사소개</a>
<a href="#a">윤리경영</a>
<a href="#a">사업부문</a>
<a href="#a">사회공헌</a>
... 중략 ...
</div>
```

②번의 tabindex-0의 경우도 웹 표준에서는 오류로 분류되지만 그림 7.8과 같이 링크 요소가 없는 원고나 회원가입 약관 스크롤 등에 적용하여 키보드가 진입할 수 있는 역할을 할 수 있다. 때에 따라서는 사용이 가능할 수 있다는 의미다.

웹 접근성 난제 해결 **351**

그림 7.8 ② tabindex="0"이 제공된 사례

```
<div tabindex="0">
<strong>제 1장 총 칙</strong>
제1조 (목 적)<br>
제2조 (이용약관의 효력 및 변경)<br>
제3조 (약관의 적용)<br>
제4조 (용어의 정의)<br>
<br><br>
<strong>제 2장 이용계약 체결</strong>
제5조 (서비스의 구분)<br>
... 중략 ...
</div>
```

⑤번의 첫 페이지에서의 레이어 팝업도 그림 7.9에 제공된 예제와 같이 본문의 콘텐츠로 보기 때문에 논리적인 순서에 맞게 하고 키보드 접근성을 준수한다. 또한 레이어 팝업이 콘텐츠를 시각적으로 가리지 않고 제공한다면 사용할 수 있는 것이다.

그림 7.9 ⑤ 첫 페이지 레이어 팝업 제공 사례

```
<body>
<a href="#content">본문바로가기</a>
<div>
청주출장소 OPEN 충북<br /> 청주시 흥덕구 산남로 62번길 35
<a href="html/open.html">자세히보기</a>
<input type="checkbox" id="a"><label for="a">하루동안 보지 않기</label>
<input type="image" src="img/btn/close.gif" alt="닫기" />
</div>

<h1><img src="images/logo.gif" alt="XXX은행" /></h1>
... 이하 생략 ...
```

물론 ④번의 경우에는 어떠한 경우에도 사용하면 안 된다. 이와 같이 사용 여부를 소스를 보고 판단하는 것이 아니라 콘텐츠의 상황에 따라 가능한지 불가능한지 준수된 소스 코드인지 미 준수된 소스 코드인지 분류할 수 있어야 한다. 지침에서 언급한 잘못된 사례의 소스가 무조건적으로 오류를 일으키는 소스 코드라고 생각해서는 안 된다. 따라서 지침에서 경직된 사고를 갖지 않고, 유연한 사고 속에서 실질적인 웹 접근성 향상을 고려할 수 있어야 한다.

> **팁**
>
> 우리나라는 물론 해외에서도 큰 인기리에 방영된 드라마 '대장금'에서 약재와 독재를 구분하는 시험 장면이 나온다. 주인공 장금이는 시험지에 약재와 독재를 빽빽하게 적어놓았다. 하지만 친구인 신비만이 시험에 통과하였다. 약재와 독재 구분 시험에서 비록 몇 개 쓰지는 못했으나 약재마다 효능과 부작용을 나열한 신비만 통과한 것이다. 환자의 상태에 따라 약재가 독재가 될 수 있고, 독재가 약재가 될 수도 있다.
>
> 웹 접근성도 마찬가지다. 많은 사람이 지침과 기준에 집중하는 경향이 있다. 지침으로 정해진 원리나 취지를 이해하지 못하고, 적용하려는 콘텐츠가 무엇인지 모른다면 실제로는 접근성을 높이는 효과가 없는 경우나 접근성이 없는 경우도 존재한다.

[문제 3]번을 풀어보면서 다양한 웹 접근성 수준의 해답 중에 어떤 결정을 내릴 수 있는지를 확인해보자.

문제 3번 : 멀리 보되 적용 가능한 기술 수준을 고려하라

[문제 3] 다음의 악보 이미지에 대체 텍스트를 제공해 보세요.

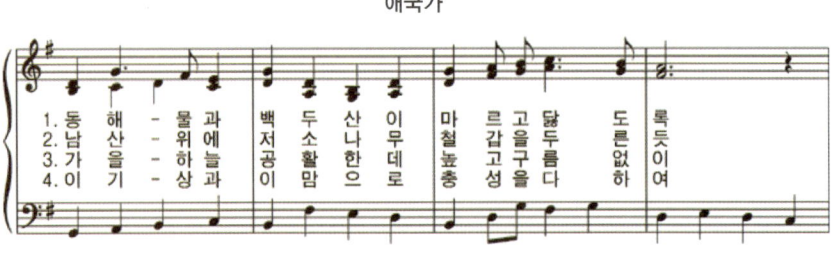

보통 이런 악보 이미지를 만나면 악보에 있는 가사를 대체 텍스트로 제공하는 방법을 떠올린다. 실제로 품질인증심사가이드에서도 악보 이미지에 대체 텍스트를 제공하면 준수한 것으로 인정한다. 이런 경우 대체로 alt 속성을 이용하여 모든 가사를 대체 텍스트로 제공하는 방법과 alt로서 대체 텍스트의 내용이 길다고 판단하고 alt 속성으로 악보의 제목만을 제공한 후 longdesc 속성으로 설명글 처리하는 2가지의 방법을 떠올리게 될 것이다.

초급 : alt를 사용해 모든 내용에 대체 텍스트 제공하기

```
<img src="korea_song.jpg" alt="애국가 악보, 1절 : 동해물과 백두산이 마르고 닳도록, 2절 : 남산위에 저 소나무 철갑을 두른 듯, 3절 : 가을 하늘 공활한데 높고 구름 없이, 4절 : 이 기상과 이 맘으로 충성을 다하여">
```

중급 : alt 속성으로 제목만 대체 텍스트로 제공 후 longdesc 속성으로 가사 처리하기

```
<img src="korea_song.jpg" alt="애국가 악보" longdesc="html/long1.html">
```

```
// longdesc 페이지

<p>1절 : 동해물과 백두산이 마르고 닳도록</p>
<p>2절 : 남산위에 저 소나무 철갑을 두른 듯</p>
<p>3절 : 가을 하늘 공활한데 높고 구름 없이</p>
<p>4절 : 이 기상과 이 맘으로 충성을 다하여</p>,
```

초급자와 중급자의 해결 방법은 모두 웹 접근성을 준수한 것으로 인정한다. 물론 중급자의 해결 방법이 좀 더 사용자의 편의를 제공하고 있다고 볼 수 있다. 여기서 진정한 웹 접근성 전문가는 다음과 같은 생각이 들어야 한다.

"과연 악보가 가사를 전달하기 위한 수단일까?"

이를 해결하려고 웹 콘텐츠 접근성 지침 2.0의 내용을 봐도 '텍스트 아닌 콘텐츠에 대해서 적절한 대체 텍스트를 제공하라'라고 되어 있지 사례로 악보 이미지 같은 것을 다루지 않는다. 좀 더 구체적인 웹 접근성 품질인증심사가이드에서도 악보는 기록하고 있지 않다. 현재의 지침은 선언적인 부분이 매우 많고 비교적 쉬운 사례를 예시로 들고 있어 어려운 문제를 만나면 확신을 줄 수 있는 자료가 부족하다. 따라서 좀 더 구체적인 인증심사 기준에 기대는 경우가 많다. 그러나 현재의 인증심사 기준 역시 아직까지는 민간 기업보다는 단순한 공공기관 웹사이트 중심으로 설계되어 있어 실제 복잡한 상호작용이나 대규모의 웹 접근성 구축과 개선 프로젝트에서는 적용하기 어려운 경우가 많다.

아울러 인증심사 기준은 정확하게 멈춰 있는 잣대가 아니므로 강화될 기준에도 대비하는 것이 가장 바람직하다고 볼 수 있다. 사회 전반적으로 웹 접근성을 인식하고 이해하는 수준이 높아졌다면 인증심사 기준은 향상된 기준으로 제시되기 마련이다. 따라서 현재의 기준에 안주하기보다는 진정한 의미의 웹 접근성을 생각해보고 다양한 웹 접근성 준수 방안 중에서 적절한 수준을 택하여 적용하는 적절성이 필요하다.

[문제 2]번에서 초급자나 중급자의 해결 방법 모두 현재의 웹 접근성 인증심사 기준에서는 접근성을 준수한 것으로 인정한다. 그러나 웹 접근성 핸들링을 바탕으로 다시 생각해보면 결국 가사 이외에도 오선지에서 제공하고 있는 음계나 음표 등의 정보도 대체 텍스트로 제공하는 것이 원칙이다. 다만 해당 방안에 대해 아직까지 공식적인 기준이 나오지 않은 것 뿐이다. 따라서 다음과 같은 단계로 웹 접근성의 수준을 나누어 볼 수 있다.

- 1단계 : 전체 가사를 alt 속성을 통해 대체 텍스트로 제공
- 2단계 : 제목을 alt 속성으로 제공 후 longdesc 속성으로 가사를 제공
- 3단계 : longdesc 속성으로 가사뿐만 아니라 계이름, 박자, 코드, 조 등의 정보 제공
- 4단계 : MML Music Markup Language로 제공

1단계와 2단계는 앞에서 설명하였으므로 음악 정보까지 제공하는 3단계를 살펴보자.

3단계 : longdesc 속성으로 가사뿐만 아니라 계이름, 박자, 코드, 조 등의 정보 제공

```
<img src="korea_song.jpg" alt="애국가 악보" longdesc="html/long1.html">
```

```
// longdesc 페이지
<h1>애국가 가사와 음계 정보</h1>
    <h2>박자, 장조, 코드 정보</h2>
        <p>4분의 4박자 다장조 C코드</p>
    <h2>가사 정보</h2>
        <p>1절 : 동해물과 백두산이 마르고 닳도록</p>
        <p>2절 : 남산위에 저소나무 철갑을 두른듯</p>
        <p>3절 : 가을하늘 공활한데 높고구 름없이</p>
        <p>4절 : 이기상과 이맘으로 충성을 다하여</p>
    <h2>음계 정보</h2>
        <p> 레솔파#미 솔레시레 솔라시 도시라</p>
```

3단계는 실제 악보를 보는 목적에 맞게 시각장애인에게 정보를 제공하는 데 노력이 든다. 우선 노래의 박자와 코드명 등을 적어주고 가사와 계이름을 마디별로 제공해준다. 악보 콘텐츠를 제공하는 자나 대체 텍스트 정보를 활용하는 자나 조금씩 불편한 점은 있겠지만 소기의 목적은 달성하는 셈이다.

4단계 : MML로 제공

```
<instrument noteset="4" type="violin">
<bar barid="viol-1">R2 R G </bar>
<bar barid="viol-2">Eb2. D </bar>
<bar barid="viol-3">5(B. C:16 A)
    <notation>
        <slurbegin id="s1" beat="3" />
    </notation>
</bar>
<bar barid="viol-4">5A (G F):8 Eb (5A G)
    <notation>
        <slurend end="s1" beat="1" />
```

```
            <bindbegin id="b1" beat="2" />
            <bindend end="b1" beat="2.5" />
            <slurbegin id="s2" beat="2" />
            <slurend end="s2" beat="2.5" />
            <bindbegin id="b2" beat="4" />
            <bindend end="b2" beat="4.5" />
            <slurbegin id="s3" beat="4" />
            <slurend end="s3" beat="4.5" />
        </notation>
    </bar>
    <bar barid="viol-5">Fs G:2 Fs </bar>
    <bar barid="viol-6">G R R:8 G Fn:8 </bar>
</instrument>
```

(출처: http://www.musicmarkup.info)

4단계는 실제 악보에서 제공되는 모든 정보는 물론 음악을 직접 들을 수 있게 만들어주는 MML을 사용하여 제공하는 방법이다. 요즘은 프로그래밍을 사용해서 음악을 연주하면 악보가 그려지는 소프트웨어도 등장했다. 찾아보니 MML 음악 언어가 있는데 XML을 기반으로 하고 있어 마크업 언어를 바탕으로 음악을 구조화할 수 있고 다른 장치를 통해 음악을 들을 수도 있다. 위에 제공된 MML 코드는 비발디의 음악을 MML로 표현한 예제다.

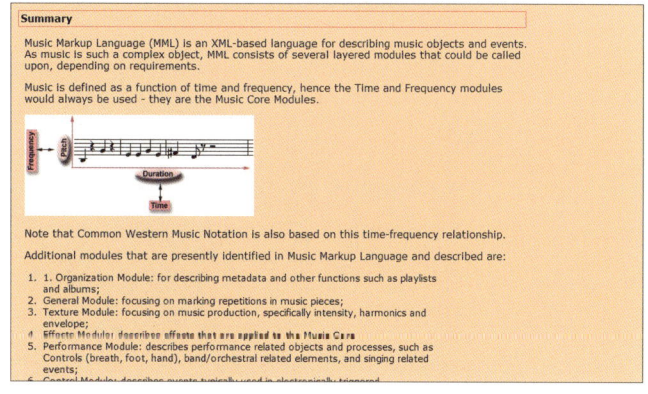

그림 7.10 MML 홈페이지에서 제공하는 설명 (출처: http://www.musicmarkup.info)

그러나 아직 MML은 적용하는 부분을 연구 중이며 공식적인 표준이 아니므로 화면 낭독기에서 지원되지 않기 때문에 현재 시점에서는 적용하지 않는 것이 좋다.

이처럼 다양한 웹 접근성 준수의 가능성과 수준별 적용 방안이 존재하므로 모두 나열한 후 현재 프로젝트에 문제점이 없는지 살펴보면 된다. 기술적 제약이 있는지, 이전에 설치되어 있는 솔루션으로 인해 자체 접근성이 아닌 대체 콘텐츠로 접근성을 준수해야 하는지, 심각한 예산 부족으로 이 중 가장 간단한 수준으로 제공하면서 예산 배정을 받기 위해 계획서를 제출해야 하는지 등 모든 변수와 환경을 고려하여 웹 접근성 수준을 결정하는 것이 가장 바람직한 방법이다.

7.2 전문성 있는 웹 접근성 응용 기법

웹 접근성 준수지침에서 모든 자세한 내용을 다룰 수 없기 때문에 원칙과 원리만을 보여준다는 생각으로 이를 잘 응용할 수 있는 사항이나 우리가 잘 모르는 웹 접근성 사례들을 만나보고 이를 해결하는 방법이나 방향성에 확신을 가져 웹 접근성에 대한 전문성을 갖출 수 있도록 많은 사례를 준비하였다.

7.2.1 정확한 정보 전달에 적절한 대체 텍스트 제공

정확한 정보를 전달하려면 적절한 대체 텍스트를 제공해야 한다. 상황별로 하나씩 살펴보자.

7.2.1.1 대체 텍스트 처리의 묘미

이미지 텍스트의 경우 텍스트의 내용을 그대로 대체 텍스트로 제공하는 것으로 쉽게 생각할 수 있다. 그러나 세밀한 처리 방법에 따라 정보 전달의 차이는 크게 달라질 수 있다. 그림 7.11과 같이 이미지의 텍스트가 띄어쓰기 없이 표현된 경우를 살펴보자.

그림 7.11 띄어쓰기 없는 이미지 텍스트 메뉴

이 사례를 보면 대메뉴에서 'KDB+이름'의 형태로 텍스트 메뉴가 구성된 것을 발견할 수 있는데 보통의 사람이 눈으로 읽을 때는 KDB + wealth와 KDB + pioneer로 인식하고, 일반적으로 대체 텍스트는 화면의 시각적인 형태와 동일하게 제공하므로 KDBdirect, KDBdream으로 제공한다. 하지만 이런 대체 텍스트에 대해 화면 낭독기는 제작자의 의도와 전혀 다른 방향으로 읽는다.

개선 전

```
alt="KDBwealth"
alt="KDBpioneer"
```

화면 낭독기

KDBwealth : 크드브일쓰
KDBpioneer : 크드브피오니

이런 현상은 국내에서 가장 많이 사용되는 TTS_{Text to Speech} 엔진의 문제로 콘텐츠 제작자의 잘못도 화면 낭독기의 문제도 아니다. 이런 발음상의 문제는 매우 다양한 유형이 있어서 모든 발음 오류에 대응하는 것이 현실적으로 불가능하지만 사례에서 살펴본 영문의 발음 문제는 띄어쓰기만 잘 사용해도 대부분 해결이 가능하다. 사례와 같이 KDB 다음에 띄어쓰기를 하면 화면 낭독기는 이 두 단어를 구분해서 음성 출력한다.

개선 후

```
alt="KDB wealth"
alt="KDB pioneer"
```

화면 낭독기

KDB wealth : 케이디비 웰스
KDB pioneer : 케이디비 파이오니어

이와 같이 대체 텍스트 띄어쓰기를 하면 의도한 음성을 출력할 수 있게 만들 수 있다. 대체 텍스트를 제공할 때 이런 띄어쓰기의 묘미를 잘 살린다면 화면 낭독기 사용자에게 좀 더 정확한 정보를 전달하는 것이 가능하다.

7.2.1.2 의미 없는 이미지 판단

이미지 안에 정보가 가득 담겨 있으면 대체 텍스트를 제공하는 입장에서는 매우 난처해질 수 있다. 이렇게 되면 인증심사에서 떨어질까 무조건 대체 텍스트를 제공하고 보자는 생각도 할 수 있다. 그러나 의미가 있는 이미지인지 의미가 없는 이미지인지는 기준이 애매하므로 인증심사에서는 웹사이트의 기획의도에 초점을 많이 맞추고 있다. 그림 7.12와 같이 지하철 노선도 이미지를 생각해보자.

이미지를 제공한 목적이 그림 7.12와 같이 지하철의 노선도를 보여주는 것이 목적이라면 이미지화된 지하철 노선도 정보를 대체 텍스트로 제공하거나 대체 콘텐츠로 안내해야 한다.

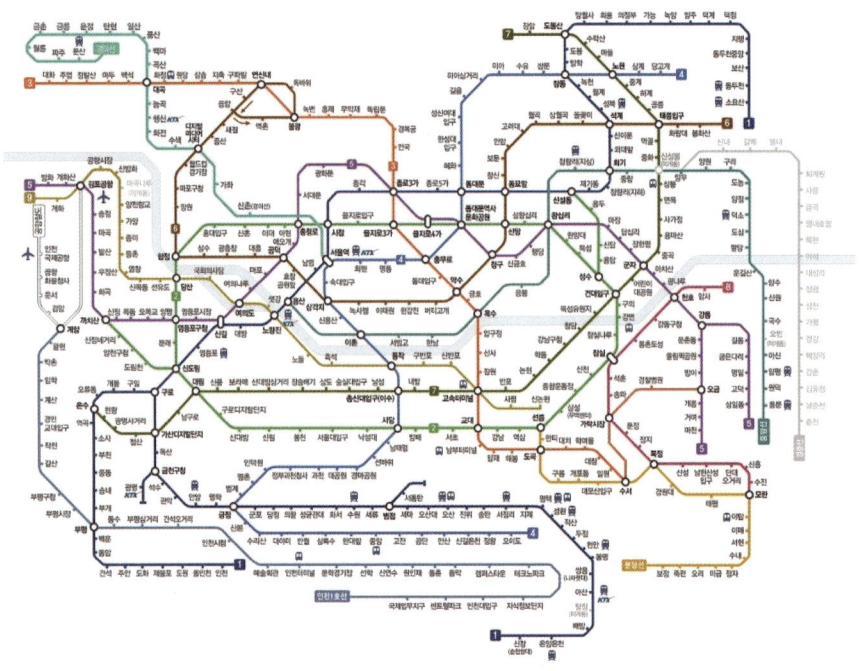

그림 7.12 지하철 노선도 이미지 (출처: 네이버 지도)

```
<img src="http://www.metro.go.kr/images/metroline.jpg" alt="지하철
노선도" longdesc="../long1.html">
```

```
// longdesc 페이지

<p> 1호선 : 소요산-동두천-보산-동두천중앙 … 온양온천-신창-광명-서동</p>
<p> 2호선 : …</p>
................................중략.................................
..
<p> 9호선 : 개화-김포공항-공항시장 … 고속터미널-사평-신논현</p>
```

하지만 지하철 노선도를 배경으로 하는 다른 목적의 이미지가 있다면 해당 이미지의 텍스트가 뚜렷하게 보이더라도 이를 대체 텍스트로 제공할 필요가 없다. 그림 7.13과 같이 배경으로 지하철 노선도 정보가 보여지더라도 해당 정보를 제공할 목적의 이미지가 아니기 때문에 '지하철 노선도를 확인하고 있는 승객'과 같이 장면 관련 설명 수준으로 대체 텍스트를 제공하면 된다.

그림 7.13 지하철 노선도를 배경으로 하는 이미지

```
<img src="../images/1997scene001.jpg" alt="지하철 노선도를 확인하고 있는 승객">
```

마찬가지로 영화포스터의 내용을 보여주는 것이 콘텐츠의 목적이라면 해당 내용을 모두 대체 텍스트로 제공하여 정보의 차별이 발생하지 않게 해주는 것이 답이지만 과거 영화 포스터의 변천사를 보여주는 상황에서 제공되는 포스터 그림이 있다면 단순히 '2012년도 OO 영화 포스터'와 같이 원래 의도한 내용만 대체 텍스트로 제공하는 것이 바람직하다. '찾아오시는 길'과 같은 지도에서도 모든 지도 안의 텍스트를 대체 텍스트로 제공하지 않는 것과 같은 이치라고 생각하면 쉽게 이해할 수 있다.

> **팁**
>
> 이미지의 텍스트가 보이더라도 기획의도가 단순히 장식용이라면 빈 대체 텍스트로 처리해도 좋다. 그러나 단순한 의미를 부여한다면 해당 이미지의 제목 정도로 제공할 수 있다. 그럼에도 부족하다면 기획의도를 분명히 하려고 해당 이미지를 작게 줄여서 전체 내용이 주가 아닌 샘플 측면에서 제공한다는 의도가 드러나게 콘텐츠의 크기를 줄여주면서 이미지의 제목을 대체 텍스트로 제공하는 방법으로 해결할 수 있다. 해당 콘텐츠의 기획의도를 부여해서 의미 있는 이미지인지 의미 없는 이미지인지 확실히 해두는 것이 바람직하다.
>
>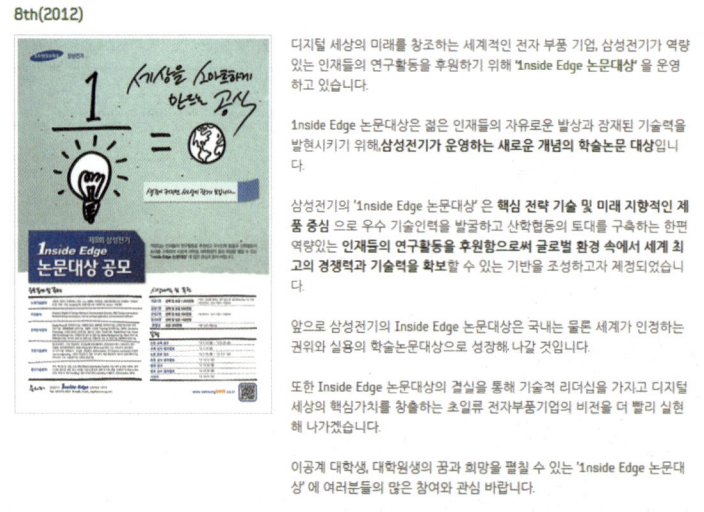
>
> 그림 7.14 화면을 구성하는 데 쓰는 이미지로 기획한 공모 포스터 이미지 (출처: 삼성전기)
>
> ```
> <img alt="제 8회 삼성전기 inside Edge 논문대상 공모" src="/images/inside01.jpg" />
> ```

7.2.1.3 게시판 아이콘의 대체 텍스트 처리 방법

그림 7.15의 게시판처럼 댓글이 생성되면 글의 제목 옆에 댓글임을 알리는 아이콘이 보인다. 이것을 의미 없는 이미지로 간주하면 안 된다. 분명하게 게시글의 관련 댓글이나 응답Reply을 의미하므로 대체 텍스트로 의미를 제공해야 한다. 대체 텍스트의 내용은 Reply의 함축어인 'RE'보다는 좀 더 의미를 쉽게 이해할 수 있게 '댓글'이라고 명시하는 것이 좋다.

No	구분	제목
100	후기	후기 한번 더! NEW
99	질문	8월 15일 예약자인데요.. 바베큐 문의드려..
98	질문	↳ 8월 15일 예약자인데요.. 바베큐 문의
97	질문	↳ 질문이 잘못되었네요.
96	후기	오X월드에서
95	질문	입금확인 부탁드립니다.

그림 7.15 게시판 댓글

```
<a href="#"><img src="url" alt="댓글" />8월 15일 예약자인데요.. 바비큐 문의드려</a>
```

그러나 그림 7.16과 같이 좀 더 복잡한 경우를 생각해보자. 댓글에 또 댓글이 달린 경우가 있다면 어떻게 될까? 'RE: RE:'나 '대댓글'로 대체 텍스트를 제공한다면 화면 낭독기 사용자가 이해할 수 있을까? 기존의 방식대로 '댓글', '대댓글'로만 대체 텍스트를 제공하면 어느 글의 댓글, 대댓글인지 혼란스럽다.

No	구분	제목
104	후기	후기 한번 더! NEW
99	질문	8월 15일 예약자인데요.. 바베큐 문의드려..
100	질문	↳ 8월 15일 예약자인데요.. 바베큐 문의
101	질문	↳ 질문이 잘못되었네요.
102	질문	↳↳ 아 죄송합니다. 실수했습니다 ^^
103	질문	↳↳ ㅎㅎㅎ 괜찮습니다.

그림 7.16 게시판 댓글에 대한 댓글

이런 경우에는 게시물의 번호를 참조하게 하는 것이 좋다. 예를 들어 그림 7.16에 100번 글의 '↳' 이미지의 alt 속성값은 '99번글의 댓글', 102번 글의 '↳' 이미지의 alt 속성값은 '101번의 댓글'과 같은 형태로 제공하는 것이 댓글의 포함관계를 이해하는 데 도움이 된다. 하지만 게시판의 특성상 내체 텍스트를 일일이 퍼블리셔가 수동으로 제공하는 것은 불가능하다. 이를 해결하는 데 개발자가 나선다면 더욱 바람직하다. 게시글의 group, order, depth 값 등을 가져와 '댓글, 대댓글' 텍스트와 조합한 후 사용자가 이해하기 편한 형태로 대체 텍스트를 제공하는 것을 구현한다면 접근성을 훨씬 더 향상시킬 수 있다.

> 팁

일반적으로 댓글형 게시판을 데이터베이스로 구성할 때 2가지 방법이 있다. 첫 번째는 재귀적 모델로 구성하는 방법이고, 두 번째는 한 개의 테이블에서 3개의 칼럼을 추가하여 구성하는 방법이다. 여기서는 두 번째 방법으로 설명해보자. 댓글형 게시판을 구성할 때 원글과 댓글을 묶을 수 있는 그룹칼럼(group), 댓글의 순서를 정할 수 있는 순서칼럼(order), 댓글의 들여쓰기를 할 수 있는 뎁스칼럼(depth) 3개의 컬럼 정보로 구성한다. 새 글과 댓글의 작성규칙은 다음과 같다.

새 글 작성 규칙
① 그룹칼럼은 글 번호를 입력한다.
② 순서칼럼과 뎁스칼럼은 0으로 한다.

댓글 작성 규칙
① 그룹칼럼은 원본글의 그룹칼럼값을 입력한다.
② 뎁스칼럼은 원본글의 뎁스칼럼값+1을 입력한다.
③ 순서칼럼은 원본글의 순서칼럼값+1을 입력하되, 원본글의 순서칼럼보다 큰 순서값은 모두 1씩 증가시킨다.

이러한 작성 규칙으로 예제 샘플을 만들면 다음과 같다.

1. 새로운 글

num	group	order	depth	title
1	1	0	0	새글

2. 1번의 댓글

num	group	order	depth	title
1	1	0	0	새글
2	1	1	1	[Re]댓글

3. 2번글의 댓글

num	group	order	depth	title
1	1	0	0	새글
2	1	1	1	[Re]댓글
3	1	2	2	[Re][RE]댓글

4. 1번글의 댓글

num	group	order	depth	title
1	1	0	0	새글
2	1	2	1	[Re]댓글
3	1	3	2	[Re][RE]댓글
4	1	1	1	[Re]댓글

5. 새로운 글

num	group	order	depth	title
1	1	0	0	새글
2	1	2	1	[Re]댓글
3	1	3	2	[Re][RE]댓글
4	1	1	1	[Re]댓글
5	5	0	0	새글

여기서 댓글을 표현할 때 [RE]라는 표현보다 이미지 처리를 하는 경우가 많은데 이때 이미지의 alt 속성으로 'RE'라는 표현보다 '1번의 댓글'이라는 표현이 더 좋은 표현 방법이다. 기존의 댓글형 게시판으로는 원본글을 알 수 없기 때문에 원본글 칼럼(origin)을 추가하여 접근성을 향상시킬 수 있다.

1. 새로운 글

num	group	order	depth	origin	title
1	1	0	0	0	새글

2. 1번의 댓글

num	group	order	depth	origin	title
1	1	0	0	0	새글
2	1	1	1	1	1번글의 댓글

3. 2번글의 댓글

num	group	order	depth	origin	title
1	1	0	0	0	새글
2	1	1	1	1	1번글의 댓글
3	1	2	2	2	2번글의 댓글

4. 1번글의 댓글

num	group	order	depth	origin	title
1	1	0	0	0	새글
2	1	2	1	1	1번글의 댓글
3	1	3	2	2	2번글의 댓글
4	1	1	1	1	1번글의 댓글

5. 새로운글

num	group	order	depth	origin	title
1	1	0	0	0	새글
2	1	2	1	1	1번글의 댓글
3	1	3	2	2	2번글의 댓글
4	1	1	1	1	1번글의 댓글
5	5	0	0	0	새글

7.2.1.4 변경되는 이미지의 대체 텍스트 처리 방법

그림 7.17 제품 제작 과정을 GIF 애니메이션으로 제공한 사례다. 해당 사례는 `<img>` 요소로 제공되었기 때문에 `alt` 속성으로 이미지와 관련한 간단한 내용을 제공하고 `longdesc` 속성으로 실제 제작 과정을 자세히 설명해주는 것이 좋다.

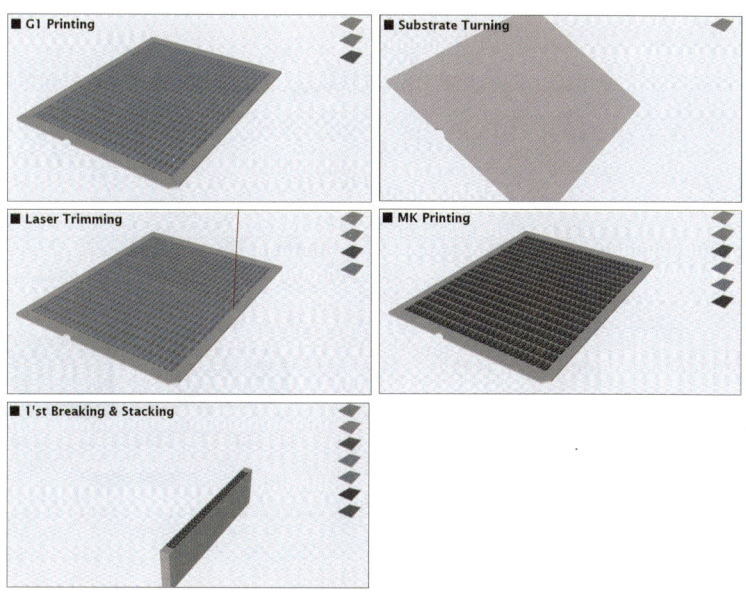

그림 7.17 움직이는 이미지 예시 (출처: 삼성전기 http://www.sem.co.kr)

```
<img src="images/print.gif" alt="칩저항 제조 공정" longdesc="print.html">
```

```
// longdesc 페이지
<h1>칩저항 제조 공정</h1>
<ol>
<li>Al2O3 가 주성분인 알루미나 세라믹 기판에 하면 전극을 인쇄</li>
<li>기판을 뒤집어 상면 전극을 인쇄한 후 소성</li>
<li>전극과 전극 사이에 저항체를 인쇄한 후 소성</li>
<li>1차 보호체를 인쇄한 후 소성</li>
<li>레이저로 트리밍을 합니다.</li>
<li>이 공정에 의하여 저항기의 정밀도가 결정</li>
<li>2차 보호체를 인쇄, Marking을 인쇄한 후 경화</li>
<li>1차분할 후 Bar형태의 제품을 Stacking</li>
<li>측면을 고진공 상태에서 sputtering</li>
<li>2차 분할하면 칩형태의 제품 전극 부위를 Ni와 Sn으로 도금을 합니다.</li>
</ol>
```

7.2.1.5 로딩 중 이미지의 대체 텍스트 제공

그림 7.18과 같이 페이지 이동 중에 잠시 나타나는 '로딩 중' 이미지나 버튼을 누르면 '로딩 중'으로 변경되는 경우 '로딩 중' 이미지에 대한 대체 텍스트를 제공하는 것이 맞는 걸까?

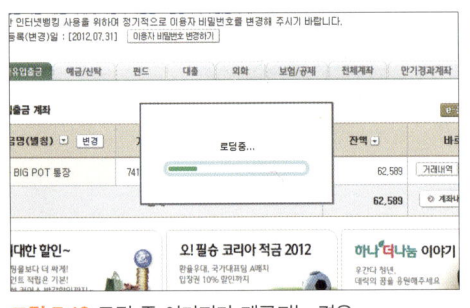 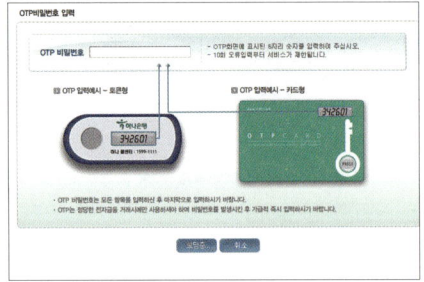

그림 7.18 로딩 중 이미지가 제공되는 경우

페이지 이동 중 발생하는 로딩 이미지는 일반적으로는 금방 지나가 버리는 일시적인 이미지라 하더라도 사용자의 환경에 따라 로딩 시간이 길어질 수도 있고, 오류로 인해 '로딩 중' 상태에서 멈춰버릴 수도 있으므로 대체 텍스트를 제공해주는 것이 좋다.

가장 중요한 점은 '로딩 중' 이미지가 콘텐츠로서 사용자에게 어떤 역할을 하는지 확인해보는 것이다. '로딩 중' 이미지는 현재 로딩 중이라는 상태를 나타내는 것으로 로딩이 끝나고 이미지가 사라졌을 때 로딩이 완료되었다는 신호를 전달하는 역할을 수행한다. 따라서 상태 표시와 상태 알림의 역할을 동시에 하므로 '로딩 중' 이미지라고 대체 텍스트를 누락하면 시각장애인 사용자는 로딩이 완료되었다는 신호를 어디에서도 얻을 수 없다. 따라서 단순히 로딩에 사용되는 이미지라 하더라도 사용자가 현재 상태와 로딩 완료 여부를 명확히 인지할 수 있게 분명한 대체 텍스트를 제공하는 것이 바람직하다.

> **팁**
> '로딩 중' 이미지에 대체 텍스트를 제공하더라도 시각장애인 사용자는 로딩 중 이미지가 나타났다는 것을 스스로 인지하는 것이 불가능하다. 그러므로 화면 낭독기에서 실시간으로 음성 출력을 할 수 있게 초점을 이동해주어야 한다. '로딩 중' 이미지가 나타났을 때 해당 이미지로 초점을 이동시켜 새로운 이미지가 나타났음을 알려주고, 로딩이 완료되면 원래의 위치로 초점을 다시 이동시켜서 로딩이 완료되었음을 알리는 것이다. 이 과정을 통해 시각장애인이 화면의 변화를 인지하고 이에 따른 동작을 수행할 수 있게 하는 것이다.

7.2.1.6 캡차의 대체 수단 제공

요즘 웹사이트는 보안 이슈로 뜨겁다. 보안을 강화하면 항상 웹 접근성이 낮아지는 경향이 있는데 이 중 스팸성 게시물이나 이메일을 막는 자동가입방지 프로그램인 캡차로 인해 시각장애인 사용자에게 걸림돌이 되는 경우가 있다. 캡차는 사용자가 봇 Boot인지 사람인지를 판단하는 일종의 테스트 도구로 사용되는 것인데 회원가입, 글 작성 등에서 흔하게 볼 수 있으며 로그인에서도 활용된다.

기본 테스트 방법이 그림 문자를 보고 그대로 입력해야 하는 방식이므로 일반적인 캡차는 시각장애인이 활용하는 것이 불가능하다. 대체 텍스트를 제공하면 된다고 생각할 수도 있겠지만 캡차는 기본적으로 프로그램이 인식할 수 없는 문자를 사용하는 것이 원칙이기 때문에 캡차 문자에 대해 alt 속성으로 대체 텍스트를 제공하면 이를 활용한 자동가입이 가능해지므로 바람직하지 않다. 결국 캡차에 대한 대체 수단을 제공하는 것이 좋은데 그림 7.19와 같이 많은 사이트에서 캡차의 대체 수단을 제공하지 않는다.

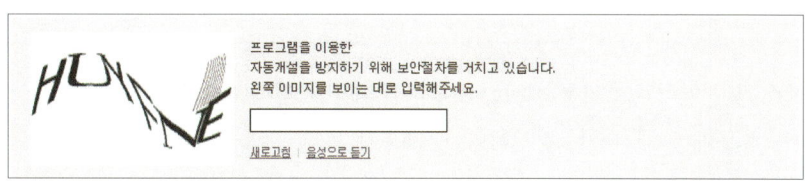

그림 7.19 대체 수단이 없는 캡차

가장 좋은 대체 수단의 예로 그림 7.20과 같은 오디오 캡차를 들 수 있다. 오디오 캡차는 그림문자에 상응하는 정보를 음성으로 제공한다.

그림 7.20 대체 수단으로 제공된 오디오 캡차

스피커 버튼을 누르면 좌측의 그림문자를 음성으로 출력해서 시각장애인이 그림문자의 내용을 인지하고 입력하는 것이 가능하다. 굳이 시각장애인이 아니더라도 그림을 잘 알아보지 못하는 비장애인도 유용하게 활용할 수 있다. 특히 다음넷의 오디오 캡차는 타 사이트에 비해 발음이 매우 정확하다. 오디오 캡차는 다음넷뿐만 아니라 구글, 마이크로소프트 등에서도 제공하고 있지만 타 캡차의 경우 기계가 해석하지 못하게 하려고 잡음으로 포함하여 음성을 제공하다 보니 사용이 불가능할 정도다.

캡차의 대체 수단으로 그림 7.21처럼 간단한 숫자 맞추기 문제, 일반적인 상식 문제의 답을 맞추는 방법도 있다.

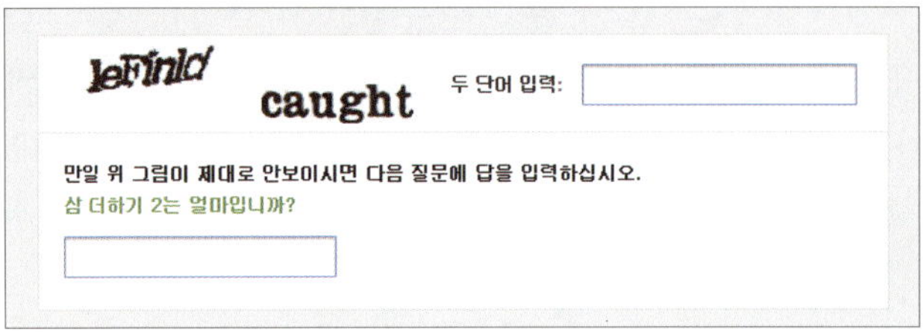

그림 7.21 문답형 캡차 대체 수단

먼저 기존 방식의 캡차를 제시하고 캡차를 제대로 입력하지 못하는 사람을 위해서 숫자풀이 문제를 제시하는 방식이다. 숫자풀이 문제를 제시하는 경우에도 자동으로 해석하기 어렵게 하려고 두 개의 숫자 중 한 가지는 한글로 제시하게 한다.

대체 수단의 예로 그림 7.21과 같은 이메일 인증이 있다. 이메일 인증을 제공하는 myid.net에서는 승인 메일을 발송하여 이미지에 대한 캡차 정보를 식별할 수 없는 사용자를 배려하고 있다.

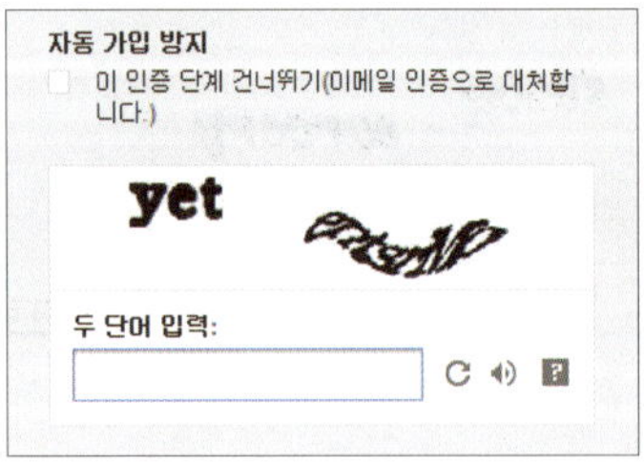

그림 7.22 이메일 인증형 캡차 대체 수단

캡차의 대체 수단을 제공하지 않는다면 시각장애인은 캡차 인증을 통과할 수 없고 결과적으로 사이트나 서비스 전체를 이용할 수 없게 되므로 대체 수단 제공이 매우 중요하다.

7.2.1.7 시각적인 의미가 다른 유니코드 주의

그림 7.23과 같이 주식이나 부동산 등 가격의 등락을 표시하는 콘텐츠에서 가격의 상승과 하락을 의미하는 데 ▼▲와 같은 유니코드를 많이 사용한다. 편리하게 사용했던 ▼ ▲ 기호가 정말 상승/하락의 의미를 가진다고 생각할 수 있는데 시각적으로 볼 때는 뾰족한 방향과 지정한 색상 때문에 상승과 하락의 느낌을 받을 수 있겠지만 시각을 배제하고 유니코드의 의미로만 접근해보면 전혀 다른 기호가 된다. '상승/하락'의 의미가 아니라 '삼각형/역삼각형'처럼 도형으로 해석될 뿐이다. 물론 많이 접해본 사람은 추론할 수 있겠지만 웹 접근성의 취지에 부합하지는 않는다고 볼 수 있다.

그림 7.23 가격의 상승/하락 표시에 유니코드 사용

이런 경우 단순히 유니코드만을 사용할 것이 아니라 화면에 표시되지 않게 '상승/하락'을 텍스트로 제공하거나 유니코드가 아닌 이미지로 삼각형을 넣고 alt 값에 '상승/하락'을 넣는 것이 좋다. 그래야만 시각장애인이 도형이 아닌 진정한 의미의 상승/하락의 표현으로 인지할 수 있다. 지금까지 사용해왔던 패턴으로 유니코드가 가지는 시각적인 의미만을 생각해서 사용하는 것이 아니라, 실제 해당 유니코드가 담고 있는 원래의 의미를 확인한 후 사용하는 것이 해당 유니코드를 접하게 되는 사용자에게 제작자가 의도한 목적으로 전달하는 좋은 방법이다.

7.2.1.8 접혀 있는 정보 확인에 쓸 링크 텍스트 자동 변경

그림 7.24처럼 접혀 있는 콘텐츠 내용을 아이콘 링크를 사용해 접었다 펼쳤다 할 수 있는데 아이콘의 모양이 변경되는 경우의 링크 텍스트는 어떻게 제공해야 할까? 많은 퍼블리셔가 그림 7.24의 HTML 코드와 같이 표현하는 경우가 많다. 이 코드는 접힘, 펼침의 두 가지 기능을 모두 설명해 주는 링크 텍스트로 현재 콘텐츠가 접힘 상태인지 펼침 상태인지는 직관적인 확인이 불가능하다. 따라서 사용자가 콘텐츠를 재확인해야만 알 수 있어 불편하다.

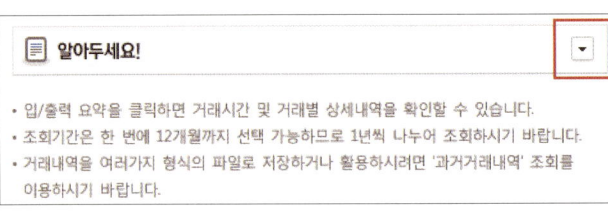

그림 7.24 접힘, 펼침 콘텐츠 예시

개선 전

```css
.tip h2 { float:left; padding-left:20px; background:url(../image/bu.gif) no-repeat;}
.tip a { display:block; float:right;}
```

```html
<div class="tip">
<h2>알아두세요!</h2>
<a href="#a"><img src="down.jpg" class="rightimage" alt="접힘/펼침"/></a>
</div>
<div>
... 콘텐츠 내용 중략 ...
</div>
```

하지만 그림 7.25처럼 콘텐츠 제공 여부에 따라 아이콘 모양과 링크 텍스트가 다르게 제공된다면 사용자는 해당 콘텐츠를 이해하는 것이 수월해질 것이다.

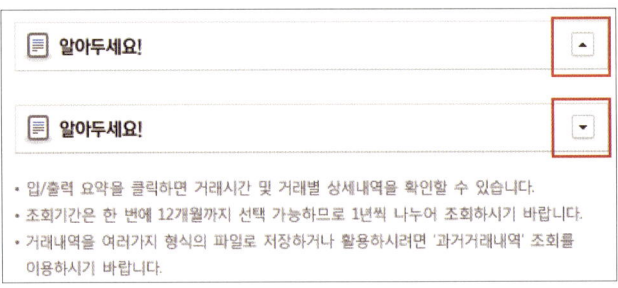

그림 7.25 선택에 따라 변경되는 아이콘

개선 후

자바스크립트

```
<script src="http://code.jquery.com/jquery-1.10.1.min.js"></script>
<script src="http://code.jquery.com/jquery-migrate-
1.2.1.min.js"></script>
<script type="text/javascript">
$(document).ready(function(){
    var flag="closed";
    $(".submenu").hide();
    $(".rightmenu").click(function(){
        if(flag=="closed"){
            $(".submenu").slideDown();
            $("div img").attr("src","up.jpg");
            $("div img").attr("alt","접힘");
            $("div a").attr("title","알아두세요 내용이 제공되었습니다.
            ↪ 닫으시려면 클릭하세요.");
            flag="opened";
        }else if(flag=="opened"){
            $(".submenu").slideUp();
            $("div img").attr("src","down.jpg");
            $("div img").attr("alt","펼침");
            $("div a").attr("title","알아두세요. 내용을 보시려면 클릭하세요.");
            flag="closed";
        }
        return false;
    });
});
</script>
```

```
<style type="text/css">
    * { margin:0; padding:0;}
    .tip { border:1px solid #ccc; padding:20px;}
    .tip h2 { float:left; padding-left:20px; background:url
(../image/bu.gif) no-repeat;}
    .right { display:block; float:right}
    .tip ul { clear:both;}
</style>

<div class="tip">
```

```
        <div>
            <h2>알아두세요! </h2>
            <span class="right">
            <a href="" class="rightmenu" title="알아두세요. 내용을 보시려면
 클릭하세요.">
            <img src="down.jpg" class="rightimage" width="15" height="15"
 alt="펼침"/>
            </a>
            </span>
        </div>
        <ul class="submenu">
            <li>입/출력 요약을 클릭하면 거래시간 및 거래별 상세내역을 확인할 수
 있습니다.</li>
            <li>조회기간은 한 번에 12개월까지 선택 가능하므로 1년씩 나누어 조회하시기
 바랍니다.</li>
            <li>거래내역을 여러가지 형식의 파일로 저장하거나 활용하시려면 '과거거래내역'
 조회를 이용하시기 바랍니다.</li>
        </ul>
</div>
```

그림 7.25처럼 스크립트를 활용하여 콘텐츠가 열려 있는 상태나 닫혀 있는 상태를 각 링크 텍스트로 확인할 수 있게 되면 필요한 경우에만 링크 텍스트를 활용할 수 있다.

7.2.2 중복 정보 방지로 효율적 정보 전달

7.2.2.1 〈select〉 요소의 첫 번째 〈option〉의 설명글 처리 방법

`<select>` 요소의 첫 번째 `<option>`과 title을 함께 제공하는 경우가 많다. 여기에 레이블까지 연결하면 동시에 3가지 요소가 동일한 역할을 하게 되어 중복된 정보를 제공하게 된다.

그림 7.26과 같이 `<select>` 요소의 입력 서식과 레이블 텍스트, title 속성까지 제공하면 화면 낭독기에서는 " 지역선택 선택하세요 콤보상자"로 읽게 된다. 툴팁 읽기까지 설정한 경우라면 더 많은 반복이 생긴다.

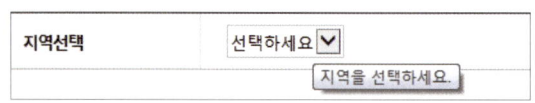

그림 7.26 다양한 설명을 제공한 서식

```
<label for="area">지역선택</label>
<select id="area" title="지역을 선택하세요">
<option>선택하세요.</option>
<option>서울</option>
</select>
```

이처럼 동일한 정보를 반복되게 제공하지 않으려면 그림 7.27과 같이 레이블만 제공하는 것이 올바른 표현 방법이다.

그림 7.27 레이블만 제공한 서식

```
<label for="area">지역선택</label>
<select id="area">
<option>서울</option>
<option>경기</option>
<option>대전</option>
<option>부산</option>
...이하 생략...
</select>
```

그림 7.28처럼 연속된 `<select>` 요소가 연속적으로 제공된다면 텍스트와 첫 번째 폼 요소와 레이블 형성이 되어야 하며 두 번째 폼 요소부터 title 속성으로 해당 요소의 사용 목적을 설명해야 한다. 또한 `<select>` 요소의 첫 번째 `<option>`은 설명이 아니기 때문에 데이터 기본값으로 미리 제공해야 한다.

그림 7.28 〈select〉 요소가 연속적으로 제공된 서식

```
<label for="area">지역선택</label>
<select id="area" title="시/도">
<option>서울시</option>
<option>서울</option>
<option>경기</option>
```

```
<option>대전</option>
...중략...
</select>
<select title="구/군">
<option>중랑구</option>
<option>금천구</option>
<option>강남구</option>
...중략...
</select>
<select title="면/읍/동">
<option>상봉동</option>
<option>신내동</option>
<option>면목동</option>
...중략...
</select>
```

> **팁**
>
> 선택상자의 접근성을 높이는 데 그림 7.29와 같이 <optgroup> 요소를 활용하는 방법이 있다. 현 지침은 <optgroup> 요소에 제공되는 label 속성은 폼 요소의 설명을 대신할 수는 없지만 <option> 요소의 그룹 기능을 해줘서 사용자에게 시각적으로 파악이 가능할 것이다. 아직은 화면 낭독기에서 <optgroup> 요소를 지원하지 않고 있지만 태그의 원 의미를 이해하고 있는 것은 필요하다.

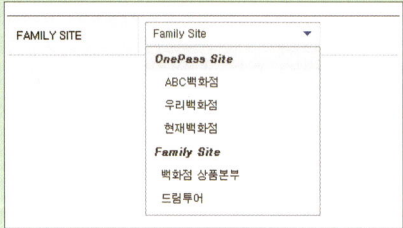

그림 7.29 <otpgroup> 요소를 사용한 서식

```
<label for="area">FAMILY SITE</label>
<select id="area">
    <optgroup label="OnePass Site">
    <option>ABC 백화점</option>
    <option>우리 백화점</option>
    <option>현재 백화점</option>
    </optgroup>
    <optgroup label="Family Site">
```

```
        <option>백화점상품본부</option>
        <option>드림투어</option>
    </optgroup>
</select>
```

7.2.2.2 변동 서식의 summary 처리 방법

그림 7.30은 결혼 여부에 따라 하위 데이터가 달라지는 표다. 하지만 표의 요약글은 결혼 여부의 선택과 관계없이 모든 요약 글이 미리 제공된다. 이는 화면 낭독기 사용자에게 허위정보를 알려주는 셈이다. 이를 방지하려고 개선 후의 코드와 같이 예상되는 시나리오를 사용자에게 데이터 선택에 따라 변화하는 콘텐츠라는 것을 사전에 알려주는 것이 중요하다.

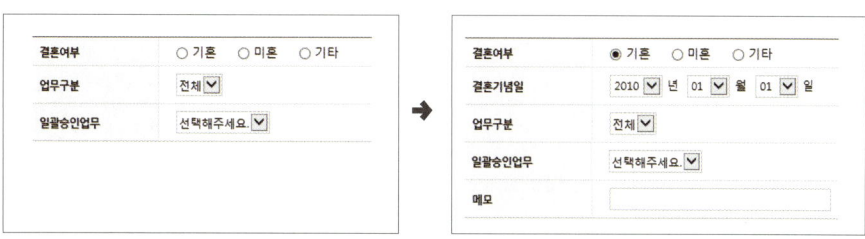

그림 7.30 선택 조건에 따른 summary 처리 예시

개선 전

```
<table summary="결혼여부, 업무구분, 일괄승인업무, 결혼기념일, 메모를 제공하는 표">
    <caption>기본인적사항</caption>
        <colgroup>
            <col width="150" />
            <col />
        </colgroup>
    <tbody>
    ... 중략 ...
    </tbody>
</table>
```

개선 후

```
<table summary="결혼여부 선택에 따라 내용이 달라집니다. 기본적으로 업무구분,
일괄승인업무를 선택해야 합니다. 기혼일 때는 결혼기념일을 입력하며 미혼이거나 기타일 때는 별도의
메모를 작성해야 합니다.">
    <caption>기본인적사항</caption>
    <colgroup>
        <col width="150" />
        <col />
    </colgroup>
    <tbody>
        ... 중략 ...
    </tbody>
</table>
```

7.2.2.3 표의 빈 데이터가 반복적으로 제공되는 사례

그림 7.31과 같이 표의 빈 데이터가 지속적으로 발생하면 화면 낭독기 사용자가 해당 표에 접근했을 때 데이터의 빈 영역이 많아 "🔊 빈 줄"이라고 계속해서 읽어준다. 하지만 데이터 테이블의 "🔊 빈 줄"이라고 읽는 것은 </tr>로 행이 끝나고 새로운 행(<tr>)이 시작된다는 의미다. 그림 7.31처럼 빈 데이터가 데이터 테이블에 반복적으로 제공되면 화면 낭독기 사용자에게 다음 줄이 넘어가는 것으로 인지할 수 있어 화면 낭독기 사용자에게는 이해하기 힘든 표를 제공한다.

원금	0 원		
기본이자	0 원	이자소득세	0원
특별이자	0 원	지방소득세	0원
만기후이자	0 원	농특세	0원
		교육세	0원
		추정소득세	0원
		추정지방소득세	0원
이자합계	0 원	세금합계	0원

그림 7.31 빈 셀을 제공하는 표

해당 표를 그대로 제공하되 사용성을 보완하고 싶다면 그림 7.32처럼 빈 데이터에 데이터 없음을 별도로 표시해야 한다. 데이터의 종류를 구분할 수 있다면 표를 2개로 분리하여 별도로 제공하는 것도 좋은 방법이다.

그림 7.32 빈 셀에 데이터 없음을 제공하는 표

```css
th span,
td span { position:absolute; left:-3000%; top:-3000%;}
```

```html
...중략...
    <th>농특세</th>
    <td>0원</td>
</tr>
<tr>
    <th><span>데이터 없음</span>-</th>
    <td><span>데이터 없음</span>-</td>
    <th><span>데이터 없음</span>-</th>
    <td><span>데이터 없음</span>-</td>
</tr>
...중략...
```

7.2.2.4 복잡한 표에서 제목셀과 내용셀의 id, headers 연결

그림 7.33은 일반적인 표의 형태로 지침의 기준으로 볼 때 다단과 병합이 이루어지지 않았기 때문에 복잡하지 않은 표로 볼 수 있다. 지침상으로 그림 7.33과 같은 표는 제목셀에 scope나 id, headers를 제공할 필요가 없다.

그림 7.33 복잡하지 않은 표

```html
<table summary="상품명, 계좌번호, 통화, 최종거래일, 잔액을 제공하는 표">
    <caption>상품별 잔액</caption>
        <colgroup>
            <col width="150" />
            <col />
        </colgroup>
    <thead>
    <tr>
        <th>상품명</th>
        <th>계좌번호</th>
        <th>통화</th>
        <th>최종거래일</th>
        <th>잔액</th>
    </tr>
    </thead>
    <tbody>
    <tr>
        <td>디자인 특급 할인상품</td>
        <td>9321-45-339718</td>
        <td>USD</td>
        <td>2012.09.15.<span>(만기일 : 2013.09.03)</span></td>
        <td>60,000,000</td>
    </tr>
    </tbody>
</table>
```

그러나 그림 7.34는 지침과 같이 셀의 병합이 있고 다단이 제공된 형태로 복잡한 표로 볼 수 있다. 그림 7.34에 제공된 HTML 코드처럼 scope나 id, headers를 제공해야 한다.

그림 7.34 복잡한 표

```html
<table summary="출금계좌번호, 입금은행, 입금계좌번호, 받는분, 보내는분, 이체금액,
수수료, 받는분 통장표기내용, 보내는분 통장표기내용 이체지정일, 이체구분, 취소">
    <caption>개인뱅킹 이체정보</caption>
    <colgroup>
        <col width="15%">
        <col>
        <col width="17%">
        <col>
        <col>
        <col>
        <col width="7%">
    </colgroup>
    <thead>
        <tr>
            <th rowspan="2" id="h1">출금계좌번호</th>
            <th id="h2">입금은행</th>
            <th id="h3">받는분</th>
            <th id="h4">이체금액(원)</th>
            <th id="h5">받는분 통장표기내용</th>
            <th id="h6">이체지정일</th>
            <th rowspan="2" id="h7">취소</th>
        </tr>
        <tr>
            <th id="h8">입금계좌번호</th>
            <th id="h9">보내는분</th>
            <th id="h10">수수료(원)</th>
            <th id="h11">보내는분 통장표기내용</th>
            <th id="h12">이체구분</th>
        </tr>
    </thead>
    <tbody>
        <tr>
            <td rowspan="2" headers="h1">123412312345678<br>
            <span>보노보노여행정기...</span></td>
            <td headers="h2">하나은행</td>
            <td headers="h3">김무신</td>
            <td headers="h4">100,000,000,000</td>
            <td headers="h5">월급입니다</td>
            <td headers="h6">2012.09.09</td>
            <td rowspan="4" headers="h7"><a href="#a">취소</a></td>
        </tr>
```

```
            <tr>
                <td headers="h8">901010201000123</td>
                <td headers="h9">류영일</td>
                <td headers="h10">500</td>
                <td headers="h11">김하나</td>
                <td headers="h12">즉시 오전8시 이후</td>
            </tr>
            <tr>
                <td colspan="6">
                닷컴통장메모내용 : 가나다라마바사아자차카타파하   
                집급(CMS)번호 : 20120912201209122012091220120912   
                회계용도 : 사용자정의 1234567890
                </td>
            </tr>
            <tr>
                <td colspan="6">
                후원금 : 대한적십자사 국제구호 (후원금액 : 1,000원)
                <span><a href="#a">닫기</a></span>
                </td>
            </tr>
</table>
```

이와 같이 표가 복잡하면 병합과 다단의 제공 여부에 따라 구분하여 `scope`나 `id`, `headers`를 이용하여 제목셀과 내용셀의 범위를 지정해야 할 것이다.

> **팁**
>
> 테이블이 복잡하지 않더라도 그림 7.35처럼 내용셀 사이에 제목셀이 포함된 징검다리형 표일 경우 〈th〉를 사용할 수 없다. ⓐ 방향으로 셀에 진입했을 때 화면 낭독기는 "제목1+제목2+내용"의 형태로 제목셀과 내용셀을 연결하여 낭독할 수밖에 없는 한계가 발생한다.
>
> | 제목1(th) | 홍길동 | 제목2(th) | 개인 |
> |---|---|---|---|
> | 제목3(th) | 안암 | 제목4(th) | 신청 |
> | 제목5(th) | [수신] shjung@postcorea.net | 제목6(th) | [거부] |
> | 제목7(th) | 2010.06.14 | 제목8(th) | 1112 |
> | 제목9(th) | 제목이 틀어갑니다 | | |
>
> **그림 7.35** 제목셀과 내용셀을 연결하기 어려운 표
>
> 따라서 이렇게 특수한 경우 표를 분리하여 제공할 수 없는 여건이라면 반드시 headers를 사용해 제목셀을 지정해야만 한다. 그림 7.36과 같이 홍길동 셀에 제목셀을 headers="id1 id2 id3"으로 제공하면 "총무부 직책 OO팀장 홍길동"의 형태로 음성출력하는 것이 가능하다.

업무분류	직책 id="a2"	이름
총무부 id="a1"	OOO팀장 id="a3"	홍길동 headers="a1 a2 a3"
	OOO대리 id="a4"	홍길동 headers="a1 a2 a4"

그림 7.36 id, headers로 제목셀과 내용셀을 연결한 표

특히 표의 구조상 그림 7.37처럼 제목셀과 내용셀의 행/열이 다르다고 하더라도 id와 headers를 사용해 제목셀과 내용셀을 연결하여 읽을 수 있게 구현할 수 있다.

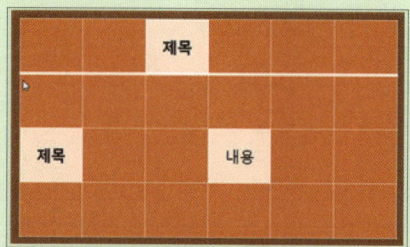

그림 7.37 제목셀과 내용셀의 행/열이 다른 표

〈th〉, scope는 구조상 행/열에 제목셀이 종속되지만 headers를 사용한 경우 행/열의 위치에 관계없이 내용셀의 제목셀로 제공할 수 있다는 특징을 알아두자.

7.2.3 접근성을 높이는 초점과 컨트롤 제공

웹 콘텐츠를 사용하는 데 접근성을 높일 수 있는 방법 중 하나인 초점과 컨트롤을 살펴볼 것이다.

7.2.3.1 대메뉴, 소메뉴, 탭메뉴의 제목 처리

콘텐츠를 탐색하고 운영하는 데 가장 중요한 것은 레이아웃의 파악과 콘텐츠의 인식이다. 기본적으로 사용되는 대메뉴, 서브메뉴, 탭메뉴, 로케이션 바는 시각적으로 보면 디자인에 따라 여러 형태로 각자의 역할을 분담하고 있는 것처럼 보이지만 마크업 상으로 보면 모두가 동일한 링크 목록일 뿐이다. 마크업상에 별다른 의미 구분이 없다면 화면 낭독기 사용자에게도 각 역할이나 포함관계에 대해 어떠한 정보도 제공해 주지 않는다.

그림 7.38의 경우 서브메뉴, 탭메뉴, 로케이션 바 등 33개의 링크가 있지만 시각적인 구분 외에 화면 낭독기에서 볼 땐 동일 링크로만 보이게 되는 경우다. 이는 CSS를 제거해보면 금방 알 수 있다.

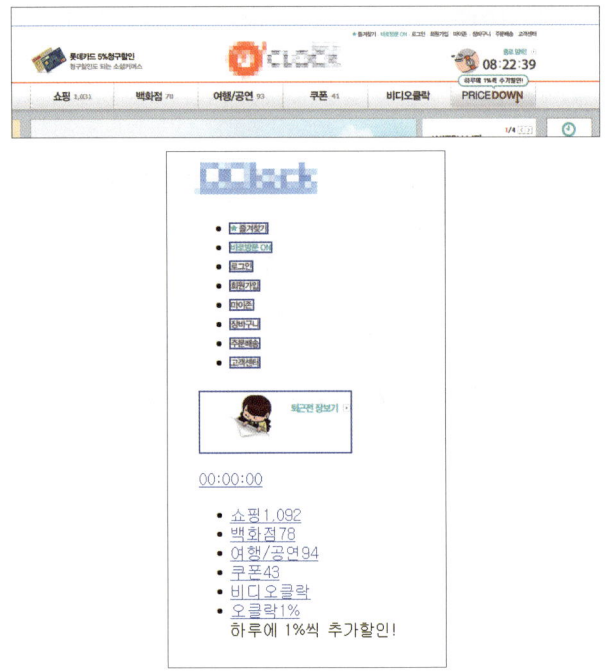

그림 7.38 메뉴 리스트를 구분하기 어려운 구조

어느 것이 메뉴인지 전혀 알 수 없는 이런 구조는 단순히 링크 목록의 연속으로 밖에 생각할 수 없다. 이런 링크 목록을 마크업으로 각자의 역할을 명확히 하고 구분할 수 있게 이정표를 제시해준다면 좀 더 높은 접근성을 구현할 수 있다. 그림 7.39와 같이 대메뉴 가운데 빠른 서비스 메뉴의 경우 시각적으로는 메뉴를 구분할 수 있고, 화면 낭독기에서도 구분할 수 있게 메뉴 앞에 숨겨진 헤딩 태그를 사용해 별도의 이정표를 제공한다. CSS 스타일을 제거하고 살펴보면 이를 확인할 수 있다.

그림 7.39 메뉴 종류를 구분할 수 있게 제목을 제공한 사례

```css
.hide { position:absolute; left:-3000%;}
```

```html
<h2 class="hide">개인뱅킹 서비스 메뉴</h2>
<ul id="snb">
<li><a href="#a">금융상품</a></li>
... 중략 ...
</ul>
... 중략 ...
<h2 class="hide">빠른 서비스</h2>
<ul id="snb">
<li><a href="#a">전 예금조회</a></li>
... 중략 ...
</ul>
```

콘텐츠 블록 속에 이와 같은 메뉴 스타일을 구분하는 구분자 역할도 포함할 수 있게 하면 바람직하다. 실제 장애인 사용자가 테스트해보면 이와 같은 사례가 얼마나 불편한 것인지 알 수 있다. 웹 접근성 전문가 사이에서 이러한 논의가 더욱 진전된 결과를 가져오길 바란다.

7.2.3.2 제목-내용 배열이 애매한 탭메뉴의 선형화

웹 접근성 품질인증심사가이드에서는 콘텐츠의 선형화는 HTML 구조(마크업) 순서가 메뉴와 서브 메뉴의 단계를 이루는 경우 제목-제목으로 진행하지 않고, 제목-내용의 순서로 제공해야만 논리적 선형화를 이룬 것으로 보인다. 오류유형 17-2에도 '제목-

내용'으로 구성된 콘텐츠 목록이 있을 경우 초점이 제목으로만 이동하고 나서 내용으로만 이동하는 것과 같이 배치가 분리되지 않게 요구되고 있다. 그림 7.40은 보편적인 2단계 메뉴에서의 초점 이동 순서다.

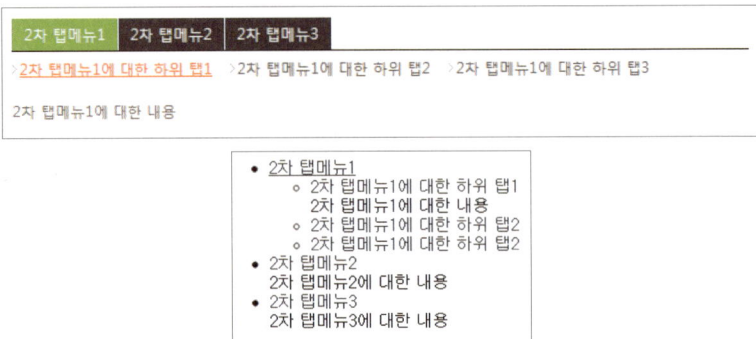

그림 7.40 일반적인 탭메뉴의 선형화

```
<ul>
<li><a href="#a" class="on">2차 탭메뉴1</a>
    <ul>
        <li><a href="#a" class="on">2차 탭메뉴1에 대한 하위 탭1</a>
            <div>2차 탭메뉴1에 대한 내용</div>
        </li>
        <li><a href="#a">2차 탭메뉴1에 대한 하위 탭2</a></li>
        <li><a href="#a">2차 탭메뉴1에 대한 하위 탭2</a></li>
    </ul>
</li>
<li><a href="#a">2차 탭메뉴2</a>
    <div>2차 탭메뉴2에 대한 내용</div>
</li>
<li><a href="#a">2차 탭메뉴3</a>
    <div>2차 탭메뉴3에 대한 내용</div>
</li>
</ul>
```

그러나 콘텐츠의 선형화 검사항목의 취지는 해당 제목과 내용을 직관적으로 이해할 수 있게 하라는 의미이지 반드시 제목-내용 순서로만 만들라는 것은 아니다. 물리적 선형화가 아니라 논리적 선형화이기 때문에 논리적인 구조와 해당 콘텐츠의 직관적인 이해가 가능한 구조라면 준수한 것으로 인정된다.

하지만 접근성 지침에 제공된 제목-내용 구조의 표현 방법으로 사용자에게 탭메뉴를 제공한다면 예상하지 못한 몇 가지 문제점이 발생한다. 그림 7.41은 탭메뉴의 콘텐츠 내용에 키보드 운용이 필요로 하는 폼 요소와 링크 수가 많아 사용성이 저하되는 사례다. 사용자가 **절차안내** 탭메뉴로 이동하려면 **가입하기** 탭메뉴와 가입하는 데 필요한 폼 요소, 링크 요소 모두 키보드 운용으로 통과해야만 두 번째 탭메뉴인 **절차안내**로 이동할 수 있다.

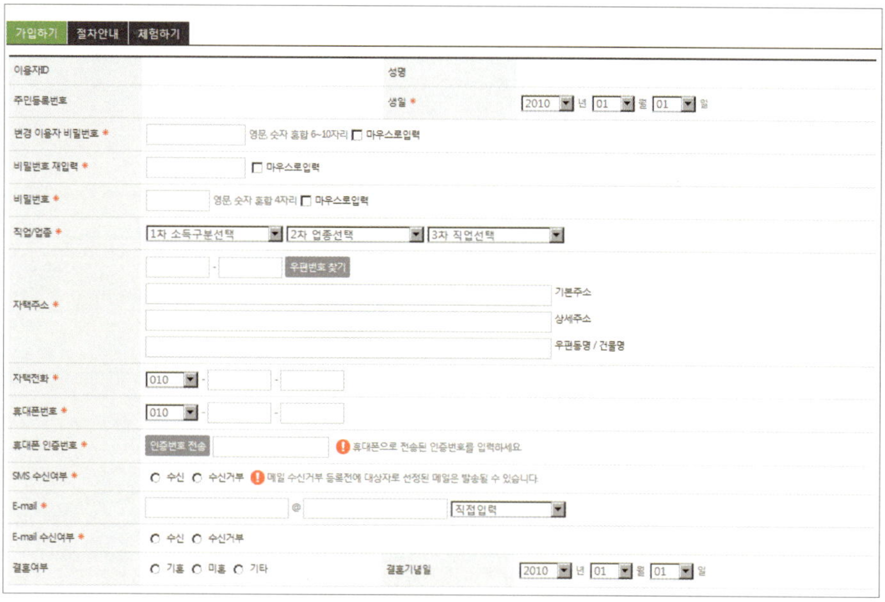

그림 7.41 콘텐츠 선형화로 인해 사용성이 저해되는 사례

이런 점을 보았을 때 콘텐츠 선형화는 콘텐츠를 이해하는 목적으로만 제공될 뿐 사용성이 좋아지는 것인지는 의문이 든다. 이런 문제점을 보완하려고 몇 가지 해결 방법을 모색하였다.

첫 번째로 그림 7.42와 같이 탭메뉴의 내용을 사용자가 선택해서 확인할 수 있게 장치를 제공하는 것이다. 이 방법은 탭메뉴의 기본 형태인 첫 번째 탭메뉴의 콘텐츠가 숨겨진 상태로 제공하며 원하는 메뉴를 선택할 때만 해당 콘텐츠를 확인할 수 있게 만드는 구조다. 이 구조는 콘텐츠 선형화 구조뿐만 아니라 키보드를 사용하는 지체장애인과 시각장애인에게도 불필요한 운용을 줄여주고 있다.

그림 7.42 사용자 선택으로 확인하는 탭메뉴

```css
.tab li a span { display:inline-block; margin-left:5px; width:11px;
height:6px;
background:url(img/down.gif) no-repeat; overflow:hidden; text-indent:-
300px;}
.tab li.on a { background-image:url(../images/common/bu/bu_up.gif);}
.tab div { display:none;}
```

```html
<div class="tab">
    <h2><a href="#a">가입기업<span>펼침</span></a></h2>
    <div>가입기업 콘텐츠 내용</div>

    <h2><a href="#a">절차안내<span>펼침</span></a></h2>
    <div>절차안내 콘텐츠 내용</div>

    <h2><a href="#a">체험하기<span>펼침</span></a></h2>
    <div>체험하기 콘텐츠 내용</div>
</div>
```

이슈

현재 품질인증심사가이드에는 콘텐츠의 선형화 부분이 공공기관 메인 페이지의 최근 게시물 탭을 사례로 작성되었기 때문에 논리적인 콘텐츠의 선형화 기준은 탭 제목-탭 내용에 적합하다. 내용이 비교적 짧기 때문이다. 따라서 관련 업무 담당자는 '제목-내용'의 순서로 콘텐츠를 배열한다. 하지만 탭 모양을 가지고 있더라도 페이지 링크로 연결되어 있는 경우이거나 내용에 해당하는 콘텐츠의 양이 너무 많을 경우 선택권을 주려고 제목-제목으로 이동하면서 내용을 볼 수 있게 만들 수도 있다.

콘텐츠의 유형을 고려하지 않고 일괄적으로 물리적인 선형화를 적용하는 것은 전혀 논리적이지 않다. 각 콘텐츠의 상황에 맞는 논리적인 진정 논리적인 선형화를 고민해야 할 때다. 제목-제목, 내용-내용 구조라고 하더라도 선형화의 오류유형으로 볼 것이 아니라 좀 더 높은 접근성을 보장하려는 노력의 한 부분으로 볼 수 있는 넓은 시야가 필요하다.

7.2.3.3 탭메뉴 건너뛰기 활용

탭메뉴의 마크업 구조는 제목-내용 순서로 제공된다. 논리적인 구조의 탭메뉴는 몇 가지 불편함이 있다. 그 중 가장 불편한 부분은 탭과 탭으로 이동하는 것이다. 그림 7.43처럼 탭메뉴의 내용이 키보드 운용과 거리가 먼 형태일 경우에는 사용성을 저해하지 않지만 그림 7.44처럼 탭의 내용에 많은 서식과 링크가 존재하면 다음 탭메뉴로 가는 데 많은 노력이 필요하다.

그림 7.43 키보드 운용이 불필요한 탭   그림 7.44 키보드 운용이 필요한 탭

탭 제목과 탭 내용을 논리적인 순서로 연결할 수 있지만 탭 내용이 많은 경우 이를 모두 탐색해야만 다음 탭 제목으로 이동할 수 있는 경우 그림 7.45와 같이 탭메뉴 건너뛰기를 제공하면 키보드 운용이 용이해질 것이다. 반복 영역 건너뛰기와 동일한 맥락이다. 탭메뉴 링크 다음 건너뛰기 링크를 제공하여 다음 탭메뉴로 이동시킬 수 있도록 제공한다는 것은 그만큼 키보드로 운용하기에 편리해진다는 의미라고 볼 수 있다.

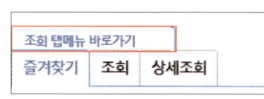

그림 7.45 탭메뉴 건너뛰기

```css
.tabskip {position:absolute; left:-3000%; top:-3000%;}
.tabskip:focus {left:0; top:-20px; font-size:11px; width:120px;
height:20px; display:block; line-height:20px; border:1px solid red;}
```

```
<h2 class="on"><a id="tab1" href="#a">즐겨찾기</a><a class="tabskip"
href="#tab2">조회 탭메뉴 바로가기</a></h2>
<div>1번째 탭메뉴 콘텐츠</div>
<h2><a id="tab2" href="#a">조회</a><a class="tabskip" href="#tab3">
상세조회 탭메뉴 바로가기</a></h2>
<div>2번째 탭메뉴 콘텐츠</div>

<h2><a id="tab3" href="#a">상세조회</a><a class="tabskip" href="#tab3">
즐겨찾기 탭메뉴 바로가기</a></h2>
<div>3번째 탭메뉴 콘텐츠</div>
```

> **팁**
>
> 그림 7.46과 같이 우리가 흔히 웹사이트에서 볼 수 있는 TOP 버튼은 세로 길이가 긴 콘텐츠가 하단에 있을 때 상단으로 스크롤될 수 있게 하는 기능이다. 보통 TOP 버튼 마크업은 다음과 같은 코드로 제공되었다.

그림 7.46 TOP 버튼

개선 전

```
<a href="#">TOP</a>
```

그러나 위와 같은 코드를 사용하면 TOP 버튼을 클릭할 때 페이지 갱신과 함께 초점이 최상단으로 이동하는 단점이 있다. 따라서 콘텐츠를 확인하려면 처음부터 다시 키보드를 운용해야 하는데 이를 보완하려고 그림 7.46과 같이 TOP 버튼의 링크에 본문으로 초점이 이동할 수 있게 href 값에 contents id를 부여하고 title 속성으로 '본문 바로가기'라는 설명을 제공하였다.

이제 TOP 버튼을 클릭하면 페이지는 새로고침이 되지 않고 초점은 본문으로 이동되므로 키보드 사용자에게 훨씬 향상된 접근성을 제공한다.

개선 후

```
<div id="contents">본문 콘텐츠</div>
<a href="#contents" title="본문 바로가기">TOP</a>
```

7.2.3.4 스크롤 영역의 정보에 키보드로 접근

과거에는 `iframe`을 주로 약관을 구현하는 데 사용했다. 그런데 `iframe`은 별도의 페이지를 생성하여 추가적인 마크업이 필요하여 공수나 유지보수 측면에서 환영받지 못했다. 그러나 overflow:auto를 사용하면 한 페이지에 처리가 가능할뿐만 아니라 많은 양의 콘텐츠에 규격을 줄 수 있고, 스크롤이 자동으로 생성되는 장점이 있다. 하지만 키보드로는 스크롤 제어가 불가능하다는 결정적인 단점도 존재한다.

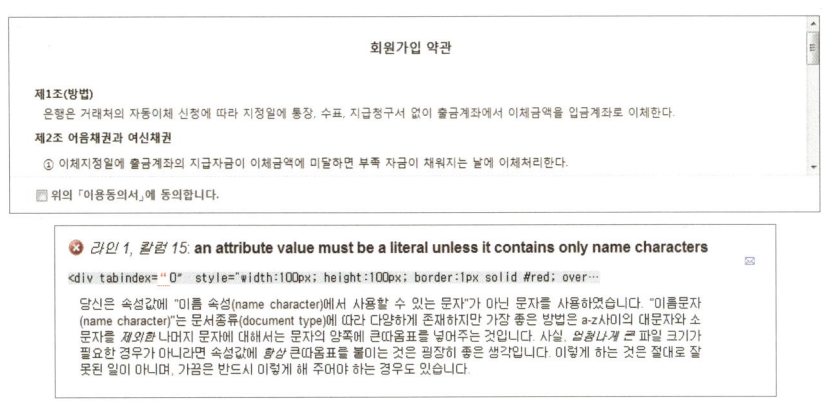

그림 7.47 overflow:auto를 활용한 약관 화면과 문법 오류 (출처: http://validator.kldp.org)

```css
div {width:100px; height:100px; border:1px solid #red; overflow:auto;}
```

```
<div tabindex="0">
스크롤이 있는 약관 내용 컨트롤하기
</div>
```

이런 점을 해결하려면 tabindex="0"이 사용되곤 하지만 tabindex 속성의 값이 '1' 이상에서만 표준 문법으로 인정되며 그림 7.47과 같이 tabindex 값이 '0' 이하일 경우 웹 표준 문법 오류에 해당된다. 하지만 웹 접근성 검사항목 21번 '마크업 오류 방지'에는 해당되지 않는다.

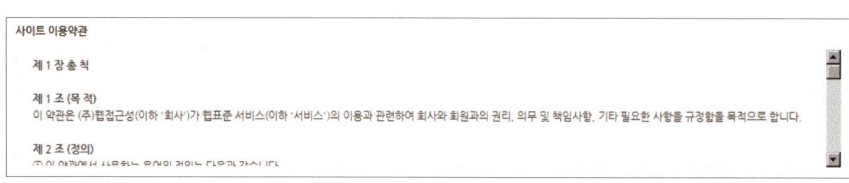

그림 7.48 건너뛰기 링크를 활용한 약관 화면

```html
<a href="#site_rule">사이트 이용약관</a>
<div id="site_rule" style="width:100px; height:100px; border:1px solid #red; overflow:auto;">
제1조 (목적)
이 약관은 (주)웹접근성(이하 '회사')가 웹표준 서비스(이하 '서비스')의 이용과 관련하여 회사와 회원과의 권리, 의무 및 책임사항, 기타 필요한 사항을 규정함을 목적으로 합니다.
제2조 (정의)
... 중략 ...
</div>
```

웹 표준문법에 민감한 제공자라면 그림 7.48의 코드로 이용하길 바란다.

이 코드는 반복 영역 건너뛰기 링크와 같은 방법으로 링크의 아이디와 목적지의 아이디를 연결시켜 스크롤을 컨트롤하는 방법이다. 다만 이 방법은 링크의 초점 이동을 위해서 스크롤 생성된 콘텐츠와 제목 영역이 필요하다.

7.2.3.5 자동 초점 이동

다수의 웹 접근성 가이드에서 다음과 같이 안내하고 있는 것을 볼 수 있다. 보통의 가이드에서는 자동 초점auto focus 이동 기능을 사용하지 말라고 하는데 잘못된 상식이다. 사실 자동으로 초점이 이동되는 것이 문제가 아니라 이미 입력한 첫 번째 서식을 수정하지 못하는 문제가 지적된 것이었다. 하지만 아직도 시중에는 아예 사용하지 못하도록 가이드화된 경우를 자주 볼 수 있다.

> **○○사 웹 접근성 가이드**
>
> 자동 초점 이동을 사용하는 사례 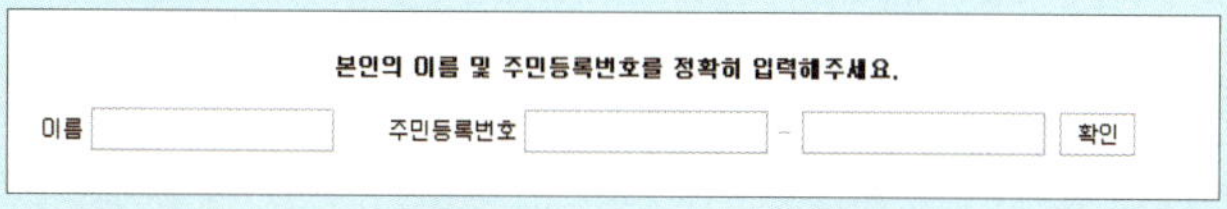
>
> [본인의 이름 및 주민등록번호를 정확히 입력해주세요.]
> 이름 [ ] 주민등록번호 [ ] - [ ] [확인]
>
> - 자동으로 포커스가 이동되어서는 안 된다.
> - 자동 초점 이동 기능을 제공하지 않는다.
> - 주민등록번호 정보를 하나의 서식에 모두 적을 수 있게 제공한다.
>
> 주민등록번호의 앞 6자리를 입력하면 초점이 자동으로 주민등록번호 뒷 7자리로 이동하는 기능을 제공하면 두 번째 입력 상자인 주민등록번호 뒷자리에 키보드 초점이 있을 경우 Shift + Tab 키를 이용하여 초점을 주민등록번호 앞자리인 첫 번째 입력상자로 이동시키더라도 초점이 첫 번째 입력상자로 이동하지 못하고 자동적으로 두 번째 입력 상자로 이동하게 된다.

그림 7.49와 같이 회원가입을 할 때 휴대폰 번호를 입력하거나 주민등록번호를 입력할 때, 쇼핑몰에서 결제하려고 카드번호를 입력할 때 등 많은 사람이 웹사이트를 이용하면서 다양한 연속된 숫자를 입력한다. 대부분의 사람이 웹사이트를 이용할 때는 주민등록번호 앞자리 입력 후 Tab 키나 마우스로 뒷자리 폼 영역을 클릭하는 것이 아니라 바로 자동 초점 이동을 통해서 연속적으로 뒷자리를 입력한다.

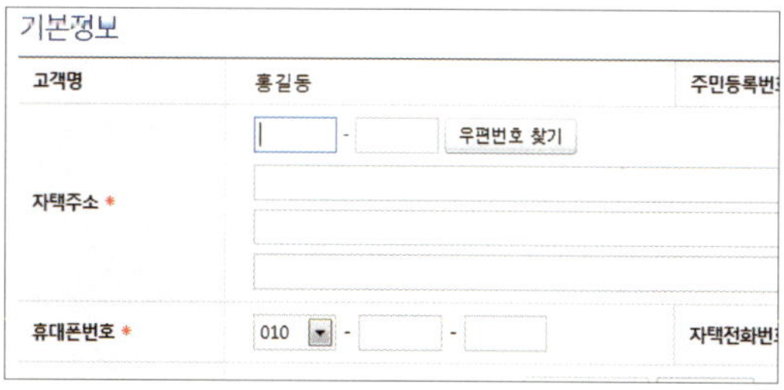

그림 7.49 자동 초점 이동 화면

사실 자동 초점을 이용하면 상당히 편리하다. 주민등록번호, 카드번호 등 연속적인 숫자를 입력할 때 일일이 마우스 클릭이나 탭 처리를 하지 않고도 입력할 수 있기 때문이다. 자동 초점의 문제점인 두 개의 연속된 서식이 있을 경우 처음 서식을 다 채우면 자동으로 이동된 뒤 수정사항이 있어도 2번째 서식에서 1번째 서식을 이동해주지 못하는 점을 지적하고 있는 것이다. 따라서 1번째 서식을 잘못 입력한 경우를 대비하여 Shift + Tab 키로 이동 가능하게 해준다면 웹 접근성 지침도 준수하면서 사용성을 함께 높일 수 있다.

첫 번째 보완할 점은 자동 초점 이동 후 Shift + Tab 키를 눌러 이전 폼으로 이동 가능하게 하는 것이다. 대부분 지침 오류에 해당하는 서식을 보면 자바스크립트를 이용하여 특정 값을 초과한 상태에서 다음 서식으로 자동으로 초점이 이동되고 Shift + Tab 키를 누르면 이전 단계로 초점이 이동하지 못하는 사례가 종종 나타난다. 하지만 서식간에 자동으로 초점 이동 하되 Shift + Tab 키로 이전 서식으로 이동할 수 있다면 지침에 제공된 오류유형의 자동 초점 변화에 해당되지 않는다.

두 번째 보완할 점은 자동 초점 이후 Shift + Tab 키로 이동 후 수정 편집이 가능해야 한다. 또한 키보드 화살표 키의 이동이 자유로워야 한다. 이 2가지 항목만 보완된다면 사용성과 접근성 두 마리의 토끼를 모두 잡을 수 있을 것이다.

```javascript
<script type="text/javascript">
    $(document).ready(function() {
        // 두 번째 주민등록번호에서 첫 번째 주민등록번호로 커서가 이동했는지 여부
        // 기본값은 true, 두 번째 주민등록번호에서 shitf+tab을 눌렀을 때 false 변경
        var check = true;
        $('#ssn1').keyup(function(e){
            // 첫 번째 주민등록번호의 길이가 6이고 check가 true이면
            if($('#ssn1').val().length==6 && check){
                $('#ssn2').focus(); // 두번째 주민등록번호로 포커스 이동
            }else if($('#ssn1').val().length<=5){
                // 첫 번째 주민등록번호 길이가 5 이하일 경우
                check = true;//check 값을 true변경
            }
        });
        $('#ssn2').keydown(function(e){
            var keyCode = e.keyCode || e.which;   // 키보드 값을 가져온다.
```

```
            if (e.shiftKey && keyCode == 9 ) {
                // 키보드 값이 Shift + Tab(9)일 경우
                // check 값을 false로 변경하는 이유는 두 번째 주민등록번호에서
                // 첫 번째 주민등록번호로 초점 이동을 할 때 길이만 체크할 경우는
                // 이전으로 초점 이동이 되지 않는다.
                // 대부분의 자바스크립트가 첫 번째 주민등록번호에서를 길이가 6일 때
                // 두 번째 주민등록번호로 이동하게 만들었기 때문이다.
                // 따라서 첫 주민등록번호에서는 길이가 6이고 check 값이 true일 때
                // 두 번째 주민등록번호로 이동할 수 있게 자바스크립트를 작성했다면
                // check 값을 false로 변경하여 첫 번째 주민등록번호로 초점을
                // 이동할 수 있게 하고, 첫 번째 주민등록번호에서 값을 변경할 때
                // check 값을 true로 변경하면 모든 문제가 해결된다.
                check = false;
            }
        });
    });
</script>
```

```
<body>
    <input type='text' id='ssn1' maxlength="6">-<input type='text' id='ssn2' maxlength="7">
</body>
```

7.2.3.6 키보드 초점 초기화 해결 방안

그림 7.50은 게시판의 검색 영역이다. '웹 접근성'이라는 검색어를 입력하고 검색 버튼을 누르면 그림 7.51의 검색 결과 화면 페이지가 새로고침되면서 키보드 사용자에게는 초점이 초기화되는 문제가 발생한다.

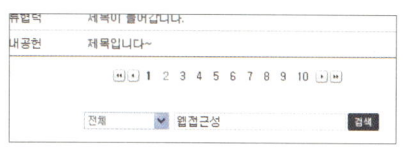

그림 7.50 검색어 '웹 접근성' 입력 화면

그림 7.51 검색 결과 화면

  게시판뿐만 아니라 조회, 검색 등 데이터를 처리하려고 페이지를 새로고침하는 콘텐츠는 새로고침될 때마다 사용자에게 불필요한 키보드 운용이 일어난다.

  이런 불편한 점을 보완하려고 조회, 검색 등 데이터 처리에 쓸 새로고침 후 자동으로 검색, 조회 버튼으로 초점이 유지된다면 키보드 사용자는 결과를 바로 볼 수 있을 뿐만 아니라 불필요한 키보드 운용 횟수를 줄여 사용성을 높여주는 효과가 있다. 추가로 검색, 조회 등 데이터 처리 서식은 그림 7.52와 같이 결과 리스트의 상단에 존재한다면 콘텐츠를 파악하기에 용이할 것이다. 불가피하게 결과 리스트 하단에 존재해야 한다면 HTML은 논리적으로 배치하되 CSS로 컨트롤하여 시각적으로 하단에 제공하는 방법도 있다.

그림 7.52 검색 콘텐츠가 게시판 상단에 존재하는 경우

```css
form { position:relative; padding-bottom:30px;}
form div { position:absolute; bottom:0; width:100%; text-
align:center;}
```

```html
<form>
<div>
    <select><option>전체</option></select>
    <input type="text" value="웹접근성">
    <input type="image" src="images/btn.gif" alt="검색">
</div>
<table summary="No, 구분, 제목, 등록, 조회수를 제공하는 게시판 리스트">
... 중략 ...
</table>
</form>
```

같은 원리로 그림 7.53과 같이 자세한 정보를 확인하려고 상세보기 버튼을 클릭하면 레이어 팝업이 생성되고 해당 내용을 확인할 수 있다. 그리고 닫기 버튼을 누르면 키보드 초점이 상세보기 버튼에 유지되지 않고 초점이 초기화된다.

이런 현상을 해결하려면 다음과 같은 이벤트가 있어야 한다.

(1) 버튼 클릭으로 레이어 팝업이 열리고 키보드 초점이 레이어 팝업으로 자동으로 이동해야 한다.

(2) 레이어 팝업이 닫히고 레이어 팝업을 열었던 버튼으로 초점이 자동으로 이동해야 한다.

이러한 이벤트가 필요한 이유는 대부분의 프로젝트는 보통 레이어 팝업을 논리적 순서로 마크업하여 배치시키지 않고 <body> 요소 다음이나 <body> 요소의 맨 마지막에 레이어 팝업을 배치시키고 팝업의 내용을 유동적으로 제공한다. 이런 대형 프로젝트의 시스템은 논리적 마크업이 불가능함을 보완하려면 그림 7.49에 제공된 코드처럼 자동 초점이 제공되어야 한다.

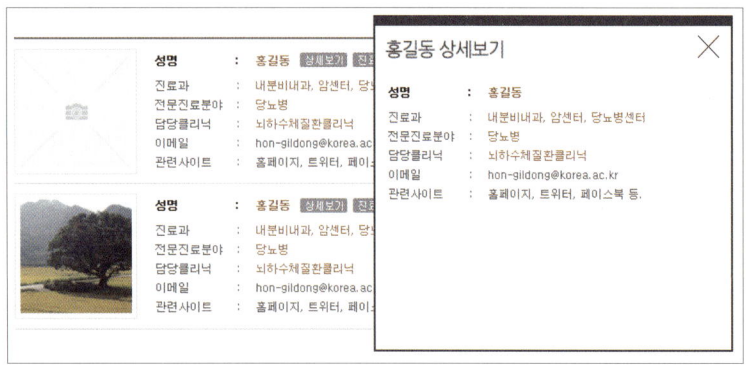

그림 7.53 상세보기 레이어 팝업 화면

```
<script type="text/javascript">
    $(document).ready(function() {
        var flag = false;
        $('#layer1').hide(); // id가 layer1인 DOM(div)을 숨겨둔다.

        $('#layer_open').keyup(function(e){
            // id가 layer_open인 DOM에 키업 이벤트가 발생하면 호출
            var keyCode = e.keyCode || e.which;   // 키보드 값을 가져온다.
            if(keyCode == 13) { // 키보드 값이 엔터(13)일 경우
                $('#layer_open').blur();
                // id가 layer_open인 DOM에 초점을 없앤다.
                $('#layer1').show();  // id가 layer1인 DOM을 보여준다.
                $('#layer2').focus(); // id가 layer2인 DOM에 초점을 이동한다.
                return false;
            }
        });
        $('#layer_close').keyup(function(e){
            // id가 layer_close인 DOM에 키업 이벤트가 발생하면 호출
            var keyCode = e.keyCode || e.which;   // 키보드 값을 가져온다.
            if(keyCode == 13) { // 키보드 값이 엔터(13)일 경우
                $('#layer1').hide(); // id가 layer1인 DOM을 숨겨둔다.
                $('#layer_open').focus();
                // id가 layer_open인 DOM에 초점을 이동한다.
                return false;
            }
        });
        $('#layer_close').keydown(function(e){
            // id가 layer_close인 DOM에 키다운 이벤트가 발생하면 호출
```

```
                var keyCode = e.keyCode || e.which;   //키보드값을 가져온다.
                if (e.shiftKey  && keyCode == 9 ) {
                    // 키보드값이 Shift + Tap(9)일 경우
                    $(this).prev().focus();
                    // 현재 DOM의 이전 DOM으로 초점을 이동한다.
                }else if(keyCode == 9){ // 키보드 값이 탭(9)일 경우
                    $('#layer1').hide(); // id가 layer1인 DOM을 숨겨둔다.
                    $('#layer_open').focus();
                    // id가 layer_open인 DOM에 초점을 이동한다.
                    return false;
                }
            });
            $('#layer2').keydown(function(e){
                // id가 layer2인 DOM에 키다운 이벤트가 발생하면 호출
                var keyCode = e.keyCode || e.which;   // 키보드 값을 가져온다.
                if (e.shiftKey && keyCode == 9) {
                    // 키보드 값이 Shift + Tap(9)일 경우
                    $('#layer1').hide(); // id가 layer1인 DOM을 숨겨둔다.
                    $('#layer_open').focus(); // id가 layer_open인 DOM에
                    // 초점을 이동한다.
                    return false;
                }
            });
        });
</script>
```

```
<style>
    .layer_area {
        position : absolute;
        left : 50%;
        top :50%;
        background : #fff;
        padding : 20px;
        border : 4px solid #ddd;
    }
</style>

<body>
    <a href="#a" id="layer_open">팝업창열기</a>
    <div class="layer_area" id="layer1">
```

```
            <div><a href="#a" id="layer2">레이어팝업창이 제공되었습니다.</a>
</div>
        // 레이어 팝업 콘텐츠 내용 삽입
        <div><a href="#a" id="layer_close">닫기</a></div>
    </div>
</body>
```

웹 접근성 지침에서는 논리적인 순서의 마크업을 단순히 오류로 규정하지만 실제로 논리적인 순서는 키보드 사용자와 화면 낭독기 사용자가 콘텐츠를 이해하고 운용하는 데 사용하는 지침이라는 것을 생각한다면 공통 코드로 사용되는 레이어 팝업의 자동 초점 이동은 지침의 의도와 웹사이트 구축 기술을 모두 만족하는 방법이다.

7.2.3.7 HTML로 제공된 계산기의 논리적 초점 이동

그림 7.54는 HTML로 마크업해야 하는 계산기다. 해당 계산기를 논리적으로 마크업하려면 어떤 순서로 해야 될까? 또한 계산기에 제공되어 있는 수식의 링크 텍스트는 어떻게 제공해야 올바른지 알아보자.

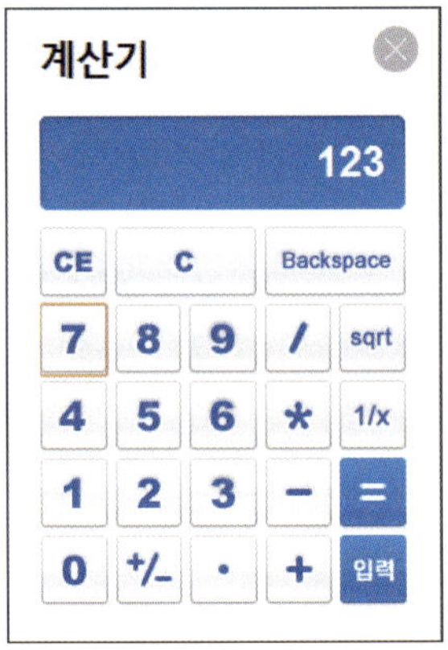

그림 7.54 HTML로 구현한 계산기

그림 7.55는 HTML 계산기의 키보드 논리적 초점 이동의 예시 이미지다. 키보드 사용자는 숫자를 입력한 후 수식을 뒤에 배치하여 계산기를 운용할 수 있게 제공하는 것이 바람직하다.

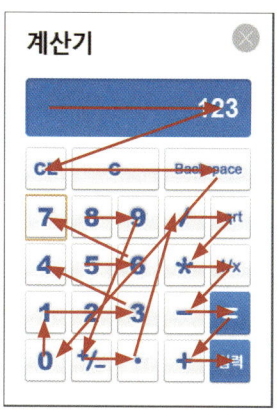

그림 7.55 논리적 초점 이동 순서

링크 텍스트는 이미지 그대로 제공하는 것이 아니라 사용 목적에 맞게 제공하는 것이 좋다. 다음과 같이 구체적으로 링크 텍스트의 의미를 직관적으로 이해할 수 있게 제공하는 것이 좋다.

- CE : 입력 숫자 삭제
- C : 모두 삭제
- Backspace : 1글자 삭제
- sqrt : 무리수
- +/− : 더하기, 빼기 중 현재는 더하기

7.2.3.8 자동으로 움직이는 배너와 제어 버튼 순서

그림 7.56과 같은 자동으로 움직이는 배너에는 정지, 이전, 다음과 같은 제어 기능을 제공해야 한다. 이 경우 주로 **제어** 버튼이 제공되는데 화면에 보이는 순서대로 콘텐츠 +**제어** 버튼 순서로 마크업하는 것은 좋지 않다. 어떤 것이든 조절이나 제어할 수 있다는 사실을 먼저 알리고 다음 해당 콘텐츠에 접근했을 때 기능을 이용할 수 있기 때문이다.

그림 7.56 제어 기능이 있는 롤링 배너

개선 전

```css
div ul { float:left}
div ul li { float:left}
div p { float:right;}
```

```html
<div>
    <ul>
    <li><a href="#a"><img src="images/ad1.gif" alt="찾기쉬운 생활법령 정보">
    </a></li>
    ... 중략 ...
    <li><a href="#a"><img src="images/ad6.gif" alt="KESCO 한국전기안전공사">
    </a></li>
    </ul>
    <p>
        <a href="#a"><img src="images/prev.gif" alt="배너 이전으로 이동"/>
        </a>
        <a href="#a"><img src="images/stop.gif" alt="배너중지"/></a>
        <a href="#a"><img src="images/next.gif" alt="배너 다음으로 이동"/>
</a>
    </p>
</div>
```

제어 버튼+콘텐츠 순으로 소스 코드를 구현하면 제어 버튼에 먼저 초점이 도달하고 제어 버튼을 사용해 배너의 움직임을 컨트롤하면서 콘텐츠를 탐색할 수 있게 된다.

개선 후

```css
div { position:relatvie; padding-right:100px;}
div p { position:absolute; right:10px; top:15px;}
```

```html
<div>
    <p>
        <a href="#a"><img src="images/prev.gif" alt="배너 이전으로 이동"/> </a>
        <a href="#a"><img src="images/stop.gif" alt="배너중지"/></a>
        <a href="#a"><img src="images/next.gif" alt="배너 다음으로 이동"/></a>
```

```
        </p>
        <ul>
        <li><a href="#a"><img src="images/ad1.gif" alt="보건복지부"></a></li>
        ... 중략 ...
        <li><a href="#a"><img src="images/ad6.gif" alt="Pride GyeongBuk">
        </a></li>
        </ul>
</div>
```

7.2.3.9 실시간 채팅 알림창 컨트롤

그림 7.57과 같은 실시간 채팅은 사용자가 실행하지 않은 상황에 레이어 팝업 형태로 제공되며 사용자가 예측하지 않은 상태가 제공되어 화면 낭독기 사용자는 인지할 수 없게 된다. 또한 상지장애인은 키보드 운용 중 상담 서비스로 이동하기까지 많은 시간이 소요될 수 있다.

그림 7.57 실시간 채팅 알림창

실시간 채팅 알림은 사용자가 페이지에 머물러 있는 시점이 아닌 사용자가 페이지 이동 직후나 사용자가 페이지 새로고침한 후 그림 7.58과 같이 콘텐츠에 삽입해서 제공해 사용자가 바로 인지할 수 있게 한다. 실시간 채팅의 알림 콘텐츠는 반복 영역 건너뛰기 이전에 제공하는 것이 적당하며 알림 콘텐츠는 사용자가 시각적으로도 확인 가능해야 한다.

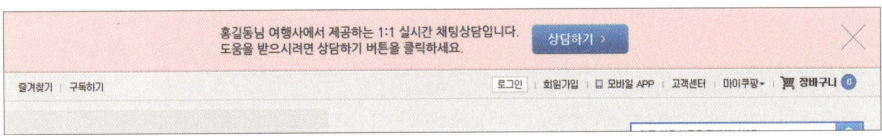

그림 7.58 실시간 채팅 알림창의 접근성 적용 예시

7.3 웹 접근성 이슈의 방향성

웹 접근성에서 이슈가 되는 첫 페이지의 새 창 처리 방법, IR 기법 등을 살펴보자.

7.3.1 첫 페이지의 새 창 처리

기존 웹 접근성 지침의 가장 고질적인 오류 유형 중 하나가 바로 웹사이트 첫 페이지에 사용하는 새 창이다. 웹 접근성에서는 오류로 분류되지만 실제로는 웹사이트에서 가장 강력히 알릴 수 있는 수단으로 인지되고 있기 때문이다. 특히 피싱phishing이나 파밍farming을 당한 사용자가 해당 아이디로 접속했을 때 사실을 알려주는 용도로 새 창을 사용하고자 해도 웹 접근성을 준수하려고 이를 포기해야 하는지 많은 논란과 불만이 제기되고 있는 내용 중 하나다. 이런 항목은 긴급한 공지사항이나 수익을 목적으로 하는 이벤트 등을 제공해야 하는 운영자에게는 큰 제약사항이 된다.

그림 7.59는 첫 페이지에서 새 창을 사용하면서 지침을 준수하려고 만든 아이러니한 상황이다.

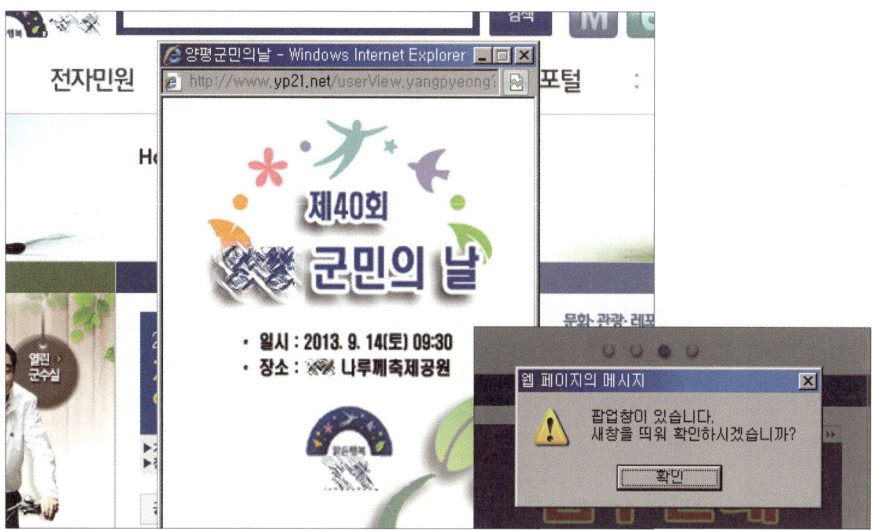

그림 7.59 확인 창을 통해 사전에 새 창임을 알리는 경우

그림 7.59의 문제는 우선 확인 창의 용도로 적절하지 않은 기능을 이용한 것이고, 새 창의 내용을 설명하지 않고 띄울지 확인 요청을 한다는 것이 논리에 맞지 않는다. 결정적으로 지침에서 첫 페이지에서는 새 창을 금지하고 있기 때문에 사전에 알리는 것과 상관없이 인증심사의 경우 감점 처리가 될 수 있다.

그럼 새 창에서 마케팅이나 공지를 해오던 기존의 웹사이트는 어떻게 바뀌었을까?

그림 7.60~그림 7.63은 모두 기존의 메인 페이지에서 새 창을 사용하던 홈페이지였는데 웹 접근성 적용 이후 시원스럽게 화면이 바뀐 사례들이다. 청와대, 삼성전자, 우리은행, 국민은행 모두 기존 새 창의 공간만큼 크게 메인 페이지의 중심 영역을 확보하고 같은 용도로 사용 중이다. 특히 우리은행과 국민은행은 키보드가 접근하면 일정 영역을 밀어내리며 새 창과 같은 효과를 제공한다.

그림 7.60 청와대 메인 페이지

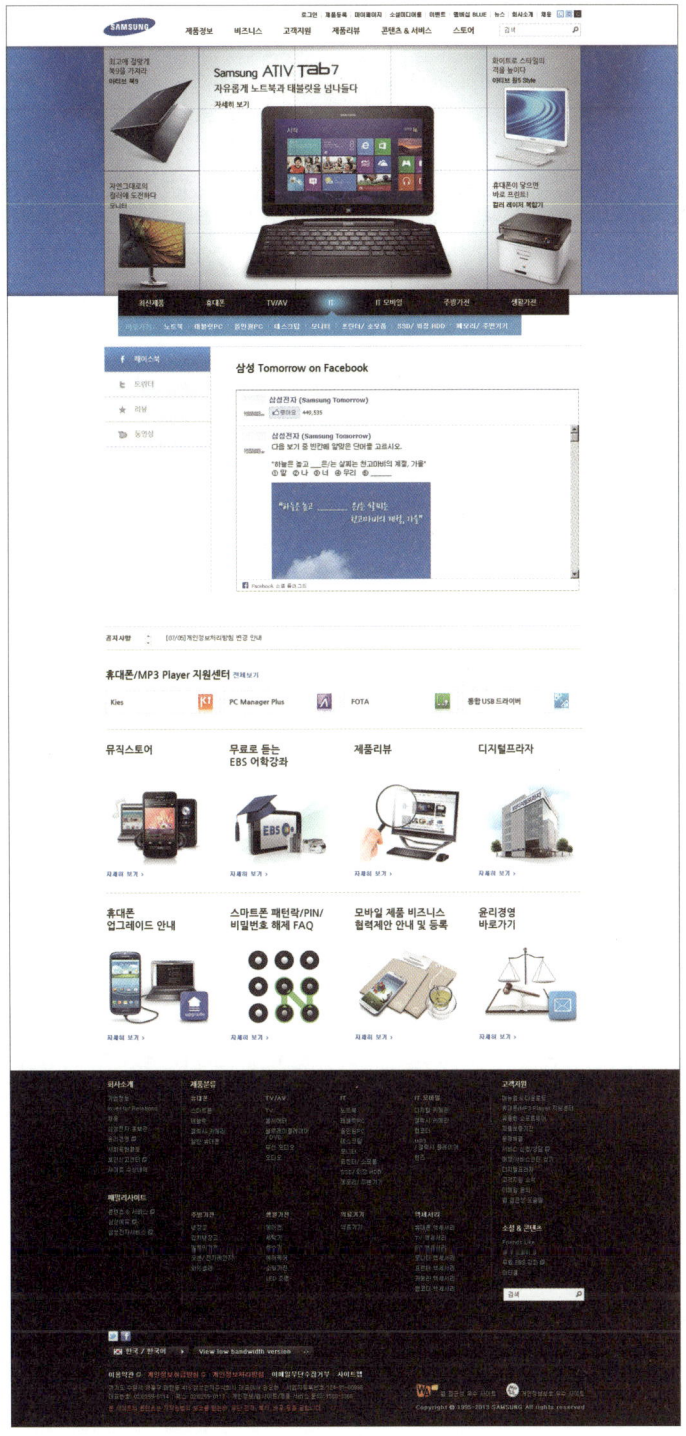

그림 7.61 삼성전자 메인 페이지

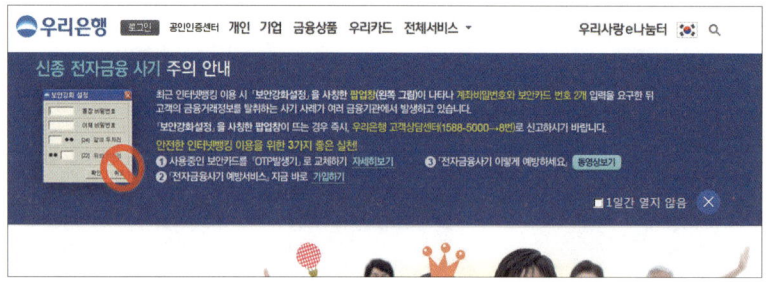

그림 7.62 우리은행 메인페이지

그림 7.63 KB국민은행 메인 페이지

콘텐츠에 포함된 형태의 새 창 역할이 최근의 트렌드임에는 틀림없다. 그럼에도 현실에서는 새 창을 사용하는 경우가 많기 때문에 '한국형 웹 콘텐츠 접근성 지침 2.1'에서는 이러한 현실을 감안하여 첫 페이지에서 사전 경고 없이 자동으로 열리는 새 창을 1개까지 허용하기로 하였다. 단, 이 경우에도 새 창의 제목은 '팝업창'이나 '새창'으로 제공하여 열려 있는 창을 구분할 수 있도록 하였다. 실제 하나 정도의 새 창은 Alt + F4 키를 이용하여 닫을 수 있기 때문에 그리 불편한 것이 아니다. 하지만 여러 개의 새 창은 그 순서를 알 수 없어 혼란을 줄 수 있다.

7.3.2 IR 기법

웹 접근성에서 이미지의 대체 텍스트가 길어지면 선택권을 주는 차원에서 `longdesc` 처리를 하는 것이 가장 좋다고 판단한다. 하지만 작업자 입장에서는 html 파일이 증가하고 관리 문제와 작업시간 증가 등의 이유로 피하는 경우가 많다. 이에 비해 작업하기 손쉬운 IR 기법이 작업자 사이에서 인기를 얻고 있다.

IR 기법은 그림 7.64와 같은 조직도, 다이어그램 등 복잡한 이미지를 대체 텍스트로 제공하기 불편할 때 사용하는 기술이다. 대부분 작업시간을 많이 소요한다는 이유로 `longdesc`를 제공하는 것을 꺼려한다. 시간도 절약되고 손쉽게 작업할 수 있는 IR 기법이지만 몇 가지 문제점이 있음을 유의하자.

★ 용어

> IR(Image Replacement) 기법 : 이미지의 대체 텍스트를 html의 alt 속성이 아닌 CSS를 활용한 기법으로 다양한 CSS 기법을 사용하여 이미지의 대체 텍스트를 제공할 수 있다.

화면 낭독기 사용자는 대체 텍스트를 두 가지 종류로 접근할 수 있다. 간단한 설명이 가능한 `alt` 속성과 복잡한 콘텐츠나 자세한 내용을 제공하는 `longdesc` 속성이다. `alt`, `longdesc` 속성은 화면 낭독기에 다르게 인식된다. 예를 들어 `alt` 속성은 바로 읽어주지만 `longdesc` 속성은 화면 낭독기 사용자에게 자세한 설명이 있음을 알려주고 사용자가 자세한 설명을 추가로 제공받을지 선택할 수 있다. 하지만 IR 기법은 `longdesc` 속성과 같이 사용자가 자세한 설명을 선택할 수 있는 것이 아닌 일방적으로 긴 내용을 강제로 제공받아야 하는 부담이 있다.

예를 들어 그림 7.64와 같이 복잡한 조직도 이미지가 제공되고 조직도 뒤에 전화번호가 제공되었을 때 조직도 전부를 화면 낭독기가 읽어야만 전화번호를 확인할 수 있다.

그림 7.64 IR 기법 대상이 되는 이미지

　화면 낭독기 사용자에게 IR 기법은 선택이 아닌 제공자의 강요에 의해 원하지 않는 조직도를 읽고 사용자가 원하는 전화번호를 읽게 된다. 화면 낭독기 사용자는 제공받기 싫어하는 부분까지 모두 읽고 넘어가야만 원하는 콘텐츠를 확인할 수 있다는 것 자체가 상당한 낭비일 수 있다.

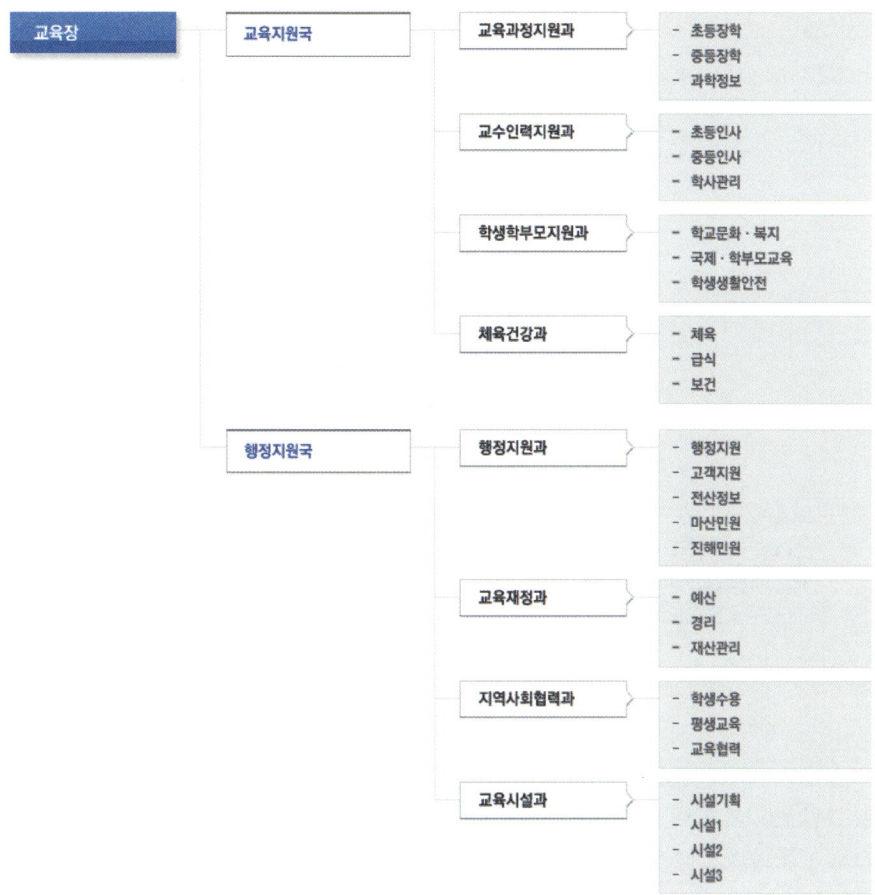

- 교육장 : 박미현 (02-333-3333)
- 교육지원국 : 하예준 (02-333-3334)
- 교육과정지원과 초등장학 (02-333-3336)
  › 중등장학 (02-333-3337)
  › 과학정보 (02-333-3338)

그림 7.65 조직도와 전화번호가 같이 제공된 이미지

IR 기법은 화면 낭독기 사용자뿐만 아니라 일반 사용자에게도 불편한 기법이 될 수 있다. 그림 7.66과 같은 조직도가 제공되었다. 이미지 URL 경로가 잘못되어 이미지가 브라우저에 나타나지 않는다면 어떤 결과가 나오게 될까?

웹 접근성 난제 해결

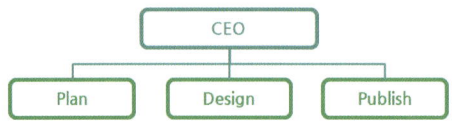

그림 7.66 IR 기법이 사용된 조직도

```css
.hidden { position:absolute; left:-3000%; top:-3000%;}
```

```html
<img src="images/system.gif" alt="조직도">
<ul class="hidden">
<li>CEO
    <ul>
    <li>Plan</li>
    <li>Design</li>
    <li>Publish</li>
    </ul>
</li>
</ul>
```

그림 7.67과 같이 이미지는 IR 기법이 해당되는 이미지의 URL이 잘못되었거나 서버상에 존재하지 않을 때 간단한 대체 텍스트만 보일 뿐 대체 콘텐츠는 시각적으로 보이지 않는다. 이미지가 전경이 아닌 CSS를 활용하여 배경 이미지로 제공되었다면 대체 텍스트조차 확인되지 않을 것이다.

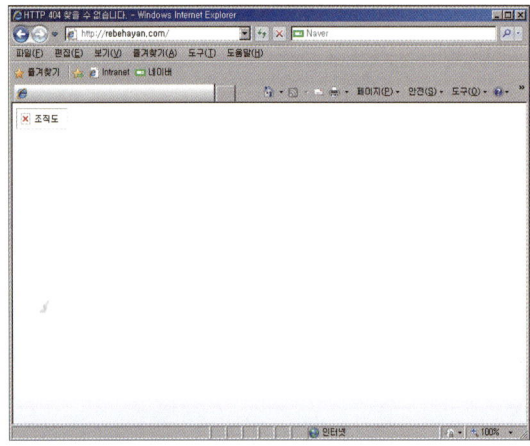

그림 7.67 이미지 경로가 잘못된 사례

사용자가 생각했던 대체 콘텐츠는 그림 7.68과 같은 선형화 작업된 조직도를 상상하고 있었을 것이다. IR 기법의 문제는 대체 콘텐츠를 이미지 뒤에 숨기는 것이 아니라 브라우저 영역 밖으로 밀어내 시각적으로 확인할 수 없게 하는 것이다.

- CEO
    - Plan
    - Design
    - Publish

그림 7.68 IR 기법으로 표현된 대체 콘텐츠

그림 7.69과 같이 이미지가 전경, 배경과 상관없이 이미지 뒤에 IR 기법으로 제공된다면 이미지 URL 문제로 제공되지 않아도 일반 사용자는 대체 콘텐츠를 시각적으로 확인할 수 있을 것이다.

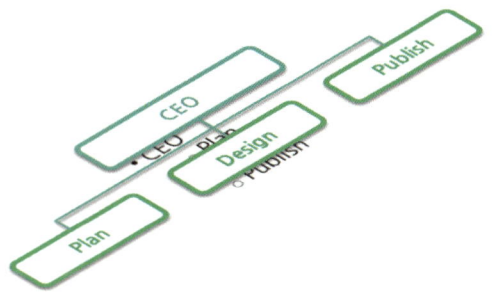

그림 7.69 이미지 뒤에 제공된 대체 콘텐츠

```javascript
$(window).load(function(){
    $('.div').addClass('hidden');
});
```

```css
.div { display:none;}
.hidden { display:block; position:relative; z-index:-200;}
```

```html
<img src="images/system.gif" alt="조직도">
<div class="div">
    <ul>
```

```
    <li>CEO
        <ul>
        <li>Plan</li>
        <li>Design</li>
        <li>Publish</li>
        </ul>
    </li>
    </ul>
</div>
```

7.3.3 〈object〉 요소 안쪽에 기술된 대체 콘텐츠

플래시와 같은 <object> 요소의 대체 콘텐츠로 <object> 안쪽에 대체 콘텐츠를 기술하는 것이 국가표준이나 지침에서 안내되는데 사실 이는 <object> 미지원 환경을 위한 대체 콘텐츠로 현재 장애인 접근성 측면에서 보면 대체 콘텐츠로서 적절하지 않다.

플래시 플레이어가 설치되어 있지 않거나 플래시 플레이어가 구동되지 않는 환경에서만 해당 대체 콘텐츠가 보이기 때문이다. 따라서 사용자가 선택할 수 있는 대체 콘텐츠가 아니다. 아직까지 이에 대해 공식적으로 명시되지는 않았지만 대체 콘텐츠를 지정해주는 가장 표준적인 방법으로 <object> 요소 안쪽에 대체 콘텐츠로 사용하고, 더불어 <object> 바깥 쪽에도 대체 콘텐츠를 제공하는 것이 가장 좋은 방법이다.

<object> 안쪽에 포함된 콘텐츠는 실제로 장애인이 선택할 수 있는 콘텐츠가 아니므로 호환성 보장을 하려면 사용하는 것이 좋고, <object> 바깥쪽에 제공된 대체 콘텐츠를 보조기기가 이용할 수 있게 제공하는 것이 바람직하다. 물론 보조기기가 더 발전해서 <object> 요소 안쪽에 기술된 대체 콘텐츠 하나로만 호환성 보장과 더불어 보조기기에서도 이용할 수 있도록 한 걸음 더 전진할 필요가 있다.

7.3.4 동영상의 자막과 원고 자동 제공

프로젝트 중 여러분에게 웹 접근성이 준수되지 않은 몇 백건의 동영상이 주어졌고 해당 동영상에 자막이나 수화, 원고를 제공해야 하는 업무를 담당하게 됐다. 여기서 큰 고민이 생겼다. 동영상에 자막을 제공하려면 별도로 영상을 편집해야 하고,

수화로 작업하려면 수화 가능한 전문가와 함께 동영상 작업을 해야 되는 부담이 있기 때문이다.

몇 백 건의 동영상의 원고 작업은 언제 끝날지도 모르는 많은 작업이 걱정만 될 뿐이다. 아무리 고민을 해도 이 많은 동영상의 원고는 모두 동영상을 직접 들으면서 타이핑해야 한다는 것이다.

이러한 상황에서 바람직한 시도를 하고 있는 유튜브YouTube의 동영상 플레이어 기능을 소개하고자 한다. 아직은 현실적인 문제가 있지만 현재 자막 제공에서 가장 앞서 있는 기술은 유튜브라고 말할 수 있다. 유튜브는 현재 자막, 원고를 제공할 수 있는 시스템을 제공하고 있다.

그림 7.70과 같이 직접 설명 입력란에 원고를 제공하는 방법이다. 유튜브는 단순 영상을 업로드만을 제공하지 않고 설명 입력란을 제공해서 청각장애인과 동영상의 음성을 들을 수 없는 환경에 있는 사용자에게 원고를 제공할 수 있다. 하지만 이 방법은 동영상 제공자가 직접 원고를 제공해야 하는 부담이 있어 현실적이진 않다. 다만 이런 수단을 제공한다는 시도 자체가 웹 접근성을 향상하려는 노력이라 생각한다.

그림 7.70 동영상 원고를 입력할 수 있는 유튜브

유튜브는 이런 현실적인 문제점을 조금 더 보완하려고 그림 7.71에 소개하고 있는 것과 같이 **자동 캡션** 기능을 제공한다. **자동 캡션**은 영상에 나오는 음성을 자동으로

분석하여 자막으로 변환해주는 기술이다. 아직까지는 영어 위주로 정확도를 제공하고 있지만 **캡션 번역** 기능 등을 사용하여 영어로 제공된 영상이 한글로 자동 번역되어 표기할 수도 있다. **자동 캡션**, **캡션 번역**이 아직 베타 버전이고 정확한 자막이나 번역을 제공하지는 않지만 향후 발전된 기술로 충분히 기대해 볼만하다. 이런 시도가 앞으로 더욱 늘어나길 기대해본다.

그림 7.71 유튜브 자동 캡션 화면 (출처: 유튜브)

웹 접근성 측면에서 더 필요한 것은 원고나 자막에 대한 동기화 문제다. 그림 7.72와 같이 음성과 원고가 동기화되어 노래방에서 박자에 맞추어 가사가 제공되는 것과 마찬가지로 현재 음성의 흐름을 표시해 준다면 콘텐츠를 이해하는 데 더욱 높은 접근성을 제공하게 될 것이다.

그림 7.72 원고의 실시간 동기화 (출처: 유튜브)

정리

웹 접근성 준수지침의 기본 원칙과 해당 지침의 취지를 이해한다면 이를 통해 좀 더 복잡한 상황에 직면해도 처리하는 데 문제가 없을 것이다. 또한 좀 더 높은 접근성을 구현할 수 있는 우선순위로 처해진 환경과 상황에 맞게 적용할 수 있을 것이다. 웹 접근성 난제를 해결하는 내용을 간단하게 요약하면 다음과 같다.

1. 장애유형별 비중

검사항목	시각장애				청각 장애	상지 장애	지적 장애
	전체	전맹	저시력	색맹·색약			
장애유형별 비중	95.5%	81.8%	54.5%	22.7%	22.7%	50.0%	36.4%

- 다양한 상황을 고려하여 전체적인 적용을 하되 시급도 측면에서 대체 텍스트와 키보드 접근성을 우선 고려한다.

2. 웹 접근성 핸들링

- 1순위 : 웹 접근성 표준지침을 고려(기본적인 사용자와 보조기술, 단수장애에 대해 웹 접근성 적용)
- 2순위 : 다양한 보조기술을 고려(중복 요소를 피하고, 선택권 제공, 화면 확대기 등 더 넓은 영역 적용)
- 3순위 : 다양한 사용자 고려(장애인뿐만 아니라 다양한 비장애인, 모바일 환경 등 유니버셜 디자인 적용)

3. 웹 접근성 핸들링 적용

- 1번 : 웹 접근성 핸들링을 이용하여 콘텐츠를 이해하라.
- 2번 : 지침에 고정된 생각을 버리고 실질적인 웹 접근성을 적용하라.
- 3번 : 멀리 보되 적용 가능한 기술 수준을 고려하라.

4. 웹 접근성 난제 해결

효율적인 정보 전달

- 대체 텍스트가 화면 낭독기에서 어떻게 읽히는지를 고려하여 구현한다.
- 중복적으로 제공되는 대체 텍스트나 링크 텍스트 등은 피하고, 선택할 수 있게 제공하여 짧고 명시적으로 이해할 수 있게 대체 텍스트와 정보를 제공한다.

초점과 키보드 컨트롤
- 시각적으로만 아니라 화면 낭독기에서도 콘텐츠 블록을 구분할 수 있게 이정표 처리를 한다.
- 각 콘텐츠 블록을 건너뛸 수 있도록 운용이 용이하게 구현한다.
- 초점이 초기화되는 경우를 대비하여 콘텐츠의 순서를 구성한다.

이슈 해결
- 아직 지침화되지 않았더라도 지침의 원리와 취지에 따라 가장 높은 접근성을 구현한다.
- 지침 이상의 웹 접근성을 고려하고 이슈를 바라보면 좀 더 확실한 방향성이 정립된다.
- 현실적이지 않더라도 다양한 웹 접근성 해결을 위한 기술적인 시도가 바람직하다.

좀 더 다양한 사례를 간접 경험하였다. 웹 접근성을 바라보는 관점을 좀 더 깊게 가져간다면 조금 어렵거나 응용 사례가 발생하더라도 이를 해결하는 것에 큰 부담을 느끼지 않을 것이다. 모호한 문제를 만날 때마다 웹 접근성 핸들링을 적용해보자. 이제 직접 웹 접근성 프로젝트를 진행해볼 수 있을 만큼 이론적인 지식을 쌓았다면 프로젝트에서 어떤 점을 주의해야 하고, 기존 가이드와 어떻게 다른지 확인해보면서 성공적인 웹 접근성 프로젝트를 준비할 수 있을 것이다.

08

웹 접근성 프로젝트 팀별 업무와 가이드

지금까지 '웹 접근성' 관련 기초와 응용 과정을 모두 살펴보았다. 이제 실전에 돌입하여 웹 접근성 구축이나 개선 프로젝트를 진행할 수 있다는 자신감이 생겼을 것이다. 하지만 한 가지 유의해야 할 점이 있다. 축구를 혼자 하는 것이 아니듯 대다수의 프로젝트 역시 혼자 하는 것이 아니므로 팀별로 업무를 나누어 진행해야 한다. 보통 그림 8.1과 같이 기획, 디자인, 퍼블리싱, 개발의 4개 팀을 기본 구성으로 하여 보편적으로 정해져 있는 역할이 있지만 회사의 규모나 프로젝트의 특성에 따라 조금씩 업무 범위의 차이는 발생할 수 있다.

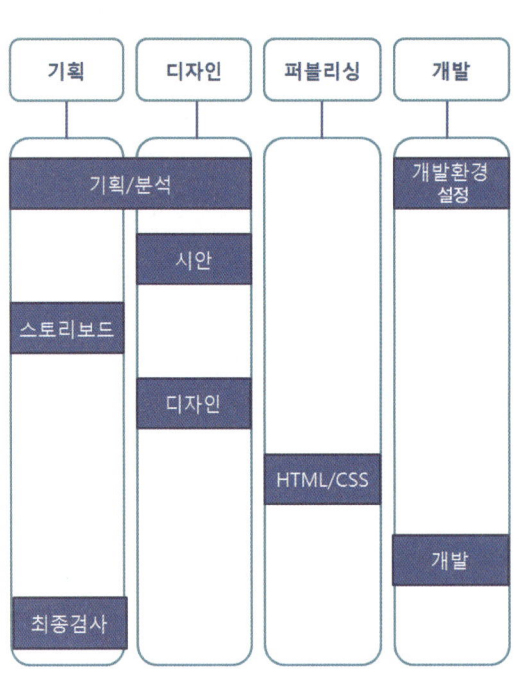

그림 8.1 일반적인 웹사이트 프로젝트 팀별 역할

역할과 팀별로 접점이 되는 업무는 책임 공방이 있기 마련이다. 서로의 업무라고 떠넘기는 등의 프로젝트 이슈가 종종 있는데 웹 접근성 프로젝트의 경우에도 아직까지는 웹 접근성을 모두 이해하는 사람으로 구성되어 웹 접근성 적용 프로젝트를 하는 것이 아니어서 서로 책임을 미루거나 협력하지 않을 수 있다. 때로는 어떤 팀에서 적용해 놓은 웹 접근성 준수 내용을 이해하지 못한 채 다른 팀에서 기존의 방식으로 웹 접근성을 준수되지 않은 상태로 되돌리는 경우도 발생한다.

실제로 수천 페이지에 달하는 입력 서식에 대한 레이블 적용이 완료된 웹 페이지를 개발자가 임의로 수정하는 바람에 사이트 오픈을 앞두고 수많은 인력이 다시 투입되는 프로젝트도 경험한 적 있다. 결국 웹 접근성 프로젝트의 경우 프로젝트의 특성과 환경을 파악한 후 팀별로 담당하는 업무와 책임을 정하고 함께 협력하면서 웹 접근성 구현을 잘 유지할 수 있게 체계를 갖추는 것이 매우 중요하다. 이제 웹 접근성을 준수하는 데 필요한 팀별 담당 업무와 책임을 살펴보자.

8.1 적절한 책임자 지정

프로젝트에서 팀별 책임 공방이나 담당 업무를 미루는 등의 일을 방지하려면 먼저 적절한 책임자를 지정해야 한다. 하나씩 살펴보자.

8.1.1 팀별 책임 공방

팀별 책임 공방 사례를 한 번 살펴보자.

웹 접근성 개선 프로젝트에서의 '네 탓' 시나리오

나빨라 팀장[퍼블리셔]: 정팀장님! 저희가 HTML 소스 접근성 모두 준수한 것 확인하고 개발팀에 넘겼는데 그 이후 오류가 나오고 있어요. 이것 보세요. 검토결과서에 오류로 나와 있어요.

정확해 팀장[개발자]: 나팀장님! 우리는 건드린 게 없어요. 최팀장님! 테이블 안에 레이블이 접근성 오류라고 검토결과서를 보내셨는데 우리가 테이블까지 봐야 되나요? 이건 테이블 오류 퍼블리싱팀에서 잘못해서 문제가 생긴 것 같은데요?

최고야 팀장[컨설턴트]: 아... 그런가요? 잠시만요. 검토결과서를 다시 한 번 확인하겠습니다.

(검토결과서 재확인 후……)

최고야 팀장[컨설턴트]: (HTML 분석 후) 정팀장님! HTML 소스와 JSP 소스를 비교해 보니 HTML은 웹 접근성을 준수했는데 개발하시면서 ID를 다른 것으로 사용하셨네요. 레이블에 대한 id, for의 매칭 작업은 퍼블리싱팀에서 1차적으로 제공했는데 개발팀이 AS-IS에서 제공된 ID를 사용하시다 보니 for 값을 변경된 id 값에 맞게 연결해주지 않았네요. 개발하실 때 label에 제공된 for 값과 input에 제공된 id 값을 동일하게 맞춰서 작업해주셔야 됩니다.

정확해 팀장[개발자]: 그건 AS-IS에서 이미 쓰고 있는 ID 값이라 그대로 부여해서 그런 건데요. 레이블 제공은 퍼블리싱팀에서 하는 거라 신경을 안 썼어요.

최고야 팀장[컨설턴트]: 정팀장님! HTML 소스의 아이디로 부여하기 힘드시다면 AS-IS ID를 사용하시고 바꾼 ID의 값과 label 값을 동일하게 맞춰 주셔야 합니다. 앞으로 레이블의 for 값과 ID를 연결시키는 최종 책임은 개발팀에서 하는 것으로 하시고, 넘어온 HTML파일을 잘 확인해주셔서 작업 부탁드립니다~!^^

위의 사례는 웹 접근성 프로젝트에서 자주 경험하는 사례 중 하나다. 웹사이트 구축 프로젝트는 다양한 사람으로 구성된 분야별 실무자가 모여서 공동으로 작업하게 되므로 팀별 수행 업무 분장이 잘 이루어져 있지 않다면 문제가 될 수 있다. 일반적인 구축 프로젝트에서는 업무 분장이 대부분 잘 나누어져 있는 반면 웹 접근성 구축이나 개선 프로젝트의 경우에는 팀의 업무 규정이 명확하게 구분되어 있지 않는 경우가 많다. 특히 웹 접근성 준수 여부를 확인하다보면 미 준수된 원인에 대해 서로 책임을 떠미는 경우가 많아 책임 소지를 확실히 해두는 것이 좋다.

보통의 경우 퍼블리싱팀에서 책임을 떠맡는데 이는 바람직한 현상이 아니다. 프로젝트의 규모가 커질수록 기획자의 책임 비중이 높고, 작을수록 퍼블리셔의 역할이 많아지는 등 특성에 따라 달라지므로 구체적으로 업무를 분장시키고 책임자를 지정하는 것이 좋다. 항목별로 책임이나 업무가 정확히 나누어지지 않는 경우는 책임자(1차 책임자)와 더불어 공동 담당자(2차 책임자)까지 정해주는 것이 웹 접근성 프로젝트에서는 가장 중요한 첫 단추라 할 수 있다.

8.1.2 항목별 책임자 지정

모든 프로젝트는 프로젝트 매니저PM가 총괄해서 PM이 프로젝트의 규모나 상황, 개인의 능력에 따라 웹 접근성 준수 항목별로 책임자를 지정해주는 것이 중요하다. 물론 책임자를 지정하기 전에 프로젝트 사전 분석을 해서 프로젝트의 특성에 따라 같은 항목이라도 책임자가 달라질 수 있다.

표 8.1은 대규모 웹 접근성 프로젝트에서 항목별 책임자를 구분했던 표다. 웹 접근성 준수 지침을 자세히 들여다보면 팀별 역할에 가장 가까운 항목을 책임자로 지정하는데 물론 책임자가 혼자 처리하는 것은 아니고, 가장 비중이 높다는 측면에서 해당 항목을 관리할 수 있게 한다는 의미로 다른 팀의 도움을 통해 처리할 수밖에 없는 항목들도 존재한다. 따라서 총 책임자와 담당자로 구분된 항목도 포함되어 있으며, 프로젝트의 성격이나 규모에 따라 변형해서 사용하면 된다.

표 8.1 항목별 책임자와 담당자

검사항목 \ 팀명	기획자	디자이너	퍼블리셔	개발자
1. 적절한 대체 텍스트 제공	●		○	○
2. 자막 제공	●	○	○	○
3. 색에 무관한 콘텐츠 인식		●		
4. 명확한 지시사항 제공	●			
5. 텍스트 콘텐츠의 명도 대비		●		
6. 배경음 사용 금지	●		○	
7. 키보드 사용 보장			●	○

이어짐

검사항목 \ 팀명	기획자	디자이너	퍼블리셔	개발자
8. 초점 이동			●	○
9. 응답시간 조절	●		○	
10. 정지 기능 제공	●		○	
11. 깜빡임과 번쩍임 사용 제한	●			
12. 반복 영역 건너뛰기	●		○	
13. 제목 제공	●		○	○
14. 적절한 링크 텍스트			●	
15. 기본 언어 표시			●	○
16. 사용자 요구에 따른 실행	○		○	●
17. 콘텐츠의 선형화			●	
18. 표의 구성	○		●	○
18. 레이블 제공			○	●
20. 오류 정정	○			●
21. 마크업 오류 방지			●	
22. 웹 애플리케이션 접근성 준수	●			

[● 총 책임자, ○ 담당자(협력)]

다시 말해 표 8.1은 대형 웹 에이전시가 규모가 있는 프로젝트를 수행할 때의 기준에 가깝다. 대형 웹 에이전시에서는 퍼블리싱 팀에서 UI에 해당하는 화면단의 자바스크립트 업무도 소화한다는 가정 하에 정리된 것이다. 중소형 웹 에이전시는 주로 50명 미만의 직원으로 구성되어 있고, 프로젝트 규모가 작은 편이며, 팀별 업무 범위가 넓은 것이 특징이다. 때로는 기획자가 PM과 마케팅까지 직접하고, 한 명의 디자이너가 퍼블리싱과 플래시 작업, 디자인 작업까지 모두 소화하는 경우가 많다. 어떤 때는 개발자가 혼자 퍼블리셔 업무를 포함하여 모두 처리하는 경우도 존재한다. 따라서 표 8.1에서 제시하는 업무 연관성과 책임 관계를 인지하여 현재 프로젝트의 규모나 회사의 상황에 맞추어 책임자나 담당하는 팀을 구분해주면 된다.

8.1.3 항목별 담당 업무

검사항목에 따른 항목별 담당 업무를 살펴보자. 제목 옆의 아이콘을 보면 담당자를 알 수 있다.

8.1.3.1 [검사항목 1] 적절한 대체 텍스트 제공 `기획자` `퍼블리셔` `개발자`

대체 텍스트 제공의 책임자는 기획자가 적절하다. 보통 퍼블리셔가 직접 처리하는 것으로 이해하는 경우가 많으나 기획자가 최종 책임자로 적절한 이유는 복잡한 그래프나 다이어그램과 같이 자세한 설명이 필요한 이미지의 경우 퍼블리셔가 스스로 의미를 파악하기 어렵기 때문이다. 이런 문제는 고객과 접점에 있는 기획자가 고객과 협의해가면서 대체 텍스트의 내용을 스토리보드에 표시하는 것이 좋다. 따라서 이미지 텍스트처럼 직관적인 이해가 가능한 이미지의 대체 텍스트 처리는 퍼블리셔가 직접 대체 텍스트를 제공하면서 모호한 이미지에 대해서는 스토리보드를 참고하여 처리한다.

  개발자는 갤러리 게시판이나 쇼핑몰 상품이미지, 배너와 같은 변경사항이 잦은 이미지 게시 기능이 있다면 관리자 모드에서 해당 이미지에 대한 대체 텍스트 입력 서식을 제공하여 변경되는 이미지마다 적절한 대체 텍스트가 제공될 수 있게 구현해야 한다. 따라서 텍스트가 아닌 모든 콘텐츠에 대체 텍스트를 제공할 수 있게 기획자가 설계하고, 퍼블리셔가 구현하며, 개발자가 변경 요소가 있는 콘텐츠마다 대체 텍스트를 제공할 수 있는 수단을 제공하는 것이 바람직하다.

8.1.3.2 [검사항목 2] 자막 제공 `기획자` `디자이너` `퍼블리셔` `개발자`

자막을 제공할 때 쓸 자막 내용은 고객으로부터 받는 것이 원칙이지만 내용을 받는 것이 원활하지 않을 경우 기획자가 내부 직원이나 외주를 통해 모든 영상과 음성 콘텐츠의 원고나 자막, 수화 콘텐츠를 확보하거나 대체 수단 제공 여부를 결정해야 한다. 따라서 기술 지원은 퍼블리셔나 개발자가 하겠지만 책임자는 기획자가 적절하다.

  디자이너는 기획자로부터 기획된 영상, 음성 콘텐츠에 대해 원고의 위치를 디자인해야 하며, 퍼블리셔는 원고 제공 시 키보드로 접근이 가능하게 제작해야 한다. 보통 `overflow:auto`를 사용하는 일반적인 원고 제공 방식은 키보드 접근이 안 되므로 `tab index=0`이나 표준을 준수하면서 키보드 진입이 가능한 링크 처리 등의 방식으로 접근이 가능하게 해야 한다. 마지막으로 개발자는 운영자가 원고를 지속적으로 제공할 수 있게 원고 제공이 가능한 기능을 개발하는 역할을 할 수 있다.

8.1.3.3 [검사항목 3] 색에 무관한 콘텐츠 인식 `디자이너`

색과 관련된 검사항목은 모두 디자이너가 책임자가 되는 것이 적절하며 프로젝트 시작 전 디자인 담당 PL(Project Leader)은 필수입력 항목, 차트, 그래프 등을 디자인할 때 색으로만 정보를 제공하지 않게 콘텐츠를 디자인하거나 스타일을 정의하는 별도의 디자인 스타일 가이드를 만들어 팀원에게 배포한다. 보통 기획자는 색을 검토하지 않고, 색으로만 구분한 콘텐츠를 개선할 수 없는 경우 대체 콘텐츠 수단을 결정하면 이를 퍼블리셔가 적용한다. 개발자는 솔루션 도입 시 색상으로만 제공되는 정보가 있는 솔루션인지 테스트한다.

8.1.3.4 [검사항목 4] 명확한 지시사항 제공 `퍼블리셔`

콘텐츠의 이해도가 가장 높은 기획자가 하면 좋겠지만 현실적으로 공통 부분을 중심으로 요구사항을 콘텐츠나 기능으로 정의하는 역할이다 보니 지시사항 등의 콘텐츠 내용까지 구체적인 수준으로 기획 구성이 되는 경우는 매우 적다. 따라서 직접 웹 페이지를 구현하는 퍼블리셔가 지시사항이 제공될 때 책임자로서 다양한 감각으로 지시하게 구현하거나 고유명사, 고유대명사 등 목적이나 용도를 이해할 수 있게 제작해야 한다.

8.1.3.5 [검사항목 5] 텍스트 콘텐츠의 명도대비 `디자이너`

텍스트 콘텐츠의 명도대비는 책임자는 디자이너다. 디자인 스타일 가이드에 주로 사용될 폰트를 나열하고 사이즈별 색상별 명도대비를 확인하여 디자인 팀원에게 배포한다. 브랜드 사이트 등 명도대비를 준수할 수 없는 경우가 있다면 퍼블리셔를 통해 고대비 관련 기능이나 전체적으로 색을 바꾸어 주는 CSS 컨트롤 기능을 제공하게 할 수 있다.

8.1.3.6 [검사항목 6] 배경음 사용 금지 `기획자` `퍼블리셔`

사이트의 전반적인 콘텐츠 파악이 가능한 기획자가 담당한다. 고객과의 요구분석 미팅 자리에 자동으로 재생되는 페이지나 콘텐츠를 파악하여 스토리보드에 반영하여 팀별 담당자에게 배포한다. 3초 이상의 배경음을 사용해야 하는 부득이한 경우라면 퍼블리셔를 통해 페이지 최초에 이를 제어할 수 있는 수단을 제공하게 할 수 있다.

8.1.3.7 [검사항목 7] 키보드 사용 보장 `퍼블리셔` `개발자`

키보드 사용 보장은 퍼블리셔가 책임자가 된다. <a>, <input>, <button> 등 키보드 만으로 이동이 가능한 요소 외에 <img>, <td>, <div> 등 키보드가 접근할 수 없는 요소를 링크의 목적으로 활용할 수 없게 사전에 퍼블리싱 가이드에 반영하되 개발하면서 키보드 기능을 없애고, 자기만의 방식으로 이벤트를 구현하는 것을 막을 수 있게 개발자에게도 협의를 통해 책임을 분배하여 오류 발생을 예방하는 것도 좋은 방법 중 하나다.

8.1.3.8 [검사항목 8] 초점 이동 `퍼블리셔` `개발자`

초점 이동 역시 키보드 사용 보장과 연관성이 높으므로 퍼블리셔를 책임자로 정하고 키보드 초점이 논리적으로 이동할 수 있게 마크업을 선형화하여 구현한다. 자동 초점 이동이 제공되어야 할 콘텐츠가 있는 경우 개발자와 협의하여 책임을 분배하고 업무를 처리한다.

8.1.3.9 [검사항목 9] 응답시간 조절 `기획자` `퍼블리셔`

응답시간 조절은 페이지 재이동 등에서 제한적인 시간을 정하지 않게 기획자가 책임자가 되어 이를 제어할 수 있도록 콘텐츠를 기획해야 한다. 페이지 설계 시 페이지 재이동 여부를 결정하고 스토리보드에 응답시간이 있는 콘텐츠를 제어할 수 있는 기능을 명시하여 배포한다. 디자이너는 기획자의 스토리보드에 따라 **제어** 버튼이나 기능에 관한 부분을 디자인해야 한다. 퍼블리셔는 제어 기능 구현 시 경우에 따라서는 제어 버튼까지의 키보드 접근이 용이하지 않을 수 있으므로 단축키 등을 고려하여 구현하는 것이 좋다.

8.1.3.10 [검사항목 10] 정지 기능 제공 `기획자` `퍼블리셔`

응답시간 조절과 마찬가지로 기획자가 책임자가 된다. 콘텐츠를 파악하여 배너, 뉴스, 동영상 등 자동으로 움직이거나 재생되는 콘텐츠는 정지, 이전, 다음 등 다양한 제어 기능을 스토리보드에 명시한다. 버튼을 명시하는 것이 어렵다면 키보드와 마우스로 제어할 수 있게 기획한다. 퍼블리셔는 기획 의도에 따라 정지, 이전, 다음 제어 기능을 제공하되 해당 콘텐츠가 정지 기능이 있다는 사실을 먼저 인지시키기 위하여 대상 콘텐츠 이전에 제공해야 한다.

8.1.3.11 [검사항목 11] 깜빡임과 번쩍임 사용 제한 `기획자`

기획자가 책임자로 전체적인 콘텐츠를 파악하여 깜빡임과 번쩍임에 해당하는 콘텐츠를 제공하지 않거나 부득이하게 제공할 경우 사전에 광과민성 발작에 대한 사전 안내를 제공할 수 있게 가이드해야 한다.

8.1.3.12 [검사항목 12] 반복 영역 건너뛰기 `기획자` `퍼블리셔`

반복 영역 건너뛰기는 기획자가 책임자로 적절하다. 건너뛰기 링크는 모든 페이지에 공통적으로 적용되므로 화면에 표시할 것인지 초점이 진입할 경우 보여질 것인지에 대한 판단, 건너뛰기의 목적지와 개수 등 전체적인 패턴을 결정하는 역할을 하기 때문이다. 퍼블리셔는 기획된 패턴대로 HTML, CSS로 반복 영역 건너뛰기 기능을 제공하는데 규모에 따라서 퍼블리셔가 구현한 건너뛰기 기능을 개발자가 일괄적으로 적용하는 경우 개발자도 책임자에 포함할 수 있다.

8.1.3.13 [검사항목 13] 제목 제공 `기획자` `퍼블리셔` `개발자`

제목 제공은 페이지가 많은 경우 경로 값을 이용하여 자동으로 페이지 제목을 만든다. 이 경우 기획자가 페이지 제목의 패턴을 결정하고 이를 스토리보드에 명시하거나 별도로 공통 가이드를 만들게 된다. 그러면 개발자는 페이지 제목이 자동으로 처리될 수 있게 일괄적용을 한다. 단 프레임 제목이나 콘텐츠 블록의 제목 제공은 자동으로 처리하기 어렵기 때문에 퍼블리셔가 직접 해당 제목을 제공하는 경우가 많다. 따라서 전체 책임자는 기획자가 되어 모든 콘텐츠에 제목을 제공하게 한다.

8.1.3.14 [검사항목 14] 적절한 링크 텍스트 `퍼블리셔`

기획자는 링크 여부 수준에서 기획이 끝나는 경우가 많으므로 퍼블리셔를 책임자로 한다. 링크 텍스트가 용도나 목적을 알 수 있는지 판단하고, 링크의 연결 범위를 결정해주는 역할을 한다. 기획자가 스토리보드에 링크 제공 여부를 표시하고 직관적으로 링크의 목적을 알 수 없는 경우에는 별도로 표기하여 배포할 수 있다면 책임자를 변경할 수 있다.

8.1.3.15 [검사항목 15] 기본 언어 표시 `퍼블리셔` `개발자`

모든 페이지의 기본 언어를 퍼블리셔가 제공하면 개발자는 기본 언어를 포함한 소스를 인클루드 파일로 만들어서 모든 페이지에 일괄 처리한다. 특히 외국어 학습사이트와 같은 경우 기본 언어가 매우 중요하므로 페이지의 기본 언어는 한국어로 설정하였더라도 본문 내용에 외국어가 있는 경우에는 일괄적인 적용이 어려우므로 퍼블리셔가 판단하여 기본 언어를 외국어에 맞게 변경해야 한다. 따라서 퍼블리셔가 책임자가 된다.

8.1.3.16 [검사항목 16] 사용자 요구에 따른 실행 `개발자` `퍼블리셔` `기획자`

새 창, 레이어 팝업 등이 필요하거나 이벤트 요소가 있을 때는 기획자가 제공한 스토리보드를 확인하여 개발자가 처리한다. 주로 큰 프로젝트에서는 특정 이벤트에 대한 구현으로 레이어 팝업을 많이 사용하는데 이 경우 초점을 레이어 팝업 위에 자동으로 이동시키거나 값을 출력하는 경우가 많아 개발자를 책임자로 지정한다. 하지만 기능 구현보다 새 창에 대한 알림 등 마크업으로 구현하는 부분이 더 많다면 퍼블리셔를 책임자로 바꿀 수도 있다.

8.1.3.17 [검사항목 17] 콘텐츠의 선형화 `퍼블리셔`

콘텐츠의 선형화는 소스의 순서를 다루는 부분이므로 마크업 작업을 하는 퍼블리셔가 책임자가 되어 선형화가 이루어질 수 있게 논리적인 마크업을 한다. 기획팀이 제공한 스토리보드와 디자인팀에서 제공한 디자인 원본 파일을 참고하여 콘텐츠의 구조를 확인하고 구현한다.

8.1.3.18 [검사항목 18] 표의 구성 `퍼블리셔` `기획자` `개발자`

표 구성은 크게 2가지 부분으로 표의 제목과 요약을 제공하는 부분과 제목셀과 내용셀을 구분해주는 작업으로 나뉜다. 기획자는 스토리보드에 데이터 테이블에 쓸 <caption>, summary를 제공하며 테이블의 구조에 따라 굵은 글씨나 음영 처리 등으로 제목셀과 내용셀을 표시해준다. 그러면 퍼블리셔는 제목셀과 내용셀에 대하여 <th>, <td>로 나누어 구현한다. 또한 복잡한 표의 경우 scope나 headers와 같은 연결을 해주어야 하는데 기획자가 이해하기 어려운 부분이 많아 주로 퍼블리셔가 책임자가 된다. 데이터 테이블이 아닌 레이아웃용 테이블인 경우 퍼블리셔는 <caption>, summary를 삭제하고 제목셀과 내용셀을 나누지 않는다. 자동 변수에 의해서 테이블의 내용이 변경되거나 자동으로 <caption>, summary를 처리하는 경우 개발자를 포함하여 책임자로 지정할 수 있다.

8.1.3.19 [검사항목 19] 레이블 제공 `퍼블리셔` `개발자`

레이블 제공은 퍼블리셔가 레이블과 입력 서식이 연결 가능한지 판단하고 불가능한 경우 `<title>`로 처리한다. 따라서 퍼블리셔가 책임자로 모든 입력 서식에 대하여 레이블이나 타이틀 처리를 하는데 여기서 주의해야 할 점은 퍼블리셔가 웹 접근성을 준수한 소스를 받아 기능을 구현하는 개발자가 레이블과 입력 서식을 연결해주려고 부여한 `id`를 삭제하거나 `name`으로 바꾸어 데이터 처리에 사용하는 경우가 많이 발생한다는 점이다.

따라서 입력 서식(`input`, `textarea`, `select` 등)에 제공된 `id`의 값을 변경해야 할 경우 입력 서식에 대응하는 레이블의 `for` 값도 함께 변경할 수 있게 퍼블리셔는 개발자에게 주지시켜야 하며 개발자가 이를 무시하는 경향이 강하다면 책임자를 개발자로 바꾸어 지정하는 것도 한 방법이다.

8.1.3.20 [검사항목 20] 오류 정정 `개발자` `기획자`

오류 정정은 입력한 값에 대한 **전송** 버튼을 눌렀을 때 유효성을 검사하는 기능을 제공하고 오류가 있는 곳에 자동으로 초점을 옮겨야 하므로 개발자가 책임자가 된다. 기획자는 필수입력 항목과 해당 오류 메시지에 대해 기획하는 역할을 하고 오류가 발생했을 때 어떤 형태로 정정할 수 있는 수단과 기능을 제공할지를 결정한다.

8.1.3.21 [검사항목 21] 마크업 오류 방지 `퍼블리셔`

마크업에 관한 역할을 갖는 퍼블리셔가 책임자가 되어 문법을 준수하려고 W3C에서 제공하는 유효성 검사기를 사용해 오류 여부를 확인하여 개발팀에 산출물을 전달한다.

8.1.3.22 [검사항목 22] 웹 애플리케이션 접근성 준수 `기획자`

웹 애플리케이션은 개발자가 책임자일 경우도 있겠지만 주로 프로젝트 담당자나 기획자가 별도로 솔루션이나 웹 애플리케이션 영역의 문제점을 확인한 후 이슈를 고객과 협의하여 해결해야 하므로 기획자가 책임자가 된다. 웹 접근성이 준수되지 않은 솔루션이나 소프트웨어가 있다면 이를 파악하여 각 담당 업체에 통보하고 교체나 개선이 어려운 경우 대체 콘텐츠나 대체 수단을 고려해야 한다.

8.2 기획팀 : 스토리보드

기획자는 웹사이트를 구성하고 있는 메뉴 구조도와 각 메뉴의 특성을 반영한 화면 설계서를 제작하여 각 팀에 배포한다. 이를 통해 디자이너는 디자인을 가미한 화면 시안을 만들고 고객과 협의가 완료되면 퍼블리셔는 화면을 구현한다. 구현된 퍼블리셔의 소스를 받아 마지막으로 개발자가 기능을 추가하여 구현하고 단위 테스트, 통합 테스트를 거쳐 웹사이트가 완성된다. 따라서 기획자의 스토리보드는 전체적인 설계 측면에서 중요성이 있다.

아울러 항목별 담당 업무를 보면 웹 접근성 프로젝트에서는 기획자의 책임이나 역할 비중이 꽤 높다는 것을 알 수 있다. 웹 접근성 프로젝트는 그만큼 기획이 중요하다. 웹 접근성을 많이 이해하고 있거나 관련 프로젝트 경험이 많은 기획자가 없다면 웹 접근성 컨설턴트나 전문 인력을 충원하는 것도 고려할 필요가 있다.

현재 참여하고 있는 프로젝트에 웹 접근성 컨설턴트가 없다면 웹 접근성 프로젝트는 기획자에 의해 수준이 결정된다고 볼 수 있다. 기획자가 웹 접근성 관련 지식이 부족하면 스토리보드의 제작이 웹 접근성과 관계없는 일반적인 구축 방식으로 설계될 우려가 있고 이로 인해 웹 접근성의 이슈를 미리 파악하지 못하여 두세 차례 작업을 반복할 확률이 높다.

이런 비효율성 방지하려면 기획자는 반드시 웹 접근성을 충분히 숙지하고 프로젝트를 진행시켜야 한다. 웹 접근성 프로젝트에서는 기획자가 담당하는 검사항목은 가능한 한 구체적으로 스토리보드에 명시할 필요가 있다. 이때 공통적으로 사용하는 영역을 중심으로 공통 가이드가 주요 골자가 될 수 있다. 기획팀의 기본적인 업무 중 보편적으로 알려져 있는 부분은 생략하고 웹 접근성 프로젝트에서 가장 중요한 업무인 스토리보드(화면 설계 공통 가이드) 제작 방법을 자세히 알아보자.

8.2.1 대체 텍스트 공통 가이드

기획자는 대체 텍스트 항목의 총 책임자 역할을 한다. 따라서 주어진 화면 설계에 이미지와 같은 텍스트가 아닌 콘텐츠에 대체 텍스트를 제공해준다. 그러나 모든 이미지의 대체 텍스트를 스토리보드에 명시하라는 의미는 아니다. 기획자는 주로 도식(그래프, 차트 등)이나 부가적인 설명이 필요한 이미지와 같이 일반적이지 않은 경우를 스토리보드에 명시하여 적절한 대체 텍스트를 제공할 수 있게 한다. 이미지의 대체 텍스트는 이미지 텍스트와 같이 기본적인 수준에서 처리가 가능한 것은 퍼블리셔에게 맡기고 높은 이해력이 필요한 이미지에 가이드를 해주는 것이 좋다.

8.2.1.1 복잡한 이미지의 대체 텍스트

그림 8.2와 같이 이미지에 담긴 내용을 이해해야만 대체 텍스트 제공이 가능한 부분은 기획자가 스토리보드에 명시해준다. 기획자도 이해할 수 없을 만큼 복잡한 이미지나 전문 용어가 반영되어야 하는 부분 등 고객과의 협의나 지원이 필요하다는 판단이 생기면 고객과 협의하여 결정하고 스토리보드에 그대로 명시해준다. 이미지가 많이 제공되는 사이트를 구축 중에 있다면 특정한 패턴에 따라 예시를 만들어 작업자에게 제공해주면 그것이 곧 공통 가이드가 된다.

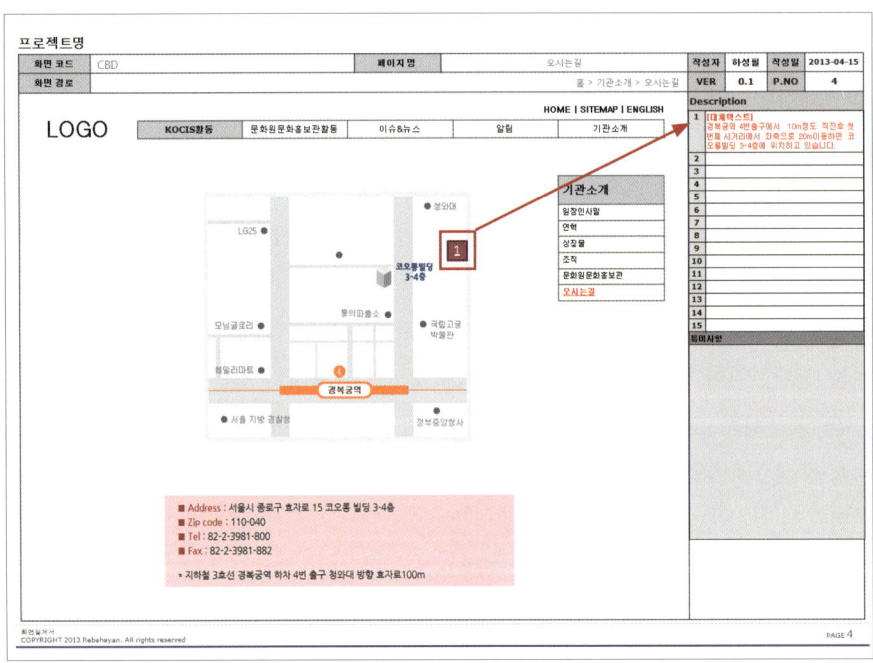

그림 8.2 대체 텍스트 설명도

8.2.1.2 효율적인 대체 텍스트 사용 방법

표 8.2와 같이 이미지의 대체 콘텐츠가 동일한 화면에 제공되고 있을 경우에는 이미지와 동일한 대체 텍스트를 제공하는 것보다 대체 콘텐츠로 연결하거나 해당 위치를 안내해주는 것으로 스토리보드에 제시해주면 더욱 좋다. 이처럼 기획자는 대체 텍스트를 좀 더 효율적으로 활용할 수 있어야 한다.

표 8.2 기획자가 제공하는 대체 텍스트 종류

사례	코드	설명
오시는 길 지도 +본문 설명	⟨img src="url" alt="○○ 오시는 길,하단의 본문에 자세한 내용이 있습니다."⟩	대체 텍스트에 직접 반복된 설명을 하는 것보다 본문의 설명을 활용할 수 있게 대체 텍스트를 통해 안내하는 것이 사용자에게 더욱 효과적이다.
차트,그래프 +본문 설명	⟨img src="url" alt="동일한 내용의 도식 이미지"⟩	본문에서 차트나 그래프 등을 설명한다면 대체 텍스트와 본문이 중복되지 않게 하여 효율적으로 대체 텍스트를 제공할 수 있다.
이미지 링크 +이미지 제목	⟨a href="url"⟩ ⟨img src="../black_bag.jpg" alt=""⟩ 검은 가방 ⟨/a⟩	이미지와 이미지의 제목이 링크로 연결되었다면 대체 텍스트를 공백으로 제공하여 생략하고, 링크에 연결된 제목을 활용하여 대체 텍스트와 이미지의 제목간 중복을 피할 수 있다.

8.2.1.3 텍스트 아닌 콘텐츠의 대체 텍스트

기획자는 프로젝트 과정에서 고객과 콘텐츠 요청서를 바탕으로 모든 콘텐츠를 파악할 수 있게 된다. 따라서 모든 콘텐츠 중 텍스트 아닌 콘텐츠는 기본적으로 대체 텍스트를 제공한다는 원칙 하에 스토리보드를 작성해야 한다. 이미지 텍스트와 같은 맥락에서 기본적으로 대체 텍스트를 제공하는 데 무리가 없는 경우는 퍼블리셔를 통해 직접 처리하고, 이외의 부분은 대체 텍스트 공통 가이드를 만들어 배포해야 한다.

이때 동영상에서 음성정보 이외에 시각적으로 화면에서 제공되는 문자정보나 강의자료 등도 원고나 대체 텍스트를 제공해야 한다. 기타 기술적인 지원이 필요하거나 판단이 되지 않은 콘텐츠는 퍼블리셔, 개발자 등과 협의하여 전체적인 기획을 해야 한다.

8.2.2 입력 서식 공통 가이드

기획자는 웹 접근성 프로젝트에서 예상되는 모든 입력 서식을 스토리보드에 모아서 처리할 수 있는 방법을 제공해주어야 한다. 기획자가 입력 서식 공통 스토리보드를 퍼블리싱과 개발팀에 제공해주면 이것을 바탕으로 팀별 가이드를 만들어 작업을 진행할 수 있다. 입력 서식 공통 가이드를 만드는 법은 다음과 같다.

8.2.2.1 입력 서식 수집

프로젝트 초기에 진행되는 사전 분석을 통하여 웹사이트에 제공될 모든 입력 서식을 파악하여 스토리보드에 나열한다. 그 뒤 중복되는 항목을 제거하여 그림 8.3과 같이 중복되지 않은 서식 항목을 나열한다.

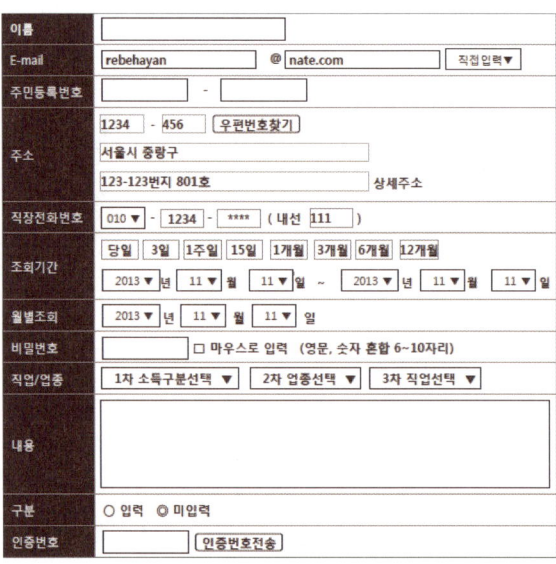

그림 8.3 사용될 입력 서식 목록

8.2.2.2 레이블과 타이틀 정의

예상되는 입력 서식 항목이 정리되었다면 그림 8.4와 같이 서식마다 제공되는 레이블이나 타이틀 값을 제공한다. 레이블 제공은 레이블 영역에 마우스를 클릭해도 입력 서식 안으로 포커스가 이동한다는 장점이 있으므로 되도록 레이블로 제공할 수 있게 기획하되 하나의 레이블에 여러 개의 입력 서식이 존재하는 경우에는 첫 입력 서식과 레이블을 연결해주고 레이블과 연결된 입력 서식을 포함하여 모든 입력 서식에 대한 타이틀을 제공해야 한다. 따라서 기획자는 기술적인 내용보다 레이블과 타이틀의 정보를 명시해주면 퍼블리셔가 기술적인 판단을 통해 처리할 수 있다.

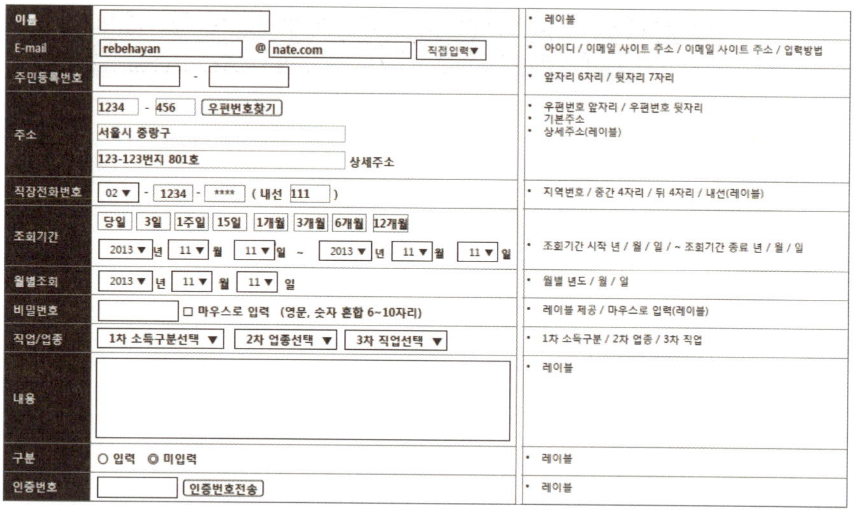

그림 8.4 레이블과 타이틀 공통 가이드

8.2.2.3 자동 변경 타이틀 값 정의

입력 서식 공통 가이드가 1차적으로 완료되었다면 기획자 스스로 판단하기 힘든 레이블, 타이틀 값을 퍼블리싱팀과 협의할 수 있다. 그림 8.5와 같이 2줄의 제목셀과 2줄의 내용셀이 결합되어 있는 복잡한 표 안에서의 입력 서식 중 먼저 주문을 위해 선택해야 할 선택 체크상자의 타이틀 값을 상품계좌번호를 불러와서 자동으로 타이틀 정보로 활용한다면 시각이 불편한 사용자와 같은 경우에도 현재 내가 선택하는 상품을 체크상자의 타이틀인 '상품계좌번호' 값을 통해 인지할 수 있게 된다.

따라서 이와 같이 고정되어 있는 레이블이 아니라 선택에 따른 값을 불러오도록 타이틀을 정의할 수 있는데 이 경우 기획자가 불러올 정보를 스토리보드에 명시해 주면 퍼블리셔나 개발자가 작업할 때 해당 기능을 구현할 수 있게 된다. 해당 기능을 구현할 때 주의할 점은 (%상품계좌번호%)라고 하여 HTML의 title 속성에 title="상품계좌번호"나 title="6516516"이라고 명시하는 것이 아니라 title="상품계좌번호 6516516" 등으로 선택하고자 하는 폼 요소의 데이터 제목과 내용을 같이 제공해야 한다. 필요한 경우 퍼블리셔와 개발자가 협의하여 데이터 변화에 따라 반영되는 타이틀 형태를 논의하여 명시할 수 있다.

	선택	매수일자	상품계좌번호	보유수량/금액	매도가능수량/금액
		이율/기준가	결산/만기일자	중도해지이율적용여부	주문방법
T: (%상품계좌번호%)	☐	2013.06.17	65465465165	65,165	20,000
		4.35	2013.06.17	적용	선택하세요 ▼	T: 주문방법 선택
T: (%상품계좌번호%)	☐	2013.06.17	6516516	654,654	20,000
		156	2013.06.17	적용	선택하세요 ▼

그림 8.5 데이터 변화에 따른 타이틀 공통 가이드

8.2.3 표 제목 공통 가이드

표의 제목인 <caption> 처리는 구현하는 퍼블리싱팀보다는 기획팀이 설정해주는 것이 바람직하다. 콘텐츠를 이해하는 정도가 더 높기 때문에 정확한 <caption> 처리가 가능하다. 표의 제목이 화면에 나타나는 경우도 있고 그렇지 않은 경우도 있기 때문에 직관적으로 파악할 수 있는 표의 제목은 퍼블리셔가 직접 처리하고, 표의 제목이 다양한 형태로 나타나거나 보이지 않는 경우와 같이 직관적이지 않은 부분은 스토리보드에 직접 명시한다. 이때 표의 제목과 함께 요약 설명을 하도록 되어 있는 summary는 콘텐츠의 양이 많을 경우 스크립트로 자동 제공하는 경우가 많아 summary 제공 패턴을 개발자에게 알려주어 직접 제공할 수 있게 한다.

8.2.3.1 화면에 보이는 표 제목

일반적인 표의 경우 그림 8.6과 같이 표의 제목이 시각적으로 표시되므로 스토리보드에 별도로 표 제목을 명시하지 않아도 퍼블리셔가 <caption> 처리를 할 수 있다.

그림 8.6 화면에 보이는 표 제목

8.2.3.2 화면에 보이지 않는 표 제목

그림 8.7의 경우 콘텐츠 이해만으로 표의 제목을 제공하기 힘들다. 스토리보드에 제목을 명시하지 않으면 작업자 임의로 제목을 제공하게 되어 오류가 발생하거나 잦은 협의로 인해 많은 시간이 소비될 우려가 있다. 이를 보완하려면 그림 8.7과 같이 별도로 표의 제목 가이드에 명시해서 불필요한 재작업을 줄여주게 한다.

그림 8.7 화면에 보이지 않는 표 제목

8.2.3.3 탭메뉴로 대체된 표 제목

그림 8.8의 경우는 표의 제목이 시각적으로 보이진 않지만 탭메뉴로 표의 제목을 파악할 수 있다. 이와 같은 경우 스토리보드에 별도로 제목을 제공하지 않고 별도 가이드 선으로 연관성을 나타내어 퍼블리셔가 표의 제목을 파악할 수 있게 하여 <caption>을 제공할 수 있게 한다.

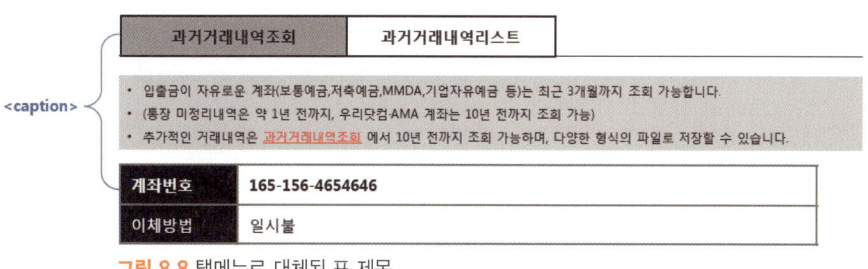

그림 8.8 탭메뉴로 대체된 표 제목

8.2.4 필수입력 항목 패턴 정의

입력 서식 중에서 필수로 입력해야 하는 항목을 구분하여 제공한다면 장애인뿐만 아니라 비장애인 사용자에게도 좋다. 특히 장애인의 경우 입력할 정보량이 줄어들어 오류가 발생할 확률과 시간이 줄어든다. 필수입력 항목에 대해 웹 접근성 지침에서는 규제하고 있지는 않지만 현재 참고할 만한 표준인 '장애인 웹 콘텐츠 사용성 지침 1.0'을 활용할 수 있다. 이 지침은 TTA(한국정보통신기술협회) 단체표준으로 공신력을 가지고 있으며 웹 접근성 지침을 포함하여 더 높은 사용성을 위해 26개의 지침으로 구성되어 있다.

> **지침2.10 (항목의 구분)** 입력 서식은 필수 항목과 선택 항목을 구분하여 제시하는 것이 바람직하다.
>
> (전맹) 시각장애인은 모든 온라인 서식에 해당 내용을 채워야 하는 것으로 여긴다. 따라서 많은 정보를 입력하는 과정에서 더 많은 오류가 발생한다. 이러한 문제를 방지하려면 온라인 서식을 필수 항목 부분과 선택 항목 부분으로 구분하고 필수 항목 부분을 중심으로 서식을 작성하게 하는 방법이다. 이 방법은 입력 서식마다 필수 항목임과 선택 항목임을 알려줄 필요가 없으므로 온라인 서식을 작성하는 과정에서의 사용성을 높일 수 있다. (전 영역) 필수 항목과 선택 항목을 구분하여 배치하는 것은 온라인 서식의 사용성을 크게 높일 수 있는 방법이다.
>
> – 장애인 웹 콘텐츠 사용성 지침 1.0 中

따라서 필수입력 항목의 표시 방법뿐만 아니라 필수입력 항목과 선택입력 항목을 구분해주면 웹 접근성과 사용성을 크게 향상시킬 수 있다. 그러나 프로젝트를 진행하다보면 회원가입과 게시판 글쓰기 등 일부 콘텐츠를 제외한 대부분의 입력 서식에서 필수입력 항목 표기가 이루어지지 않는 경우가 많다. 이 경우 사용자는 모든 서식에 입력해야 하고 개발자는 모든 입력 서식에 대한 오류를 정정할 수 있는 수단을 제공하고 테스트해야 하므로 모두에게 좋지 않다. 따라서 기획자는 필수입력 항목을 가이드해주는 것이 바람직하다.

8.2.4.1 모양으로 필수입력 항목 표시

필수입력 항목은 빨간 글씨 등으로 표시하는 경우가 있는데 이는 색상으로만 정보를 구분한 것이 되므로 색을 구분하지 못하는 사용자나 저시력자에게 좋지 않다. 따라서 그림 8.9와 같이 색이 아닌 모양이나 무늬 등으로 표기하는 것이 좋다. 모양으로 표기하는 경우에는 반드시 해당 모양이 필수입력 항목이라는 범례를 제공해야 한다.

그림 8.9 모양으로 필수입력 항목 표시

8.2.4.2 제목으로 필수입력 항목 표시

입력 서식의 모든 항목이 필수입력이나 선택입력이라면 모든 항목에 모양을 나타내는 것보다는 그림 8.9처럼 표의 제목으로 한 번에 필수로 입력할 항목을 모아 줄 수도 있다. 이 경우 필수입력 항목과 선택입력 항목이 나뉘어지므로 사용자의 입력을 잘 이해할 수 있다.

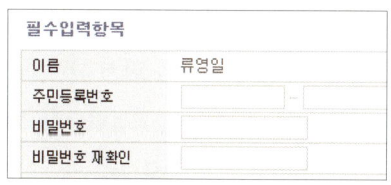

그림 8.10 제목으로 필수입력 항목을 표시한 경우

그림 8.11과 같이 이미 표의 제목이 존재할 경우에는 표의 제목과 함께 모든 항목이 필수입력인지, 선택입력인지 표시하여 사용자에게 알려주는 것이 좋다.

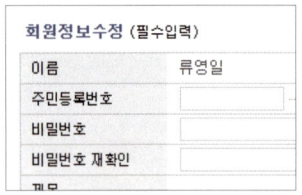

그림 8.11 표 제목과 함께 필수입력 항목을 표시한 경우

이처럼 필수입력 항목은 상황에 따라 입력항목에 바로 표시하거나 제목으로 묶어서 표시할 수 있다. 기타 다양한 방식으로 필수입력 서식은 스토리보드에 명시해주는 것이 바람직하다.

8.2.5 게시 기능의 웹 접근성 수단 제공

웹 접근성 품질인증심사가이드에서도 프로젝트에서 동영상의 대체 수단은 별도의 비용이 들지 않는 원고로 제공하는 경우가 많다. 이외에 자막이나 수화 등은 별도의 동영상 편집이 필요하고 프로젝트 비용이 증가하는 문제가 발생한다. 하지만 원고로 제공하면 동영상을 편집하지 않아도 되고, 시간이 다소 걸리지만 수화나 자막에 비해 비용이 적게 든다는 이유로 선호한다. 동영상의 원고 제공은 대부분 기획자가 담당하거나 별도로 외부 업체에 하청을 요청하는 경우도 있다. 웹사이트에 등록되어 있거나 등록해야 되는 동영상에 대한 원고를 제공하려면 그림 8.14와 같은 입력 서식이 필요하다. 해당 서식은 사용자가 직접 등록하는 경우나 관리자가 제공하는 경우 모두 동일한 기능을 제공하는 것이 좋다.

8.2.5.1 게시판 이미지의 대체 텍스트 제공 수단

일반적인 이미지 콘텐츠는 자연스럽게 퍼블리싱 과정에서 대체 텍스트가 주어지지만 게시판에서 제공되는 이미지 등에는 대체 텍스트 제공 기능이 없거나 게시물의 이미지에 대해 지속적으로 대체 텍스트 관리가 어렵게 된다. 현재 게시판에서 제공하는 이미지도 웹 접근성 적용 대상이나 웹 접근성 품질인증마크에서는 사용자가 올린 이미지는 예외로 처리하고 관리자가 올린 이미지에는 적용한다. 그러나 장애인차별금지법 측면에서 관리자뿐만 아니라 사용자가 이미지를 올릴 수 있는 게시 기능이 있는 경우 게시물을 올릴 때 그림 8.12와 같이 이미지를 첨부하는 기능에 대체 텍스트를 함께 입력할 수 있게 기능을 제공해주는 것이 바람직하다.

게시판이 대체 텍스트를 제공할 수 있는 기능이 없다면 가급적 교체해주거나 새로 개발하는 것이 장기적인 측면에서 유리하며 유지보수하기에도 용이하므로 기획자는 대체 텍스트 제공 수단을 기획하는 것이 좋다.

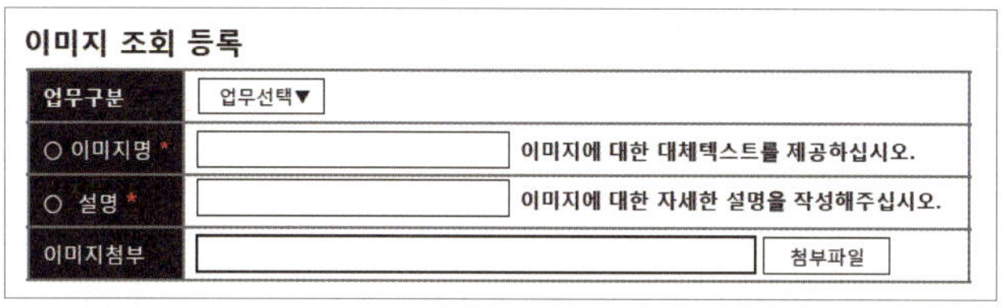

그림 8.12 게시판 이미지 첨부 시 제공되는 대체 텍스트 제공 수단

8.2.5.2 배너의 대체 텍스트 제공 수단

웹 접근성 지침에는 웹사이트의 첫 페이지에서 팝업창을 사용할 수 없게 규정한다. 이에 따라 팝업존이나 배너존과 같은 영역을 통해 홍보나 마케팅, 주의사항 등을 전달하는 추세로 전환되고 있다. 따라서 배너 관리와 같은 기능이 중요한데 배너는 지속적으로 이벤트성으로 제공되고 있기 때문에 대체 텍스트 관리가 쉽지 않다. 이미지는 변경되었으나 대체 텍스트가 변경되지 않아서 접근성에 위배되는 경우도 잦기 때문에 그림 8.13과 같이 관리자 모드에서 배너에 대한 대체 텍스트를 관리하는 기능을 제공하는 것이 좋다. 대체 텍스트란에 이미지 관련 설명을 작성하면 자동으로 html 소스에서 이미지에 대해 alt 속성으로 처리되어 항상 이미지에 적절한 대체 텍스트를 유지운영하기 쉬워진다.

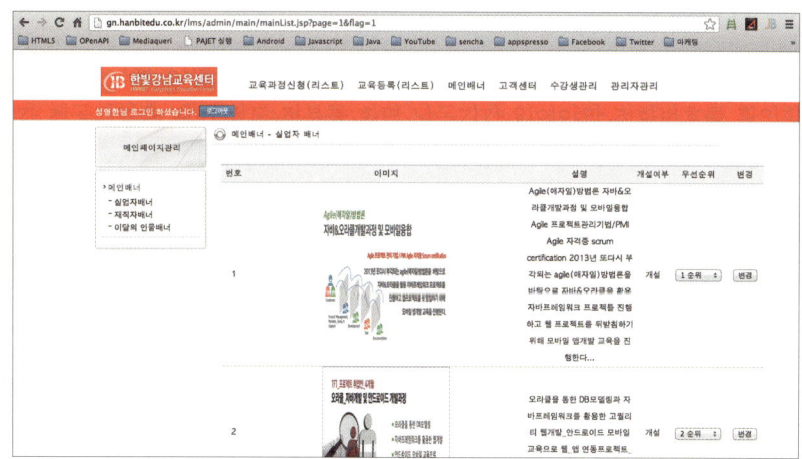

그림 8.13 관리자 모드 배너 이미지의 대체 텍스트 제공 수단

8.2.5.3 동영상 콘텐츠의 원고 제공 수단

웹 접근성 품질인증심사가이드에 의하면 사용자가 등록한 영상, 음성 등의 콘텐츠 제공 시 자막을 등록하게 유도하는 문구나 자막 생성 툴을 제공하는 것을 권장한다. 현재 UCC와 같이 사용자가 올린 동영상은 원고가 없더라도 예외로 처리하고 있지만 관리자가 올린 영상은 반드시 원고나 자막과 같은 대체 수단을 제공해야 한다. 따라서 사용자가 아예 원고를 올릴 수 없는 경우와 원고를 올릴 수 있음에도 올리지 않은 것과는 분명한 차이가 있다. 관리자는 그림 8.14와 같은 수단을 제공했는지 여부가 웹 접근성을 미준수했을 경우 고의적인지를 판단할 때 큰 차이가 있으므로 기획자는 영상 콘텐츠를 첨부하거나 스트리밍할 때 원고를 제공할 수 있는 수단을 제공할 수 있게 기획하는 것이 바람직하다.

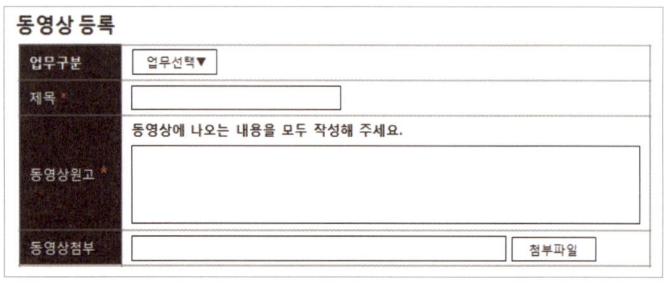

그림 8.14 관리자 모드 동영상 원고 제공 수단

기획팀의 업무와 함께 스토리보드를 만들면서 기존과 다르게 웹 접근성 프로젝트에 기본적으로 필요한 부분을 제시했다. 특별히 기획자가 웹 접근성을 많이 준수할 수 있게 가이드할수록 프로젝트의 성공률은 더욱 높아진다고 볼 수 있다. 이제 디자인팀의 역할 중에 가장 중요한 스타일 가이드 작성을 살펴보자.

8.3 디자인팀 : 스타일 가이드

웹 접근성 프로젝트에서 디자인팀은 크게 색에 무관한 콘텐츠 인식과 텍스트 콘텐츠 명도대비 항목 지침을 잘 준수하면 큰 문제가 발생하지 않는다. 특히 디자이너는 웹 접근성 적용보다 심미적인 것에 더 관심을 갖는 경향이 뚜렷하므로 좀 더 구체화될 수 있게 노력해야 한다. 심미적인 부분이 중요한 웹사이트를 디자인해야 한다면 색상을 조절할 수 있게 CSS나 변경 이미지를 제공하는 대체 기술을 적용할 필요가 있다. 디자인팀에서 스타일 가이드를 제작하는 방법을 자세히 살펴보자.

8.3.1 스타일 가이드의 변화

지금까지 고려되지 않았던 색맹이나 색약과 같은 색이상자, 저시력자를 위한 명도대비 기준을 준수한다는 것은 디자인적으로 퇴보한다고 보는 시각이 많다. 웹 접근성과 상관없이 예쁘고 멋있는 디자인을 할 수 있게 스타일 가이드를 만들어왔던 디자이너는 웹 접근성 준수 기준으로 어떻게 스타일 가이드를 제작해야 할지 난감해 하는 경우가 많다. 하지만 기존 가이드에서 웹 접근성을 준수할 수 있는 기준만 적용해 주면 되므로 크게 어려워할 이유가 없다. 특히 텍스트 명도대비 기준으로 인해 한정적인 색으로 디자인해야 되므로 그림 8.15와 같이 텍스트 명도대비 준수 가능한 색상을 미리 파악해 두는 것도 좋은 방법이 될 수 있다.

그림 8.15 흰색, 검정색 배경에 사용 가능한 색상(명도대비 4.5:1)

8.3.2 텍스트 콘텐츠의 명도대비 적용

디자이너는 색상에 무관한 콘텐츠 인식 항목보다 텍스트 콘텐츠 명도대비 항목에서 더 스트레스를 받는 듯 하다. 텍스트 콘텐츠는 텍스트 형태일 수도 있고, 이미지 형태일 수도 있기 때문에 기본적인 폰트 스타일을 지정하여 처리하지만 이미지의 경우 이미지의 높이 값을 기준으로 절댓값으로 환산하여 준수 여부를 확인하므로 굵은 것은 고려하지 않는다. 그러나 유통기한에 여유를 두는 것과 마찬가지로 좀 더 확실히 작업하려고 여유 있게 글자 크기를 지정하는 것이 바람직하다.

주의해야 할 점이 있다면 현재의 웹 접근성 품질인증심사가이드에서는 텍스트 콘텐츠 명도대비의 대상 영역을 본문 영역으로 한정하고 있지만 앞으로 해당 영역이 확대되는 것이 확실하므로 스타일 가이드에서는 장식용 목적을 제외한 모든 텍스트 콘텐츠 영역에 대비하는 것이 바람직하다. 웹 접근성 프로젝트 진행에 앞서 디자인팀에서 스타일 가이드를 배포할 때 텍스트 콘텐츠 명도대비 항목을 적용해야 하는 콘텐츠 종류에 대한 스타일 가이드 제작법을 알아보자.

8.3.2.1 폰트 스타일

디자인 스타일 가이드의 기본이 되는 폰트 스타일을 확인해보자. 그림 8.16은 웹 접근성을 고려하지 않은 기존의 폰트 스타일이다.

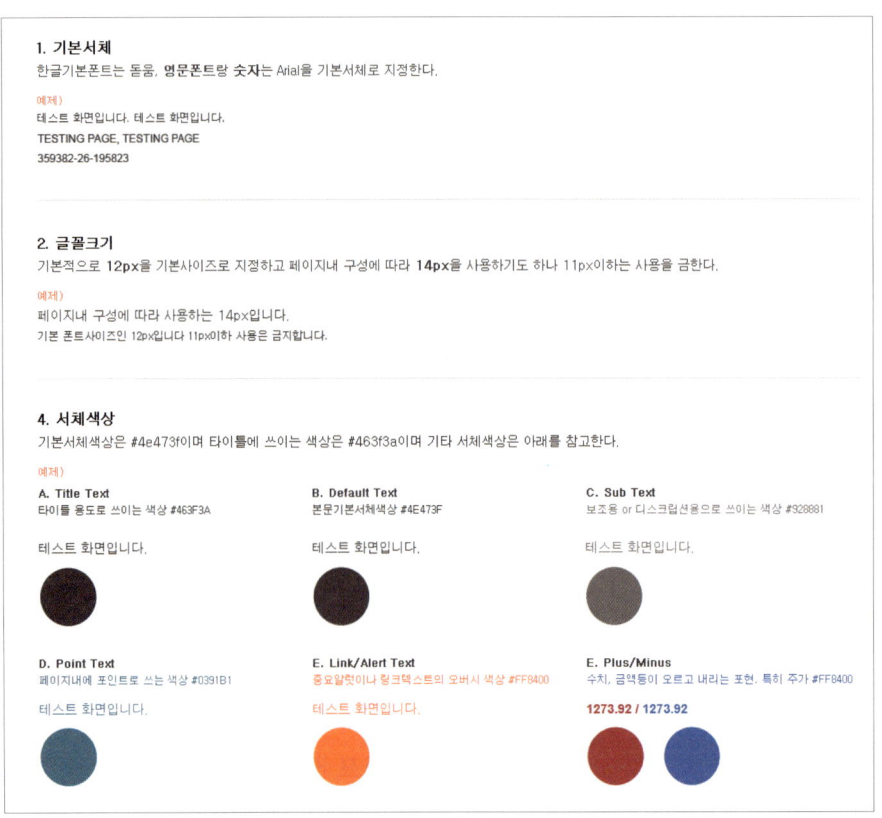

그림 8.16 기존의 폰트 스타일 가이드

가이드대로 디자인을 그대로 반영한다면 텍스트 명도대비 기준을 준수하지 못하게 된다. 이를 모르고 그대로 진행하게 된다면 디자인 작업을 거쳐 개발이 끝난 상태에서 웹 접근성 점검 시 오류가 발생하여 다시 디자인을 재작업하게 되므로 반드시 스타일 가이드에서 명도대비를 확인해야 한다.

그림 8.17은 텍스트 명도대비 기준을 고려하지 않은 폰트 스타일을 보완한 가이드이다. 기존 폰트 스타일에서 웹사이트에 사용될 폰트 색상을 사전에 나열하고 폰트 색상마다 텍스트 명도대비의 준수 여부를 체크하여 반영해야 한다.

그림 8.17 텍스트 명도대비 기준이 있는 폰트 스타일 가이드

8.3.2.2 콘텐츠 제목 스타일

콘텐츠 제목은 <h1>~<h6>까지 제공할 수 있는 헤딩요소를 중심으로 스타일 가이드를 제작한다. 그림 8.18과 같이 프로젝트에서 제공하게 될 콘텐츠 제목에 대한 디자인 스타일을 제공하되 텍스트 명도대비를 체크해준다.

H1	♛ 페이지 로고	텍스트 명도대비 21:1	1depth Heading 맑은고딕 26px / #000000 / Bold / 자간 -85 (장평 -1EM)
H2	❈ 페이지 두번째 제목	텍스트 명도대비 21:1	2depth Heading 맑은고딕 23px / #000000 / Bold / 자간 -85 (장평 -1EM)
H3	● 페이지 세번째 제목	텍스트 명도대비 7.25:1	3depth Heading (메뉴컬러에 따라 변경) 맑은고딕 20px / #195899 / Bold / 자간 -85 (장평 -1EM)
H4	› 페이지 네번째 제목	텍스트 명도대비 12.63:1	4depth Heading 맑은고딕 12px / #333333 / Bold
H5	- 페이지 다섯번째 제목	텍스트 명도대비 9.12:1	5depth Heading 맑은고딕 12px / #484848 / Bold
H6	: 페이지 여섯번째 제목	텍스트 명도대비 10.7:1	5depth Heading 맑은고딕 12px / #3e3e3e / normal

그림 8.18 콘텐츠 제목 스타일 가이드

8.3.2.3 탭 스타일

탭 스타일 가이드는 기획자가 파악한 탭의 깊이를 예상하여 기획된 웹사이트에서 가장 깊은 계층을 사용하는 탭을 기준으로 디자인에 반영하는 것이 좋다. 탭 스타일 가이드는 그림 8.19와 같이 탭 깊이별 디자인을 제공하고 이에 따른 텍스트 명도대비 기준을 준수하여 제공한다.

그림 8.19 탭 스타일 가이드

8.3.2.4 버튼 스타일

웹사이트에 제공되는 버튼도 텍스트 명도대비 기준에 예외사항은 아니다. 준수 기준을 만족하는 원활한 프로젝트를 진행하려면 그림 8.20과 같이 웹사이트에 예상되는 모든 버튼을 나열한다. 이때 주의할 점은 버튼의 보통 상태와 마우스가 오버하거나 키보드 초점이 진입했을 때 등 사용자의 움직임에 따라 디자인 변화가 발생할 경우에도 텍스트 명도대비 기준을 준수한다.

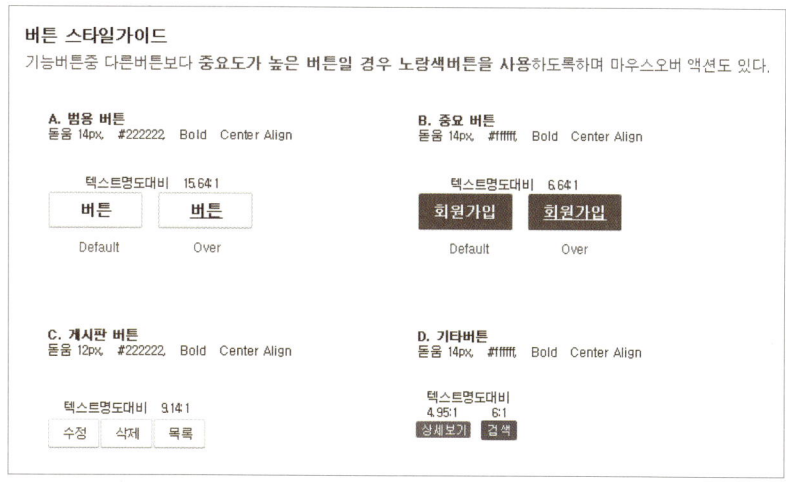

그림 8.20 버튼 스타일 가이드

8.3.2.5 테이블 스타일

그림 8.21과 같은 테이블 스타일 가이드는 웹사이트에 예상되는 데이터 테이블을 모두 나열해야 한다. 또한 데이터 테이블의 텍스트 명도대비는 제목셀의 배경과 텍스트 색상과의 명도 차이와 내용셀과 배경색과의 명도 차이를 준수 기준에 만족시켜야 한다.

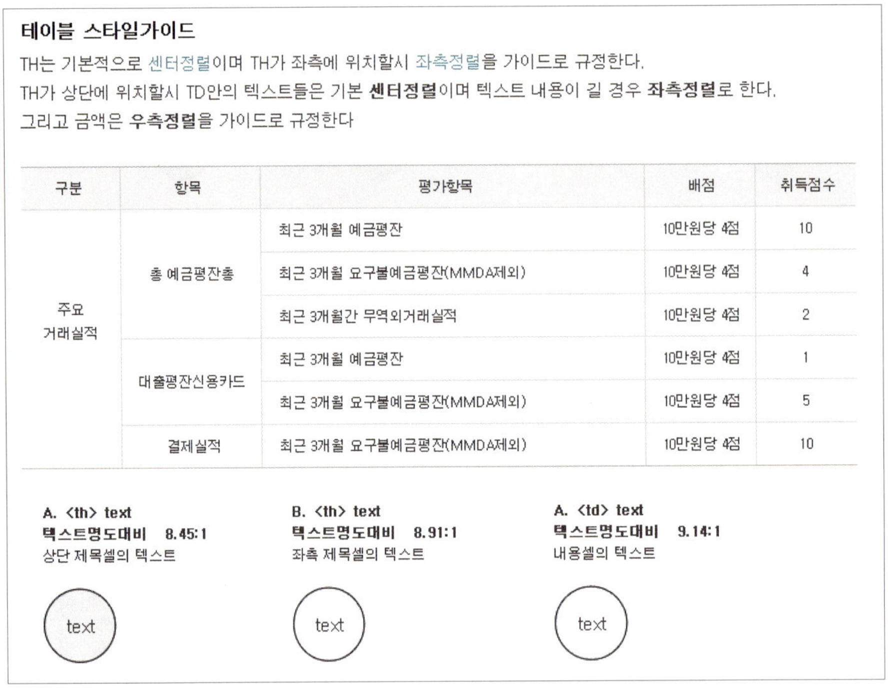

테이블 스타일가이드

TH는 기본적으로 센터정렬이며 TH가 좌측에 위치할시 좌측정렬을 가이드로 규정한다.
TH가 상단에 위치할시 TD안의 텍스트들은 기본 **센터정렬**이며 텍스트 내용이 길 경우 **좌측정렬**로 한다.
그리고 금액은 **우측정렬**을 가이드로 규정한다

구분	항목	평가항목	배점	취득점수
주요 거래실적	총 예금평잔총	최근 3개월 예금평잔	10만원당 4점	10
		최근 3개월 요구불예금평잔(MMDA제외)	10만원당 4점	4
		최근 3개월간 무역외거래실적	10만원당 4점	2
	대출평잔신용카드	최근 3개월 예금평잔	10만원당 4점	1
		최근 3개월 요구불예금평잔(MMDA제외)	10만원당 4점	5
	결제실적	최근 3개월 요구불예금평잔(MMDA제외)	10만원당 4점	10

그림 8.21 테이블 스타일 가이드

8.3.2.6 포토샵에서 명도대비 체크 시 유의사항

디자이너가 텍스트 콘텐츠의 명도대비를 확인하는 도구를 사용할 때 유의해야 할 점이 있다. 웹 디자이너는 주로 포토샵을 이용하여 디자인 작업을 하므로 포토샵 화면에서 텍스트 명도대비 준수 여부를 체크하고 PSD 파일로 퍼블리싱팀에 전달한다. 그러나 포토샵에서 텍스트 명도대비 기준을 준수하였다고 하더라도 GIF, JPG, PNG 등의 이미지로 변환되면서 디자인 원본보다 이미지의 명도 비율이 떨어지는 현상이 발생할 수 있으므로 주의해야 한다. 그림 8.22는 같은 디자인을 PSD와 함께 JPG, GIF, PNG의 확장자별 이미지간의 명도대비 차이를 테스트한 후 값을 기록한 것이다.

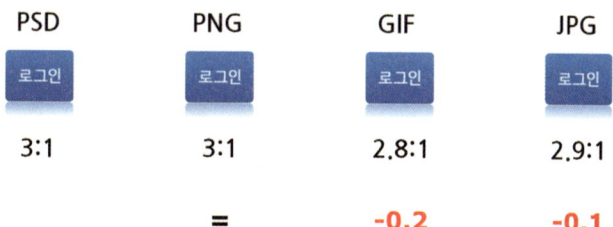

[테스트 환경 : JPG – Quality 100%, GIF – local, selective colors, 256]

그림 8.22 이미지 확장자에 따른 텍스트 명도대비 변화

디자인 원본인 PSD에 비해 PNG는 명도차이가 없었지만 GIF와 JPG 형식의 이미지는 각 -0.2, -0.1 정도 명도차이가 낮아지는 결과를 확인할 수 있다. 따라서 포토샵에서 직접 명도대비를 체크해야 한다면 이미지로 변환 시 떨어지는 텍스트 명도차이를 보정하기 위하여 기준보다 최소 0.2 이상으로 높인 4.7 : 1 이상(텍스트가 14pt 굵은 글꼴이나 18pt 이상인 경우 3.2 : 1 이상)으로 제공할 필요가 있다.

8.3.3 색에 무관한 콘텐츠 인식 적용

색에 무관한 콘텐츠 인식 항목은 색상으로만 정보를 제공하지 않아야 한다는 원칙을 적용하는 영역이므로 대다수 그래프나 차트, 프로세스 정보 등에 주로 해당된다. 특히 이러한 경우 솔루션과 연결되거나 고객의 요구 등 다양한 이유로 개선이 어려운 경우가 있을 수 있으므로 웹 접근성을 적용하는 방법을 여러 가지로 가이드해주는 것이 바람직하다. 디자이너는 그래프를 떠올릴 때 패턴이나 직접 범례에 연결하는 방법 이외에도 다양한 접근성 향상 방법을 알아보자.

8.3.3.1 파이 그래프

그래프의 디자인 스타일 가이드를 제공할 경우 다양한 환경에 따라 적용이 불가한 경우를 대비하여 다양한 형태로 제공해주는 것이 좋다. 그림 8.23은 색상에 무관한 콘텐츠 인식이 되게 제공하는 파이 그래프의 다양한 형태를 가이드화한 것이다.

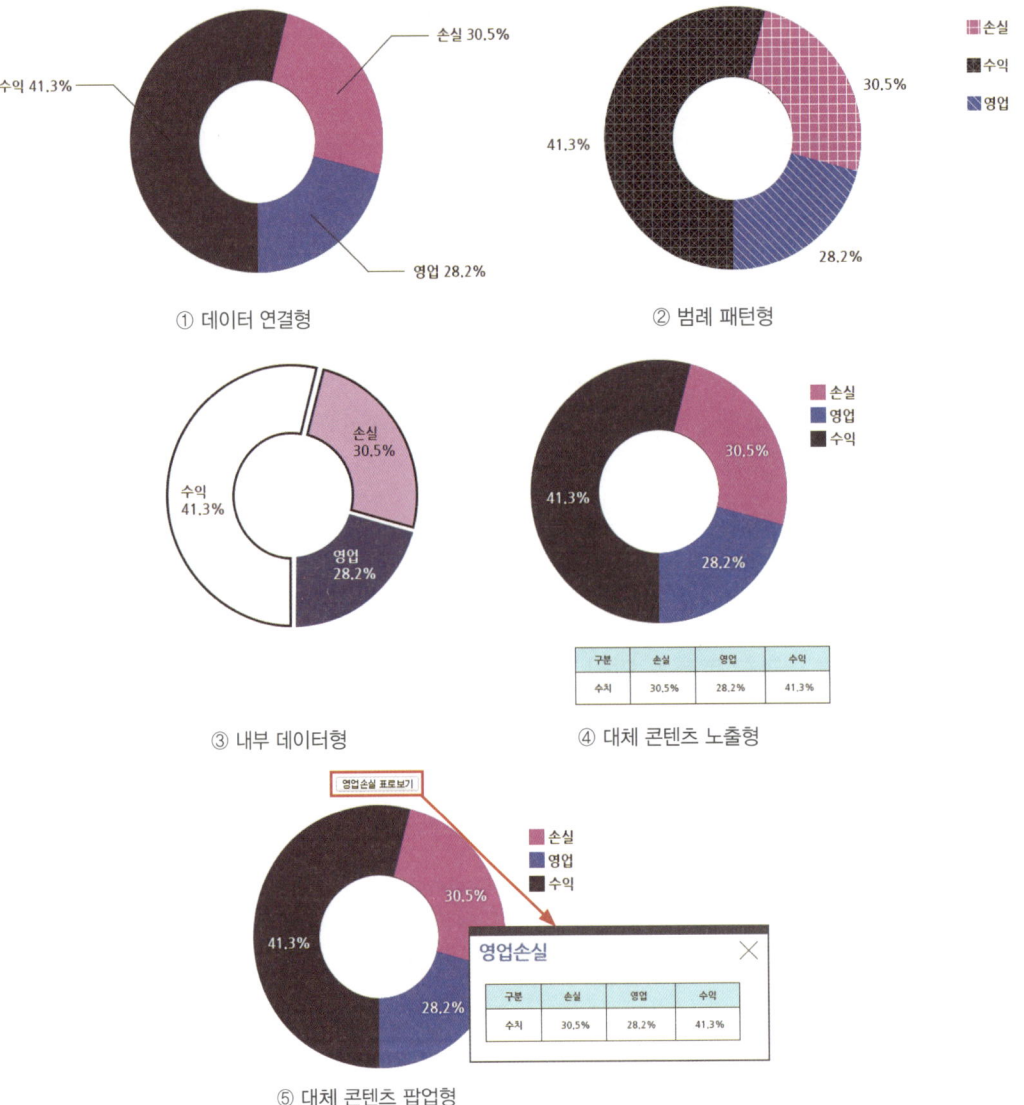

그림 8.23 파이 그래프 스타일 가이드

① 데이터 연결형: 가장 확실하게 웹 접근성을 적용하는 방법이다. 데이터 영역과 값을 직접 연결하여 제공하는 방법이다. 그러나 비중이 적은 데이터가 많거나 연결선이 많이 겹쳐지는 경우 다른 형태를 택하는 것이 좋다.

② 범례 패턴형: 구분하고자 하는 정보를 색뿐만 아니라 서로 다른 패턴(무늬)으로 영역을 구분하고 범례와 영역을 이해할 수 있게 한 형태다. 단점은 데이터 유형이 많아질수록 패턴의 종류가 늘어나 복잡하고 지저분한 느낌을 줄 수 있다.

③ 내부 데이터형: 그래프 내부에 데이터를 직접 제공하는 방법이다. 가장 확실한 방법이겠지만 영역이 좁으면 텍스트를 내부에 위치시키기가 어렵다는 단점이 있다.

④ 대체 콘텐츠 노출형: 파이 그래프가 소프트웨어에 의해 그려지는 등 자체 접근성이 없으면서 수정할 수 없는 경우 데이터 테이블을 통해 대체 콘텐츠를 제공하는 방법이다. 단점은 시각적으로 정보가 2번 제공된다는 점과 공간을 많이 차지한다는 점이다.

⑤ 대체 콘텐츠 팝업형: 대체 콘텐츠가 차지하는 공간이 없는 경우나 화면에 표현할 수 없는 상황이라면 대체 콘텐츠를 선택할 수 있는 버튼이나 링크 등을 제공하고 해당 버튼이나 링크를 선택하면 파이 그래프에 대한 대체 콘텐츠를 확인할 수 있게 레이어 팝업을 제공하는 방법이다. 꼭 레이어 팝업이 아니라 하더라도 접힘·펼침 기능을 이용하여 제공하는 방법도 있다.

8.3.3.2 꺾은선 그래프

다양한 유형의 선 그래프가 존재하지만 그림 8.24는 자주 사용되는 꺾은선 그래프의 가이드 예시만을 설명한다. 앞서 설명된 파이 그래프와 원리는 동일하므로 기타 다양한 선 그래프가 사용된다면 응용하여 사용할 수 있다.

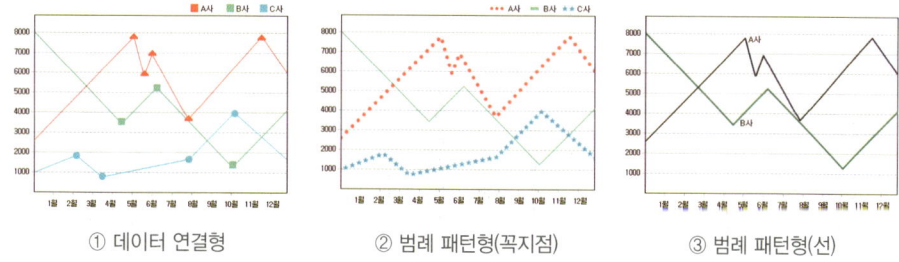

① 데이터 연결형　　　② 범례 패턴형(꼭지점)　　　③ 범례 패턴형(선)

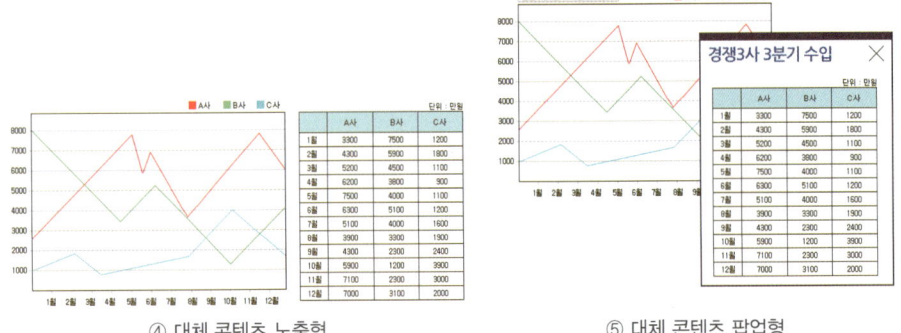

④ 대체 콘텐츠 노출형　　　　　⑤ 대체 콘텐츠 팝업형

그림 8.24 꺾은선 그래프 스타일 가이드

선 그래프의 특성상 디자인적인 차이로 범례 패턴형 중 ②번과 같이 꼭지점을 구별할 수 있는 패턴으로 제공할 것인지 아니면 ③번과 같이 선을 구별할 수 있는 패턴으로 제공할 것인지 등의 차이 외에는 파이 그래프에서 설명하는 원리는 동일하다. 접근성을 고려한 다양한 그래프 형태를 가이드로 제시하면 선택의 폭이 더 넓어지고 좀 더 유연하게 웹 접근성 프로젝트를 수행할 수 있을 것이다.

8.3.3.3 막대 그래프

그림 8.25와 같이 막대 그래프 역시 타 그래프와 마찬가지로 다양한 형태로 스타일 가이드를 제공하고 디자인적인 차이로 범례 패턴형 중 ②번과 같이 막대를 구별할 수 있는 패턴으로 제공할 것인지 ③번과 같이 외곽선을 구별할 수 있는 패턴으로 제공할 것인지 등으로 가능한 스타일 가이드를 추가해주는 것이 좋다.

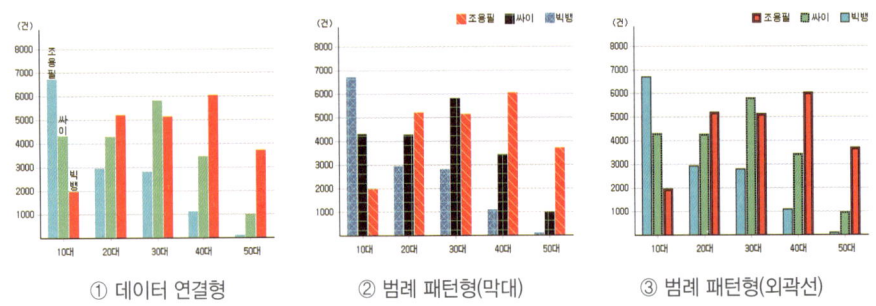

① 데이터 연결형　　　② 범례 패턴형(막대)　　　③ 범례 패턴형(외곽선)

④ 대체 콘텐츠 노출형　　　　　　　⑤ 대체 콘텐츠 팝업형

그림 8.25 막대 그래프 스타일 가이드

지금까지 자주 사용되는 그래프 3종의 다양한 웹 접근성 구현 방법을 제시하였다. 해당 내용은 실제 가이드로 사용되었던 내용으로 그대로 사용해도 무방하다. 웹 접근성 프로젝트를 하다보면 반드시 지침대로 적용하지 못하는 경우가 많으므로 다양한 방법으로 가이드를 만들어주는 것이 중요하다.

디자인팀 스타일 가이드의 웹 접근성 프로젝트 적용 방법과 기본적인 가이드를 알아보았으니, 퍼블리싱팀의 역할 중 가장 중요한 퍼블리싱 가이드 작성을 살펴보자.

8.4 퍼블리싱팀 : 퍼블리싱 가이드

기존 웹 퍼블리싱 가이드는 기획 의도와 콘텐츠의 방향성이 배제된 채 단순하게 통일된 코딩 방법을 가이드하는 것이었고, 퍼블리싱 과정도 기계적인 수준으로 개발팀에 전달하는 프로세스였다. 그러나 웹 접근성이 이슈화되면서 디자인팀에서 제공한 형태를 바탕으로 HTML로 구조화할 때 콘텐츠에 대한 의미와 논리적인 순서까지 이해할 수 있게 요구된다. 퍼블리싱 가이드의 목적은 통일된 소스 코드 구현 방식을 정리하고 웹 접근성 적용은 물론 반복된 실수를 줄일 수 있게 도움을 주어야 한다.

8.4.1 필수입력 항목

필수입력 항목을 표시할 때 주의할 점은 시각적인 처리에 그치면 안 된다는 점이다. 필수입력 항목을 시각화하는 데 사용하는 별표나 체크 표시 등의 이미지를 불릿 이미지와 같이 작업자가 무심코 의미 없이 CSS로 배경 이미지로 처리하는 경우가 있는데 필수입력을 나타내려고 표시한 이미지로 매우 중요한 의미가 있기 때문에 이에 대한 대체 텍스트를 포함되게 소스 코드를 제공하는 방법을 소개하겠다.

8.4.1.1 전경 이미지로 필수입력 표시

그림 8.26처럼 별표와 같은 전경 이미지로 필수입력을 표시하는 경우에는 대체 텍스트로 '필수입력'이라고 제공하면 된다.

그림 8.26 전경 이미지로 처리한 필수입력 표시

```
<table summary="이메일, 제목 입력표">
<caption>회원가입</caption>
<tr>
<th><label for="mail"><img src="img/ponint.gif" alt="필수입력">이메일</label></th>
<td><input type="text" id="mail"></td>
</tr>
...중략...
</table>
```

8.4.1.2 배경 이미지로 필수입력 표시

그림 8.27과 같이 배경 이미지로 필수입력 항목을 표시하는 경우에는 alt 속성을 이용할 수 없으므로 대체 텍스트의 내용을 숨김 텍스트로 처리한다. 배경 이미지로 필수입력 항목을 표시하는 경우는 해당 콘텐츠의 양이 많을 때 반복된 작업을 빠른 시간에 일괄적으로 처리할 수 있다는 장점이 있다.

그림 8.27 배경 이미지로 처리한 필수입력 표시

```css
th label { padding-left:15px; background:url(img/point.gif) no-repeat left;}
th label span { position:absolute; left:-300%; top:-3000%;}
```

```html
<table summary="이메일, 제목 입력표">
<caption>회원가입</caption>
<tr>
<th><label for="mail"><span>필수입력</span>이메일<label></th>
<td><input type="text" id="mail"></td>
</tr>
...중략...
</table>
```

8.4.1.3 특수문자로 필수입력 표시

특수문자를 일반 텍스트를 표시하는 방법이다. 그림 8.28과 같이 '*' 표시를 소스 코드에 텍스트로 반영하고 별표(*)를 사용한 목적을 title이나 숨김 텍스트로 알려줄 수 있다. 이 방법은 퍼블리셔가 이미지 슬라이스를 하지 않아 마크업 속도가 빨라지는 장점이 있지만 수정사항이 발생할 경우 모든 페이지의 콘텐츠 파일을 열어 수정해야 하는 불편함이 존재한다.

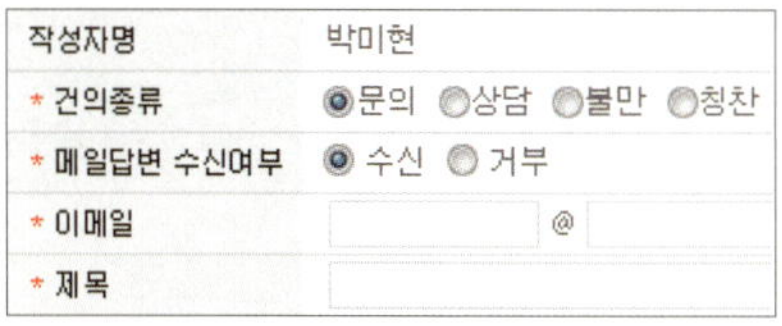

그림 8.28 특수문자로 처리한 필수입력 표

방법 1) 숨김 텍스트 처리

```css
th span { position:relative; padding:0 5px;}
th span span { position:absolute; left:-3000%;}
```

```html
<table summary="작성자명, 건의종류, 메일답변 수신여부, 이메일, 제목을 제공하는 표">
<caption>1:1문의</caption>
```

```
<tr>
<th>작성자명</th>
<td>박미현</td>
</tr>
<tr>
<th><span><span>필수입력</span> *</span>건의종류</th>
<td><input type="radio" id="category"><label for="category">문의</label></td>
</tr>
...중략...
</table>
```

방법 2) title 처리

```css
th span { padding:0 5px; color:red;}
```

```
<table summary="작성자명, 건의종류, 메일답변 수신여부, 이메일, 제목을 제공하는 표">
<caption>1:1문의</caption>
<tr>
<th>작성자명</th>
<td>박미현</td>
</tr>
<tr>
<th><span title="필수입력">*</span>건의종류</th>
<td><input type="radio" id="category"><label for="category">문의</label></td>
</tr>
...중략...
</table>
```

8.4.1.4 텍스트 뒤의 필수입력 표시

필수입력 항목의 표시가 텍스트 뒤에 제공되었을 때 어떻게 마크업해야 할지 알아보자. 그림 8.29처럼 보여지는 화면 그대로 HTML을 작성해 그림 그대로 마크업한다면 E-mail 텍스트 다음에 필수입력 항목이 표시되어야 하지만 입력하는 텍스트보다 필수입력 표시를 먼저하고 CSS를 사용해 위치를 변동해 해당 항목이 필수입력 사항이라는 것을 먼저 주지시키는 것이 바람직하다. 따라서 필수입력 표시를 먼저 처리하고 다음 레이블에 해당하는 텍스트의 순서로 처리해야 한다. 이후 CSS로 위치를 텍스트 뒤로 이동시켜야 한다.

그림 8.29 텍스트 뒤의 필수입력 항목이 표시된 경우

```css
th label { position:relative; padding-right:5px;}
th label span { display:block; position:absolute; right:0; width:10px;
heigth:10px; overflow:hidden; text-indent:-3000px; background:url(img/
point.gif) no-repeat;}
```

```html
<table summary="이메일, 제목 입력표">
<caption>회원가입</caption>
<tr>
<th><label for="mail"><span>필수입력</span>이메일<label></th>
<td><input type="text" id="mail"></td>
</tr>
...중략...
</table>
```

8.4.2 데이터 테이블 퍼블리싱 가이드

기획자가 제공한 데이터 테이블 가이드를 바탕으로 데이터 테이블 스타일 가이드를 제공한다. 해당 페이지에서는 모든 데이터 테이블을 제공하지 않고 자주 볼 수 있는 테이블을 소개하려고 한다. 데이터 테이블 가이드 중 공통으로 제공하는 부분은 표의 제목에 해당하는 `<caption>` 요소와 표의 요약글에 해당하는 summary 속성이 있다. 이외에 데이터 테이블에는 디자인이나 기획자의 의도에 따라 제공하는 방법이 다르다.

8.4.2.1 제목행과 내용행이 분리되어 있는 표

그림 8.30과 같은 단순한 데이터 테이블 제공할 때는 scope나 id, headers를 제공할 필요가 없다. 퍼블리셔 중 종종 셀이 병합되지 않은 데이터 테이블에 scope를 제공해야만 접근성을 지키는 것으로 생각하는 경우가 있는데 웹 접근성 인증심사 기준으로는 해당되지 않는다.

번호	접수일자	회차	제목	접수구분	사유
3	2012.10.04	1	CNN유통 이력서 제출	이메일	일반스위칭
2	2012.10.04	1	JKB 기업 이력서 제출	우편	일반스위칭
1	2012.10.04	1	123 센스 면접제의	이메일	일반스위칭

그림 8.30 제목행과 내용행이 분리되어 있는 표

```html
<table summary= "번호, 접수일자, 회차, 제목, 접수구분, 사유 제공">
<caption>이력서 제출 내역</caption>
<colgroup>
    <col width="5%" />
    <col width="10%" />
    <col width="5%" />
    <col width="*" />
    <col width="10%" />
    <col width="10%" />
</colgroup>
<thead>
<tr>
    <th>번호</th>
    <th>접수일자</th>
    <th>회차</th>
    <th>제목</th>
    <th>접수구분</th>
    <th>사유</th>
</tr>
</thead>
<tbody>
<tr>
    <td>3</td>
    <td>2012.10.04</td>
    <td>1</td>
```

```
        <td>CNN유통 이력서 제출</td>
        <td>이메일</td>
        <td>일반스위칭</td>
    </tr>
    <tr>
        <td>2</td>
        <td>2012.10.04</td>
        <td>1</td>
        <td>JKB 기업 이력서 제출</td>
        <td>우편</td>
        <td>일반스위칭</td>
        </td>
    </tr>
    ... 중략 ...
    </tbody>
</table>
```

8.4.2.2 제목과 내용이 2행으로 구성된 표

웹 접근성 품질인증심사가이드를 참고하면 다단이나 병합된 셀이 있는 '복잡한 표'에는 scope나 id, headers를 사용해 제목셀과 내용셀을 구분하여 제공해야 한다. 그림 8.31에서는 병합된 셀이 일부 있지만 복잡한 형태가 아니어서 대부분의 퍼블리셔가 scope나 id, headers를 제공하지 않고 그냥 지나칠 우려가 있다. 해당 표의 구조를 보면 <thead> 요소의 제목셀이 2줄로 처리되어 있으며 제목셀에 짝지어 읽을 수 있도록 구현된 내용셀도 동일하게 2줄로 처리되어 있다. 이런 구조의 표를 화면 낭독기로 운용할 경우 첫 번째 병합된 데이터의 두 번째 내용셀의 내용을 이해하기 어려워진다.

예를 들어 '수수료(원)'에 대한 내용셀을 화면 낭독기로 들어보면 "🔊 이체금액(원) 수수료(원) 500"이라고 읽혀진다. 서로 다른 두 가지의 제목을 연속으로 읽고 난 후 내용셀을 읽게 되어 표를 이해하기 어렵다. 이를 보완하려고 그림 8.31의 HTML 코드와 같이 제목셀과 내용셀이 복잡한 경우 id, headers를 사용해 각각 제공하면 사용자가 제목셀에 대한 내용셀의 정보를 순차적으로 제공받을 수 있다.

출금계좌번호	입금은행	받는분	이체금액(원)	받는분 통장표기내용
	입금계좌번호	보내는분	수수료(원)	보내는분 통장표기내용
123412312345678	하나은행	김무신	100,000,000,000	월급입니다
보노보노여행정기...	901010201000123	류영일	500	김하나

그림 8.31 제목과 내용이 2행으로 구성된 표

```
<table summary="개인, 기업뱅킹 이체 관련 테이블">
<caption>이체내역</caption>
<colgroup>
    <col width="15%" />
    <col />
    <col />
    <col />
    <col width="17%"/>
</colgroup>
<thead>
<tr>
    <th rowspan="2" id="h1">출금계좌번호</th>
    <th id="h2">입금은행</th>
    <th id="h3">받는분</th>
    <th id="h4">이체금액(원)</th>
    <th id="h5">받는분 통장표기내용</th>
</tr>
<tr>
    <th id="h8">입금계좌번호</th>
    <th id="h9">보내는분</th>
    <th id="h10">수수료(원)</th>
    <th id="h11">보내는분 통장표기내용</th>
</tr>
</thead>
<tbody>
<tr>
    <td rowspan="2" headers="h1">123412312345678<br />
    <span class="i-opt">보노보노여행정기...</span></td>
    <td headers="h2">하나은행</td>
    <td headers="h3">김무신</td>
    <td headers="h4">100,000,000,000</td>
    <td headers="h5">월급입니다.</td>
</tr>
```

```
<tr>
    <td headers="h8">901010201000123</td>
    <td headers="h9">류영일</td>
    <td headers="h10">500</td>
    <td headers="h11">김하나</td>
</tr>
</tbody>
</table>
```

8.4.2.3 병합셀을 포함하는 표

그림 8.32는 웹 접근성 지침에 나와 있는 병합된 셀이 존재하는 표다. 그러므로 당연히 제목셀과 내용셀을 연결할 수 있는 scope나 id, headers를 제공해야 하지만 그림 8.32의 표는 예외사항이 될 수 있다. 화면 낭독기로 해당 표를 낭독하면 데이터 셀이 어떤 데이터를 지칭하는지 명확하게 읽혀지기 때문이다.

8월 가계부		9월 가계부	
지출건	지출액	지출건	지출액
회식비	20,000	회식비	20,000
버스비	1,200	버스비	1,200
택시비	7,000	택시비	7,000

그림 8.32 병합셀이 존재함에도 scope가 없어도 되는 표

```
<table summary="7~8월 가계부 정리표">
<caption>가계부</caption>
<colgroup>
    <col width="25%" />
    <col width="25%" />
    <col width="25%" />
    <col width="25%" />
</colgroup>
<thead>
<tr>
    <th colspan="2">8월 가계부</th>
    <th colspan="2">9월 가계부</th>
</tr>
```

```
<tr>
    <th>지출건</th>
    <th>지출액</th>
    <th>지출건</th>
    <th>지출액</th>
</tr>
</thead>
<tbody>
<tr>
    <td>회식비</td>
    <td>20,000</td>
    <td>회식비</td>
    <td>20,000</td>
</tr>
<tr>
    <td>버스비</td>
    <td>1,200</td>
    <td>버스비</td>
    <td>1,200</td>
</tr>
<tr>
    <td>택시비</td>
    <td>7,000</td>
    <td>택시비</td>
    <td>7,000</td>
</tr>
</tbody>
</table>
```

8.4.2.4 징검다리형 제목셀을 포함하는 표

그림 8.33은 제목셀과 내용셀이 좌우로 배치된 형태의 표다. 그러나 단순 표를 가로로 이어 붙여놓은 것처럼 징검다리 형태로 제목셀이 위치하므로 제목셀이 '성명'인 내용셀을 읽을 때 '이용자 ID, 성명, 리베하얀'으로 읽어 사용자에게 혼돈을 줄 수 있다. 이렇게 제목셀이 징검다리 형태로 제공되는 표도 복잡한 표로 구분할 수 있고, 이런 경우 scope 사용은 효과가 없기 때문에 반드시 id, headers를 활용하여 제공해야 한다.

이용자ID	rebehayan	성명	리베하얀
주민등록번호	810617-*******	실제생일	1981-06-17

그림 8.33 징검다리형 제목셀을 포함하는 표

```
<table summary="ID, 성명, 주민등록번호, 생일이 제공된 표">
<caption>기본인적사항</caption>
<colgroup>
    <col width="150" />
    <col />
    <col width="150" />
    <col />
</colgroup>
<tbody>
<tr>
    <th id="a1">이용자ID</th>
    <td headers="a1">rebehayan</td>
    <th id="a2">성명</th>
    <td headers="a2">리베하얀</td>
</tr>
<tr>
    <th id="a3">주민등록번호</th>
    <td headers="a3">810617-*******</td>
    <th id="a4">실제생일</th>
    <td headers="a4">1981-06-17</td>
</tr>
</tbody>
</table>
```

8.4.3 레이블 퍼블리싱 가이드

그림 8.34는 프로젝트에 예상되는 온라인 서식을 모아 놓은 레이블 스타일 가이드다. 그림 8.34를 보는 바와 같이 온라인 서식에 대한 레이블 제공은 다양한 패턴이 있다. 이를 가이드에 맞춰 정리해보자.

그림 8.34 레이블 퍼블리싱 가이드

```
<table summary="기본인적사항에 대한 정보를 입력하는 표">
<caption>기본인적사항</caption>
<colgroup>
    <col width="150" />
    <col />
    <col width="150" />
    <col />
</colgroup>
<tbody>
<tr>
    <th><label for="user_id">이용자ID</label></th>
    <td><input type="text" id="user_id"></td>
    <th><labe for="user_name">성명</label></th>
    <td><input type="text" id="user_name"></td>
</tr>
<tr>
    <th><label for="p_pass">주민등록번호</label></th>
    <td><input type="text" id="p_pass" title="앞자리"> - <
        input type="password" title="주민등록번호 뒷자리"></td>
    <th><label for="birth1">실제생일</label></th>
```

```
        <td>
            <select id="birth1" title="생일 년" style="width:60px;">
            <option>2013</option>
            </select>    년 
            <select title="생일 월" style="width:50px;">
            <option>01</option>
            ... 중략...
            <option>12</option>
            </select>    월 
            <select title="생일 일" style="width:50px;">
            <option>01</option>
            ... 중략...
            <option>31</option>
            </select>    일
        </td>
    </tr>

    <tr>
        <th><label for="userpass1">변경 이용자 비밀번호</label></th>
        <td colspan="3">
            <input type="password" maxlength="10" style="width:100px;"
         ↳ title="영문, 숫자 혼합 6~10자리" id="userpass1" />
            <span>영문, 숫자 혼합 6~10자리</span>
            <input type="checkbox" id="userpass11" />
            <label for="userpass11">마우스로입력</label>
        </td>
    </tr>
    <tr>
        <th><label for="userpass2">비밀번호 재입력</label></th>
        <td colspan="3">
            <input type="password" maxlength="10" style="width:100px;"
         ↳ title="영문, 숫자 혼합 6~10자리" id="userpass2" />
            <input type="checkbox" id="userpass21" />
            <label for="userpass21">마우스로 입력</label>
        </td>
    </tr>

    <tr>
        <th><label for="userpass3">비밀번호</label></th>
        <td colspan="3">
            <input type="password" maxlength="4" style="width:60px;"
```

```
                ↪ title="영문, 숫자 혼합 4자리" id="userpass3" />
                <span>영문, 숫자 혼합 4자리</span>
                <input type="checkbox" id="userpass31" />
                <label for="userpass31">마우스로 입력</label>
            </td>
        </tr>

        <tr>
            <th><label for="address1">자택주소</label></th>
            <td colspan="3">
                <span>
                <input type="text" style="width:60px;" title="우편번호 앞자리"
                ↪ id="address1" /> -
                <input type="text" style="width:60px;" title="우편번호 뒷자리" />
                <a href="#a">우편번호 찾기</a>
                </span>
                <input type="text" style="width:445px;" id="add1" />
                <label for="add1">기본주소</label><br />
                <input type="text" style="width:445px;" id="add2" />
                <label for="add2">상세주소</label><br />
                <input type="text" style="width:445px;" id="add3" />
                <label for="add3">우편동명/건물명</label>
            </td>
        </tr>
        <tr>
            <th><label for="hometel1">자택전화</label></th>
            <td colspan="3">
                <select title="지역번호" id="hometel1" style="width:60px;">
                    <option value="010">010</option>
                </select>
                -
                <input type="text" style="width:60px;" title="자택전화 중간 4자리" /> -
                <input type="text" style="width:60px;" title="자택전화 4자리" />
            </td>
        </tr>

        <tr>
            <th><label for="hp1">휴대폰번호</label></th>
            <td colspan="3">
                <select title="서비스번호" id="hp1" style="width:60px;">
                    <option value="010">010</option>
```

```html
            </select>
            -
            <input type="text" style="width:60px;" title="휴대폰 중간 4자리" /> -
            <input type="text" style="width:60px;" title="휴대폰 뒤 4자리" />
        </td>
    </tr>
    <tr>
        <th><label for="hcerti1">휴대폰 인증번호</label></th>
        <td colspan="3">
            <a href="#a">인증번호전송</a>
            <input type="text" id="hcerti1" style="width:119px;"
 title="인증번호 입력" />
            <span>휴대폰으로 전송된 인증번호를 입력하세요.</span>
        </td>
    </tr>

    <tr>
        <th>SMS 수신여부</th>
        <td colspan="3">
            <input type="radio" id="SMS1" name="sms1" value="" />
            <label for="SMS1">수신</label>

            <input type="radio" id="SMS12" name="sms1" value="" />
            <label for="SMS12">수신거부</label>
            <span>메일 수신거부 등록전에 대상자로 선정된 메일은 발송될 수 있습니다.</span>
        </td>
    </tr>
    <tr>
        <th><label for="email1">E-mail</label></th>
        <td colspan="3">
            <input type="text" id="email1" style="width:150px;"
 title="이메일 아이디 입력" /> @
            <input type="text" style="width:150px;" title="이메일 도메인 주소" />
            <select title="이메일 도메인 주소" style="width:131px;">
                <option value="직접입력">직접입력</option>
            </select>
        </td>
    </tr>

    <tr>
```

```html
        <th>E-mail 수신여부</th>
        <td colspan="3">
            <input type="radio" id="email2" name="sms2" value="" />
            <label for="email2">수신</label>
            <input type="radio" id="email21" name="sms2" value="" />
            <label for="email21">수신거부</label>
        </td>
</tr>
<tr>
        <th>결혼여부</th>
        <td>
            <input type="radio" id="marry1" />
            <label for="marry1">기혼</label>
            <input type="radio" id="marry2" />
            <label for="marry2">미혼</label>
            <input type="radio" id="marry3" />
            <label for="marry3">기타</label>
        </td>
        <th><label for="marryanv1">결혼기념일</label></th>
        <td>
            <select id="marryanv1" title="결혼기념일 년" style="width:60px;">
                <option value="2010">2010</option>
                <option value="2011">2011</option>
                <option value="2012">2012</option>
            </select>    년 
            <select title="결혼기념일 월" style="width:50px;">
                <option>01</option>
                ... 중략...
                <option>12</option>
            </select>    월 
            <select title="결혼기념일 일" style="width:50px;">
                <option>01</option>
                ... 중략...
                <option>31</option>
            </select>    일
        </td>
</tr>
</tbody>
</table>
```

8.4.3.1 레이블과 입력 폼이 1:1로 대응되는 서식

그림 8.35는 가장 많이 발생하고 기본적인 온라인 서식 패턴으로 `<th>`의 텍스트와 `<td>`의 첫 번째 폼 요소와 레이블이 형성되는 사례다. 입력 폼 관련 설명을 레이블의 텍스트로 대신하며 입력 폼에 별도의 `title`을 두어 자릿수와 입력 가능한 키 등을 자세히 설명해주는 것이 좋다.

그림 8.35 레이블과 입력 폼이 1:1로 대응되는 서식

```
... 중략 ...
<tr>
    <th scope="row"><label for="user_pass1">변경 이용자 비밀번호</label></th>
    <td>
        <input type="password" maxlength="10" style="width:100px;"
        title="영문, 숫자 혼합 6~10자리 입력" id="user_pass1" />
    </td>
</tr>
... 중략 ...
```

8.4.3.2 휴대폰 번호 서식

그림 8.36은 `<th>` 요소의 레이블 텍스트와 `<td>`의 입력 서식을 1:1로 연결할 수 없는 사례다. 연속된 서식이 3개이므로 하나의 레이블로 연결이 불가능하기 때문이다. 이와 같은 경우 `<th>` 요소의 레이블과 `<td>`의 첫 번째 입력 서식을 연결해주고, 그 뒤에 제공된 2개의 폼 요소에 `title`로 목적을 제공하는 것이 좋다. 또한 '휴대폰 번호'와 `<select>` 요소간의 레이블이 형성되었더라도 '서비스 번호' 텍스트를 `title`로 추가해줘서 해당 요소를 사용한 목적을 더 자세히 설명하는 것이 바람직하다.

그림 8.36 휴대폰 번호 서식

```
... 중략 ...
<tr>
    <th scope="row"><label for="pu_hp1">휴대폰번호</label></th>
    <td colspan="3">
        <select title="서비스번호" id="pu_hp1" style="width:60px;">
            <option value="010">010</option>
        </select>
        -
        <input type="text" style="width:60px;" title="휴대폰 중간 4자리">
        <input type="text" style="width:60px;" title="휴대폰 뒤 4자리">
    </td>
</tr>
... 중략 ...
```

8.4.3.3 날짜 선택 서식

그림 8.37은 제목 텍스트와 각 입력 서식의 레이블로 보이는 '년, 월, 일'의 텍스트 중에 무엇을 레이블로 처리하는 것이 좋은지 판단이 필요한 사례다. 모든 텍스트를 레이블로 제공해야 하는 것으로 보이지만 사실 레이블 제공만으로는 설명이 부족해진다. '년, 월, 일'의 텍스트를 레이블로 연결할 경우 화면 낭독기로 들어보면 "🔊 년 선택, 월 선택, 일 선택"으로 읽힌다. 따라서 그림 8.36의 코드 예제와 같이 '결혼기념일'의 텍스트와 년도 선택 <select> 요소간의 레이블만 연결하고 나머지 <select> 요소는 title로 결혼기념일의 년도나 월, 일을 입력하라는 의미에서 '결혼기념일'을 중복하여 title로 제공한다.

그림 8.37 날짜 선택 서식

```
... 중략 ...
<tr>
    <th scope="row">
        <label for="marryanv1">결혼기념일</label>
    </th>
    <td>
```

```html
            <select id="marryanv1" title="결혼기념일 년" style="width:60px;">
                <option value="2010">2010</option>
                <option value="2011">2011</option>
                <option value="2012">2012</option>
            </select>
            년 
            <select title="결혼기념일 월" style="width:50px;">
                <option value="01">01</option>
                ... 중략 ...
                <option value="12">12</option>
            </select>
            월 
            <select title="결혼기념일 일" style="width:50px;">
                <option value="01">01</option>
                ... 중략 ...
                <option value="31">31</option>
            </select>
            일
        </td>
    </tr>
    ... 중략 ...
```

8.4.3.4 라디오 버튼과 텍스트

그림 8.38은 초보자에게는 쉬우면서도 헷갈리는 사례. `<input type="radio">`, `<input type="checkbox">` 요소는 선택하고자 하는 텍스트와 레이블을 형성해야 한다. 그림 8.38과 같은 경우 E-mail 수신여부와 폼 요소, 레이블을 형성하는 것이 아니라 그림 8.38의 코드와 같이 선택하고자 하는 텍스트와 레이블 형성이 되어야 한다. 또한 레이블이 아닌 title로 제공하는 것은 웹 접근성 지침상 오류는 아니지만 레이블을 제공하는 본래의 목적에 어긋나는 행위이므로 title보다는 `<label>` 요소로 제공하는 것이 바람직하다.

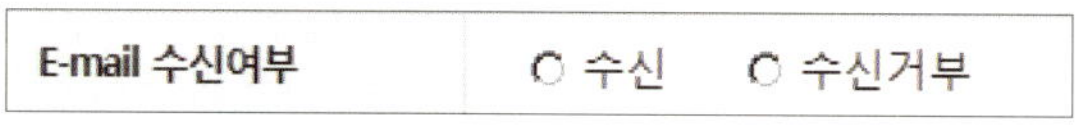

그림 8.38 라디오 버튼과 텍스트

```html
<tr>
    <th scope="row">E-mail 수신여부</th>
    <td colspan="3">
        <input type="radio" id="email2" name="sms2" value="" />
        <label for="email2">수신</label>
        <input type="radio" id="email21" name="sms2" value="" />
        <label for="email21">수신거부</label>
    </td>
</tr>
```

이와 같이 퍼블리싱 가이드가 체계화된다면 작업자의 실수가 줄어들어 프로젝트 진행이 원활하게 이루어질뿐만 아니라 프로젝트의 운영과 작업자 교육에도 도움이 될 것이다.

8.5 개발팀 : 개발 가이드

웹 접근성을 살펴보면 사실 개발자가 신경 써야 하는 부분이 많지 않아 보인다. 하지만 프로젝트 규모가 클수록 개발자가 웹 접근성 준수 기준에 맞추어 자동화해주는 기능을 이용한다면 상당한 효율을 발휘할 수 있게 된다. 이런 이유로 웹사이트 구축의 마지막 단계라고 볼 수 있는 개발팀이 오히려 더 중요할 수 있고 초기부터 프로젝트에 참여하는 방향으로 생각의 전환이 필요하다고 생각한다. 개발팀에게는 개발 가이드를 바탕으로 기본적인 개발 규칙 이외에 기획자, 디자이너, 퍼블리셔가 처리한 웹 접근성 준수 내용을 유지시키면서 원활한 개발을 하고 프로젝트를 마무리할 수 있는 환경을 만들어줘야 한다.

8.5.1 웹 접근성 자동화

개발자가 웹 접근성과 관련하여 단순하게 반복해야 하는 부분을 처리해 준다면 상당한 도움이 될 수 있다. 콘텐츠를 확인하고 판단해야 하는 경우를 제외하고 일반적으로 처리할 수 있는 내용을 소개한다. 이를 참고하여 추후 웹 접근성 프로젝트에서 활용할 수 있다면 도움이 될 것이다.

8.5.1.1 자동으로 페이지 제목 제공

수동으로 페이지 제목을 관리하다보면 페이지 업데이트 시 놓치기도 하고, 너무 많은 페이지를 다뤄야 하기 때문에 작업이 어렵다. 각 페이지들의 제목이 될 수 있는 헤딩 요소(<h1>)가 잘 관리되어 있다면 다음과 같은 자바스크립트를 이용하여 자동으로 페이지 제목을 제공하고 관리할 수 있다.

콘텐츠에 제공되는 헤딩(h1) 텍스트를 현재 페이지의 타이틀로 설정하는 부분이다.

1. $('#contents h1').text() : 메인 컨텐츠(id="contents)의 헤딩(h1) 태그의 내용을 가져온다.
2. $('title').text($('#contents h1').text() + ' - 사이트명') : title 태그에 메인 컨텐츠의 헤딩 태그의 내용을 가져와 설정한다.

이와 같이 모든 페이지의 타이틀을 설정하는 부분은 웹 접근성에서 반드시 준수해야 할 사항이지만 실제로 페이지 작업을 할 때 간과하고 넘어갈 때가 많이 있다. 아래와 같은 자바스크립트 소스를 이용하면 이러한 부분을 고민하지 않고 자동화 할 수 있다.

```
<head>
<title>No Title</title>
<script type="text/javascript">
    $(document).ready(function() {
        if($('#contents h1').text()){
            // id가 contents인 DOM의 자식 DOM중의 h1 DOM의 값이 있는 경우
            $('title').text($('#contents h1').text() + ' -
 ↪ 사이트명');//title 태그에 메인 컨텐츠의 헤딩태그
 ↪ ($('#contents h1'))의 내용을 가져와 설정
        }
    });
</script>
</head>
```

```
<body>
... 중략 ...
    <div id="contents">
        <h1>회사소개</h1>
```

```
        콘텐츠 내용 삽입
    </div>
... 중략 ...
</body>
```

8.5.1.2 자동으로 키보드 초점 이동

7장의 7.2.3.5 키보드 초점 초기화 해결 방안과 중복되는 내용이므로, 7장을 참고하자.

8.5.1.3 갤러리 게시판 리스트 대체 텍스트 자동 삽입

```
<script type="text/javascript">
    $(document).ready(function() {
        $('h3 + img').each(function ( index, domEle) {
            // h3와 같은 형제 태그 중의 모든 img 태그
            // $(this)는 img를 의미하고 $(this).prev().text()는 h3 태그의
            // 텍스트를 의미
            var altMsg = $(this).prev().text()
            // img 태그의 alt 속성값을 h3의 텍스트로 설정하는 부분
            $(this).attr("alt",altMsg);
        });
    });
</script>
```

```
<body>
<ul>
<li>
    <h3>와스타디움점</h3>
    <img src="photo.jpg" alt="">
    <p>T. 02-3424-2500 | 운영시간 : 10:00~23:00</p>
    <p>주소 : 서울특별시 광진구 광나루로 56길 85 테크노마트 지하 2층</li>
</li>
<li>

... 중략 ...
```

```
    </li>
  </ul>
</body>
```

8.5.2 개발자가 자주 실수하는 유형

프로젝트 진행 중 개발자는 주로 퍼블리셔로부터 구현된 소스를 받아 마지막으로 개발 처리를 한다. 이때 준수되어 있던 웹 접근성 관련 처리의 내용을 모른다면 최종 검사에서 오류가 발생하여 재작업하게 된다. 개발자가 실수해서 생기는 오류유형을 살펴보자.

8.5.2.1 폼 요소의 id 값 변경으로 인한 오류

그림 8.39의 코드는 퍼블리싱팀에서 정상적으로 레이블을 제공했음에도 개발팀에 제대로 반영되지 않은 사례다. 개발팀은 프로젝트의 프로세스 마지막에 시간적 여유가 없다. 이로 인해 대부분의 개발자는 HTML을 확인하지 않고 AS-IS에 제공된 폼 요소의 id 값이나 개발자 개인의 성향에 따라 제공하는 id 값을 수정한다. 이 때문에 퍼블리싱팀에서 제공한 id, for 값이 통일되지 않아 생기는 문제다.

개발 중 임의로 id 값을 변경하는 것이 문제가 아닌 id값을 변경할 경우 그에 대응하는 <label> 요소의 for 값도 동시에 변경해야 할 것이다.

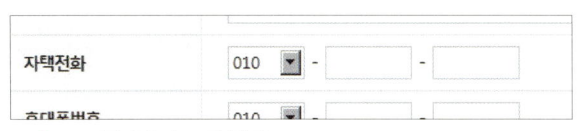

그림 8.39 폼 요소의 id 값 변경

퍼블리싱팀 제공 코드

```
<tr>
    <th scope="row"><label for="hometel1">자택전화</label></th>
    <td colspan="3">
        <select title="자택전화 지역번호" id="hometel1" style="width:60px;">
            <option value="010">010</option>
        </select>
```

```
            -
            <input type="text" style="width:60px;" title="중간 4자리 입력" /> -
            <input type="text" style="width:60px;" title="뒤 4자리 입력" />
        </td>
    </tr>
```

개발팀 반영 코드

```
<tr>
    <th scope="row"><label for="hometel1">자택전화</label></th>
    <td colspan="3">
        <select title="자택전화 지역번호" id="c1_601" style="width:60px;">
            <option value="010">010</option>
        </select>
         -
        <input type="text" style="width:60px;" title="중간 4자리 입력" /> -
        <input type="text" style="width:60px;" title="뒤 4자리 입력" />
    </td>
</tr>
```

8.5.2.2 반복 작업으로 인한 title 오류

그림 8.40의 코드는 개발자 오류유형 1과 마찬가지로 퍼블리싱팀의 정상적인 코드를 제공했음에도 개발팀에서 개발할 때 제대로 반영하지 않은 사례다. 개발팀의 프로젝트 중 반복되는 콘텐츠가 존재하면 공통 코드를 생성해 반복적으로 사용하는 경우가 있다. 그림 8.40에 제공된 날짜 선택 서식도 마찬가지로 한 개의 소스를 활용하여 사용하는 중 `title` 설명이 잘못된 사례다. 반복된 소스를 복사, 붙이기로 사용해도 해당 데이터의 목적을 `title` 속성값으로 명확히 제공해야 할 것이다.

그림 8.40 복사, 붙이기 작업으로 인한 오류

퍼블리싱팀 제공 코드

```
<tr>
    <th scope="row">
        <label for="birth1">생일</label>
        <span class="asterisk">필수입력항목</span>
    </th>
    <td>
        <select id="birth1" title="생일 년도" style="width:60px;">
            <option value="2010">2010</option>
        </select>
        년 
        <select title="생일 월" style="width:50px;">
            <option value="01">01</option>
        </select>
        월 
        <select title="생일 일" style="width:50px;">
            <option value="01">01</option>
        </select>
        일
    </td>
</tr>
```

개발팀 반영 코드

```
<tr>
    <th scope="row">
        <label for="birth1">생일</label>
        <span class="asterisk">필수입력항목</span>
    </th>
    <td>
        <select id="birth1" title="시작 년도 선택" style="width:60px;">
            <option value="2010">2010</option>
        </select>
        년 
        <select title="시작 월 선택" style="width:50px;">
            <option value="01">01</option>
        </select>
        월 
```

```
        <select title="시작 일 선택" style="width:50px;">
            <option value="01">01</option>
        </select>
        일
    </td>
</tr>
```

8.5.2.3 데이터 테이블에 제공된 버튼 사용 목적 미 제공

그림 8.41은 퍼블리싱팀에서 1차적으로 제공한 HTML을 개발팀에서도 그대로 제공한 것이 오류가 되는 사례다. 퍼블리싱팀에서 제공한 HTML 코드는 **취소** 버튼의 목적을 숨김 텍스트로 어떤 이메일을 취소할 것인지 알려주는 방식으로 개발팀의 협업이 필요한 상황이다. 많은 데이터의 **취소** 버튼을 사용한 목적을 알리지 않는다면 화면 낭독기 사용자는 모든 버튼이 취소라고 제공받게 되어 어떤 이메일을 취소할 것인지 파악하기 힘든 상황이 발생한다. 이런 불편함을 해소시키고자 행(<tr>)간 구분 가능한 데이터를 추출하여 숨김 텍스트로 알려주게 한다.

하지만 현재 그림 8.41에 제공된 개발팀 반영 코드에서는 데이터를 추출하는 것이 아니라 HTML 그대로 반영해 버튼의 목적을 제대로 알리지 못했다. 개발팀에서는 자동으로 <th> 텍스트인 CMS 번호와 이에 해당하는 값을 제공해줘야 할 것이다.

이메일 제목	발송날짜	발송취소
입금합니다.	2013-06-05	취소
좋은일에 쓰세요.	2013-06-17	취소
감사합니다.	2013-03-03	취소

그림 8.41 테이블 안에 제공된 버튼 목적 미 제공

퍼블리싱팀 제공 코드

```css
.hidden { position:absolute; left:-3000%;}
```

```
<table summary="이메일 발송여부를 제어하는 표">
<caption>이메일 발송 제어</caption>
<colgroup>
    <col width="*" />
    <col width="10%" />
    <col width="8%" />
</colgroup>
<thead>
<tr>
    <th>이메일 제목</th>
    <th>발송날짜</th>
    <th>발송취소</th>
</tr>
</thead>
<tbody>
<tr>
    <td>입금합니다.</td>
    <td>2013-06-05</td>
    <td><a href="#"><span class="hidden">이메일제목+날짜</span>취소</a>
</td>
</tr>
<tr>
... 중략 ...
</tr>
</tbody>
</table>
```

개발팀 반영 코드

```css
.hidden { position:absolute; left:-3000%;}
```

```
<table summary="이메일 발송여부를 제어하는 표">
<caption>이메일 발송 제어</caption>
<colgroup>
    <col width="*" />
    <col width="10%" />
    <col width="8%" />
</colgroup>
```

```
<thead>
<tr>
    <th>이메일 제목</th>
    <th>발송날짜</th>
    <th>발송취소</th>
</tr>
</thead>
<tbody>
<tr>
    <td>입금합니다.</td>
    <td>2013-06-05</td>
    <td>
    <a href="#">
    <span class="hidden">이메일제목 : 입금합니다. 발송날짜 : 2013-06-05
    </span>
    취소</a>
    </td>
</tr>
<tr>
... 중략 ...
</tr>
</tbody>
</table>
```

8.5.2.4 데이터 테이블에 제공된 폼 요소 레이블이나 title 미 제공

그림 8.42는 퍼블리싱팀에 제공한 라디오 버튼에 대한 목적의 대상을 알려 개발팀에 반영 요청을 한 사례다. 하지만 개발팀은 HTML 코드 그대로 제공하여 협업이 되지 않았다. 그림 8.42는 관리자 입력에 따라 라디오 버튼의 `title` 값이 변경되어야 하는 부분으로 예를 들어 개발팀에서는 라디오 버튼의 타이틀에 '상품명 DSLT a99 body '라고 제공하는 것이 바람직할 것이다.

선택	상품명	보유수량/금액	평가금액(원
◉	DSLT a99 Body	30,000	60,53
○	DSLT a58 더블킷 패키지	30,000	60,53
○	NEX-9 단렌즈 패키지	30,000	60,53

그림 8.42 테이블 안에 제공된 요소의 목적 미 제공

퍼블리싱팀 제공 코드

```html
<table class="tbl-type-1" border="1" cellspacing="0" summary="선택, 상품명, 보유수량/금액, 평가금액(원) 제공">
<caption>소니 카메라 상품목록</caption>
<colgroup>
    <col width="5%" />
    <col />
    <col width="10%" />
    <col width="10%"/>
</colgroup>
<thead>
<tr>
    <th>선택</th>
    <th>상품명</th>
    <th>보유수량/금액</th>
    <th>평가금액(원)</th>
</tr>
</thead>
<tbody>
<tr>
    <td><input type="radio" title="상품명+내용" /></td>
    <td></td>
    <td>30,000</td>
    <td>60,535</td>
</tr>
<tr>
    <td><input type="radio" title="상품명+내용" /></td>
    <td></td>
    <td>30,000</td>
    <td>60,535</td>
</tr>
<tr>
... 중략 ...
</tr>
</tbody>
</table>
```

개발팀 반영 코드

```html
<table class="tbl-type-1" border="1" cellspacing="0" summary="선택, 상품명, 보유수량/금액, 평가금액(원) 제공">
<caption>소니 카메라 상품목록</caption>
<colgroup>
    <col width="5%" />
    <col />
    <col width="10%" />
    <col width="10%"/>
</colgroup>
<thead>
<tr>
    <th>선택</th>
    <th>상품명</th>
    <th>보유수량/금액</th>
    <th>평가금액(원)</th>
</tr>
</thead>
<tbody>
<tr>
    <td><input type="radio" title="상품명+내용" /></td>
    <td></td>
    <td>30,000</td>
    <td>60,535</td>
</tr>
<tr>
    <td><input type="radio" title="상품명+내용" /></td>
    <td></td>
    <td>30,000</td>
    <td>60,535</td>
</tr>
<tr>
... 중략 ...
</tr>
</tbody>
</table>
```

> **팁**
>
> **데이터 테이블 summary 속성 자동 추출 스크립트 생성**
>
> ```
> <!DOCTYPE HTML PUBLIC "-//W3C//DTD HTML 4.01 Transitional//EN"
> "http://www.w3.org/TR/html4/loose.dtd">
> <html lang="ko">
> <head>
> <meta http-equiv="Content-Type" content="text/html; charset=utf-8">
> <title>스타일가이드 | LOTTE MART</title>
> <link rel="stylesheet" type="text/css" href="../../css/portal/
> default.css">
> <link id="size-stylesheet" rel="stylesheet" type="text/css" />
> <script type="text/javascript" src="../../jquery/jquery-1.6.2.min.
> js" ></script>
> <script type="text/javascript" src="../../js/portal/default.js" ></
> script>
> <script type="text/javascript">
>     $(document).ready(function() {
>         var title = [];
>         $('table').each(function ( index, domEle) {
>             $(this).find('tbody tr').each(function(number) {
>                 title.push($(this).find('th').text());
>             });
>             title = title.join(',') + " 제공";
>             $(this).attr("summary", title);
>             title=[];
>         });
>
>     });
> </script>
> </head>
> ```

정리

웹 접근성 프로젝트에서 가장 중요한 것은 팀별 업무를 분배하고 함께 커뮤니케이션하면서 웹 접근성을 잘 준수하는 것이다. 팀별 업무 내용을 간단하게 요약하면 다음과 같다.

1. 웹 접근성 프로젝트의 특징
   - 웹 접근성 준수 항목의 특성상 특정하게 역할을 나누는 것이 어렵다.
   - 따라서 최종 책임자와 협력자로 나누어서 역할을 나누는 것이 프로젝트의 핵심이다.
   - 용어 정리, 복잡한 이미지의 대체 텍스트, 솔루션 준수 여부에 따른 판단 등 고객과 접점에 있는 기획자의 역할이 증대된다.
   - 개발자의 웹 접근성 수동 처리 부분에 대한 자동화 기능 활용 여부에 프로젝트의 효율성이 배가된다.

2. 기획자가 알아야 할 요점: 기획 단계에서 웹 접근성 고려
   - 전문용어 · 복잡한 프로세스 이미지 등에 대한 현업과 의사소통
   - 유니버셜 디자인의 이해

3. 디자이너가 알아야 할 요점: PSD의 명도는 0.3 이상 목표 명도보다 높게 처리
   - 색상으로만 구분되는 정보에 대한 패턴 처리
   - 저시력과 같은 사각 지대 고려

4. 퍼블리셔가 알아야 할 요점: 이미지 텍스트와 같은 기초 대체 텍스트 처리
   - 다양한 응용 요소에 대한 웹 접근성 구현
   - 개발자에게 소스를 전달할 때 주의사항 전달

5. 개발자가 알아야 할 요점: 퍼블리셔로부터 넘어온 소스의 이해
   - 이미지에 주는 이벤트와 가상 커서의 이해
   - 웹 접근성 자동화를 위한 기능 구현

6. 가이드 제작 요령
   - 기존의 가이드 제작 방식에서 웹 접근성 준수 항목 관련 내용을 추가
   - 한 가지의 대응 방법이 아닌 다양한 방법을 제공하여 환경적 요인으로 적용 불가능한 상황 처리
   - 프로젝트에서 자주 나오는 실수를 정리해 추가로 제공하여 효율 높이기

이제 좀 더 많은 콘텐츠를 보유한 웹사이트의 장애인차별금지법 대응과 다양한 분야의 이슈와 해결 방안을 모색해볼 수 있는 전략을 알아보자. 웹 접근성 컨설팅 실무를 하고자 한다면 9장에서 좋은 정보를 얻을 수 있을 것이다.

09
장애인차별금지법 대응을 위한 컨설팅 전략

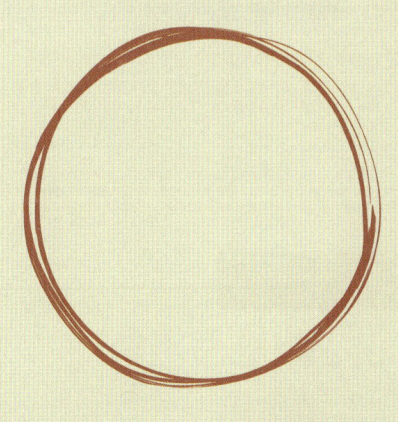
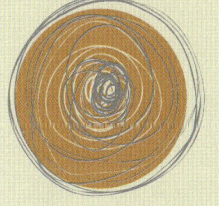

2007년 4월 11일에 제정된 장애인차별금지법이 2008년 4월부터 발효되고, 2013년 4월부터 웹 접근성 준수가 모든 법인에 의무화되면서 많은 기업이 긴장하고 있다. 사실 5년 정도의 유예 기간이 있었지만 2009년도부터 웹 접근성 준수가 의무화된 공공분야에 비해 민간 법인은 인지하지 못하거나 관심이 부족하다 보니 갑작스럽게 다가온 사실인 것처럼 당황하는 기업이 많다.

물론 법무팀을 자체적으로 보유하고 있는 대기업이나 금융권에서는 미리 준비한 곳도 많지만 실제 대다수의 중소기업은 내용조차 모르는 곳이 많다. 그러다 갑자기 장애인단체나 법무법인으로부터 진정이나 제소를 제기하겠다는 한 통의 내용증명이나 공문을 받으면 크게 당황하면서 불필요한 비용과 시간을 낭비하게 되고 좋은 취지와 명분으로 시작된 웹 접근성 준수 의무화를 비뚤어진 시각으로 대할 수도 있다.

9장에서는 장애인차별금지법을 좀 더 쉽게 대응하면서 충분한 공감대를 형성할 수 있는 시간을 만들고 이 기간에 자체적으로 웹 접근성을 준수할 수 있는 체계를 만들 수 있게 효과적인 컨설팅 방법론을 설명한다. 컨설팅 전문가를 위해 내용을 알려주는 것이 아니라 컨설팅 방법론을 바탕으로 장애인차별금지법과 웹 접근성을 부정적인 시각이 아닌 긍정적인 관점에서 준수할 수 있게 생각이 변하기를 바라며 웹 접근성에 끌려 다니는 것이 아닌 이끌어 가는 기업이나 기관, 개인의 역량을 갖출 수 있게 되는 계기가 되기를 기대해본다.

9.1 단계적 개선 계획 수립

웹 접근성의 본질적인 면을 이해하기까지는 많은 시간과 사회적 분위기 조성이 필요하다. 그러나 이미 시행되어 있는 장애인차별금지법의 법적 준수 요건은 우선적으로 갖추어야 한다. 그런 면에서 가장 중요하고 좋은 대응 방법은 단계적 개선 계획을 수립하는 것이다. 단계적 개선 계획이 중요한 이유와 어떤 방법으로 수립할 수 있는지 자세히 알아보자.

9.1.1 단계적 개선 계획의 중요성

장애인차별금지법에서 가장 중요하게 다루는 부분은 장애인을 차별한 사실이 '악의적'이거나 '고의적'인지를 판단하는 대목이다. 이에 따라 법적 처벌을 받기 때문이다.

실제로는 내용을 몰라서 준수하고 싶어도 할 수 없는 경우, 예산이 편성되어 있지 않아 이행할 수 없는 경우 등의 이유가 존재한다. 따라서 법은 이를 판단하는 두 가지의 잣대를 기준으로 법을 준수할 의지가 있는지를 판단한다. 국가인권위원회에서 제공하는 웹 접근성 관련 진정사건의 결정사항인 '결정례' 발표 자료를 참고하여 살펴보자.

그림 9.1은 OO방송사 웹사이트에 대해 국가인권위원회가 웹 접근성을 미 적용하여 장애인을 차별했다고 제기된 진정사건에 '시정권고' 조치를 내린 결정례다. 장애인차별금지법에서는 현저히 '곤란한 사정'이나 '과도한 부담'이 있다고 판단하는 경우 법 준수 의무에 대한 예외 처리가 가능하게 규정하고 있다. 사실 매우 모호한 표현인데 그림 9.1처럼 OO방송사의 결정례의 결정요지를 보면 '곤란한 사정'과 '과도한 부담'으로 해석 가능하다.

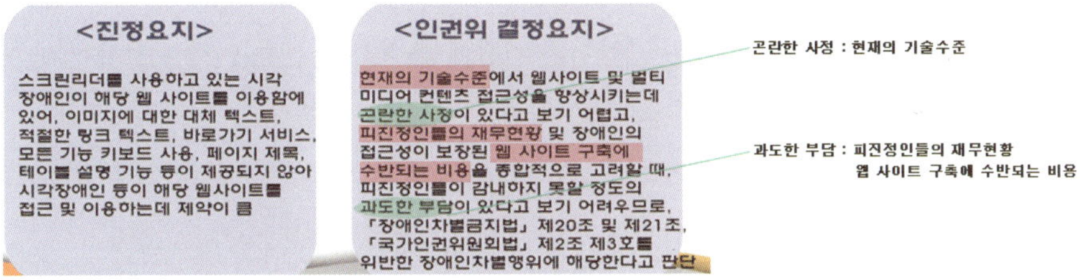

그림 9.1 방송사 웹사이트 장애인 편의제공 미흡 결정례 요약

'곤란한 사정'은 현재의 기술 수준을, '과도한 부담'은 피진정인의 재무 현황과 함께 해당 웹사이트의 구축 비용을 감안하여 판단한다고 볼 수 있다. 그러나 OO방송사 웹사이트는 기술적으로 불가능한 수준이 아니었기에 곤란한 사정에 해당되지 않았으며, 웹사이트의 웹 접근성 적용 비용을 감내할 만한 재무 수준이었다고 판단되었으므로 과도한 부담으로 보지 않았다. 이에 따라 시정권고 결정이 내려진 것이다.

그럼 왜 '단계적 개선 계획'이 중요한가? 그림 9.2를 보면 좀 더 쉽게 이해할 수 있다. 그림 9.2는 다양한 홈페이지에서 웹 접근성 미 적용으로 제기된 진정사건인데 국가인권위원회에서는 '조사 중 해결'로 결정하고 시정권고 조치하지 않았다. 결정요지에 따르면 웹 접근성을 적용할 필요가 있다는 것은 인정되나 피진정기관이 홈페이지를 개편했거나 앞으로 개편할 구체적인 계획을 가지고 있었기 때문이라고 밝히고 있다.

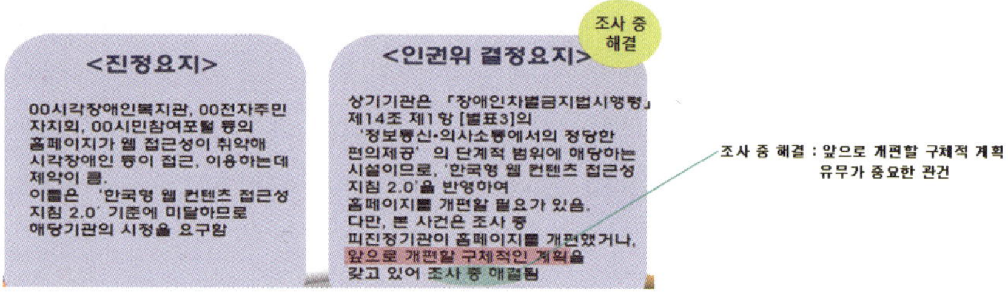

그림 9.2 홈페이지 웹 접근성에서 장애인 차별 결정례 요약

이처럼 '단계적 개선 계획'은 운영하고 있는 웹사이트를 구체적으로 개선할 계획이 있다는 의지가 표명되어 있어 고의적이거나 악의적이지 않고, 실제 세워진 계획을 바탕으로 예산의 문제나 기술적 한계 등에서도 장애인을 차별하지 않겠다는 '소명'의 효과가 있다. 방대한 콘텐츠를 보유하고 있거나 기술적 한계, 예산 부족인 경우 단계적 개선 계획을 세워 구체적인 시기와 개선 대상을 기록해두는 것은 매우 중요한 의미를 지닌다. 단계적 개선 계획은 기업이나 기관에 공식적인 절차를 거쳐 보유하자.

9.1.2 현황 분석

당장 웹 접근성을 준수하기 위한 단계적 개선 계획을 수립하려면 무엇부터 손을 대야 할까? 우선 보유하고 있는 웹사이트와 각종 콘텐츠, 솔루션 현황을 분석해야 한다. 웹 접근성을 준수할 때 이처럼 웹사이트를 전체적으로 검토할 수 있는 시간이 주어진다.

표 9.1 웹 접근성 단계적 개선 계획 수립을 위한 현황 조사 예시

구분	수량	특성	비고
웹사이트	8,200페이지	웹 접근성 준수는 미흡 전체적인 개선 필요	멀티미디어 콘텐츠가 다수 존재
멀티미디어 콘텐츠	약 2,440여 개	원본 콘텐츠가 부족하고 원고가 미처리	개선 난이도가 높음
외부 솔루션	약 50종	외부에서 인터페이스를 제공하는 솔루션에 대한 검사 필요	솔루션의 특성상 소프트웨어 접근성이 준수된 경우가 부족한 실정

9.1.2.1 웹사이트 현황 분석

모든 웹사이트를 목록화하여 필요한 정보를 기입한다. 특히 페이지 수와 일일 방문자 수의 정보는 추후 전체 개선 계획을 세울 때 사용되는 정보이기 때문에 매우 중요하다. 표 9.2와 같이 정리하고 통합이나 개편 예정 등은 비고에 표시해둔다.

표 9.2 웹사이트 현황 분석 예시

순번	사이트명	URL	페이지 수	일일 방문자수	비고
1	영일닷컴	www.yonng1.com	529	9559	
2	영이닷컴	www.yonng2.com	61	204	
3	영삼닷컴	www.yonng3.com	260	74	
4	영사닷컴	www.yonng4.com	1469	8490	
5	영오닷컴	www.yonng5.com	80	456	브랜드통합
6	영육닷컴	www.yonng6.com	261	206	브랜드통합
7	영칠닷컴	www.yonng7.com	205	596	브랜드통합
8	영팔닷컴	www.yonng8.com	319	213	
9	영구닷컴	www.yonng9.com	88	502	브랜드통합
10	영십닷컴	www.yonng10.com	131	176	
11	영십일닷컴	www.yonng11.com	231	489	브랜드통합
12	영십이닷컴	www.yonng12.com	352	1197	
13	영십삼닷컴	www.yonng13.com	83	258	
14	영십사닷컴	www.yonng14.com	228	413	
15	영십오닷컴	www.yonng15.com	194	158	

9.1.2.2 멀티미디어 콘텐츠 현황 분석

사이트의 특성에 따라 별도의 콘텐츠가 존재하는 경우가 있다. 이 장에서는 멀티미디어 콘텐츠로 표현하였지만 전자문서나 다양한 콘텐츠가 있는 경우 해당 콘텐츠를 포함하여 콘텐츠 현황을 분석한다. 여기서 가장 중요한 것은 콘텐츠의 유형 종류와 수량, 원본을 보유하고 있는지가 중요하다. 원본이 있는 경우와 없는 경우의 웹 접근성 개선 비용의 차이가 크기 때문이다.

표 9.3 멀티미디어 콘텐츠 현황 분석 예시

순번	사이트명	이러닝콘텐츠 유형	수량	원본여부	비고
1	영일닷컴	플래시 학습	529	X	
		동영상,오디오 (wmv, asf,wma, mp3)		O	
2	영사닷컴	오디오 파일(mp3, wma)	992	O	
		비디오 파일(mp4, wmv)	901	O	
3	영십사닷컴	플래시 파일	722	X	
		비디오 파일	536	O	
		음성 파일	1291	O	
4	영칠닷컴	PDF, 플래시 등	1469	O	이러닝 콘텐츠로 보기 어려움

9.1.2.3 솔루션 현황 분석

웹사이트 내에 적용되어 있는 모든 솔루션 적용 현황을 분석한다. 솔루션은 주로 고가이거나 데이터와 연계된 경우가 많아 쉽게 교체할 수 없는 특성이 있는 만큼 분석 내용이 매우 중요하고 많은 영향을 미친다. 여기서 가장 중요한 것은 솔루션이 적용되어 있는 사이트와 유지보수가 지속되고 있는지 여부, 웹 접근성이 지원되는지 여부 등이다.

표 9.4 솔루션 현황 분석 예시

구분	솔루션	제품명(공급사)	적용 사이트	웹 접근성 준수	지원가능 여부	비고
1	에디터	FDK, Eaum, maver	영일닷컴	X	X	
2	파일 업로더	파일피아	영십일닷컴, 영육닷컴, 영삼닷컴	X	X	
3	검색엔진	검색테크놀러지	영일닷컴, 영사닷컴	X	X	
4	화상솔루션	화상앤에스	영십이닷컴	X	X	
5	결제모듈	PAYNET	영십이닷컴, 영십닷컴	X	X	
6	본인 인증	다이스아이핀	영일닷컴	O	O	
7	모바일 인증	MMC	영일닷컴, 영팔닷컴	O	O	
8	이북	-	영십일닷컴	X	X	
9	쇼핑몰 솔루션	푸이즈 솔루션	영오닷컴	X	X	
10	동영상 플레이어	해빠톡플레이어	영팔닷컴	X	X	

9.1.3 우선순위 분석

웹사이트와 콘텐츠, 솔루션의 현황 분석이 끝났다면 본격적으로 웹 접근성과 관련하여 어떤 수준이고, 어떤 유형이며, 어느 정도로 중요한지, 시급한 것인지, 개선하는 데 어려운 정도 등을 분석하여 우선적으로 개선해야 할 대상을 선정할 수 있게 우선순위를 분석한다.

이를 정리해보면 크게 3가지를 기준으로 우선순위 분석이 가능하다.

- 중요도 : 비즈니스적인 가치, 회사 이미지 측면에서의 중요도 평가(고객)
- 시급도 : 장애인차별금지법에 대응하여 진정 위험측면을 고려하여 시급도 평가(컨설턴트)
- 난이도 : 콘텐츠의 웹 접근성 준수를 위한 개선 수준 정도를 고려하여 난이도 평가(컨설턴트)

직접 할 수 있다면 기업(기관)의 담당자가 3가지 요소를 자체 평가하면 된다. 그러나 컨설팅을 받는 상황이라면 시급도와 난이도는 컨설턴트에게 맡기되 중요도는 웹 접근성과 관계없이 기업(기관)의 중요한 콘텐츠인지를 평가하는 것이므로 직접 평가해야 한다. 척도는 필요한 만큼 부여하면 되는데 이 장에서는 5등급의 척도를 예시로 들어 설명한다. 그림 9.3과 같이 5등급의 척도를 통해 비중을 환산하여 우선순위를 부여한다.

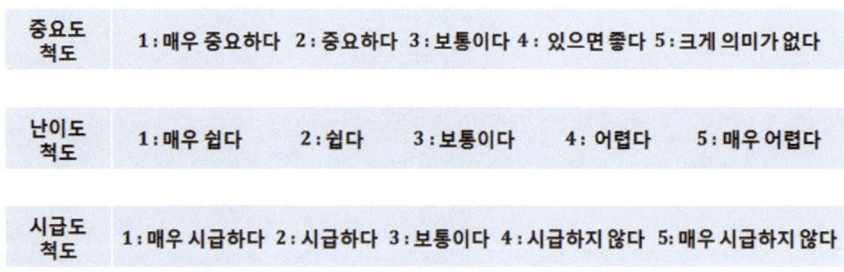

그림 9.3 우선순위 분석을 위한 3가지 요소의 척도 기준

9.1.3.1 중요도 분석

중요도는 웹 콘텐츠의 비즈니스적인 가치나 회사의 이미지, 홍보 측면에서 중요한 역할을 하는 경우에 만점을 준다. 가장 중요한 것은 웹 접근성과 결부시키지 말고, 단순하게 사업적인 측면에서 수익과 관련이 있거나 방문이 많아 회사의 홍보 요소가 큰 경우 등 파급 효과가 높은지에만 초점을 맞추어 척도를 매겨야 한다. 특히 시급한 경우나 복잡한 콘텐츠를 중요한 것으로 이해해서는 안 된다. 순수하게 회사 차원의 중요성만을 평가한다. 사전에 조사한 일일 방문자 수 등도 중요한 데이터가 될 것이다.

표 9.5 중요도 유형과 내용 예시

중요도	유형 및 내용
1	회사의 주요 수익이 되는 온라인 콘텐츠
2	수익에는 영향을 미치지 않으나 회사 홍보나 이미지 측면에서 중요한 콘텐츠
3	기본적인 구성을 이루는 콘텐츠
4	형식적으로 제공하는 콘텐츠
5	특별한 의미 없이 제공되고 있는 콘텐츠

9.1.3.2 시급도 분석

시급도는 장애인차별금지법 측면에서 가장 개선이 시급한 정도를 5단계로 평가하는 과정이다. 물론 모든 대상은 장애인차별금지법의 웹 접근성 준수 대상인 것은 분명하다. 그러나 사이트 이용 회원의 특성이나 폐쇄 여부 등을 바탕으로 현실적인 우선순위는 가릴 수 있다. 무엇보다 장애인 사용자가 이용하는 부분부터 개선하겠다는 의지이기 때문에 적용을 피하기 위한 방법이 아님을 인지해야 한다.

표 9.6 시급도 유형과 내용 예시

시급도	유형 및 내용
1	대표 사이트
2	B2C(고객의 소리, 민원, 윤리경영, 대표 사이트, 경영공시, 채용·임금 정보, 장애인 방문가능 사이트 등)
3	B2C(외국어 사이트, 방문자 수가 현저히 낮은 사이트등 장애인 포함 방문 가능성이 낮은 사이트 등)
4	B2B(관계사, 협력사 인트라넷 등)
5	인트라넷(외부에서 접속할 수 없는 내부 관리자 사이트 및 직원용 인트라넷 등)

9.1.3.3 난이도 분석

난이도는 웹 콘텐츠 개선의 어려운 정도를 척도로 나누어 정하는 단계다. 필요한 수준으로 유형을 나누어 난이도를 정하면 된다. 난이도는 개선 비용이나 기간 등을 산출할 때 필요한 자료로 활용이 가능하며, 우선순위에서도 전략적으로 부분 적용부터

해야 할지, 전체 적용을 해야 할지를 판단하는 자료로 활용할 수 있으므로 최대한 구체적으로 정리해 놓는 것이 좋다.

표 9.7 난이도 유형과 내용 예시

난이도	유형	내용
1	단순정보형	단순 텍스트(이미지) 본문, 게시물 등
2	복합정보형	복잡한 이미지, 도표, 차트형 본문
2	단순서식형	일반 서식(로그인, 회원가입 등)
2	단순표형	단순한 데이터 테이블, 레이아웃용 테이블
2	미디어형	동영상, 음성 정보, 미디어 플레이어 등
3	복합표형	병합, 다단, 표 안의 표 등 복합적인 표
3	단순플래시형	단방향 플래시(단순정보)
4	복합서식형	표 안의 서식
4	복합플래시형	양방향 플래시(입력, 인터렉션 등)
5	UI변경형	쇼핑몰 상품 상세 페이지, 플래시 재설계

9.1.3.4 우선순위 도출

이제 3가지 요소의 가중치를 고려하여 우선순위를 산정할 수 있다. 가중치는 중요도가 가장 높아야 하며 시급도와 난이도 순의 순차적인 비율로 부여한다. 이후 점수화하여 우선순위를 부여하기 좋도록 값을 보정해준다. 현재의 5단계 척도와 가중치를 곱하면 최대 10~50까지 환산 값이 나오는데 낮은 값일수록 높은 점수가 나오게 하려고 110에서 환산 값을 빼게 조정한다.

표 9.8 우선순위 산정을 위한 단위 환산 예시

가중치	우선순위 요소	배점
50	중요도	110 − (중요도*50 + 시급도*30 + 난이도*20)
30	시급도	
20	난이도	

이렇게 하면 가장 높은 우선순위는 100점이 되고, 가장 낮은 우선순위는 60점이 되어 60~100점 구간으로 환산점수가 정렬된다. 정렬된 웹사이트의 배점 순서로 정리하면 우선순위가 정리된다.

표 9.9 웹사이트 우선순위 정렬 예시

구분	사이트명	URL	중요도	시급도	난이도	배점	우선순위
1	영일닷컴	www.youngil.com	1	1	2.45	87.1	1
2	영이닷컴	www.youngil2.com	1	1	2.50	87.0	2
3	영삼닷컴	www.youngil3.com	1	2	1.00	87.0	3
4	영사닷컴	www.youngil4.com	1	2	1.00	87.0	4
5	영오닷컴	www.youngil5.com	1	2	1.27	86.5	5
⋮	⋮	⋮	⋮	⋮	⋮	⋮	⋮
⋮	⋮	⋮	⋮	⋮	⋮	⋮	⋮

꼭 사이트별이 아니라도 섹션이나 원하는 단위별로 정리할 수도 있다. 각 환경이나 수요에 맞게 응용하여 결과적으로 단계적인 개선 대상을 정리하고 우선순위를 부여하여 로드맵을 도출할 수 있으면 된다.

표 9.10 섹션별 우선순위 정렬 예시

구분	섹션명	URL	중요도	시급도	난이도	배점	우선순위
1	메인	http://main.jsp	1	1	2.45	87.1	1
2	뉴스	http://news.jsp	1	1	2.50	87.0	2
3	카페	http://cafe.jsp	1	2	1.00	87.0	2
4	쇼핑	http://shopping.jsp	1	2	1.00	87.0	2
5	블로그	http://blog.jsp	1	2	1.27	86.5	5
⋮	⋮	⋮	⋮	⋮	⋮	⋮	⋮
⋮	⋮	⋮	⋮	⋮	⋮	⋮	⋮

로드맵 도출에 앞서 그림 9.4와 같이 웹사이트별로 분석 내용을 필요한 수준으로 정리해두면 추후 웹 접근성 개선 작업을 할 때 도움이 되며, 해당 과정은 시간이나 여건이 부족한 경우 생략해도 무방하다.

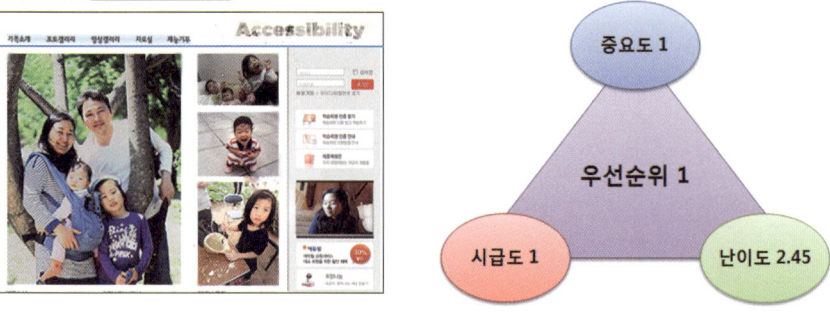

그림 9.4 웹사이트별 분석

9.1.4 실행 계획 수립

앞에서 살펴보았듯이 단계적 개선 계획이 중요하며 이를 어떻게 실행할 것인지 실행 계획 수립 과정을 알아보자.

9.1.4.1 연도별 개선 로드맵 수립

대기업과 같은 규모의 수준이라면 3개년도의 개선 계획을 세우고, 그 이하라면 규모에 비례하여 월별로 계획을 세우는 것도 좋다. 3개년도 기준으로는 우선 1차년도에는 장애인차별금지법에 대응하기 위한 다양한 계획과 발주 단위를 나누고, 2차년도에는 계획대로 순차적인 개선을, 3차년도에는 자체적으로 운영할 수 있게 조직화하는 내용을 주요 골자로 한다. 현재 준비 수준이 높다면 단계를 줄여 1~2년짜리로 축소할 수도 있다.

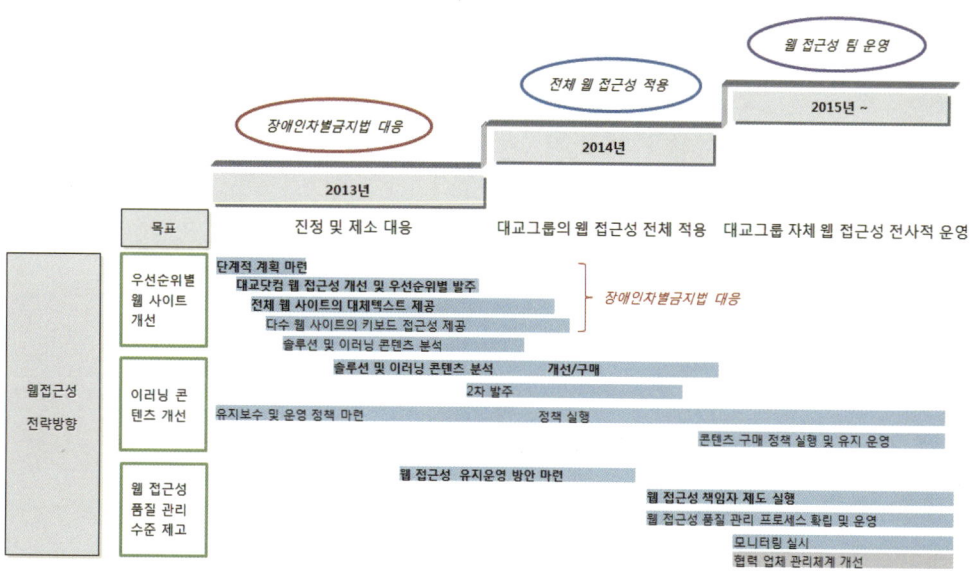

그림 9.5 3개년도 웹 접근성 단계적 개선 계획 예시

　앞서 준비한 우선순위별 웹사이트에서 진정이나 제소 등에 대응하려면 사이트 단위로 개선하는 것 이외에도 전체 사이트의 대체 텍스트와 키보드 접근성 부분부터 소화할 수도 있다. 이는 비교적 간단하면서도 높은 비중에 해당하는 영역부터 준수하여 문제의 소지를 상대적으로 줄일 수 있는 전략적인 방법이다. 아울러 긴 시간을 소요하는 솔루션이나 이러닝 콘텐츠와 같은 부분은 분석과 개선을 장기간으로 잡고 급하게 처리하지 않는다. 급하게 처리하다보면 불필요한 비용이 증가할 수 있고, 모호한 부분은 정책이나 기준을 확실하게 이해하면서 준수 요건을 명확히 하는 것이 바람직하다.

　이처럼 웹사이트와 콘텐츠, 외부 솔루션 등의 분석과 개선이 마무리되어 가는 시점에서 지속적으로 웹 접근성 준수가 가능한 유지운영체제를 준비해야 한다. 조직적인 차원의 웹 접근성 수준을 유지하는 준비는 계획의 가장 마지막까지 이루어지고, 시범 운영을 해서 정식적인 조직과 체계를 수립하여 운영하는 것이 좋다. 다시 강조하지만 접근성은 웹 이외에도 소프트웨어, 제품, 모바일 등 다양한 영역에서 지속적으로 요구되는 필수 사항이기 때문이다. 이렇게 가장 큰 틀에서 연도별 웹 접근성 개선 로드맵을 수립했다면 해당 내용을 구체화해줄 수 있는 사이트별 개선 로드맵을 수립해보자.

9.1.4.2 사이트별 개선 로드맵 수립

앞서 분석한 우선순위를 바탕으로 전체적인 웹사이트의 우선순위를 알아볼 수 있게 로드맵을 그린다. 그림 9.5와 같이 높은 배점의 순으로 정렬시킨 웹 접근성 개선 로드맵은 개선할 순서를 시각적으로 확인하기에 용이하다.

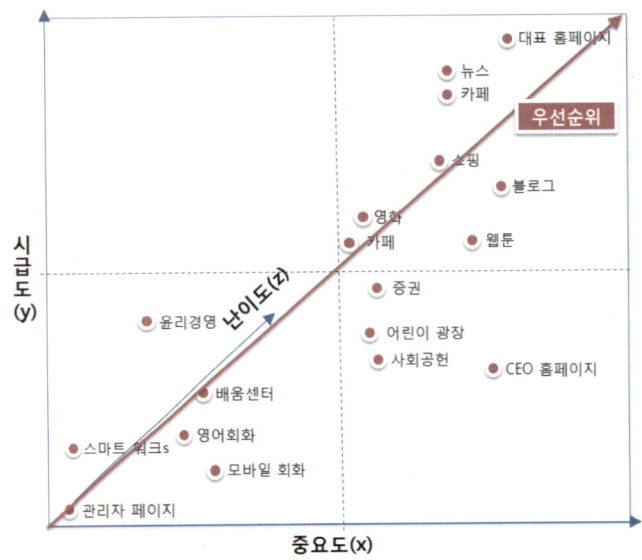

그림 9.6 웹사이트 개선 로드맵 예시

마찬가지로 콘텐츠나 솔루션도 각 단계적 개선 계획(로드맵)을 수립할 수 있다. 전체적인 연도별 개선 계획 아래 분야별로 개선 순서를 명시한 단계적 개선 계획이 세워진다면 좀 더 구체적으로 실행할 수 있게 예산과 일정 등을 고려하여 단계별 발주 계획을 수립할 수 있다.

9.1.4.3 단계별 발주 계획 수립

웹사이트, 별도의 콘텐츠, 솔루션 등의 단계적 개선 계획이 세워지면 예산이나 인력의 수준, 개선환경 등을 고려하여 단계별로 발주할 수 있는 분량을 정하고, 이를 계획에 반영한다. 예를 들어 웹사이트의 경우는 수립된 우선순위별 웹사이트 개선 로드맵의 예산을 책정하고, 수용 가능한 예산 범위 내에서 그룹핑한다.

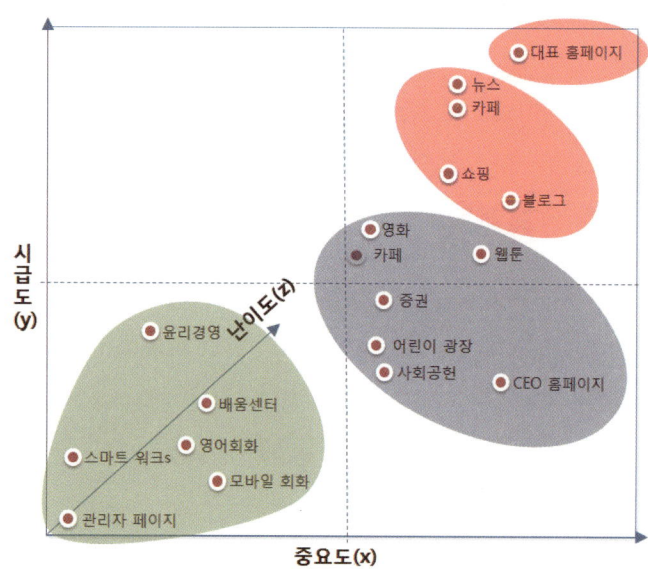

그림 9.7 웹사이트 개선 발주 그룹핑 예시

그룹핑된 사이트는 3년을 기준으로 완료할 수 있게 한 경우 1차년도에는 상반기, 하반기로 나누어 발주하며, 발주하면서 생기는 시행착오나 문제점을 다음 발주 시 적용할 수 있게 나누어 진행하는 것이 좋다. 이후 전체적인 프로세스나 웹 접근성 프로젝트의 특성을 파악한 2차년도부터는 1년 단위로 발주해도 좋고, 지속적으로 쪼개어 진행해도 무방하다. 단 발주 자체가 사업의 크고 작음 여부에 상관없이 신경을 많이 써야 하므로 좀 더 큰 단위로 진행하는 것이 효율적이다. 이미 웹 접근성 프로젝트를 진행하는 중에 전체 웹사이트에 대한 웹 접근성 적용이 미비한 경우라면 1~2년 안에 전체적으로 웹 접근성이 적용될 수 있게 계획하는 것도 좋다.

9.1.4.4 유지보수 운영 방안 수립

웹 접근성을 적용하는 것보다 중요한 것이 이를 잘 유지관리할 수 있는 방안을 수립하는 것이다. 웹사이트나 여러 가지 기술은 유기적으로 서로 영향을 주고, 웹 콘텐츠는 지속적으로 생성되기 때문에 관리하지 않는 순간 그동안의 노력이 물거품이 될 수 있다. 따라서 기술적 관점에서는 적용되어 있는 솔루션을 관리할 수 있어야 한다. 특히 적용되어 있는 솔루션이 접근성을 전혀 반영할 수 없는 경우라면 교체를 고려해야 하고, 새로 솔루션을 구매한다면 해당 솔루션의 접근성 준수 여부를 판단할 수 있어야 한다.

마찬가지로 유지보수 계약 시 유지 운영 중에 발생하는 웹 콘텐츠에 대해 웹 접근성을 반드시 적용하게 계약하는 것이 매우 중요하고, 이를 판단할 수 있는 직원이나 그룹이 있어야 한다. 이렇게 웹 접근성 전문가를 직원 중에서 양성하거나 그룹이나 팀에서 웹 접근성을 판단하지 않으면 불필요한 컨설팅 비용은 물론 외주 업체에 끌려다닐 수 있다. 단기적으로 끝낼 분야가 아니므로 반드시 조직이나 담당자를 준비하는 것이 유지보수 운영 방안의 가장 중요한 요소가 된다.

유지운영 중에 가장 많이 신경 쓰는 부분이 게시물이나 이벤트 관리다. 내부 직원이나 외부 고객의 게시물 업로드 시 웹 접근성 준수가 이루어지지 않아 전체적으로 접근성을 떨어뜨릴 수 있으므로 이를 관리할 책임자를 선정해야 한다.

유지보수 운영 방안을 다음과 같이 다시 정리할 수 있다.

① 웹 접근성 책임자 제도를 도입하여 직원 중 일부를 전문가로 양성하고 기술/관리적 권한/책임 부여
② 웹 표준과 웹 접근성, 웹 호환성 등을 종합적으로 고려하고 관리할 수 있는 형식으로 유지보수계약서 변경
③ 정기적인 웹 접근성 유지 관리 교육 등 지속적인 노력이 가능한 형태로 전사적인 운영체제 개선
④ 외부 고객에 대한 이미지 개선과 홍보 및 장애인차별금지법 대응 전략 수립
⑤ 효율적인 유지보수를 위한 운영 관리 주기 체계 수립

특히 보유하고 있는 콘텐츠가 많은 경우에는 모든 콘텐츠를 동등한 수준으로 관리할 수 없기 때문에 우선순위를 분석하려고 정리한 중요도를 기준으로 단계를 나누어 관리 주기도 내부적으로 정할 수 있다.

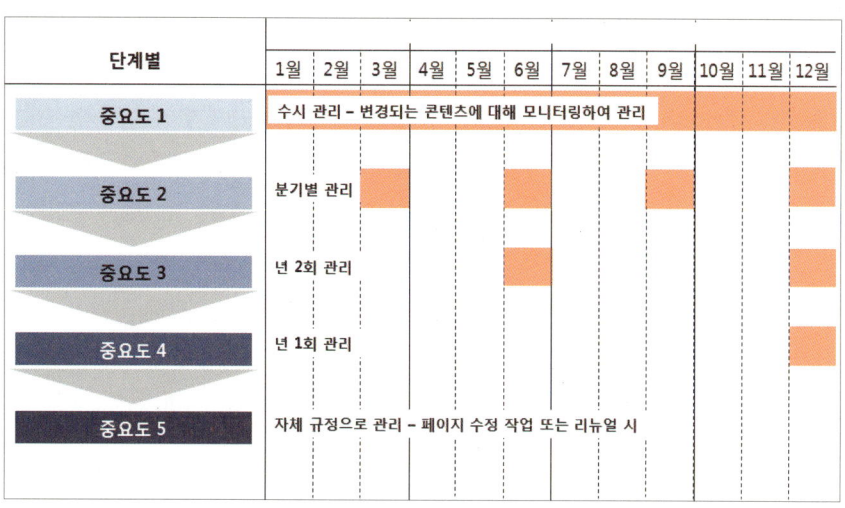

그림 9.8 중요도별 콘텐츠 관리 주기 예시

9.1.4.5 기타 분야 개선 로드맵 수립

지금까지의 구체적인 단계적 개선 계획을 준비하여 가지고 있으면 장애인차별금지법의 취지상 고의성이 없고, 예산이나 여력에 따른 구체성이 있기 때문에 즉각적인 시정 없이 계획을 바탕으로 자발적으로 준비해 나갈 수 있다. 물론 현재까지는 웹사이트의 정보 접근성을 위한 준비였지만 앞으로 장애인차별금지법의 접근성 준수 대상이 모바일, 소프트웨어, 제품, 서비스 등 기타 분야로 개선 범위가 확대되었을 때도 지금까지 설명한 방식으로 하나씩 내부 보유 콘텐츠를 분석하여 준비하면 된다.

현재 장애인차별금지법의 시행령 14조에서 웹사이트에서 제공하고 있는 정보를 장애인이 비장애인과 동등하게 접근할 수 있게 하고 있는 규정을 모바일 앱, 소프트웨어, 제품을 포함하게 개정하려는 노력이 계속되고 있어 조만간 실제적으로 전 영역에서 장애인의 권리를 보장할 가능성이 매우 높다. 따라서 조금씩 미리 준비하고, 투자하는 것이 실제로 더 효율적이면서도 누수 없이 적용할 수 있는 방법이 될 것이다. 단계적으로 계획을 세우는 것은 구체적인 방법을 강제하는 것이 아니기 때문에 더 좋은 방법이 있다면 참고하여 세우는 것도 가능하다.

9.2 사용성을 높이는 컨설팅 방법론

실제로 웹 접근성의 다음 목표는 사용성이 될 것이다. 접근 자체가 안 되던 현실이 변화하면 그 다음은 더 편리하고, 더 많은 사용자가 활용할 수 있게 요구되는 것은 당연하다. 남을 위해 컨설팅하는 것이 아니라 자신의 기업이나 기관, 스스로의 컨설팅 능력을 높이려면 더 높은 수준의 웹 접근성을 준수할 수 있게 만드는 것이 중요하다. 따라서 사용성을 포함하는 적용 기준을 활용하는 것은 좋은 방법이 된다.

9.2.1 사용성을 포함하는 적용 기준 설정

당장은 웹 접근성 품질인증마크나 장애인차별금지법에 대응하기 위한 기초 요건만을 구비하기 위한 노력을 하겠지만 실제로 사용성을 높이려면 사용성에 관련된 기준이 필요하다. 장애인뿐만 아니라 비장애인의 사용성까지 향상시키는 것이 유니버설 디자인을 추구하는 것이고, 이것이 최종 목표가 될 것이다. 사용성에도 다양한 방법론이 존재하지만 우선 장애인 웹 콘텐츠 사용성 지침 1.0을 주목할 필요가 있다. 이 지침은 4개의 원칙에 따라 22개 검사항목으로 구성된 국가표준과도 원칙을 같이 하고 있기 때문에 웹 접근성 지침의 사각지대를 해소하기 위한 기준으로 사용할 수 있다.

한국형 웹 콘텐츠 접근성 지침 2.0	4대 원칙	장애인 웹 콘텐츠 사용성 지침 1.0
적절한 대체 텍스트 제공	인식의 용이성	폰트 크기
자막 제공		중요한 기능의 재확인
색에 무관한 콘텐츠 인식		적절한 홈페이지 제공
명확한 지시사항 제공		고해상도 이미지 제공
텍스트 콘텐츠의 명도대비		인식 가능한 링크 및 버튼 제공
배경음 사용 금지		하이퍼텍스트 표현
키보드 사용 보장	운용의 용이성	항목의 배치
초점 이동		좌우 스크롤 방지
응답시간 조절		무의미한 경유 페이지 배제
정지 기능 제공		대화 상자 초기값 설정
깜빡임과 번쩍임 사용 제한		서식 제출 버튼 위치
반복 영역 건너뛰기		구성 요소 배치
제목 제공		동적 메뉴 배치
적절한 링크 텍스트		롤 오버 기능 배제
기본언어 표시		홈페이지 링크 제공
사용자 요구에 따른 실행	이해의 용이성	항목의 구분
콘텐츠의 선형화		입력 단계 구분
표의 구성		일관성 유지
레이블 제공		간결한 문장 제공
오류 정정		정보 검색어 입력 방법
마크업 오류 방지	견고성	용도에 맞는 테이블 사용
웹 애플리케이션 접근성 준수		페이지 구조 제공
		특수 기호 사용 제한
		쉽고 익숙한 용어 사용
		검색 결과 제공

(웹 접근성 향상 ↔ 웹 사용성 향상)

그림 9.9 웹 사용성을 포함하는 접근성 기준 예시

물론 장애인을 위하는 것이 비장애인에게도 도움이 되며, 직접적으로는 사용자 테스트와 사용자 경험(UX)을 적용하는 수준까지 적용 기준은 지속적으로 발전할 것이다. 따라서 현재의 기준보다는 좀 더 높은 기준을 내부 기준으로 두고 적용해가는 것이 차후에 추가적인 비용을 줄일 수 있는 좋은 방법이 된다. 2가지 기준을 함께 적용한다고 2배로 힘든 것은 아니다. 이미 공통 영역을 대다수 포함하고 있어 사각지대를 줄여주는 정도며, 현실적으로 적용 불가한 부분은 예외 사례로 정해놓고 기준을 설정할 수 있으므로 크게 염려할 필요도 없다.

9.2.2 컨설팅 절차

컨설팅 절차는 내부에 접근성 부서를 만들거나 접근성 책임자를 만드는 데 필요한 절차로 활용할 수 있으며, 프로젝트를 담당하는 업체와 담당자 사이에 좀 더 객관적으로 평가하거나 제3의 컨설팅 업체를 활용할 때도 절차로 활용할 수 있다.

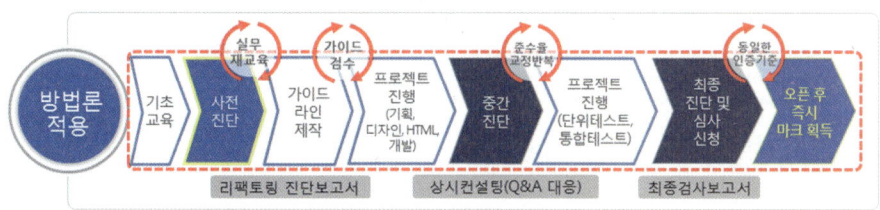

그림 9.10 웹 접근성 적용 프로젝트 절차 예시

기본적으로 그림 9.10과 같이 기초교육부터 시작하고 실제 기초교육을 실시하면 이론적인 이해에 그치게 될 수 있으므로 현재의 수준을 파악하는 사전진단을 실시하여 진단 결과를 통해 다시 실무 재교육으로 연결하는 것이 가장 좋은 방법이다. 이때는 스스로 작성한 소스 코드나 콘텐츠 구성에 문제점을 지적해주고, 방향성을 이해시키기 때문에 학습효과가 더욱 높아진다. 이렇게 향상된 학습 상태에서 가이드라인을 제작하고, 제작된 가이드를 검토해줘서 프로젝트를 단위별로 진행하게 해 기초를 굳건하게 한다.

이후 퍼블리싱이 80%정도 완료된 상태나 개발 진행이 20% 수준 진행된 상태에서 중간 진단을 받는 것이 좋다. 중간 진단이 너무 늦어지면 많은 양의 소스 코드를 수정할 수도 있고, 너무 일찍하면 확인할 양이 적어 효과가 줄어들기 때문이다. 따라서 적절한 시기를 판단하여 중간 진단이 이루어진다면 준수율을 확실하게 끌어올릴 수 있다. 물론 이 사이에도 지속적으로 웹 접근성에 관한 질문에 대하여 답변할 수 있는 Q&A 방식의 컨설팅이 필요하다. Q&A 방식의 컨설팅은 같은 질문이 계속 반복될 수 있기 때문에 문서로 정리하는 것이 가장 좋고, 주로 그림 9.11과 같이 '웹 접근성 검토결과보고서'의 형태로 정리하는 것이 보편적이다.

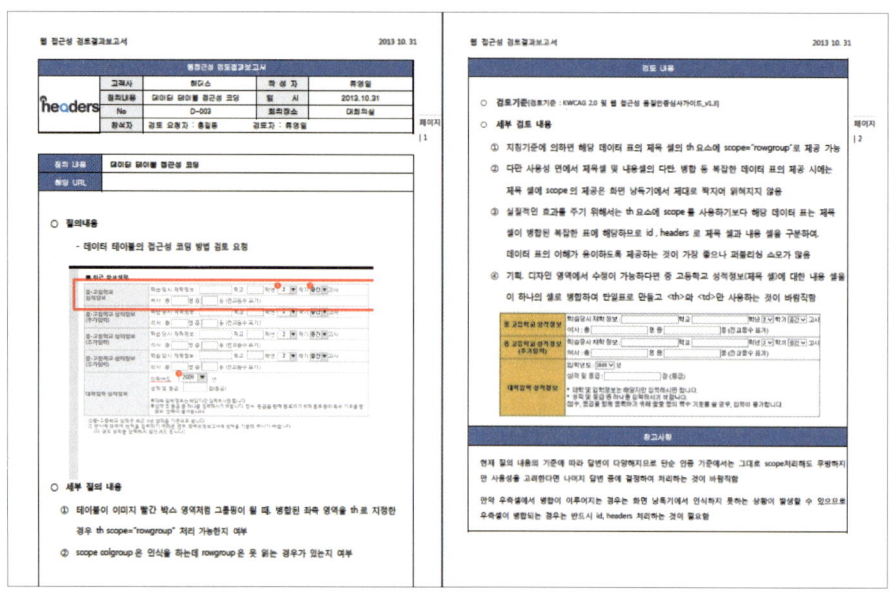

그림 9.11 웹 접근성 검토결과보고서 예시

이후 통합 테스트와 동일한 절차 시점에서 최종 진단을 실시하고, 이에 따라 실수나 개발 과정에서 잘못된 내용을 보정해주면 웹 접근성 컨설팅의 전 과정이 완료되며, 상황에 따라서는 인증심사를 신청하여 품질인증마크를 획득하는 경우 지원할 수 있다. 역시 웹 접근성 프로젝트의 규모나 예산 등에 따라서 해당 절차는 조금씩 변경하여 이용할 수 있고, 변경된 절차에 따라 단계별 산출물도 결정된다.

9.2.3 단계별 산출물

단계별로 컨설팅 절차를 거치면 각종 보고서 등 산출물을 생성한다. 표 9.11과 같이 각 산출물이 있는데 프로젝트 규모에 따라서 테일러링, 즉 규모에 비례하는 수준으로 프로세스를 축소하거나 맞춤형으로 조정하고 이에 해당되는 산출물을 만들면 된다. 대개 프로젝트 이전에 사전 분석을 하는 경우가 있는데 이런 경우 프로젝트의 방향성을 수립할 수 있다는 장점이 있다. 프로젝트 이전에 사전 분석이 이루어지는 경우는 사전 분석 내용을 활용하여 사전 가이드를 만들 수 있기 때문에 유용하고, 이 사전 가이드를 바탕으로 사전 교육을 하면 실제성이 부각되어 높은 학습효과를 기대할 수 있다.

표 9.11 단계별 산출물 예시

구분	단계	Activity	Task	산출물
프로젝트 이전	사전 분석	사이트 구축 전 사전 간이진단	자동검사도구 및 전문가 간이 샘플링 수동 평가	사전 진단 간이보고서
			웹 접근성 적용 범위/예산/일정/자원 분석	사전 프로젝트 간이분석서
프로젝트 진행	방향성 수립	AS-IS 분석을 위한 사전 정밀진단	전문가 정밀 샘플링 수동 평가	사전 진단 정밀보고서
		프로젝트 실행 방향성 수립	적용 솔루션 및 외부 사이트 접근성 검토 고객과의 인터뷰를 통한 요구사항 파악 예산가용수준에 따른 단계적 계획 수립	웹 접근성 리팩토링 분석서
	사전 교육	각 직군별 웹 접근성 교육 실시	프로젝트 범위 및 웹 접근성 교육	교육자료 1종
			기획자, 디자이너, 개발자, 관리자 교육	교육자료 4종
	가이드 검사	각 직군별 가이드 검사	기획 가이드 검사	기획 가이드 검토서
			디자인 스타일 가이드 검사	스타일 가이드 검토서
			퍼블리싱 가이드 검사	퍼블리싱 가이드 검토서
	진단 및 컨설팅	기본적인 웹 접근성 진단 웹 접근성 리팩토링 분석 개발 완료 사이트에 대한 최종 확인	중간 · 최종 진단 및 상시 컨설팅(목표점 반복달성) 오류 빈도 분석 및 이슈 트리 활용을 통한 해결 방안 분석	최종진단보고서 중간진단보고서
프로젝트 이후	인증관리	웹 접근성 인증마크 획득	인증마크 획득 신청	웹 접근성 품질 인증마크서
	유지보수	유지보수 및 운영방안 교육 실시	유지보수 방법론 교육을 통한 웹 접근성 유지 운영	유지보수 방법론
	장차법 대응	진정 및 제소 발생 시 기술적 대응	소명을 위한 기술문서 작성 커뮤니케이션을 통한 장차법 대응(국가인권위, 법무부)	소명 기술서

☞ 단계별 산출물은 대형 프로젝트 기준이며 프로젝트 규모에 따라 테일러링하여 적용됨

9.2.4 오류 분석과 이슈 트리 활용

프로젝트가 완료된 이후에도 웹 접근성은 특성상 유지보수가 매우 중요하다. 따라서 유지 운영하는 정책을 정하여 실시하고, 오류 목록과 빈도를 분석하여 좀 더 빠르게 오류 요인을 해결하는 유지보수 방법론을 적용해주는 것이 바람직하다. 이때 이슈 트리를 활용하여 오류의 원인을 분석하고 해결한 방법을 오류에 연결하여 트리 구조로 가지고 있으면 다양한 방법 중에 경험상 가장 많이 사용한 방법을 시각적으로 보여줄 수 있다.

이슈 트리는 마인드 맵을 이용하면 된다. 이슈 트리가 쌓이면 한 눈에 큰 그림이 보이며, 오류 빈도까지 연결한다면 매번 발생하는 오류가 무엇이고, 원인을 이해할 수 있어 좀 더 근본적인 처방을 할 수 있는 더욱 좋은 유지보수 자료가 될 수 있다. 아울러 동일한 오류유형에 적용한 해결 방안을 알 수 있어 이런 부분을 자동화할 수 있는 방안도 연구할 수 있다. 포털이나 보유하고 있는 콘텐츠가 많은 경우에는 이러한 분석 활동이 필요하지만 규모가 작은 경우에는 좀 더 간단한 형태로 유지보수에 필요한 오류 분석 툴을 정리하는 것이 효율적일 수 있다.

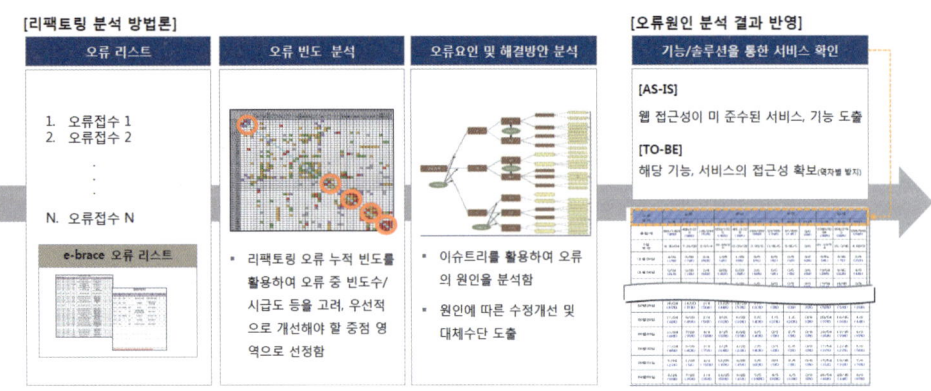

그림 9.12 오류 분석과 해결 방법론 예시

오류 분석 툴을 시스템으로 구현하여 지속적으로 수집할 수 있다면 장기적으로 안정적인 웹 접근성 준수 모델링이 가능하며 유지보수 측면에서 효과적인 도구가 될 수 있을 것이다.

9.3 분야별 이슈를 해결할 방향성 수립

웹 접근성 컨설팅을 해보면 분야별로 특성이 있지만 중요한 것은 웹 접근성을 준수하기 위한 원리는 동일하다는 관점에서 방향성을 수립해 볼 수 있다. 테스트는 2013년 3월부터 7월 사이에 실시되었으므로 해당 내용이 현재 개선되어 있을 수 있으므로 테스트 결과에 주목하기보다는 각 분야의 보편적인 미 준수 원인을 분석하는 것에 의미를 두기 바란다. 다양한 분야의 테스트나 사례 등을 바탕으로 인터넷뱅킹, 주식 거래, 온라인 쇼핑 등의 문제점을 분석해보고, 해당 결과를 통해 방향성과 시사점을 얻는 것이 더 중요하기 때문이다.

9.3.1 인터넷뱅킹

웹 접근성은 보안과 상충하는 영역으로 많이 인식된다. 일부 웹 접근성을 준수하려면 보안성이 떨어지는 경우도 존재하지만 특별한 이유 없이 막연한 보안상의 이유로 접근성을 거부하는 경우도 있기 때문에 좀 더 기술적인 검토와 연구가 필요한 영역이라 할 수 있다. 특히 인터넷뱅킹은 생활 속에서 매우 유용한 영역이므로 2008년부터 웹 표준 이슈로 크게 부각되었었고, 오픈 웹이나 오픈 뱅킹 서비스가 활성화될 수 있는 기반이 되었으며 실제 장애인의 경우에도 요구 수준이 높은 서비스 중 하나다.

하지만 인터넷뱅킹 서비스는 정보의 보안성을 중요하게 여기기 때문에 금융감독원의 보안성 심의기준을 통과해야만 서비스가 가능하다. 보안을 강화하려면 몇 가지의 소프트웨어를 적용해야 하는데 이 과정에서 웹 접근성 적용과 상충하는 이슈가 발생해 이러한 이슈를 해결하기 위해 웹 접근성 적용 방안을 고민해야 한다.

표 9.12 금융감독원 보안성 심의 기본 4대 기준

구분	내용
금융감독원 보안성 심의 기본 4대 기준	① 데이터 송수신 암호화 ② 키보드 보안 ③ 개인 방화벽 ④ 백신 프로그램

금융감독원의 보안성 심의를 통과하려면 4가지의 보안 소프트웨어를 설치해야 하는데 이 중 키보드 보안 소프트웨어는 현재 액티브엑스 방식 이외에는 구현하지 못하고 있다. 그런데 많은 은행이 인터넷뱅킹의 웹 접근성 적용을 다양한 브라우저 호환이 가능한 오픈 뱅킹 서비스로 제공하려고 액티브엑스 방식이 아닌 키보드 보안 프로그램 대체 수단으로 가상 키보드와 OTP를 사용하도록 한다.

문제는 가상 키보드 방식은 마우스로 키보드를 사용하는 원리이므로 키보드 접근성을 준수하지 못해 웹 접근성에 정면으로 위배되는 구조이며, OTP 역시 장애인용 단말이 따로 없어 문제가 되고 있다. 오픈뱅킹 서비스가 아닌 정식 인터넷뱅킹 서비스에서 웹 접근성을 적용하고자 가상 키보드를 사용하지 않고, 액티브엑스 방식의 일반 키보드 보안 프로그램을 사용하더라도 최종적으로 OTP가 발목을 잡게 되는 셈이다.

★ 용어

OTP(One-Time Password) : 전자금융서비스의 이체 등 중요한 거래에 사용하는 해킹방지용 비밀번호를 생성하는 방식으로 새로운 비밀번호가 생성되어 외부노출이나 해킹 등의 위험으로부터 안전하게 서비스 이용 가능한 보안매체

결론적으로 인터넷뱅킹 서비스는 현재의 보안 정책과 기술 수준으로는 최종적으로 웹 접근성을 다 준수해도 시각장애인용 OTP 기기가 없다면 시각장애인 사용자에게는 이용할 수 없는 서비스가 되는 것이다. 따라서 인터넷뱅킹에 웹 접근성 적용을 위한 다양한 노력과 개선이 필요하다. 다만 해당 내용을 빌미로 인터넷뱅킹 서비스 전체에 대하여 웹 접근성을 적용하지 않아도 되는 것은 아니다. 추후 OTP 기술의 보완이 이루어지는 즉시 활용할 수 있게 OTP 이외의 부분은 장애인차별금지법에 따라 웹 접근성을 준수해야 한다.

일반적으로 알려진 인터넷뱅킹의 웹 접근성 문제는 인터넷뱅킹의 특성상 온라인 서식이 많은 반면에 필수입력 항목을 지원하지 않는 경우가 많아 반드시 필요한 서식만 입력하기 어려운 문제가 있으며, 보안 솔루션의 설치 등으로 불편하고, 테이블이 많이 사용되어 콘텐츠를 인지하기 힘들다는 점이다. 이외에도 이미 언급된 것과 같이 계좌 이체 시 필요한 보안카드나 OTP의 접근성 지원 문제를 들 수 있다.

인터넷뱅킹뿐만 아니라 금융권 사이트 대부분이 많은 입력 서식과 테이블 구조로 절차가 길고 복잡해 인터넷을 이용하기 힘든 장애인 사용자의 경우 페이지를 이해하기 어려울 뿐만 아니라 시간도 많이 소비된다.

해당 문제를 확인해보려고 첫 화면, 공인인증서 로그인, 계좌이체, OTP 인증, 이체 완료 영역에 대해 3개 사이트를 대상으로 웹 접근성 테스트를 실시하였다.

표 9.13 인터넷뱅킹 사이트의 웹 접근성 수준

구분	K*은행	I*은행	H*은행
대체 텍스트 제공	96%(106 / 111)	96%(280 / 292)	96%(350 / 365)
레이블 제공	95%(59 / 62)	11%(2 / 19)	32%(9 / 28)
키보드 사용 보장	출금가능금액 확인 중, 최근입금 계좌, 내 계좌 레이어 팝업 열린 후 초점 갇힘	경고 레이어 팝업 키보드 접근 불가	공인인증서 로그인, 보유 계좌 조회 바로가기 버튼 키보드 접근 불가
초점 이동	정상	공인인증서 위치 라디오 버튼 초점이 보이지 않음	계좌이체 서식 자동 초점 이동 후 Shift+Tab 이동 불가
건너뛰기 링크 제공	제공	메인: 건너뛰기 링크 기능 불가 서브: 미 제공	메인: 제공 서브: 미 제공
사용자가 의도 하지 않은 실행	자주 쓰는 계좌 레이어 팝업 닫기 후 초점 초기화 출금 가능 금액 레이어 팝업 닫기 버튼으로 자동 초점 이동	첫 화면에 팝업창 제공 즉시이체 페이지 로딩 후 자동 초점 이동 모든 입력 서식 자동 초점 이동 로그아웃 시 팝업창 제공	첫 화면에 팝업창 제공 계좌이체 페이지에 레이어 팝업 제공 입금계좌은행 선택 시 의도하지 않은 레이어 팝업 제공 자주 쓰는 계좌 클릭 시 의도하지 않은 레이어 팝업 제공
제목 제공	프레임: 0%(최종단계 미구분) 페이지: 0%	프레임: 9% 페이지: 0%(동일한 제목 제공)	프레임: 0% 페이지: 0%(동일한 제목 제공)
응답시간	자동 로그아웃 알림 레이어 팝업 키보드 긴드골 불가	자동 로그아웃 알림 레이어 팝업 키보드 긴드골 불가	자동 로그아웃 알림 레이어 팝업 키보드 긴드골 불가
오류 정정	정상	정상	정상

[웹 접근성 기준 : 한국형 웹콘텐츠 접근성 지침 2.0]

표 9.14 인터넷뱅킹 사이트의 화면 낭독 수준

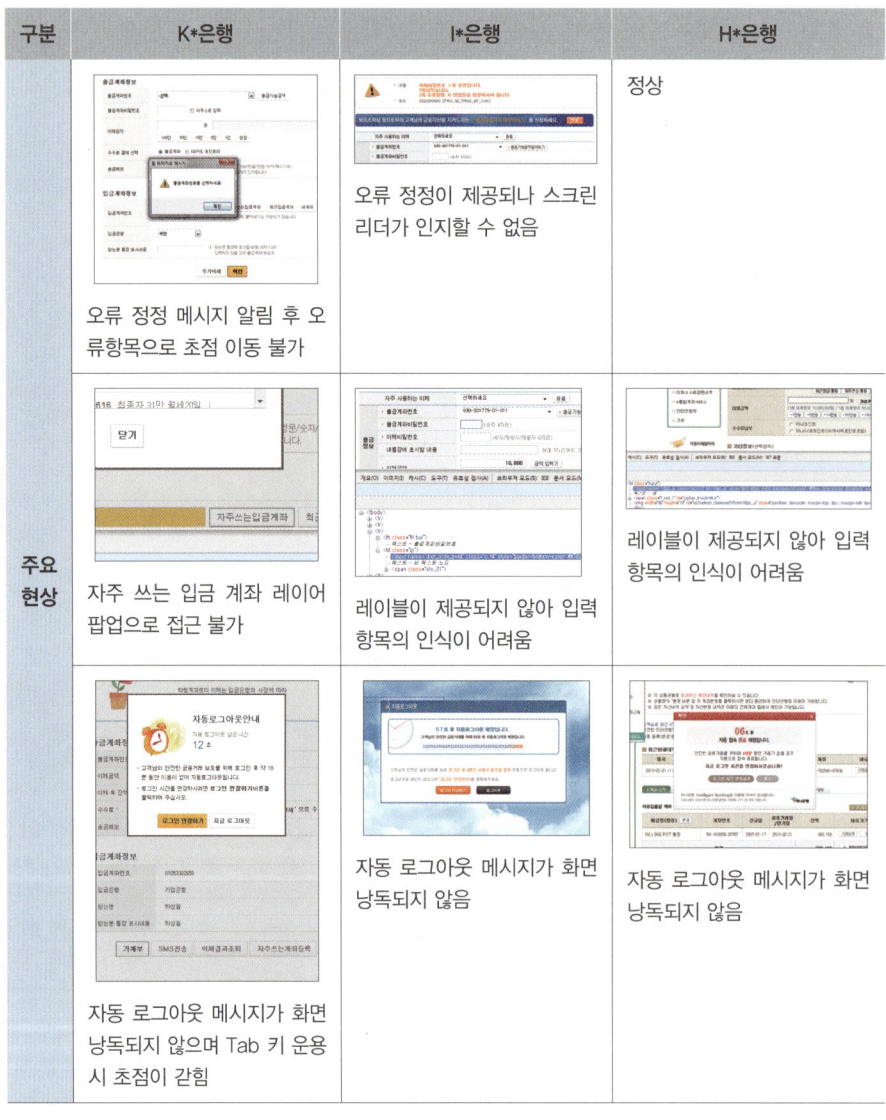

웹 접근성 준수 여부와 화면 낭독기 테스트 결과 3곳의 은행 사이트들이 모두 필수입력 항목을 명시하지 않아 인터넷뱅킹에 익숙하지 않은 장애인이나 비장애인 사용자라도 모든 항목에 데이터를 입력해야 해서 불편했다. 또한 장애인이 사이트를 이용했을 때 레이어 팝업에 대한 접근이 불가하여 3곳 모두 타행 이체에 실패했다. 인터넷뱅킹 서비스가 마우스 사용자 중심으로 설계되었다는 반증이다. 또한 특정 시간이 지난 후 자동 로그아웃되는 화면에 키보드와 스크린 리더가 접근하지 못하였고, 특히 시각장

애인은 자동 로그아웃까지 얼마나 시간이 남아 있는지 확인할 수 없어 대기 시간이 길어지면 입력 도중에도 로그아웃될 수 있는 상황이었다.

그렇다면 장애인 웹 콘텐츠 사용성 지침 중 관련된 몇 가지 항목을 통해 테스트한 사용성 결과는 어떨까?

표 9.15 인터넷뱅킹 사이트의 웹 접근성 수준

구분	K*은행	I*은행	H*은행
동적 메뉴 배제	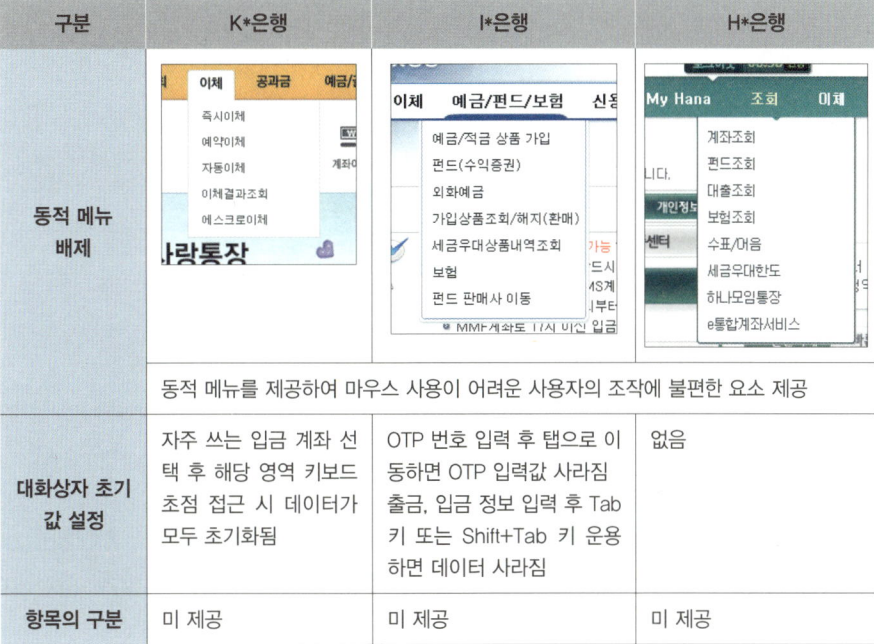		
	동적 메뉴를 제공하여 마우스 사용이 어려운 사용자의 조작에 불편한 요소 제공		
대화상자 초기 값 설정	자주 쓰는 입금 계좌 선택 후 해당 영역 키보드 초점 접근 시 데이터가 모두 초기화됨	OTP 번호 입력 후 탭으로 이동하면 OTP 입력값 사라짐 출금, 입금 정보 입력 후 Tab 키 또는 Shift+Tab 키 운용하면 데이터 사라짐	없음
항목의 구분	미 제공	미 제공	미 제공

사용자 테스트 결과 너무도 짧은 시간 제한이 문제가 되었다. 타행 이체에서는 입력 항목이 많고 이체 계좌번호, 이체은행, 잔여금액 확인 등 기억할 수 없는 입력 항목도 있어 이를 이해하는 시간 동안 자동 로그아웃이 되는 경우가 많았다. 또한 의도하지 않은 새 창과 레이어 팝업이 빈번하고 레이어 팝업이 화면을 가리도록 구현되어 마우스 활용이 어려운 키보드 사용자에게는 불편한 부분이다.

분석 결과를 요약하면 국내 인터넷뱅킹의 문제점은 다음과 같다.

첫째, 필수입력 항목 구분

인터넷뱅킹의 특성상 굉장히 많은 입력 서식이 존재한다. 하지만 해당 서식 중에서 반드시 입력을 요구하는 필수입력 항목에 대한 명시가 부족하다. 은행을 방문하면 직원이 친절하게 마킹 처리하여 필수입력 항목을 설명해주듯이 웹에서도 필수입력 항목과 선택입력 항목을 구분해서 좀 더 친숙하게 인터넷뱅킹을 이용할 수 있는지 반드시 확인해봐야 한다.

둘째, 보안 솔루션 접근성

인터넷뱅킹은 금융거래가 있기 때문에 정보보안이 매우 중요한 영역이다. 피싱, 파밍 등을 통한 개인 재산의 피해가 커짐에 따라 은행권은 다양한 솔루션과 외부 서비스 제공업체를 이용한다. 솔루션과 외부 서비스 제공업체들은 대부분 웹 접근성에 취약한 상태다. 웹 접근성은 웹사이트를 운영하는 은행뿐만 아니라 다양한 관련 솔루션과 외부 서비스 제공업체도 웹 접근성을 준수할 수 있게 보안 솔루션의 접근성도 신경써야 한다. 보안 솔루션은 웹 접근성에 취약한 특성이 있으므로 다양한 대체 수단 등을 고려해야 한다.

셋째, 인증 수단의 제약

공인인증서 외에 필요한 OTP, 보안카드 등은 현재 시각장애인이 활용할 수 없다. 국내 은행 중 불과 몇 업체만 점자 보안카드를 지원하고 있으며, 시각장애인용 OTP는 없는 상황이다. 보안카드와 OTP가 쓰이는 곳은 다르기 때문에 두 가지 모두 시각장애인에 대한 지원이 필요하다.

인터넷뱅킹은 생활에 필수인 동시에 금전적 거래가 일어나는 곳이다. 은행에서 제공한 서비스로 인하여 사회적으로 배려 받아야 하는 사람들에게 피해가 가는 일은 없어야 될 것이다.

9.3.2 온라인 주식거래 시스템

이제 주식거래도 온라인으로 하는 시대다. 인터넷으로 주식 거래하는 사람의 숫자는 스마트폰이 활성화되면서 더욱 늘어나고 있다. 주식거래를 위한 콘텐츠는 주로 다양한 차트와 실시간 정보가 이용되기 때문에 웹 접근성을 준수하기가 어렵다는 편견이 있다. 그러나 사실 텍스트 위주의 정보를 비주얼하게 만들기 위해 차트를 그린 것이므로 차트의 원천 정보는 웹 접근성을 높일 수 있는 좋은 대체 수단이 된다는 사실을 기억하라.

주식거래를 위한 실시간 정보는 TR(TRansaction)이라고 부르며 서버로부터 데이터를 얻고자 요청하고 데이터를 받는 일련의 행동을 일컫는다. TR은 조회 TR과 실시간 TR 2가지가 존재하고 조회 TR과 실시간 TR로 서버로부터 주식거래와 관련된 모든 데이터를 받을 수 있다. 따라서 이 TR을 표로 제공하면 화면 낭독기 등을 통해서 실시간 데이터를 인식할 수 있다.

예를 들어 그림 9.13과 같은 주가 차트는 사실 데이터가 담긴 표에 의해서 시각적으로 그려진 것이다.

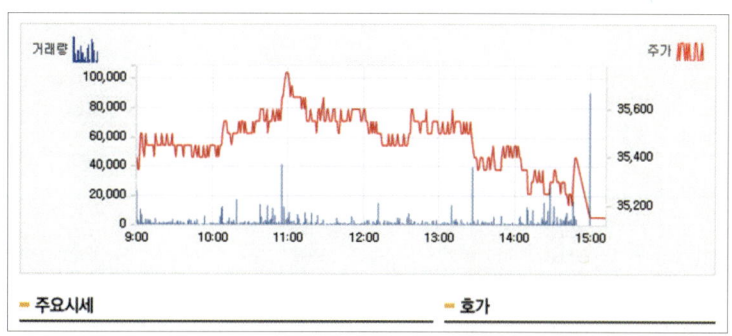

그림 9.13 실시간 주가 차트 예시 (출처: KB 금융)

따라서 그림 9.14와 같이 주가 차트의 대체 수단을 명시하고, 실제 주가 차트를 그려내는 원 데이터를 데이터 테이블로 불러오면 매우 훌륭한 대체 수단이 된다. 물론 이 대체 수단은 CSS를 활용하여 시각적으로는 보이지 않게 처리해도 무방하다.

이처럼 주식거래에 관한 차트나 실시간 정보에 대한 웹 접근성을 준수하는 것은 크게 어렵지 않다. 플래시로 구성되어 있더라도 HTML5로 전환하거나 플래시 자체 접근성을 활용할 수 있다.

주식 거래에 필요한 수많은 보조지표에 어떻게 웹 접근성을 적용할 수 있는지 묻는다면 앞서 설명한 단계적 개선 계획과 같은 맥락에서 설명할 수 있다. 많은 보조지표에 대해 가장 많이 쓰이는 지표를 중심으로 중요한 순서대로 순차적인 개선을 해나가면 된다. 물론 모든 보조지표 그래프 역시 원 데이터를 시각화한 것에 불과하기 때문에 대체 콘텐츠로 제공 가능하다.

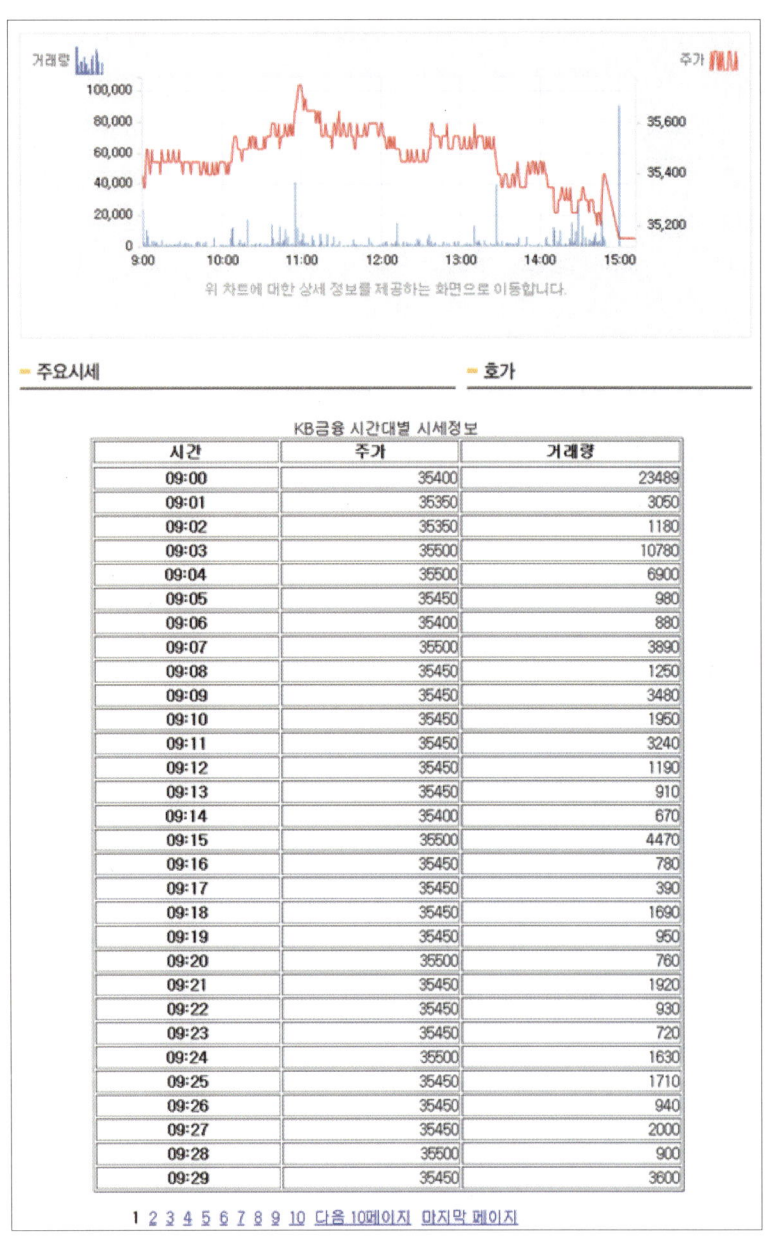

그림 9.14 실시간 주가 차트에 대한 대체 수단 제공 예시 (출처: KB 금융)

9.3.3 이러닝 콘텐츠

이러닝은 교육에 관심 있는 사람이라면 한 번쯤은 접해봤을 온라인 교육을 이야기한다. 국내의 만 8세 이상 인터넷 이용자 중 이러닝 콘텐츠 이용률이 전체 이용자의 약 53.3%에 해당한다. 그림 9.15의 자료에서 눈여겨 봐야 할 점은 원하지 않아도 장애가 생기는 고령자인 50세 이상의 사용자가 예상보다 높은 이용률을 나타내고 있다.

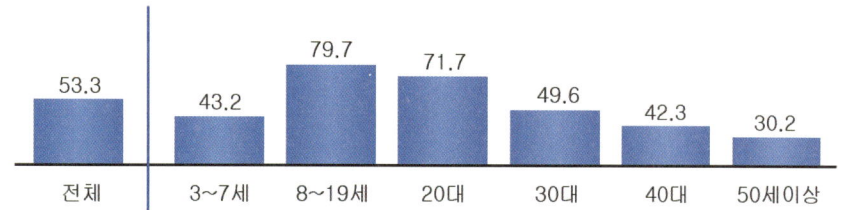

그림 9.15 성·연령별 이러닝 이용률 (출처: 2012년 인터넷이용실태조사)

이처럼 국내 인터넷 이용자는 이러닝에 상당히 많은 관심을 가지고 있다. 그렇다면 국내 이러닝 사이트의 접근성 수준과 화면 낭독 수준, 웹 사용성 수준은 어느 정도일까?

표 9.16 이러닝 사이트의 웹 접근성 수준

구분	**사이버대학교	**디지털대학교	**챌린지
멀티미디어		자막, 원고, 수화 미 제공	
대체 텍스트제공	89%(107 / 95)	13%(72 / 9)	0%(180 / 180)
레이블 제공	0%(9 / 9)	89%(19 / 17)	0%(4 / 4)
키보드 사용 보장	onfocus="this.blur()" 처리로 인하여 키보드 사용 불가	가능	가능

이어짐

구분	**사이버대학교	**디지털대학교	**챌린지
초점 이동	플래시 안의 초점 이동이 원활하지 않으며, 논리적으로 초점이 제공되지 않고 있음 onfocus="this.blur()" 처리로 인한 초점 시각적 구분 불가능	일부 컨텐츠에 onfocus="this.blur()" 처리로 인한 초점 시각적 구분 불가능 〈td〉 요소에 onclick 이벤트를 사용하여 키보드 접근이 불가능	플래시 안의 초점 이동이 원활하지 않으며, 논리적으로 초점이 제공되지 않고 있음
건너뛰기 링크 제공	미 제공	메인 외 서브 페이지 미 제공	미 제공
사용자가 의도하지 않은 실행	첫 화면에 의도하지 않은 새창 3건 발생 콘텐츠 사용 중 의도하지 않은 새 창이 자주 발생되고 있음	강의 수강이 새 창이 열림에도 사전에 알리지 않음	강의 수강이 새 창이 열림에도 사전에 알리지 않음
제목 제공	페이지 제목 : 0%		

[웹 접근성 기준 : 한국형 웹 콘텐츠 접근성 지침 2.0]

표 9.17은 국내 유명 이러닝 사이트 3곳을 샘플로 조사한 결과다. 대부분 접근성 준수율이 상당히 낮은 편이었고 가장 기본이 되는 대체 텍스트조차 제대로 제공되지 않았다. 또한 모든 서비스의 페이지 제목이 동일하게 제공되어 페이지 구분이 어렵고, 키보드 초점이 원활하지 않았다.

**사이버대학교 사이트는 모든 콘텐츠가 논리적인 순서로 구성되지 않아 시각장애인이 이용할 때 매우 불편할 것으로 예상된다. 또한 frameset으로 구성된 페이지가 많아 구조를 파악하기 어려웠다.

**디지털대학교는 동영상을 키보드만으로 컨트롤할 수 없는 문제가 있었으며 **챌린지 사이트는 거의 모든 콘텐츠에 대체 텍스트를 제공하지 않아 서비스 이용이 불가능한 수준이었다.

다음은 각 샘플 이러닝 사이트에 대한 센스리더 테스트 결과다.

표 9.17 이러닝 사이트의 화면 낭독 수준

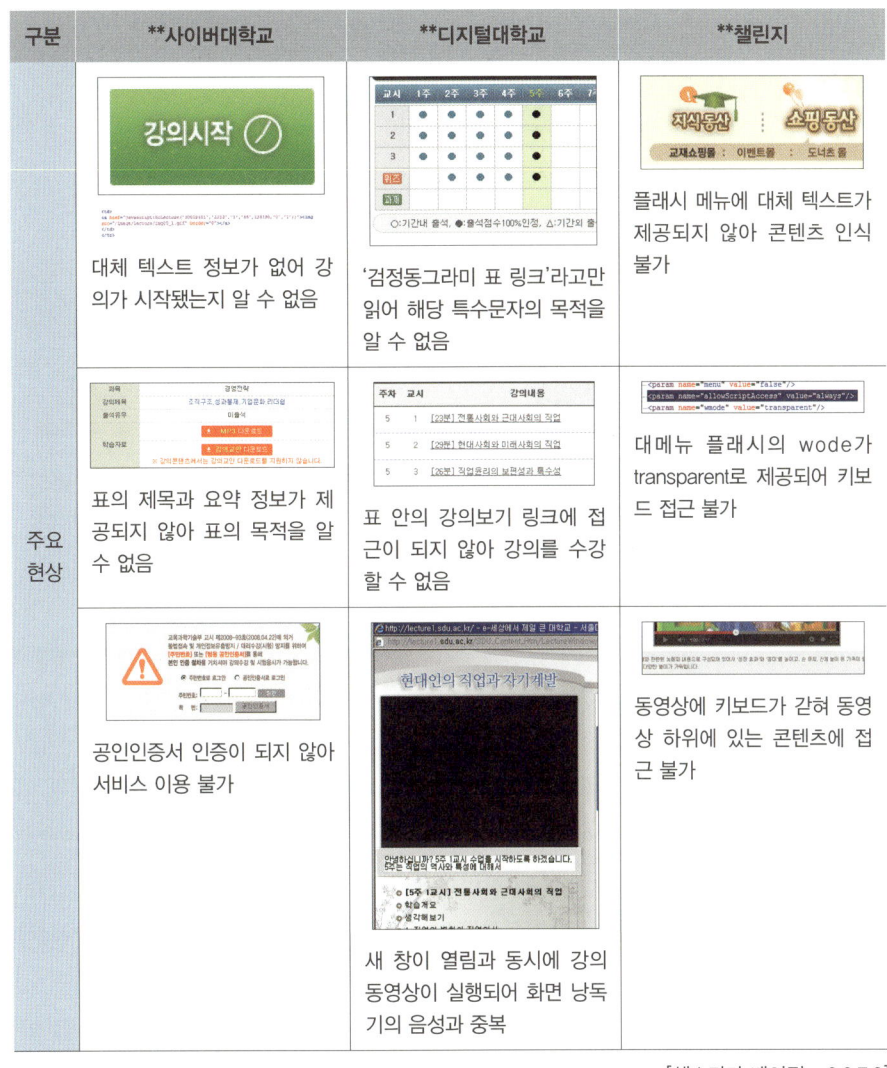

[센스리더 베이직 v 3.0.7.0]

표 9.18의 결과는 국내 이러닝 3개 사이트에서 유사한 오류사항을 모아놓은 것이다. 대부분 대체 텍스트를 제대로 제공하지 않아 이러닝 서비스를 제공받지 못하는 사례가 많았다. 또한 표의 구성 요소가 부족하여 학습에 참고가 되는 콘텐츠를 제대로 제공받지 못하였다. 또한 자동으로 재생되는 동영상과 화면 낭독기의 음성과 겹치는 상황이 큰 문제가 되었다. 또한 자동으로 실행되는 동영상의 정지 버튼을 누르려면

많은 노력이 필요했다. 동영상을 멈추거나 일시 정지하기 하려면 수십 번의 Tab 키를 눌러야 하는가 하면 어떤 사이트는 키보드만으로 동영상을 컨트롤할 수 없는 경우도 있었다.

표 9.18은 '장애인 웹 콘텐츠 사용성 지침 1.0' 기준 중 동적 메뉴 배제 항목 부분에 대해 국내 이러닝 사이트의 장애인 사용성을 분석한 결과다.

표 9.18 이러닝 사이트의 사용성 수준

구분	**사이버대학교	**디지털대학교	**챌린지
동적 메뉴 배제	동적 메뉴를 제공하여 마우스 사용이 어려운 사용자의 조작에 불편한 요소 제공	동적 메뉴 없음	동적 메뉴를 제공하여 마우스 사용이 어려운 사용자의 조작에 불편한 요소 제공

[웹 사용성 기준 : 장애인 웹 콘텐츠 사용성 지침 1.0]

동적 메뉴는 버튼에 마우스를 올려 메뉴가 나타나는 형태 등을 의미한다. 사용성을 평가하는 26개의 검사항목 중 1가지만을 적용하여 전체적인 평가는 어렵지만 이는 원하는 메뉴 항목을 정확히 선택하는 것이 매우 어려울 뿐만 아니라 연속적으로 펼쳐지는 계단식 메뉴의 초점 이동에 따라 표시하는 내용이 혼란스러울 수 있다는 의미다. 주로 국내 이러닝 사이트에서는 동적 메뉴와 연속적인 동적 메뉴 제공으로 사용성을 저하시키고 있다.

국내 이러닝 콘텐츠 서비스 사이트의 문제점을 분석해본 결과 다음과 같은 결론을 얻게 되었다.

첫째, 동영상의 자막이나 원고, 수화 등을 제공해야 한다
스피커나 이어폰이 없는 상태에서 온라인 강의를 보자. 동영상에 나오는 강의가 무슨 말을 하고 어떠한 정보를 사용자에게 제공하는지 알 수 없다. 소리가 없는 상태에서도 자막, 원고, 수화 중 한 가지 이상의 대체 콘텐츠가 제공된다면 제약적이긴 하나 이러닝 콘텐츠 서비스를 이용할 수 있다.

둘째, 학습 동영상이 자동으로 실행되지 않게 해야 한다

학습을 위한 동영상은 자동 실행되지 않아야 한다. 화면 낭독기의 음성과 중복되어 페이지에서 제공된 콘텐츠와 동영상에 제공된 내용을 정확하게 파악할 수 없다. 사용자가 사전에 어떠한 정보가 있는지 파악할 수 있기 전까지는 자동으로 실행되는 콘텐츠는 없어야 한다.

셋째, 복잡한 UI 구조를 쉽게 개선해야 한다

원하는 강의를 들으려면 복잡한 메뉴와 다양한 콘텐츠 구조를 거쳐야만 학습이 가능했다. 특히 **디지털대학교는 별도의 강의 시작 버튼이 제공되지 않아 많은 링크를 눌러보고 일일이 확인해야 강의를 들을 수 있게 구현되어 있었다. 이는 장애인뿐만 아니라 일반 사용자에게도 불편한 요소다.

넷째, 복합형 동영상에 대한 콘텐츠 지원이 필요하다

강사가 칠판에 판서를 하면서 동시에 강의를 하는 경우 시각적 정보와 청각적 정보가 동시에 발생한다. 따라서 강사의 음성은 자막이나 원고로, 판서 내용은 별도의 파일이나 원고로 대체 수단을 제공해야 한다. 아울러 칠판 색상과 칠판에 작성된 텍스트 색상의 명도차이가 웹 접근성을 준수하는 수준이 되게 고려해야 한다.

9.3.4 온라인 쇼핑몰

온라인 쇼핑몰은 인터넷을 이용자라면 누구나 한 번쯤 이용할 수 있을 만큼 시장이 넓다. 국내 만 12세 이상 인터넷 이용자 중 온라인 쇼핑몰 이용률은 전체 이용자의 약 65% 수준으로 매우 높은 편이며, 주로 12세에서 30대 사이가 높은 이용률 분포를 이룬다. 고령층에 해당하는 60세 이상의 사용자도 20% 수준으로 생각보다 높다.

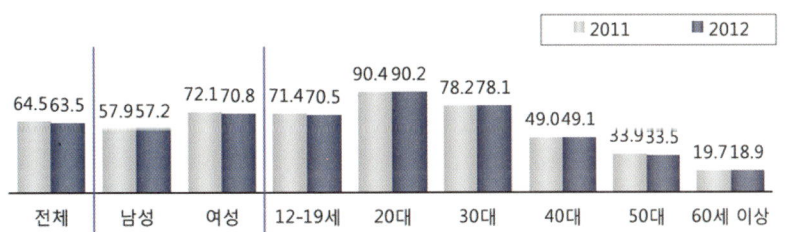

그림 9.16 성·연령별 온라인 쇼핑몰 이용률 만 12세 이상 인터넷 이용자 (출처: 2012년 인터넷 이용 실태조사)

이처럼 많은 국내 인터넷 이용자가 온라인 쇼핑몰에 관심을 가지고 있다. 그림 9.17을 보면 최근 3개월 이내에 인터넷 쇼핑몰 구입 경험이 있는 인터넷 사용자는 91.5%로 다른 아시아 국가에 비해 한국이 월등히 높은 수준을 보인다.

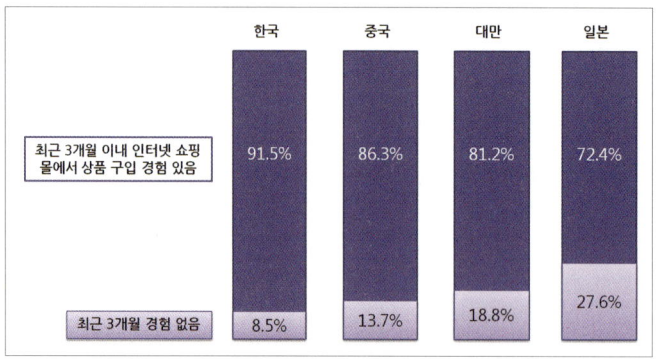

그림 9.17 아시아 4개국 쇼핑몰 구입 경험 비율 (출처: 2009년 인터넷 쇼핑몰 U&A 조사)

이처럼 높은 인기의 국내 온라인 쇼핑몰의 웹 접근성 수준은 어느 정도일까?

표 9.19 온라인 쇼핑몰 첫 페이지의 웹 접근성 수준

구분	***션	***마켓	***번가
대체 텍스트 제공 (이미지)	71%(199 / 279)	49%(165 / 337)	28%(29 / 102)
레이블 제공	78%(79 / 101)	0%(3 / 3)	50%(3 / 6)
키보드 사용 보장	키보드 사용 불가		
초점 이동	부분적 초점 미 표시와 비 논리적 이동		
건너뛰기 링크 제공	존재하나 이동 불가	미 제공	미 제공
사용자가 의도하지 않은 실행	첫 화면에 팝업창 제공	첫 화면에 팝업창 제공	–
콘텐츠의 선형화	선형화되지 않음		
제목 제공	페이지: 100% 프레임: 50%	페이지: 100% (최종단계 미구분) 프레임: 0%	페이지: 0% (동일한 제목 제공) 프레임: 0%

[웹 접근성 기준 : 한국형 웹콘텐츠 접근성 지침 2.0]

표 9.20은 국내 유명 온라인 쇼핑몰 3곳을 샘플로 웹 접근성을 분석한 결과다. 전체적인 웹 접근성 준수율은 상당히 낮은 편이었다.

***번가 온라인 쇼핑몰 같은 경우 기본적인 대체 텍스트 준수율이 28% 수준에 머물고 있었으며, 3곳 모두 키보드로 콘텐츠를 이용하기 어려운 수준이었다.

그렇다면 국내 온라인 쇼핑몰의 센스리더 테스트 결과를 확인해보자. .

표 9.20 온라인 쇼핑몰 첫 페이지의 화면 낭독 수준

[센스리더 베이직 v 3.0.7.0]

표 9.20을 통해 화면 낭독기를 켜기 전에는 논리적으로 이동하던 초점의 순서가 화면 낭독기를 실행시킨 상태에서는 논리적이지 않은 순서로 이동하거나 접근이 불가한 경우가 많았다. 또한 콘텐츠 대부분 제목-내용 구조로 되어 있지 않아 화면 낭독으로 콘텐츠를 이해하기 어려운 수준이었다.

표 9.21은 '장애인 웹 콘텐츠 사용성 지침 1.0' 기준 중 2가지 항목에 대한 국내 온라인 쇼핑몰의 장애인 사용성 수준을 분석한 결과다.

표 9.21 온라인 쇼핑몰 첫 페이지의 사용성 수준

구분	***션	***마켓	***번가
동적 메뉴 배제	동적 메뉴를 제공하여 마우스 사용이 어려운 사용자의 조작에 불편한 요소 제공		
	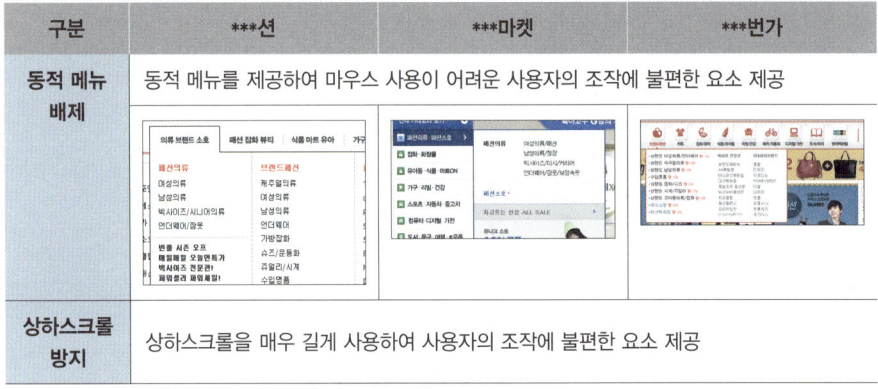		
상하스크롤 방지	상하스크롤을 매우 길게 사용하여 사용자의 조작에 불편한 요소 제공		

[웹 사용성 기준 : 장애인 웹 콘텐츠 사용성 지침 1.0]

첫 번째 오류 검사 항목인 동적 메뉴 배제는 동적 메뉴를 사용하면 원하는 메뉴 항목을 정확히 선택하는 것이 매우 어려울 뿐만 아니라 연속적으로 펼쳐지는 계단식 메뉴의 초점 이동에 따라 표시하는 내용이 혼란스러울 수 있다. 주로 국내 온라인 쇼핑몰에서 연속적인 동적 메뉴 제공으로 사용성을 저하시키고 있다.

상하스크롤 방지의 경우 웹 페이지의 내용을 한 눈으로 확인하기 위한 사용성 검사 항목인데 검토 결과 3곳 모두 대부분에서 준수 기준에 못 미치는 것으로 나타났다.

국내 온라인 쇼핑몰의 지침에 따른 웹 접근성과 사용성 수준은 낮은 편이었다. 모두 하나의 이미지에 너무 많은 정보를 담고 있어 UI적인 문제를 해결하지 않고서는 웹 접근성을 향상하기가 어려운 구조로 판단되었다. 따라서 국외 온라인 쇼핑몰과의 비교 분석을 통해 국내 온라인 쇼핑몰의 수준과 개선 방향을 확인해볼 필요가 있다.

첫 번째로 국내·외 온라인 쇼핑몰의 메인페이지 세로 길이를 비교해봤다.

표 9.22 국내·외 온라인 쇼핑몰 첫 페이지 세로 길이 비교

[기준 : 그래픽 해상도 1280 가로길이 동일 사이즈]

표 9.22에 비교한 세로 길이만 확인해도 국내 온라인 쇼핑몰의 웹 페이지에 얼마나 많은 콘텐츠가 들어 있는지 알 수 있다. 그에 반해 국외 온라인 쇼핑몰은 국내와 비교해보면 비교적 짧은 길이를 보여준다. 그만큼 단순한 페이지 구조를 가지는 셈이다. 이외에도 국내 온라인 쇼핑몰은 대부분 콘텐츠와 콘텐츠 사이가 밀집되어 상품이나 배너 등 원하는 정보를 집중하기가 어려웠다. 이와 반대로 국외 쇼핑몰은 콘텐츠 간의 간격이 넓고 콘텐츠를 이해하기 용이한 UI 구조였다.

표 9.23 국내·외 온라인 쇼핑몰 첫 페이지 키보드 운용 수 비교

구분	국외 쇼핑몰		국내 쇼핑몰		
	eBay	Amazon	***션	***마켓	***번가
링크 수	162회	410회	781회	538회	630회
입력 서식	2회	2개	12회	3회	5회
합계	164회	412회	793회	541회	635회

국내 온라인 쇼핑몰의 키보드 운용 수를 바탕으로 키보드 사용자의 불편함을 확인해봤다. 키보드 운용 수는 곧 장애인 사용자의 페이지의 콘텐츠를 이해하는 데 필요한 소요 시간을 측정할 수 있는 수단이 된다.

두 번째로는 사용자가 가장 많이 이용하는 상세 페이지를 분석해봤다. 국내·외 상세보기 페이지를 분석한 결과 첫 페이지와 마찬가지로 국외 쇼핑몰에 비해 판매 제품 정보 페이지에서 상품 정보 이외의 부가적인 정보가 많아 상품을 정확히 이해하기 어려운 구조였다. 특히 국내 온라인 쇼핑몰은 상품 옵션과 가격정보 외에 해당 상품 판매자의 다른 판매 상품이나 상품과 관련 없는 다양한 광고 배너 등이 밀집되어 혼란스러웠다. 하지만 국외 온라인 쇼핑몰의 경우는 심플한 UI 구성이 눈에 띈다. 특히 eBay 같은 경우 판매상품의 옵션과 가격정보 외에 판매자의 신용도와 기타 정보 등 상품 판매에 중요한 정보 위주로 간략하게 제공되어 구매로 연결되는 데 직관적인 정보를 제공한다.

표 9.24 국내·외 쇼핑몰 상품 상세보기 판매 옵션과 정보

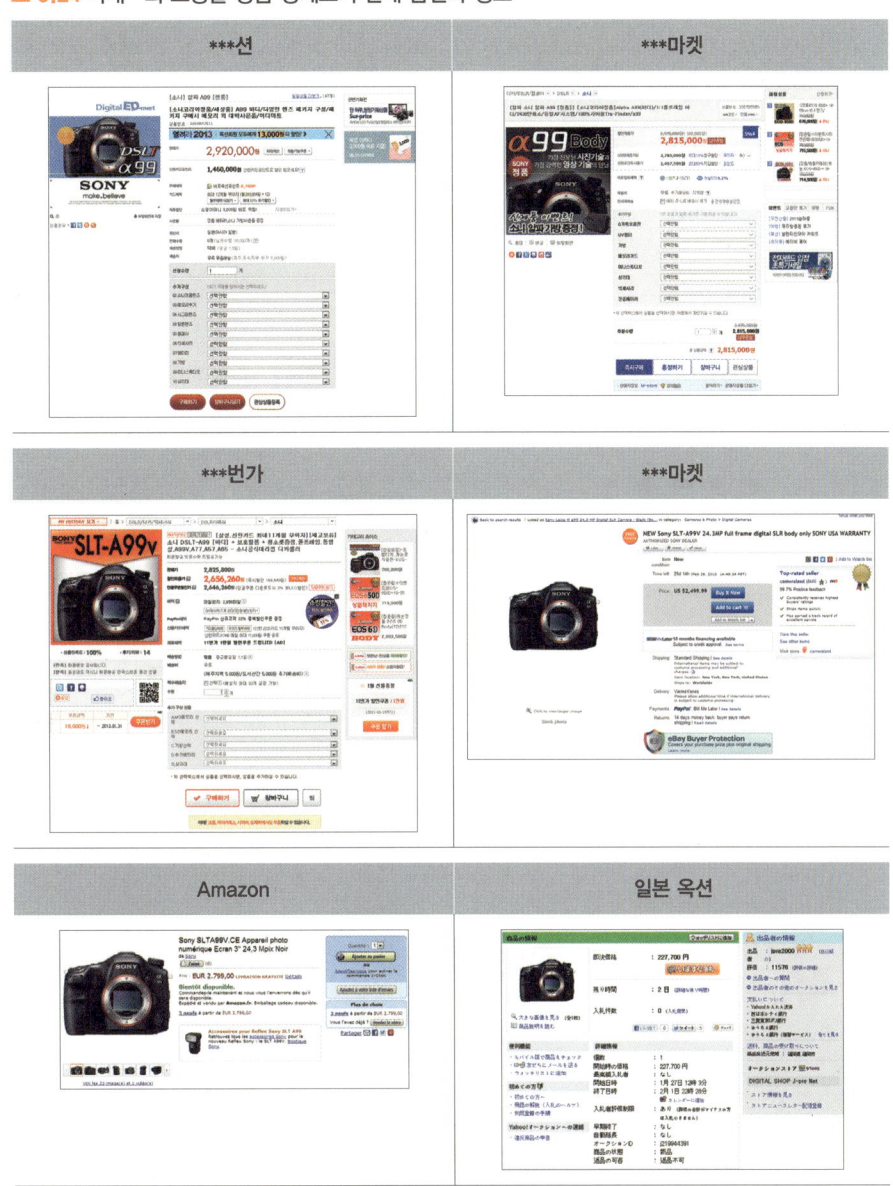

표 9.25는 상품 상세보기 이미지의 세로 길이 분석 결과다. 국내·외 상세보기 이미지를 분석한 결과 국내 온라인 쇼핑몰은 국외 온라인 쇼핑몰에 비해 길이가 매우 길었다. 특히 ***번가 같은 경우 세로 길이가 4만px 이상 제공되고 있어 현실적으로 사용자가 해당 콘텐츠를 모두 이해하고 파악한다는 것은 불가능한 수준이다.

또한 국내 온라인 쇼핑몰 같은 경우 상품에 대한 설명글과 상품의 상세 이미지 등 모든 콘텐츠가 이미지로 표현되었지만 국외 온라인 쇼핑몰 같은 경우 대부분 텍스트 형태로 제공되고 있었다.

표 9.25 국내·외 쇼핑몰 상품 상세보기 이미지 세로 길이

이제까지 국내 온라인 쇼핑몰과 국외 온라인 쇼핑몰의 상세 비교를 통해 국내 온라인 쇼핑몰의 웹 접근성과 사용성 향상에 대한 방향성을 확인할 수 있었다. .

첫째, UI 구조 개선이 필요하다
너무 긴 상세 이미지를 제공하면 대체 텍스트를 성실하게 제공한다고 하더라도 이해하기 어렵다. 매우 긴 정보를 소설 읽듯이 순차적으로 계속 읽어나가면서 원하는 내용을 이해하여 구매 과정에 이른다는 것이 사실상 어렵기 때문이다. 이미지의 인식은 가능하겠지만 콘텐츠의 이해는 불가능할 수 있다는 것이다. 원하는 정보만 선택해서 읽을 수도 없기 때문에 UI 구조를 개선할 필요가 있다.

UI 구조를 개선하려면 부가 정보를 간소화해야 한다. 국외 사례와 같이 불필요한 배너나 현재 제품과 관련 없는 판매자의 다른 제품 등에 대한 구분이나 간소화가 필요하다.

둘째, 직관적이고, 논리적인 순서로 콘텐츠가 배열되어야 한다
위치 기반의 사용자 인터페이스가 아닌 논리 기반의 순서를 따라 구성되는 사용자 인터페이스가 중요하다. 마우스의 관점이 아닌 키보드의 관점에서 상품을 검색, 선택, 지불하는 프로세스가 순차적으로 이루어져야 한다. 중간에 광고성 내용이나 다른 상품으로 유입시키려는 끼워넣기식의 배열을 배제해야 한다. 이런 변화는 시각 중심의 콘텐츠에서 다양한 감각을 고려한 콘텐츠로의 기획에서 시작될 수 있다.

셋째, 사이트 운영자와 판매자간의 콘텐츠 규격을 정책화해야 한다
기술과 더불어 정책적인 기획이 필요한 곳이 온라인 쇼핑몰이다. 웹 접근성의 측면에서 보면 사용자가 올리는 동영상이나 이미지 등의 웹 접근성 준수는 통제가 어렵다. 이런 이유로 웹 접근성 품질인증심사에서는 예외로 처리하고 있다. 하지만 실질적으로는 콘텐츠를 올리는 대상과 상관없이 웹 콘텐츠에 대한 웹 접근성 준수가 원칙이므로 사이트 운영자가 상품의 이미지나 내용을 올리는 판매자를 위해 필요한 규약을 제공할 필요가 있다. 사용자가 콘텐츠를 게시하거나 제공하려 할 때 웹 접근성 정책을 반드시 읽게 하고, 해당 사항을 준수할 수 있는 가이드 등을 제공해주는 것이 좋다.

온라인 쇼핑몰은 불특정 다수 사용자가 아닌 특정 다수의 계약된 사용자가 물건을 판매할 목적으로 웹 콘텐츠를 제공하는 것이기 때문에 반드시 웹 접근성을 준수하고 사용성을 높일 수 있도록 노력해야 하며, 사이트 운영자는 최소한의 노력으로 접근성을 향상시킬 수 있는 수단을 제공하려는 노력을 해야 한다. 이미지에 대체 텍스트를 넣을 수 있는 수단, 동영상에 자막이나 원고를 제공해줄 수 있는 수단, 기타 색상으로 정보를 구분하지 않도록 하는 가이드 등이 예가 될 것이다.

현재 시작된 웹 접근성과 사용성 이슈는 단순한 유행이 아닌 사회적으로 정착되어야 할 내용인 만큼 온라인 쇼핑몰의 복잡한 디자인 관습이 변화될 수 있도록 원칙을 가지고 더욱 적극적으로 동참해야 할 것이다.

9.3.5 다양한 솔루션

프로젝트를 진행하다보면 다양한 솔루션(소프트웨어 제품)을 만나는데 웹사이트에 제공되는 모든 서비스가 웹 접근성 지침에 대한 규정을 따라야 되기 때문에 솔루션도 예외가 될 수 없다.

따라서 웹사이트에 솔루션을 도입하기 전에 반드시 접근성 준수 여부를 사전에 파악해야 한다. 이를 무시하고, 진행하다가 사후에 문제가 발생하는 경우 바로 접근성을 지원하는 기능이 아예 없거나 추가적인 비용 문제로 솔루션을 교체해야 할 수도 있기 때문에 신중하게 검토할 필요가 있다. 작은 솔루션 업체는 재정적 문제로 폐업하는 경우도 많아 사전 예방만이 최고의 해결책이다.

솔루션 이용 방식은 그림 9.18과 같이 솔루션 제조사에 제공하는 컴포넌트를 직접 설치하여 이용하는 방식과 API를 연동하여 제공사에게 서비스를 받는 방식이 있는데 되도록 화면 낭독기와 같이 접근성 API를 이용할 수 있는 솔루션을 활용하는 것이 가장 좋다.

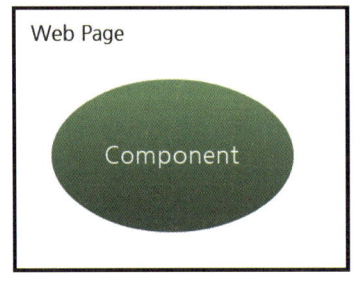 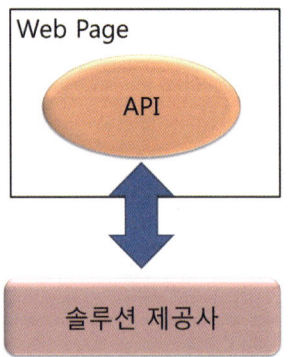

그림 9.18 솔루션 이용 방식

9.3.5.1 본인 인증

공인인증 솔루션의 주요 기능은 본인 확인을 위한 인증서를 찾는 것과 원하는 인증서를 선택하고 암호를 입력한 후에 서비스를 원활히 이용하는 것이다. 장애인이 이런 기능을 이용하려면 키보드와 화면 낭독기에 접근이 용이해야 한다. 공인인증 솔루션은 그림 9.19와 같이 HTML 코드 형식과 C/S 형식 등 2가지 종류로 제공되고 있다. 사용자에게 제공하는 방법은 다르지만 웹 접근성을 준수하는 기준은 동일하다.

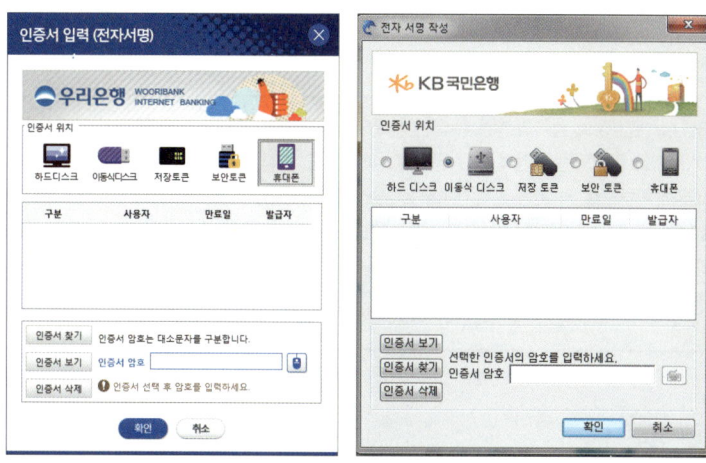

그림 9.19 HTML형 공인인증(좌), C/S형 공인인증(우)

공인인증서의 접근성 적용하려면 단체표준으로 제정된 '공인인증서 가입자 S/W의 장애인 웹 접근성 제공을 위한 실무지침'을 활용하기 바란다.

★ 용어

C/S : Client/Server system의 약자로서 사용자측의 PC인 클라이언트와 여기에 접속한 서버 컴퓨터에서 처리를 분담하여 클라이언트와 서버로 맞춰서 하나의 업무를 처리하는 시스템

출처: [네이버 지식백과] (IT용어사전, 한국정보통신기술협회)

9.3.5.2 키보드 보안

키보드 보안 솔루션은 키보드 정보를 보호하기 위한 솔루션이므로 별도의 대체 텍스트를 제공하는 것은 위험한 발상이다. 주요 점검사항은 입력한 값의 정보를 알 수 없더라도 입력을 추측할 수 있게 입력에 대한 알림 정보를 제공할 수 있는지 여부와 키보드의 Tab 키 운용 중 초점이 역순으로 이동하는지에 대한 점검이 필요하다.

그림 9.20 키보드 보안 솔루션

> ★ **용어**
>
> 키보드 보안 : 개인 정보 입력의 최초 수단인 키보드 단계에서부터 서비스 전 구간에 걸쳐 시행되는 보안이다. 키보드로 입력되는 개인의 중요 정보, ID, 패스워드, 계좌 번호, 카드 번호 등을 키보드 드라이버 레벨에서 암호화하므로 키 자동 기록기(key logger) 프로그램 등의 공격에 의해 중요 정보가 유출되는 것을 근본적으로 차단하는 보안 방식으로, 백신, 개인용 방화벽과 함께 주요한 개인 정보 보호 수단이 되고 있다.
>
> 출처 : [네이버 지식백과] 키보드 보안 (IT용어사전, 한국정보통신기술협회)

9.3.5.3 웹 에디터

웹 에디터 솔루션을 선택할 때는 다양한 편집 도구에 레이블 제공 여부와 키보드 접근 가능 여부를 필수적으로 확인해야 한다. 또한 편집을 위한 도구상자(아이콘)의 대체 텍스트가 제공되거나 편집이 불가능한 사용자를 위해 이를 건너뛸 수 있게 하는 건너뛰기 링크 기능 등을 점검해야 한다.

전맹 사용자의 경우는 드로잉이나 위치를 정하여 편집해야 하는 복잡한 편집 기능 등은 활용할 수 없기 때문에 이를 생략할 수 있게 구현하는 것이 좋기 때문이다. 복잡한 기능보다 단순 편집창인 `<textarea>` 요소를 선택할 수 있는 기능을 제공하여 화면 낭독기 사용자에게 활용할 수 있도록 해주는 것도 좋은 방법 중 하나다.

또한 편집창에서 텍스트를 작성할 때는 Tab 키의 중복된 기능을 보완할 수 있어야 한다. 웹 에디터의 Tab 키는 들여쓰기로 사용되지만 키보드 사용자는 Tab 키가 링크나 입력 서식으로의 이동을 의미하기 때문에 웹 에디터 안에서 편집하면서 편집 창을 빠져 나올 수 있는 기능을 제공해야 한다. 가상 커서를 설정하거나 해제하면서 Tab 키의 들여쓰기와 편집창을 빠져 나오는 용도로 사용할 수도 있다.

그림 9.21은 오픈소스인 CK에디터에 웹 접근성을 적용하여 도구상자에 요약키를 제공하여 쉽게 이용할 수 있게 해주면서 도구상자 바로가기와 편집창 바로가기로 선택할 수 있게 하여 도구상자를 건너뛸 수 있도록 했다. 이렇게 기존의 솔루션에 접근성을 적용하여 사용하거나 접근성을 준수하는 웹 에디터 솔루션을 사용하는 것이 매우 중요하다.

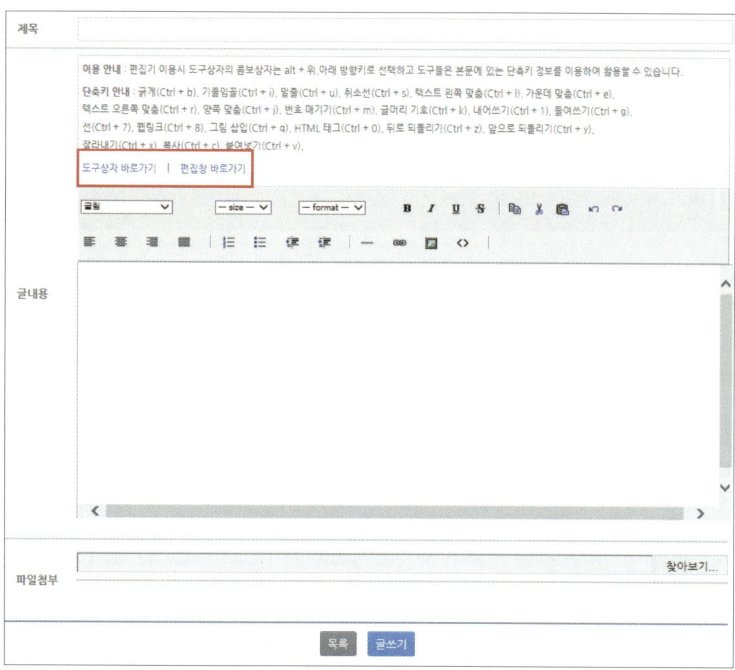

그림 9.21 웹 접근성을 적용한 웹 에디터 솔루션

9.3.5.4 그리드

그림 9.22는 단순한 표로 보이지만 실제로는 복잡한 기능이 있는 그리드 솔루션이다. 그리드 솔루션을 점검하려면 첫 번째로 표를 이해할 수 있는지를 살펴야 한다. 제목 셀과 내용셀로 구분하고, 표 제목과 요약 정보 제공이 가능한지 여부와 모든 기능을 키보드만으로 제어할 수 있는지도 꼼꼼하게 살펴보아야 한다. 단축키 제공으로 인한 화면 낭독기 및 브라우저 단축키와 중복 처리되어 제어가 불가능한 부분이 있는지도 확인하는 것이 좋다.

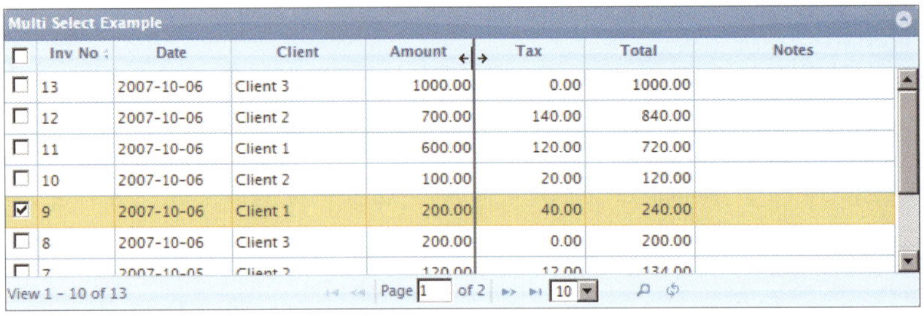

그림 9.22 그리드 솔루션

정리

장애인차별금지법을 부정적으로 보지 않고, 법을 준수하면서도 실제 웹 접근성을 유지하고 향상시키기 위한 유지보수 전략을 알아보았다. 장애인차별금지법 대응을 위한 컨설팅 전략을 간단하게 요약하면 다음과 같다.

1. 단계적 개선 계획 수립

- 보유하고 있는 콘텐츠 양이 많을수록 한꺼번에 웹 접근성을 준수하기는 쉽지 않으므로 장애인차별금지법의 법적 준수 요건을 갖추면서 단계적으로 개선해 나갈 수 있도록 단계적 개선 계획을 수립해야 한다.
- 장애인차별금지법에서 가장 중요하게 다루는 부분이 악의적이나 고의적인 차별이므로 웹 접근성을 준수하고 있는 사실이나 구체적인 계획을 가지고 있는 것이 중요하다.
- 장애인차별금지법에서는 현저히 곤란한 사정이나 과도한 부담이 있는 경우 예외 조건이 되는데 곤란한 사정은 현재의 기술 수준을, 과도한 부담은 피진정인들의 재무현황이나 웹사이트 구축 비용을 주로 판단한다.

2. 우선순위 분석

- 단계적 계획을 세우려면 보유하고 있는 웹사이트의 콘텐츠, 솔루션 등을 분석해야 하고, 중요도, 시급도, 난이도 등을 바탕으로 우선순위를 도출할 수 있다.
- 중요도는 비즈니스적인 가치, 회사 이미지 측면에서의 중요도 순으로 평가한다.
- 시급도는 장애인차별금지법에 대응하여 진정 위험측면을 고려하여 시급도 순으로 평가한다.
- 난이도는 콘텐츠의 웹 접근성 준수를 위한 개선 수준 정도를 고려하여 난이도 순으로 평가한다.

- 중요도와 시급도, 난이도에 대한 가중치를 고려하여 우선순위를 산정하면 개선의 순서가 정해진다.
- 우선순위별로 사이트 개선 로드맵, 연도별 개선 로드맵, 단계적 발주 계획, 유지보수 방안 등을 수립하면 종합적인 단계적 개선 계획안을 수립할 수 있다.

3. 유지관리와 오류 분석
- 웹 접근성은 지속적으로 생산되는 웹 콘텐츠의 접근성 유지와 사용성 향상이 중요하므로 사용성까지 고려한 지침에 따른 유지관리 정책과 오류빈도 분석 등을 위한 웹 접근성 담당자나 팀을 운영하면서 관리하는 책임제도를 도입해 유지관리하는 것이 가장 효율적이다.

4. 인터넷뱅킹과 이러닝 콘텐츠, 온라인 쇼핑몰
- 인터넷뱅킹, 주식거래, 이러닝 콘텐츠, 온라인 쇼핑몰 등 사이트의 특성에 따라 중점적으로 보완해야 할 접근성 이슈가 도출될 수 있으며, 웹 접근성을 준수하지 못하는 원인 분석을 통해 방향성을 수립할 수 있다.

5. 보안 솔루션
- 보유 솔루션은 도입하기 전에 반드시 접근성 준수 여부를 판단해야 하며, 사전 분석 없이 솔루션을 도입한 경우 높은 비용 문제나 교체가 불가피한 상황이 발생할 수도 있으므로 신중하게 검토해야 한다.

지금까지 웹 접근성에 관한 이론과 실무, 법 준수를 위한 대응 방안까지 모두 살펴보았다. 그럼 이제 스스로 웹 접근성을 평가하고, 준비할 수 있는 전문적인 실력을 쌓기 위해 4부에서 웹 접근성을 검증하는 법과 테스트하는 법을 알아보자.

4부
웹 접근성 검증과 테스트

웹 접근성은 적용과 구현도 중요하지만 실제로 혼자하는 작업보다 팀으로 프로젝트를 수행하는 경우가 많기 때문에 제대로 적용되어 있는지 확인하는 과정이 더욱 중요하다. 팀 내에 웹 접근성 전문가가 있다면 팀 전체에 큰 도움이 될 수 있다. 하지만 전체적으로 업무가 나뉘어져 있기 때문에 한 사람에 의존하기가 쉽지 않다. 개발자가 웹 접근성을 제대로 이해하고 있다면 자바스크립트를 통해 많은 퍼블리싱 영역을 자동화하여 사용할 수도 있다. 이처럼 팀 전체의 전반적인 수준도 중요하지만 개개인의 웹 접근성 구현 실력과 웹 접근성 구현 여부를 확인할 수 있는 검증 실력이 무엇보다도 중요하다.

4부에서는 스스로 웹 접근성 적용 여부를 테스트하면서 검증할 수 있도록 평가 기법과 도구 사용법을 알아보자. 이를 통해 웹 접근성 프로젝트나 품질인증마크 획득에도 자신감을 가질 수 있을 것이다.

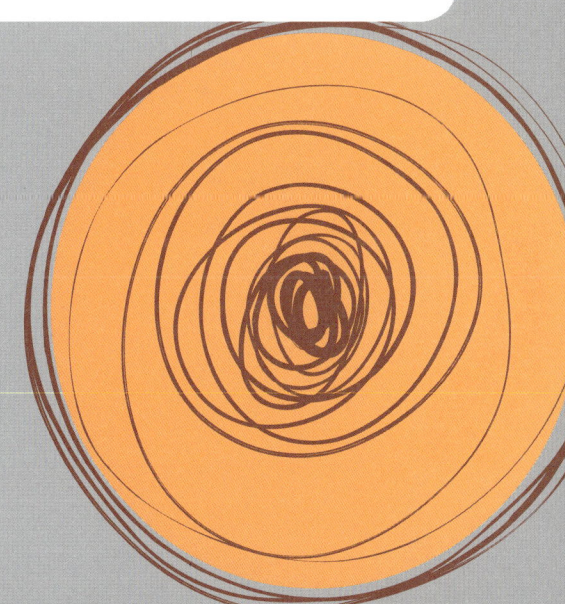

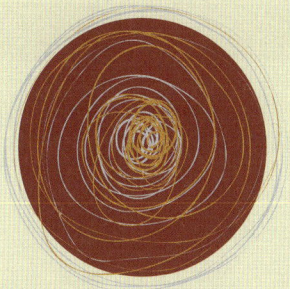

10
웹 접근성 평가 기법

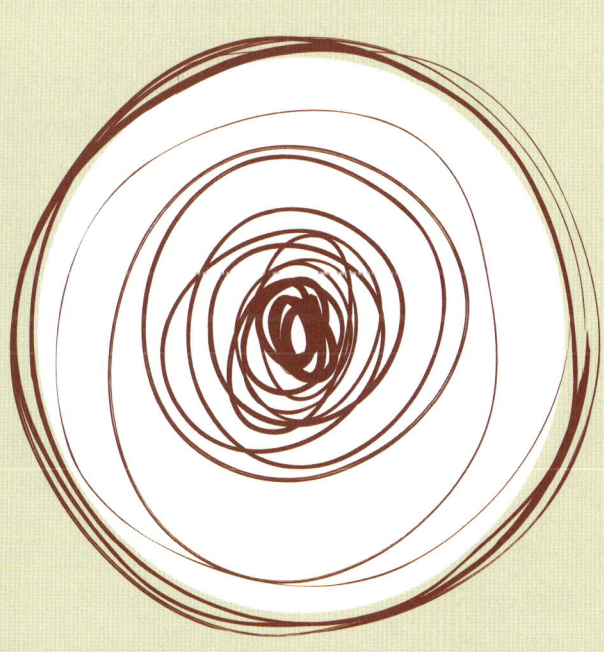

10.1 평가 기법의 종류와 특징

평가 기법은 자동 평가와 수동 평가가 있다. 두 평가 기법의 내용과 특징을 알아보자.

10.1.1 평가 기법의 종류

웹 접근성 평가는 크게 자동 평가와 수동 평가로 나뉜다. 자동 평가는 검사 도구에 의해 자동으로 확인되는 평가인 반면 수동 평가는 사람이 직접적으로 평가하는 방법이다. 수동 평가는 또 다시 전문가 평가와 사용자 평가로 나뉜다. 전문가 평가는 웹 접근성에 관하여 전문적인 지식을 바탕으로 국가표준에서 정하는 검사항목을 테스트해서 준수 여부를 판단하는 평가이며, 사용자 평가는 실제 장애유형별로 장애인이 직접 웹 콘텐츠를 이용해 보고 이용 가능 여부를 판단하는 평가를 말한다.

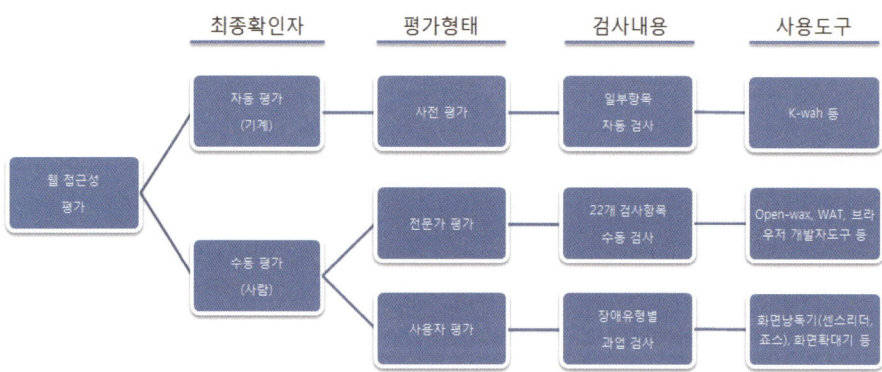

그림 10.1 평가의 종류와 구성

현재 심사에서는 2가지 평가를 모두 통과한 경우에만 품질인증마크를 부여한다. 이렇게 웹 접근성 평가 기법이 필요한 이유는 웹 접근성을 적용한 대상에 대해 최종적으로 확인하는 과정이 중요하기 때문이다. 아무리 잘 적용해도 실수로 업데이트하지 않은 부분이 있거나 팀 작업으로 인해 준수한 내용이 수정될 수도 있기 때문이다. 따라서 최종적으로 웹 접근성 준수 여부를 확인하려면 반드시 평가 기법을 알고 있어야 한다.

많은 기관과 기업이 자체적으로 웹 접근성을 준수했는지 확인할 수 있는 기술이 없어 장애인 단체나 컨설팅 회사를 고용해 비용을 들여 검사하는데 웹 접근성 준수 지침과 평가 기법을 정확히 이해하고 있는 직원이나 조직을 보유하고 있다면 비용을 절감할 수 있다.

이처럼 객관적으로 웹 접근성 준수 사실을 증명할 수 있다면 사회 전반적으로 기술 향상과 경제적인 효과로 전반적인 사회적 비용을 감소시킬 수 있다. 자! 그럼 웹 접근성 전문가가 되기 위한 필수 코스인 웹 접근성 평가 기법을 살펴보자.

10.1.2 평가 기법의 특징

자동 평가와 수동 평가의 특징을 살펴보고 확실히 이해해보자.

10.1.2.1 자동 평가의 특징

자동 평가의 특징은 자동으로 점검되는 도구인 만큼 편리하고 많은 양을 한꺼번에 체크해볼 수 있는 장점이 있는 반면 지침의 전체를 검증할 수 없고, 기계적인 수준에서의 점검으로 정확성이 떨어지는 결정적인 단점이 있다. 주로 사람을 대상으로 하는 웹 접근성의 특성상 모든 검사항목의 준수 여부를 자동으로 평가하는 것은 불가능하기 때문이다. 예를 들어 대체 텍스트를 제공했는지 여부를 검사한다고 했을 때 자동 평가 도구에서는 <img> 요소에 alt 속성이 들어 있는지는 확인할 수 있지만 <img>에 대한 alt가 적절한지는 프로그래밍으로 판단하기 어렵다.

따라서 자동 평가 도구는 현재 수준을 참고할 수 있는 수준으로 사전 평가나 기초 평가의 용도로 많이 사용되고 있으며 중요도가 떨어지는 영역에 대한 검증관리, 대형 사이트에서 초벌 수준 평가를 원할 때 사용하는 것이 정석이다. 결론적으로 자동 평가는 **웹 접근성 준수 여부를 최종적으로 결정하는 용도로 사용하는 것은 적합하지 않다**. 자동 평가 도구를 통해 대상 페이지에서 주로 어떤 유형이 오류를 일으키는지 확인하고, 검사할 양이 많은 경우 오류가 있는 위치를 바로 확인할 수 있는 장점을 활용하여 빠르게 수정하는 정도로 사용할 수 있으며 전문가가 자동 평가에 대한 해석과 보완 작업을 해주는 것이 바람직하다.

10.1.2.2 수동 평가의 특징

수동 평가의 특징은 수동으로 점검해야 하는 만큼 시간과 비용이 들어가지만 정확한 평가가 가능하다는 것이 장점이다. 수동 평가는 전문가 평가와 사용자 평가로 나뉘는데 전문가 평가는 웹 접근성에 관하여 전문적인 지식을 가진 전문가가 검사항목을 직접 평가하기 때문에 전문가의 수준에 따라 평가 결과가 달라질 수 있다는 점을 주의해야 한다. 전문가는 평가 결과를 자의적인 해석이 아니라 표준이나 지침의 근거 안에서 평가해야 한다. 이를 보완하려면 주로 전문가 평가 시 서로 비교할 수 있게 크로스 체크하는 방법을 많이 사용한다. 이를 통해 서로 다른 결과를 논의하면서 지침화하거나 내용을 정리해나갈 수 있기 때문이다.

사용자 평가는 웹 접근성의 대상에 해당하는 당사자인 다양한 장애 유형의 사용자가 평가할 사이트에서 자주 이용하는 서비스를 대상으로 과업을 정하여 정해진 시간 내에 달성하는지를 바탕으로 준수 여부를 판단하는 평가다. 이때 시각장애인 사용자는 화면 낭독기를 다룰 줄 알아야 하며, 기본적인 접근성 지원을 위한 옵션 설정과 행동 패턴을 정하여 일관된 평가가 가능하게 해야 한다. 저시력 사용자의 경우도 화면 확대기를 사용하면서 발생하는 문제를 지적할 수 있어야 한다. 현재의 사용자 평가는 실패의 원인을 단순하게 시간 초과 외에는 반영하고 있지 않지만 각 장애 유형에 따른 시간 배정도 다르게 하는 등 좀 더 보완된 기준이 필요하다.

특히 사용자 평가는 실제 사용하면서 발생하는 문제를 보고서에 기록하여 사용성을 높일 수 있게 해야 하는데 지침을 근거로 하는 것보다는 실제 사용상의 문제를 평가할 수 있어야 한다. 이때 주의해야 할 점은 개인의 기호나 취향을 기준으로 사용성 여부를 판단해서는 안 된다는 점이다. 예를 들어 F6 키로 건너뛸 수 있는 기능을 제공해야 한다는 식의 주관적 판단을 배제해야 한다. 아직까지 국내에는 이렇다 할 사용자 평가 기준이 존재하지 않으므로 좀 더 많은 연구와 개발이 필요하다.

수동 평가의 특징을 살펴본 것처럼 수동 평가의 장점을 극대화하려면 평가를 받는 사람이나 평가를 하는 사람이 서로 납득할 수 있는 구체적인 기준을 제시하는 것이 가장 중요하다고 할 수 있다.

10.2 웹 접근성 평가 도구

웹 접근성 평가 도구에는 K-WAH, 오픈 왁스 OPEN WAX, CCA, WAT 등이 있다. 각 평가 도구를 하나씩 살펴보자.

10.2.1 K-WAH

K-WAH는 한국정보화진흥원에서 무료로 제공하고 있는 가장 대표적인 자동 평가 도구이며, 자동 추출 방식으로 비교적 손쉽게 기본적인 수준의 웹 접근성 적용 여부를 판단할 수 있다. K-WAH에 대해 알아보자.

도구 설명

K-WAH는 현재 4.4버전까지 업데이트되었으며 한국형 웹 콘텐츠 접근성 지침 2.0의 준수 정도를 점검해준다. 단 표 10.1과 같이 22개의 검사항목 중 6개 항목에만 자동으로 검사하여 준수율을 부여한다.

표 10.1 K-WAH의 자동검사 항목

4원칙	22개 검사항목
인식의 용이성	① *적절한 대체 텍스트 제공 ② 자막제공 ③ 색에 무관한 콘텐츠 인식 ④ 명확한 지시사항 제공 ⑤ 텍스트 콘텐츠의 명도대비 ⑥ 배경음 사용 금지
운용의 용이성	⑦ 키보드 사용 보장 ⑧ 초점 이동 ⑨ 응답시간 조절 ⑩ 정지 기능 제공 ⑪ 깜빡임과 번쩍임 사용 제한 ⑫ 반복 영역 건너뛰기 ⑬ *제목 제공 ⑭ 적절한 링크 텍스트
이해의 용이성	⑮ *기본 언어 표시 ⑯ *사용자 요구에 따른 실행 ⑰ 콘텐츠의 선형화 ⑱ 표의 구성 ⑲ *레이블 제공 ⑳ 오류 정정
견고성	㉑ *마크업 오류 방지 ㉒ 웹 애플리케이션 접근성 준수

> **팁**
> 기존에는 한국정보문화진흥원의 약어인 KADO를 붙여 'KADO-WAH'라고 불리웠지만 한국정보사회진흥원과 한국정보문화진흥원이 '한국정보화진흥원'으로 통합되면서 KADO를 'K'로 바꾸게 되었다. 그래서 K-WAH라 부르며 WAH(Web Accessibility Helper)는 '웹 접근성 도우미'라는 의미가 있다.

설치 URL

K-WAH는 한국정보화진흥원에서 운영하는 웹 접근성 연구소에서 직접 다운로드할 수 있다.

- 경로 : 웹 접근성 연구소 > 개발자아카이브 > K-WAH 4.0
- URL : http://www.wah.or.kr/Achive/Kadowah.asp

설치와 실행

설치 URL에서 설치 파일(KWAH40.zip)을 다운로드해 setup.exe를 실행하면 설치 마법사를 이용해 자동으로 설치가 진행된다.

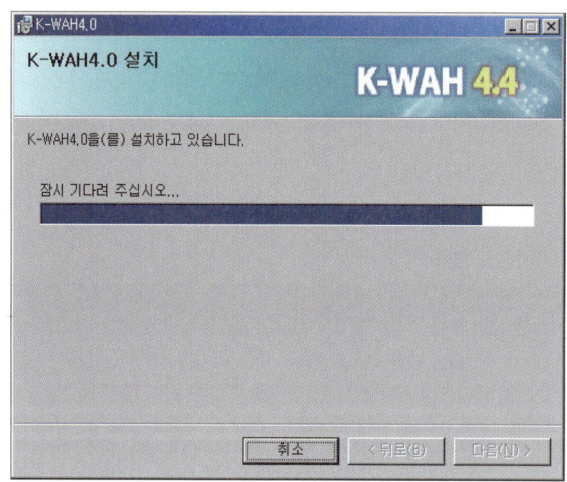

그림 10.2 K-WAH 4.4 설치 화면

설치가 완료되면 K-WAH의 실행 화면을 볼 수 있는데 기본으로 도구의 중심 프레임에 웹 접근성 연구소 사이트를 보여준다. 아울러 좌측 하단의 메뉴에서 웹 접근성 연구소의 공지사항이나 한국형 웹 콘텐츠 접근성 2.0을 볼 수 있도록 웹사이트와 연계되어 있다.

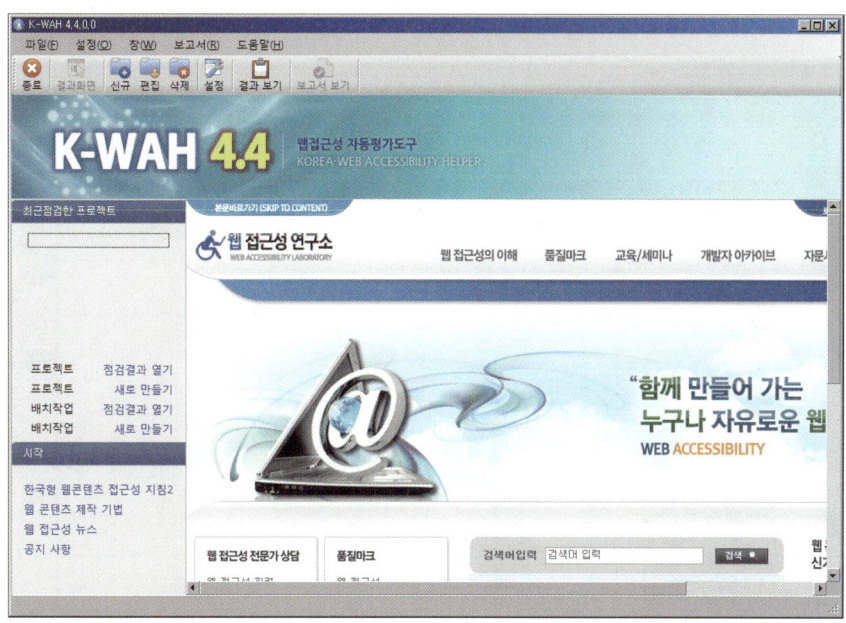

그림 10.3 K-WAH 4.4 실행 화면

점검 방법

웹 접근성 자동 점검을 하면서 첫 번째로 해야 할 것은 프로젝트 생성이다. 프로젝트 생성하는 방법은 그림 10.4와 같이 **파일 › 새로 만들기 › 프로젝트**를 선택하거나 K-WAH 첫 화면 좌측에 있는 **프로젝트 새로 만들기**를 선택한다.

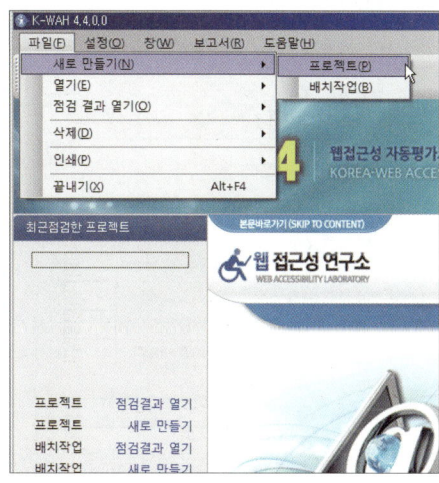

그림 10.4 K-WAH 프로젝트 생성 방법

웹 접근성 평가 기법 **543**

프로젝트 새로 만들기를 선택하면 그림 10.5의 자동 점검 설정창이 생성된다.

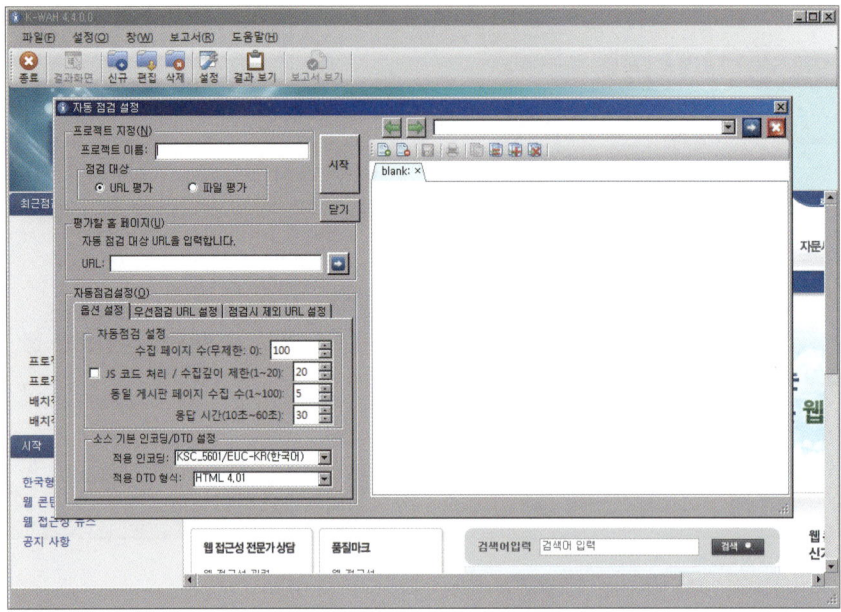

그림 10.5 K-WAH의 자동 점검 설정 창

자동 점검하려면 그림 10.6처럼 최소 3가지 정보를 입력해야 한다.

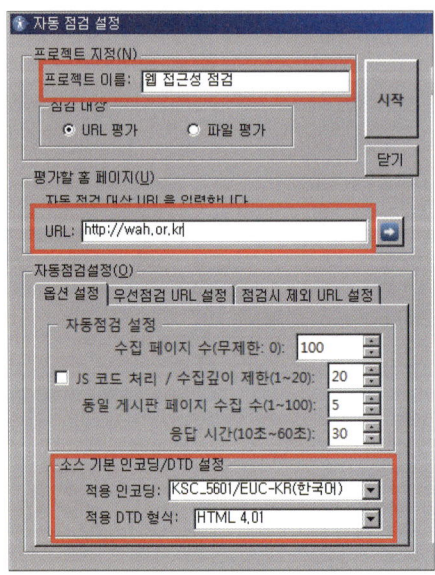

그림 10.6 K-WAH의 자동 점검 설정 정보 입력

우선 **프로젝트 이름**을 생성하여 자동 점검이 종료된 이후에도 프로젝트 이름으로 저장된 웹 접근성 점검 결과를 활용할 수 있게 된다. 다음은 평가할 홈페이지의 **URL** 주소를 입력한다. 입력 시에는 HTTP 프로토콜 정보까지 모두 입력해야 한다. 마지막으로 **소스 기본 인코딩/DTD 설정** 값을 선택해야 한다. 해당 정보는 그림 10.7과 같이 평가하고자 하는 웹사이트 소스의 도입 부분에서 얻을 수 있다.

```
<!DOCTYPE HTML PUBLIC "-//W3C//DTD HTML 4.01//EN" "http://www.w3.org/TR/html4/strict.dtd">
<html lang="ko">
<head>
<meta http-equiv="Content-Type" content="text/html; charset=utf-8">
<title>대체 텍스트 제공 | 웹 접근성 연구소</title>
<meta name="author" content="KADO">
<meta name="robots" content="all">
<meta name="keywords" content="KADO, 한국정보화진흥원, Internet Web Contents Accessibility Gu
지침, 웹컨텐츠 접근성">
```

그림 10.7 문서 타입(DTD)과 인코딩 정보

문서 타입과 인코딩 정보의 입력이 잘못되면 검사항목 중 문법 준수 부분에서 잘못된 평가가 될 수 있으므로 정확하게 입력해야 한다.

기본적인 입력이 완료되었으면 별도의 설정 없이 **시작** 버튼을 눌러 점검을 실행할 수 있다.

자동 점검 실행 중 점검을 취소하고 싶다면 **점검 취소** 버튼을 눌러 도중에 취소할 수도 있다.

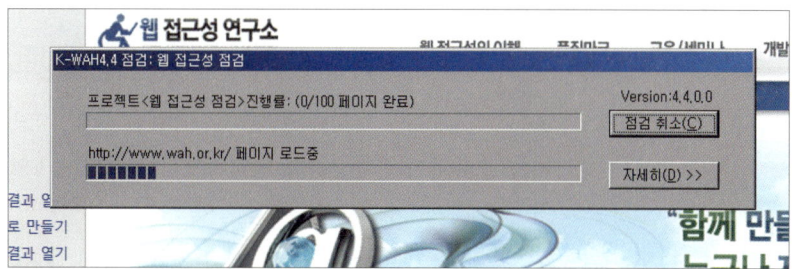

그림 10.8 K-WAH 자동 점검 실행 화면

좀 더 자세한 점검 방식이나 빠른 점검을 원한다면 **자동 점검 설정** 메뉴를 이용하여 원하는 설정이 가능하다. 옵션 설정에서 수집 페이지 수를 조절하거나 메뉴의 깊이를 제한이나 게시판의 페이지 수를 조절하여 더 자세하거나 간략하게 검사할 수 있다. 필요에 따라서 우선 점검할 URL이나 제외해야 할 URL도 설정할 수 있게 구현되었다. 표 10.2를 참고하여 설정하기 바란다.

표 10.2 K-WAH 자동 점검 설정 창 기능

기능명	기능 설명
프로젝트 이름	웹 접근성 점검 결과를 관리하기 위한 이름 지정
URL	웹 접근성을 점검할 웹사이트의 홈페이지 주소
옵션 설정	• 수집 페이지 수 　: 수집할 웹 페이지의 수를 정수 범위의 값으로 제한(디폴트: 100) • 수집 깊이 제한 　: 수집할 웹 페이지의 깊이를 정수 범위의 값으로 제한(디폴트: 20) • 동일 게시판 페이지 수집 수 　: 웹 페이지 수집에 포함시킬 동일 게시판의 페이지 수를 정수 값으로 제한(디폴트: 5)
우선 점검 URL 설정	자동 점검 시 우선 점검할 웹 페이지의 URL 목록 설정
점검 시 제외 URL 설정	자동 점검 시 제외할 웹 페이지의 URL 목록 설정

점검 결과 확인

점검이 완료되면 자동 점검 결과를 볼 수 있는데 총 3개의 프레임으로 구성되어 있다. 화면 왼쪽의 목록에는 자동 점검 항목의 목록을 지침별로 나열하여 보여주며, 각 항목을 펼치면 항목에 해당하는 오류가 발견된 웹 페이지 목록을 보여준다. **URL별로 정렬** 버튼을 누르면 점검한 URL 목록으로 전환된다.

화면 중앙 상단은 접근성 지침 중 6가지 항목의 오류로 각 점검항목에 대하여 웹사이트에서 발견된 항목 수와 오류 수에 대한 통계를 보여준다. 또한 왼쪽 목록에서 한 페이지를 선택하면 해당 페이지에서 발견된 점검항목 수와 오류 수를 보여준다.

화면 중앙 하단의 오류 종류는 선택된 페이지에서 발견된 해당 점검항목에 관한 오류 목록과 소스 코드의 줄 번호를 보여준다.

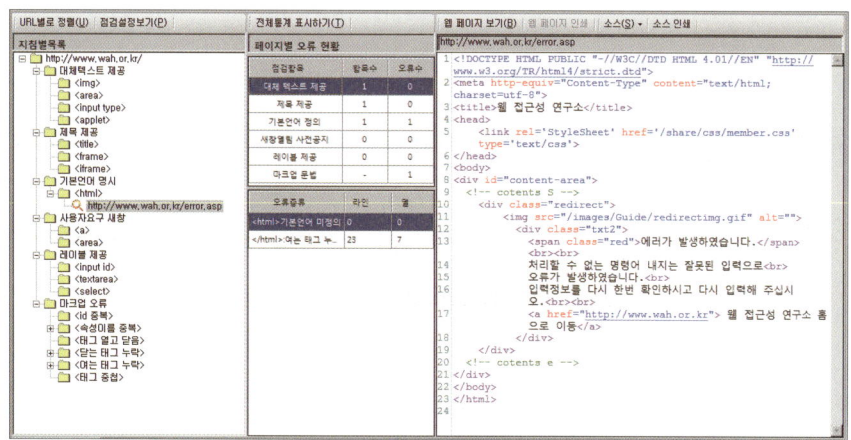

그림 10.9 K-WAH의 자동 점검 결과 화면

화면 오른쪽의 웹페이지 소스 코드는 선택된 웹페이지의 소스 코드를 보여주고, 오류 목록에서 한 항목을 선택하면 이에 해당하는 소스 코드 줄을 하이라이트하여 오류를 쉽게 찾을 수 있게 한다.

오류 내용을 보려면 그림 10.10과 같이 지침별 목록 중 ⊞ 아이콘이 보이는 항목에 오류 페이지가 존재하므로 해당 내용을 클릭하여 확인하면 된다.

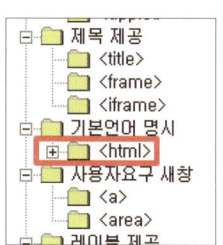

그림 10.10 K-WAH의 지침별 목록 중 오류 내용 표시

오류항목의 폴더를 펼치면 그림 10.11과 같이 접근성 오류 페이지의 URL이 제공된다.

그림 10.11 K-WAH의 자동 점검 결과 오류 페이지 확인

오류항목 페이지 URL을 선택하면 웹 접근성 점검 결과 창 중간에 그림 10.12와 같이 해당 페이지의 오류항목을 정렬해준다.

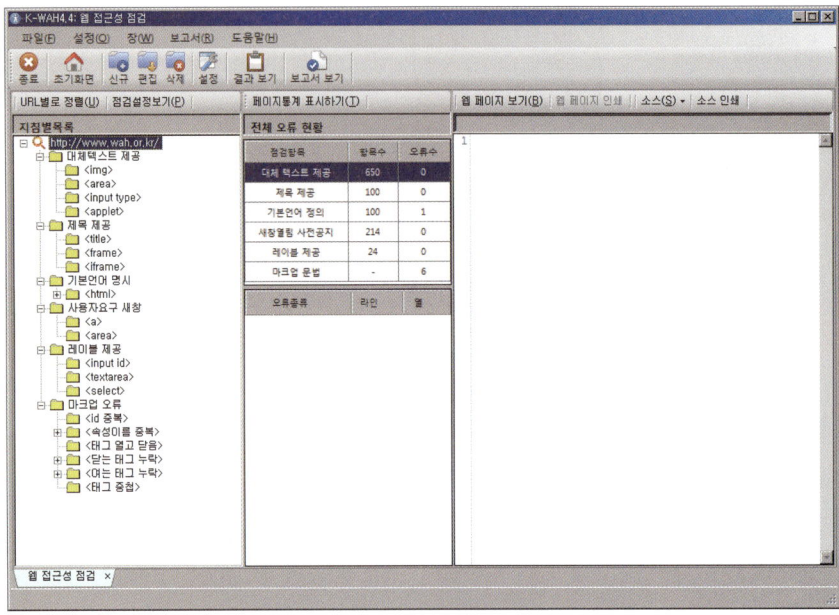

그림 10.12 K-WAH의 페이지 오류 현황

또한 그림 10.13처럼 검사 결과 창의 우측에 해당 페이지의 코드를 보여주고 해당 오류 소스에 블록을 설정해주어 오류항목을 쉽게 찾아 수정할 수 있게 안내한다.

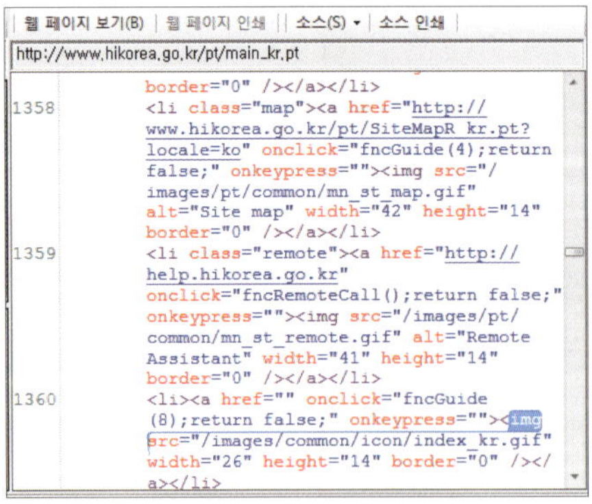

그림 10.13 K-WAH의 오류 페이지 코드

점검 보고서

K-WAH는 보고서 기능을 지원한다. **보고서 > 자동점검 보고서**를 선택하거나 도구모음의 **프로젝트 보고서 열기 아이콘**()을 선택하면 웹 접근성 자동점검 보고서 창이 열리고 그림 10.14와 같이 자동점검 보고서를 제공받을 수 있다.

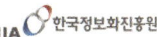

그림 10.14 K-WAH의 웹 접근성 자동점검 보고서

메뉴별 주요 기능

K-WAH를 활용하기 위한 각 메뉴의 역할을 알아보자.

먼저 **파일** 메뉴에는 **새로 만들기, 열기, 점검결과 열기, 삭제, 인쇄** 등 기본 기능이 있는데 여러 개의 사이트를 정기적으로 점검해야 한다면 **배치 작업**을 이용하면 편리하다. **배치 작업**을 선택하면 여러 개의 프로젝트를 묶어서 한꺼번에 패키지 형태로 점검할 수 있어 점검 시간을 단축시켜준다. 점검이 끝나면 **인쇄** 메뉴를 통해 점검 결과를 보고서로 인쇄할 수 있으며, **점검 결과 열기**를 해서 수정하고자 하는 오류 목록을 선택하면 소스에서 오류를 낸 원인을 초점이 이동하여 찾아주므로 쉽게 수정할 수 있는 장점이 있다. 자세한 파일 메뉴의 기능은 표 10.3을 참고하기 바란다.

표 10.3 K-WAH의 파일(F) 메뉴 기능

하위메뉴		기능 설명
새로 만들기(N)	프로젝트(P)	웹사이트의 점검을 위하여 새로운 프로젝트를 생성한다.
	배치 작업(B)	여러 웹사이트의 점검을 위하여 배치 작업을 생성한다.
열기(E)	프로젝트(P)	기존 프로젝트를 열어 재점검할 수 있게 한다.
	배치 작업(B)	기존 배치 작업을 열어 재점검할 수 있게 한다.
점검 결과 열기(O)	프로젝트(P)	기존 프로젝트의 점검 결과를 보여준다.
	배치 작업(B)	기존 배치 작업의 점검 결과를 보여준다.
삭제(D)	프로젝트(P)	기존 프로젝트를 삭제한다.
	배치 작업(B)	기존 배치 작업을 삭제한다.
인쇄(P)	프로젝트 보고서(R)	프로젝트 보고서를 인쇄한다.
	수집 URL 목록(U)	점검 결과 요약을 포함한 URL 목록을 인쇄한다.
	URL 소스(S)	점검 결과 화면에 나타난 URL의 소스를 인쇄한다.
	웹 페이지(W)	점검 결과 화면에 나타난 웹 페이지를 인쇄한다.
끝내기(X)		웹 페이지의 소스 코드를 인쇄한다.

설정 메뉴에는 표 10.4와 같이 **점검 설정 열기**와 **페이지 확장자 설정**이 있으며 자동 점검을 위한 옵션 설정과 수집할 웹 페이지 파일의 기본 확장자를 추가하여 설정할 수 있다.

표 10.4 K-WAH의 설정(O) 메뉴 기능

하위 메뉴	기능 설명
점검 설정 열기(O)	자동 점검을 위한 옵션을 설정한다.
페이지 확장자 설정(E)	웹 페이지 파일의 기본 확장자 이외에 웹 페이지로서 수집할 페이지의 확장자를 추가로 설정한다. ※ K-WAH 4.0에서 웹 페이지로 수집하는 기본 확장자 목록 　　html,shtml,htm,php,asp,jsp,php3,aspx,pl,py,cfm,ttvn,action,do

창 메뉴는 표 10.5와 같이 현재 열려 있는 창의 목록을 보여주는 역할을 한다.

표 10.5 K-WAH의 창(W) 메뉴 기능

하위 메뉴	기능 설명
창(W)	K-WAH 4.0에서 열려 있는 창의 목록을 보여준다.

보고서 메뉴에는 표 10.6과 같이 인쇄할 수 있게 **프로젝트 보고서**를 열어주는 메뉴와 **수집 URL 목록**을 확인할 수 있는 메뉴를 제공한다.

표 10.6 K-WAH의 보고서(R) 메뉴 기능

하위 메뉴	기능 설명
프로젝트 보고서(S)	프로젝트 보고서 창을 나타낸다.
수집 URL 목록(U)	점검 결과 요약을 포함한 URL 목록 창을 나타낸다.

도움말 메뉴에는 표 10.7과 같이 도움말을 확인하여 사용에 관한 정보를 제공한다.

표 10.7 K-WAH의 도움말(H) 메뉴 기능

하위 메뉴	기능 설명
K-WAH 4.0 도움말(F1)	K-WAH 4.0을 사용에 관한 도움말을 표시한다.
시작 정보로 가기(G)	K-WAH 4.0의 시작 정보를 나타내는 초기 화면으로 이동한다.
K-WAH 4.0 정보(A)	K-WAH 4.0에 관한 정보를 표시한다.

이제 K-WAH를 활용하여 자동 점검을 할 수 있다. 앞서 설명한 것처럼 자동 점검은 한계점이 있고, 사전 점검 수준의 평가가 가능하다. 이를 좀 더 정확하게 평가하기 위한 브라우저 기반 접근성 도구 사용 방법을 자세하게 알아보자.

10.2.2 오픈 왁스

오픈 왁스는 현재 웹 접근성 평가에서 가장 많이 쓰는 평가 도구 중 하나로, 특히 프레임 페이지까지 포함하여 현재 페이지의 웹 접근성 준수 여부를 요소별로 대조하여 직접 확인할 수 있는 강력한 기능을 제공한다. 오픈 왁스를 살펴보자.

도구 설명

오픈 왁스는 크롬, 파이어폭스, IE에서 무료로 제공하는 브라우저 기반 평가 도구다. 오픈 왁스는 한국형 웹 콘텐츠 접근성 지침 2.0의 준수 정도를 점검해준다. 단 표 10.8과 같이 22개의 검사항목 중 11개 항목에 대해서만 요소를 추출하고 자동으로 검사하여 준수율을 부여한다. 오픈 왁스의 장점은 검사항목과 관련된 요소를 정렬하여 기본적인 검사를 해주고, 육안으로 최종 확인할 수 있는 구조이므로 좀 더 정확한 검사가 가능하다는 점이다.

오픈 왁스는 브라우저별로 기능이 다른데 그 중 파이어폭스 브라우저의 오픈 왁스 기능이 타 브라우저에 비해 좋아서 주로 파이어폭스 브라우저에서 많이 사용한다. 대표적으로 파이어폭스에서는 오픈 왁스로 로컬 파일 검사가 가능하며 오픈 왁스 실행 후 브라우저 탭을 추가해도 오픈 왁스가 계속 열려 있다는 장점이 있다.

표 10.8 오픈 왁스의 자동 검사항목

4원칙	22개 검사항목
인식의 용이성	① *적절한 대체 텍스트 제공 ② 자막 제공 ③ 색에 무관한 콘텐츠 인식 ④ 명확한 지시사항 제공 ⑤ *텍스트 콘텐츠의 명도대비 ⑥ 배경음 사용 금지
운용의 용이성	⑦ 키보드 사용 보장 ⑧ 초점 이동 ⑨ 응답시간 조절 ⑩ 정지 기능 제공 ⑪ 깜빡임과 번쩍임 사용 제한 ⑫ *반복 영역 건너뛰기 ⑬ *제목 제공 ⑭ *적절한 링크 텍스트
이해의 용이성	⑮ *기본 언어 표시 ⑯ *사용자 요구에 따른 실행 ⑰ 콘텐츠의 선형화 ⑱ *표의 구성 ⑲ *레이블 제공 ⑳ 오류 정정
견고성	㉑ *마크업 오류 방지 ㉒ 웹 애플리케이션 접근성 준수

설치 URL

오픈 왁스는 http://openwax.miya.pe.kr에서 다운로드할 수 있으며, 브라우저별로 제공 방식이 다른데 IE는 북마클릿 방식으로 설치 가능하고, 파이어폭스나 크롬에서는 플러그인 방식으로 설치 가능하다.

설치 방법

다양한 브라우저에서 사용 가능하며 브라우저마다 설치 방법은 다음과 같다.

파이어폭스 브라우저 설치 방법

❶ 파이어폭스를 실행한다.

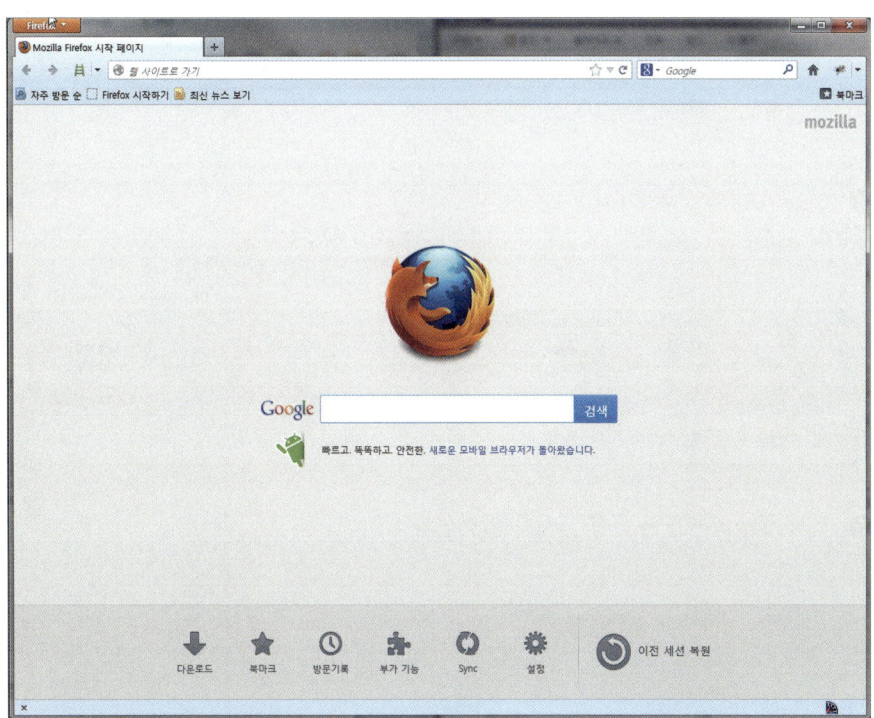

그림 10.15 파이어폭스 실행 화면

❷ 하단의 **부가 기능** 버튼을 클릭한다.

그림 10.16 파이어폭스 부가 기능 버튼

❸ **부가 기능 관리자** 탭에서 openwax로 검색한다.

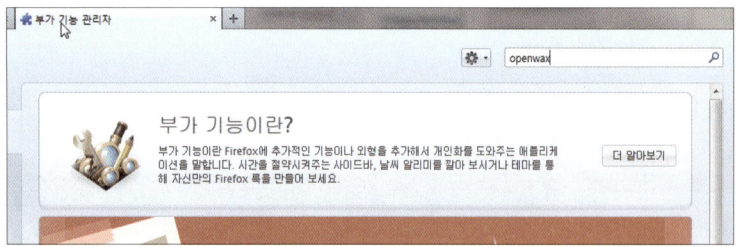

그림 10.17 파이어 폭스 부가 기능 검색 화면

❹ OpenWAX의 **설치하기** 버튼을 누른다.

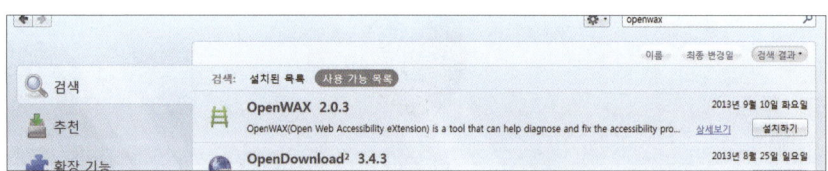

그림 10.18 오픈 왁스 검색 결과 화면

❺ **다시 시작** 버튼을 누르면 설치가 완료된다.

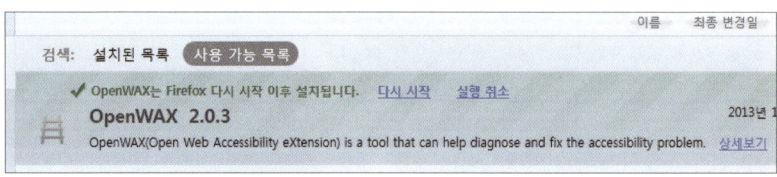

그림 10.19 오픈 왁스 설치 완료 화면

크롬 브라우저 설치 방법

❶ 크롬 브라우저를 실행한다.

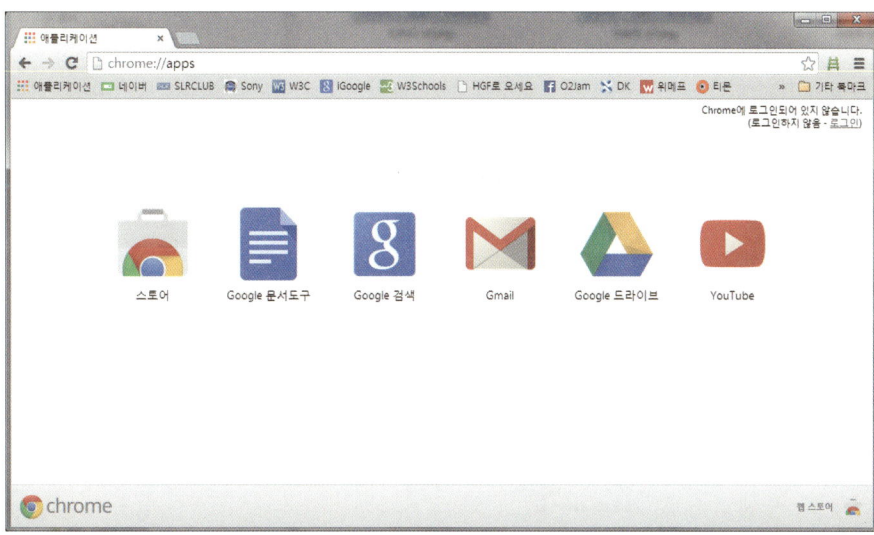

그림 10.20 구글 크롬 실행 화면

❷ 크롬 브라우저 화면에 있는 스토어 아이콘을 실행한다.

그림 10.21 구글 크롬 아이콘

❸ 좌측 상단 검색어를 openwax로 검색한다.
❹ 우측 검색 결과의 확장 프로그램 탭을 누른다.

❺ CHROME에 **추가** 버튼을 누른다.

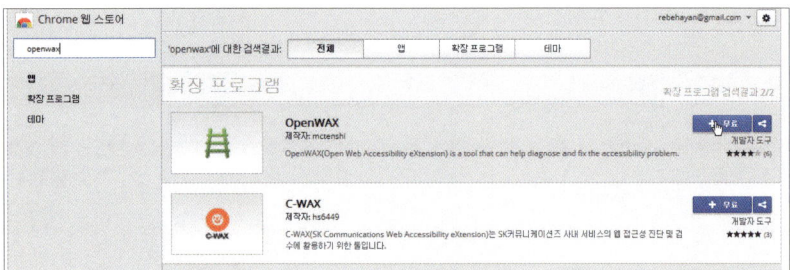

그림 10.22 글 크롬의 부가 기능 선택

❻ 확인창의 **추가** 버튼을 누른다.

그림 10.23 구글 크롬의 오픈 왁스 알림

❼ 설치가 완료되었다.

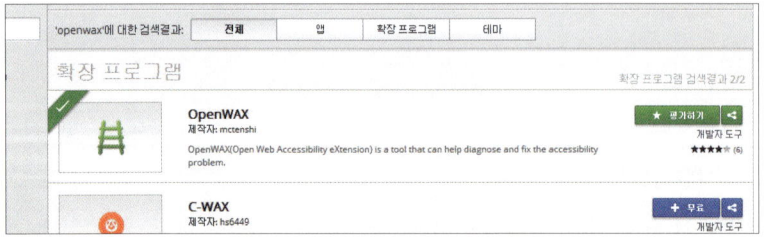

그림 10.24 구글 크롬의 오픈 왁스 설치 완료 화면

IE 브라우저 설치 방법

❶ IE 브라우저를 실행한다.

❷ IE 브라우저 상태에서 http://openwax.miya.pe.kr에 접속하면 Download 메뉴에서 OpenWAX bookmarklet 링크를 확인할 수 있다.

그림 10.25 IE의 오픈 왁스 설치 화면

❸ OpenWAX bookmarklet 링크를 오른쪽 클릭한 후 즐겨찾기에 추가를 선택하거나 링크를 드래그하여 북마크 바에 올려 놓으면 설치가 완료된다.

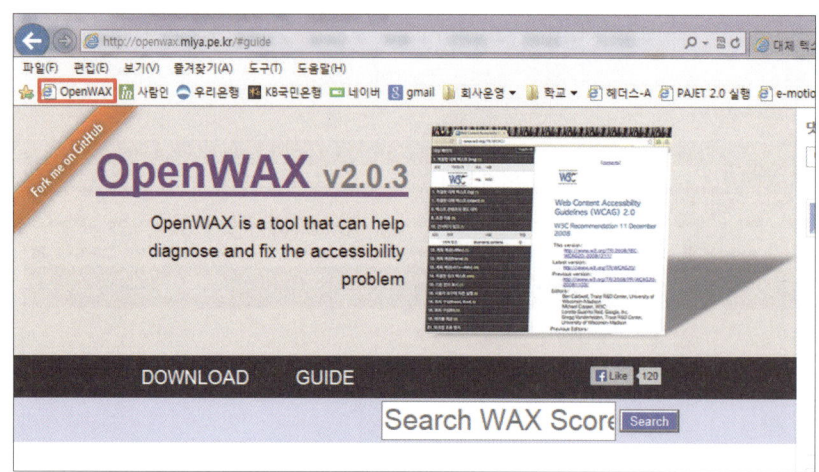

그림 10.26 IE의 오픈 왁스 설치 완료

점검 방법

기본적으로 오픈 왁스는 웹 브라우저에서 열려져 있는 화면에 대해 웹 접근성 준수 여부를 검사해주는 도구다. 따라서 자동 점검도구와 달리 여러 개의 URL을 추출하여 평가하는 방식이 아닌 한 페이지씩 수동 점검하는 검사도구라고 볼 수 있다. 오픈 왁스로 점검하는 방법은 매우 간단하다. 검사하려는 웹 페이지에서 파이어폭스나 크롬 브라우저에서는 오픈 왁스 실행 아이콘( )을 누르면 되고, IE 브라우저에서는 북마클릿 형태로 설치된 즐겨찾기를 누르면 실행된다.

그림 10.27 파이어폭스 브라우저 오픈 왁스 실행 아이콘

실행된 오픈 왁스는 화면의 좌측 프레임에서 토글 형태로 검사된 내용을 확인할 수 있다.

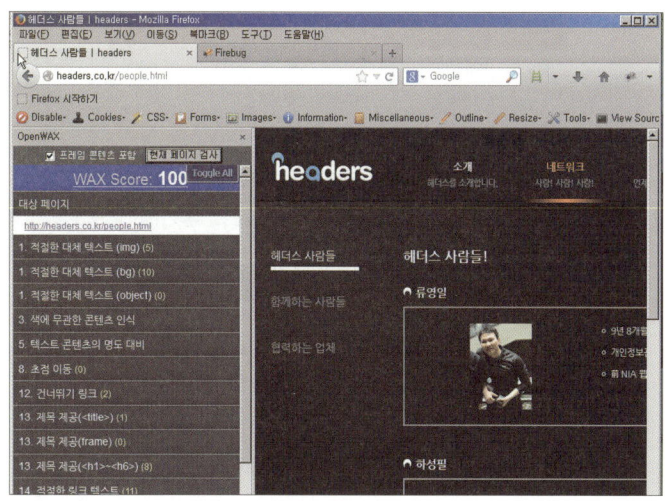

그림 10.28 오픈 왁스 실행 화면

오픈 왁스 도구의 우측 상단에 위치한 Toggle All 버튼을 누르면 모든 검사항목의 결과를 볼 수 있다.

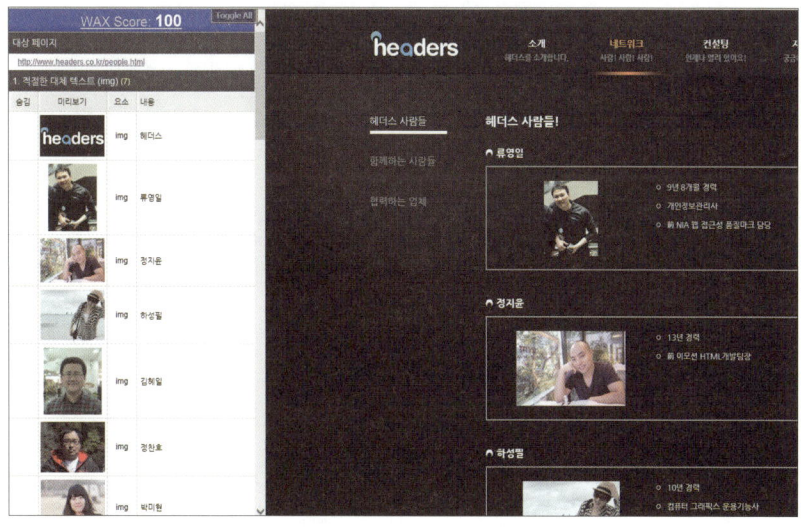

그림 10.29 오픈 왁스 Toggle All 버튼 실행 화면

오픈 왁스가 실행된 결과는 그림 10.30과 같이 오류가 없다고 판단하는 경우에는 흰색 바탕으로, 오류가 있을 수 있는 경고는 노란색 바탕으로, 오류가 있다고 판단하는 경우에는 빨간색 바탕으로 요소를 표시하여 시각적으로 구별할 수 있게 제공한다.

그림 10.30 오픈 왁스 Toggle All 버튼 실행 화면

점검항목

오픈 왁스의 점검 가능한 검사항목에 대한 판단기준을 알아보자.

표 10.9 오픈 왁스의 자동 검사항목

검사항목	22개 검사항목
① 적절한 대체 텍스트 제공	• **적절한 대체 텍스트(img)** 〈img〉, 〈area〉, 〈input type="image"〉 요소의 alt 속성을 표시한다. alt 속성이 빈값인 경우에는 내용을 alt=""으로 alt 속성이 빠진 경우에는 내용을 alt 미정의로 표시한다. • **적절한 대체 텍스트(bg)** CSS Background image가 지정된 요소의 텍스트 콘텐츠를 표시한다. 이 지표에서는 의미를 갖고 있는 배경 이미지를 찾아서 그 의미가 텍스트 콘텐츠로 제공되는지를 확인한다. • **적절한 대체 텍스트(object)** 이 지표에서는 페이지에 사용된 〈object〉, 〈embed〉, 〈video〉, 〈audio〉, 〈canvas〉, 〈svg〉 요소를 표시한다. 표시된 요소의 대체 콘텐츠가 잘 제공되었는지 확인한다.
⑤ 텍스트 콘텐츠의 명도대비	전경색과 배경색을 선택하면 명도대비를 표시해준다. 전경색과 배경색에 따라 결과란에 명도대비값이 표시된다. 단 구글 크롬용 명도대비 도구는 페이지의 크기가 100%가 아닌 경우 색 선택이 원활하지 않는 문제가 있으며, IE 버전에서는 작동하지 않는다.

이어짐

검사항목	22개 검사항목
⑧ 초점 이동	이 지표에서는 키보드 초점이 표시되지 않는 형태로 제작된 코드를 일부 찾아준다. blur( ) 함수를 호출하여 초점을 사라지게 만든 경우나 CSS의 outline 속성을 0으로 설정한 경우에 해당된다. 이 지표는 위에 설명한 2가지 항목에 문제가 있는 경우만 진단하므로 문제가 발생하지 않아도 페이지에 초점 이동 문제가 있을 가능성이 있으니 수동검사를 추가로 하는 것이 좋다.
⑫ 반복 영역 건너뛰기	페이지에 사용된 최초 10개의 내부 링크를 표시하여 건너뛰기 링크 제공 여부를 확인한다. 또한 건너뛰기 링크가 1번째 링크부터 시작하는지 확인한다. 건너뛰기 링크가 제대로 제공됐다고 판단된다면 키보드로도 초점이 가는지 페이지 테스트한다.
⑬ 제목 제공	• **제목 제공(〈title〉)** 모든 대상 페이지에 사용된 제목(〈title〉)을 표시한다. 페이지 제목이 제공되지 않았거나 특수문자가 반복된 경우 오류항목으로 표시된다. • **제목 제공(frame)** 대상 페이지에 포함된 모든 프레임(〈frame〉, 〈iframe〉)의 title 속성을 표시한다. 프레임 제목이 제공되지 않은 경우 오류항목으로 표시된다. • **제목 제공(〈h1〉~〈h6〉)** 모든 대상 페이지에 사용된 콘텐츠 제목인 헤딩 요소(〈h1〉 ~ 〈h6〉)를 표시한다.
⑭ 적절한 링크 텍스트	14. 적절한 링크 텍스트 〈a〉, 〈area〉 요소의 텍스트를 표시한다.
⑮ 기본 언어 표시	15. 기본 언어 표시 모든 대상 페이지의 〈html〉 태그에 선언된 lang, xml:lang 속성을 표시한다. lang, xml:lang이 선언되어 있지 않으면 오류항목으로 표시된다. HTML 계열의 Doctype 페이지는 lang 속성이 없으면 오류항목으로 표시된다. XHTML 1.0 Transitional Doctype 페이지는 lang 속성만 있고 xml:lang 속성이 없는 경우와 그 반대의 경우 의심항목으로 표시된다. 그 외의 XHTML Doctype 페이지는 xml:lang 속성이 없으면 오류항목으로 표시된다.
⑯ 사용자 요구에 따른 실행	이 지표에서는 onclick 이벤트 핸들러 자바스크립트 코드에 window.open이 포함된 경우 및 onchange 이벤트 핸들러가 선언된 요소를 표시한다. 이 지표에서 표시되는 항목들은 사용자 요구에 따른 실행 지표의 오류가 발생될 수 있는 일부 항목을 표시한다. 우선 표시되는 항목 중에 오류 여부를 확인하고 오류가 발견되지 않았다면 여기서 표시되지 않은 콘텐츠 중 오류의 유무를 추가적으로 점검해야 한다.

이어짐

검사항목	22개 검사항목
⑱ 표의 구성	• **표의 구성(caption, summary)** 〈table〉 요소의 〈caption〉과 summary의 정보가 표시된다. 〈caption〉이 제공되었으나 제목셀(〈th〉)이 없으면 오류로 표시된다. 제목셀이 필요없는 테이블은 배치용 테이블이니 〈caption〉을 제공하지 않아야 한다. 반대로 제목셀(〈th〉)이 제공되었음에도 〈caption〉이 제공되지 않은 경우에도 오류로 표시된다. 배치용 테이블은 의심항목으로 표시된다. • **표의 구성(th)** 표의 구성(caption, summary)과 같은 조건으로 오류 및 의심항목을 표시한다. 또한 scope 속성이 부여되지 않은 〈th〉가 존재하는 경우도 의심항목으로 표시한다.
⑲ 레이블 제공	레이블이 필요한 모든 입력 서식과 연결된 〈label〉과 title 속성을 표시한다. 〈label〉이 모두 제공되지 않았다면 오류항목으로 표시되며 title 속성만 제공되었다면 의심항목으로 표시된다. 표시되는 입력 서식은 〈input type="hidden"〉, 〈input type="submit"〉, 〈input type="reset"〉, 〈input type="button"〉, 〈input type="image"〉을 제외한 모든 〈input〉 및 〈textarea〉, 〈select〉이다.
㉑ 마크업 오류 방지	W3C 타당성 검사 서비스(Validation Service)의 HTML 유효성 검사 결과 중 접근성 오류를 일으킬 수 있는 항목을 표시한다. HTML 유효성 검사 결과에는 알려지지 않은 오류가 발생할 수 있으니 무조건 유효성 검사 결과가 접근성 오류라고 판단하지 말아야 한다. 오픈 왁스가 HTML 유효성 검사 결과 중 접근성 오류를 일으킬 수 있는 항목으로 판단하는 목록은 다음과 같다. 해당 기능은 IE 버전에서는 작동하지 않는다. document type does not allow element * here; missing one of * start-tag. end tag for * which is not finished* end tag for element * which is not open* ID * already defined. unclosed start-tag requires SHORTTAG YES * unclosed end-tag requires SHORTTAG YES * empty start-tag * empty end-tag *

10.2.3 CCA

CCA_{Colour Contrast Analyser}는 명도대비 정도를 수치화된 비율로 확인할 수 있는 검사 도구이다. 타 도구에 비해 비교적 간단하게 체크할 수 있는 장점이 있다. CCA에 대해 살펴보자.

도구 설명

CCA는 전경색과 배경색을 선택하여 텍스트 콘텐츠 명도대비를 확인하는 검사 프로그램이다. 명도대비 검사도구가 여러 가지 있지만 CCA는 자유롭게 사용이 가능한 프리웨어면서 스포이드 형태로 전경색과 배경색을 찍으면 두 색상 간의 명도 값을 보여주기 때문에 사용법이 간단한 이유로 가장 활용도가 높다. IE 브라우저에서 사용할 수 있는 W.A.T(Web Accessibility Toolbar)에도 CCA 기능이 탑재되어 있어 W.A.T를 사용한다면 별도로 설치할 필요가 없다.

설치 URL

CCA는 윈도우용과 맥용 2가지로 다운로드할 수 있으며 최근에는 한글 버전도 공개되어 좀 더 쉽게 이해할 수 있게 되었다. 설치 URL은 다음과 같다.

- http://files.paciellogroup.com/resources/CCA-2.2.zip (윈도우용: 영어 버전)
- http://files.paciellogroup.com/resources/CCA-KO.zip (윈도우용: 한글 버전)
- http://files.paciellogroup.com/resources/CCA_1.5.11.dmg (맥용: OS X v10.6[Snow Leopard], v10.7[Lion])
- http://files.paciellogroup.com/resources/CCA_1.5.12.dmg (맥용: OS X v10.8[Mountain Lion])

이외에도 검색을 통해 다양한 경로에서 다운로드가 가능하다.

점검 방법

CCA 프로그램을 실행하면 그림 10.31과 같이 창이 시작된다. 스포이드 모양의 아이콘이 2개 있는데 각각 선택하여 하나는 전경색으로 하나는 배경색으로 지정하게 되면 명도대비 정도를 알 수 있다. CCA의 장점은 1px의 작은 점도 확대 기능을 사용해 키보드와 마우스를 이용하여 선택하는 것이 쉽다는 점이다.

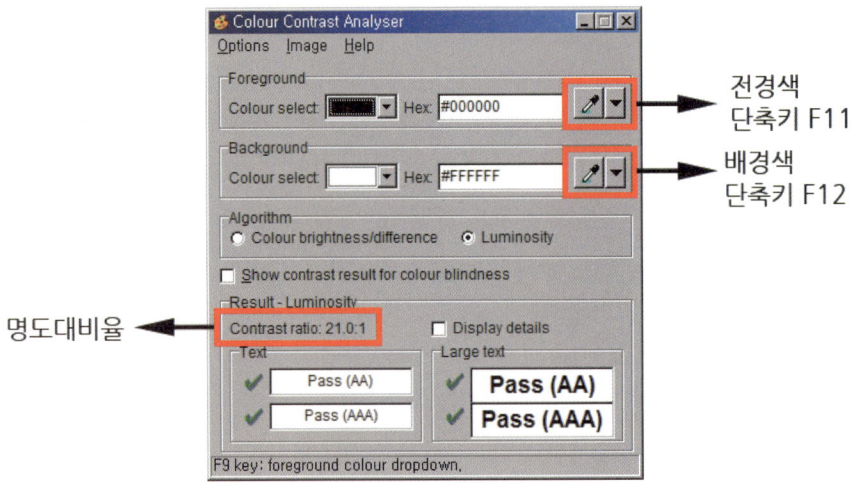

그림 10.31 CCA 실행 화면

전경색을 마우스로 선택하거나 F11 키를 누르면 그림 10.32와 같이 화면 확대기가 실행되는데 확대 비율을 좀 더 높게 하고 싶다면 다시 F11을 누르면 된다. 그림 10.33 과 같이 기존 배율보다 2배 확대된 모습이다.

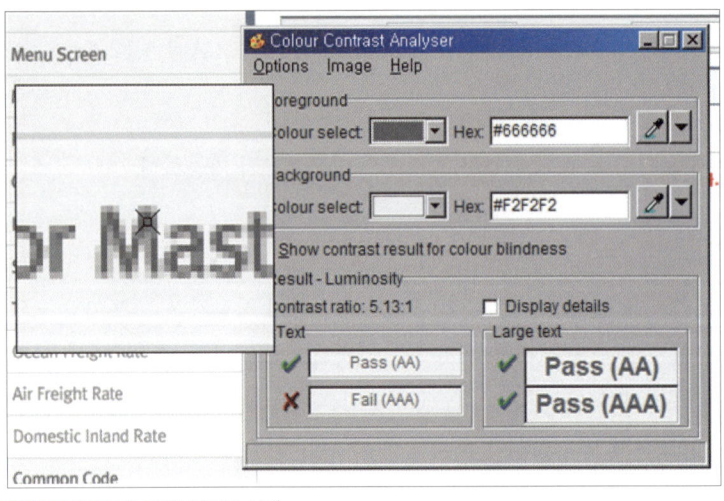

그림 10.32 CCA 툴의 전경색 선택

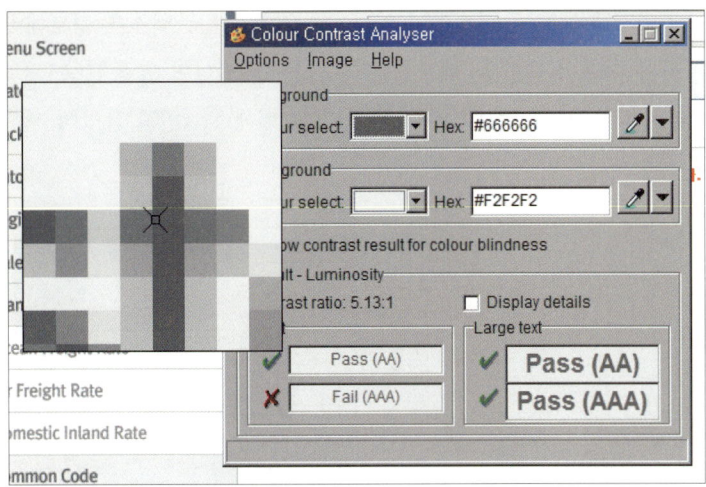

그림 10.33 CCA 툴의 전경색 2배 확대

픽셀 단위가 더 상세하게 보여지므로 원하는 지점을 선택하는 것이 용이해진다. 원하는 전경색을 선택했다면 그림 10.34와 같이 F12나 배경색을 선택하는 스포이드 버튼을 눌러 배경색도 지정해준다.

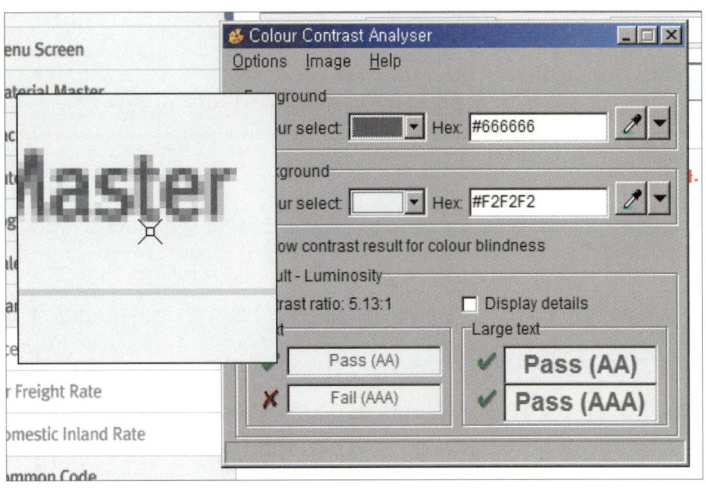

그림 10.34 CCA 툴의 배경색 선택

웹 접근성 평가 기법 **565**

전경색과 배경색을 모두 선택하면 Contrast ratio 값으로 텍스트 명도대비 정도를 확인할 수 있다. 색을 선택할 때 마우스를 이용하기 어렵다면 그림 10.35처럼 키보드의 방향키로도 색을 선택할 수 있으며 방향키 한 번에 1px만큼 움직여 색을 선택하면 된다.

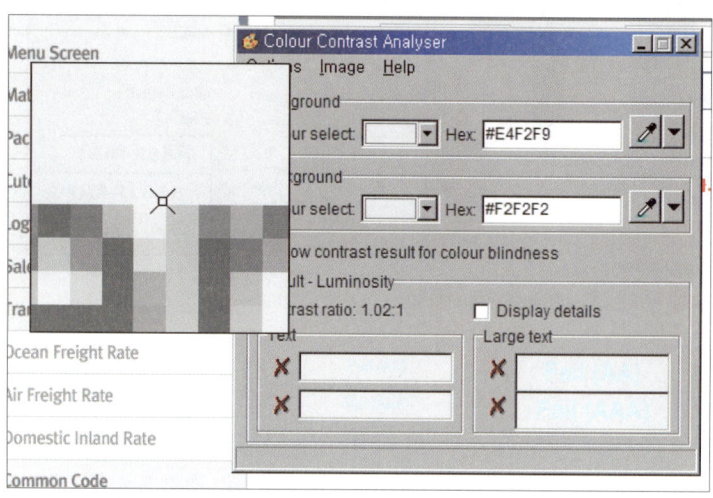

그림 10.35 키보드로 색을 선택하는 경우

> **팁**
> CCA는 듀얼 모니터 사용 시 보조 모니터에서는 색 선택이 되지 않아 이용할 수 없다.

최종 명도대비 정도를 통해 검사항목을 준수했는지 여부를 확인할 수 있는데 국내에서는 4.5:1 이상이면 준수한 것으로 보며, 텍스트 크기가 14pt 이상 굵은 글꼴이거나 18pt 이상이면 3:1까지도 인정한다. CCA에서는 텍스트 크기를 자체적으로 알 수 없기 때문에 그림 10.36과 같이 성공이나 실패의 표시가 여러 개 표시될 때 설명된 기준에 맞추어 확인하면 된다. 국내에서 적용하는 텍스트 명도대비 기준은 중요도 2에 해당하기 때문에 텍스트 크기가 18pt 이상인 경우의 결과라면 그림 10.36은 준수한 것으로 볼 수 있다.

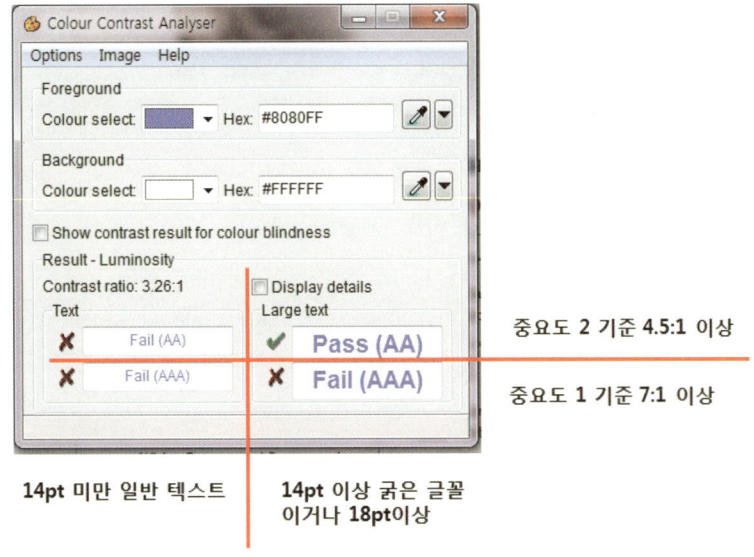

그림 10.36 CCA 측정 결과에 대한 기준

기타 기능

잘 사용하지 않는 기능이긴 하지만 CCA에서 활용할 수 있는 좋은 기능 중에 하나로 CCA 실행 창에서 Show contrast result for colour blindness를 체크하면 그림 10.37과 같이 제1색맹(적색맹), 제2색맹(녹색맹), 제3색맹(청황색맹)에게 보여지는 텍스트 색상과 명도대비 정도를 알려준다.

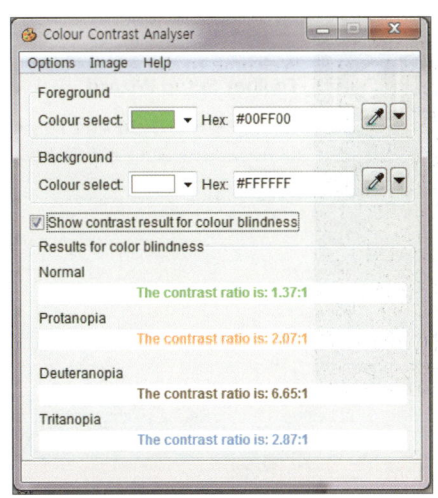

그림 10.37 색맹별 명도대비 결과 화면

웹 접근성 평가 기법 **567**

보편적인 명도대비 기준인 4.5:1을 준수하더라도 이 기능을 통해 특정 색에서 명도대비가 더 떨어지는지 여부를 확인할 수 있어 참고할 만하다.

10.2.4 WAT

WAT_{Web Accessibility Toolbar}는 기능에 비해 잘 알려지지 않은 가장 강력한 웹 접근성 평가 도구로 툴 바 방식으로 제공된다. 타 도구에 제공하지 않는 헤딩 구조, 테이블 구조 등을 한눈에 확인하는 자바스크립트 새창 등 다양한 기능을 제공한다. WAT에 대해 살펴보자.

도구 설명

WAT는 AIS 툴바로도 불리며 IE 브라우저 기반의 접근성 확인 도구다. WAT의 장점은 다양한 형태로 검사항목을 검사할 수 있는 기능이 풍부하며, 요소와 소스를 한꺼번에 보여주어 보고서로 오류 화면을 캡처할 때 한 번에 캡처가 가능한 장점이 있다. 프리웨어로 웹사이트에서 무료로 다운로드가 가능하다.

설치 방법

WAT는 http://www.paciellogroup.com/node/18?q=node/22에서 다운로드가 가능하며 설치 마법사로 자동으로 설치할 수 있다.

그림 10.38 WAT 설치 마법사 실행 화면

설치가 완료되면 그림 10.39와 같이 IE 브라우저의 툴바 형태로 이용할 수 있게 된다. WAT는 오류 화면과 코드를 한 눈에 확인할 수 있어 웹 접근성 품질인증마크 심사자가 주로 사용하는 도구이기도 하다.

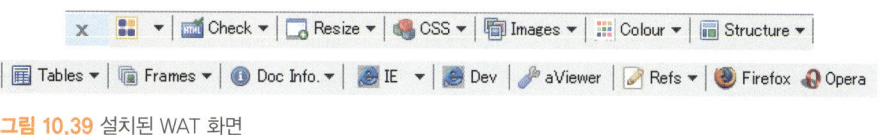

그림 10.39 설치된 WAT 화면

점검 방법

그림 10.40은 HTML Check 도구다. 주로 W3C에서 제공하는 마크업 검사도구로 쓰여진다.

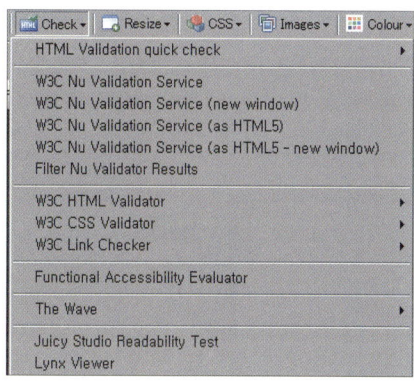

그림 10.40 WAT의 HTML Check 기능

그림 10.41은 Resize 도구다. 브라우저의 크기를 사용자가 원하는 사이즈로 설정하는 기능이다. 기본 규격뿐만 아니라 사용자가 직접 브라우저의 크기를 설정할 수 있는 Custom height/width 기능까지 제공된다.

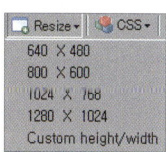

그림 10.41 WAT의 Resize 기능

그림 10.42는 CSS 도구로 총 5가지의 CSS 기능을 제공한다. 주로 HTML 마크업의 논리적인 구조와 선형화 형태를 파악하기 위한 수단으로 사용된다.

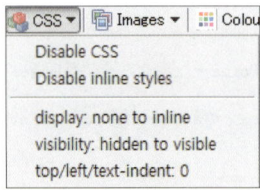

그림 10.42 WAT의 CSS 기능

- Disable CSS: 그림 10.43처럼 현재 페이지의 링크나 임베디드 형태의 CSS를 제거해준다. 이 기능은 주로 콘텐츠의 선형화나 숨겨져 있는 건너뛰기 링크 등을 파악하는 데 사용된다. 이 기능은 브라우저의 개발자 도구에서 '스타일 없음'의 기능과 같다.

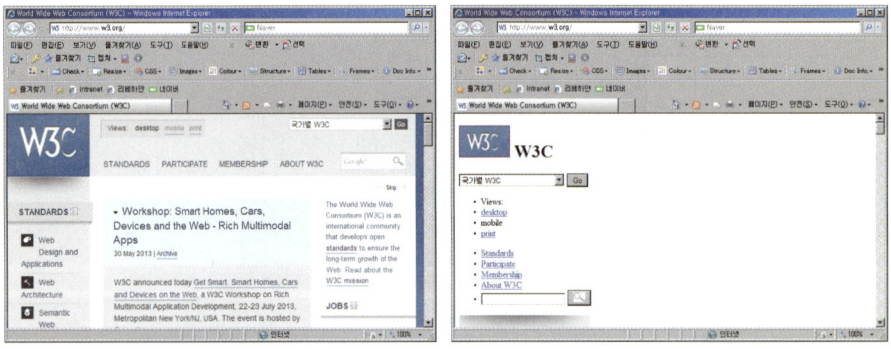

그림 10.43 WAT의 Disable CSS를 적용한 경우

- disable inline styles: 현재 페이지의 코드 중 HTML 요소에 직접 인라인inline 방식으로 CSS를 제공된 것을 모두 제거하는 기능이다.
- display:none to inline: 현재 페이지 중에 화면에 나타나지 않은 display:none 속성값을 display:inline 속성값으로 바꾸어 준다. 이 기능은 화면 낭독기에 반응하지 않은 display:none 속성을 적용한 콘텐츠가 있는지 파악하기 위한 기능이다.
- visibility:hidden to visible: 현재 페이지 중에 화면에 나타나지 않은 visibility:hideen 속성값을 visibility:visible 속성값으로 바꾸어 준다. 이 기능은 주로 IR 기법에 사용된 대체 콘텐츠를 확인하기 위한 방법이다.

- top/left/text-indent:0: 현재 페이지 중에 text-index 속성값이 적용되었을 경우 값을 0으로 초기화하는 기능이다. 이 기능도 IR 기법에 사용된 대체 콘텐츠를 파악하는 데 사용된다.

그림 10.44는 Images 도구다. 주로 이미지와 관련된 기능을 제공하고 있으며 웹 접근성 평가 시 많이 사용되는 기능이다.

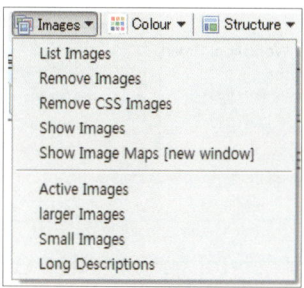

그림 10.44 WAT Images 기능

- List Images: 전경 이미지인 <img> 요소를 그림 10.45와 같이 새 창에 리스트로 나열한다. 또한 이미지의 사이즈와 해당 페이지의 사용된 횟수, 이미지의 용량과 이미지가 사용된 HTML 코드를 같이 보여주고 있어 직관적으로 평가가 가능하고 웹 접근성 평가 시 증거 자료로 많이 사용한다.

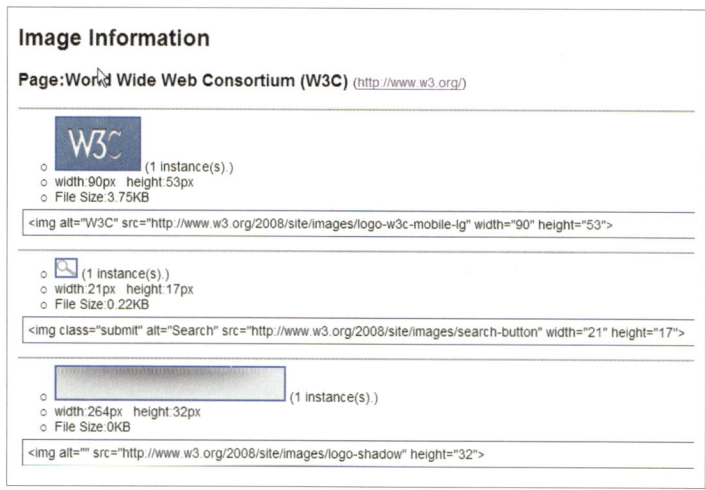

그림 10.45 WAT의 List Images 결과 화면

- **Remove Images**: 전경 이미지인 <img> 요소를 화면에 사라지게 하고 그 자리에 그림 10.46과 같이 alt 속성값만 직관적으로 보여주도록 하는 기능이다. 이 기능은 이미지와 대체 텍스트와 비교를 할 수 없는 단점이 있다.

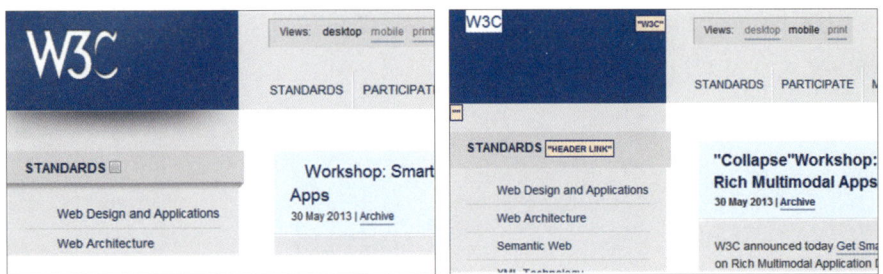

그림 10.46 WAT의 Remove Images 결과 화면

- **Remove CSS Images**: 배경 이미지를 제공하는 CSS 코드인 background:url, background-image 등을 제거하여 배경 이미지를 화면에 사라지게 하는 기능이다. 해당 기능은 IR 기법을 사용한 이미지에 대체 콘텐츠를 확인하는 기능이나 대체 텍스트를 position이나 visibility 등으로 제공할 경우 대체 콘텐츠를 확인할 수 없게 된다. 대체 콘텐츠를 확인하려면 WAT의 CSS 기능을 활용해야 한다.

- **Show Images**: 현재 페이지에 사용되고 있는 전경 이미지와 이에 대한 대체 텍스트를 같이 보여줘서 그림 10.47과 같이 이미지와 대체 텍스트를 동시에 확인할 수 있는 기능이다. 하지만 해당 기능은 이미지의 크기가 크거나 대체 텍스트의 길이가 이미지보다 길 경우 이미지와 대체 텍스트를 비교할 수 없는 단점이 있다.

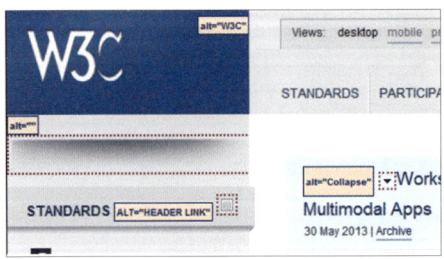

그림 10.47 WAT의 Show Images 결과 화면

- Show Images Maps [new window]: 그림 10.48과 같이 이미지맵에 대한 정보를 새 창으로 제공한다.

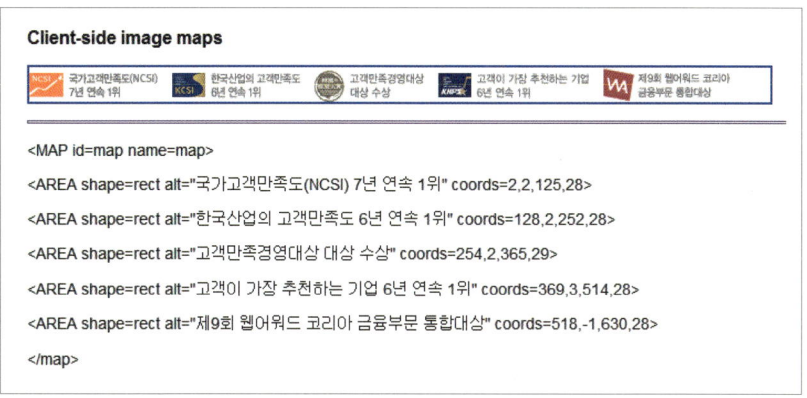

그림 10.48 WAT의 Show Images Maps 결과 화면

- Active Images: 링크가 제공된 이미지나 input type="image"에 대한 대체 텍스트를 확인한다(대체 텍스트 제공 확인).
- Larger Images: 큰 이미지에 대한 대체 텍스트를 확인한다.
- Small Images: 작은 이미지에 대한 대체 텍스트를 확인한다.
- Long Descriptions: 대체 텍스트의 제공 방법 중 하나인 longdesc 속성을 확인한다.

그림 10.49는 Colour 도구다. 해당 도구는 주로 색상과 관련이 있는 검사도구이며 주로 텍스트 명도대비 검사로 주로 사용된다.

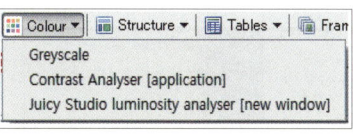

그림 10.49 WAT Toolbar Colour 기능

- Grayscale: 현재 페이지의 배경 이미지를 제거하고 전경 이미지와 텍스트를 그림 10.50과 같이 회색모드로 변경하여 제공한다. 이는 색으로만 제공한 정보가 파악이 가능한지 확인한다.

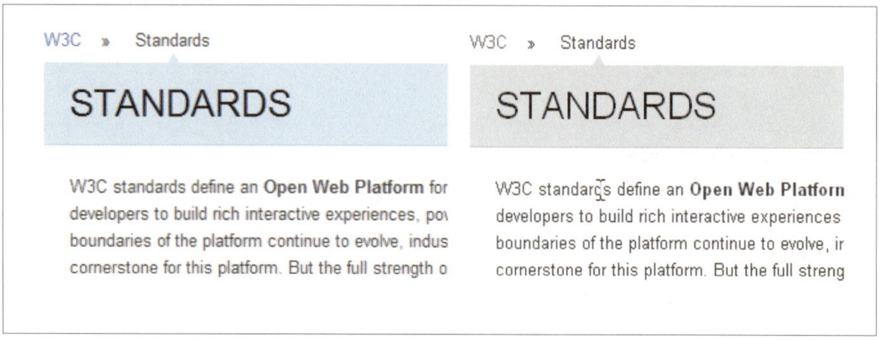

그림 10.50 WAT의 Grayscale 결과 화면

- Contrast Analyser [application]: 텍스트 명도대비를 체크할 수 있는 기능을 가지고 있는 CCA 툴을 실행시킨다. 자세한 사용 방법은 앞에서 살펴봤다.
- Juicy Studio luminosity analyser [new window]: 현재 페이지의 CSS에 사용된 색상과 배경 색상을 비교하여 텍스트 명도대비를 분석한 결과를 새 창으로 제공한다. 그림 10.51과 같이 HTML 요소와 상속된 요소와 적용된 색상과 배경 색상을 비교하여 명도대비차를 표로 정리하여 결과를 알려준다. 해당 기능은 이미지 텍스트는 예외사항이며 웹 접근성 평가 시 활용 빈도가 높지 않은 기능이다.

Colour Contrast Analyser

Colour Contrast Results (Luminosity Contrast Ratio)

Element	Parent Nodes	Sample	Colour	Background	Luminosity Contrast Ratio
A	• HTML • BODY • DIV#header • UL.gnb • LI.gnb1	Sample	#999	#ffffff	3.06 (AA pass for large text only)
A	• HTML • BODY • DIV#header • UL.gnb • LI.gnb1 • UL.gnb_con • LI	Sample	#bed1e4	#617e9b	2.91 (fail)
A	• HTML • BODY	Sample	#7293b4	#3a4c5d	2.98 (fail)

그림 10.51 WAT의 Juicy Studio luminosity analyser [new window] 결과 화면

그림 10.52는 Structure 도구이다. 주로 HTML 요소를 분석하여 콘텐츠의 논리적인 여부를 판단할 수 있게 분석해준다.

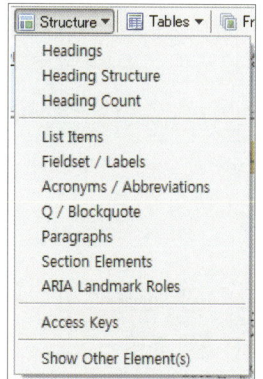

그림 10.52 WAT의 Stucture 기능

- Headings: 해당 페이지의 콘텐츠 제목을 의미하는 <h> 요소를 그림 10.53과 같이 화면에 표시하여 콘텐츠의 제목, 내용 구조를 직관적으로 파악할 수 있게 제공해준다.

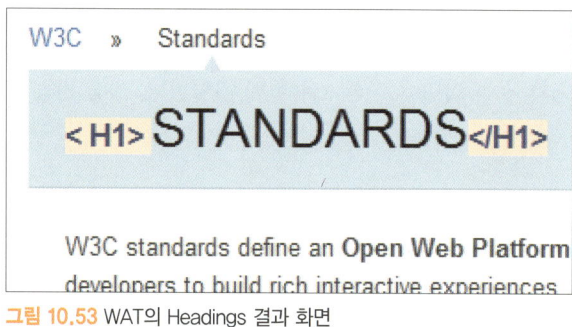

그림 10.53 WAT의 Headings 결과 화면

- Headings Structure: 그림 10.54와 같이 현재 페이지의 헤딩 요소를 리스트로 나열하여 새 창으로 제공한다. 헤딩 구조를 한눈에 볼 수 있어서 콘텐츠 블록의 제목 제공을 검사하는 데 유용하다.

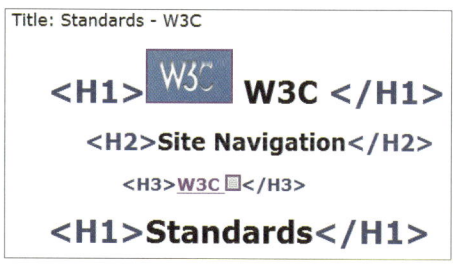

그림 10.54 WAT의 Headings Structure 결과 화면

- **Headings Count**: 해당 페이지에 <h> 요소의 개수를 경고 창으로 개수를 알려준다. 해당 페이지에 헤딩 요소 사용 여부를 파악하는 데 쓰인다.
- **list Items**: 해당 페이지의 리스트 요소인 Dl, Ol, UL 등을 나열한다. 그림 10.55와 같이 화면에 표시되며 페이지의 마크업 구성이나 선형화를 파악하는 데 사용된다. 사용 빈도는 높지 않다.

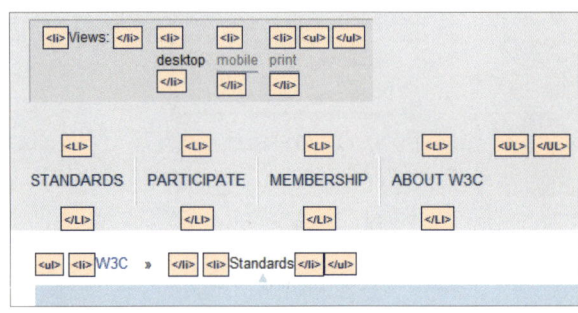

그림 10.55 WAT의 list Items 결과 화면

- **Fieldset / Labels**: 온라인 서식에 사용하는 <form>, <fieldset>, <label> 요소를 그림 10.56과 같이 화면에 콘텐츠와 함께 나열한다. 해당 기능은 온라인 서식에 레이블이 사용되었는지 확인하는 용도로 쓰인다.

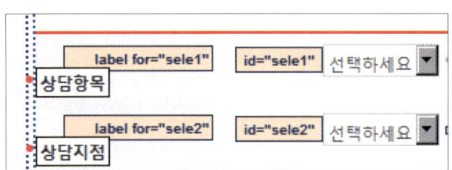

그림 10.56 WAT의 Fieldset / Labels 결과 화면

- **Acronyms / Abbreviations**: <acronym>, <abbr> 요소를 화면에 표시한다. 해당 기능은 한국형 웹 콘텐츠 접근성 지침과 무관한 검사 항목으로 평가 시에는 활용하지 않는다.
- **Q / Blockquote**: <q>, <blockquote> 요소를 표시한다. 이 기능도 Acronyms/Abbreviations 기능과 마찬가지로 웹 접근성 평가 시에는 활용하지 않는다.
- **Section Elements**: HTML5에 새롭게 생겨난 <section> 요소를 표시한다.

- ARIA Landmark Roles: ARIA 기능 중 Roles 기능을 표시하는 기능이다. 요소의 본래 목적과 달리 roles값에 의해 다른 목적의 요소를 파악하기 위한 기능이다.
- Access Keys: 해당 페이지의 단축키 정보를 표시한다. 단축키 정보는 웹사이트를 편리하게 이용하기 위한 보조 수단으로서 웹 접근성 평가 시 활용하지 않는다.
- Show Other Element(s): Structure 도구에서 제공하지 않는 요소를 별도로 작성하여 나열하고 원하는 색상으로 표시하는 기능이다.

그림 10.57은 Tables 도구다. 페이지에 제공된 <table> 요소에 대한 정보를 확인하고 적절히 제공되었는지 평가할 수 있는 기능이 있다.

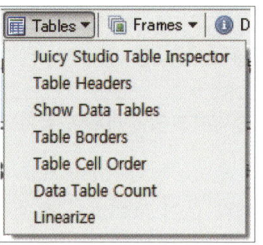

그림 10.57 WAT의 Tables 기능

- Juicy Studio Table Inspector: 테이블에 적용된 요소를 테이블 위에 보여주어 한눈에 표의 접근성 제공 여부를 파악할 수 있다. 다만 <td>는 표기하지 않고, 숨겨진 표의 제목은 표시되지 않는다.
- Table Headers: 현재 페이지의 테이블 요소에 제목셀인 <th> 요소의 사용 여부를 확인해준다. 그림 10.58과 같이 제목셀을 색상으로 표시하여 직관적으로 파악이 가능하게 제공하였다.

그림 10.58 WAT의 Table Headers 적용 전·후 화면

- Show Data Tables: 제목, 요약글, scope, id, headers 등에 표에 대한 정보를 화면에 시각적으로 표시하여 표의 접근성 제공 여부를 파악할 수 있다. Juicy Studio Table Inspecor와 마찬가지로 숨겨진 표의 제목은 표시되지 않는다. 표의 제목을 확인해야 할 경우 WAT의 CSS 도구에서 Disable CSS를 활성화한 후 표의 구성을 파악해야 한다.

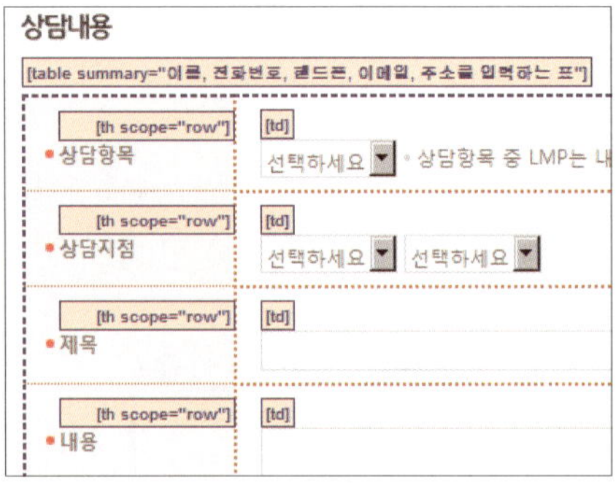

그림 10.59 WAT의 Show Data Tables 결과 화면

- Table Borders: 그림 10.60과 같이 <table> 요소에 검정색 선을 표시한다. 이 기능은 주로 레이아웃용 테이블이나 테두리 선을 사용하지 않은 데이터 테이블을 확인하는 데 사용된다. 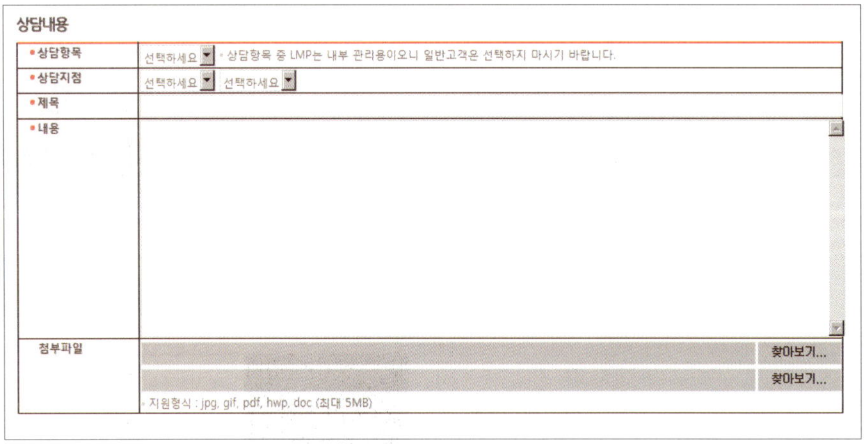

그림 10.60 WAT의 Table Borders 결과 화면

- Table Cell Order: 그림 10.61과 같이 <td>, <th> 요소에 빨간색 점선을 표시하고 표의 개수와 셀의 개수를 화면에 표시해 준다. 이 기능은 웹 접근성 평가 시 사용 빈도가 낮다.

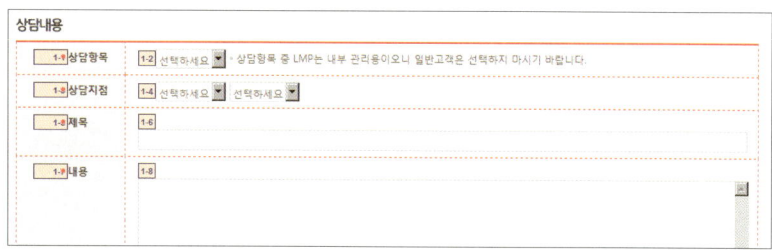

그림 10.61 WAT의 Table Cell Order 결과 화면

- Data Table Count: 표에 대한 제목, 요약글, scope, id, headers에 대한 정보를 알려주고 <table> 요소의 개수를 경고창으로 알려준다.
- Linearize: 테이블을 벗겨내는 기능으로 테이블 안의 정보가 순차적으로 다시 구성된다. 테이블 형식을 제거했을 때 이해가 되지 않는 것은 데이터 테이블로, 이해가 되는 것은 레이아웃 테이블로 판단할 수 있다. 특히 통 테이블로 구성된 웹사이트의 경우 이 기능을 통해 콘텐츠의 논리적 구성 여부를 확인해볼 수 있다.

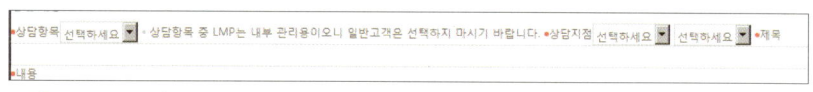

그림 10.62 WAT의 Linearize 결과 화면

그림 10.63은 Frames 도구다. 주로 <frame>, <frameset>, <iframe> 요소에 대한 정보를 분석하여 평가할 수 있도록 해준다.

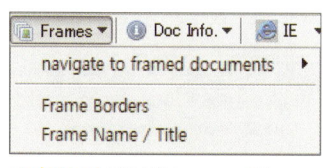

그림 10.63 WAT의 Frames 기능

- navigate to framed documents: 현재 페이지에 사용된 프레임 요소의 src 경로를 알려주는 기능이다.

- **Frame Borders**: 해당 페이지의 프레임을 그림 10.64와 같이 경고창으로 현재 페이지의 프레임 개수를 알려주고 프레임이 적용된 곳에 굵은 점선으로 표시하여 프레임의 위치를 파악할 수 있다.

그림 10.64 WAT의 Frame Borders 실행 화면

- **Frame Name / Title**: 새 창으로 `name`, `longdesc`, `title`, `src` 등 프레임에 대한 정보를 표시하여 프레임의 목적이나 용도를 title로 제공했는지 검사할 수 있어 웹 접근성 평가 시 증빙 화면으로 많이 사용하는 기능이다.

그림 10.65 WAT의 Frame Name / Title 실행 화면

그림 10.66은 Doc info 도구다. 주로 `title` 속성과 페이지 언어 속성과 자바스크립트를 활용한 새 창 열림 제공 여부를 검사할 수 있다.

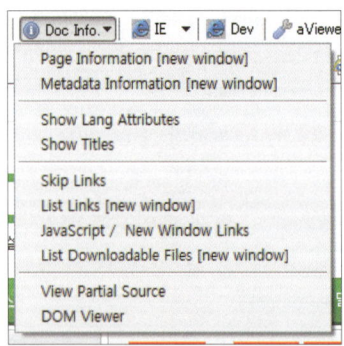

그림 10.66 WAT의 Doc Info 기능

- Show Lang Attributes: 그림 10.67과 같이 현재 페이지의 사용 언어를 화면 좌측 상단에 표기해주는 기능이다.

그림 10.67 WAT의 Show Lang Attributes 실행 화면

- Show Titles: 현재 페이지의 title 속성이 사용된 모든 요소를 그림 10.68처럼 페이지 화면에 같이 title 속성 정보를 보여줘 같이 보고 확인할 수 있도록 제공하는 기능이다.

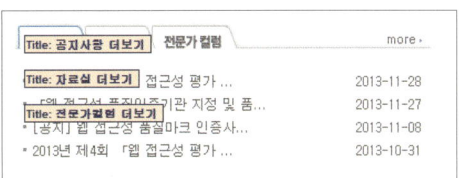

그림 10.68 WAT의 Show Titles 실행 화면

- Skip Links: 현재 페이지에 사용된 반복 영역 건너뛰기 링크를 검사하여 보여주는 기능으로 그림 10.69처럼 내부링크가 적용된 요소와 내부 링크 클릭할 때 이동해야 하는 요소 범위를 화면에 표시해준다.

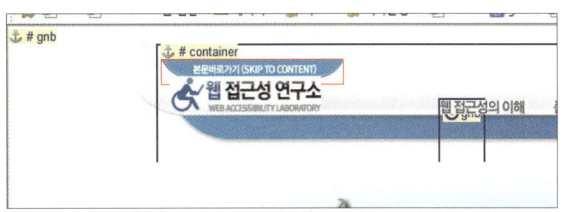

그림 10.69 WAT의 Skip Links 실행 화면

- List Links: 그림 10.70과 같이 현재 페이지의 모든 링크를 표로 정리하여 새 창으로 제공해 주고 표의 내용은 주로 링크텍스트(이미지 대체 텍스트 포함), 링크 경로, title 속성, target 속성 사용 등을 정리하여 한눈에 알아보기 쉽게 정리하여 보여주는 기능이다.

Links List			
Title:웹 접근성 연구소			
Page:http://www.wah.or.kr/			
Links:80			

Link Content	URL	Title	target
1. 메인메뉴 바로가기	http://www.wah.or.kr/#gnb		
2. 본문내용 바로가기	http://www.wah.or.kr/#container		
3. 웹 접근성 연구소 WEB ACCESSIBILITY LABORATORY alt=웹 접근성 연구소 WEB ACCESSIBILITY LABORATORY	http://www.wah.or.kr/index.asp		
66. more	http://www.wah.or.kr/Achive/column.asp	전문가컬럼 더보기	
웹 콘텐츠 67. 신기술 제작 기법 alt=웹 콘텐츠 신기술 제작 기법 바로가기	http://www.wah.or.kr/RIA/index.asp		
68. 웹 콘텐츠 제작기법 alt=웹 콘텐츠 제작기법 바로가기	http://www.wah.or.kr/Example/index.asp		
69. W3C 접근성 문서 번역 alt=W3C 접근성 문서번역 바로가기	http://www.wah.or.kr/w3c_doc/index.asp		
모바일 앱 접근성 70. 점검 매뉴얼(ios) alt=모바일 웹 접근성 점검매뉴얼(ios)	http://www.wah.or.kr/Board/brd_view.asp?page=1&brd_sn=4&brd_idx=719		

그림 10.70 WAT의 List Links 실행 화면

- JavaScript / New Window Links: 의도하지 않은 새 창 실행을 검사하는 데 시간을 단축시켜줄 수 있는 매우 유용한 메뉴다. 자바스크립트와 새 창 링크를 화면에 표시해주는데, 특히 오류 확률이 높은 자바스크립트로 새 창을 여는 경우를 ⚠ 표시의 아이콘으로 나타내어 `window.open`이나 `popup();`과 같은 요소를 웹 화면에서 실행시키지 않고도 확인할 수 있는 기능이다. ◉ 표시의 아이콘은 target 속성을 사용하여 새 창을 여는 경우를 나타낸다. 기타 자바스크립트가 적용된 곳은 빨간 테두리로 표시해준다.

그림 10.71에 있는 ⚠ 표시의 `title` 정보를 확인해보면 오류 여부를 빠르게 알 수 있는 장점이 있다.

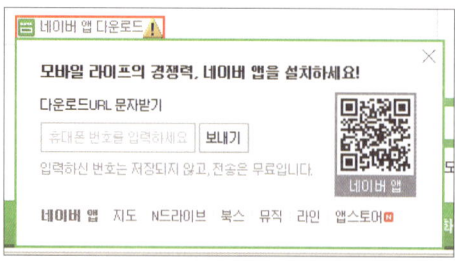

그림 10.71 자바스크립트로 실행하는 새 창 표시

그림 10.72에 있는 ◉ 표시의 아이콘은 target="_blank" 여부만 확인하면 빠르게 새 창 오류 여부를 확인할 수 있다.

그림 10.72 target 속성의 새 창 항목 표시

10.2.5 PDF 접근성 검사 도구

웹에서 제공하는 PDF의 접근성을 검사하는 도구를 살펴보자.

도구 설명

웹 접근성 품질인증마크 심사에서는 아직 웹 콘텐츠에 대한 부분만 평가하고, 사실 이러닝이나 이북, 전자문서에 대해 별도의 PDF 파일과 같은 대체 콘텐츠를 제공하면 준수한 것으로 보고 있다. 하지만 대체 콘텐츠가 접근성이 준수되어 있지 않다면 실질적인 효과가 없다. 그럼에도 불구하고 웹 콘텐츠라는 대상을 정해놓고 품질을 확인하는 인증심사에서는 해당 내용이 웹 문서에 해당하므로 사각지대일 수 밖에 없다.

좀 더 높은 접근성을 위해서 PDF와 같은 문서의 접근성을 확인하고자 한다면 UN 전자정부 평가도구로 활용되고 있는 egovmon 검사 서비스를 활용할 수 있다. egovmon 검사 서비스는 다운로드 방식이 아니므로 http://accessibility.egovmon.no/en/pdfcheck/에 접속하여 웹사이트에서 검사 결과를 확인할 수 있다.

점검 방법

점검 방법은 매우 간단한데 웹의 PDF 문서는 Check by URI에 검사하고 싶은 PDF의 URL을 입력하고 Check 버튼을 누르면 결괏값을 볼 수 있다. PDF 파일을 검사하고 싶다면 Check by File Upload에서 찾아보기 버튼을 눌러 원하는 파일을 선택하고 Check 버튼을 누르면 검사 결과를 확인할 수 있다.

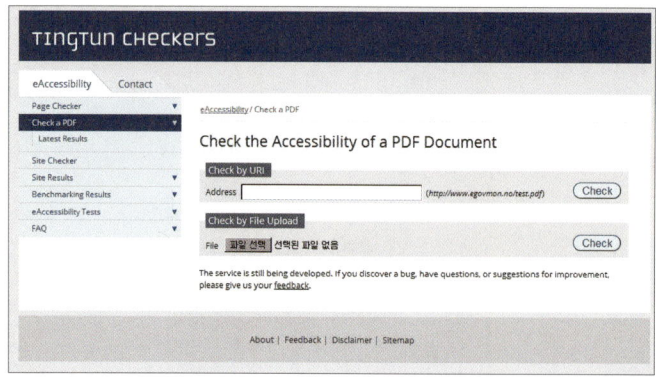

그림 10.73 PDF 문서 접근성 검사도구

결과 화면은 그림 10.74와 같이 오류가 없는 경우 녹색으로 표시되고, 오류가 있는 경우 빨간색으로 표시하며, 오류 내용은 세부적으로 더 확인할 수 있다. PDF의 문서 접근성은 2007년 12월에 제정된 전자 문서 접근성 지침 1.0을 참고하기 바란다.

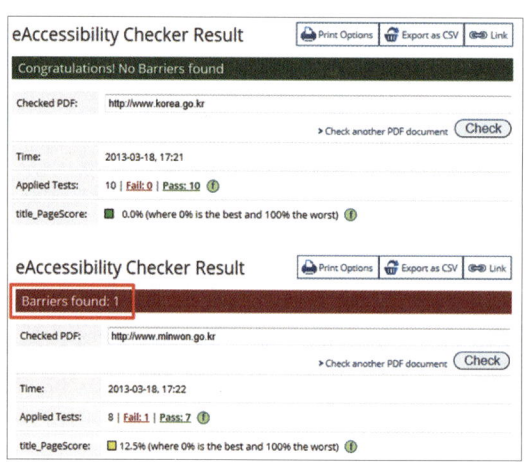

그림 10.74 PDF 문서 접근성 검사 결과 화면

10.2.6 개발자 도구 활용 방법

IE 7.0 이하를 제외한 파이어폭스, 사파리, 구글 크롬, 오페라 브라우저 모두 기본적으로 개발자 도구를 포함한다. 이러한 개발자 도구 활용 방법을 살펴보자.

도구 설명

개발자 도구는 웹사이트의 코드를 분석하고 사용자가 임의로 웹사이트의 코드를 수정 편집하여 원하는 형태로 제작할 수 있는 기능이다. 브라우저별 개발자 도구 실행 단축키는 F12나 Ctrl + Shift + I이며 사파리 브라우저 같은 경우 Ctrl + Alt + I이다.

IE 개발자 도구　　　　　　　　　구글 크롬 개발자 도구

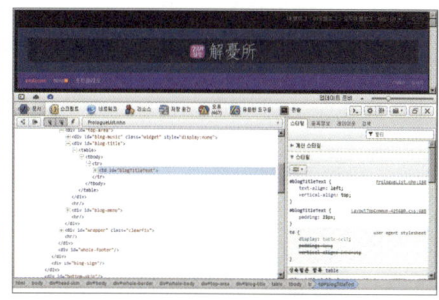

파이어폭스 개발자 도구　　　　　　　오페라 개발자 도구

사파리 개발자 도구

그림 10.75 브라우저별 개발자 도구

요소 검사

특히 파이어폭스 브라우저에서는 그림 10.76과 같이 부가 기능인 파이어버그Firebug를 함께 설치하여 웹 접근성 평가에 사용한다. 파이어버그는 브라우저 내에서 콘솔 창 형태로 소스의 위치 추적과 다양한 부가 기능들을 제공한다. 특히 요소 검사 기능은 일일이 클릭해야 확인 가능한 다른 개발자 도구와 달리 콘텐츠에 마우스를 올리기만 하여도 HTML 코드와 CSS 코드를 실시간으로 확인할 수 있어 매우 편리하다.

그림 10.76 파이어폭스의 파이어버그 실행 화면

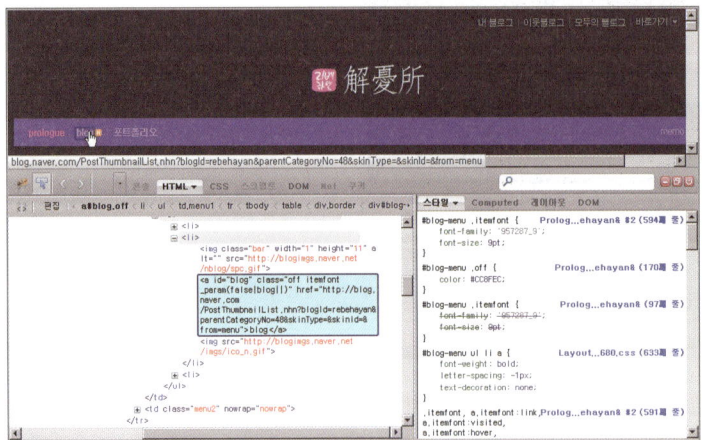

그림 10.77 파이어폭스의 요소 검사 사용 화면

파이어버그는 파이어폭스 브라우저의 부가 기능이다. 해당 부가 기능을 설치하려면 그림 10.78처럼 **도구 › 부가 기능**을 실행시킨다.

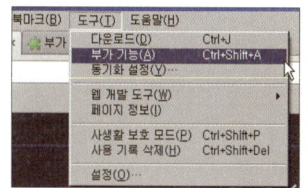

그림 10.78 파이어폭스의 부가 기능 메뉴

이후 부가기능 검색 폼에 firebug로 검색을 하면 그림 10.79의 결과에 있는 🐞 아이콘 모양의 파이어버그를 설치한다.

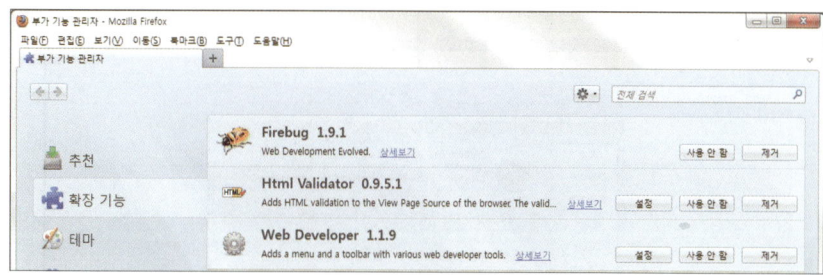

그림 10.79 파이어버그 검색 결과

브라우저의 개발자 도구를 통해 웹 접근성 적용 여부를 확인하는 과정은 10.3 전문가 평가 방법에서 좀 더 자세하게 다룬다.

10.2.7 화면 캡처 프로그램 활용 방법

화면 캡처는 웹 접근성 테스트 중 오류항목을 오류 화면을 문서로 정리하여 작업자에게 제공하는 데 쓰인다. 주로 프로젝트 진행 전 사전 분석이나 프로젝트 완료시점의 테스트 기간에 이루어진다. 많은 캡처 프로그램이 있지만 프리웨어인 픽픽PickPick 프로그램 사용 방법을 소개하려 한다.

픽픽은 http://wiziple.tistory.com/181에 접속하여 picpick_inst_kr.exe 파일을 다운로드해 설치하면 된다.

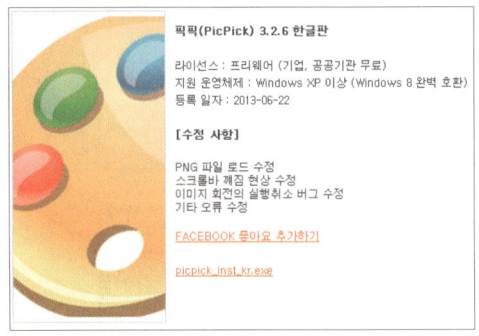

그림 10.80 픽픽 웹사이트

프로그램을 다운로드해 설치한 후 실행하면 그림 10.81과 같은 화면이 제공된다. 환경 설정 창에서 몇 가지 설정을 한다.

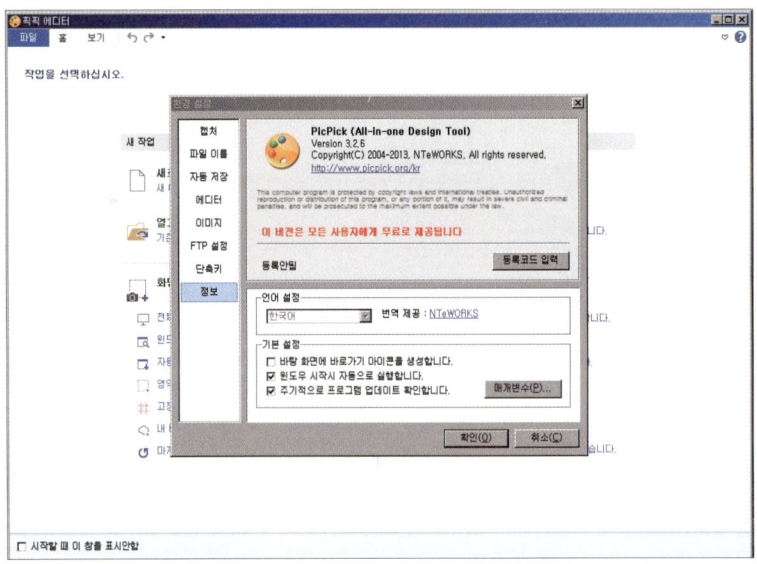

그림 10.81 픽픽 초기 실행 화면

환경 설정에서 자신이 원하는 단축키를 지정할 수 있다. 가장 많이 사용하는 캡처 방식은 **영역을 지정하여 캡처하기**이므로 운영체제와 다른 소프트웨어와 중복되지 않는 단축키를 사용하는 것이 좋으며, 대표적으로 Shift+Ctrl+R 키를 많이 사용한다.

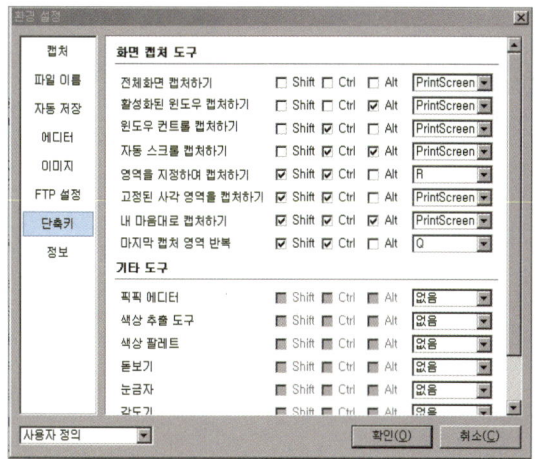

그림 10.82 픽픽 단축키 설정

    단축키 설정이 끝나면 캡처하고 싶은 위치에서 마우스로 드래그하여 오류 화면을 캡처할 수 있고, 필요에 따라서 에디터 기능을 통하여 다양한 편집이 가능하다. 최종 편집이 끝나면 Ctrl + C로 복사하여 보고서 등에 첨부할 수 있다.

10.3 전문가 평가 방법

전문가 심사자는 웹 접근성을 평가할 때 주로 오픈 왁스, CCA, WAT, 개발자 도구 등을 주로 사용한다. 표 10.9는 전문가 심사자가 하는 평가 순서를 그대로 재연한 것이다. 접근성 오류를 시각과 청각으로 판단한 후 키보드와 마우스를 이용하여 평가한다. 이어서 시각과 청각, 키보드와 마우스 등으로 평가할 수 없는 항목을 평가 도구를 활용하며 마지막으로 부족한 부분을 소스로 분석하여 좀 더 자세히 평가한다. 해당 평가 방법은 정해진 것은 아니며 평가자 스스로 원하는 순서와 방법으로 평가해도 무관하다. 또 다른 방식으로 도구 평가와 소스 평가를 먼저 하고, 최종적인 확인을 위해 시청각 평가와 키보드, 마우스 평가를 하는 경우도 많으니 자신에게 맞는 방식을 택하여 연습하기 바란다.

표 10.10 전문가 평가 순서

순서	평가 방법	설명
1	시·청각적 평가	눈과 귀로 확인하여 평가한다.
2	키보드, 마우스 평가	키보드와 마우스를 조작하여 평가한다.
3	도구 평가	도구를 활용하여 평가한다.
4	소스 평가	소스를 확인하여 평가한다.

10.3.1 시·청각적 평가

시·청각적 평가는 평가자가 어떠한 검사도구 없이 눈과 귀로 직접 웹사이트를 확인하여 평가하는 것을 의미한다. 시각적 평가는 현재는 IE8을 기준으로 평가한다. 해당 평가는 표 10.11에 제시한 항목에서만 판단이 가능하다.

표 10.11 시·청각적 평가 가능 항목

4원칙	22개 검사항목
인식의 용이성	① 적절한 대체 텍스트 제공 ② *자막 제공 ③ *색에 무관한 콘텐츠 인식 ④ 명확한 지시사항 제공 ⑤ 텍스트 콘텐츠의 명도대비 ⑥ *배경음 사용 금지
운용의 용이성	⑦ 키보드 사용 보장 ⑧ 초점 이동 ⑨ 응답시간 조절 ⑩ 정지 기능 제공 ⑪ *깜빡임과 번쩍임 사용 제한 ⑫ 반복 영역 건너뛰기 ⑬ *제목 제공 ⑭ 적절한 링크 텍스트
이해의 용이성	⑮ 기본 언어 표시 ⑯ *사용자 요구에 따른 실행 ⑰ 콘텐츠의 선형화 ⑱ 표의 구성 ⑲ 레이블 제공 ⑳ 오류 정정
견고성	㉑ 마크업 오류 방지 ㉒ 웹 애플리케이션 접근성 준수

'자막 제공'은 원고가 영상이 브라우저의 스크롤을 컨트롤하지 않고 한 화면에 같이 볼 수 있는지 확인해야 한다. 동영상이 자막이 제공될 경우에는 영상의 음성과 자막이 동일한 내용인지 확인해야 한다. 동영상 재생시간이 긴 경우에는 임의로 시간을 3~4번 정도 끊어서 중간에 확인하는 것이 좋다. '배경음 사용 금지'는 해당 페이지 로딩 후 영상의 음성이나 배경음이 재생되는지 확인하면 된다.

'색에 무관한 콘텐츠 인식'은 사이트에 색을 제거해도 확인이 가능한지 판단하면 된다. 예를 들어 필수입력 항목, 게시판 리스트 페이징의 현재위치 표시, 그래프 등 색상만으로 정보를 표현했는지 확인한다.

'깜빡임과 번쩍임 사용 제한'은 해당 페이지에 초당 3-50회 정도 반복되게 움직이는 콘텐츠가 있는지 파악하면 된다. 마지막으로 '제목 제공'은 페이지 제목만 확인이 가능하며 웹 브라우저 타이틀과 콘텐츠 본문을 비교하여 판단한다.

'사용자 요구에 따른 실행'은 페이지가 열림과 동시에 새 창이나 레이어 팝업이 제공되었는지 파악한다.

10.3.2 키보드, 마우스 평가

키보드, 마우스 평가는 평가자가 어떠한 검사도구도 없이 직접 키보드와 마우스를 이용하여 평가하는 것을 의미한다. '키보드 사용 보장'은 IE8을 기준으로 평가하며 키보드의 Tab 키를 반복해서 누르면서 시각적으로 확인해야 한다.

표 10.12 키보드, 마우스 평가 가능 항목

4원칙	22개 검사항목
인식의 용이성	① 적절한 대체 테스트 제공 ② 자막 제공 ③ 색에 무관한 콘텐츠 인식 ④ 명확한 지시사항 제공 ⑤ 텍스트 콘텐츠의 명도대비 ⑥ 배경음 사용 금지
운용의 용이성	⑦ *키보드 사용 보장 ⑧ *초점 이동 ⑨ *응답시간 조절 ⑩ *정지 기능 제공 ⑪ 깜빡임과 번쩍임 사용 제한 ⑫ *반복 영역 건너뛰기 ⑬ 제목 제공 ⑭ *적절한 링크 텍스트
이해의 용이성	⑮ 기본 언어 표시 ⑯ *사용자 요구에 따른 실행 ⑰ *콘텐츠의 선형화 ⑱ 표의 구성 ⑲ *레이블 제공 ⑳ *오류 정정
견고성	㉑ 마크업 오류 방지 ㉒ 웹 애플리케이션 접근성 준수

그림 10.83과 같이 키보드의 초점이 시각적으로 표현되는지 확인하며, 키보드 초점 순서가 논리적인지 동시에 파악하는 것이 중요하다. 또한 마우스로 접근 가능하지만 키보드로 접근이 불가능한 요소가 있는지도 확인한다. Tab 키 운용만으로 '키보드 사용 보장', '초점 이동' 항목을 동시에 평가할 수 있다.

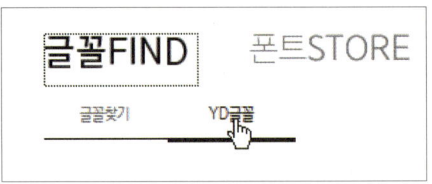

그림 10.83 시각적 판단이 가능한 키보드 초점

'응답시간 조절', '정지 기능 제공'은 키보드 사용 보장과 밀접한 관계가 있다. 자동으로 움직이는 콘텐츠와 시간 제한이 있는 콘텐츠를 컨트롤할 수 있는지 키보드와 마우스를 이용하여 2번 평가한다. 평가 중 키보드로 제어가 가능하지만 마우스로 제어가 불가능한 사례가 발생할 수 있으니 모든 기능에 대해서는 키보드와 마우스를 이용하여 2번에 걸쳐 평가하는 것이 중요하다.

'반복 영역 건너뛰기'는 Tab 키로 평가한다. 반복 영역 건너뛰기 링크는 <body> 요소 다음에 제공되어야 하기 때문에 웹사이트의 첫 번째 콘텐츠가 되어야 하는 것을 염두하고 평가한다.

'적절한 링크 텍스트'는 Tab 키를 통해 접근할 수 있으므로 Tab 키가 도달했을 때 목적이나 용도를 바로 이해할 수 있도록 제공했는지 확인하면서 평가한다.

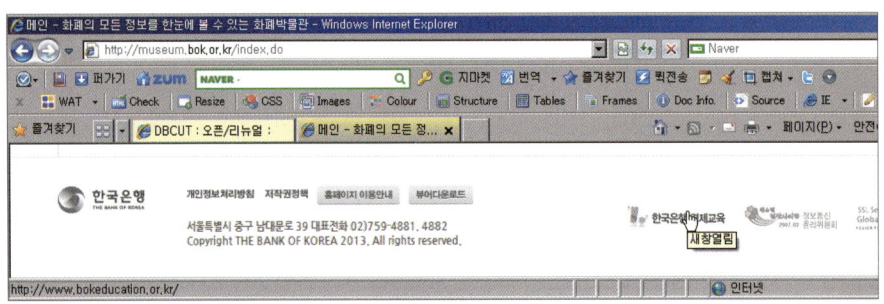

그림 10.84 새 창 열림 제공 확인하는 방법

'사용자 요구에 따른 실행'은 링크의 새 창 열림을 마우스만으로 파악할 수 있다. 그림 10.85와 같은 경우 링크에 마우스를 올려보고 현재 사이트의 도메인과 브라우저 하단의 작업표시줄의 도메인이 동일한지 확인한 후 새 창이 열릴 것인지 아닌지 판단할 수 있다. 또한 링크에 마우스를 올려 마우스 툴 팁으로 '새 창 열림'이라는 메시지가 나타났는지 확인하는 것도 중요하다. 이 방법은 모든 링크에 대해 평가하는 것이 아니라 새 창이 예상될만한 링크를 판단하여 마우스로 평가한다. 대표적으로 외국어 사이트 바로가기, 해당 사이트와 무관한 배너 및 이용 약관 등으로 유추할 수 있다.

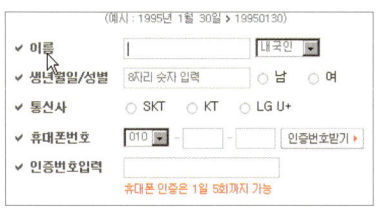

그림 10.85 마우스로 입력 서식 레이블 평가 방법

'레이블 제공'에 대한 평가는 마우스로 2가지 방식으로 평가할 수 있는데, 레이블로 연결된 경우와 title로 레이블 역할을 하는 2가지 경우를 각각 확인해야 한다. 첫 번째로 그림 10.86과 같이 텍스트와 폼 요소간의 레이블 연결이 예상된 콘텐츠를 파악하여 텍스트를 마우스로 클릭해보는 것이다. 이름을 마우스로 클릭 시 이름 입력 창의 키보드 커서가 깜빡인다면 레이블이 제공되었다는 의미다.

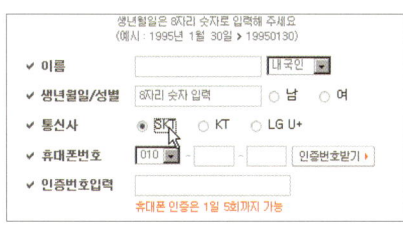

그림 10.86 마우스로 라디오 버튼 레이블 평가 방법

또한 그림 10.87에서 제공된 통신사 선택 같은 경우에도 SKT, KT, LG U+등 텍스트를 클릭하면 라디오 버튼이 같이 선택된다면 이것 또한 레이블이 잘 연결된 것으로 볼 수 있다.

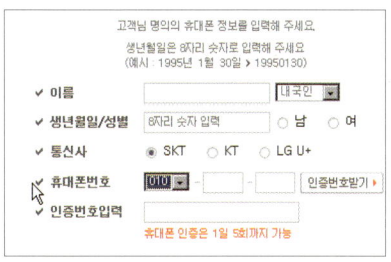

그림 10.87 마우스로 선택 상자 레이블 평가 방법

마지막으로 그림 10.88처럼 선택상자와 연결된 텍스트를 마우스로 클릭하게 되면 선택상자의 <option> 요소가 선택된다.

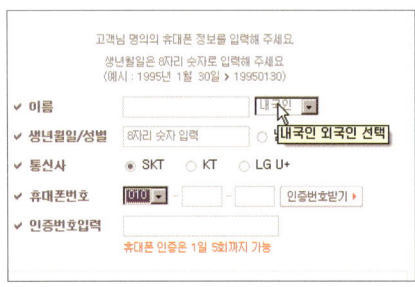

그림 10.88 마우스 오버만으로 title 제공 여부 판단

두 번째 방법은 마우스 오버만으로 title 제공 여부를 판단하는 방법이다. 그림 10.88과 같이 레이블이 연결이 되지 않은 요소에 마우스를 올린 후 툴 팁이 생겨난다면 title 속성을 제공한 것이다. 툴 팁의 내용과 폼 요소의 목적이 동일한지 확인하는 것이 중요하다. 이렇게 2가지 방식을 적용하여 아무것도 적용되지 않은 요소를 확인할 수 있다.

'오류 정정'은 모든 온라인 서식에 잘못된 값을 넣어 확인을 하는 방법이다. 이 방법은 도구나 소스 검사가 힘들기 때문에 직접 키보드로 오류 값을 입력하면서 테스트할 수 있다.

10.3.3 도구 평가

전문가 평가에서 정확도를 위해 최종적으로는 브라우저의 개발자 도구와 소스 보기에서 육안으로 확인하지만, 이를 수행하기에 앞서 소개한 평가 도구를 활용하면 더욱 효율적이다. 도구 평가 방법을 살펴보자.

표 10.13 도구 평가 항목

4원칙	22개 검사항목
인식의 용이성	① *적절한 대체 테스트 제공 ② 자막 제공 ③ 색에 무관한 콘텐츠 인식 ④ 명확한 지시사항 제공 ⑤ *텍스트 콘텐츠의 명도대비 ⑥ 배경음 사용 금지
운용의 용이성	⑦ 키보드 사용 보장 ⑧ 초점 이동 ⑨ 응답시간 조절 ⑩ 정지 기능 제공 ⑪ 깜빡임과 번쩍임 사용 제한 ⑫ *반복 영역 건너뛰기 ⑬ *제목 제공 ⑭ *적절한 링크 텍스트
이해의 용이성	⑮ *기본 언어 표시 ⑯ *사용자 요구에 따른 실행 ⑰ *콘텐츠의 선형화 ⑱ *표의 구성 ⑲ *레이블 제공 ⑳ 오류 정정
견고성	㉑ *마크업 오류 방지 ㉒ *웹 애플리케이션 접근성 준수

'적절한 대체 텍스트 제공' 항목은 두 가지 도구로 검사할 수 있다. 도구마다 장·단점이 있으니 유의하자.

첫 번째로 오픈 왁스를 이용해 대체 텍스트를 평가할 수 있다. 오픈 왁스는 그림 10.89처럼 대체 텍스트 검사 결과의 이미지를 클릭하면 웹사이트에 이미지 부분에 초점이 표시되고 파이어버그가 실행되면서 소스까지 같이 볼 수 있어 이미지의 위치를 파악하고 대체 텍스트와 이미지 텍스트의 내용을 비교할 수 있다. 하지만 해당 기능은 특정 웹사이트에서만 작동된다.

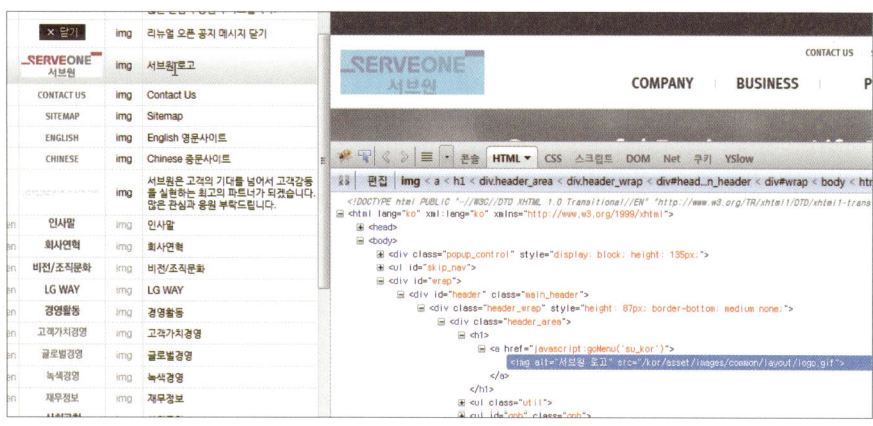

그림 10.89 오픈 왁스 대체 텍스트 확인 방법

이런 기능이 작동되지 않는다면 오픈 왁스의 대체 텍스트 평가 결과의 썸네일 이미지와 텍스트를 비교해서 오류 유·무를 그림 10.89처럼 비교하고 확인해야 한다. 이 부분에서 아쉬운 점은 큰 이미지가 제공될 경우 이미지와 대체 텍스트의 내용이 비교가 불가능하여 해당 이미지를 웹사이트에서 찾아야만 오류 파악이 가능하다는 것이다.

두 번째로 WAT를 사용하는 방법이다. WAT의 images > List images를 실행하면 그림 10.91과 같이 해당 페이지에 제공된 이미지와 HTML 코드가 리스트 형태로 제공되어 한눈에 파악이 가능하다.

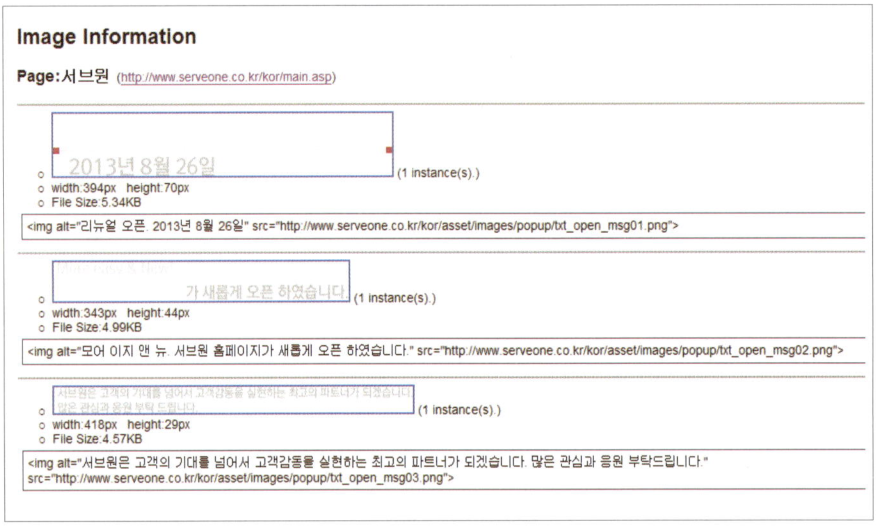

그림 10.90 WAT의 대체 텍스트 검사 결과 화면

특히 그림 10.91처럼 이미지의 원본 사이즈가 제공되어 대체 텍스트와 비교가 가능하다는 점이 우수하고 오류 화면을 캡처할 때도 오픈 왁스에 비해 작은 사이즈로 캡처가 가능하다.

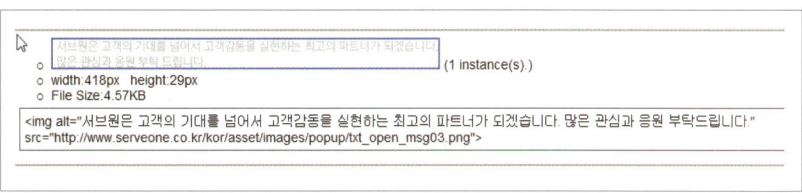

그림 10.91 WAT의 대체 텍스트 확인 방법

'텍스트 콘텐츠의 명도대비'는 CCA 툴을 이용한다. 자세한 기능과 기준은 '10.2.3 CCA'를 참고하면 되고 여기서는 이미지 텍스트의 크기를 확인하는 방법을 소개한다.

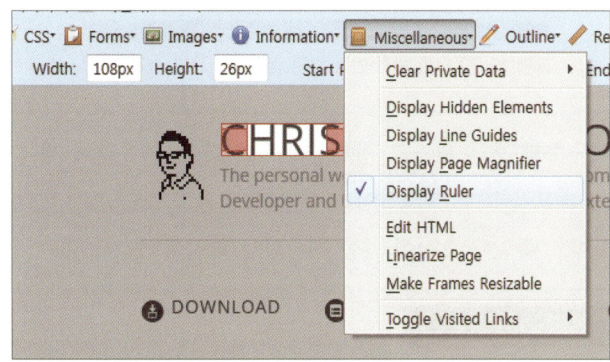

그림 10.92 파이어폭스의 부가 기능 'Web Developer'의 Display Ruler 기능

그림 10.92는 파이어폭스 브라우저의 부가 기능 중 하나인 'Web Developer' 기능이다. 해당 부가 기능 중 Miscellaneous 메뉴의 Display Ruler 기능으로 이미지 텍스트의 크기를 확인할 수 있다.

사용 방법은 Display Ruler를 클릭한 뒤 원하는 이미지 텍스트를 그림 10.92와 같이 드래그앤 드롭으로 이미지 크기만큼 박스를 생성하면 브라우저 상단에 세로길이 Height가 제공된다. 이 세로 길이가 이미지 텍스트의 크기가 되고 해당 크기에 따라 텍스트 콘텐츠의 명도대비 준수 여부를 판단할 수 있다.

'반복 영역 건너뛰기'는 오픈 왁스를 이용한다. 그림 10.93은 '반복 영역 건너뛰기' 평가 결과이다 총 4개의 건너뛰기 링크가 제공되고 있고 그 중 첫 번째는 오류로 나타나고 있지만 평가 결과를 모두 보이는 대로 믿어서는 안 된다. 오픈 왁스의 건너뛰기 링크 검사는 내부 링크만 수집한 것으로 해당 페이지의 모든 내부 링크가 리스트된 것이다.

현재 첫 번째 오류항목의 내용 부분을 보면 (#)리뉴얼 오픈 공지 메시지 닫기로 명시되어 있다. 오류로 나타난 이유는 <a href="#">으로 코드가 처리가 되었기 때문에 현재 페이지의 아이디가 매치되지 않아서다. 또한 해당 오류는 레이어 팝업 닫기의 버튼이기 때문에 건너뛰기 링크라고 볼 수 없다.

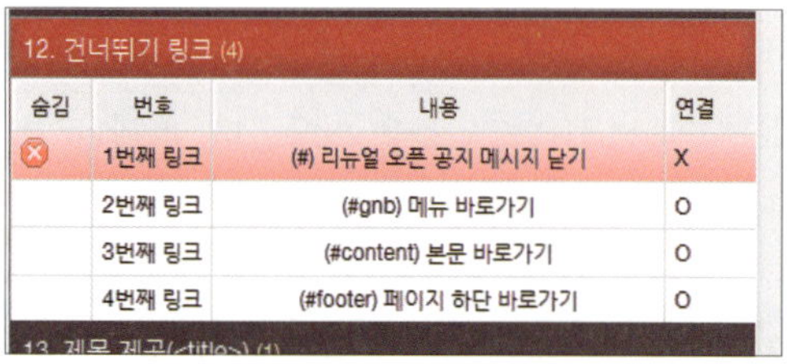

그림 10.93 오픈 왁스 반복 영역 건너뛰기 평가 결과

'제목 제공'은 주로 오픈 왁스로 평가한다. 그림 10.94와 같이 페이지 제목, 프레임 제목, 콘텐츠 제목을 따로 분리하여 제공한다. 오픈 왁스는 검사 결과 항목을 클릭하면 코드와 사이트 화면에 초점이 자동 표시되어 확인이 가능하다.

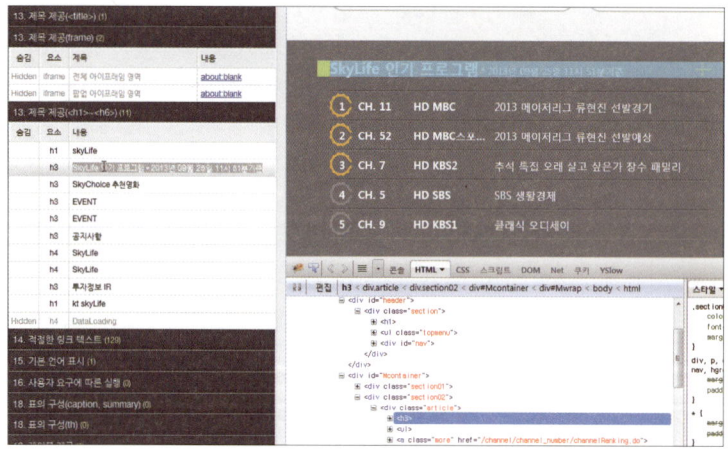

그림 10.94 오픈 왁스 제목 제공 검사 결과

'콘텐츠의 선형화'는 CSS의 Disable CSS 기능을 활용하여 평가한다. Disable CSS의 기능을 사용하는 이유는 그림 10.95와 같이 CSS를 제거했을 때 제목-내용 순으로 등 콘텐츠가 선형화되어 있는지 확인하기 용이하기 때문이며, 화면 낭독기의 순서와도 일치하기 때문이다.

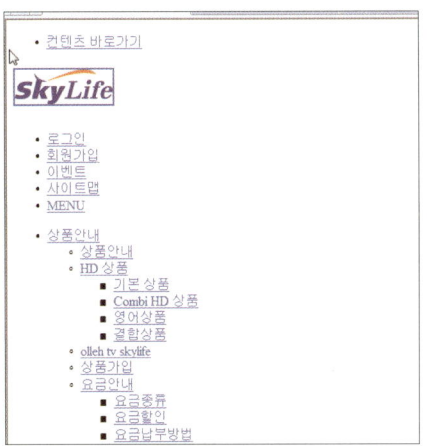

그림 10.95 WAT의 Disable CSS 기능으로 콘텐츠 선형화 평가 화면

특히 Linearize 기능은 그림 10.96처럼 표를 선형화할 수 있기 때문에 데이터 테이블인지 레이아웃용 테이블인지를 구분할 수 있는 기능으로 사용 가능하다. 표의 형식을 제거했을 때 의미가 전달된다면 레이아웃용 테이블로 볼 수 있고, 의미를 이해하기 어렵다면 제목셀에 영향을 받는 데이터 테이블이라고 판단할 수 있다.

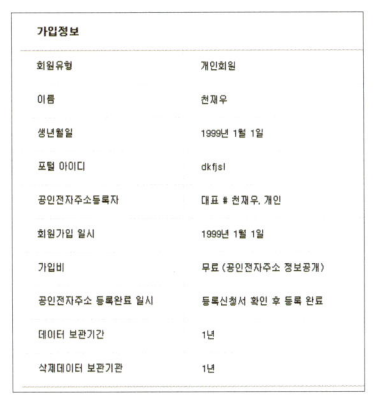
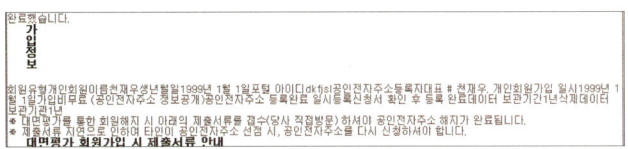

그림 10.96 표(좌)와 표를 선형화(우)할 때 화면

'표의 구성'은 그림 10.97처럼 WAT 기능 중 CSS의 Disable CSS 기능과 Tables의 Show Data Tables 기능을 조합해서 사용한다. Show Data Tables 기능만 사용한다면 <caption> 요소가 확인되지 않을 수 있다. 대부분의 퍼블리셔는 <caption> 요소를 CSS로 숨기기 때문이다. 이처럼 WAT 도구를 사용하면 표의 구조를 손쉽게 파악할 수 있으며 오류 화면을 쉽게 캡처할 수 있다.

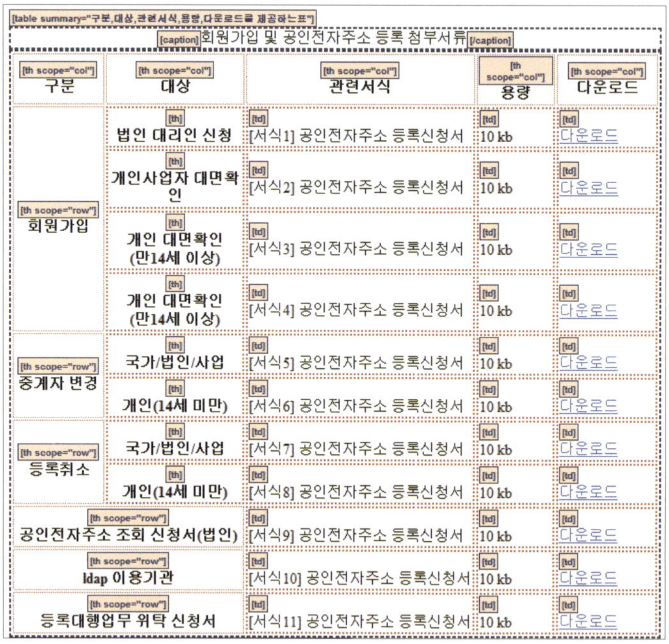

[table summary="구분,대상,관련서식,용량,다운로드를 제공하는표"]

[caption]회원가입 및 공인전자주소 등록 첨부서류[/caption]

[th scope="col"] 구분	[th scope="col"] 대상	[th scope="col"] 관련서식	[th scope="col"] 용량	[th scope="col"] 다운로드
[th scope="row"] 회원가입	[th] 법인 대리인 신청	[td] [서식1] 공인전자주소 등록신청서	[td] 10 kb	[td] 다운로드
	[th] 개인사업자 대면확인	[td] [서식2] 공인전자주소 등록신청서	[td] 10 kb	[td] 다운로드
	[th] 개인 대면확인 (만14세 이상)	[td] [서식3] 공인전자주소 등록신청서	[td] 10 kb	[td] 다운로드
	[th] 개인 대면확인 (만14세 이상)	[td] [서식4] 공인전자주소 등록신청서	[td] 10 kb	[td] 다운로드
[th scope="row"] 중계자 변경	[th] 국가/법인/사업	[td] [서식5] 공인전자주소 등록신청서	[td] 10 kb	[td] 다운로드
	[th] 개인(14세 미만)	[td] [서식6] 공인전자주소 등록신청서	[td] 10 kb	[td] 다운로드
[th scope="row"] 등록취소	[th] 국가/법인/사업	[td] [서식7] 공인전자주소 등록신청서	[td] 10 kb	[td] 다운로드
	[th] 개인(14세 미만)	[td] [서식8] 공인전자주소 등록신청서	[td] 10 kb	[td] 다운로드
[th scope="row"] 공인전자주소 조회 신청서(법인)		[td] [서식9] 공인전자주소 등록신청서	[td] 10 kb	[td] 다운로드
[th scope="row"] ldap 이용기관		[td] [서식10] 공인전자주소 등록신청서	[td] 10 kb	[td] 다운로드
[th scope="row"] 등록대행업무 위탁 신청서		[td] [서식11] 공인전자주소 등록신청서	[td] 10 kb	[td] 다운로드

그림 10.97 Disable CSS와 Show Data Tables를 적용한 화면

마지막으로 '링크 텍스트', '기본 언어 표시', '사용자 요구에 따른 실행', '레이블 제공', '마크업 오류 방지'는 오픈 왁스를 통하여 해당 요소들을 보여주고, 각 요소에 대한 값이 적절한지 육안으로 확인할 수 있다.

10.3.4 소스 평가

소스 평가는 최종적으로 확인되는 가장 확실한 방법이며, 오류의 원인과 해결 방안을 제시하기 위해 반드시 활용해야 하는 평가 방법이다. 소스 평가를 살펴보자.

표 10.14 소스 평가 항목

4원칙	22개 검사항목
인식의 용이성	① 적절한 대체 테스트 제공 ② 자막 제공 ③ 색에 무관한 콘텐츠 인식 ④ 명확한 지시사항 제공 ⑤ 텍스트 콘텐츠의 명도대비 ⑥ 배경음 사용 금지
운용의 용이성	⑦ 키보드 사용 보장 ⑧ ***초점 이동** ⑨ 응답시간 조절 ⑩ 정지 기능 제공 ⑪ 깜빡임과 번쩍임 사용 제한 ⑫ 반복 영역 건너뛰기 ⑬ 제목 제공 ⑭ ***적절한 링크 텍스트**
이해의 용이성	⑮ 기본 언어 표시 ⑯ 사용자 요구에 따른 실행 ⑰ 콘텐츠의 선형화 ⑱ 표의 구성 ⑲ 레이블 제공 ⑳ 오류 정정
견고성	㉑ 마크업 오류 방지 ㉒ 웹 애플리케이션 접근성 준수

'초점 이동'은 도구나 시각적으로 평가가 가능하다. 하지만 평가 도구만으로 오류로 잡히지 않는 코드가 있다. 그림 10.98과 같은 소스가 대표적인 사례라고 볼 수 있다.

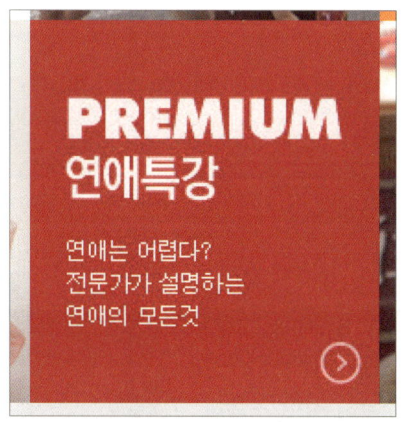

그림 10.98 평가 도구만으로 '초점 이동' 오류가 발견되지 않은 사례

```css
div { position:relative; width:100px; height:100px; padding:20px 10px;
background:red;}
div strong { display:block;}
div * { color:#fff;}
div img { position:absolute; right:10px; bottom:10px;}
```

```
<div>
    <strong>PREMIUM<br>연애특강</strong>
    연애는 어렵다?<br>
    전문가가 설명하는<br>
    연애의 모든 것<br>
    <a href="#a"><img src="images/btn.gif" alt="연애특강 더보기"></a>
</div>
```

해당 사례는 키보드 초점이 시각적으로 표시되지 않는다. 보통 퍼블리셔는 그림 10.98의 더보기 버튼의 위치를 상대적으로 배치하기 position:absolute라는 CSS 속성값을 <a> 요소에 적용한다. 하지만 <a> 요소가 아닌 <a> 요소 안에 있는 <img> 요소를 상대 배치시키게 되어 이미지만 디자인 위치에 있고 <a> 요소는 텍스트 아래에 코드만 위치해 있어 키보드 초점이 시각적으로 보이지 않는다.

'적절한 링크 텍스트'는 평가 도구로 판단하는 것이 아니라 링크 텍스트의 코드와 콘텐츠의 목적을 분석하여 수동적으로 판단하게 된다.

> **팁**
> position:absolut와 비슷한 사례로 <a> 요소 안의 <img>를 float:left나 float:right로 띄우는 경우에 마찬가지로 키보드 초점이 시각적으로 보이지 않으므로 주의해야 한다.

10.4 사용자 평가

전문가의 기술 평가를 통하여 일정 수준의 접근성을 준수한 사이트에 실제 사용자(장애인)가 사용하면서 문제없이 설계되어 있는지 보조기기에서 제대로 동작하는지 등을 평가하기 위한 절차다. 여기서는 장애인 사용자에 대해서만 적용하지만 향후 실질적인 사용성을 제고하여 장애인뿐만 아니라 모든 사용자가 원활히 사이트를 이용할 수 있도록 하는 것이 중요하다.

10.4.1 평가 대상

사용자 평가 대상 사이트는 원칙적으로 전문가 기술 평가를 통과한 사이트를 평가함을 원칙으로 하는 것이 좋다. 전문가 평가를 통과하지 않은 사이트는 실질적으로 이용 자체가 불가능한 경우가 많기 때문이다. 사용자는 가급적 인구학적 변인을 고려하여 다양한 계층의 사용자를 대표할 수 있게 선정해야 한다.

표 10.15 장애 영역 및 기준

장애 영역	등급 및 조건	비 고
시각장애인	1급 2명	화면 낭독 프로그램 사용
지체, 뇌병변 장애인	1급 장애인으로 상지 장애인 2명	보조 도구를 사용하지 않음

10.4.2 평가 시간

총 평가 시간은 사이트별로 150분을 넘지 않게 한다. 과업별 수행 시간은 기준 안에는 2~3배로 되어 있으나 현실적으로 우리나라의 인터넷 환경과 화면 낭독 프로그램 등의 문제로 인하여 평가에서는 통상 작업 수행 속도의 5배를 적용하여 과업별 15분을 수행 시간으로 설정한다.

10.4.3 평가 방법

시각장애인은 주어진 과업에 대해 화면 낭독 프로그램을 사용하여 정해진 시간동안 수행하고, 지체나 뇌병변 장애인은 주어진 과업에 대해 어떠한 보조 도구도 사용하지 않고 작업을 수행한다. 이 때 관찰자는 수행시간, 오류횟수를 평가지에 기록하게 되어 있다. 화면 낭독기나 화면 확대기 사용법은 11장을 참고하기 바란다.

10.4.4 과업 선정

과업 선정은 심사의 객관성 확보를 위해 웹사이트 이용 시 일반적으로 많이 이용하고 있는 중요 정보를 확인하는 과업을 중심으로 선정한다. 중요 정보의 인지가능 여부, 운동 가능 여부, 이해 가능 여부와 부가 애플리케이션과 보조기기와의 호환 여부를 확인할 수 있는 과제로 구성한다.

표 10.16 웹 접근성 품질인증마크 사용자 평가 기준의 과업

구분	과업	체크 리스트
정보의 편의성	해당 기관에 회원가입을 해 보세요.	• 주소 입력과 실명 확인의 절차가 편리한가?(자동 완성 기능 및 검색 기능을 제공하는가?) • "문자/숫자 등 입력 시" 키 입력 등의 조작에 의해 생긴 상태 변화를 언제든지 "입력취소(문자 하나씩 삭제할 수 있는 취소기능)"할 수 있는 기능을 제공하는가?
	사이트맵을 이용하여 원하는 메뉴에 접근해 보세요.	• 사이트맵, 첫 페이지에 메뉴 노출 등 해당 기관에 관련된 정보를 쉽게 찾을 수 있게 제공하는가? • 콘텐츠 이미지의 경우 이미지를 설명하는 적절한 대체 텍스트를 제공하고 있는가?
	게시판의 원하는 특정 정보를 찾아보세요.	• 검색, 사이트맵 등 관련 자료 획득을 위한 다양한 방법을 제공하는가? • 관련 파일을 다운로드할 경우 획득의 편의성을 제공하는가?
일관성	회원 정보를 수정해 보세요(주소, 전화번호).	• 버튼명, 위치나 크기의 일관성을 유지하는가?(수정, 완료, 검색 등)
	원하는 자료를 찾아 다운로드해 보세요.	• 제공하는 자료의 파일 확장자명의 일관성을 유지하는가? • 전체 사이트에서 사용하는 다운로드 방식의 일관성을 유지하는가?
이동성과 조직성	로그인해 보세요.	• 로그인 작업을 완료하기 위해 클릭해야 하는 버튼의 위치가 근거리에 위치하는가?(마우스의 이동 경로가 복잡하여 동작의 오작동을 유발하지 않는가?) • "ID/비밀번호 입력완료 시", "검색어 입력 시", "게시판 자료 입력 시" 등 입력 완료 후 시각적/촉각적 또는 음향에 의한 피드백을 제공하는가?
	회원 정보를 확인해 보세요.	• 회원 가입 후 정보를 확인하기까지 버튼의 위치의 이동성이 편리한가? • 내 정보를 한 페이지에서 확인 가능한가?
	게시판에 기입된 정보를 확인해 보세요.	• 게시판 사용 등 과업을 완료하기 위해 클릭해야 하는 버튼의 위치가 근거리에 위치하는가?(마우스의 이동 경로가 복잡하여 동작의 오작동을 유발하지 않는가?)
	해당 기관에서 제공하는 중요한 정보를 찾아보세요.	• 유관된 정보들의 그룹화(Grouping)가 적절한가? • 관련 사이트 및 메뉴로의 이동이 용이한가?(링크 제공과 메뉴를 제공하는가?)

이어짐

구분	과업	체크 리스트
가시성과 가족성	해당 기관에 대한 설명을 찾아보세요.	• 페이지에 사용한 텍스트의 크기, 폰트, 색이 적정하게 제공되는가?
	해당 기관에 대한 위치 및 지도 정보를 찾아보세요.	• 페이지에 사용한 이미지, 아이콘의 인지하기 쉽도록 설계되었는가?
실행 속도	해당 기관의 제공 자료를 다운로드해 보세요.	• 다운로드 속도는 적당한가? • 다운로드 완료 후 성공/실패를 알리는 팝업 창의 유지 속도는 적정한가?

현재는 시행되고 있지 않지만 실제로는 성공률, 수행시간, 오류율 같은 정량적 기준과 정보획득의 편의성, 일관성, 이동성, 가독성, 실행 속도 같은 정성적 기준이 있으면 더욱 좋다. 정성적 기준은 자체적으로 척도를 부여하고 해당 사이트의 특성에 맞게 기준을 정하여 평가할 수 있다.

정리

웹 접근성을 평가하고자 평가 기법의 종류와 특징, 다양한 웹 접근성 평가 도구의 설치와 사용 방법 등을 살펴보며 스스로 웹 접근성을 평가할 수 있는 기법을 알아보았다. 또한 실제 웹 접근성을 유지하고 향상시키기 위한 유지보수 전략도 알아보았다. 웹 접근성 평가 기법을 간단하게 요약하면 다음과 같다.

1. **평가 기법의 종류**
   - 웹 접근성 평가는 크게 자동 평가와 수동 평가로 나뉜다.
   - 자동 평가는 검사 도구에 의해 자동으로 확인이 되는 평가를 의미한다.
   - 수동 평가는 사람에 의해 직접적으로 평가하는 방법이며 다시 전문가 평가와 사용자 평가로 나뉜다.

2. 평가 기법의 특징

- 자동 평가의 많은 양을 동시에 체크할 수 있어 편리하지만 기계적인 수준의 점검으로 정확성이 떨어져 웹 접근성 준수 여부를 최종적으로 결정하는 용도로 사용하는 것은 적합하지 않으며 전문가의 보완이 필요하다.
- 수동 평가는 점검 시간과 비용이 많이 들지만 정확한 평가가 장점이며, 전문가 평가는 전문적인 웹 접근성 지식에 따라 검사항목을 직접 평가하고, 사용자 평가는 장애유형별로 보조기술을 이용하여 실제 필요한 과업의 수행 여부로 사용성을 평가한다.

3. 평가 도구의 특징

- K-WAH는 6개 항목에 대하여 웹 페이지를 수집하여 평가 가능하며, 오류 위치를 알 수 있어 비교적 손쉽게 수정할 수 있다.
- 오픈 왁스나 WAT는 브라우저 기반의 평가 도구로 자동 점검과 더불어 육안으로 요소와 내용을 확인할 수 있어 전문가 심사에 적합한 평가 도구며, 브라우저의 개발자 도구와 함께 사용하여 정확도를 높이는 것이 중요하다.
- 이외에도 명도대비를 측정하는 CCA와 화면 캡처 프로그램 등으로 오류에 관한 증빙화면을 보고서와 함께 담아 웹 접근성 평가 보고서를 만들어 스스로 웹 접근성을 유지관리할 수 있다.

4. 평가 방법

- 전문가 평가는 22개의 검사항목을 평가하기 위하여 항목별로 유리한 검사도구를 활용하는 도구 검사를 기본으로 소스 평가와 시·청각 평가, 키보드·마우스 평가 등을 종합하여 정확하게 평가할 수 있도록 노력해야 하며, 개인 차를 극복하기 위해 크로스 체킹 방식을 많이 활용한다.
- 사용자 평가는 장애유형별로 필요한 보조기기를 이용하여 실제 필요한 과업을 도출하고 이를 정해진 시간 내에 달성할 수 있는지를 판단하며, 개인의 기호나 취향이 아닌 객관성을 바탕으로 평가해야 한다. 현재는 정량적인 평가 위주로 이루어지지만 추후 정성적인 면이 고려된다면 높은 사용성을 기대할 수 있다.

지금까지 웹 접근성 평가 기법을 알아보았다. 국가표준을 중심으로 한 22개의 검사항목에 많이 익숙해져 있을 것이다. 하지만 실제 장애인 사용자의 사용성을 높이려면 반드시 알아두어야 할 내용이 보조기술이다. 11장에서 화면 낭독기와 화면 확대기 등의 보조기술을 자세히 알아보자.

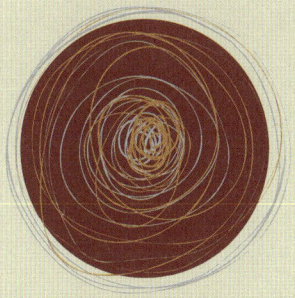

11

보조기술

보조기술은 비장애인을 기준으로 부족한 감각을 보조하여 동등한 정보에 접근할 수 있도록 돕는 기술로 대표적으로 시각장애 사용자를 위한 화면 낭독 프로그램과 저시력 사용자를 위한 화면 확대 프로그램 등 보조기기에 적용되는 기술을 의미한다. 이외에도 점자로 변환하거나 터치 방식으로 좀 더 쉽게 이용하게 하는 등 매우 다양하다.

보조기술은 웹 접근성을 이해하는 데 매우 중요한 요소 중 하나며, 기본적으로 웹 접근성이 지켜지지 않으면 보조기술을 활용하기 어렵지만 웹 접근성을 잘 적용하였더라도 보조기술과 기기를 사용하는 방법을 이해하지 못하면 실제 사용이 어려울 수 있다. 따라서 보조기술을 이해하면 실제 사용자에 대한 이해와 전반적인 접근성 지식을 높이는 데 큰 도움이 된다.

11.1 화면 낭독기

시각장애인이 컴퓨터를 사용하는 데 가장 필수적인 것은 화면 낭독기라고 할 수 있다. 컴퓨터 전원을 켜고 부팅을 시작하는 순간부터 전원을 끄는 순간까지 모든 화면의 내용을 음성으로 낭독하여 시각 대신 청각으로 정보를 이해할 수 있게 대체해주는 중요한 보조기기다. 화면 낭독기라고 해서 '하드웨어'와 같은 단말기로 생각할 수 있는데 정확하게는 '화면 낭독 프로그램'이나 '소프트웨어'이며, PC에 설치해서 음성 지원을 받는 방식이다. 화면 낭독기는 백신처럼 시스템에 상주하며 컴퓨터에서 발생하는 모든 상황을 모니터링하고 변경되는 정보를 사용자에게 음성으로 전달한다.

11.1.1 화면 낭독기의 중요성

시각장애인은 화면 낭독기 지식이 없으면 컴퓨터의 문서 작업은 물론 인터넷을 이용하는 것도 불가능하다. 잔존 시력이 남아 있는 저시력 사용자에게도 불완전한 시력을 대신하여 화면 낭독기를 사용하기도 한다. 이와 같이 시각장애인에게 웹을 이용하는 데 반드시 필요한 프로그램이며, 웹 접근성 프로젝트의 결과를 확인하려고 사용자의 입장에서 테스트하는 데 가장 많이 활용되는 보조기술 중 하나다. 22개의 검사 항목 중에 시각장애인에 해당하는 항목의 비중이 90%를 넘기 때문에 화면 낭독기는 웹 접근성 적용과 실제 사용성 사이에서 확인하는 보조기술 중 가장 대표적이다. 이제 화면 낭독기의 기본 개념을 살펴보자.

> ★ 용어
>
> 보조기술(Assistive technology): 장애가 있는 사용자의 요구 조건을 만족시키려고 제공하는 하드웨어나 소프트웨어를 의미한다. 대표적으로 화면 낭독 프로그램(Screen reader), 화면 확대 프로그램, 특수 키보드 등을 들 수 있다. 보조기술은 보조 공학이라는 용어로 사용되기도 한다.

11.1.2 기본 동작 원리

화면의 콘텐츠 정보를 음성으로 낭독하게 하는 동작 원리는 화면 낭독기의 구조를 알면 쉽게 이해할 수 있다. 화면 낭독기는 TTS를 관리하면서 운영체제와 소프트웨어로부터 다양한 정보를 수집해서 실제 사용할 수 있는 정보로 가공하는 소프트웨어core와 가공된 데이터를 음성으로 변환해주는 TTS 엔진으로 구성되어 있다. 따라서 그림 11.1과 같이 운영체제로부터 제공되는 UIA(MSAA) API를 통해 웹 문서나 애플리케이션 등의 정보를 수집해서 이를 소프트웨어에서 재가공하고 음성으로 들을 수 있게 TTS에 전달하여 음성 정보로 변환한 후 사용자에게 제공된다.

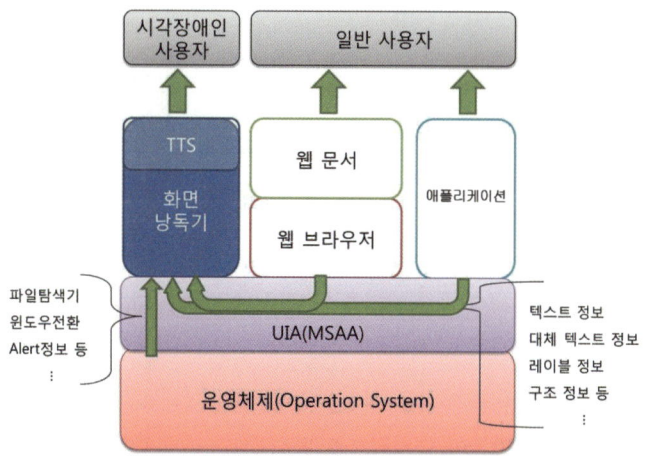

그림 11.1 화면 낭독기의 기본 동작 원리

11.1.3 가상 커서의 이해

화면 낭독기의 중요한 원리 중 하나가 '가상 커서'의 개념이다. '가상 커서'란 시각장애인이 읽기 편하도록 웹 페이지의 콘텐츠를 선형화해놓은 새로운 사용자 인터페이스를 의미한다. 일반적인 키보드의 이동은 Tab 키를 이용한 초점의 이동인데 '가상 커서'의 이동 방식은 일반적인 '커서'나 '마우스 포인터'의 움직임과 달리 시각장애인이 읽기 편하게 웹 페이지의 콘텐츠를(초점이 가지 않는 요소까지) 모두 한꺼번에 불러들여 문서편집기의 인터페이스와 유사한 형태로 재구성한 후 커서가 이를 순차적으로 이동 가능하게 만들어 놓은 가상공간이다.

가상 커서를 확실하게 이해하기 위한 방법 중 하나는 '센스리더 인터넷 뷰어'를 이용하는 것이다. 가상 커서는 화면에 표시되지 않고 백그라운드에서 동작하기 때문에 시각적으로 보이지 않지만 인터넷 뷰어를 이용하면 이를 표시할 수 있다. 그림 11.2는 웹 접근성 연구소 메인 페이지와 인터넷 뷰어를 통한 가상 커서 화면을 비교한 것이다. 인터넷 뷰어로 표시된 내용을 보면 마치 메모장에서의 문서 편집 상태와 같아서 위, 아래, 좌, 우 방향키로 이동하면서 웹 콘텐츠를 탐색한다는 것이 어떤 의미인지 쉽게 이해할 수 있다.

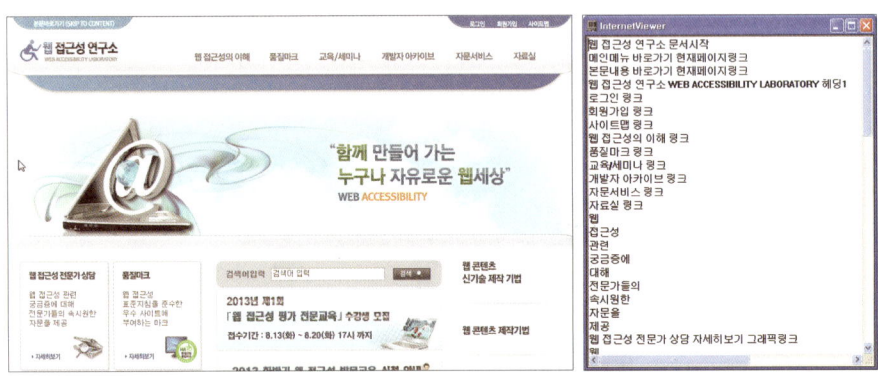

그림 11.2 일반 웹 화면과 가상 커서 화면의 비교

정리하면 일반 사용자는 웹 페이지를 탐색할 때 자유롭게 마우스를 사용하여 어떤 좌표 값에 위치한 콘텐츠를 탐색하여 이해할 수 있게 된다. 그러나 시각적인 장애가 있는 사용자에게는 매우 취약하고 실질적인 탐색이 어려운 환경을 의미하므로 앞서 설명한 가상의 공간을 만들어 순차적으로 탐색할 수 있게 한 것이다.

선형화해서 모든 요소를 순차적으로 재구성하는데 순서는 HTML 소스의 배치 순서를 그대로 따르고 상/하 방향으로만 재구성하기 때문에 탐색 방향의 차이로 인해 정보를 놓치는 일을 방지할 수 있게 된다.

> **팁**
> 가상 커서 UI를 센스리더는 '가상 커서'라고 칭하지만, 죠스는 'Vitual Cursor', NVDA는 'Browse mode', 실로암 보이스는 '인터넷 모드'라고 부른다. 그러나 전반적으로는 '가상 커서'로 통칭해서 부르고 있다.

11.1.4 가상 커서의 이동 기능

가상 커서의 개념으로 보면 홈페이지 안에 수많은 요소를 이용하려면 모든 항목을 지나야 한다. 예컨대 50번째 요소에 접근하려면 키보드 컨트롤을 50회 이상 해야 한다. 가상 커서의 이동은 이를 해결하려고 다양한 요소간 이동 기능을 제공한다. <h> 요소로 처리된 제목들로만 이동하면서 제목을 확인할 수 있는 헤딩간 이동, 모든 입력 서식의 형태에 접근할 수 있는 입력 서식간 이동, 기타 테이블 이동이나 프레임 이동, 목록 이동 등 HTML 요소 단위로 이동할 수 있는 다양한 기능을 제공한다. 따라서 좀 더 쉽게 이동하려면 가상 커서의 이동 기능을 고려하여 HTML을 제공해주는 것이 바람직하다.

11.2 다양한 화면 낭독기 비교

전 세계적으로 다양한 화면 낭독기가 존재하지만 이 장에서는 실질적인 도움을 위해 국내에서 사용할 수 있는 화면 낭독기 4종을 비교 분석하였다. 현재 국내에서 사용할 수 있는 제품은 센스리더, 죠스 JAWS for windows, NVDA NonVisual Desktop Access, 실로암 보이스 등이다(더 자세한 정보는 부록 IV에서 확인할 수 있다).

그림 11.3 센스리더 (출처: 엑스비전테크놀러지)

그림 11.4 NVDA (출처: NVDA)

그림 11.5 죠스 (출처: 실로암복지관)

그림 11.6 실로암 보이스 (출처: 실로암복지관)

11.2.1 가격 정책과 제조사 정보

현재 센스리더와 실로암 보이스는 국내에서 개발되고 있으며, 죠스(한글 버전)와 NVDA는 해외에서 개발되고 있는 것을 국내에서 한글화해서 보급 중이다.

센스리더

국내 제품 중 가장 빨리 최신 운영체제에 대응하고 다양한 시각장애인용 유틸리티를 제공해서 국내에서 제일 많은 이용자 수를 확보하고 있다. 시각장애인이 오랫동안 사용해왔고 꾸준한 기능 개선으로 국내 소프트웨어 환경에는 가장 적합하다고 평가되고 있다. 따라서 실제 사용자층에게는 가장 익숙한 화면 낭독기다. 라이선스 정책은 실시간 온라인 인증을 사용한다. 설치 PC 수에 제한은 없으나 동시에 여러 대의 PC에서 사용하는 것은 불가능하다.

특히 국내에서 가장 많이 쓰이는 센스리더의 경우 베이직과 프로페셔널의 2가지 패키지로 판매되고 있으나 웹 페이지 탐색에서는 기능에 차이가 없다. 프로페셔널 패키지를 사용하면 오피스office와 같은 소프트웨어와 추가 음성엔진 등에서 차이가 있는 정도다. 무상 업데이트는 공식적으로 1년간 제공된다고 명시되어 있으나 현재는 신제품 출시나 패키지 변경이 없다면 지속적인 업데이트가 되고 있다.

죠스(한글 버전)

프리덤 사이언티픽Freedom Scientific 사에서 개발되었으며 전 세계적으로 가장 많은 이용자를 확보하고 있다. 가장 오랜 기간 개발되어온 화면 낭독기로 그만큼 강력한 기능을 자랑하며 메이저 소프트웨어 개발사와의 협업으로 최신 기술에 빠르게 대응하는 장점이 있다. 또한 강력한 스크립트 기능을 통해 지원되는 소프트웨어의 범위 확장이 가능하다. 스탠다드와 프로페셔널 버전이 있는데 지원하는 운영체제의 종류가 다르므로 사용할 운영체제 버전에 맞춰서 구매해야 한다.

스탠다드는 홈Home 운영체제를 지원하며 프로페셔널은 운영체제의 제약이 없다. 현 버전에 해당하는 업데이트는 무상 제공되나 새로운 버전이 릴리즈되면 업데이트 비용이 22만원(단계 당) 소요된다. 죠스(한글 버전) v13은 2013년 3월에 공개되었고, 영문 버전 죠스는 2013년 초에 v14가 공식 출시되었다. 참고로 영문 버전 죠스는 연중 수차례 업데이트가 제공되지만 한글 버전은 한 번 출시되면 추가 업데이트를 제공하지 않는다.

NVDA

오픈소스 프로젝트로 해외에서 개발되었지만 현존하는 유일한 무료 화면 낭독기라는 점에서 큰 관심을 끌고 있다. 2012년 NVDA 코리아(www.nvda-kr.org)의 결성으로 한글화가 진행되었고 페이스북에 NVDA 한국사용자포럼(www.facebook.com/groups/nvdakr/)이 운영되고 있다. 상용 화면 낭독기만큼의 강력한 기능이 있으며, 지속적인 업데이트로 최신 기술에 대응하고 있다. 또한 메인 프로그램에 설치되는 추가 기능 개발로 NVDA의 기능을 확장하고 있으며, 사용자가 개발한 추가 기능을 NVDA에서 사용하는 것도 가능하다.

주목할 만한 점은 언어팩을 통해 한국어를 지원하기 때문에 영어판 최신 버전이 출시되면 단기간 내에 NVDA 한글판을 이용할 수 있다는 점이다. 라이선스 정책은 GPL(ver.2)을 따르기 때문에 사용에 제약이 없으며 수정과 배포가 자유롭다. NVDA 한글판은 한국어 TTS(eSpeak)를 내장하고 있지만 발음이 좋지 않아 원활히 사용하려면 별도의 한국어 TTS를 구매하는 것이 좋다.

★ 용어

GPL : GNU 일반 공중 사용 허가서(GNU GPL, GNU General Public License)는 자유 소프트웨어 재단에서 만든 자유 소프트웨어 라이선스다. 대표적으로 리눅스 커널이 이용하는 사용 허가다.

[출처: 위키백과]

실로암 보이스

실로암 시각장애인복지회에서 개발해서 보급하는 제품으로 (무료로 보급하던) 드림 보이스를 업그레이드한 제품이며 윈도우 7을 지원하면서 '실로암 보이스'로 제품명을 변경했고, 유료로 전환되었지만 이전에 비해 사용자가 적다. 라이선스 정책은 실시간 온라인 인증을 채택했으며 새로운 버전이 출시되기 전까지는 업데이트가 무료로 제공된다.

DEMO 정책은 모두 유사하다. 센스리더 30분, 죠스 40분, 실로암 보이스 30분을 DEMO로 사용할 수 있으며 DEMO 시간이 지난 경우 프로그램이 종료되지만, 재부팅한 후 다시 해당 시간만큼 사용할 수 있다.

표 11.1 국내 화면 낭독기 4종의 가격 정책/제조사 정보(2013년 7월 기준)

구분	센스리더 v3.2.1.0	죠스(한글 버전) v13	NVDA 2013 (Development)	실로암 보이스 v1.0.1.2
가격	베이직 385,000 프로페셔널 685,000	프로페셔널 136만원 스탠다드 112만	무료	약 30만원
라이선스	온라인 인증 PC 수 무제한	제품키 온라인 인증 3 PC 제한	GPL (ver.2)	온라인인증 PC 수 무제한
DEMO	30분	40분	n/a	30분
제조사	(주)엑스비전 테크놀로지	Freedom Scientific	NV Access	실로암시각장애인 복지회
홈페이지	www.xvtech.com 02) 888-1623	www.freedomscientific.com 02) 880-0840~5	www.nvda-project.org +61 7 5667 8372	www.silwel.or.kr 02) 880-0840~5
비고	사용자가 가장 많음	해외소프트웨어 한글화 실로암시각장애인복지회 보급 (silwel.or.kr)	해외소프트웨어 한글화 NVDA 코리아 (nvda-kr.org)	드림보이스의 업그레이드

11.2.2 운영체제와 웹 브라우저 지원 여부

국내 화면 낭독기와 해외 화면 낭독기의 두드러지는 차이점 중 하나가 바로 최신 운영체제와 웹 브라우저 지원이다. 운영체제 지원을 살펴보면 윈도우 7은 센스리더, 죠스(한글 버전), NVDA가 32/64비트를 지원하고 있으며, 실로암 보이스는 32비트만 지원한다. 현재 국내에서 개발된 화면 낭독기는 윈도우 8 운영체제를 지원하지 못하고 있다. 유일하게 NVDA만 윈도우 8을 공식 지원하는 수준이다. NVDA는 터치 디바이스를 이용한 기능까지 지원하는 것으로 알려졌다. 죠스(영문 버전) v14는 윈도우 8을 공식적으로 지원한다(센스리더는 2014년 초 윈도우 8 공식 지원 예정).

웹 브라우저 지원에서 센스리더, 죠스(한글 버전), NVDA는 IE, 파이어폭스, 크롬을 지원하지만 실로암 보이스는 IE만 지원한다. 센스리더도 원래 IE만 지원했으나 최근(2013년 7월) 업데이트를 통해 파이어폭스와 크롬을 추가로 지원하게 되었다. 하지만 아직 센스리더의 경우 브라우저별로 초점의 이동 순서가 달라지는 등 불안정한 상태이며, 초점의 영역도 웹페이지 내로 제한되어 있어 브라우저의 부가 기능에 접근하는 것이 어렵다.

웹 페이지 관련 최신 기술에 있어서도 센스리더의 경우 2012년 말부터 WAI-ARIA의 입력 서식에 대한 지원을 시작했으며, 죠스(한글 버전)와 NVDA는 이미 랜드마크 룰Landmark Role, Live Region 등의 HTML5와 WAI-ARIA에 대한 선도적인 지원을 하고 있다. 그러나 실로암 보이스는 아직 지원되고 있지 않는다.

표 11.2 국내 화면 낭독기 4종의 운영체제/브라우저 지원 여부(2013년 3월 기준)

구분		센스리더 v3.2.1.0	한글 JAWS for windows v13	NVDA 2013 (Development)	실로암 보이스 v1.0.1.2
운영체제	윈도우 XP	O	O	O	O
	윈도우 7	O	O	O	O
	윈도우 8	X	X	O	X
웹 브라우저	IE	O	O	O	O
	파이어폭스	△	O	O	X
	크롬	△	O	O	X

팁

현재 국내에서 가장 점유율이 높은 화면 낭독기는 '센스리더'(엑스비전테크놀로지) 제품인데 언론에서는 80~90% 수준으로 나오고 있지만 실제 공식적인 점유율 집계는 이루어진 적이 없다. 근거로 제시할 수 있는 점유율 정보가 없기 때문에 이를 뒷받침할 만한 대체 조사를 해보았다. 정확성은 다소 떨어지지만 대체적인 화면 낭독기의 사용자 현황을 유추해 볼 수 있는 참고자료 수준이다. 센스리더가 매우 높은 점유율을 확보하고 있다는 것이 확인 가능하다.

표 11.3 국내 화면 낭독기 4종의 사용자 현황(2013년 3월 기준)

구분	넓은 마을 회원	센스리더	NVDA	죠스 (한글 버전)	실로암 보이스
이용자 수	13,300명	8,500 USER	40 USER	20 USER	20 USER
확인 경위	장애인복지카드로 본인 확인을 거쳐 가입한 회원 수 총계	엑스비전 테크놀로지에 유선 확인	NVDA 사용자의 자동 업데이트 로그정보로 USER 확인	실로암 복지관에 유선 확인	실로암 복지관에 유선 확인

* 넓은 마을은 시각장애인연합회에서 운영하는 시각장애인 커뮤니티로 각 복지관의 정보화교육을 통해 컴퓨터를 배우는 시각장애인이 가입하게 되는 사이트로 실제 시각장애인의 인터넷 사용자 수의 유추 가능
* 표 11.3은 실제 사용자 수를 파악하기 위해 기관과 기업에서 사용되는 화면 낭독기 수는 제외

11.3 센스리더의 설치와 활용

센스리더는 웹 접근성과 관계된 보조기술 중 국내에서는 가장 비중이 높기 때문에 설치부터 활용법까지 자세하게 이해하는 것이 좋다. 설치 방법부터 자세히 알아보자.

11.3.1 설치 방법

센스리더를 설치하려면 엑스비전테크놀러지 홈페이지(http://www.xvtech.com)에 접속한 후 **자료실**에서 최신 버전을 다운로드해 설치한다.

그림 11.7 엑스비전테크놀러지 자료실

이때 **센스리더 다운로드** 링크를 클릭하여 다운로드하면 되고, 웹 접근성이나 인터넷에서 센스리더를 이용하려면 굳이 추가 패키지를 다운로드할 필요는 없다. 추가 패키지는 파일 크기가 크면서 웹이 아닌 일반 문서 편집 등에 필요한 기능을 정의한 것이라서 웹과는 관련이 없다.

그림 11.8 센스리더 다운로드 링크

다운로드한 설치 파일은 압축되어 있기 때문에 압축을 푸는 소프트웨어를 통해 압축을 해제한다.

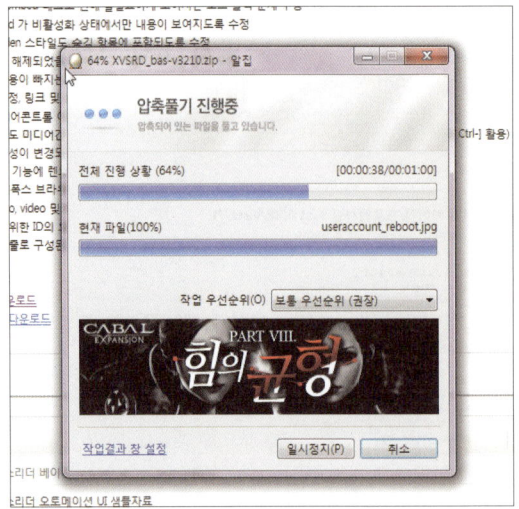

그림 11.9 센스리더 설치 파일 압축 해제

압축 파일이 해제되면 setup.exe 파일을 실행하고 안내에 따라 설치를 진행한다.

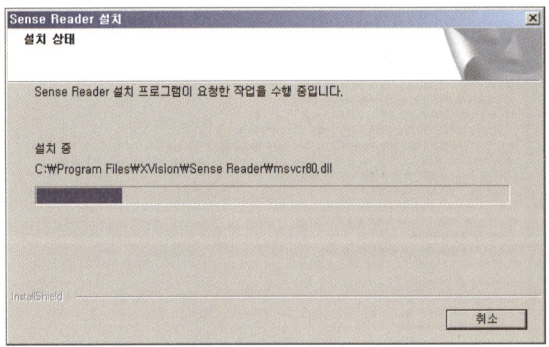

그림 11.10 센스리더 설치 파일 실행

설치가 완료되면 예, 지금 컴퓨터를 다시 시작하겠습니다.를 선택하고, 완료 버튼을 눌러 윈도우를 다시 시작한다.

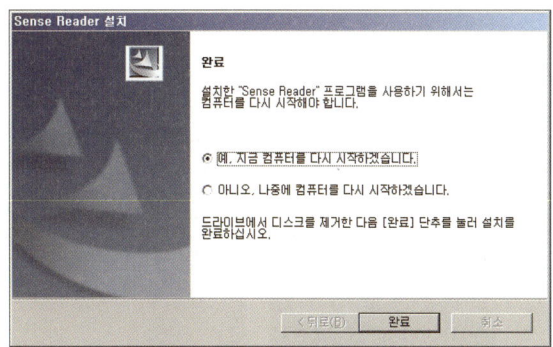

그림 11.11 센스리더 설치 완료

11.3.2 옵션 설정

센스리더 설치를 마쳤다면 센스리더를 이용해야 할 텐데 센스리더 실행에 앞서 옵션을 제대로 설정해주는 것이 좋다. 센스리더를 처음 이용해보면 누구나 느끼는 것이 빠른 음성 속도다. 이처럼 센스리더를 사용하려고 다양한 옵션 값을 설정하는 것이 이용에 큰 도움이 된다. 게다가 다양한 설정 값에 따라 콘텐츠를 읽어주기도 하기 때문에 정확한 옵션 설정과 함께 자신이 원하는 설정 값을 유지할 수 있어야 한다. 이 옵션 설정을 잘 모르면 웹 접근성이 준수되어 있는 콘텐츠도 센스리더에서 읽지 않는다며 미 준수된 콘텐츠로 오인하기 쉽다. 따라서 다양한 옵션 설정 중 필수적인 부분은 반드시 알아두어야 한다.

11.3.2.1 음성 속도 조절

센스리더에 익숙하지 않은 사용자가 처음 센스리더를 실행하면 빠른 음성 속도에 당황하기 마련이다. 시각장애인은 시각의 대체 감각인 청각이 매우 발달하여 빠른 속도로 읽어주는 것에 익숙한 편이다. 같은 시간동안 더 많은 정보를 얻으려고 음성 속도를 빠르게 설정하기 때문에 센스리더의 기본 음성 설정 값이 비장애인에게는 빠르게 느껴지는 것이다. 이와 같은 이유로 처음 이용할 때는 음성 속도를 조절하여 듣기에 무리가 없는 정도로 사용하는 것이 좋다.

설정하는 동안 다른 창이 활성화되면 해당 애플리케이션의 환경 파일이 자동으로 로딩되므로 설정을 완료하기 전에 다른 창으로 이동하면 안 된다는 점에 주의하자.

❶ 먼저 시스템 트레이에서 헤드폰 아이콘(🎧)을 누르거나 Ctrl+\를 눌러서 센스리더 메인 화면을 불러온다.

그림 11.12 시스템 트레이의 센스리더 아이콘

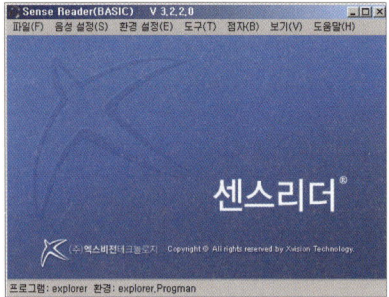
그림 11.13 센스리더 메인 윈도우

❷ 파일 > 기본 환경 열기를 누르고 상태 표시줄에 환경이 xvsrd로 변경되었는지 확인한다.

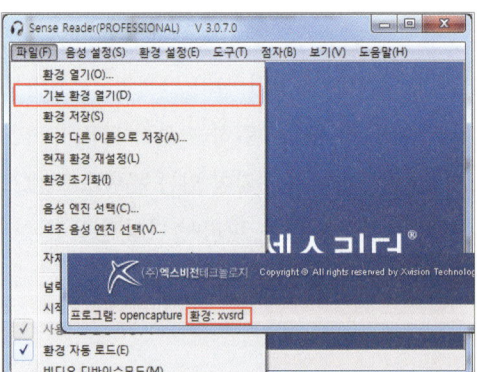
그림 11.14 센스리더 기본 환경 열기 메뉴

❸ 음성 설정 > 음성 출력 메뉴를 클릭한다.

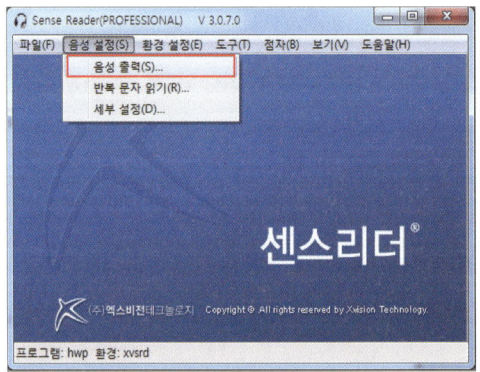
그림 11.15 센스리더 음성 출력 메뉴

❹ **속도**, **높이**, **크기**를 적절하게 조절한 후 **확인**을 누른다(슬라이드 바 위쪽이 낮은 값이다).

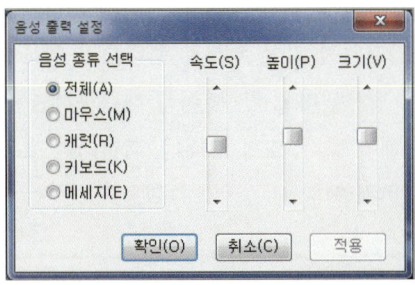

그림 11.16 센스리더 음성 출력 설정 대화 상자

❺ **파일 > 환경 저장**을 누르고 저장 여부를 물으면 **예**를 누른다.

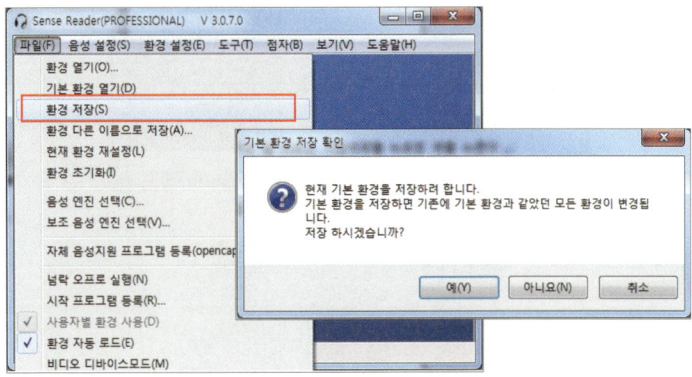

그림 11.17 센스리더 기본 환경 설정 저장

센스리더는 애플리케이션별로 환경 설정 값을 별도로 관리한다. 이 때문에 속도를 조절한 후 인터넷에 접속했을 때 다시 원래 속도로 돌아가는 경우가 많은데 이유는 환경 설정 '기본 값'을 저장하지 않았기 때문이다. 제대로 된 설정을 하려면 반드시 마지막에 환경 설정 값을 저장해야 한다.

설정법 단축키 센스리더 음성 설정하기

① Ctrl+Alt+Shift+B : 기본 환경 열기
② Insert+왼쪽화살표 : 속도, 높이, 크기 중 선택
③ Insert+↑/↓ : 선택한 항목 설정 값 조절
④ Ctrl+Alt+Shift+S : 환경 설정 저장

11.3.2.2 실행 후 IE 화면 깜빡임 해결

센스리더를 실행한 상태에서 IE를 실행하면 브라우저의 화면이 심하게 깜빡거리는 현상이 발생한다. 이유는 브라우저에서 소스를 해석하는 것과 같은 방식으로 화면 낭독기가 동시에 정보를 가져와서 가상 커서로 뿌려주기 때문에 이에 대한 간극 차로 화면이 깜빡이는 현상이 발생된다고 한다. 이를 해결하려면 센스리더 파일 메뉴의 비디오 디바이스모드를 선택해야 한다. 또한 스캐너, 프린터의 오동작이 일어나는 경우에는 이 옵션을 해제하는 것이 좋다.

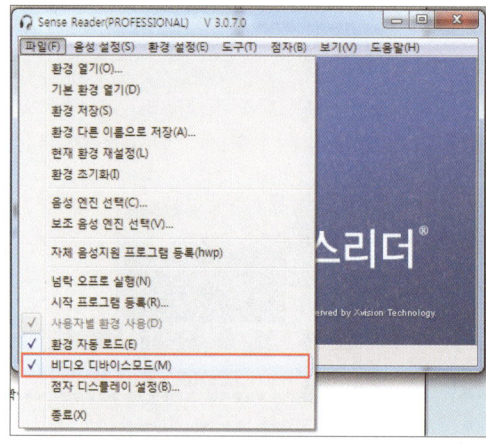

그림 11.18 센스리더 비디오 디바이스모드 메뉴

단축키 비디오 디바이스모드로 전환하기
Ctrl+Alt+Shift+V

11.3.2.3 가상 커서 설정

화면 낭독기에서 중요한 이해 중 하나로 가상 커서를 꼽았다. 센스리더에서 인터넷을 사용할 때 가상 커서를 설정해야 하는 영역과 해제해야 하는 영역이 존재하기 때문에 가상 커서를 설정하는 방법을 알아두고 있어야 한다. 우선 센스리더가 실행된 상태에서 IE를 실행한 후 Ctrl+Shift+F9를 눌러서 가상 커서 설정 대화 상자를 호출하고 설정 메뉴로 진입하면 그림 11.19와 같은 가상 커서 설정 창이 나타난다.

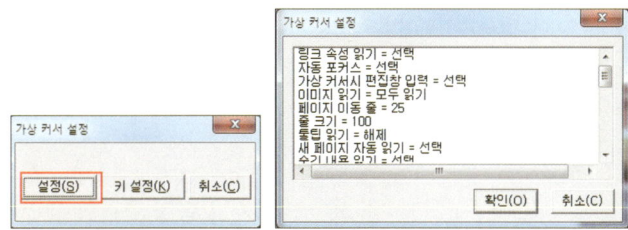

그림 11.19 센스리더 가상 커서 설정 대화 상자

가상 커서 설정에서는 또 다시 여러 개의 설정 목록이 나오는데 웹 접근성과 관련된 주요 설정 항목을 표 11.4와 같이 정리하였다.

표 11.4 센스리더 가상 커서 주요 설정 항목

설정 항목	설명
자동 포커스	브라우저의 초점 표시 여부
툴팁 읽기	링크, 입력 서식의 title 값을 음성 출력 여부
숨긴 내용 읽기	display:none, visibility:hidden 항목의 음성 출력 여부
자동 변경 구성	실시간으로 갱신되는 브라우저 정보를 가상 커서에 갱신할지 여부

자동 포커스

브라우저의 초점을 화면에 표시할 것인지 설정하는 옵션으로, 저사양 PC에서 화면 낭독기 사용 시 오류가 발생하는 경우가 있어서 기본 값은 해제로 되어 있다. 일반적인 경우라면 선택으로 설정을 바꿔 사용하기를 권장한다. 또한 브라우저의 초점이 표시되지 않으면 onfocus 이벤트가 동작하지 않으므로 이 설정은 선택으로 변경할 것을 권장한다.

툴팁 읽기

링크와 입력 서식 등에서 title 정보를 음성 출력하는 방식을 선택하는 옵션이다. 기본값이 해제 상태이기 때문에 title 정보를 음성 출력하지 않는 것으로 오해하는 경우가 있으나, 별도의 단축키(Ctrl + Alt + Shift + T)를 사용하면 해제 상태에서도 title 정보를 확인하는 것이 가능하다. 링크나 레이블에 접근했을 때 title 정보의 유무를 센스리더가 알리고 있지 않으므로 사용자 테스트를 진행하는 경우 자칫 title 정보를 놓칠 가능성이 높으므로 선택 상태로 변경할 것을 권장한다.

숨긴 내용 읽기

display:none, visibility:hidden을 화면 낭독기가 음성 출력할 것인가에 관한 옵션이다. 이 항목의 기본값이 선택이기 때문에 대부분의 사용자가 숨긴 내용이 읽혀지는 상태로 웹을 사용하고 있지만 화면에 표시되지 않도록 구현한 콘텐츠는 보조기술이 읽지 않는 것이 원칙이고 이를 '한국형 웹 콘텐츠 접근성 지침 2.1 개정'에 반영하였기 때문에 웹 접근성 검사 시에는 이 항목을 해제 상태로 이용하는 것이 좋다.

자동 변경 구성

웹 브라우저에서 갱신되는 정보를 가상 커서에서 반영할지 여부를 설정하는 옵션이다. 이 옵션이 해제 상태일 때 웹 브라우저에서 (페이지 갱신 없이) 콘텐츠가 변경되는 경우 가상 커서에서 이를 인지하는 것이 전혀 불가능하다. 선택 상태일 때는 약 2~3초 간격으로 웹 브라우저 콘텐츠를 가상 커서에 반영해서 갱신하게 되므로 사용자가 콘텐츠의 변화를 인지하는 것이 가능하다. 실시간 동기화는 아니지만 주기적으로 가상 커서의 내용을 갱신해서 최대한 실제 웹 페이지의 콘텐츠에 가까운 수준을 유지한다. 현재의 웹은 실시간 순위 등 시간에 따라 변경되는 콘텐츠가 많고, 잦은 인터렉션으로 페이지의 일부 혹은 전체 내용이 갱신되는 경우가 많으므로 이 옵션은 선택 상태를 유지하는 것을 권장한다.

> **단축키** 센스리더 가상 커서 변경하기
>
> Ctrl+Shift+F9 : 가상 커서 설정 열기(인터넷 브라우저에서)
> Ctrl+/ : 숨긴 내용 읽기 설정 변경(임시)
> Ctrl+. : 자동 포커스 설정 변경

> **이슈 | 사용자 입장에서 보는 title 속성**
>
> 지침으로는 웹 접근성에서 title의 역할이 상당히 커보인다. 하지만 실제 사용할 때는 아직 크게 활용되지 않는 모습이다. 센스리더의 기본 옵션은 "툴팁 읽기=해제"이기 때문에 시각장애인이 title 정보를 이용하지 않는 것이 현재의 모습이다. 이런 실상 속에서 정성을 들여 title 속성을 활용해 추가적인 정보를 제공하더라도 사용자에게 전달된다고 보장하기 어렵다. 센스리더만 유독 title을 등한시 하는 것은 아니다.
>
> 죠스의 경우는 title 정보를 타 정보와 동시에 활용할 수 없는 구조로 되어 있다. 예를 들어 링크 텍스트의 경우 링크 텍스트 정보와 타이틀 정보 중 하나만 선택할 수 있다. 레이블을 제공했더라도 레이블 정보와 타이틀 정보 중 하나만 사용할 수 있도록 옵션이 구성되어 있다. 타이틀 정보의 비중이 낮아 보이는 대목이다.
>
> 아울러 NVDA의 경우는 아예 타이틀 정보를 읽을 수 있는 옵션 자체가 존재하지 않는다. 이러한 현실을 토대로 title 무용론을 제기하는 경우도 있는데 타이틀 정보의 역할은 부가적인 정보이기 때문으로 보인다. 하지만 타이틀 정보는 제대로 활용할 수 있다면 웹 접근성 측면에서 좋은 수단이 되므로 장애인 사용자에 대한 더 많은 교육과 기능 제공을 통해 긍정적인 방향으로 이용될 수 있도록 분위기를 조성하는 것이 필요해 보인다.

11.3.2.4 Alert 메시지 음성 출력

정상적인 경우 센스리더는 물론 죠스(한글 버전), NVDA , 실로암 보이스 모두 Alert의 메시지 내용을 음성 출력한다.

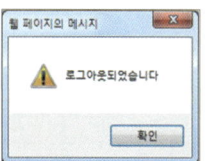

그림 11.20 alert 메시지

센스리더의 경우 Alert 창 메시지의 내용을 음성 출력할 때 그래픽 드라이버의 미러 드라이브Mirror Driver를 활용해 화면의 텍스트 데이터를 추출하는 방식을 사용한다. 인도우에서 사용되는 미러 드라이버는 주 드라이버에서 생성되는 정보를 복사해서 전달하는데 센스리더는 이것을 활용하여 화면에 나타나는 정보를 추출하고 음성 출력하도록 되어 있다(센스리더처럼 유사하게 미러 드라이버를 활용하는 프로그램으로는 넷미팅, 터미널서버, 원격지원 서비스 등이 있다).

센스리더 사용 중 Alert 창의 메시지 내용을 읽어주지 못하는 경우가 간혹 있는데 이 경우 몇 가지 옵션 설정으로 해결이 가능하다. 문제가 생기는 원인은 센스리더에서 정보를 가져오는 기능이 설정되어 있지 않거나 윈도우에서 테마나 애니메이션 효과가 활성화되어 있어서 메시지 창의 정보를 가져오지 못하는 경우로 이를 해결할 수 있는 설정법을 알아보자.

센스리더의 경우 앞서 설명한대로 Alert의 내용을 디스플레이 정보를 통해 음성 출력하므로 관련 설정을 최적화하면 음성 출력하는 데 문제가 없다. 윈도우 운영체제의 시각 효과 설정과 함께 센스리더의 디스플레이 설정을 모두 변경하여 적용한다.

윈도우 XP의 시각 효과 설정

제어판 〉 시스템을 클릭한다. 시스템 속성 대화 상자가 나타나면 고급 〉 성능 〉 설정을 클릭한다.

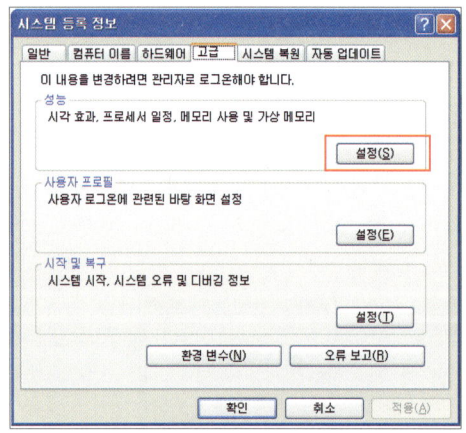

그림 11.21 윈도우 XP 시스템 설정 대화 상자

성능 옵션 대화 상자가 나타나면 시각 효과 탭에서 최적 성능으로 조정을 선택하고 확인을 눌러서 설정을 완료한다.

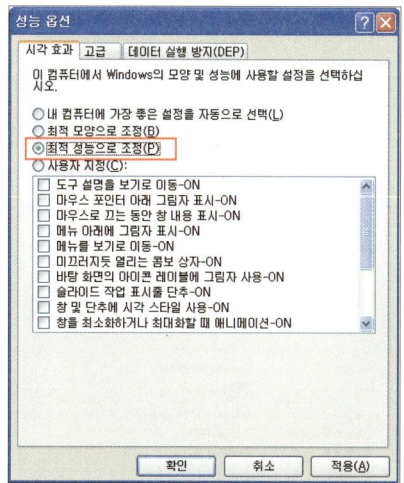

그림 11.22 윈도우 XP 성능 옵션 대화 상자

윈도우 7의 시각 효과 설정

제어판 > 시스템 및 보안 > 시스템을 클릭한다.

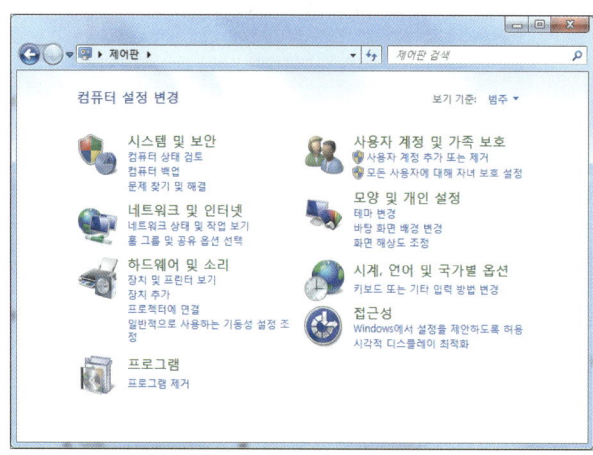

그림 11.23 윈도우 7 시스템 및 보안

시스템 대화 상자가 나타나면 고급 시스템 설정 메뉴를 클릭한다.

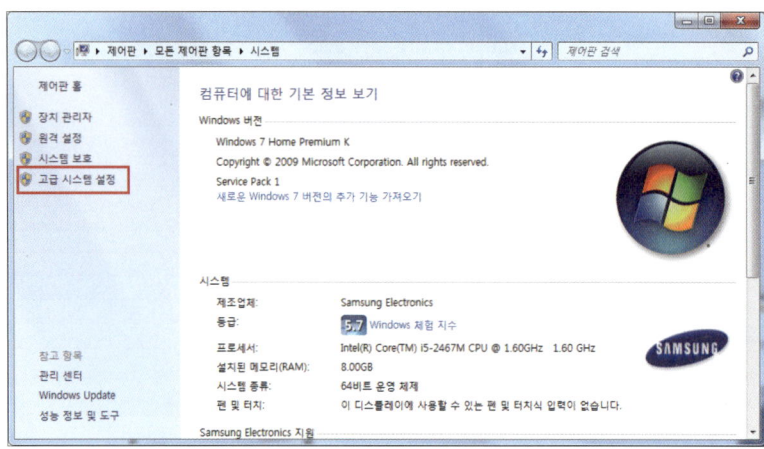

그림 11.24 윈도우 7 시스템 대화 상자

시스템 속성 대화 상자가 나타나면 고급 > 성능 > 설정을 클릭한다.

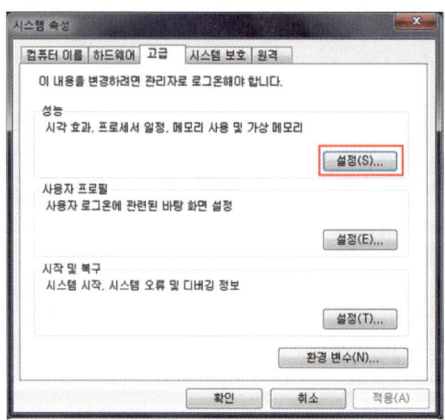

그림 11.25 윈도우 시스템 속성 대화 상자

성능 옵션 대화 상자가 나타나면 시각 효과 탭에서 최적 성능으로 조정을 선택하고 확인을 누른다.

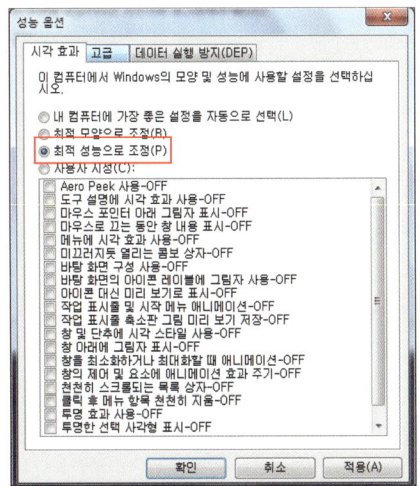

그림 11.26 윈도우 7 성능 옵션 대화 상자

이제 센스리더의 설정이 필요하다. 먼저 Ctrl+\를 눌러 센스리더 메인 화면을 불러온 후 도구 > 디스플레이 설정을 클릭한다.

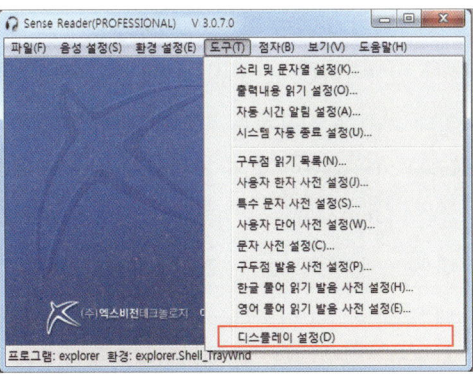

그림 11.27 센스리더 디스플레이 설정 메뉴

디스플레이 설정 대화 상자가 나타나면 보조 디스플레이의 항목을 선택하고 확인을 누른 후 재부팅하면 설정이 적용된다(XP의 경우 기본 디스플레이 추천).

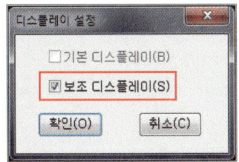

그림 11.28 센스리더 디스플레이 설정 대화 상자

이와 같이 모든 설정을 완료하고 시스템을 재부팅하면 센스리더가 Alert 메시지 내용을 모두 음성 출력하는 것이 가능하다.

> **설정법 Alert 창 메시지를 읽지 않는 경우**
> ① 센스리더 > 도구 > 디스플레이 설정(기본/보조 디스플레이 중 1개는 선택되어 있어야 함)
> ② 센스리더 > 파일 > 비디오 디바이스보드 선택
> ③ 시스템 > 고급 > 시각 효과 설정 > 최적 성능으로 조정 선택

11.3.2.5 Aero 테마 관련 설정

센스리더와 죠스처럼 화면 정보를 이용해 음성을 출력하는 화면 낭독기가 실행되면 윈도우 7의 Aero 테마를 사용할 수 없게 된다. 윈도우 7에서 반투명한 효과의 창을 보다가 화면 낭독기를 실행시키면 색상표가 바뀌면서 투명한 디자인이 회색으로 변하는 것을 볼 수 있는데 이것은 화면 낭독기에서 디스플레이 미러 드라이버Display Mirror Driver를 사용하기 때문에 Aero 테마가 꺼져서 나타나는 현상이다. 시각장애인 사용자에게는 크게 문제가 되지 않지만 일반 사용자의 경우는 미려하지 못한 화면 때문에 불편한 경우가 종종 있다(NVDA는 실행 상태에서도 Aero 테마 사용이 가능하다).

윈도우 7의 기본 확대 기능을 사용하는 경우에도 이 설정이 유용하다. 윈도우 7 확대 기능은 Aero 테마를 기반애서만 모든 기능이 동작하기 때문에 확대 기능을 함께 사용해야 하는 저시력 사용자에게도 유용할 수 있다. 참고로 Aero 테마가 꺼지면 확대 기능 중 전체 화면 모드와 렌즈 모드가 동작하지 않는다.

웹 접근성 검사나 테스트하는 데 사용하는 경우라면 Aero 테마가 꺼지지 않게 하는 것은 매우 유용한 설정이 될 수 있다. 웹 페이지에서의 기능에는 크게 변화가 없기 때문이다. 하지만 이 설정을 적용하면 화면 정보를 음성 출력하지 못한다. 브라우저의 Alert 창 메시지나, 편집창에서 입력한 내용 등에서 음성 출력이 원활하지 않기 때문에 모든 부분에서 음성 출력이 필요한 경우 이 설정은 권장하지 않는다.

센스리더를 실행하더라도 Aero 테마가 꺼지지 않게 하는 방법은 다음과 같다.

먼저 Ctrl+\를 눌러 센스리더 메인 화면을 불러온 후 도구 > 디스플레이 설정을 클릭한다.

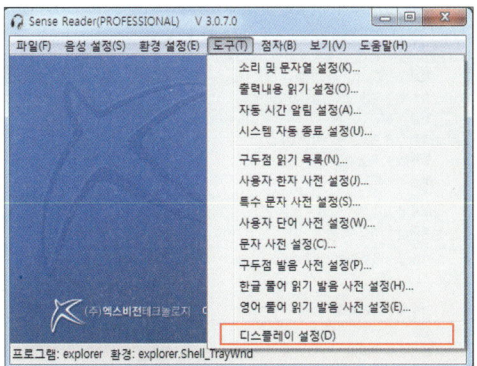

그림 11.29 센스리더 디스플레이 설정 메뉴

디스플레이 설정 대화 상자가 나타나면 보조 디스플레이의 체크를 해제하고 확인을 누른 후 재부팅하면 설정이 적용된다.

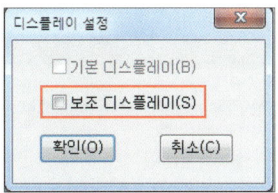

그림 11.30 센스리더 디스플레이 설정 대화 상자

이렇게 설정 값을 변경하고 재부팅하면 설정이 완료된다.

11.3.2.6 부팅 시 자동 실행 설정

센스리더를 설치한 이후 윈도우를 다시 부팅하면 자동으로 실행되게 자동 실행 설정이 되어 있는데 시각장애인 사용자라면 매우 유용한 실행 방법이지만 웹 접근성 테스트를 위해 단회성으로 사용하는 경우 번거로운 설정이 될 수도 있다. 다른 소프트웨어와 같이 환경 설정에서 자동 실행을 해제하는 방식일 것으로 생각하고 환경 설정에서 찾아보지만 잘 보이지가 않는다. 필요에 따라서 자동 실행을 설정하거나 해제할 수 있는 방법을 알아보자.

먼저 Ctrl+\를 눌러서 센스리더 창을 열고 파일 > 시작 프로그램 등록을 클릭한다.

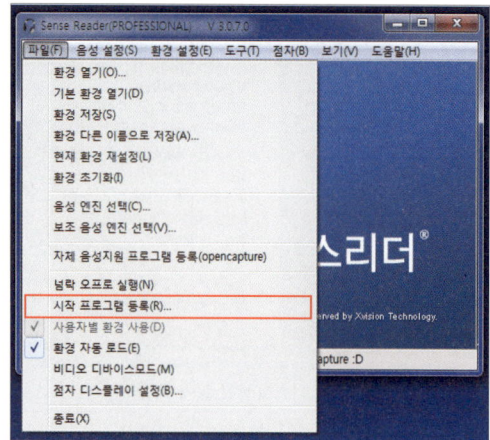

그림 11.31 센스리더 시작 프로그램 등록 메뉴

시작 프로그램 설정 대화 상자가 열리면 원하는 유형을 선택하면 된다.

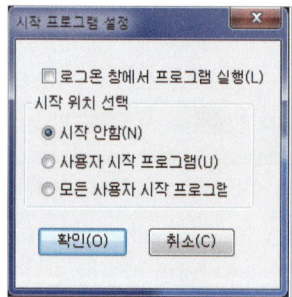

그림 11.32 센스리더 시작 프로그램 설정 대화 상자

시작 안 함은 윈도우 로그온 시 자동 실행되지 않게 설정하는 것이고, **사용자 시작 프로그램**은 현재 윈도우 사용자 계정으로 로그온 시에만 자동 실행되는 것이며, **모든 사용자 시작 프로그램**은 언제나 자동 실행이 되게 설정하는 것이다.

11.3.3 사용 방법

기본적인 설치와 옵션 설정을 이해했다면 실제 사용하는 방법을 알아보자.

11.3.3.1 기본 사용 방법

센스리더는 가상 커서 방식이기 때문에 일반적으로 윈도우 커서 상태로 이동하는 방식과는 차이가 있다. 특히 단위별로 이동하는 방식을 습득한다면 좀 더 쉽게 웹 콘텐츠를 탐색하는 것이 가능하다. 센스리더의 기본적인 사용 방법을 알아보자.

기본 이동

센스리더의 가상 커서로 웹을 탐색할 때 기본적인 방법은 위/아래/좌/우 방향키를 사용하는 것이다. 위(↑), 아래(↓) 방향키는 이전/다음 요소간에 이동할 때 사용하고, 좌(←), 우(→) 방향키는 현재 접근한 요소에서 글자 단위로 읽을 때 사용한다.

위/아래 방향키를 사용해서 이동하다 보면 페이지 내의 모든 요소에 접근하기 때문에 키 조작이 많이 필요하다. 이 때 다양한 방법으로 콘텐츠를 골라서 이동할 수 있는데 가장 많이 사용되는 것은 Tab 키다. Tab 키는 초점을 받을 수 있는 요소에만 접근하므로 링크나 입력 서식을 사용할 때 이용된다. 이때 Tab 키로는 일반 텍스트와 이미지처럼 초점이 없는 요소에는 접근할 수 없다는 점에 유의하자.

> **팁**
>
> 센스리더의 이동 기능을 사용할 때는 현재의 위치가 중요하다. 원하는 콘텐츠가 현재 가상 커서 위치 이전에 있다면 콘텐츠가 없는 것으로 오해될 수 있다. 이유는 현재 위치 하위로만 이동하거나 검색되기 때문이다. 정리하자면 센스리더의 이동 기능은 기본적으로 현재 초점의 다음 요소를 찾아간다. 따라서 되도록 Ctrl+Home을 눌러 홈페이지의 처음에서 이동 기능을 사용하는 것이 혼란을 방지할 수 있다. 다만 현재의 초점 위치 이전 요소를 탐색하고 싶다면 Shift 키를 조합하여 탐색할 수 있다.

기본적인 센스리더의 사용 방법을 알았다면 좀 더 효율적으로 필요한 요소에 접근하는 방법을 알아보자. 센스리더에서는 방향키 사용 외에 빠른 페이지 탐색을 위해 특정 요소로 이동할 수 있는 단축키를 제공한다. 이 중 가장 많이 사용되는 이동 단위는 폼, 편집창, 헤딩, 프레임, 테이블 등이다.

폼 단위 이동

Ctrl+F2를 눌러 페이지 내의 현재 초점 위치를 기준으로 다음 입력 서식(checkbox, radio, button, text, selectbox 등)의 위치로 초점을 이동시키는 기능이다. 역순으로 이동할 때는 Ctrl+Shift+F2를 사용한다. 입력 서식에 적절한 레이블이 제공되었을 때 활용하기 좋은 기능으로 일반 텍스트 영역을 건너뛰고 확인, 완료, 전송 등의 버튼 사용

혹은 체크상자의 선택/해제 등을 손쉽게 이용할 수 있다. 입력 서식을 사용할 때 체크상자, 라디오 버튼의 선택/해제는 스페이스 바를 사용하고 선택 항목(select box)에서는 Ctrl+↑/↓ 방향키를 사용한다.

편집창 단위 이동

Ctrl+F8을 눌러서 페이지 내에서 현재 초점의 위치를 기준으로 다음 편집창(input type=text, textarea, WYSIWYG editor 등) 위치로 초점을 이동시키는 기능으로 역순으로 이동할 때는 Ctrl+Shift+F8을 사용한다. 가장 흔하게는 검색 기능, 로그인 기능의 입력 서식에 접근할 때 사용할 수 있으며 이메일이나 게시판의 글 작성 등 다수의 편집창을 사용해야 하는 경우에도 유용하게 활용된다. 물론 이때도 편집창에 레이블이 적절히 제공되어 있어야만 효율적으로 페이지를 탐색할 수 있다.

> **팁**
>
> 편집창에 텍스트를 입력할 때 input type=text/password와 같이 한 줄로 된 편집창은 초점을 이동시킨 후 바로 텍스트를 입력할 수 있지만, WYSIWYG editor 등과 같이 여러 줄로 된 편집창은 가상 커서를 해제(Enter 키나 Ctrl+Shift+F12)한 후 정상적으로 글을 입력할 수 있다. 이는 편집창 내에서의 키 조작(Tab, 방향키, Enter 키, 스페이스 바)과 가상 커서의 페이지 탐색(Tab, 방향키) 및 기능 동작(Enter 키, 스페이스 바)에 사용되는 키가 중복되어 편집기를 정상적으로 활용할 수 없기 때문에 나타나는 현상이다. 가상 커서 활성화는 Ctrl+Shift+F11이다.

헤딩 단위 이동

Ctrl+F6을 눌러서 페이지 내에서 현재 초점의 위치를 기준으로 다음 헤딩(h1~h6) 위치로 초점을 이동시키는 기능으로, 역순으로 이동할 때는 Ctrl+Shift+F3을 사용한다. 이 기능은 단순히 이동 기능만 하는 것이 아니라 콘텐츠 블록에 적절하게 헤딩을 제공했을 경우 레이아웃을 이해하고 웹 페이지의 구조를 파악하는 데 큰 도움이 된다. 또한 콘텐츠 블록 단위로 이동하는 것이 가능하므로 페이지를 빠르게 탐색하는 데 매우 유용한 기능이다.

> **팁**
>
> 센스리더의 헤딩 단위 이동은 헤딩의 레벨(h1~h6)과는 무관하게 이전/다음 헤딩을 찾아 이동한다는 점에 유의하자.

프레임 단위 이동

Ctrl+Tab을 눌러서 페이지 내에서 현재 초점의 위치를 기준으로 다음 프레임 (iframe, frame, landmark) 위치로 초점을 이동시키는 기능으로 역순으로 이동할 때는 Ctrl+Shift+Tab을 사용한다. 기본적으로 frameset에서 이전/다음 프레임으로 이동할 때 유용하게 사용할 수 있고, 게시판이나 이메일 작성할 때 iframe으로 삽입된 본문 에디터에 접근할 때도 활용이 가능하다. iframe 요소의 경우 특정 영역을 찾아가는 기준자로서의 역할을 하기도 한다. 물론 이때도 각 frame에는 title 정보가 적절히 제공되어 있어야만 이 기능을 효과적으로 사용할 수 있다.

최근(2013.7) 센스리더는 업데이트를 통해 프레임 단위 이동에 랜드마크 룰을 추가했다. 주요 영역에 랜드마크 룰을 사용한 웹사이트에서는 매우 효율적으로 페이지를 탐색하는 것이 가능해졌다. 이 랜드마크 룰은 영역의 제목을 가지고 있기 때문에 프레임은 아니지만 레이아웃의 구분하고 탐색하는 데 매우 유용하게 활용될 수 있다.

테이블 단위 이동

Ctrl+F3을 눌러서 페이지 내에서 현재 초점의 위치를 기준으로 다음 테이블의 위치로 초점을 이동시키는 기능이며 역순으로 이동할 때는 Ctrl+Shift+F3을 사용한다. 페이지 내의 테이블만 찾아 이동하기 때문에 <caption>, summary가 적절히 제공되었을 때 유용하고, 본문 영역에 있는 데이터 테이블이나 게시판에 접근하고자 할 때 빠르게 이동할 수 있다.

보통 테이블 내용을 탐색할 때도 단순히 방향키만을 사용하게 되는데 이 경우 행 단위로 테이블의 내용을 탐색하기 때문에 데이터의 구조를 이해하기 어렵고, 원하는 행/열의 데이터만을 확인하는 것이 불가능하다. 또한 방향키만 사용하면 제목셀을 참조하지 않으므로 단순히 현재 데이터셀의 내용만 음성 출력하게 된다. 이때 테이블의 구조에 따라 내용을 탐색하고 제목셀을 참조하게 하려면 Ctrl+Alt+방향키를 사용할 수 있다. 이 경우 테이블 탐색 시 단순히 내용셀뿐 아니라 제목셀을 참조해서 함께 음성 출력하게 되므로 테이블의 내용을 이해하는 데 크게 도움이 된다. 방향키의 이동 기준은 화면상의 테이블 구조를 따른다.

11.3.3.2 알아두면 편리한 기능

센스리더의 기본적인 사용 방법만으로도 충분히 웹 콘텐츠를 탐색하면서 기능을 이용할 수 있지만 알아두면 더욱 편리한 기능이 있어 몇 가지 소개하고자 한다.

출력 내용

화면 낭독기로 접근성 테스트를 하다보면 소리를 알아듣지 못해 답답할 때가 많다. 음성 출력 내용 보기 기능을 활용하면 알아듣기 어려웠던 음성 출력 내용을 눈으로 보고 확인할 수 있고 텍스트를 복사하는 것도 가능하다. 센스리더로 음성을 듣다가 못 알아듣는 부분이 있을 때 F12를 누르면 아래와 같이 출력 내용 창이 나타난다.

그림 11.33 센스리더 출력 내용 창

문자열 찾기

화면 낭독기에서 **찾기**는 매우 이용률이 높다. 화면 낭독기 이용자의 특성상 **찾기**로 검색하여 위치를 옮기는 것이 더 쉽고, 효율적이기 때문이다. 화면 낭독기는 브라우저에서 제공하는 찾기 기능과 차이가 있다. 브라우저는 단순히 텍스트 항목만을 검색해 주는 반면 화면 낭독기의 **문자열 찾기**는 alt 값과 같은 대체 텍스트까지 모두 포함해서 검색한다.

센스리더의 가상 커서가 정상적으로 동작할 때 Ctrl+F를 누르면 그림 11.34와 같은 대화 상자가 나타난다. 편집창에 원하는 텍스트를 입력하면 검색 결과로 포커스가 이동한다. 찾기 기능 사용 후 F3을 누르면 다음 검색 결과로, Shift+F3을 누르면 이전 검색 결과로 이동한다.

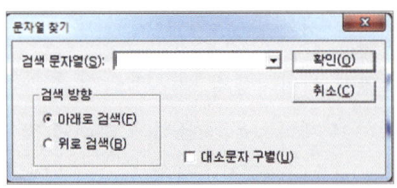

그림 11.34 센스리더 문자열 찾기 창

기능키 무시

화면 낭독기를 사용하다보면 화면 낭독기의 기능키와 다른 애플리케이션의 기능키가 겹쳐서 기능키를 정상적으로 사용할 수 없는 경우가 종종 발생한다. 모든 화면 낭독기가 이런 상황을 해결하기 위한 기능을 제공하고 있다.

센스리더의 기능이 아닌 특정 애플리케이션에서 Ctrl+Tab 키를 동작시키고 싶다면 Ctrl+Shift+N 키를 먼저 누른 후 Ctrl+Tab 키를 누르면 센스리더가 아닌 일반 애플리케이션의 기능키로 Ctrl+Tab이 동작하게 된다.

나머지 다른 화면 낭독기의 경우도 '11.5.11 기타 읽기 기능 → 기능키 무시' 부분을 참고하면 된다.

11.4 죠스의 설치와 활용

죠스는 센스리더에 비해 국내에서는 이용률이 낮지만 국외에서는 높은 점유율을 차지하고 있으며 웹 접근성 품질인증마크 사용자 심사에서 사용되므로 비교하여 이해하는 것이 좋다. 죠스의 설치 방법과 활용법을 알아보자.

11.4.1 설치 방법

죠스(한글 버전)를 설치하려면 http://web.silwel.or.kr에 접속한 후 **9. 실로암 소프트웨어 개발원 > 3. 자료실 > 4. 죠스포윈도우즈**로 이동한다. 등록된 자료 중 JAWS for Window13 DEMO를 다운로드해 설치한다.

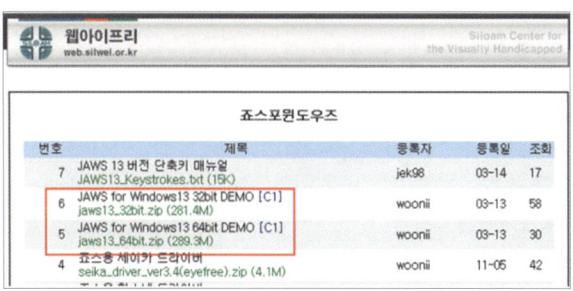

그림 11.35 죠스(한글 버전) 다운로드 페이지

죠스(한글 버전) v13은 32비트와 64비트 설치 파일이 구분되어 있다. 사용하는 윈도우의 버전에 맞게 선택한다.

11.4.1.1 영문 죠스 설치

죠스(한글 버전)는 한글화 작업 기간 때문에 최신 버전을 유지하는 것이 어렵다. 그러므로 가장 최신 버전의 죠스 리더기를 사용하고 싶다면 영문 버전의 죠스 리더기를 사용하는 것이 좋다. 영문 버전이라고 해서 한국어를 읽지 못하는 것은 아니다. 다만 메시지 관련 음성이 영어로 나온다. 예를 들어 "자세히 링크"와 "자세히 link" 정도의 차이로 이해하면 된다.

http://www.freedomscientific.com의 Products > Blindness Products > JAWS Screen Reading Software로 이동한다. 접속한 페이지의 오른쪽 하단에 FREE Trial Download of JAWS에서 32/64bit 설치 파일을 다운로드한다.

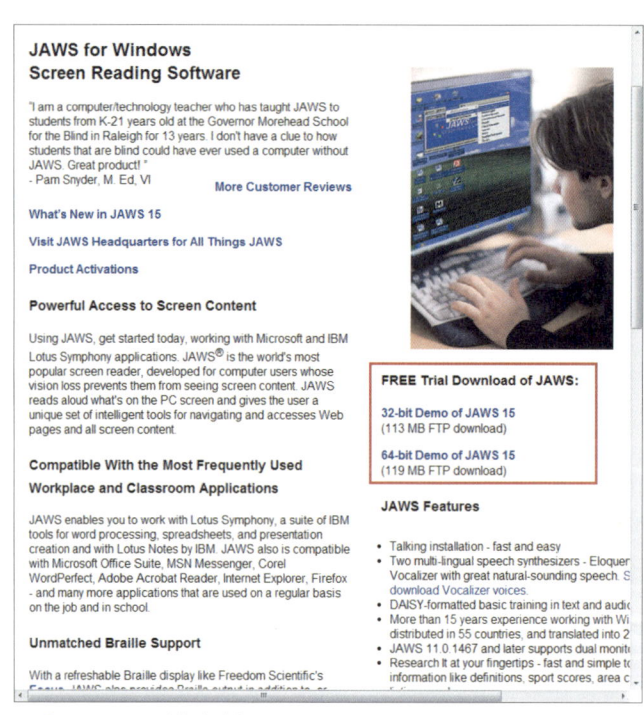

그림 11.36 죠스 리더기 다운로드 페이지

11.4.1.2 한국어 TTS 설치

한국어 TTS를 설치하고자 JAWS Feature의 Sample and download Vocalizer 링크로 이동해서 Korean Yuna Premium을 다운로드한다.

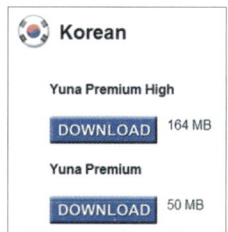

그림 11.37 죠스 한국어 TTS 음성 엔진 다운로드

죠스의 영문 버전에서 한국어 TTS를 설치하지 않으면 한글은 전혀 음성 출력되지 않으므로 반드시 설치해야 한다. 죠스의 한국어 TTS는 사용자가 구입하는 것이 아니라 제조사가 구입해서 제공하는 것으로 별도의 라이선스 비용이 없다. 또한 한국어 TTS 사용에 별다른 제약이 없으며, 단지 죠스의 데모 정책에만 제한을 받는다.

11.4.1.3 한국어 TTS 설정

다운로드한 영문 버전 죠스와 한국어 TTS를 모두 설치한 후 죠스를 실행한다.

죠스 메인 창에서 Options > Voices > Select a Voice Profile로 이동한다.

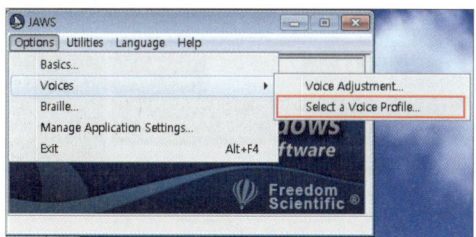

그림 11.38 죠스 음성 엔진 설정 메뉴

Select a Voice Profile 대화 상자가 나타나면 Default 값을 Vocalizer Direct로 변경한다.

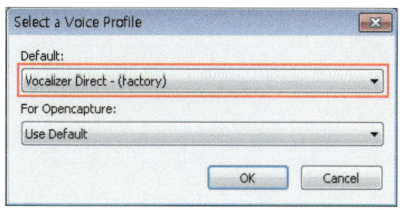

그림 11.39 죠스 음성 엔진 설정 대화 상자

11.4.2 옵션 설정

죠스(한글판)의 옵션 설정 방법은 센스리더와는 차이가 있지만 전반적으로 유사하다. 죠스(한글판)의 옵션 설정을 알아보자.

11.4.2.1 음성 설정

죠스는 다른 화면 낭독기와 음성 설정법이 조금 다르다. 죠스는 음성 엔진, 언어, 목소리 등을 선택하고 속도, 피치, 볼륨, 구두점 등을 조절한 후 이것을 프로필로 저장하는데 이렇게 저장된 프로필을 필요에 따라 불러와서 사용하는 방식이다. 따라서 사용자의 필요에 따라 다양한 프로필을 만들어 놓고 기능키(Insesrt+Ctrl+S)를 눌러 수시로 프로필을 변경한다. 음성 설정과 관련하여 다양한 단축키를 제공하지 않고 있지만 임시로 음성 속도를 조절하는 기능키(Insert+Ctrl+PgUp/PgDn)는 사용이 가능하다.

먼저 Insert+J를 눌러서 죠스 창을 열고 그림 11.40과 같이 옵션 > 보이스 > 보이스 조정으로 들어간다.

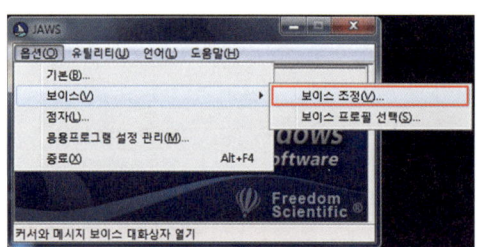

그림 11.40 죠스 보이스 조정 메뉴

그림 11.41과 같은 보이스 조정 대화 상자가 나타나면 원하는 음성합성장치를 선택하고 필요에 따라 세부적인 음성 설정을 한다.

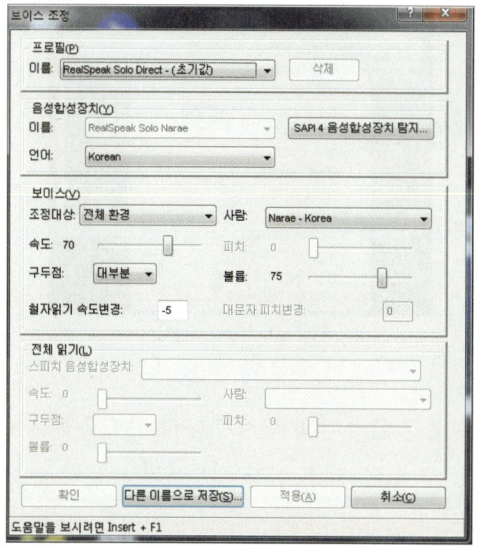

그림 11.41 죠스 보이스 조정 대화 상자

원하는 설정을 마쳤으면 **다른 이름으로 저장**을 눌러서 새로운 프로필로 저장하면 된다.

> **설정법 단축키 죠스(한글 버전) 음성 설정하기**
> ① Insert+Ctrl+S : 보이스 설정 프로필 변경
> ② Insert+Ctrl+PgUp/PgDn : 음성 속도 조절 (임시)

11.4.2.2 인터넷 설정

죠스도 메인 메뉴를 통해 인터넷 설정에 진입이 가능한다. **Insert+J**를 눌러 죠스 창을 열고 **유틸리티 › 설정 센터**를 클릭한다.

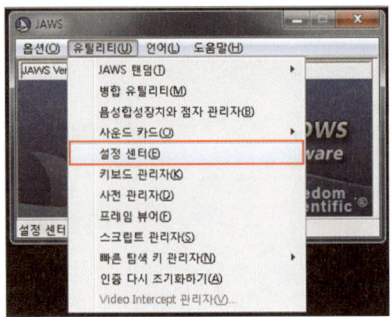

그림 11.42 죠스 설정 센터 메뉴

그림 11.43과 같은 환경 설정 대화 상자가 나타나면 좌측의 트리뷰를 통해 원하는 항목의 설정을 변경할 수 있다. 대화 상자 윗부분의 애플리케이션 목록은 다양한 애플리케이션마다 별도로 설정하여 저장할 수 있게 지원한다.

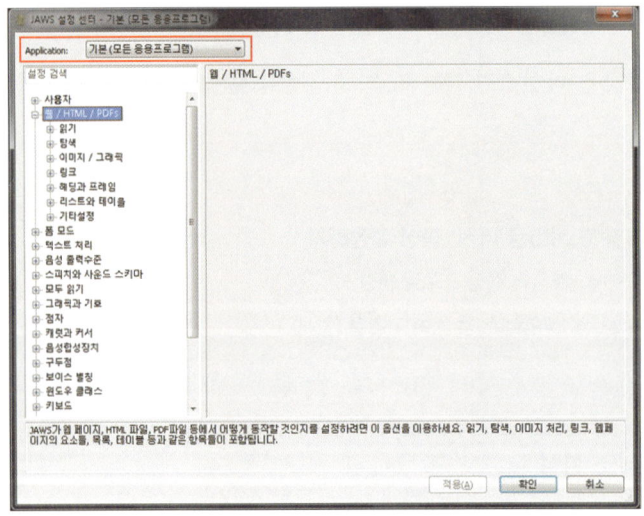

그림 11.43 죠스 설정 센터 대화 상자 > Application 항목

설정 센터의 숨겨진 기능 중 하나가 트리뷰 상단에 있는 설정 검색 기능인데 설정 센터 안의 많은 설정 항목을 검색을 통해 손쉽게 찾아낼 수 있다.

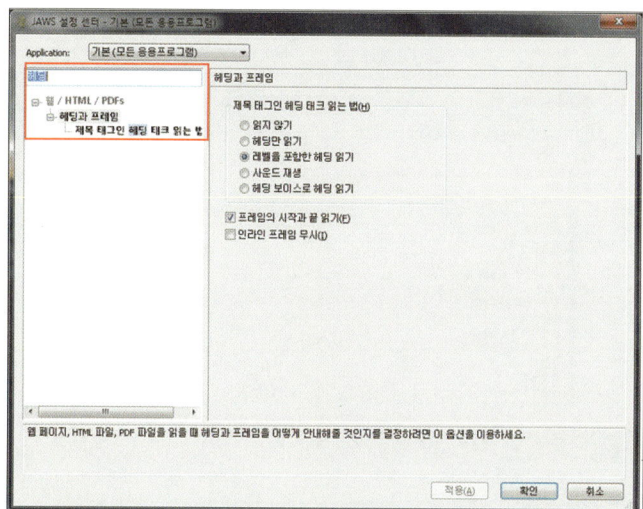

그림 11.44 죠스 설정 센터 대화 상자: 설정 항목 검색 기능

이 설정 센터 대화 상자는 굳이 메뉴를 통해 열지 않아도 어디서나 간단하게 단축키(Insert+F2)를 누르면 바로 열어 설정을 변경할 수 있다. 설정 센터에서 변경한 설정은 전체적으로 적용되며 필요한 경우 특정 애플리케이션을 선택해서 설정을 바꿀 수 있다.

이와는 조금 다른 빠른 설정 기능도 있는데 현재 활성화된 애플리케이션에 대한 설정만을 손쉽게 조절할 수 있는 기능이다. 웹 브라우저 관련 설정 변경을 원한다면 해당 웹 브라우저를 열어놓고 단축키(Insert+V)를 누르면 해당 프로그램의 환경 파일이 열리게 되므로 편리하다.

설정을 임시로 변경하는 경우 변경한 설정 항목의 제목에서 **오른쪽 클릭**을 해보면 다음과 같이 설정을 저장할 것인지 저장하지 않고 복원할 것인지 선택할 수 있는 메뉴가 나타난다. 이를 잘 활용하면 설정 후 복원하기 위해 노력하지 않아도 자동으로 복원이 가능하기 때문에 매우 편리하다.

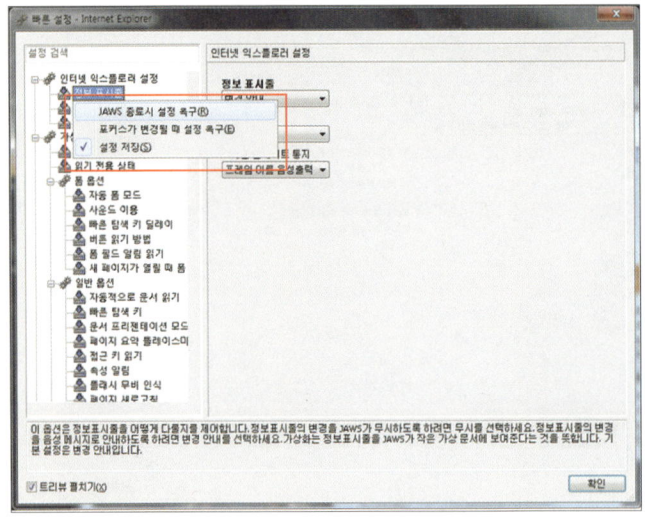

그림 11.45 죠스 설정 센터 대화 상자: 설정 저장/복구 옵션

11.4.2.3 윈도우 7의 Aero 테마 활성화를 위한 설정

Insert+J를 눌러서 JFW 메인창을 불러온 뒤 Video Intercept 관리자 메뉴로 진입하면 기본적으로 Video Intercept의 설치/삭제가 가능하다.

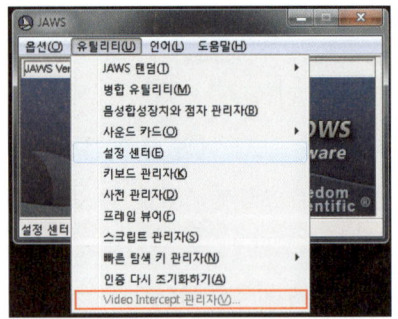

그림 11.46 죠스 Video Intercept 관리자 메뉴

Aero 테마는 죠스의 Video Intercept 설정과 연관이 있지만 이것은 XP에서만 사용할 수 있다. Aero 테마는 윈도우 7 사용자에 해당하기 때문에 다른 방법을 사용해야 한다. 제어판 > 장치관리자로 진입해서 디스플레이 어댑터 부분을 확인해보자.

그림 11.47 장치관리자 디스플레이 어댑터 항목

어댑터 목록에서 Freedom Scientific Mirror Display Driver를 삭제 혹은 사용 안 함으로 설정하고 재부팅하면 Aero 테마를 정상적으로 사용할 수 있다.

> **설정법 단축키** Video Intercept 설정
> ① Insert+J를 눌러서 죠스 메인 창을 불러온 뒤
> ② Video Intercept 관리자 메뉴로 진입하면 기본적으로 Video Intercept의 설치/삭제 가능

11.4.2.4 부팅 시 자동 실행 설정

Insert+J를 눌러서 죠스의 메뉴 창을 불러온 후 옵션 > 기본을 클릭한다.

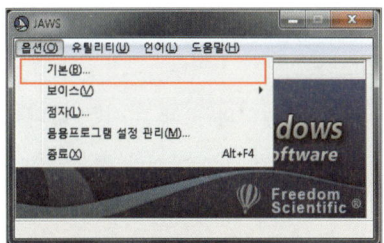

그림 11.48 죠스 기본 메뉴

아래와 같이 기본 설정 대화 상자가 나타나면 JAWS 자동 시작 메뉴를 클릭한다.

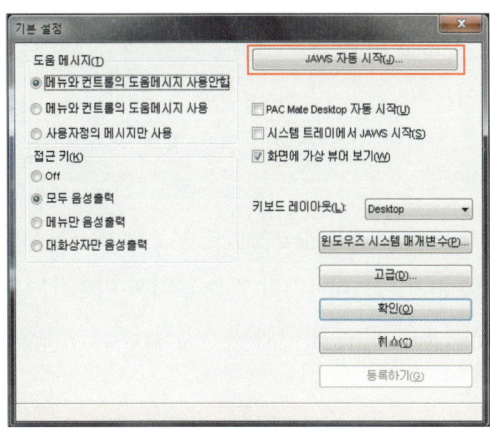

그림 11.49 죠스 기본 설정 대화 상자

아래와 같은 JAWS 시작 옵션 대화 상자에서 원하는 항목을 선택하고 **확인**을 누르면 설정이 완료된다.

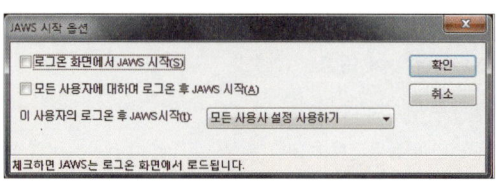

그림 11.50 죠스 시작 옵션 대화 상자

11.4.3 사용 방법

기본적인 설치와 옵션 설정을 이해했다면 실제 사용하는 방법을 알아보자.

11.4.3.1 기본 사용 방법

죠스의 기본 사용 방법 역시 센스리더와 크게 차이는 없다. 화면 낭독기에서 중요한 것이 이동인 만큼 다양한 단위로 이동하는 방식에 주목하여 죠스의 기본 사용 방법을 알아보자.

기본 이동

죠스(한글 버전) 역시 센스리더의 가상 커서 탐색 기능과 많은 부분이 유사하지만 일부 차이점도 있다. 위(↑), 아래(↓) 방향키를 이용해서 이전/다음 요소로 이동하는 것, 좌(←), 우(→) 방향키를 눌러서 이전/다음 글자를 한 글자씩 읽어나가는 점, Ctrl+Home/End 키를 눌러서 페이지의 처음/끝으로 이동하는 점 등은 유사하지만 페이지 내 이동 기능에 사용되는 기능키와 입력 서식의 사용 방법, 페이지 내 탐색 기능에는 약간의 차이가 존재한다.

죠스(한글 버전)는 웹 페이지 내에서 요소별로 이동할 때 센스리더처럼 2, 3개의 키를 동시에 누르는 기능키가 아니라 1개의 키를 눌러서 이동하는 '빠른 탐색 키' 방식을 사용한다. 각 요소의 영문 명칭과 관련된 스펠링 1개를 취해서 해당 요소의 이동 기능키로 사용하고 있다.

죠스(한글 버전) 역시 센스리더와 마찬가지로 많은 키 조작을 피하기 위해 가장 손쉽게 Tab 키를 이용하여 초점을 받을 수 있는 요소에만 접근하거나 링크 이동을 위한 엔터키를 사용한다. 기타 빠른 탐색을 위해 특정 요소에 대한 이동 기능이 다수 제공되고 있고 폼 단위 이동, 편집창 단위 이동, 헤딩 단위 이동, 프레임 단위, 테이블 단위 이동 등을 들 수 있다.

> **팁**
> 이동 기능을 사용할 때 간혹 원하는 요소로 바로 접근하지 못하는 경우가 있는데 이는 대부분 현재 초점의 위치가 찾고자 하는 요소를 이미 지나 있기 때문이다. 따라서 현재 초점의 위치가 모호하거나 다음 요소와의 선형화 순서가 명확하지 않을 경우 Ctrl+Homes을 눌러서 홈페이지의 처음으로 이동한 후 이동 기능을 사용하는 것이 좋다(Ctrl+End는 페이지의 끝으로 이동).

폼 단위 이동

form의 F를 이동키로 사용한다(Shift+F는 역순 이동). F를 눌러 이전/다음 폼 요소로 이동하는 것 외에 요소별로 별도의 이동키를 사용할 수도 있다. 편집창Editbox은 E, 버튼Button은 B, 체크상자Checkbox는 X, 라디오 버튼Radio은 R, 콤보상자Combobox는 C와 같은 형태로 이동 기능키로 지정하고 있다. 입력 서식을 사용할 때 체크상자는 스페이스 바로 선택/해제하고, 라디오 버튼은 처음 값을 선택할 때는 스페이스 바를 사용하고 위/아래 방향키로 선택값을 변경한다. 선택 상자의 경우 값을 변경할 때 위/아래 방향키를 눌러서 변경할 수 있다.

> **팁**
> 죠스(한글 버전)의 가상 커서는 입력 서식을 사용할 때 폼 모드를 사용한다. 폼 모드 사용은 자동 폼 모드와 수동 폼 모드로 나뉘는데 이는 입력 서식에 접근하는 방식에 따라 달라진다. Tab이나 방향키를 눌러서 입력 서식에 접근하면 자동 폼 모드가 동작해서 바로 입력 서식을 사용하고 다시 Tab/방향키를 눌러서 빠져나와 가상 커서 모드로 돌아갈 수 있다. 하지만 '빠른 탐색키'를 눌러서 입력 서식에 접근하면 Enter 키를 눌러 수동 폼 모드로 전환하고 입력 서식을 사용한 후 ESC 키를 눌러서 다시 가상 커서 모드로 전환하고 웹을 탐색해야 한다.
> 입력 서식에서 폼 모드를 사용하는 이유는 편집창을 사용하는 방식을 살펴보면 이해할 수 있다. 편집창 내에서의 텍스트 입력 방식에 사용되는 키(Tab, 방향키, Enter 키, 스페이스 바 등)와 가상 커서의 페이지 탐색(Tab, 방향키, 빠른 탐색키) 및 기능 동작(Enter 키, 스페이스 바)에 사용되는 키가 중복되어 가상 커서 모드 상태에서는 편집기를 정상적으로 활용할 수 없기 때문에 폼 모드를 활용해야 한다.

편집창 단위 이동

편집창Editbox의 E를 이동키로 사용하고 대상이 되는 요소는 `input type=text`, `textarea`, `WYSIWYG editor` 등이다(Shift+E는 역순 이동). 가장 흔하게는 검색 기능, 로그인 기능을 사용할 때 해당 편집창으로 이동하는 용도로 사용할 수 있으며 이메일이나 게시판의 글 작성 등 다수의 편집창을 사용해야 하는 경우에도 많이 활용할 수 있다. 물론 이 때도 편집창에 레이블이 적절히 제공되어 있어야만 유용하게 사용할 수 있다.

죠스(한글 버전)는 페이지 탐색 시 기본적으로 사용되는 브라우즈 모드와 입력 서식을 활용하는 폼 모드로 나뉘어 있기 때문에 편집창에 접근하더라도 텍스트를 입력하기 위해서는 Enter 키를 눌러 폼 모드로 변경해야 한다. 텍스트 입력을 마친 후에는 ESC 키를 눌러서 브라우즈모드로 변경하고 페이지를 탐색하게 한다.

헤딩 단위 이동

헤딩Heading의 H를 이동키로 사용한다(Shift+H는 역순 이동). 이외에 숫자 1~6을 누르면 각 헤딩 레벨 단위로 이동하는 것이 가능하다. 이 기능은 콘텐츠 블록에 적절하게 헤딩을 제공했을 경우 레이아웃을 이해하고 웹 페이지의 구조를 파악하는 데 큰 도움이 된다. 또한 콘텐츠 블록 단위로 이동하는 것이 가능하므로 페이지를 빠르게 탐색하는 데 매우 유용한 기능이다. 다만 현재 페이지를 섹션으로 나눈 경우 헤딩 레벨 단위 이동(숫자키 1~6)의 범위가 현재 섹션 안으로 제한되어 숫자키 1~6만 눌러서는 다음 섹션의 헤딩으로 이동하는 것이 불가능하다. 이런 경우에는 H 키와 숫자키 1~6을 적절히 혼용해서 사용하는 것이 바람직하다.

프레임 단위 이동

프레임Frame의 M을 이동키로 사용하고 그 대상이 되는 요소는 `frame`, `frameset`, `iframe`이다(Shift+M은 역순 이동). 기본적으로 frameset에서 이전/다음 frame으로 이동할 때 유용하게 사용할 수 있고, 게시판이나 이메일 작성할 때 iframe으로 삽입된 본문 에디터에 접근할 때도 활용이 가능하다. 물론 이 때도 각 frame에는 title 정보가 적절히 제공되어 있어야만 이 기능을 효과적으로 사용할 수 있다.

> **팁**
> 랜드마크 단위 이동의 기능키는 ;이다(Shift+;는 역순 이동). WAI-ARIA 속성 중 하나인 랜드마크 룰을 사용한 경우 해당 위치를 찾아 이동하는 기능이다.

테이블 단위 이동

테이블Table의 T를 이동키로 사용한다(Shift+T는 역순 이동). 페이지 내의 테이블만 찾아 이동하기 때문에 <caption>, summary가 적절히 제공되었을 때 유용하고, 본문 영역에 있는 데이터 테이블이나 게시판에 접근하고자 할 때 매우 빠르게 이동하는 것이 가능하다. 보통 테이블 내용을 탐색할 때도 단순히 방향키만을 사용하게 되는데 이 경우 제목셀을 참조하지 않으므로 현재의 데이터셀 내용만 음성으로 출력하게 된다. 제목셀을 참조해서 음성 출력하려면 Ctrl+Alt+방향키를 사용해서 테이블의 내용을 탐색하면 되고, 이때 방향키의 이동 기준은 화면의 테이블 구조를 따른다.

11.4.3.2 알아두면 편리한 기능

지금까지 살펴본 것 이외에도 알아두면 편리한 몇 가지 기능을 살펴보겠다.

찾기

죠스가 정상적으로 동작할 때 Ctrl+F를 누르면 다음과 같은 대화 상자가 나타난다. 편집창에 원하는 텍스트를 입력하면 검색 결과를 따라 포커스가 이동한다. 찾기 기능 사용 후 Insert+F3을 누르면 다음 검색 결과로, Insert+Shift+F3을 누르면 이전 검색 결과로 이동한다.

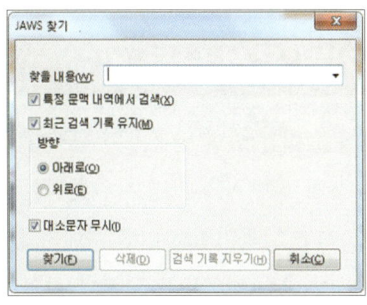

그림 11.51 죠스 찾기 대화 상자

상황에 맞는 도움말 열기

보통 도움말은 목차, 색인, 검색 등의 항목으로 이루어져 있고, 도움말에서 관련 내용을 찾아내야 하는 불편이 있는데 반해 죠스는 상황에 맞는 도움말 기능을 제공한다. 특정 프로그램이나 웹 페이지를 사용하다가 Insert+F1을 누르면 현재 애플리케이션에 맞는 도움말을 표시해주기 때문에 죠스를 처음 사용하거나 익숙하지 않은 사용자에게 유용한 기능이다.

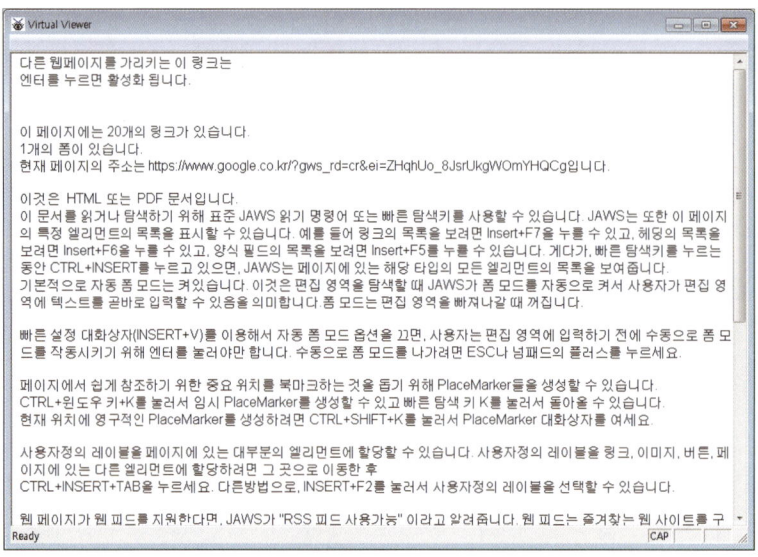

그림 11.52 죠스 상황에 맞는 도움말

11.5 화면 낭독기별 음성 낭독 비교

웹 접근성 품질 인증에 영향을 받는 화면 낭독기는 센스리더와 죠스(한글 버전)가 있지만 이외에도 사용 가능한 국내 화면 낭독기별로 일반적인 HTML 요소에 대해 어떤 방식으로 음성 출력을 하고 화면 낭독기별로 어떤 차이가 있는지 알아보자.

단순히 화면 낭독기의 음성 출력 반응만을 나열한 것이 아니라 각 요소에서 화면 낭독기를 어떻게 사용해야 하는지 기능키를 함께 제공했다. 화면 낭독기는 이 책이 출판된 이후에도 수시로 업데이트를 진행할 수 있지만 중심적인 기능이나 음성 출력 방식은 큰 변화가 없으므로 전체적인 맥락 차원에서 화면 낭독기를 이해하는 데 도움이 될 수 있을 것이다. 화면 낭독기를 직접 사용해보는 것이 가장 좋지만 필요할 때 자료를 찾아볼 수 있도록 많은 테스트 결과를 제공하고자 한다. 테스트 환경은 다음과 같다.

테스트 환경	IE 8 센스리더 V3.0.7.0 ｜ NVDA 2013 Development ｜ 한글 JAWS for windows v13 ｜ 실로암 보이스 v1.0.1.2

11.5.1 이미지의 대체 텍스트

검사항목에서도 대체 텍스트 제공이 중요한 만큼 화면 낭독기에서도 이미지에 대한 대체 텍스트 출력 방식을 이해하는 것은 기본이다. 이미지의 대체 텍스트를 자세히 알아보자.

11.5.1.1 〈img〉와 alt

웹 접근성에서 가장 기본적이면서도 중요한 것이 대체 텍스트 제공이다. img 요소에 alt 값을 제공하지 않는 경우와 제공하는 경우와 공백으로 처리하는 경우는 화면 낭독기에서 어떻게 읽어주게 될까? 다양한 이미지의 대체 텍스트에 대한 화면 낭독기 음성 출력 방식을 살펴보자.

```
① <img src=hh.jpg>
② <img src=hh.jpg alt="접근성">
③ <img src=hh.jpg alt="">
④ <img src=hh.jpg alt="1절 동해물과 백두산이...">
```

표 11.5 〈img〉 요소의 alt 속성에 대한 음성 출력

구분	센스리더	죠스(한글 버전)	NVDA	실로암 보이스
①	hh.jpg 이미지	읽지 않음	읽지 않음	hh.jpg 그래픽
②	접근성 이미지	그래픽 접근성	그래픽 접근성	접근성 그래픽
③	읽지 않음	빈줄	읽지 않음	hh.jpg 그래픽
④	1절 동해물과 이미지	그래픽 1절... 그래픽 공활..	그래픽 1절... 그래픽 서리... 그래픽 화려...	1절 동해물과... 그래픽

①은 이미지에 alt를 제공하지 않은 경우로 센스리더와 실로암 보이스는 이미지 파일명을 음성 출력하는 반면, 죠스(한글 버전)와 NVDA는 이미지가 없는 것처럼 음성을 출력하지 않는다. 국내에서는 오랫동안 이미지에 대한 대체 텍스트를 제공하지 않는 사이트가 많아 화면 낭독기 사용자가 불편을 겪었는데 화면 낭독기가 파일명이라도 음성 출력하여 추정 가능하게 설정한 것이다. 오래동안 이미지 파일명을 듣고 추측으로만 웹을 탐색해야 했던 것이 지금까지의 방식이었던 것이다.

②는 이미지에 정상적으로 대체 텍스트를 제공한 경우로 센스리더는 "이미지", 나머지 화면 낭독기는 "그래픽"이라고 읽어주며 대체 텍스트의 앞에 붙거나 뒤에 붙어서 음성을 출력한다.

③은 이미지에 alt를 공백(alt="")으로 처리하는 경우로 센스리더와 NVDA는 이미지가 없는 것처럼 읽지 않지만 죠스(한글 버전)는 "빈줄"로 음성 출력하여 특정 요소가 있다는 것을 알려주고, 실로암 보이스는 alt 공백 처리에도 파일명을 그대로 음성 출력하므로 alt 공백 처리에 대한 효과가 없다.

④는 긴 문장을 alt로 제공한 경우로 문장을 길게 처리하기 위해 alt 값으로 애국가 1~4절까지를 모두 제공해보았는데 센스리더와 실로암 보이스는 제공된 alt 값을 처음부터 끝까지 그대로 한 번에 음성 출력하는 반면 NVDA는 70글자, 죠스(한글 버전)는 110글자를 기준으로 여러 줄에 나누어 음성 출력한다. 죠스(한글 버전)과 NVDA는 긴 문장에 대한 완급을 위해 줄을 나누어 읽고, 줄을 나누는 첫 부분에 "그래픽"이라는 머리말을 낭독해주어 이전 줄의 대체 텍스트가 계속 이어지고 있음을 사용자에게 상기시키는 점이 매우 인상적이다.

11.5.1.2 〈img〉와 longdesc

`<img>` 요소에 대체 텍스트가 길어지면 이를 선택할 수 있게 별도로 제공하는 longdesc 값은 화면 낭독기에서 어떻게 읽어주는지 알아보자.

```
① <img src=hh.jpg alt="접근성" longdesc='x.html'>
② <img src=hh.jpg alt="접근성" longdesc="../x.html>
```

표 11.6 〈img〉 요소의 longdesc 속성에 대한 음성 출력

구분	센스리더	죠스(한글 버전)	NVDA	실로암 보이스
①	접근성 설명 있음 이미지	그래픽 접근성 롱디스크립션을 위하여 enter을 누르십시요	그래픽 상세 설명 있음 접근성	접근성 그래픽
②	접근성 설명 있음 이미지	그래픽 접근성 롱디스크립션을 위하여 enter을 누르십시요	그래픽 상세 설명 있음 접근성	접근성 그래픽

①과 ②는 절대경로와 상대경로를 테스트해봤는데 차이 없이 longdesc를 지원하였으며, 현재 위치한 이미지에 긴 설명글Long Description이 있는 경우 센스리더, 죠스(한글 버전), NVDA는 별도의 문구(설명 있음, 상세 설명 있음 등)를 사용해 사용자에게 알려준다. 이 긴 설명글을 확인하려면 센스리더와 죠스(한글 버전), NVDA는 단축키를 눌러서 새 창으로 열고 내용을 확인할 수 있고, 실로암 보이스는 아직 longdesc 속성을 지원하지 않아서 긴 설명글이 제공되더라도 인지하지 못하고 있다.

> **단축키 longdesc 읽기**
> 센스리더   Alt+Enter
> 죠스(한글 버전)   Enter
> NVDA   Insert+D

11.5.1.3 이미지맵의 사용

일반적으로 사용하는 이미지맵에서도 대체 텍스트를 제공할 수 있고, 대부분의 화면 낭독기가 이를 충분히 활용할 수 있다.

```
① <img src="aa.jpg" alt="접근성" usemap="#Map" />
<map name="Map" id="Map">
<area shape="rect" coords="9,1,207,61" alt="테스트 />
</map>

② <img src="aa.jpg" alt="접근성" usemap="#Map2" />
<map name="Map2" id="Map2">
```

```
<area shape="rect" coords="172,53,176,60" href="#hh"    alt="테스트a" />
<area shape="rect" coords="172,53,176,60" href="ww.h.com"  alt="테스트b" />
</map>
```

표 11.7 이미지맵에 대한 음성 출력

구분	센스리더	죠스(한글 버전)	NVDA	실로암 보이스
①	접근성 이미지 [파일명] 테스트 이미지맵 현재 페이지 링크	그래픽 접근성 빈줄 이미지링크 테스트	그래픽 접근성 링크 테스트	접근성 그래픽 이미지맵 이미지맵 영역
②	접근성 이미지 테스트a 이미지맵 현재 페이지 링크 테스트b 이미지맵 링크	그래픽 접근성 빈줄 이미지링크 테스트a 이미지링크 테스트b	그래픽 접근성 링크 테스트a 링크 테스트b	접근성 그래픽 이미지맵 이미지맵 영역 이미지맵 영역

①은 `<area>`에 href 값이 없는 경우로 센스리더는 이미지맵에서 이미지와 링크를 여러 줄로 분리해서 표현하고 있어서 전체 이미지와 연결되어 있는 링크를 이해하고 활용하는 데 큰 문제가 없다. 다만 `<area>`에 href 값이 없는 경우 파일명을 그대로 음성 출력하여 사용자에게 혼란을 준다. 물론 `<area>`에 이동할 값이 없이 초점을 넣기 위해 사용하는 경우는 바람직하지 않은 사례이므로 주의해야 한다.

②는 2개의 링크를 넣어서 페이지 내부 링크와 외부 링크를 구분하는지 확인하기 위한 사례로 테스트한 결과 센스리더만이 유일하게 이 둘을 구분해서 음성 출력한다.

죠스(한글 버전)는 이미지맵에 대한 설명을 여러 줄에 나눠서 표현하고 있다. 이미지와 링크를 인지해서 이용하는 데 문제가 없으나 하나의 이미지맵 요소인지, 이미지와 또 다른 이미지 링크의 묶음인지 구분하는 것이 불가능하다. 또한 페이지 내부 링크와 외부 링크도 구분하지 않고 있다.

NVDA는 이미지맵에 대한 모든 설명을 한 줄 안에서 표현하고 있지만 좌/우 방향키를 눌러서 한 글자씩 들어보면 그래픽 시작/끝, 링크 시작/끝을 알려줘서 이미지와 링크를 분명하게 구분할 수 있다. 더욱이 그래픽과 링크를 여러 라인으로 분리하지 않고 한 라인에 표현해서 이미지와 링크가 한 묶음이라는 것을 인지하는 데 도움이 된다.

실로암 보이스 역시 이미지맵 설명을 여러 라인으로 구분해서 표현한다. 이미지의 alt 값을 인식하고 이미지맵이라는 것을 알 수 있으나 <area>의 alt 값을 표현하지 않아서 이미지맵 내 링크의 존재만 알 수 있고 링크를 이용하는 것은 불가능하다.

11.5.2 링크의 title, target

링크 요소를 설명하는 title과 목적지를 나타내는 target 속성에 대해 화면 낭독기의 음성 출력 방식을 자세히 알아보자.

11.5.2.1 링크 텍스트와 title

링크 텍스트는 본문의 텍스트라고 할 수 있고, title 정보는 부가적인 텍스트 정보라고 할 수 있다. 화면 낭독기에서는 어떻게 음성 출력하는지 알아보자.

```
① <a href="h">접근성1</a>
② <a href="h" title="테스트">접근성2</a>
③ <a href="h" title="테스트"></a>
④ <a href="h" ></a>
```

표 11.8 ⟨a⟩ 요소에 대한 음성 출력과 title 속성 사용

구분	센스리더	죠스(한글 버전)	NVDA	실로암 보이스
①	접근성1 링크	링크 접근성1	링크 접근성1	접근성1 링크
②	접근성2 링크 (타이틀 테스트)	링크 접근성2 (테스트 제목)	링크 접근성2 (테스트 링크 링크포커스됨 테스트)	접근성2 링크 테스트 툴팁
③	테스트 링크	링크 테스트	링크 테스트	링크 테스트 툴팁
④	h 링크	링크 h	링크 h	링크

①은 일반적인 링크 텍스트를 제공하는 경우로 모든 화면 낭독기에서 링크 텍스트를 음성 출력하면서 링크라는 속성을 알려준다.

② 링크 텍스트와 title 정보가 함께 제공되는 경우에만 title 정보는 설정에 따라 음성 출력 여부가 결정되는데 실로암 보이스가 유일하게 기본 설정에서 title 정보를 음성 출력한다. 하지만 링크 텍스트와 툴팁을 분리해서 읽어주게 되므로 '툴팁'으로 설명되는 것은 바로 전의 링크 텍스트에 대한 title 정보임을 알아두자.

주의해야 할 점은 모든 화면 낭독기가 ③과 ④와 같이 링크 텍스트가 없는 경우에도 음성 출력을 한다는 점이다. 링크의 텍스트가 없더라도 링크의 형태가 존재하고 `href`와 `title` 정보가 있으면 음성 출력한다. 이는 링크 텍스트가 없어서 화면상에 표시되지 않더라도 스크립트나 솔루션에 의해 자동으로 생성되는 "빈 링크"에 화면 낭독기 사용자는 접근할 가능성이 있기 때문에 화면상으로만 숨길 것이 아니라 실제 마크업상에서 나타나지 않도록 소스를 개선해야 한다.

단축키 title 정보 읽기

센스리더	Ctrl+Alt+Shift+T
죠스(한글 버전)	Insert+Tab
NVDA	Insert+Tab

단축키 사용법 title 정보 읽기

일반적으로 title 정보는 옵션 설정에서 '툴팁 읽기'를 선택하면 자동으로 읽어주지만 해제한 경우에는 화면 낭독기별로 고유의 단축키를 통해 필요에 따라서 음성 출력할 수 있다.

- 센스리더

  Ctrl+Alt+Shift+T를 누르면 현재 포커스된 요소의 title 정보를 읽으며 기본 설정을 바꾸려면 가상 커서 설정에서 툴팁 읽기를 "선택"으로 변경하면 된다.

- 죠스(한글버전)

  Insert+Tab을 누르면 현재 포커스된 객체의 title 정보를 읽는다. 기본 설정 변경은 JAWS ▶ 유틸리티 ▶ 설정센터로 진입하고 HTML 설정에서 title을 선택하면 된다.

- NVDA

  Insert+Tab을 누르면 현재 포커스된 객체의 title 정보를 확인할 수 있다.

- 실로암 보이스

  Ctrl+Shift+H를 눌러서 툴팁 읽기 설정을 ON/OFF할 수 있다.

> **팁**
>
> **title 정보의 중복**
>
> 대부분의 화면 낭독기가 title 정보를 기본값에서 음성 출력하지 않는 이유는 중복된 정보의 제공 때문으로 추정된다. 요즘은 많이 개선되었지만 여전히 아래와 같은 경우를 많이 살펴볼 수 있다.
>
> ```
> <a href="#" title="접근성이동링크" >접근성</a>
> ```
>
> 이런 경우 title 정보를 기본으로 음성 출력하게 하면 "접근성 링크 접근성이동링크"와 비슷한 형태로 음성 출력하게 되므로 실제 사용자는 중복된 정보를 듣게 된다. 링크 텍스트와 title을 통해 2개의 정보가 중복으로 제공되다보니 그 중 하나를 선택하게 되는 것이다. 〈a〉 요소 외에도 〈img〉나 〈input〉 요소에서도 비슷한 상황이 발생하는데. 사용자 입장에서는 중복되지 않은 정보만을 얻기 원하므로 화면 낭독기의 기본 설정이 title 정보를 읽지 않거나 하나의 속성만 선택해서 읽는 방향으로 흘러가고 있다(정보가 중복되지 않고 하나의 속성만 제공된 경우는 제외). 이런 형태로 중복 정보를 제공하다 보니 다음과 같이 필요한 정보를 제공하기 위한 방법도 실제 사용자들에게는 큰 효과를 거두지 못하고 있다.
>
> ```
> <a href="#" title="공지사항">더보기</a>
> <a href="#" title="자유게시판">더보기</a>
> ```
>
> title을 활용해 세부적인 정보를 제공하고자 하지만 화면 낭독기들이 title을 기본값에서 읽지 않게 변화되어 사용자가 접할 수 있는 정보는 "더보기" 뿐이다. title을 사용하지 말라는 것이 아니라 사용하되 중복되지 않은 정보를 제공해서 화면 낭독기도 이런 정보를 활용하는 방향으로 따라오게 해야 한다.

11.5.2.2 〈a〉와 target

링크를 만들 때 고민하는 것 중 하나가 바로 새 창 알림에 관한 부분이다. `title="새 창"`이나 `<img>` 요소에 `alt="XXX새 창"`을 넣기도 하고 심지어 링크 텍스트에 직접 "새 창"을 넣기도 한다. 링크를 만들어주는 `<a>` 요소와 `target`에 대해 화면 낭독기는 어떻게 음성 출력하는지 알아보자.

```
① <a href="h" target="_blank">접근성1</a>
② <a href="h" target="_self">접근성2</a>
③ <a href="#hhh" >접근성3</a>
④ <a href="#" onclick="javascript...">접근성4</a>
⑤ <a href="#" onclick="javascript..." target="_blank">접근성5</a>
```

표 11.9 〈a〉 요소의 target 속성에 대한 음성 출력

구분	센스리더	죠스(한글 버전)	NVDA	실로암 보이스
①	접근성1 새 창 링크	링크 접근성1	링크 접근성1	접근성1 링크
②	접근성2 링크	링크 접근성2	링크 접근성2	접근성2 링크
③	접근성3 현재 페이지 링크	링크 접근성3	링크 접근성3	접근성3 현재 페이지 링크
④	접근성4 현재 페이지 링크	링크 접근성4	링크 접근성4	접근성4 현재 페이지 링크
⑤	접근성5 새 창 현재 페이지 링크	링크 접근성5	링크 접근성5	접근성5 현재 페이지 링크

①을 통해 센스리더는 target="_blank"를 "새 창"으로 음성 출력한다는 사실을 알 수 있다. target="_blank"는 마크업상 해당 링크가 새 창으로 연결된다는 의미를 가지는데 이를 반영한 것이다. 하지만 죠스(한글 버전), NVDA, 실로암 보이스는 target 속성에 대해 별다른 음성 출력을 하지 않는다. ②와 같이 원래 창에서 콘텐츠를 연결하는 target="_self"에서는 모두 단순 링크와 같이 "링크"로만 음성이 출력된다.

③과 같이 내부 링크(#hhh)를 사용한 경우 센스리더와 실로암 보이스에서는 "현재 페이지"로 음성 출력하고, 다른 화면 낭독기에서는 일반 링크와 동일한 음성 출력을 해서 내부 링크를 구분해주지 않는다.

④는 빈 링크에 onclick 이벤트 스크립트로 링크를 연결하는 경우 센스리더와 실로암 보이스는 이를 현재 페이지 링크로 해석한다. 이는 자바스크립트를 해석하지 못하기 때문으로 새 창으로 열리도록 자바스크립트를 구현한 경우 href="#" 때문에 이를 모두 "현재 페이지 링크"로 음성 출력하게 된다. 결국 반대로 안내된 결과를 초래한다. 화면 낭독기의 이러한 문제점을 보완하기 위해 자바스크립트로 새 창으로 여는 경우 title 정보를 제공하거나 target="_blank"를 사용하는 것이 좋다.

⑤와 같이 빈 링크에 onclick 이벤트 스크립트와 target="_blank"가 함께 있는 경우 실로암 보이스는 target="_blank"를 해석하지 않기 때문에 href="#"만을 근거로 "현재 페이지 링크"로 음성 출력해서 새 창을 알리지 못하고, 센스리더는 "새 창 현재페이지 링크"로 음성 출력함으로서 목적지 의미가 전혀 다른 2개의 단어를 하나의 링크에서 음성 출력하여 혼란을 준다. 현재 상태에서는 링크가 새 창으로 열리는지 현재 페이지에 열리는지 구분하는 것이 거의 불가능하다. 이 부분은 센스리더에서 향후 개선해야 할 부분으로 생각된다.

11.5.2.3 〈a〉와 〈img〉

웹에서 가장 많이 사용되고 있는 <a>와 <img> 요소에 대한 화면 낭독기의 음성 출력을 살펴보자. 링크로 표현되는 <a> 요소에는 title이, <img>에는 alt가 웹 접근성을 적용하는 데 사용되는데 이 두 가지가 혼용되는 경우 어떤 형태로 음성 출력이 되는지 구체적으로 확인해보자.

```
① <a href="h"><img src="h.jpg" alt="접근성1"></a>
② <a href="h" title="테스트"><img src="h.jpg" alt="접근성2"></a>
③ <a href="h" title="테스트"><img src="h.jpg" ></a>
④ <a href="h" title="테스트"><img src="h.jpg" alt="" ></a>
⑤ <a href="h"><img src="h.jpg"></a>
⑥ <a href="h"><img src="h.jpg" alt="" ></a>
⑦ <a href="h"><img src="h.jpg" alt="접근성3" >접근성</a>
⑧ <a href="h"><img src="h.jpg" alt="" >접근성</a>
```

표 11.10 〈a〉와 〈img〉 요소에 대한 음성 출력

구분	센스리더	죠스(한글 버전)	NVDA	실로암 보이스
①	접근성1 그래픽 링크	링크 그래픽 접근성1	링크 그래픽 접근성1	접근성1 그래픽 링크
②	접근성2 그래픽 링크	링크 그래픽 접근성2	링크 그래픽 접근성2	접근성2 그래픽 링크 테스트 툴팁
③	테스트 그래픽 링크	링크 테스트	링크 테스트	.jpg 그래픽 링크 테스트 툴팁
④	테스트 그래픽 링크	링크 테스트	링크 테스트	.jpg 그래픽 링크 테스트 툴팁
⑤	h.jpg 그래픽 링크	링크 그래픽[경로]/h	링크 그래픽 h	.jpg 그래픽 링크
⑥	h.jpg 그래픽 링크	링크 그래픽[경로]/h	링크 h	.jpg 그래픽 링크
⑦	접근성 그래픽 링크	링크 그래픽 접근성3 링크 접근성	링크 그래픽 접근성3 접근성	접근성 그래픽 링크
⑧	접근성 그래픽 링크	링크 접근성	링크 접근성	접근성 그래픽 링크

대체 텍스트만 제공한 이미지 링크 ①과 title 정보까지 제공한 이미지 링크 ②의 사례에서 보듯이 이미지 링크의 title 정보 음성 출력과 먼저 확인한 텍스트 링크는 차이가 없다.

③과 ④는 alt 값이 없는 상태에서 title의 유무에 따른 차이를 확인해보기 위한 예제인데 음성 출력 결과에서 보듯이 alt 없이 title만 제공하거나 빈 공백으로 alt를 제공하면 센스리더, 죠스(한글 버전), NVDA는 title 정보를 이용해서 이미지 링크를 표현한다. 실로암 보이스는 이미지 파일의 확장명으로 이미지 링크를 표현하면서 title 정보는 별도의 툴팁으로 읽어준다.

⑤와 같이 <img>에 alt 값이 없고 <a>에 title도 없는 웹 접근성을 전혀 고려하지 않은 경우 센스리더는 이미지 파일명을 그대로 사용해 그래픽 링크로 표현한다. 죠스(한글 버전)는 먼저 그래픽 링크로 읽어주고 뒤에 경로명+파일명을 추가로 안내하며, NVDA는 경로명 없이 파일명만을 이용해서 링크 그래픽으로 표현하고 있다. 실로암 보이스는 이미지의 확장자를 이용해 그래픽 링크로 음성 출력한다.

⑥은 이미지 링크에서 title 없이 빈 alt만 제공한 예제로 갤러리 게시판이나 쇼핑 사이트의 상품 목록, 뉴스 기사 목록 등의 썸네일 이미지에 많이 사용된다. 이미지를 스킵하려는 목적이 강하지만 현재의 화면 낭독기는 그 목적과 무관하게 ⑤에서와 같이 파일명, 경로명 등을 이용해서 그래픽 링크를 표현하고 있다.

⑦은 ⑥을 조금 개선한 사례로 텍스트와 이미지를 하나의 링크로 감싸주는 형태다. 센스리더와 실로암 보이스는 이미지의 alt와 링크 텍스트가 링크 요소에 함께 제공되는 경우 이미지의 alt는 생략하고 텍스트로만 음성 출력하고 있다. 이 경우 이미지의 대체 텍스트와 링크 텍스트가 다르더라도 이미지의 정보에 접근할 수 없다는 아쉬움이 남는다. 죠스(한글 버전)과 NVDA는 링크 텍스트와 이미지의 alt를 모두 그래픽 링크로 표현하고 있어서 이미지와 링크 텍스트 정보를 모두 확인할 수 있다는 것을 알 수 있다.

⑧은 ⑦의 사례에서 이미지를 건너뛰려는 ⑥의 의도(이미지 건너뛰기)를 반영한 예제다. 센스리더와 실로암 보이스는 ⑦과 음성 출력에 전혀 차이가 없지만, 죠스(한글 버전)와 NVDA는 ⑦의 사례에서 이미지의 정보만 배제한 형태로 음성 출력되는 것을 확인할 수 있다.

⑥과 ⑧에서 독특한 점은 NVDA는 센스리더나 실로암 보이스와 달리 빈 공백으로 alt를 제공한 경우 이미지 요소를 완전히 배제하고 남아있는 링크 요소에 대한 음성 출력만 한다는 점이다. 요소를 건너뛰기 위한 빈 공백 alt의 의도를 명확하게 파악하고 있는 모습이다. 죠스(한글 버전)의 경우는 ⑧에서만 이미지 요소를 무시한다.

> **팁**
>
> **썸네일 이미지의 스킵**
>
> 쇼핑 사이트의 상품 목록이나 이미지 게시판의 목록에서 보면 '이미지 링크 〉 제목 텍스트 링크 〉 간략보기'의 형태로 구성되는 경우가 많은데 사용성을 높이려고 이미지 링크에서 alt=""을 사용해서 이미지를 무시하려는 경우를 보게 된다. 하지만 이런 링크의 경우 이미지를 건너뛰려는 의도와 관계없이 모든 화면 낭독기가 해당 링크의 href, title 값을 사용해서 음성 출력하므로 현실적으로 이미지를 무시하려는 의도가 무색해진다. 이런 경우에는 '[미리보기] or [썸네일] + 게시물 제목'과 같은 형태로 이미지에 대체 텍스트를 제공하거나 이미지와 링크 텍스트를 하나의 링크로 감싸서 제공하는 것이 사용성을 더 높일 수 있다.

단축키 링크 읽기

센스리더	Ctrl+'
죠스(한글 버전)	Tab
NVDA	K
실로암 보이스	Ctrl+Alt+A

단축키 사용법 링크 읽기

일반적으로 Tab을 누르면 링크는 물론 초점을 받는 모든 요소를 이동하게 된다. 화면 낭독기는 링크만 이동할 수 있는 별도의 기능을 제공하고 있다.

- 센스리더

  Ctrl+'를 누르면 다음 링크로 초점을 이동하고, Shift를 함께 누르면 이전 링크로도 이동할 수 있다. 이외에 Ctrl+;을 누르면 방문한 링크로 이동하고, Ctrl+L을 눌러서 링크 목록을 따로 불러와 원하는 링크를 선택한 후 이동할 수도 있다.

- 죠스(한글 버전)

  Tab 키를 링크 이동 키로 사용하고, Shift를 함께 누르면 이전 링크로 이동한다. 이외에 U를 누르면 방문하지 않은 링크로 이동하고, V를 누르면 방문한 링크로 이동한다. Insert+F7을 눌러서 링크 목록을 따로 볼 수 있고 이 목록에서 원하는 링크를 선택한 후 이동할 수도 있다.

- NVDA

  링크 이동키로 K를 지정하고 있으며 Shift를 함께 누르면 이전 링크로 이동된다. 이외에 U를 누르면 방문하지 않은 링크로 이동하고, V를 누르면 방문한 링크로 이동한다. Insert+F7을 누르면 별도의 헤딩 목록을 볼 수 있다.

- 실로암 보이스

  Ctrl+Alt+A를 눌러서 다음 링크로 이동할 수 있으며 Shift를 함께 누르면 이전 링크로 이동한다. 이외에 Ctrl+Alt+;을 누르면 방문하지 않은 링크로 이동하고 Ctrl+.을 누르면 링크 목록을 따로 불러와 원하는 링크를 선택한 후 이동할 수도 있다.

11.5.3 입력 서식의 레이블 제공

입력 서식의 레이블은 화면 낭독기의 페이지 탐색 방법에 따라 음성 출력 형태가 달라진다. 예를 들어 국내 화면 낭독기는 위/아래 방향키로 탐색하는 경우 입력 서식의 레이블을 음성 출력하지 않는다. 이 때문에 레이블을 읽지 못한다는 오해가 발생하는데 이것은 사용 방법의 차이 때문에 발생하는 현상이다. 입력 서식에 해당하는 이동 기능키나 Tab 키를 눌러서 음성 출력해보면 정상적으로 레이블이 음성 출력되는 것을 확인할 수 있다.

그림 11.53 입력 서식의 레이블

위와 같은 경우 위/아래 방향키로 음성 출력하면 "접근성 / 편집창"의 2개로 나눠서 음성 출력이 되고, 입력 서식 이동 기능키를 누르면 "접근성 편집창"과 같이 하나로 묶어서 음성 출력한다. 위/아래 방향키로 이동하는 경우 입력 서식의 전/후에 있는 레이블 텍스트를 화면 낭독기가 읽고 지나가기 때문에 입력 서식에 초점이 들어가더라도 레이블이 함께 나오지 않으며, 입력 서식 이동 기능을 사용할 때는 전/후에 있는 레이블을 거치지 않으므로 입력 서식에서 레이블을 함께 음성 출력하는 것이다.

결국 입력 서식 이동 기능을 사용해야만 레이블이 입력 서식과 정상적으로 연결되었는지 확인이 가능한 것이다. 따라서 아래 내용은 모두 Tab이나 입력 서식 이동 기능을 사용해 음성 출력된 내용을 기록한 것이다.

11.5.3.1 입력 서식과 레이블

일반적으로 사용되는 입력 서식의 다양한 형태에 대한 화면 낭독기의 음성 출력을 확인해보면 화면 낭독기마다 어느 항목을 먼저 음성으로 읽어주느냐의 차이는 있지만 전반적으로 정보를 잘 전달하고 있다. 화면 낭독기별로 입력 서식의 형태에 따라 음성 출력의 어떤 차이점이 있는지 살펴보자.

```
① <input type="checkbox" id="check" /><label for="check">접근성1 </label>
② <input type="radio" id="radio" /><label for="radio">접근성2</label>
③ <input type="button" title="테스트" value="접근성3" />
④ <input type="image" src="#" title="테스트" alt="접근성4" />
⑤ <label for="text">접근성5</label><input type="text" id="text" />
⑥ <label for="pw">접근성6</label><input type="password" id="pw" />
⑦ <label for="select">접근성7</label>
    <select id="select">
        <option value="#">작업선택</option>
    </select>
        <a href="h"><img src="h.jpg" alt="접근성3" >접근성</a>
```

표 11.11 입력 서식의 종류에 따른 음성 출력

구분	센스리더	죠스(한글 버전)	NVDA	실로암 보이스
①	해제 접근성1 체크상자	접근성1 체크상자 체크해제	접근성1 체크상자 해제됨	접근성1 체크상자
②	해제 접근성2 라디오 버튼	접근성2 라디오 버튼 체크해제	접근성2 라디오 버튼 해제됨	접근성2 라디오 버튼
③	접근성3 버튼	접근성3 버튼	테스트 버튼	테스트 버튼
④	접근성4 이미지 버튼	테스트 버튼	테스트 버튼	테스트 버튼
⑤	접근성5 편집창	접근성5 편집	접근성5 편집창	접근성5 편집상자
⑥	접근성6 암호편집창	접근성6 암호편집창	접근성6 편집창 보호됨	접근성6 암호편집상자
⑦	접근성7 작업선택 콤보상자	접근성7 콤보상자 작업선택	접근성7 콤보상자 축소됨 작업선택	접근성7 콤보상자

먼저 ①과 ②와 같이 체크상자와 라디오 버튼의 사례를 보면 센스리더, 죠스(한글 버전), NVDA 모두 각 입력 서식의 형태를 읽어주고, 선택 상태인지 해제 상태인지 알려주어 화면을 이해하는 데 문제가 없다. 하지만 실로암 보이스의 경우 체크상자와

라디오 버튼의 선택/해제 상태를 읽어주지 않아 현재의 상태가 어떤 상태인지 알 수 없어 입력 서식을 사용하는 데 큰 문제가 된다.

버튼과 이미지 버튼은 화면 낭독기마다 차이가 많은데 ③과 같이 버튼 요소의 경우 센스리더와 죠스(한글 버전)는 value 값을 버튼의 레이블로 읽어주지만 NVDA와 실로암 보이스는 title 값을 읽어준다. 따라서 현 시점에서는 버튼 요소에서 value와 title 값을 잘 활용할 필요가 있다. ④와 같이 이미지 버튼 요소에서도 차이를 보이는데 센스리더만이 유일하게 alt 값을 이용해서 이미지 버튼을 읽어주고, 죠스(한글 버전), NVDA, 실로암 보이스는 모두 title 값을 사용해서 이미지 버튼을 표현한다.

테스트 결과로만 보면 센스리더가 방향을 잘 잡은 것으로 보인다. 일반 버튼에서 화면상에 표시되는 value 값으로 버튼을 처리하고, 이미지 버튼에서는 화면에 표시되는 이미지의 alt 값으로 버튼을 표현하므로 어떤 버튼인지 알고 사용하는 데 무리가 없으며 추가적으로 title 값을 이용해 해당 버튼에 대한 부가 정보를 제공할 수도 있게 된다. 모든 화면 낭독기에 대응하는 버튼을 구현하고자 한다면 value, alt 값과 동일한 title 값을 함께 제공해야 할 것이다.

⑤와 ⑥과 같이 일반 편집창과 암호 편집창은 모든 화면 낭독기가 구별하여 읽어줘서 쉽게 이해할 수 있게 지원한다.

⑦과 같이 선택상자에서는 주목할 만한 부분이 NVDA의 선택상자 확장, 축소 여부에 대한 안내다. NVDA는 단순히 레이블과 옵션 값을 음성 출력하는 것뿐만 아니라 현재 선택상자가 열려 있는지 여부까지 안내하여 더 높은 사용성을 제공하고 있다.

> **팁**
>
> 체크상자와 라디오 버튼처럼 선택/해제가 토글되는 요소는 Tab과 이동 기능을 이용하여 초점 이동 후 스페이스 바를 눌러서 값을 변경한다.
>
> 라디오 버튼에는 약간의 차이가 있는데 센스리더는 라디오 버튼 그룹이더라도 원하는 라디오 버튼으로 이동해서 스페이스 바로 선택/해제하는데 죠스(한글 버전)는 라디오 버튼으로 이동한 후 방향키를 눌러 선택된 라디오 버튼을 바꾸는 방식이다.
>
> 콤보상자는 초점을 이동한 뒤 Ctrl+위/아래방향키를 눌러서 값을 바로 변경할 수 있고, Alt+위/아래방향키를 누르면 콤보상자가 펼쳐지면서 모든 옵션을 보면서 선택할 수 있다. 센스리더에서는 Alt+위/아래방향키로 값을 변경하는 경우 Alt+Enter를 눌러서 선택해야 한다.

11.5.3.2 입력 서식의 readonly, disable

이번엔 입력 서식의 `readonly`와 `disable` 속성에 대하여 화면 낭독기의 음성 출력을 확인해보자.

```
① <label for="text2">접근성1</label><input type="text" id="text2" readonly="readonly" />
② <label for="radio2">접근성2</label><input type="text" id="radio2" disabled="disabled" />
```

표 11.12 입력 서식의 속성에 따른 음성 출력

구분	센스리더	죠스(한글 버전)	NVDA	실로암 보이스
①	접근성1 읽기전용 편집창	접근성1 읽기전용 편집창	접근성1 편집창 읽기 전용	접근성1 편집상자
②	사용불가 접근성2 편집창	접근성2 편집	접근성2 편집창 사용불가	접근성2 편집상자

①과 같이 `readonly` 속성의 경우 센스리더, 죠스(한글 버전), NVDA가 정상적으로 표현을 하는 반면, 실로암 보이스는 `readonly` 속성을 반영하지 못하고 있다.

②와 같이 `disable` 속성은 센스리더와 NVDA가 "사용불가"라는 표현으로 지원하며, 죠스(한글 버전)와 실로암 보이스는 `disable` 속성을 지원하지 않는다.

11.5.3.3 입력 서식의 〈label〉 요소 제공 방법

입력 서식에 레이블을 제공하는 방법은 크게 명시적인 방법과 암묵적인 방법으로 나뉜다. 또한 레이블을 텍스트로 제공하는 것이 좋지만 부득이 이미지로 레이블을 제공하는 경우가 있다. 이런 경우 화면 낭독기의 음성 출력 여부가 입력 서식의 레이블을 어떻게 제공하는 것이 접근성을 높일 수 있는지 알 수 있는 좋은 방법이다. 다양한 레이블 제공에 따른 화면 낭독기의 지원 여부를 알아보자.

```
① <input type="checkbox" id="check2" /><label for="check2">접근성1</label>
② <label><input type="checkbox" />접근성2</label>
③ <input type="button" title="테스트" value="접근성3" />
```

```
④ <input type="checkbox" id="check3" /><label for="check3"><img 
src="#" alt="접근성3"></label>
⑤ <label><input type="checkbox" /><img src="#" alt="접근성4"></label>
```

표 11.13 입력 서식에 레이블을 제공하는 방식에 따라 달라지는 음성 출력

구분	센스리더	죠스(한글 버전)	NVDA	실로암 보이스
①	해제 접근성1 체크상자	접근성1 체크상자 체크해제	접근성1 체크상자 해제됨	선택해제 접근성1 체크상자
②	해제 체크상자 접근성2	접근성2 체크상자 체크해제	접근성2 체크상자 해제됨	선택해제 접근성2 체크상자
③	해제 체크상자 접근성3	체크상자 체크해제	체크상자 해제됨 (체크상자 해제됨 그래픽 접근성3)	선택해제 체크상자 접근성3 그래픽
④	해제 체크상자 접근성4	접근성4 체크상자 체크해제	체크상자 해제됨 (체크상자 해제됨 그래픽 접근성3)	선택해제 체크상자 접근성4 그래픽

레이블의 장점인 레이블을 마우스로 클릭했을 때 입력 서식으로 포커스가 이동하는 것을 활용하기 위해서 우선 4가지의 사례 중 어떤 사례가 레이블 클릭 효과가 있는지 확인해봤다.

①과 ②의 경우처럼 일반 텍스트 레이블인 경우 레이블을 제공하는 방법이 명시적인지, 암묵적인지에 관계없이 레이블 텍스트를 클릭했을 때 체크상자가 선택/해제된다. 하지만 ③과 ④의 경우처럼 이미지로 레이블을 제공하는 경우에는 두 방법 모두 체크상자가 선택/해제되지 않았다.

그럼 화면 낭독기의 음성 지원 여부를 확인해보자. 우선 ①과 ②의 경우처럼 일반 텍스트 레이블의 경우 죠스(한글 버전), NVDA , 실로암 보이스는 레이블 제공 방식에 관계없이 모두 정상적으로 음성 출력하고 있다. 하지만 센스리더의 경우는 ②와 같은 암묵적인 방법으로 제공된 텍스트 레이블을 입력 서식과 연결하지 못하고 있다. ③과 ④의 경우처럼 이미지로 제공된 레이블의 경우는 모든 화면 낭독기가 제공 방식에 관계없이 정상적으로 레이블과 입력 서식을 연결하지 못하고 있다. 다만 유일하게 죠스(한글 버전)가 ④와 같이 암묵적인 방법으로 제공된 이미지 레이블을 죠스(한글 버전)만 정상적으로 음성 출력하고 있다. 하지만 죠스는 입력서식에 레이블이 제공되지 않더라도 입력서식에 인접한 텍스트를 마치 레이블인것처럼 자동으로 연결하는 기능이 동작하므로 주의가 필요하다.

레이블은 키보드 사용자와 화면 낭독기 사용자 모두를 위해 제공되는 것인데 현재 테스트 결과로는 이미지로 된 레이블이 키보드 사용자를 만족시킬 수 없다는 것을 알 수 있다. 따라서 웹 접근성 측면에서는 이미지로 된 레이블은 피하는 것이 바람직하다. 또한 일반 텍스트 레이블의 경우도 되도록 명시적인 방법으로 연결해주는 것이 좋다.

11.5.3.4 입력 서식의 〈label〉 요소와 title 속성

입력 서식에서 `<label>` 요소와 `title` 속성을 동시에 제공한 경우 화면 낭독기에서는 어떻게 읽어줄까?

```
① <input type="checkbox" id="check4" title="테스트" /><label for="check4">접근성1</label>
② <label for="text2">접근성2</label><input type="text" id="text2" title="테스트" />
```

표 11.14 입력 서식에 〈label〉과 title이 함께 있을 때 음성 출력

구분	센스리더	죠스(한글 버전)	NVDA	실로암 보이스
①	해제 접근성1 체크상자	접근성1 체크상자 체크해제	접근성1 체크상자 해제됨	선택해제 접근성1 체크상자
②	접근성2 편집창	접근성2 편집	접근성2 편집창	접근성2 편집상자

입력 서식에 `<label>`과 `title`이 함께 제공되는 경우 모든 화면 낭독기에서 `<label>`을 우선적으로 읽어주게 되는 것을 알 수 있다. 따라서 그림 11.54와 같이 `<label>`과 `title`을 함께 제공할 경우 주의할 점이 있다.

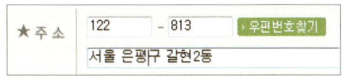

그림 11.54 입력 서식에 〈label〉과 title이 함께 있을 때 음성 출력

```
<label for="aa">주소</label>
<input type="text" id="aa" title="우편번호 앞자리">
<input type="text" id="bb" title="우편번호 뒷자리">
```

이 사례에서 화면 낭독기는 "주소 편집창" "우편번호 뒷자리 편집창"으로 읽어주고 우편번호 앞자리의 `title` 정보를 읽지 않는다. 이 경우 타이틀 정보를 읽을 수 있는 단축키를 이용해야 레이블 정보와 타이틀 정보를 순차적으로 안내받는다. 따라서 `label` 대신 `title` 정보만 제공하여 한 번에 "우편번호 앞자리 편집창", "우편번호 뒷자리" 편집창으로 바로 읽어주기 때문에 화면 낭독기 관점에서는 더욱 사용성이 높다. 편집창이 여러 개 존재하지만 `label`로 사용할 수 있는 텍스트가 1개만 있을 경우 `title`만 활용하는 것도 고려해보는 것이 좋다.

> **단축키** 입력 서식 이동 기능
>
> - 센스리더   Ctrl+F2
>   Ctrl+F2 : 입력 서식   Ctrl+F8 : 편집창
>
> - 죠스(한글 버전)   F
>   Insert+F5 : 폼목록   C : 콤보상자   E : 편집 상자   R : 라디오 버튼   X : 체크박스
>
> - NVDA   F
>   E : 편집창   B : 버튼   X : 체크박스   C : 콤보상자   R : 라디오 버튼
>
> - 실로암 보이스   Ctrl+F2
>   Ctrl+Alt+E 편집창   Ctrl+Alt+B 버튼   Ctrl+Alt+O 라디오 버튼   Ctrl+Alt+X 체크상자
>   Ctrl+Alt+C 콤보상자

11.5.4 페이지, 프레임, 콘텐츠 블록의 제목 제공

화면 낭독기를 통해 가장 먼저 만나는 정보인 제목 요소가 페이지와 프레임, 각 콘텐츠 블록에서 어떤 형태로 음성 출력하는지 자세히 알아보자.

11.5.4.1 페이지 제목

웹 페이지에서 현재 페이지의 제목을 제공했을 경우 화면 낭독기에서 어떻게 이를 이용할 수 있는지 살펴보자. 방법은 2가지가 있는데 화면 낭독기의 가상 커서에서 제공하는 내용을 읽는 것과 브라우저의 제목표시줄을 읽는 것이다.

```
<head>
<title>접근성</title>
</head>
```

표 11.15 페이지 제목(title)의 음성 출력

센스리더	죠스(한글 버전)	NVDA	실로암 보이스
접근성 문서시작	접근성	읽지 않음 (접근성 윈도우 IE)	접근성

센스리더, 죠스(한글 버전), 실로암 보이스는 가상 커서의 제일 첫 부분에 현재 페이지의 제목을 음성 출력하도록 되어 있다. 따라서 가상 커서의 첫 부분으로 이동하는 단축키 Ctrl+Home을 누르면 현재 페이지의 제목을 확인할 수 있다. 다만 NVDA의 경우 가상 커서에서 페이지 제목 정보를 제공하지 않으므로 Insert+T를 눌러서 웹 브라우저 창의 제목표시줄을 확인하는 방법을 사용해야 한다.

센스리더는 가상 커서의 처음을 페이지 제목으로 읽어주면서 다음에 "문서 시작"이라고 추가하여 읽어준다. 웹 페이지의 첫 부분임을 사용자가 인지하도록 하기 위해서다. 죠스(한글 버전)는 제목표시줄을 읽을 때 단순히 제목표시줄에 표시된 문자열을 그대로 음성 출력하지 않고 "제목은..."이라는 말머리를 추가로 제공하여 좀 더 사용자 친화적인 방식을 채택하고 있다.

> **단축키 페이지 제목 확인**
>
> 센스리더   Ctrl+Home: 처음으로 이동   Ctrl+Shift+T: 제목표시줄 확인
> 죠스(한글 버전) Ctrl+Home: 처음으로 이동   Insert+T: 제목표시줄 확인
> NVDA   Insert+T: 제목표시줄 확인
> 실로암 보이스   Ctrl+Home: 처음으로 이동   Ctrl+Shift+T: 제목표시줄 확인

11.5.4.2 프레임 제목

웹 접근성에서는 프레임마다 제목을 제공하도록 요구한다. 프레임의 제목은 화면 낭독기에서 어떻게 읽게 될까? 화면 낭독기에서 프레임의 제목을 확인하는 별도의 기능은 제공하지 않는다. 다만 프레임 목록을 불러오면 각 프레임의 제목을 확인할 수 있고, 프레임 단위 이동 기능을 이용하면 프레임을 이동할 때마다 해당 프레임의 제목을 확인할 수 있다. 화면 낭독기별로 프레임 제목을 확인하는 방식을 알아보자.

```
① <iframe src="#" title="접근성1"></iframe>
② <frameset><frame src="#" title="접근성2"></frameset>
```

표 11.16 프레임 제목의 음성 출력

구분	센스리더	죠스(한글 버전)	NVDA	실로암 보이스
①	접근성1 프레임 시작 (프레임 끝)	[프레임 페이지〈title〉] 프레임 ([프레임 페이지〈title〉] 프레임 끝)	프레임 끝 [내용 첫 요소]	접근성1 아이프레임 시작 아이프레임 끝
②	접근성2 프레임 시작 (프레임 끝)	[프레임페이지〈title〉] 프레임 ([프레임페이지〈title〉] 프레임 끝)	프레임 끝 [내용 첫 요소]	접근성2 프레임 시작 프레임 끝

①은 iframe을 ②는 frameset을 사용하여 title 정보를 제공하였다. 테스트 결과 센스리더, 죠스(한글 버전), 실로암 보이스는 프레임의 title 정보를 인지하고 출력하는 데 문제가 없었던 반면 NVDA는 프레임의 title 정보를 음성 출력하지 못했다. 프레임의 제목을 음성 출력하는 형태를 잘 살펴보면 센스리더와 실로암 보이스는 frame, iframe 요소의 title 속성만을 인지하고 음성 출력할 수 있지만 죠스는 frame, iframe 요소의 title 속성과 프레임 안에 삽입된 페이지의 title 정보까지 인지하고 음성 출력한다는 점에서 차이점이 존재한다. 두 정보가 중복되는 경우 삽입된 페이지의 title이 우선적으로 읽혀지며, title 정보가 없다면 frame, iframe 요소의 title 속성을 음성 출력하게 된다.

센스리더, 죠스, 실로암 보이스는 프레임의 시작과 끝을 음성으로 안내하여 사용자가 콘텐츠의 구조를 이해하는 데 도움을 준다. 프레임의 시작과 끝을 안내하는 방식에도 차이가 있는데 센스리더와 죠스는 프레임 단위 이동을 할 때 프레임의 시작 부분을 기준으로 이동하고, 실로암 보이스는 프레임 시작과 끝 부분 모두를 이동한다. 또한 죠스(한글 버전)의 경우 다른 화면 낭독기와 달리 프레임의 끝에 도달하면 단순히 "끝"을 알리는 것이 아니라 "[프레임 제목] 끝"의 형태로 사용자가 놓치기 쉬운 현재 레이아웃 정보까지 구체적으로 확인시켜줘 페이지를 탐색하는 데 효과적이다.

또한 화면 낭독기는 모두 iframe과 frameset을 구분하지 않는데 반해 실로암 보이스는 유일하게 iframe과 frameset을 구분해서 음성 출력한다.

단축키	프레임 이동	
센스리더	Ctrl+Tab	
죠스(한글 버전)	M	
NVDA	M	
실로암 보이스	Ctrl+F6	

> **팁**
>
> 센스리더는 Ctrl+Tab을 누르면 다음 프레임으로, Shift와 함께 누르면 이전 프레임으로 이동한다. 이외에 Alt+Shift+W를 누르면 프레임 목록을 확인하고 이동할 수 있다.
>
> 죠스(한글 버전)는 M을 누르면 다음 프레임으로, Shift와 함께 누르면 이전 프레임으로 이동한다. 이외에 Insert+F9를 누르면 프레임 목록을 확인하고 이동할 수 있다.
>
> 실로암 보이스는 Ctrl+F6을 누르면 다음 프레임으로, Shift와 함께 누르면 이전 프레임으로 이동한다. 이외에 Ctrl+/를 누르면 프레임 목록을 확인하고 이동할 수 있다.

11.5.4.3 콘텐츠 블록 제목

일반 사용자는 헤딩 태그를 인지하고 웹을 사용하는 일이 거의 없다. 하지만 화면 낭독기 사용자에게 헤딩과 같은 콘텐츠 블록의 제목은 페이지 내에서 주요 영역을 구분하고 페이지의 구조를 이해하는 데 매우 중요한 역할을 한다. 헤딩간의 이동이 가능하므로 페이지 내용을 빠르게 탐색하기 위해 헤딩 태그를 사용하는 것이 좋다. 콘텐츠 블록의 제목은 화면 낭독기에서 어떻게 인지되는지 확인해보자.

```
① <h2>접근성</h2>
② <h3><img src="h.jpg" alt="접근성"></h3>
③ <h4><a href="hh"><img src="h.jpg" alt="접근성"></a></h4>
```

표 11.17 콘텐츠 블록 제목(h1~h6)의 음성 출력

구분	센스리더	죠스(한글 버전)	NVDA	실로암 보이스
①	접근성 헤딩2	접근성 헤딩 레벨2	접근성 헤딩 레벨2	접근성 헤딩2
②	헤딩3 접근성 이미지	접근성 헤딩 레벨3 그래픽	접근성 그래픽 헤딩 레벨3	접근성 그래픽 헤딩3
③	접근성 헤딩4 그래픽 링크	접근성 헤딩 레벨4 링크 그래픽	접근성 그래픽 링크 헤딩레벨4	접근성 그래픽 링크 헤딩4

<h>를 지정할 때 ①과 같은 텍스트와 ②와 같은 이미지 요소에 모두 사용이 가능한데 센스리더를 제외한 모든 화면 낭독기가 정상적으로 음성 출력하는 것을 볼 수 있다. 센스리더는 이미지에 <h>를 지정한 경우 따로 분리하여 읽는다. 2개로 분리해서 2개의 요소로 음성 출력되므로 사용성이 다소 떨어지는데 향후 센스리더의 업데이트가 필요하다.

단축키 헤딩 이동

센스리더	Ctrl+F6
죠스(한글 버전)	H
NVDA	H
실로암 보이스	Ctrl+F5

> **팁**
>
> 센스리더는 Ctrl+F6을 누르면 헤딩의 레벨과 무관하게 이전/다음 헤딩으로 이동한다.
>
> NVDA는 H를 누르면 헤딩의 레벨과 무관하게 이전/다음 헤딩으로 이동하지만 1~6의 숫자를 누르면 해당하는 레벨의 헤딩으로 이동한다. 이외에 Insert+F7을 누르면 별도의 헤딩 목록을 볼 수 있다.
>
> 죠스(한글 버전)는 H를 누르면 헤딩의 레벨과 무관하게 이전/다음 헤딩으로 이동하지만 1~6의 숫자를 누르면 해당하는 레벨의 헤딩으로 이동한다. 이외에 Insert+F6을 누르면 별도의 헤딩 목록을 볼 수 있다.

11.5.5 테이블의 활용

웹 접근성 개선 작업 중 고민을 많이 하게 하는 부분이 테이블이다. 테이블에서 화면 낭독기로 읽는 방식에 따라 일반적인 제목셀과 내용셀로 나눠지는 표, 다단이나 병합이 사용된 표 등 다양한 형태의 표에서 접근성을 준수하는 방식으로 구현해야 한다.

11.5.5.1 <caption>, summary 정보

<caption>과 summary를 사용하면 화면 낭독기에서 어떻게 음성 출력하는지 확인해 보자.

```
<table summary="접근성2">
<caption>접근성1</caption>
</table>
```

표 11.18 콘텐츠 블록 제목(h1~h6)의 음성 출력

센스리더	죠스(한글 버전)	NVDA	실로암 보이스
테이블 시작 (x행 x열) 테이블 설명: 접근성2 테이블 제목: 접근성1	요약:접근성2 테이블 정렬 4행 접근성1	테이블 끝 테이블 x행 x열 접근성2 접근성1	테이블 시작 총 x행 x열 접근성1

`<caption>`, summary에 대한 음성 출력은 위/아래 방향키를 눌러 이동하면 확인할 수 있다.

센스리더의 경우 테이블의 구조와 설명, 제목 등을 알 수 있도록 음성 출력하고, 죠스(한글 버전)는 summary를 "요약"으로 표현하여 자연스럽게 "제목"은 테이블 정보의 가장 마지막에 읽어준다. 하지만 NVDA는 `<caption>`, summary의 정보를 읽어주면서도 구분할 수 있는 정보를 주지 않아 제목과 설명을 구분하기가 어렵다. 실로암 보이스는 테이블의 구조는 알려주나 summary 정보를 읽어주지 않는 문제가 있다.

단축키 테이블 이동 기능

센스리더	Ctrl+F3	
죠스(한글 버전)	T	Ctrl+Insert+F7 : 테이블 목록
NVDA	T	
실로암 보이스	Ctrl+F3	

11.5.5.2 일반 제목셀의 〈th〉와 scope 연결

제목셀에 scope를 사용하여 내용셀을 연결해 준 경우에 그림 11.55와 같은 순서로 화면 낭독기의 가상 커서를 이동하는 경우 어떻게 음성 출력을 하는지 알아보자.

그림 11.55 ⟨th⟩, scope 제공 표의 화면 낭독 순서

```
<table summary="th 테스트용 메뉴판" border="1">
    <caption>메뉴판</caption>
    <tr>
        <th scope="col">메뉴</td>
        <th scope="col">가격</td>
        <th scope="col">추가메뉴</td>
    </tr>
    <tr>
        <th scope="row">돈까스</td>
        <td>5,000원</td>
        <td>밥, 샐러드</td>
    </tr>
    <tr>
        <th scope="row">피자</td>
        <td>16,000원</td>
        <td>토핑, 치즈</td>
    </tr>
    <tr>
        <th scope="row"   >보쌈</td>
        <td>15,000원</td>
        <td>고기, 김치</td>
    </tr>
</table>
```

표 11.19 ⟨th⟩, scope 사용한 테이블의 음성 출력

구분	센스리더	죠스(한글 버전)	NVDA	실로암 보이스
①	가격	가격	가격	가격
②	돈까스 5,000원	돈까스 5,000원 2행	2행 5,000원	5,000원
③	추가메뉴 밥, 샐러드	추가메뉴 밥, 샐러드 3열	3열 밥, 샐러드	밥, 샐러드

이어짐

구분	센스리더	죠스(한글 버전)	NVDA	실로암 보이스
④	피자 토핑, 치즈	피자 토핑, 치즈 3행	3행 토핑, 치즈	토핑, 치즈
⑤	보쌈 고기, 김치	보쌈 고기, 김치 4행	4행 고기, 김치	고기, 김치
⑥	가격 15,000원	가격 15,000원 2열	2열 15,000원	15,000원
⑦	메뉴 보쌈	메뉴 보쌈 1열	1열 보쌈	보쌈

화면 낭독기로 테이블을 읽을 때 이전과 같이 위/아래 방향키를 사용하면 1행 1열에서부터 1행씩 좌에서 우로 셀 내용만 읽어 내려간다. 제목셀을 참조해서 읽으려면 Ctrl+Alt+방향키를 사용하는데 이때 탐색하는 방향은 화면 구조와 동일한 형태로 읽고 싶은 셀 방향으로 Ctrl+Alt 키를 누른 상태에서 방향키를 누르면 된다. 이렇게 하면 제목셀을 참조하면서 테이블의 구조에 따라 읽어나갈 수 있다. 다만 NVDA는 화면 레이아웃 모드를 사용하기 때문에 위/아래 방향키로 이동해도 해당 열/행의 제목셀을 함께 음성 출력해준다.

모든 화면 낭독기가 테이블 탐색하는 기능키를 동일하게 사용하고 있지만 제목셀을 참조하는 것을 모두 지원하지는 않고 음성 출력에서도 차이가 있다.

센스리더는 좌/우로 이동하면 열의 제목셀을, 상/하로 이동하면 행의 제목셀을 함께 음성 출력한다. NVDA도 같은 형태로 제목셀을 참조하고 셀의 행이 바뀌면 행 번호를, 셀의 열이 바뀌면 열 번호를 함께 음성 출력한다. 죠스(한글 버전)도 같은 형태로 제목셀을 참조하며 행/열 번호도 함께 음성 출력한다. 다만 실로암 보이스는 제목셀을 참조하지 않고 해당 셀의 데이터만 음성 출력한다.

표 11.20 〈th〉, scope에 대한 화면 낭독기의 음성 출력 형태 비교

센스리더	죠스(한글 버전)	NVDA	실로암 보이스
[바뀌는 행/열의 제목셀] + 셀 데이터	[바뀌는 행/열의 제목셀] + 셀 데이터 + [바뀌는 행/열의 번호]	[바뀌는 행/열의 제목셀] + 셀 데이터 + [바뀌는 행/열의 번호]	셀 데이터

결과를 간단히 정리해보면 센스리더, 죠스(한글 버전), NVDA는 <th>, scope에 따라 지정된 제목셀을 참조해서 음성 출력하고 실로암 보이스는 제목셀을 참조하지 않았다.

추가로 죠스(한글 버전)와 NVDA는 바뀌는 행/열의 번호를 함께 음성 출력해서 테이블의 구조를 이해하는 데 도움을 주고 있다. 센스리더는 가상 커서 설정을 변경해서 행/열의 번호를 함께 음성 출력 하도록 하거나 Ctrl+Alt+Enter를 눌러야 셀 주소를 확인할 수 있다.

> **단축키** 테이블 탐색 기능(제목셀 참조)
> 센스리더   Ctrl+Alt+방향키
> 죠스(한글 버전)   Ctrl+Alt+방향키
> NVDA   Ctrl+Alt+방향키

센스리더에서 행/열 번호를 음성 출력하려면 가상 커서 설정 > 셀 주소 읽기에서 설정을 변경하거나 Ctrl+Alt+Enter를 눌러서 현재 셀 정보를 확인할 수 있다. 죠스(한글 버전)는 Ctrl+Alt+Numpad5를 눌러서 현재 셀의 셀 주소를 확인할 수 있다.

실로암 보이스는 Ctrl+Alt+Shift+Pgdn/Home을 눌러서 현재 행/열의 첫 셀을 음성 출력할 수 있고 Ctrl+Alt+Enter를 눌러서 현재 셀 정보를 확인할 수 있다.

11.5.5.3 병합된 제목셀의 〈th〉와 scope 연결

그림 11.56과 같은 순서로 화면 낭독기의 가상 커서를 이동했을 때 음성 출력을 알아보자.

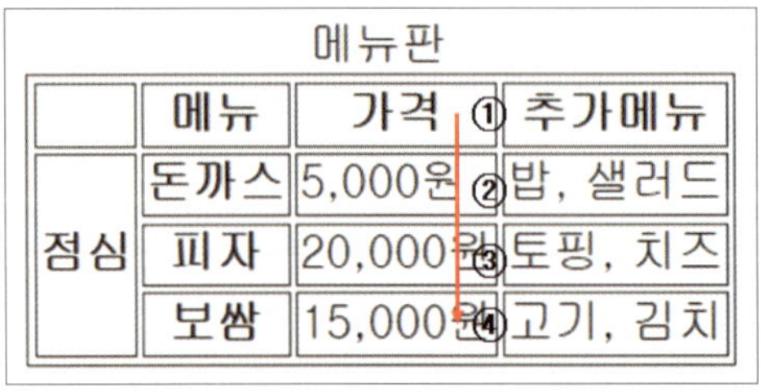

그림 11.56 행의 시작이 병합된 제목셀과 scope 제공 표의 화면 낭독 순서

```
<table summary="TH테스트용 메뉴판" border="1">
    <caption>메뉴판</caption>
    <tr>
        <th scope="col"> </th>
```

```
                <th scope="col">메뉴</th>
                <th scope="col">가격</th>
                <th scope="col">추가메뉴</th>
        </tr>
        <tr>
                <th rowspan="3" scope="row">점심</th>
                <th scope="row">돈까스</th>
                <td>5,000원</td>
                <td>밥, 샐러드</td>
        </tr>
        <tr>
                <th scope="row">피자</th>
                <td>20,000원</td>
                <td>토핑, 치즈</td>
        </tr>
        <tr>
                <th scope="row">보쌈</th>
                <td>15,000원</td>
                <td>고기, 김치</td>
</table>
```

표 11.21 행의 시작이 병합된 제목셀과 scope 제공 표의 음성 출력

구분	센스리더	죠스(한글 버전)	NVDA	실로암 보이스
①	가격	가격	가격	가격
②	점심 돈까스 5,000원	점심 돈까스 5,000원 2행	점심 2행 5,000원	5,000원
③	점심 피자 20,000원	피자 20,000원 3행	점심 3행 20,000원	20,000원
④	점심 보쌈 15,000원	보쌈 15,000원 4행	점심 4행 15,000원	15,000원

행의 처음에 제공된 제목셀의 병합은 센스리더는 병합된 모든 행에서 <th>를 참조해서 읽어준다. 그러나 그림 11.57과 같이 행의 마지막에 제공되는 셀이 병합되는 경우는 화면 낭독기로 데이터를 이해하기 어려워진다.

메뉴판

메뉴	가격	추가메뉴
돈까스	5,000원	선택불가
피자	20,000원	
보쌈	15,000원	

그림 11.57 행의 끝이 병합된 제목셀과 scope 제공 표

```
<table summary="TH테스트용 메뉴판" border="1">
    <caption>메뉴판</caption>
    <tr>
        <th scope="col">메뉴</th>
        <th scope="col">가격</th>
        <th scope="col">추가메뉴</th>
    </tr>
    <tr>
        <th scope="row">돈까스</th>
        <td>5,000원</td>
        <td rowspan="3">선택불가</td>
    </tr>
    <tr>
        <th scope="row">피자</th>
        <td>20,000원</td>
    </tr>
    <tr>
        <th scope="row">보쌈</th>
        <td>15,000원</td>
</table>
```

시각적으로는 전체 메뉴에 대해 추가 메뉴 선택이 불가하다는 것을 알 수 있지만 화면 낭독기에서 해석하는 소스 코드를 보면 첫 행인 돈까스 외에는 추가 메뉴에 대한 데이터가 없는 것으로 인식된다. HTML의 구조가 화면 낭독기에서 병합된 셀의 첫째 행을 제외하고는 존재하지 않거나 빈 셀이 있는 것처럼 음성 출력하는 셈이다. 모든 화면 낭독기가 병합된 내용셀에 대해 시각적으로 동일하게 낭독하는 것이 불가능하다.

따라서 테이블을 구성할 때 다단이나 병합 등 복잡한 테이블은 분리해주는 것이 좋다. 행의 끝이 병합되는 경우는 화면 낭독에 문제가 있음을 확인하고, 반드시 headers와 id를 사용하여 강제 결합을 시켜주는 것이 필요하다.

11.5.5.4 제목셀의 id와 내용셀의 headers로 연결

그림 11.58과 같은 순서로 화면 낭독기의 가상 커서를 이동했을 때 음성 출력을 알아보자.

그림 11.58 headers로 제목셀 제공의 화면 낭독 순서

```
<table summary="headers 테스트용 메뉴판" border="1">
    <caption>메뉴판</caption>
    <tr>
        <td id="a1">메뉴</td>
        <td id="a2">가격</td>
        <td id="a3">추가메뉴</td>
    </tr>
    <tr>
        <td id="b1" headers="a1">돈까스</td>
        <td headers="b1 a2">5,000원</td>
        <td headers="b1 a3">밥, 샐러드</td>
    </tr>
    <tr>
        <td id="b2" headers="a1">피자</td>
        <td headers="b2 a2">16,000원</td>
        <td headers="b2 a3">토핑, 치즈</td>
    </tr>
    <tr>
        <td id="b3" headers="a1">보쌈</td>
        <td headers="b3 a2">15,000원</td>
        <td headers="b3 a3">고기, 김치</td>
    </tr>
</table>
```

표 11.22 headers를 사용한 테이블의 음성 출력

구분	센스리더	죠스(한글 버전)	NVDA	실로암 보이스
①	가격	가격	가격	가격
②	돈까스 가격 5,000원	돈까스 5,000원 2행	2행 5,000원	5,000원
③	돈까스 추가메뉴 밥, 샐러드	추가메뉴 밥, 샐러드 3열	3열 밥, 샐러드	밥, 샐러드
④	피자 추가메뉴 토핑, 치즈	피자 토핑, 치즈 3행	3행 토핑, 치즈	토핑, 치즈
⑤	보쌈 추가메뉴, 고기, 김치	보쌈 고기, 김치 4행	4행 고기, 김치	고기, 김치
⑥	보쌈 가격 15,000원	가격 15,000원 2열	2열 15,000원	15,000원
⑦	메뉴 보쌈	메뉴 보쌈 1열	1열 보쌈	보쌈

제목셀의 id에 내용셀의 headers로 연결한 경우 센스리더는 headers로 지정한 id의 제목셀과 내용셀을 연결하여 읽어준다. 따라서 표 안의 정보를 이해하는 데 매우 유리하다.

11.5.5.5 〈th〉, scope 연결과 id, headers 연결의 차이

앞서 살펴본 바와 같이 센스리더로 제목셀에 연결된 내용셀을 음성 출력할 때 <th>, scope로 연결한 방식과 id, headers로 연결한 방식에는 차이가 있다.

첫 번째로 <th>, scope를 사용하면 셀의 진입 방향에 따라 행/열의 제목셀을 음성 출력하고, id, headers를 사용한 경우 진입 방향에 관계없이 연결된 제목셀을 음성 출력한다.

표 11.23 〈th〉, scope로 연결한 방식

		TOP (TH)
		↓ ⓐ
LEFT (TH)	ⓑ →	DATA

표 11.23과 같이 ⓐ 방향으로 가상 커서를 이동할 경우 "LEFT+DATA"로 음성 출력하고 ⓑ 방향으로 이동할 경우 "TOP+DATA"로 음성 출력한다.

표 11.24 id, headers로 연결한 방식

		TOP (id1)
		↓ ⓐ
LEFT (id2)	ⓑ →	DATA (headers)

표 11.24와 같이 내용 셀에 제목 셀을 headers="id1 id2"로 지정하면 ⓐ, ⓑ 어느 방향으로 셀에 진입하더라도 "TOP+LEFT+DATA"로 음성 출력하게 된다. 이 방법은 사용자가 테이블의 구조를 파악하고 데이터를 이해하는 데 크게 도움을 준다.

11.5.5.6 빈 셀과 행 바뀜

표 11.25 테이블의 빈 셀과 행 이동에 대한 음성 출력

		센스리더	죠스(한글 버전)	NVDA	실로암 보이스
빈 셀	위/아래 방향키	빈 줄	빈 줄	x행(열)	빈 줄
	테이블 탐색 기능	빈 줄	빈칸 0행(열)	(skip)	읽지 않음
행 바뀜(위/아래 방향키)		빈 줄	읽지 않음	읽지 않음 (x행 x열 [셀 내용])	읽지 않음

센스리더는 위/아래 방향키로 탐색할 때 빈 셀을 "빈 줄"로 음성 출력하고, 행이 바뀔 때는 마지막 셀 다음에 "빈 줄"을 음성 출력한다. 빈 셀과 행 바뀜을 구분하지 않고 "빈 줄"로 음성 출력하기 때문에 사용자가 혼동할 우려가 있다.

죠스(한글 버전)는 위/아래 방향키로 탐색할 때 빈 셀에서 "빈 줄"로 음성 출력하지만 테이블 탐색 기능을 이용하면 "빈칸"으로 음성 출력한다. 행이 바뀔 때는 별다른 음성 출력을 하지 않는다.

실로암 보이스는 위/아래 방향키로 탐색할 때 빈 셀에서 "빈 줄"로 음성 출력하며 테이블 탐색 기능을 이용하면 빈 셀에서는 아무런 음성도 내지 않는다. 행이 바뀌는 경우에는 별다른 음성 출력을 하시 않는다.

NVDA는 위/아래 방향키로 탐색할 때 빈 셀에서는 "행/열 번호"만 음성 출력하고 테이블 탐색 기능을 이용하면 빈 셀은 아무 소리 없이 건너뛰어 다음 셀로 이동한다. 위/아래 방향키로 탐색할 때는 행이 바뀌면 다음 행 첫 셀에서 "0행 0열"이 추가로 음성 출력되어 사용자가 새로운 행을 인지하기 용이하다.

전반적으로 빈 셀에 대한 음성 출력은 죠스(한글 버전)가 비교적 명확히 하고 있으며, 행이 바뀌는 것에 대한 정보는 NVDA가 좋다. 테이블 탐색 기능 이용 시 NVDA는 빈 셀을 건너뛰는 동작을 하는데 이것은 해당 셀의 행/열에 있는 다른 셀을 탐색하지 못하는 문제가 있다.

11.5.5.7 테이블 탐색 시 테이블 끝 알림

센스리더의 경우 테이블 탐색 기능으로 이동 시 테이블 끝에 도달하면 경고음을 알린다. 센스리더 외의 다른 화면 낭독기는 가장 자리나 시작/끝, 위/아래 등의 명칭을 사용해서 테이블의 끝을 알리고 있다. 다만 실로암 보이스의 경우 행/열의 구분이 서로 바뀌어 있어 향후에 수정이 필요하다.

표 11.26 테이블 탐색 중 끝 알림에 대한 음성 출력

	센스리더	죠스(한글 버전)	NVDA	실로암 보이스
행 이동 시 (좌-우)	(경고음)	행의 시작 행의 끝	테이블 가장자리	열의 맨 처음 열의 맨 끝
열 이동 시 (상-하)	(경고음)	열의 맨 위 열의 맨 아래	테이블 가장자리	행의 맨 위 행의 맨 아래

11.5.6 숨김 항목에 대한 음성 출력

웹 접근성 개선 과정에서 화면 낭독기에 관련 이슈 중 자주 거론되는 것이 바로 숨김 속성 부분이다. 사용자가 접근하지 못하게 하기 위해서 화면에서 숨기는 것인데 화면 낭독기는 이런 항목을 읽는 경우가 있다. 오히려 이런 숨김 속성을 활용하는 경우도 있지만 역기능도 존재하므로 표준 방식에 대한 이해가 더 필요하다. 원칙은 화면에서 보이지 않는 부분은 화면 낭독기도 읽어서는 안 된다. 해외의 화면 낭독기는 이 원칙을 화면 낭독기의 장점으로 소개하고 있다.

```
① <p style="display:block">접근성1</p>
② <p style="display:none">접근성2</p>
③ <p style="visibility:hidden">접근성3</p>
④ <p style="display:block; width:0; height:0; overflow:hidden">접근성4</p>
```

표 11.27 숨김 속성에 대한 음성 출력

구분	센스리더		죠스 (한글 버전)	NVDA	실로암 보이스	
	숨긴 내용 ON(기본)	숨긴 내용 OFF			숨긴 내용 OFF(기본)	숨긴 내용 ON
①	접근성1	접근성1	접근성1	접근성1	접근성1	접근성1
②	접근성2	읽지 않음	읽지 않음	읽지 않음	접근성2	접근성2
③	접근성3	읽지 않음	읽지 않음	읽지 않음	접근성3	접근성3
④	접근성4	접근성4	접근성4	접근성4	접근성4	접근성4

숨김 항목과 관련해서 국내에서 개발된 화면 낭독기는 해외에서 개발된 화면 낭독기와 달리 display:none과 visibility:hidden 속성을 가진 요소, 즉 화면에 표시되지 않는 항목을 모두 음성 출력한다. 다만 국내 제품은 숨김 내용 읽기 옵션과 단축키를 제공하여 사용자에게 음성 출력에 대한 선택권을 제공한다.

센스리더는 숨김 항목의 경우 이를 구분하기 위해 "사용불가"라고 읽어주는 것으로 알려졌는데 테스트에서 사용된 예제에서는 확인되지 않았다. 현재는 입력 서식에만 적용된다. 실로암 보이스는 기본 설정 상태에서 숨김 내용을 모두 음성 출력하고 있다.

단축키 숨김 내용 읽기 설정

센스리더 Ctrl+/

> **팁**
> 센스리더는 단축키를 이용해서 숨김 내용 읽기를 ON/OFF하면 설정이 임시로 변경되며 가상 커서 설정에서 숨김 내용 읽기를 선택/해제하면 설정이 저장된다.
> 실로암 보이스는 웹 브라우저에서 Ctrl+Shift+P를 눌러서 설정 창을 열고 숨김 내용 읽기를 선택/해제할 수 있다.

11.5.7 lang 속성 지정 시 각 언어의 음성 전환

lang 속성은 화면 낭독기의 기본 언어를 지정하는 것으로 화면 낭독기에서는 매우 중요한 요소라고 할 수 있다. lang 속성을 지정했을 때 각 언어에 대해 화면 낭독기가 어떻게 읽어주는지 확인해보자.

```
① <p lang="ko">1234</p>
② <p lang="en">1234</p>
③ <p lang="ja">1234</p>
```

표 11.28 lang 속성 지정에 대한 음성 출력

구분	센스리더	죠스(한글 버전)	NVDA	실로암 보이스
①	일이삼사	일이삼사	일이삼사	일이삼사
②	원투쓰리포	일이삼사	일이삼사	일이삼사
③	이치니산욘	일이삼사	일이삼사	일이삼사

화면 낭독기를 사용해서 언어 태그를 인지하는지 확인한 결과 센스리더와 죠스(한글 버전)가 변경되는 언어 속성을 인지했다. 언어 속성을 제공한 경우 해당 영역에 진입하기 직전 변경되는 언어를 음성으로 안내한다.

센스리더는 변경되는 언어 안내 뿐 아니라 언어 태그에 맞는 음성 엔진을 자동으로 선택/변경해서 원어민 발음을 음성 출력한다. 센스리더가 언어에 맞는 음성 엔진을 사용하도록 하려면 각 언어에 맞는 TTS가 설치되어 있어야 하고 가상 커서 설정에서 "언어 변경 시 엔진 변경", "언어 변경 시작, 끝 읽기"의 설정 값을 선택으로 변경한 후, 가상 커서에서 insert+Ctrl+E를 눌러 "보조음성 자동모드"로 설정해야 한다. 죠스(한글 버전)는 해당 기능은 존재하나 테스트 시 TTS 엔진을 설치하지 않아 정상적으로 읽어주지는 못했다. NVDA와 실로암 보이스는 변경되는 언어 속성을 인지하는 기능이 확인되지 않았다.

11.5.8 목록 태그

구조적인 정보를 제공하기 위해서 많이 사용되는 목록 태그는 여러 가지가 있다. 각 목록 태그에 대한 화면 낭독기의 음성 지원을 알아보자.

⟨ul⟩과 ⟨ol⟩

구조적인 정보를 제공하는 데 가장 많이 사용되는 <ul>과 <ol> 태그에 대한 화면 낭독기의 음성 출력을 살펴보자.

```
<ul>
    <li>접근성1</li>
    <li>접근성2</li>
        <ul>
            <li>테스트1</li>
            <li>테스트2</li>
        <ul>
            <li>그만1</li>
            <li>그만2</li>
        </ul>
            <li>테스트3</li>
        </ul>
</ul>
```

표 11.29 ⟨ul⟩ 목록에 대한 음성 출력

센스리더	죠스(한글 버전)	NVDA	실로암 보이스
목록 시작 개수 2 (1 / 3) ●접근성1 ●접근성2 목록 시작 개수 3 (1-1 / 2) ○테스트1 ○테스트2 목록 시작 개수 2 (1-1-1 / 1) ■그만1 ■그만2 목록 끝 ○테스트3 목록 끝 목록 끝	2 목록 항목 • 접근성1 • 접근성2 3개의 목록 항목, 레벨 1을 포함하는 • 테스트1 • 테스트2 2개의 목록 항목, 레벨 2를 포함하는 • 그만1 • 그만2 2 레벨을 포함하는 목록 끝 • 테스트3 1 레벨을 포함하는 목록 끝 목록 끝	목록 항목 수 2개 • 접근성1 • 접근성2 목록 항목 수 3개 • 테스트1 • 테스트2 목록 항목 수 2개 • 그만1 • 그만2 목록 끝 • 테스트3 목록 끝 목록 끝	목록 시작 개수 2, 1, 6 접근성1 접근성2 목록 시작 개수 3, 2, 6 테스트1 테스트2 목록 시작 개수 2, 3, 6 그만1 그만2 목록 끝 테스트3 목록 끝 목록 끝

※ 기호(화면 낭독 내용) : ●(검은 동그라미), ■(검은 네모), ○(하얀 동그라미), •(가운데 점)

모든 화면 낭독기가 `<ul>` 목록 항목을 음성 출력하는데 큰 차이는 없지만 센스리더, 죠스(한글 버전), NVDA는 목록 항목 앞에 있는 불릿을 함께 음성 출력하는 반면 실로암 보이스는 불릿을 생략한다.

센스리더에서는 "목록 시작"이라고 한다. 이 중 첫 번째 "목록 시작 개수 2 (1 /3)"에서 "개수 2"현재 시작된 목록의 항목 수이며, "(1 / 3)"은 현재 페이지에 있는 전체 목록 3개 중 첫 번째 목록이라는 의미다. 예제 마지막의 "목록 시작 개수 2 (1-1-1 / 1)"에서 "1-1-1"은 현재 목록의 3 깊이depth인 것을 숫자를 반복적으로 나열해서 음성 출력하고 있다.

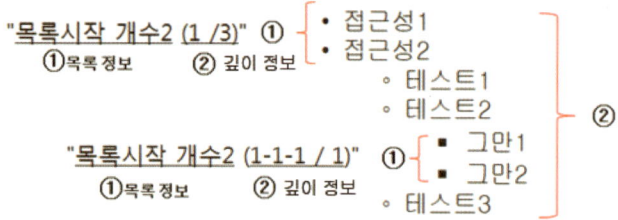

그림 11.59 `<ul>` 목록별 음성 출력 예제

죠스(한글 버전)는 목록 항목 수와 목록의 깊이를 잘 표현하고 있지만 한글화 과정에서 번역이 매끄럽지 않아 익숙하지 않은 표현이 아쉽다.

NVDA의 경우 목록의 깊이는 표현 없이 목록 수만 간결하게 제공하고 있어 사용자 입장에서 이해하기는 가장 쉽다.

실로암 보이스의 첫 번째 "목록 시작 개수 2, 1, 6"을 살펴보자. 2는 현재 열리는 목록의 항목 수이고, 1과 6은 현재 페이지에 있는 전체 목록 항목 수 중 현재 목록의 순서를 나타내고 있다.

다음은 `<ul>`과 같은 개념이지만 순서의 개념이 포함되어 있는 `<ol>`을 알아보자.

```
<ol>
    <li>접근성1</li>
    <li>접근성2</li>
        <ol>
            <li>테스트1</li>
            <li>테스트2</li>
        </ol>
</ol>
```

표 11.30 <ol> 목록에 대한 음성 출력

센스리더	죠스(한글 버전)	NVDA	실로암 보이스
목록 시작 개수 2 (2 / 3) 1.접근성1 2.접근성2 목록 시작 개수 2 (2-2 / 2) 1.테스트1 2.테스트2 목록 끝 목록 끝	2 목록 항목 1. 접근성1 2. 접근성2 2개의 목록 항목, 레벨 1을 포함하는 1. 테스트1 2. 테스트2 1 레벨을 포함하는 목록 끝 목록 끝	목록 항목 수 2개 1. 접근성1 2. 접근성2 목록 항목 수 2개 1. 테스트1 2. 테스트2 목록 끝 목록 끝	목록 시작 개수 2, 4, 6 접근성1 접근성2 목록 시작 개수 2, 5, 6 테스트1 테스트2 목록 끝 목록 끝

센스리더, 죠스(한글 버전), NVDA는 순서 목록을 명확하게 표현하고 있지만 실로암 보이스는 목록의 개수를 표현하지 못하고 있다. <ol>은 순서가 의미를 갖는 목록인데 목록의 시작 부분에서 <ul>과 <ol>을 구분할 수는 없고, 사용자가 목록 내부에서 숫자를 듣게 되어서야 <ol> 정보인지를 인지할 수 있다는 점이 아쉬운 대목이다.

> **팁**
> HTML에서 기본으로 제공하는 숫자를 그대로 사용하는 경우 화면 낭독기로 음성 출력하지만 <ol>을 사용하지 않고 <ul> 목록에 CSS를 사용해서 배경 이미지로 숫자를 표현하게 되면 화면 낭독기는 해당 숫자를 음성 출력할 수 없게 된다. <ol>을 사용하거나 <li> 안에 별도로 숫자를 넣어줘야만 화면 낭독기가 정상적으로 숫자를 음성 출력하게 된다는 점에 주의해야 한다.
>
> <ol>을 사용할 때도 주의할 점이 있는데 일반적으로 p에 스타일을 적용하기 위해서 list-style:none으로 목록 스타일을 초기화하면 모든 화면 낭독기가 숫자를 음성 출력을 하지 않는다는 점이다. 현재로서는 화면 낭독기가 순서 목록을 명확히 인지하도록 하기 위해서는 목록 스타일을 초기화하지 않고 새로운 스타일을 적용해야 한다. 초기화가 필요한 경우라면 <li> 요소 안에 순서에 대한 정보를 별도로 제공해야만 한다.

<dl>

용어를 정의하는 데 사용하는 목록이며 구조적인 표현에 사용된다. <dl>은 화면 낭독기가 어떻게 음성 출력하는지 알아보자.

```
<dl>
    <dt>접근성</dt>
    <dd>테스트1</dd>
    <dd>테스트2</dd>
</dl>
```

표 11.31 〈dl〉 목록에 대한 음성 출력

센스리더	NVDA	죠스(한글 버전)	실로암 보이스
목록 시작 개수 1 (3 / 3) 접근성 테스트1 테스트2 목록 끝	목록 항목 수 3개 접근성 테스트1 테스트2	정의된 1개 목록 항목 접근성 테스트1 테스트2	목록 시작 개수 1, 6, 6 접근성 테스트1 테스트2

정의 목록 부분을 살펴보면 죠스(한글 버전)만이 유일하게 정의 목록으로 음성 출력하며 타 화면 낭독기는 일반 목록과 구별할 수 없다. 센스리더는 과거 버전에서 "정의 목록"이라고 음성 출력했는데 현재는 이를 표현하지 않고 있다. <ul>, <ol>, <dl> 모두 "목록"으로 읽히는 걸 보면 음성 출력 방식을 통일한 것으로 보이는데 목록의 형태를 인지하는 것보다 통일성을 주는 것이 좀 더 쉽다고 판단한 것으로 보인다.

단축키 목록 관련 기능

센스리더	Ctrl+K
죠스(한글 버전)	L
NVDA	L
실로암 보이스	Ctrl+Alt+L

> **팁** 센스리더는 Ctrl+K가 다음 목록으로 이동, Ctrl+H가 이전 목록으로 이동하는 단축키이며, 죠스(한글 버전), NVDA, 실로암 보이스는 Shift를 함께 누르면 이전 목록으로 이동한다.

11.5.9 특수기호의 음성 출력

일반적으로 화면 낭독기는 기호를 읽지 못한다고 잘못 알려진 경우가 있다. 그래서 웹 문서에서 특수기호 사용을 피하고 기호 대신 이미지를 만들어 사용하는 등의 오해가 종종 발생한다. 하지만 이것은 센스리더가 기본 설정 상태에서 기호를 음성 출력하지 않기 때문에 발생한 것일 뿐 옵션 설정으로 구두점(키보드에 있는) 기호는 모두 정상적으로 음성 출력이 가능하다. 죠스(한글 버전), NVDA, 실로암 보이스는 기본 설정 상태에서도 특수기호를 정상적으로 음성 출력하고 있다. 키보드상에서 입력할 수 있는 기호를 구두점이라고 하는데 구두점과 특수기호에 대한 화면 낭독기의 음성 출력을 알아보자.

구두점 기호

센스리더는 표 11.32의 기호들을 구두점으로 분류해서 관리하고 있지만 기본 설정에서는 음성 출력하지 않는다. 따라서 필요 시 Alt+Shift+Z를 눌러 음성 출력 수준을 선택할 수 있다. 죠스(한글 버전)는 기본 설정에서 음성 출력하며 환경 설정에서 음성 출력 수준을 선택할 수 있다. NVDA는 Insert+P를 눌러서 음성 출력 수준을 변경할 수 있고, 실로암 보이스도 기본 설정에서 구두점으로 분류하여 음성 출력하며 Alt+Shift+/를 눌러 음성 출력 수준을 조절할 수 있다.

전체적으로는 화면 낭독기별로 일부 기호를 제외하고는 기호에 대해 음성 출력하는 방식이 크게 다르지 않다.

표 11.32 구두점 기호의 음성 출력

구분	센스리더	죠스(한글 버전)	NVDA	실로암 보이스
`	그레이브	그레이브	그레이브	그레이브
~	물결	물결	물결	물결
!	느낌표	느낌표	느낌표	느낌표
@	골뱅이	골뱅이	골뱅이	골뱅이
#	샵	샵	샵	샵
$	달러	달러	달러	달러
%	퍼센트	퍼센트	퍼센트	퍼센트

이어짐

구분	센스리더	죠스(한글 버전)	NVDA	실로암 보이스
^	캐럿	캐럿	캐럿	캐럿
&	앤드	앤드	앤드	앤드
*	스타	스타	스타	스타
(	괄호 열고	괄호 열고	괄호 열기	괄호 열고
)	괄호 닫고	괄호 닫고	괄호 닫기	괄호 닫고
-	대쉬	마이너스	다시	대쉬
_	언더바	언더바	언더바	언더바
=	이퀄	이퀄	등호	이퀄
+	플러스	플러스	플러스	플러스
₩	백슬래쉬	백슬래쉬	백슬래쉬	백슬래쉬
|	버티클바	버티클바	바	버티클바
[	대괄호 열고	대괄호 열고	대괄호 열기	대괄호 열고
]	대괄호 닫고	대괄호 닫고	대괄호 닫기	대괄호 닫고
{	중괄호 열고	중괄호 열고	중괄호 열기	중괄호 열고
}	중괄호 닫고	중괄호 닫고	중괄호 닫기	중괄호 닫고
;	새미콜론	새미콜론	새미콜론	새미콜론
:	콜론	콜론	콜론	콜론
'	어포스트로피	어포스트로피	어포스트로피	어포스트로피
"	쿼테이션	쿼테이션	따옴표	쿼테이션
,	콤마	콤마	콤마	콤마
.	점	점	점	점
〈	레스댄	레스댄	레스	레스댄
〉	그레이터댄	그레이터댄	그레이터	그레이터댄
/	슬래쉬	슬래쉬	슬래쉬	슬래쉬
?	물음표	물음표	물음표	물음표

> **단축키** 구두점 읽기 설정
>
> 센스리더   Alt+Shift+Z
> NVDA   Insert+P
> 실로암 보이스   Alt+Shift+/

> **설정법** 구두점 읽기 설정
> ① 센스리더는 단축키(Alt+Shift+Z)를 반복적으로 누르면 다음의 설정 값이 토글된다.
>   읽지 않기 | 모두 읽기 | 문장부호 읽기 | 수학기호 읽기 | 문장+수학기호 읽기
> ② 죠스(한글 버전)는 JAWS ▶ 유틸리티 ▶ 환경 설정 관리자 ▶ 옵션설정 ▶ 구두점 설정에서 음성 출력 수준을 설정 및 관리한다.
> ③ NVDA는 단축키(Insert+P)를 눌러서 구두점의 음성 출력 수준을 조절할 수 있으며 메뉴 ▶ 설정 ▶ 구두점/기호 발음 설정에서 수정이 가능하다.
> ④ 실로암 보이스는 단축키를 반복적으로 누르면 다음의 설정 값이 토글된다.
>   선택한 구두점 읽기 | 구두점 안 읽기 | 문장부호 읽기 | 문장연산부호 읽기 | 모두 읽기

특수문자(유니코드기호)

특수문자도 구두점에서와 마찬가지로 모든 스크린리더에서 음성 출력을 지원한다.

특수문자의 음성 출력은 유니코드기호와 한국어 발음을 연결하는 유니코드 테이블을 기준으로 구현되는데 이 유니코드 테이블에서 정의한 유니코드의 목록이 화면낭독기마다 차이가 있고 지원되는 범위에도 큰 차이를 보인다.

센스리더는 유니코드 기호들을 특수문자사전으로 분류해서 관리하며, 기본 설정 상태에서 음성 출력하지 않는다. **Alt+Shift+'**를 누르면 **특수문자사전 사용/사용 안 함**이 변경되면서 음성 출력 여부를 설정할 수 있다.

죠스(한글 버전)의 경우 현재 공개되어 있는 v11 DEMO는 유니코드 테이블이 누락되어 기본 상태에서 유니코드가 음성 출력되지 않는다. 실로암 복지회에 문의해서 해당 테이블 파일을 추가하면 음성 출력이 가능하다.

NVDA는 오픈소스 프로젝트로 진행되는 만큼 아직까지 유니코드에 대한 음성 지원이 부족하다. 아무래도 사용자 커뮤니티에 의해 한글화되다 보니 유니코드 테이블 작성에 어려움이 있는 것으로 보인다.

죠스(한글 버전), NVDA, 실로암 보이스는 센스리더와 달리 구두점과 유니코드를 분리하지 않고 통합 관리하고 있다.

표 11.33 특수문자(유니코드)의 음성 출력

구분	센스리더	죠스(한글 버전)	NVDA	실로암 보이스
※	참고표	참고표		참고표
☆	흰별표	흰별표		흰별표
①	동그라미 일	동그라미 일	일	동그라미 일
Ⅳ	로마숫자 큰사	로마숫자 사	사	로마숫자 큰사
½	이분의 일	원 하프	이분의 일	이분의 일
⇒	오른쪽 이중화살표	오른쪽 이중화살표		항직연재
→	오른쪽 화살표	오른쪽 화살표	라이트 애로우	오른쪽 화살표
♣	흰 클로버표	흰 클로버		흰 클로버표
☞	흰오른쪽 가리키는 손가락표	흰오른쪽 지시손가락		오른손표
☏	흰 전화표	흰 전화		흰 전화표
㉾	동그라미 우	동그라미 우편		물음표
㈜	괄호 주		주식회사	주
®	등록사인	등록	레지스터드	
₩	전각 원화표	전각 원	원	전각 백슬래쉬
¥	전각 엔화표	전각 엔	엔	엔
€	유로 기호	유로	유로	유로
㎧	미터 퍼 세크	미터매초	미터퍼세컨드	미터퍼세크
cm	센티미터	센티미터	센티미터	센티미터
km	킬로미터	킬로미터	킬로미터	킬로미터
mg	밀리그램	밀리그램	밀리그램	밀리그램
kg	킬로그램	킬로그램	킬로그램	킬로그램
Ω	옴 기호	오옴	오옴	오옴

이어짐

구분	센스리더	죠스(한글 버전)	NVDA	실로암 보이스
℃	섭씨 기호	섭씨	도씨	섭씨
Hz	헤르쯔	헤르쯔	헤르츠	헤르쯔
㎓	기가헤르쯔	기가헤르쯔	기가헤르츠	기가헤르쯔
㎂	마이크로암페어	마이크로암페어	마이크로암페어	마이크로암페어
Σ	시그마 기호	시그마		시그마
±	플러스마이너스 기호	플러스마이너스		플러스마이너스
≠	같지않다 기호	부정등이퀄		같지않다
∞	무한대 기호	무한대		무한대
「	낱표 열고	낱표 열고		낱표 열고
」	낱표 닫고	낱표 닫고		낱표 닫고
【	검정괄호 열고	검정괄호 열고		검정괄호 열고
】	검정괄호 닫고	검정괄호 닫고		검정괄호 닫고
	가운데점 기호	가운데점		가운데점
…	말줄임표	말줄임표		줄임표

> **단축키 특수문자 읽기**
> 센스리더   Ctrl+'
> 죠스(한글 버전)   Tab
> NVDA   K
> 실로암 보이스   Ctrl+Alt+A
> **센스리더   Alt+Shift+' | NVDA Insert+P | 실로암 보이스 Alt+Shift+/**

> **팁** 센스리더는 단축키를 누를 때마다 사용/사용 안 함이 토글된다. 죠스(한글 버전), NVDA, 실로암 보이스는 모두 구두점 설정과 동일하다.

11.5.10 알아두면 편리한 단축키

HTML 요소에 대한 화면 낭독기의 음성 출력에서 살펴본 여러 단축키 중 사용 빈도가 높은 것과 알아두면 좋은 기능키를 정리하였다. 웹 접근성 프로젝트나 화면 낭독기 테스트 시 활용할 수 있을 것이다.

기본 기능

표 11.34 화면 낭독기 기본 기능키

구분	센스리더	죠스(한글 버전)	NVDA	실로암 보이스
프로그램 실행	Ctrl+Alt+S		Ctrl+Alt+N	Ctrl+Alt+V
프로그램 종료	Insert+F4	Insert+F4	Insert+Q	Insert+F4
메뉴창 열기	Ctrl+₩	Insert+J	Insert+N	Ctrl+₩
인터넷 설정	Ctrl+Shift+F9	Insert+V (Insert+6)	Insert+Ctrl+B	Ctrl+Shift+P
가상 커서 사용/사용 안 함	Ctrl+Shift+F11/F12	Insert+Z	Insert+Spacebar	Insert+Z

읽기 기능

표 11.35 인터넷 기본 읽기 기능키

구분	센스리더	죠스(한글 버전)	NVDA	실로암 보이스
가상 커서 갱신	Ctrl+Shift+F11	Insert+ESC	Insert+F5	Ctrl+;
음성 출력 중지	Ctrl	Ctrl	Ctrl	Ctrl
이전/다음 글자 읽기	← / →	← / →	← / →	← / →
이전/다음 요소 읽기	↑ / ↓	↑ / ↓	↑ / ↓	↑ / ↓
페이지 처음/끝	Ctrl+Home/End	Ctrl+Home/End	Ctrl+Home/End	Ctrl+Home/End
자동 읽기 자동 읽기 중지	F11 ESC	Insert+↓ Ctrl	Insert+↓ Ctrl	F11 Ctrl
윈도우 제목 읽기	Ctrl+Shift+T	Insert+T	Insert+T	Ctrl+Shift+T
출력 내용 보기	F12			

이동 기능

표 11.36 인터넷 이동 기능키

구분	센스리더	죠스(한글 버전)	NVDA	실로암 보이스
다음 텍스트 이동 이전 텍스트 이동	Ctrl+F4 Ctrl+Shift+F4	N Shift+N	N Shift+N	Ctrl+F4 Ctrl+Shift+F4
다음 문장 이동 이전 문장 이동		P Shift+P	P Shift+P	
다음 링크 이동 이전 링크 이동	Ctrl+'(어포스트로피) Ctrl+Shift+'	Tab Shift+Tab	K Shift+K	Ctrl+Alt+A Ctrl+Alt+Shift+A
링크 목록	Ctrl+L	Insert+F7	Insert+F7	Ctrl+.(점)
다음 헤딩 이동 이전 헤딩 이동	Ctrl+F6 Ctrl+Shift+F6	H Shift+H	H Shift+H	Ctrl+F5 Ctrl+Shift+F5
헤딩 목록		Insert+F6	Insert+F7	Ctrl+F8
다음 편집창 이동 이전 편집창 이동	Ctrl+F8 Ctrl+Shift+F8	E Shift+E	E Shift+E	Ctrl+Alt+E Ctrl+Alt+Shift+E
편집창 목록		Insert+Ctrl+E		Ctrl+F9
다음 버튼 이동 이전 버튼 이동		B Shift+B	B Shift+B	Ctrl+Alt+B Ctrl+Alt+Shift+B
다음 체크상자 이동 이전 체크상자 이동		X Shift+X	X Shift+X	Ctrl+Alt+X Ctrl+Alt+Shift+X
다음 라디오 버튼 이동 이전 라디오 버튼 이동		R Shift+R	R Shift+R	Ctrl+Alt+O Ctrl+Alt+Shift+O
다음 콤보상자 이동 이전 콤보상자 이동		C Shift+C	C Shift+C	Ctrl+Alt+C Ctrl+Alt+Shift+C
다음 목록 이동 이전 목록 이동	Ctrl+K Ctrl+I	L Shift+L	L Shift+L	Ctrl+Alt+L Ctrl+Alt+Shift+L
다음 프레임 이동 이전 프레임 이동	Ctrl+Tab Ctrl+Shift+Tab	M Shift+M	M Shift+M	Ctrl+F6 Ctrl+Shift+F6
다음 랜드마크 이동 이전 랜드마크 이동	Ctrl+Tab Ctrl+Shift+Tab	;(새미콜론) Shift+;(새미콜론)		

테이블 관련 기능

표 11.37 인터넷 테이블 관련 기능키

구분	센스리더	죠스(한글 버전)	NVDA	실로암 보이스
다음 테이블 이동 이전 테이블 이동	Ctrl+F3 Ctrl+Shift+F3	T Shift+T	T Shift+T	Ctrl+F3 Ctrl+Shift+F3
구조적인 테이블 탐색 (제목셀 참조)	Ctrl+Alt+ ← ↑ → ↓	Ctrl+Alt+ ← ↑ → ↓	Ctrl+Alt+ ← ↑ → ↓	Ctrl+Alt+ ← ↑ → ↓
현재 셀 정보 확인	Ctrl+Alt+Enter	Ctrl+Alt+Numpad5		Ctrl+Alt+Enter

찾기 기능

표 11.38 인터넷 찾기 기능키

구분	센스리더	죠스(한글 버전)	NVDA	실로암 보이스
찾기	Ctrl+F	Ctrl+F	Insert+Ctrl+F	Ctrl+F
다음 결과로 이동 이전 결과로 이동	F3 Shift+F3	Insert+F3 Insert+Shift+F3	Insert+F3 Insert+Shift+F3	F3 Shift+F3

기타 읽기 기능

표 11.39 기타 읽기 기능키

구분	센스리더	죠스(한글 버전)	NVDA	실로암 보이스
페이지 정보 읽기	Ctrl+Shift+F9	–	–	F2
TITLE 정보 읽기	Ctrl+Alt+Shift+T	Insert+Tab	Insert+Tab	–
이미지 읽기	위(↑)/아래(↓) 방향키	G	G	Ctrl+F11
longdesc 읽기	Alt+Enter	Enter	Insert+D	–
숨김 내용 읽기	Ctrl+/	–	–	–
구두점 읽기	Alt+Shift+Z	–	Insert+P	Alt+Shift+/

이어짐

구분	센스리더	죠스(한글 버전)	NVDA	실로암 보이스
특수문자 읽기	Alt+Shift+' (어포스트로피)	–	Insert+P	Alt+Shift+/
윈도우 내용 읽기	Ctrl+Shift+W	Insert+B	Insert+B	Ctrl+Shift+W
도움말 열기	Insert+F1	Insert+F1	–	–
기능키 무시	Ctrl+Shift+N	Insert+3	Insert+F2	Ctrl+Shift+N

11.6 화면 확대기의 종류와 기능

보통 전맹 시각장애인은 화면 낭독기를 사용하지만 잔존 시력이 남아 있는 저시력 시각장애인의 경우 화면 확대 소프트웨어를 많이 사용한다. 화면의 구성이 보이고 글씨가 있는 것은 알 수 있지만, 글자를 읽기는 어려운 중간 시력의 시각장애인이기 때문에 화면을 확대해 콘텐츠를 이해하며, 일반적으로 모니터 전체를 사용하지 않고, 일부 영역을 이동해가며 이용한다.

11.6.1 웹 브라우저의 확대 기능

주로 사용되는 대부분의 웹 브라우저는 자체적으로 웹 페이지 확대 기능을 제공한다. 글꼴을 키우는 것이 아니라 웹 페이지를 줌인하듯이 확대하기 때문에 가로, 세로 스크롤이 발생된다. IE, 파이어폭스, 크롬 모두 확대 기능을 제공하고 있고 기본 확대 방법은 모두 동일하다. 모든 브라우저가 설정에서 확대 배율을 조절할 수 있고, Ctrl 키를 누른 상태에서 마우스 휠을 위/아래로 굴리면 확대/축소가 실행된다. 기본값 100%로 돌아올 때는 Ctrl+0을 누르면 된다.

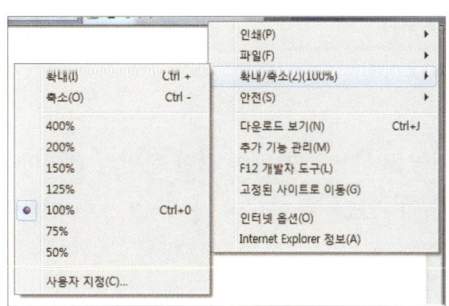

그림 11.60 IE 9 확대 기능

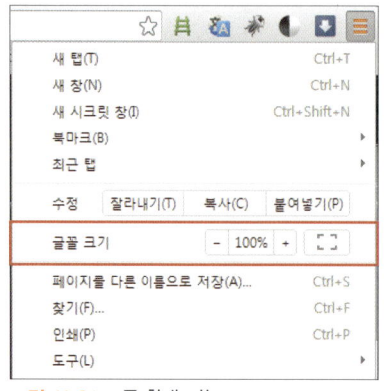

그림 11.61 크롬 확대 기능

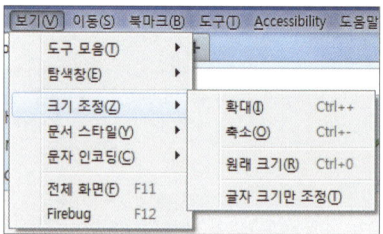

그림 11.62 파이어폭스 확대 기능

표 11.40 웹 브라우저의 확대 기능(IE, 파이어폭스, 크롬)

사용키	기능
Ctrl + +/- (더하기/빼기)	확대 / 축소
Ctrl + 0	기본 배율 (100%)
Ctrl + 마우스휠↑↓	확대 / 축소

그림 11.63 웹 브라우저의 확대 기능 사용 예

브라우저의 확대 기능을 사용하면 위와 같이 화면의 레이아웃을 그대로 가져가면서 확대되기 때문에 상/하 스크롤뿐 아니라 좌/우 스크롤이 발생한다.

브라우저에서 확대 기능을 제공하고 있지만 가로 스크롤이 생기는 결정적인 단점이 있다. 상/하 스크롤로 탐색하는 것에 최적화된 상황에서 가로 스크롤이 생긴다면 일반 사용자도 당연히 불편을 느끼게 될 것이다. 가로 스크롤이 생기면 일단 대부분의 마우스가 가로 휠을 지원하지 않기 때문에 화면 이동이 불편하고, 텍스트 본문을 읽을 때 보통은 위/아래 스크롤만 필요하지만 확대되면 좌/우로도 이동해야 한다. 한 줄씩 읽을 때마다 좌/우 스크롤을 반복해야 하므로 매우 불편하다. 확대 배율이 5배 이상 높아지면 심지어 페이지 내의 일부 콘텐츠를 인지하지 못하고 넘어가는 경우도 발생한다.

11.6.2 윈도우 7 돋보기 기능

브라우저뿐만 아니라 운영체제 차원에서도 확대 기능을 제공하고 있다. 기존 윈도우에서는 확대 기능을 사용하기가 불편했는데 윈도우 7 이후 버전에서는 사용성이 상당히 향상되었다. 사용법 역시 매우 편리하게 개선되었는데 윈도우 7부터는 화면 확대가 필요한 경우 어디에서나 윈도우 키와 + 키를 함께 누르면 된다. + 키를 반복해서 누르면 확대 배율이 점점 높아지고 윈도우 키와 – 키를 함께 누르면 배율이 점점 축소된다.

표 11.41 윈도우 7의 돋보기 기능키

사용키	기능
Windows 키 + +/- (더하기/빼기)	확대/축소 (125%~1600%)
Ctrl + Alt + F	전체 화면 모드
Ctrl + Alt + L	렌즈 모드
Ctrl + Alt + D	도킹 모드
Ctrl + Alt + I	색상 반전
Ctrl + Alt + 방향키	확대 위치 이동
Ctrl + Alt + 스페이스 바	전체화면 미리보기 (전체화면모드 전용)
Ctrl + Alt + R	렌즈 모드 크기 조절
Windows 키 + ESC	확대 기능 종료

Aero 테마가 활성화된 상태에서는 전체보기 모드 외에 렌즈 모드, 도킹 모드 총 3개의 확대 모드를 선택할 수 있다. 일방적인 기능 제공이 아니라 사용자 편의에 맞게 선택해서 사용할 수 있게 한다.

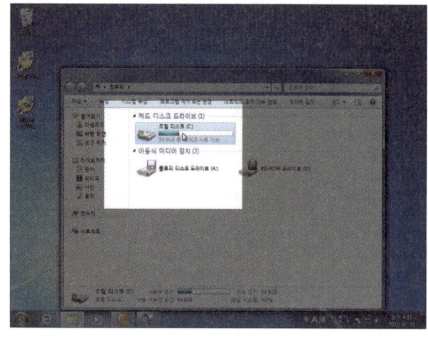 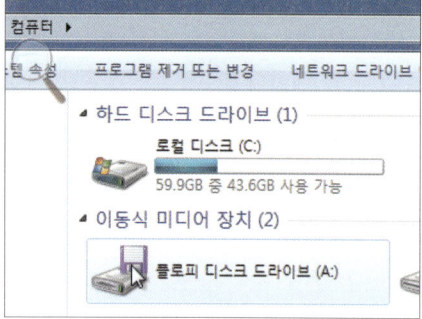

그림 11.64 돋보기 전체보기 모드

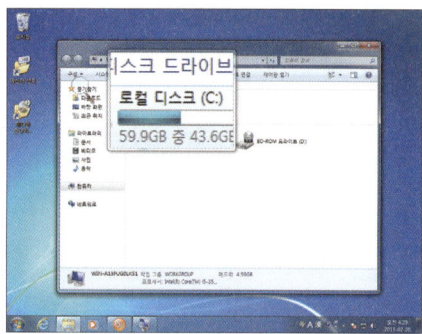 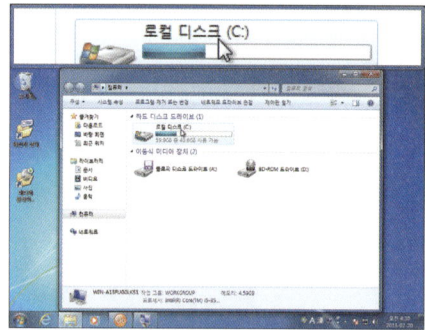

그림 11.65 돋보기 렌즈 모드   그림 11.66 돋보기 도킹 모드

윈도우의 확대 기능은 **돋보기** 아이콘을 클릭하면 GUI 형태로도 컨트롤이 가능하다.

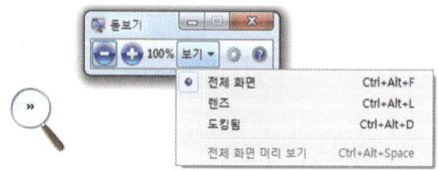

그림 11.67 돋보기 확대 모드 선택

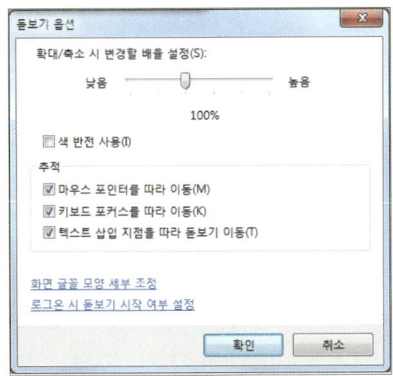

그림 11.68 돋보기 확대 옵션 대화 상자

윈도우의 확대 기능이 자칫 복잡해 보일 수 있는데 마이크로소프트의 마우스를 구입하고 IntelliPoint 드라이버를 설치하면 마우스로 확대 기능 전체를 손쉽게 제어하는 것이 가능하다(단, 기본 마우스가 아닌 추가 버튼이 있는 마우스만 사용 가능).

운영체제에서 기본으로 제공하는 확대 기능은 시각장애인을 위해 만들어졌지만 실제로는 전문 확대 프로그램이 많이 사용된다. 운영체제의 화면 확대 기능은 전문 확대 프로그램에 비하면 기능이 매우 미미하기 때문이다.

11.6.3 전문 확대 프로그램

저시력 사용자는 화면 확대기로 내용을 확실하게 이해할 수 없을 때를 대비하여 화면 낭독기를 함께 사용하는 경우가 많다. 이와 같은 환경을 반영한 보조기기가 출시되어 있는데 주변에서 가장 쉽게 찾아 볼 수 있는 화면 확대 프로그램으로 줌텍스트 ZoomText와 아이줌 iZoom이 있다. 이 소프트웨어는 화면 낭독기의 역할과 화면 확대 소프트웨어의 역할을 동시에 수행할 수 있어 확대된 화면과 음성 출력을 모두 이용할 수 있다.

줌텍스트는 처음에는 화면 확대 소프트웨어로 개발되었으나 시간이 지나면서 화면 낭독, 문서 낭독 기능이 추가된 제품이다. 화면 확대 기능만 있는 것은 줌텍스트 Magnifier, 화면 낭독 기능이 추가된 것은 줌텍스트 Magnifier/Reader로 분류하고 있다. 아이줌은 초기부터 화면 낭독과 화면 확대 기능을 동시에 사용하는 개념으로 개발되었다. 이 두 제품 모두 국내에서 출시되었지만 줌텍스트는 한글화가 진행되지 않아 한국어 음성은 출력되지 않고 아이줌은 "한글 아이줌"이란 이름으로 한글화되어 한국어 TTS를 포함하는 차이가 있다.

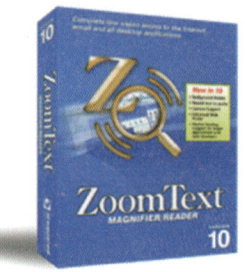 

그림 11.69 줌텍스트 Magnifier/Reader과 한글 아이줌 (출처: AiSquare(USA), 힘스인터내셔널)

줌텍스트는 다양한 확대 모드, 여러 색상의 고대비 모드, 눈에 잘 보이는 마우스 포인터와 키보드 커서, 굵고 큰 포커스 등 매우 다양한 부분을 본인의 시력에 맞게 설정해서 윈도우를 손쉽게 사용하게 돕는다.

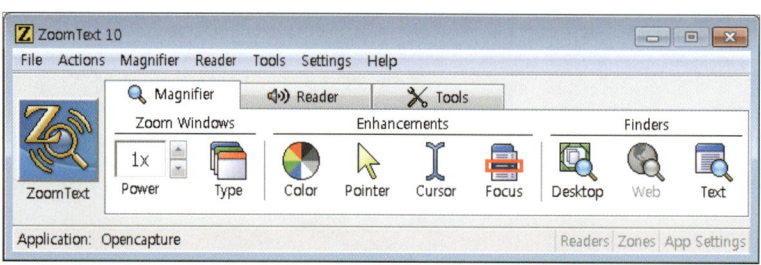

그림 11.70 줌텍스트 Magnifier

윈도우의 기본 확대 기능과 줌텍스트의 차이점을 간단히 비교하자면 윈도우의 돋보기는 최대 1600%까지 확대가 가능하지만 줌텍스트는 3600%까지 확대가 가능하고, 색상 반전이 아닌 고대비를 지원하며, 듀얼 모니터를 지원해서 하나의 모니터는 돋보기 전용으로 사용할 수 있다.

11.6.4 웹사이트의 화면 확대와 고대비 기능

웹사이트에서 자체적으로 화면 확대와 고대비 기능을 제공하는 것은 주로 저시력 사용자를 위한 편의 제공에 해당한다. 다만 대부분이 웹 브라우저에서 사용하는 확대 기능을 그대로 사용하거나 글꼴만 확대되고 레이아웃은 틀어지는 등 실제 이용할 수 없는 기능이 많다. 또 고대비 모드를 제공하는 사이트가 이미지 텍스트를 사용하고 있는 경우 고대비 기능이 텍스트 요소에만 적용되고, 이미지 텍스트에는 적용되지 않아 활용하기 어려울 때도 있다.

그림 11.71 이미지 텍스트 기반의 고대비 모드

이처럼 화면 낭독기나 화면 확대기의 여러 기능을 잘 알고 있어야 웹 접근성을 실제적인 수준으로 적용할 수 있다. 단순하게 웹 접근성 지침에 의존하여 콘텐츠를 제작하기보다는 다양한 보조기기와 관련 이슈를 이해하면서 제작할 수 있을 때 진정한 웹 접근성이 구현된다. 앞서 살펴본 바와 같이 아직까지도 화면 낭독기는 기종에 따라 다른 음성 지원으로 콘텐츠를 만드는 제작자들에게 혼란을 줄 수 있다. 또는 점유율이 높은 화면 낭독기인 센스리더 위주로 웹 접근성을 구현하여 표준보다 더 높은 기준으로 바라보는 경우도 있다.

가장 중요한 것은 표준으로 구현하는 것이고, 그 다음으로 확인할 것이 실제 사용성을 테스트하는 것이다. 따라서 화면 낭독기가 표준 방식을 근거로 다양한 사용성을 제공하는 것이 바람직하며, 화면 낭독기뿐만 아니라 화면 확대기까지 고려하여 웹 콘텐츠를 제작하는 것이 진정한 웹 접근성의 의미에 부합한다고 볼 수 있다.

정리

보조기술의 이해는 웹 접근성을 준수하는 데 반드시 필요하다. 국내에서는 센스리더와 죠스(한글 버전)가 웹 접근성 품질인증마크의 사용자 심사 도구로 사용되고 있으며, 화면 낭독기는 물론 화면 확대기를 사용해서 실제 사용성을 높이는 방법을 이해할 수 있다. 당사자가 아니면 자주 사용할 수 없기 때문에 공부하기 어려운 영역 중 하나이며, 간단하게 요약하면 다음과 같다.

1. **화면 낭독기의 원리**
   - 화면 낭독기는 운영체제로부터 제공되는 UIA(MSAA) API를 통해 웹 문서나 애플리케이션 등의 정보를 수집해서 이를 소프트웨어(Core)에서 재가공하고 음성으로 변환하도록 TTS로 전달된다.

2. **화면 낭독기의 중요성**
   - 웹 접근성 적용 테스트를 위해 가장 많이 활용되는 보조기술로 웹 접근성 검사항목의 90%를 차지할 정도로 비중이 높으며 웹 접근성 적용과 실제 사용성을 높일 수 있는 중요한 요소다.

3. **가상 커서의 이해**
   - '가상 커서'란 시각장애인이 읽기 편하도록 웹 페이지의 콘텐츠들을 선형화해 놓은 새로운 사용자 인터페이스를 의미한다.

4. **옵션 설정**
   - 여러 가지 옵션을 설정한 후 반드시 환경 설정 '기본값'을 저장해야 변경한 값이 적용된다.

5. **사용 방법**
   - 기본적인 탐색은 위/아래/좌/우 방향키를 사용하지만 빠른 페이지 탐색을 위해 입력창, 편집창, 헤딩, 프레임, 테이블 등의 특정 요소로 이동할 수 있다. 따라서 헤딩을 잘 사용하여 웹을 제작하면 화면 낭독기에서도 쉽게 이동하는 것이 가능하다.

6. **센스리더 현황**
   - 국내에서 점유율이 가장 높은 센스리더가 마이크로소프트에서 제공하는 API만을 사용하여 화면을 낭독함에 따라 장애인 사용자들은 대다수 윈도우 운영체제에 IE 브라우저를 사용하였는데 최근(2013년 7월) 업데이트를 통해 파이어폭스와 크롬을 추가로 지원하게 되었다.

7. 화면 확대기

- 보통 전맹 시각장애인은 화면 낭독기를 사용하지만 잔존 시력이 남아 있는 저시력 시각장애인의 경우 화면 확대 소프트웨어를 많이 사용한다.
- 화면 확대 기능은 윈도우 운영체제나 브라우저에서도 제공하고 있지만 전문 확대 프로그램의 기능에는 못 미치는 수준이다. 아울러 화면 낭독 기능과 함께 사용하는 경우가 많으므로 웹 접근성 구현 시 화면이 확대된 상태에서 콘텐츠를 이해할 수 있는지 여부도 함께 고려하는 것이 바람직하다.

웹 접근성의 원리와 지침, 실제 장애인 사용자에게 영향을 미치는 보조기술까지 살펴봤다. 전체적인 내용을 모두 살펴보았으므로 이제는 '웹 접근성'이 나가야 할 방향과 미래를 그려보면서 접근성 분야가 웹뿐만 아니라 다양한 영역에 적용되어야 하고, 잠시 활용하는 기술이 아닌 인류와 함께 지속될 영역인지 스스로 확신을 가질 필요가 있다.

5부
웹 접근성의 미래

웹 접근성을 잠시 왔다 사라질 것처럼 이해하는 사람도 있다. 하지만 접근성은 마케팅적인 개념이 아니다. 앞서 다양한 법 제도의 변화와 전 세계적인 흐름을 눈여겨 본다면 앞으로 웹 접근성은 당연하게 받아들일만한 수순이 될 것이다. 우리는 '웹 접근성' 영역에서 일을 하기 전에 '웹 접근성의 미래'를 바라볼 필요가 있다. 미래를 살펴보면서 웹 접근성에 더욱 확신을 가지고 이 영역을 알아가기 바란다. 그동안 접근성에 관심이 부족했지만 점차 글로벌 경쟁 속에서 접근성의 필요성과 방향성에 대해서 긍정적인 생각을 가지게 될 것이다.

접근성의 미래를 생각해보면서 앞으로 다가올 차별 없는 세상과 모두를 위한 제품과 서비스, 공간을 위해 보람된 마음으로 시작해보자.

12
웹 접근성의 미래와 과제

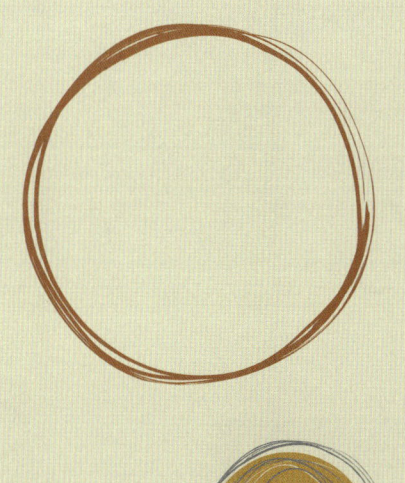
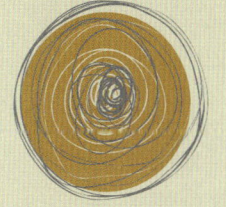

12.1 웹 접근성의 올바른 발전 방향

웹 접근성은 2013년부터 지속적인 노력으로 발전해왔지만 여전히 웹 영역에 종속된 기술이나 경직된 적용을 넘어 사용성을 높이고 좀 더 대중적으로 다가가는 데는 아직 부족한 점이 많다. 문제점을 이해하고 좀 더 올바르게 성숙해갈 수 있는 방향성을 제시해본다.

12.1.1 문제점의 해결

현재 가장 큰 웹 접근성의 문제점 중 하나는 마크업 기술 중심으로 움직인다는 점이다. 웹 접근성이 너무 기술적인 관점과 마크업 개발 관점에 머물러 있다보니 자연스럽게 '퍼블리셔'의 작업이라는 인식이 팽배하고, HTML 언어에 종속되는 느낌이 든다. 한국정보화진흥원에서 자문을 하고 있는 전문가도 너무 퍼블리셔 중심으로 구성되어 있다보니 실제 사용자 입장이나 다른 기술 영역 등 다양한 측면에서의 접근성이 아닌 오직 HTML 중심으로 보인다고 이야기한다. 이것은 정보 접근성 측면에서 웹의 영역 중에서도 HTML과 CSS를 중심으로 범위를 정하고 벗어나지 못하는 모양과 같다.

웹 접근성과 관련한 국제표준은 이미 2008년에 신기술을 고려하여 HTML 중심의 WCAG 1.0에서 다양한 신기술을 고려한 WCAG 2.0으로 변화가 있었다. 국내에서도 2010년에 KWCAG 2.0으로 개정하였고, 주요 내용은 HTML과 같은 정적인 문서 중심의 지침을 신기술을 고려하여 동적인 문서나 애플리케이션 영역에 대한 접근성 영역까지 확장하여 명시하였다.

표 12.1 한국형 웹 콘텐츠 접근성 지침 1.0과 2.0의 비교

구 분	WCAG 1.0	KWCAG 2.0
주요 차이점	실무사례 미제공으로 표준 이해도 부족	지침에 대한 실무적인 사례를 제공
	지침 준수 여부 평가항목 모호	지침 준수 여부에 대한 체크 리스트 제공 (검사항목을 구체적으로 제시)
	'04년 이후 웹 기술 반영 미비	Flash, Ajax 등 웹 기술 반영

이어짐

구 분	WCAG 1.0	KWCAG 2.0
유사점	• 유사 가이드(10개 지침) : 대체 텍스트 제공, 멀티미디어 대체 수단, 명료성, 키보드 접근성, 충분한 시간 제공, 광과민성 발작 예방, 쉬운 내비게이션, 콘텐츠의 논리성, 입력 도움, 웹 애플리케이션 접근성 – 다만, 동일한 지침을 활용한 경우에도 HTML 중심의 문구에서 신기술을 반영하여 문구를 수정함 • 통합(2개 지침) : 쉬운 내비게이션(1.0의 프레임 사용 제한, 반복 내비게이션 링크 통합), 콘텐츠의 논리성(1.0의 데이터 테이블 구성, 논리적 구성을 통합)	

1.0 폐지 지침	• 폐지 항목(2개 지침) : 이미지맵 기법 사용, 별도 웹사이트 구성
	   – 이미지맵 기법 사용 : 이미지맵 항목을 대체 텍스트와 키보드에 포함함
	   – 별도 웹사이트 구성 : 별도 웹 페이지 제공 불필요(예산 등 문제)	

2.0 신규 추가 지침	• 신규 항목(3개 지침) : 가독성, 예측 가능성, 문법 준수
	   – 가독성 : 이주노동자, 외국어 페이지 제공 등 다양한 언어를 사용하고 있는 추세로 언어 문제를 새롭게 추가함
	   – 예측 가능성 : 사용자의 의도와 상관없이 다양한 기능(새 창, 팝업 창, 초점[Focus] 변화 등)이 많이 발생하여 새롭게 추가함
	   – 문법 준수 : 보조기술 등과의 호환성 제고를 위해 마크업 언어 준수를 새롭게 추가함	

한국형 웹 콘텐츠 접근성 지침 2.0은 기존에 분산되어 있던 기술적 규격과 가이드를 묶어 제작한 점과 모호한 기준을 보완하려고 검사항목을 도입한 점 등을 지침 변경 내용으로 소개하지만 가장 근본적인 개정의 이유는 웹 기술의 발전에 따라 HTML에 머물러 있던 1.0 버전에 플래시, Ajax 등 새로운 기술에 대한 접근성을 높이려고 했기 때문이다. 이를 반영하듯이 한국정보화진흥원에서는 플래시나 플렉스, 자바스크립트 등에 대한 접근성 가이드가 나왔지만 Ajax나 자바 애플릿과 같은 다양한 기술에 대해서는 접근성 구현 방안이 부족한 실정이다.

현재 웹 접근성 평가에서도 웹 애플리케이션 영역에 대한 접근성을 사용자 평가로 넘겨서 처리하거나 생략하고 있는데 다양한 신기술에 대해 자체 접근성을 제공할 수 있는 기법이나 이를 점검할 수 있는 평가 방법론에 대한 연구가 필요한 시점이다. 실제로 지금과 같은 흐름은 웹 접근성 적용 이후에 신기술을 적용하는 것이 규제인 것처럼 오해하는 배경이 되기도 한다. 신기술은 보장하고, 이에 대한 접근성 구현 방법 등이 지속적으로 연구되어야 하는 것이 당연한 흐름일 것이다.

12.1.2 HTML5와 ARIA

웹 이외에도 신기술이 계속해서 나오고 있으며 HTML도 진화하고 있다. 특히 HTML5는 접근성 측면에서 기존의 버전보다 좀 더 향상된 방식으로 제공될 것이라 기대를 모으고 있다. HTML5가 접근성에 미치는 영향에 대해 알아보자.

12.1.2.1 <a> 요소의 변화

html 4.01에서 <a> 요소는 block 속성이 있는 요소를 포함하지 못하였다. 그림 12.1의 콘텐츠는 기사 제목, 그림 등을 그림 12.1의 HTML4 코드와 같이 block 속성의 요소로 마크업하고 같은 위치로 이동하는 링크를 중복해서 제공해야만 했다. 이로 인하여 사용성과 접근성이 떨어진다.

그림 12.1 HTML5 <a> 요소의 변화

```
// HTML4
<dl>
<dt><a href="html/news.php">동급 최강 다기능 엔트리급 PS기 'iRADV 8285'...</a></dt>
<dd><a href="html/news.php"><img src="images/img1.gif" alt="iRADV 8285 상품이미지"></a></dd>
<dd><a href="html/news.php">2013.09.26</a></dd>
</dl>
```

```
// HTML5
<a href="html/news.php">
    <dl>
        <dt>동급 최강 다기능 엔트리급 PS기 'iRADV 8285'...</dt>
        <dd><img src="images/img1.gif" alt="iRADV 8285 상품이미지"></dd>
```

```
        <dd>2013.09.26</dd>
    </dl>
</a>
```

하지만 그림 12.1의 HTML5 예제는 한 개의 링크 관련 콘텐츠를 포함하여 하나의 요소로 하나의 링크를 제공하여 사용성과 접근성을 높여주는 것이 가능하였다. HTML5에서 <a> 요소는 Inline 속성을 가지고 있는 요소이지만 block 속성의 요소를 포함할 수 있게 되었기 때문이다.

12.1.2.2 〈figure〉와 〈figcaption〉

<figure>는 삽화, 다이어그램, 사진, 코드 리스팅 등의 도해를 표현한다. <figcaption>은 <figure> 요소의 설명이나 제목 등으로 사용된다. 그림 12.2는 <figure>와 <figcaption>을 사용한 예다. HTML4와 달라진 점은 <img> 요소의 대체 텍스트인 alt 속성을 사용하지 않고 <figcaption>이 그 역할을 대신 한다는 점이다.

이벤트
DSLT-A58K
SLT-A58K(표준줌렌즈킷)
748,000원

DSLT-A99V
DSLT 최초의 Full Frame, α99
3,298,000원

그림 12.2 〈figure〉와 〈figcaption〉 사용 예

```
<figure>
    <img src="images/a58.jpg">
    <figcaption>
        <span>이벤트</span>
        <strong>DSLT-A58K</strong>
        SLT-A58K(표준줌렌즈킷)
        <div>748,000원</div>
    </figcaption>
```

```
</figure>
<figure>
    <img src="images/a99.jpg">
    <figcaption>
        <strong>DSLT-A99V</strong>
        DSLT 최초의 Full Frame,
        α99
        <div>3,298,000원</div>
    </figcaption>
</figure>
```

특히 단순 사진뿐만 아니라 다이어그램, 코드, 리스팅 등 콘텐츠에도 적용할 수 있어 웹 접근성 측면에서 중복되는 정보 제공 없이 효율적으로 향상시킬 수 있는 방안이다.

12.1.2.3 HTML5의 문서 구조

HTML5가 HTML4와 다른 점은 콘텐츠 영역 분리를 `<div>`로 하는 것이 아닌 콘텐츠의 형태에 따라 다르게 표현한다는 점이다. 그림 12.3은 HTML4와 HTML5의 콘텐츠 구분을 표현한 것이다. HTML4에서는 모든 콘텐츠 영역을 `<div>` 요소로 구분하고 id 값을 별도로 주었지만 HTML5에서는 콘텐츠의 성격에 맞는 요소를 배치하여 사용할 수 있게 되었다. 가장 주목할 점은 `<main>` 요소가 생겼다는 점이다. `<main>` 요소는 웹사이트의 본문을 의미한다.

그림 12.3 HTML4(좌)와 HTML5(우)의 콘텐츠 구분

또한 보조기기와 웹 브라우저가 발전하여 웹 접근성 지침의 '반복 영역 건너뛰기' 링크가 사라지는 날이 올 것을 기대한다.

12.1.2.4 랜드마크 규칙 활용

웹 접근성에서 숨김 내용으로 일일이 〈메인페이지〉, 〈대메뉴〉와 같은 형태로 영역이 어디인지 화면 낭독기 관점으로 처리하는 방식보다는 랜드마크를 활용하여 해당 영역의 role 값을 설정해주는 방법이 더 좋다.

내용이 문서의 메인이라면 다음과 같이 표현할 수 있다.

```
<div role="main">
    .....
</div>
```

이외에도 배너, 내비게이션, 검색, 기사, 부가설명, 푸터 영역 등을 표시할 수 있다.

- 배너: 사이트 정보 : 웹사이트 이름, 제목, 로고
- 내비게이션: 문서의 내비게이션 링크
- 검색: 사이트 검색
- 기사article: 독립성 강한 섹션
- 부가설명complementary: 메인 콘텐츠를 보조해주는 콘텐츠
- 푸터 영역contentinfo : 푸터, 저작권, 개인보호정책

물론 HTML5에서는 더 많은 영역을 지정할 수 있다. section, article, aside, nav, footer, header, hgroup 등을 이용하여 구조화하고, 영역을 안내할 수 있다면 분명히 접근성 향상에 도움이 된다.

12.1.2.5 동적 변경 내용 알림 활용

동적으로 변경되는 콘텐츠에 대해 콘텐츠의 중요도에 따라 업데이트 내용을 알려줄 수 있도록 속성을 제공하고 있다. 개발자가 웹 페이지에서 동적인 콘텐츠가 제공되는 영역을 명시할 수 있도록 하였는데 Live region이다.

페이지의 변경 없이 동적으로 업데이트되는 경우 Live region을 이용하여 업데이트를 표시할 수 있고, 콘텐츠가 변했을 때 새롭게 읽을 것인지 그대로 둘 것인지

를 부가적으로 제공할 수 있도록 aria-live 속성을 추가하여 live region을 생성할 수 있다.

표 12.2 live region 관련 설정

구분	내용
aria-live="off"	너무 자주 발생하거나 중요하지 않아 알리지 않을 때 설정
aria-live="polite"	사용자의 현재 동작이 끝날 때 알려주는 설정
aria-live="assertive"	내용이 중요하여 업데이트를 사용자에게 즉시 알리는 설정

12.1.2.6 HTML과 RIA 기술 발달에 따른 접근성 방향

간단하게 HTML5와 ARIA에 관한 내용 중 접근성을 높일 수 있는 방안을 소개했다. 이외에도 다양한 태그를 준비 중이고, HTML5 워킹 그룹 내에서도 새롭게 만들어지는 태그나 기능에 대한 웹 접근성 논의가 지속되고 있기 때문에 실제 활용할 수 있는 권고recommendation 시점에서는 더 보완된 접근성 기능을 활용할 수 있을 것으로 예상된다.

입력 서식을 구분하거나 필수 항목 여부, 입력 힌트 등을 태그 차원에서 해결하고, 화려한 동작을 하더라도 내용 안의 텍스트를 읽어내는 등 웹 접근성은 더욱 고려되고 향상될 것으로 보인다. 앞으로 새로운 기술이 나올 때 접근성을 높이는 방법을 함께 익히는 것은 당연한 습관으로 자리매김할 것이다. 자체적으로 접근성을 준수할 수 없는 기술들은 고전하고 있다. 어떤 소프트웨어를 만들던지 접근성을 고려하지 않는다면 앞으로는 판매나 기술가치를 인정받지 못하는 환경이 될 것이다.

12.1.3 UX로의 전환

웹 접근성 프로젝트라고 해서 선을 긋고 웹 접근성만 적용하는 경우가 많다. 이와 같은 경직된 자세는 바람직하지 않다. 좀 더 높은 사용자 편의성을 위해 접근성을 적용하면서 UX를 적용해보자. 접근성을 기본으로 UX로 전환되는 기점이 시작되어야 한다. 사례를 통해 확인해보자.

12.1.3.1 페이지 이동 인터페이스

![페이지 이동 인터페이스]

그림 12.4 페이지 이동 인터페이스

우리가 웹 서핑을 하면서 늘 보았던 그림 12.4와 같은 페이지 이동 인터페이스를 소개하려고 한다. 보통은 '색에 무관한 인식' 검사 항목에 따라 페이지 내비게이션에 볼드체로 표기하거나 밑줄로 표시하고 끝낼 수 있다. 하지만 이런 생각을 해보면 어떨까?

사용자가 지금 1페이지를 보고 있다면 1페이지는 다시 클릭하지 않아도 되기 때문에 링크를 걸지 않아도 된다. 그런데 언뜻 봐서는 모두 똑같이 표시되어 있을 뿐 현재 페이지를 표시해 주는 요소가 없기 때문에 지금 몇 페이지를 보고 있는 건지 알 수 없었다.

1페이지에서 왼쪽 화살표를 클릭하면 어떤 페이지로 이동하는지 확실하지 않고 실제로 이동이 되는지 의심스럽기까지 하다. 이런 경우 왼쪽 화살표를 삭제하거나 비활성화하는 것이 좋지 않을까?

그리고 페이지 숫자의 폰트 크기가 너무 작았는데, 겨우 한 글자로 된 링크를 정확히 클릭하는 건 꽤 어려운 일이다.

이런 익숙하면서도 불편한 인터페이스는 그림 12.5처럼 변경할 수 있다.

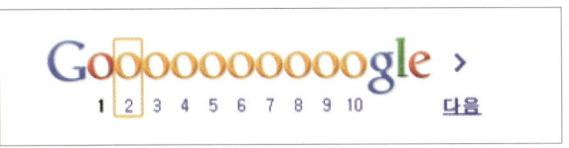

그림 12.5 구글의 페이지 이동 인터페이스

구글의 페이지 이동 인터페이스를 보면 그림 12.4에서 지적한 내용을 모두 보완했다. 링크의 범위를 넓혀 알파벳 'O'와 숫자 '2'를 한 개의 링크로 묶어 제공하였으며 현재 페이지 위치를 나타내는 숫자의 경우 링크를 제공하지 않아 사용자가 두 번 클릭하는 것을 방지하였다. 또한 '이전 페이지'로 이동하는 링크를 제공하지 않아 해당 페이지가 첫 페이지라는 것을 사용자가 파악할 수 있다. 마지막으로 '다음 페이지'로 이동하는 링크를 이미지만으로 제공하는 것이 아니라 직관적으로 알아볼 수 있도록 이미지와 텍스트를 동시에 제공하는 것도 사용자 경험을 높이는 일이다.

12.1.3.2 온라인 서식 입력 오류 실수 방지

회원가입을 하거나 쇼핑몰에서 원하는 상품을 주문하거나 온라인 강의를 신청하는 서비스 등을 이용하려면 개인의 신상정보를 입력해야 한다. 필요한 정보가 많다 보니 사용자가 실수로 다른 정보를 입력하는 경우가 잦다. 이메일을 입력할 때 오타가 나거나, 신용카드번호를 입력하다가 숫자를 하나 빼먹기도 하거나 필수입력 정보를 빼놓고 지나가는 실수는 누구나 한 번쯤은 경험해 봤을 것이다. 이런 사용자의 실수를 줄이고 제대로 된 정보를 입력하게 할 수 없을까?

그림 12.6은 회원가입 페이지로서 이런 문제를 효과적으로 해결한 사례다.

적절하지 않은 정보를 입력하면 **확인** 버튼을 눌러보지 않아도 바로 오류 메시지를 보여준다. 어떤 내용이 왜 잘못됐는지도 말풍선으로 상세하게 설명해주고 있다. 입력 창과 말풍선은 오렌지색으로 한눈에 들어오게 디자인했다.

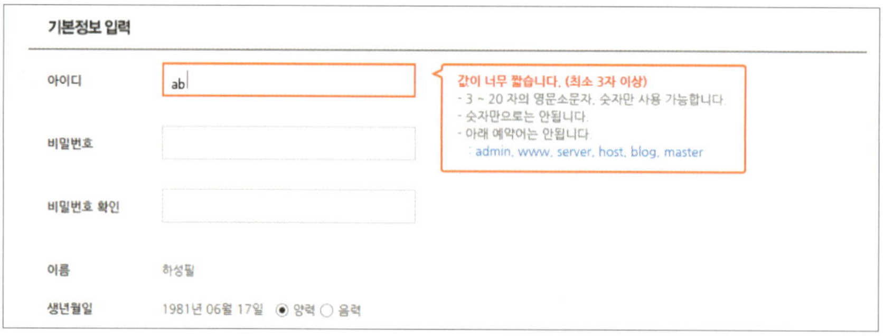

그림 12.6 입력 오류 실수 방지

"길이가 너무 짧습니다"라고 잘못된 내용만 알려주는 것보단 아이디 규칙을 그림 옆의 말풍선처럼 친절하게 설명해주는 것이 좋다. 사용자는 이런 상세한 설명 덕분에 아이디를 한 번에 실수 없이 입력할 수 있을 것이다.

12.1.3.3 사용성과 사용자 경험의 발전 방향

웹 접근성은 본연의 기능 이외에도 웹 사용성과 사용자 경험 레벨까지 지속적으로 발전해가야 한다. 사실 오류 정정과 같은 검사항목은 사용성에 가깝다. 이를 학술적으로 분리해내는 것보다는 실제 사용자에게 유익한 형태로 발전해 나가는 것이 바람직하다. 그림 12.7은 『검색 2.0: 발견의 진화』(한빛미디어, 2007)에서 '피터 모빌'이 정의한 '사용자 경험 벌집'이다.

그림 12.7 사용자 경험 벌집 (출처: http://semanticstudios.com/publications/semantics/000029.php)

UX의 구성 요건에 한 영역으로 접근성이 자리하고 있는 것을 볼 수 있다. UX의 요소와 자연스럽게 어우러지면서 장애인용이 아닌 모든 인간을 위한 인간공학적 측면으로 발전해 나가는 것이 바람직하다.

장애인과 비장애인간 접근이 용이하고 거부감 없는 서비스 환경을 위해 접근성 기술과 사용성, 사용자 경험이 자연스럽게 내재화된 기술과 인터페이스가 앞으로 UX의 큰 방향성이 될 것이다. 그리고 UX와 함께 접근성을 바라볼 때 사회 전반적인 동기부여가 강해질 것이며, '웹'이 그랬던 것처럼 접근성도 '웹' 영역을 넘어 다양한 분야로 함께 발전할 것이다. 이와 같은 측면에서 UX와 연계한 지침이나 가이드가 준비될 시기라고 본다.

12.2 웹을 넘어선 다양한 접근성

앞서 설명한 것처럼 '웹' 접근성은 접근성의 한 영역일 뿐 다양한 영역으로 접근성이 확대되어야 한다.

표 12.3은 현재까지 국가표준으로 제정된 표준의 목록이다. 향후 소프트웨어 접근성 지침 2.0이 국가표준으로 제정될 전망이다.

표 12.3 접근성 관련 국가표준 목록

No	표준제목	표준번호	제정년도
1	인터넷 웹 콘텐츠 접근성 지침 1.0	KICS.OT-10.0003	2005.12.21
2	금융자동화기기 접근성 지침 1.0	KICS.KO-09.0040	2007.10.19
3	한국형 웹 콘텐츠 접근성 지침 2.0	KICS.OT-10.0003/R1	2010.12.31
4	시각장애인의 인쇄물 접근성 향상을 위한 점자·음성 변환용 코드 활용 지침	KCS.KO-06.0181	2012.12.18

표 12.4는 현재까지 제정되어 있는 국내 접근성 관련 단체표준 목록이며, 이런 단체 표준들 중에서 국가적으로 필요하다고 판단되는 영역을 국가표준으로 제정한다.

표 12.4 접근성 관련 단체표준 목록

No	표준제목	표준번호	제정년도
1	한국형 웹 저작도구 접근성 지침 1.0	TTAS.OT-10.0074	2006.12.27
2	디지털 음성 도서 지침 1.0	TTAS.OT-09.0001	2006.12.27
3	소프트웨어 접근성 지침 1.0	TTAS.KO-10.0213	2006.12.27
4	한국형 사용자 에이전트 접근성 지침 1.0	TTAS.OT-10.0073	2006.12.27
5	전자 문서 접근성 지침 1.0	TTAS.OT-10.0122	2007.12.26
6	휴대전화기 키패드 접근성 지침 1.0	TTAS.KO-06.0152	2007.12.26
7	시각장애인 인쇄물 음성변환 출력용 2차원 바코드 규격	TTAS.KO-06.0181	2008.08.28
8	시각장애인용 AD 2차원 바코드	TTAS.KO-06.0180	2008.08.28

접근성은 보편적으로 동일한 원칙과 지침을 갖지만 해당 영역에 따라 조금씩 특성에 맞추어 줄 때 실제 실무자에게 가이드가 될 수 있다. 최근에 각광받고 있는 스마크워크센터에 대한 스마트워크 접근성을 위해 2012년 7월 방송통신위원회에서 '장애인 스마트워크 접근성 가이드북'을 발표했다. 스마트워크의 중요한 개념 중 하나가 이동이 불편한 장애인들을 위한 업무시설이라는 점이기 때문이다. 이처럼 더 많은 영역에서 '접근성' 원칙을 새겨 넣을 수 있는 표준과 가이드가 나올 것이다. 이런 정보를 바탕으로 접근성을 향상할 수 있는 실제 기술들로 이어질 수 있도록 많은 관심을 가지고 함께 노력해야 할 것이다.

12.2.1 모바일 접근성

2009년 아이폰의 도입을 계기로 국내는 물론 전세계 스마트폰 보급률이 급증했다. 전체 휴대폰 판매량에서 스마트폰이 차지하는 비중이 매우 높아지고 있으며, 이로 인해 다양한 모바일 콘텐츠와 서비스가 급속도로 확산되고 있다. 스마트폰 예상 출하량은 그림 12.8과 같이 2007년 0.99억대에서 2016년 8.5억대로 약 9.5배 수준으로 증가될 것으로 보고 있다.

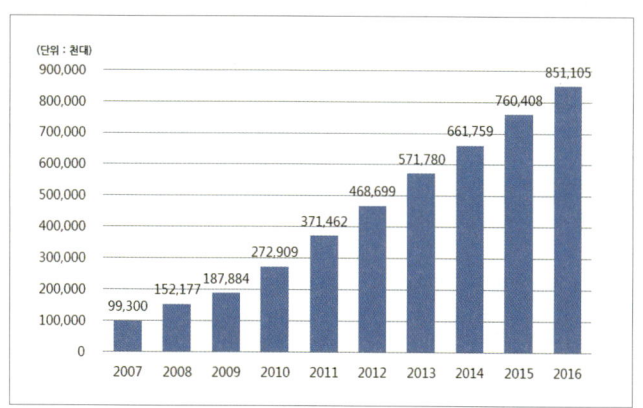

그림 12.8 전 세계 스마트폰 출하량 추이 (출처: Yano Reserch Institute Ltd(2010.12.06.))

2012년 하반기에 다양한 장애유형이 있는 사용자와 함께 IT를 활용한 장애인 복지서비스의 현황과 개선 방안에 대한 논의를 주도한 경험이 있다. 이때 인상 깊게 들었던 인터뷰 내용을 소개한다.

"버스정보시스템(BIS)는 시각장애인에게 전혀 무관한데 시각장애인에게 도움이 되는 것처럼 홍보하고 있다. BIS 버스역에 가면 "잠시 후 몇 번 버스가 옵니다."라고 음성이 나오는데, 앞을 전혀 볼 수 없는 시각장애인은 지금 서는 버스가 몇 번인지 알 수가 없다. 그럼에도 시각장애인을 위해 음성서비스를 하는 것처럼 포장하고 있다."

[출처: IT를 활용한 장애인 복지서비스 현황과 개선방안, 한국정보화진흥원]

당시 이 인터뷰를 했던 사용자는 우리에게 필요한 것은 모바일 서비스라고 강조했다. 버스가 오는 것을 알려주더라도 지금 내 앞에 있는 버스가 몇 번인지 알아야 탈 수 있는데 스마트폰과 같은 모바일기기는 직접 가지고 다니는 정보시스템이기 때문에 근거리 통신 기술 등을 활용하여 내 앞의 버스 번호를 알려줄 수 있지 않느냐는 것이다. 이처럼 실제 장애인을 위한 접근성은 지침뿐만 아니라 실생활에서 필요한 정보를 즉각적으로 알려줄 수 있을 때 효과가 있다. 따라서 모바일의 중요성을 고려할 때 '모바일 접근성의 준수'는 반드시 필요한 대목이다.

국내에서는 발 빠르게 세계 최초로 '모바일 애플리케이션 접근성 지침'을 신속하게 발표하였다. 아직 활성화되지 않았지만 참 다행스러운 행보다. 모바일 웹에 대해서는 PC 웹을 중심으로 만들어진 한국형 웹 콘텐츠 접근성 지침을 따르면 된다는 이유로 현존하는 지침이 없다. 과연 접근성 관점에서 모바일 앱과 웹에 대한 문제는 없는지 앞으로 어떤 방향으로 보완되고 향상시킬 수 있는지 함께 생각해보자.

12.2.1.1 모바일 애플리케이션 접근성

'모바일 앱'은 모바일 애플리케이션의 줄임말이다. 아이폰으로 촉발된 스마트폰 열풍에 힘입어 매우 빠르게 전파되는 국내 정서에 따라 모바일 애플리케이션 접근성 지침을 세계 최초로 제정하였다. 또 이와는 별도로 iOS와 안드로이드 두 운영체제에 대한 접근성을 점검할 수 있는 매뉴얼을 한국정보화진흥원에서 제공하고 있다.

표 12.5 접근성 관련 국가표준 목록

No	표준제목	제정년도
1	모바일 애플리케이션 접근성 지침(행안부고시 제2011-38호)	2011
2	모바일 애플리케이션(안드로이드) 접근성 점검 매뉴얼 1.0	2012
3	모바일 애플리케이션(iOS) 접근성 점검 매뉴얼 1.0	2012

그러나 현재 iOS7이 발표되고, 안드로이드도 젤리빈(4.1.2)까지 버전이 업데이트되는 동안 모바일 애플리케이션 접근성 점검 매뉴얼은 2011년 10월 기준에 머무르고 있다 안드로이드의 경우 현재 젤리빈에서는 터치하여 탐색하는 방법을 제공하고 있지만 기존 가이드에서는 당시 해당 기능을 제공하지 않아 더 어려운 형태로 점검 방법을 제시하고 있다. 따라서 지속적이고 신속한 매뉴얼의 업데이트가 필요한 상황이다.

제정된 지침의 측면에서도 고민해볼 부분이 있다. 현재 모바일 애플리케이션 접근성 지침은 7개의 준수사항과 8개의 권고사항으로 이루어져 있다.

표 12.6 모바일 애플리케이션 접근성 지침

준수사항(7개)	권고사항(8개)
1. 대체 텍스트	1. Native UI Component
2. 초점	2. 컨트롤간 충분한 간격
3. 운영체제 접근성 기능 지원	3. 알림 기능
4. 누르기 동작 지원	4. 범용 폰트 이용
5. 색에 무관한 인식	5. 사용자 인터페이스의 일관성
6. 명도대비	6. 깜빡거림의 사용 제한
7. 자막, 수화 제공	7. 배경음 사용 금지
	8. 장애인 사용자 평가

준수사항은 무리한 부담이 되지 않는 한 반드시 준수해야 하는 항목을 의미하고, 권고사항은 말 그대로 권장하는 항목이다. 모바일 애플리케이션 접근성 지침의 내용을 세부적으로 살펴보면 기본적인 원리는 웹 접근성에서 다루는 원칙의 주요 내용과 함께 모바일 단말과 콘텐츠에 대한 특성을 반영한 것이 큰 차별화 요소다.

각 지침을 좀 더 이해하기 쉽게 점검 내용과 함께 살펴보자.

표 12.7 모바일 애플리케이션 접근성 점검 목록

	점검항목	점검 내용
필수 사항	대체 텍스트	텍스트 아닌 콘텐츠에 대한 대체 텍스트 제공 여부에 대해서는 iOS의 VoiceOver, 안드로이드의 Talkback 등의 음성 읽기 기능을 활성화한 후 적절한 대체 텍스트를 제공하는가?
	초점	모든 컨트롤에 대하여 각각 초점을 이동해 가면서 모든 컨트롤에 초점이 적용되는가? 또한 이동 순서가 논리적으로 이동하는가?
	운영체제 접근성 기능 지원	입력 서식은 운영체제에서 제공하는 접근성 속성을 활용하여 iOS의 VoiceOver, 안드로이드의 Talkback 등의 음성 읽기 기능을 활성화 시 사용자가 이해하기 쉽도록 제공하고 있는가?
	누르기 동작 지원	앱에서 두 개의 손가락을 동시에 이용해야 하는 다중누르기(Multi-touch) 동작이나 Slide, Drag and drop 등의 복잡한 누르기 동작을 요구할 경우 단순 누르기 동작으로 사용가능한가?
	색에 무관한 인식	색 이외에 명암이나 텍스트, 특수기호 콘텐츠 구분이 가능한가?
	명도대비	흰 바탕에 밝은 회색글자처럼 판독이 어려운 색 조합을 피하고, 흰 바탕에 검정 글자처럼 판독이 쉬운 색 조합을 제공하고 있는가? 명도대비가 최소 대비는 3:1 이상을 나타내는가? 명도대비를 조절할 수 있는 설정 기능을 제공하는가?
	자막, 수화 제공	동영상, 오디오 등 멀티미디어 콘텐츠는 동기화된 자막, 원고, 수화를 제공하고 있는가?
	Native UI Component	기본적인 접근성이 구현되어 있는 운영체제에서 제공하는 기본 사용자 인터페이스 컴포넌트(Native UI Component)를 사용하고 있는가? 새로 만든 컴포넌트라면 OS의 VoiceOver, 안드로이드의 Talkback 등의 음성 읽기 기능을 활성화 시 정확하게 작동하는가?
권고 사항	컨트롤간 충분한 간격	컨트롤 중심간 간격은 13mm X 13mm 이상을 유지하는가? 선택해야 하는 컨트롤 영역의 크기는 8.5mm X 8.5mm 이상을 유지하는가? (쿼티 입력 등 운영체제에서 제공하는 기본 사용자 인터페이스의 경우에는 예외)
	알림 기능	사용자의 시각뿐만 아니라 청각(소리) 촉각(진동) 등으로 알림기능을 제공하는가?
	범용 폰트 이용	사용자가 폰트 종류, 크기를 변환 할 수 있는가?
	사용자 인터페이스의 일관성	사용자 경험(User Experience)에 비추어 일관성 있는 사용자 인터페이스(UI) 요소를 제공하고 있는가?

이어짐

	점검항목	점검 내용
권고 사항	깜빡거림의 사용 제한	깜빡이는 콘텐츠가 있을 경우 사전 경고를 제공하고 있는가? 깜빡임을 중지 또는 제어할 수 있는 컨트롤을 제공하고 있는가?
	배경음 사용 금지	동영상/멀티미디어 콘텐츠를 정지된 상태에서 제공하고 있는가? 중지 또는 제어할 수 있는 컨트롤을 제공하고 있는가? (단, 3초 미만의 배경음은 예외로 한다.)
	장애인 사용자 평가	애플리케이션 개발 시 다양한 모바일 기기에서의 이용 가능여부를 점검해야 하며, 장애인 테스트를 수행하는 것이 바람직하다. 지침 이외의 접근성에 장애를 일으키는 내용은 없는가?

대체 텍스트

모바일 애플리케이션의 대체 텍스트는 웹과는 다른 방식으로 제공할 수 있다. iOS 기준으로 label 값에 대체 텍스트를 제공하고 hint 값에 추가적인 설명을 넣어 동일한 목적을 달성할 수 있다.

초점

모바일 애플리케이션의 모든 객체에는 초점을 적용해야 한다. 특히 화면을 직접 만지기 힘든 사용자도 객체를 선택할 수 있도록 순차적으로 초점을 이동시킬 수 있는 접근성 기능을 제공하여 선택된 객체가 음성지원을 통해 해당 콘텐츠를 인식하게 하므로 이용이 가능하다. 초점을 적용하려면 개발 단계에서 accesibility 속성을 활성화해주면 된다.

운영체제 접근성 기능 지원

모바일기기의 운영체제는 각각 고유한 접근성 기능과 속성을 제공하고 있어 이를 활용하면 충분한 접근성을 제공할 수 있다. 다양한 단말기에 대한 호환성을 제공하기 위한 API와 음성명령 기능 등을 포함하고 있으며, 운영체제에서 제공하는 접근성 기능은 iOS에서 제공하는 기능이 매우 구체적이고 사용성이 높아 대다수의 장애인들이 아이폰을 사용하고 있다. 모바일 애플리케이션에서의 해당 항목은 웹에서의 입력 서식에 대한 레이블 제공과 유사한 의미로 활용되고 있다.

누르기 동작 지원

터치touch 기반 모바일기기의 컨트롤들이 누르기 동작을 통해 제어할 수 있어야 한다는 내용으로 밀기Slide, 끌기와 놓기Drag and drop 등 복잡한 누르기 동작은 단순하게 누를 수 있는 동작으로 대체해줄 수 있어야 한다는 의미다.

색에 무관한 인식

모든 정보는 색에 관계없이 인식할 수 있도록 제공되어야 한다. 이는 웹 접근성의 지침과 동일하다.

명도대비

모바일 애플리케이션에서의 명도대비는 최소 3:1 이상이어야 한다. 단, 이러한 대비는 사진이나 동영상과 같은 멀티미디어나 예술작품 등에는 적용되지 않는다. 고대비 제공이 불가능할 경우 애플리케이션의 설정 기능에 명도 대비 조절 기능을 제공할 필요가 있다.

자막, 수화 제공

멀티미디어 콘텐츠를 제공할 경우에는 청각장애인을 위해서 동등한 내용의 자막, 원고, 수화가 제공되어야 한다. 이는 웹 접근성의 지침과 동일하다.

Native UI Component

모바일 운영체제에서 기본적으로 제공하는 사용자 인터페이스 컴포넌트Native UI Component를 이용하는 것을 원칙으로 해야 한다. 이는 표준화되어 있는 도구를 사용하여 직관적인 이해를 도울뿐만 아니라 기본적인 접근성이 적용되어 있어 보조기기와의 호환성을 통해 접근성을 확보할 수 있기 때문이다. 이런 인터페이스의 기본 컴포넌트를 좀 더 꾸며 화려하게 만들 때는 기본적인 접근성 기능을 반드시 확보하면서 제공할 수 있어야 한다.

컨트롤간 충분한 간격

컨트롤은 버튼이나 위젯과 같이 사용자 인터페이스 화면에서 선택하여 기능을 활성화시키는 객체를 의미하는데 공간적 제약이 있는 모바일 환경에서 충분한 간격으로 구성할 수 있도록 하는 것이 바람직하며 컨트롤간 간격이 좁은 경우 사용자의 의도와 무관하게 다른 컨트롤을 실행시킬 수 있다. 따라서 제약된 공간 내에서도 적절한 공간 확보를 위해 컨트롤 중심간 간격은 13mm 이상을 권장한다.

알림 기능

기존의 웹에서보다 이동하는 과정에서 정보를 이해시켜줄 수 있는 특화된 기능으로 많은 사용자에게 매우 유용한 기능이다. 하지만 다양한 사용자가 존재하므로 알림을 제공할 때 다양한 감각으로 알려질 수 있도록 제공하는 것이 바람직하다. 시각적으로 표시하는 경우에도 진동, 소리 등으로 전달하는 것이 예가 될 수 있다.

범용 폰트 이용

범용 폰트Global Font는 운영체제에서 제공하는 기본 글꼴이며 상대적으로 크기를 변형할 수 있는 확대, 축소 기능은 물론 기울임과 같은 변형적인 모양을 제공할 수 있다. 범용 폰트를 사용하면 시력이 약한 고령자나 저시력자 등에게 폰트 크기를 조절할 수 있도록 제공해서 접근성을 향상할 수 있다. 좀 더 예쁜 텍스트를 제공하기 위해 이미지로 만들게 되면 크기 조절이 불가능한 경우가 있어 시각적으로 불편한 사용자를 위해 운영체제에서 제공하는 범용 폰트를 사용하는 것을 권장한다.

사용자 인터페이스의 일관성

일관된 사용자 인터페이스 제공은 사용자가 직관적으로 이해하기 쉽고 학습 없이 기능을 이용할 수 있도록 하여 고령자나 인지장애 또는 이해력이 부족한 사용자에게 해당 애플리케이션의 접근성을 향상시킬 수 있다. 다소 주관적인 항목일 수 있지만 중요한 사용자 인터페이스 요소들의 배치는 되도록 일관성을 유지하는 것이 바람직하다.

깜빡거림의 사용 제한과 배경음 사용 금지

웹 접근성 지침의 내용과 동일하다.

장애인 사용자 평가

장애인 사용자 평가는 모바일 애플리케이션 특성에 따라 간단하고 쉬운 형태로 제작된 지침의 사각지대나 부족한 면을 평가하기 위한 항목이다. 사용자 평가 측면에서 이해하면 좋은데 실제로 모바일 애플리케이션 접근성 지침과 한국형 웹 콘텐츠 접근성 지침을 비교해보면 사각지대가 많이 발견된다.

이렇게 모바일 애플리케이션 접근성 지침을 자세하게 살펴보면 PC 웹 중심의 웹 콘텐츠 접근성 지침과 유사하면서도 모바일 운영체제에서 제공하는 접근성 기능을 이용하라는 내용이다. 이런 면에서 실제 모바일 애플리케이션이라는 형식과 상관없이 콘텐츠를 이해하기 위해 필요한 지침 등이 더 구체적으로 포함되는 것이 의미가 있다. 예컨대 그림 12.9와 같이 서로 동일한 항목도 있지만 PC 웹과 모바일 애플리케이션 영역의 차이로 인해 별도로 제공해야만 하는 항목과 단순하게 콘텐츠에 대한 이해를 높이기 위한 항목들은 모바일 애플리케이션이라고 하더라도 필요한 항목이기 때문에 이를 구체화할 필요가 있다.

웹 콘텐츠 접근성 지침	특징
1. 적절한 대체 텍스트 제공	
2. 자막 제공	
3. 색에 무관한 콘텐츠 인식	
4. 명확한 지시사항 제공	콘텐츠 이해
5. 텍스트 콘텐츠의 명도대비	
6. 배경음 사용 금지	
7. 키보드 사용 보장	
8. 초점 이동	
9. 응답시간 조절	콘텐츠 기능
10. 정지 기능 제공	콘텐츠 기능
11. 깜빡임과 번쩍임 사용 제한	
12. 반복 영역 건너뛰기	별도
13. 제목 제공	
14. 적절한 링크 텍스트	콘텐츠 이해
15. 기본 언어 표시	
16. 사용자 요구에 따른 실행	콘텐츠 기능
17. 콘텐츠의 선형화	
18. 표의 구성	콘텐츠 이해
19. 레이블 제공	
20. 오류 정정	콘텐츠 이해
21. 마크업 오류 방지	별도
22. 웹 애플리케이션 접근성 준수	별도

웹 콘텐츠 접근성 지침	특징	비교
1. 대체 텍스트		동일
2. 초점		동일
3. 운영체제 접근성 기능 지원		유사
4. 누르기 동작 지원		유사
5. 색에 무관한 인식		동일
6. 명도대비		동일
7. 자막, 수화 제공		동일
8. Native UI Component	모바일 OS	
9. 컨트롤간 충분한 간격	모바일 콘텐츠	
10. 알림 기능	모바일 OS	
11. 범용 폰트 이용		별도
12. 사용자 인터페이스의 일관성	모바일 콘텐츠	
13. 깜빡거림의 사용 제한		동일
14. 배경음 사용금지		동일
15. 장애인 사용자 평가		별도

그림 12.9 웹과 모바일 애플리케이션의 접근성 지침 비교

그림 12.9를 살펴보면 웹과 모바일 앱의 특성이 검사항목별로 비교되면서 실제로 모바일 애플리케이션 접근성 지침에도 필요한 콘텐츠에 관한 지침들이 더 필요하다는 것을 알 수 있다.

따라서 두 지침의 비교를 통해 모바일 앱의 형태에서도 콘텐츠 내용에 대한 접근성 향상을 위해 그림 12.10과 같은 모바일 애플리케이션 접근성 지침 개선안이 제시될 필요가 있다.

모바일 애플리케이션이라 하더라도 웹 콘텐츠 접근성 지침과 동일하게 적용될 수 있는 검사항목들을 장애인 사용자 평가 항목에 포함하여 보완한 지침 개선안이다.

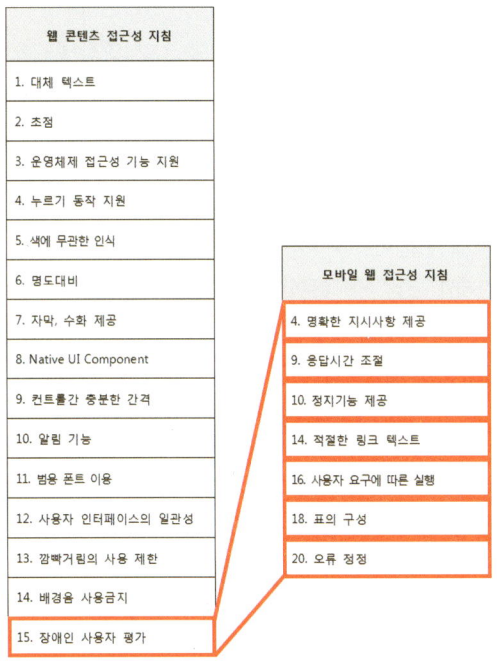

그림 12.10 모바일 애플리케이션 접근성 지침 개선안

이처럼 모바일 애플리케이션 접근성 지침도 지속적으로 보완될 필요가 있으며, 최근 대세를 이루고 있는 모바일 웹 앱 또는 하이브리드 앱과 같은 모바일 웹과 모바일 앱이 결합된 형태의 접근성 준수를 위해서 모바일 웹 접근성 부분도 가이드화될 필요가 있다.

12.2.1.2 모바일 웹 접근성

PC 웹과 모바일 웹은 크게 두 가지에서 차이가 있다. 모바일이라는 제약된 공간과 터치 기반의 컨트롤 방식이다. 따라서 모바일 웹의 기준도 필요하다. 현재는 모바일 홈페이지에 대한 지침이 없는데 문의해보면 한국형 웹 콘텐츠 접근성 지침 2.0을 준수하라는 답변뿐이었다.

최근 개정된 한국형 웹콘텐츠 접근성 지침 2.1은 비록 단체표준이지만 선언적으로 모바일 웹을 고려한 내용을 일부 신설하였다. 차후 국가표준으로 승격될 때는 좀 더 다루어야 할 검사항목들이 있다.

예를 들어 한국형 웹 콘텐츠 접근성 지침 2.0을 완벽하게 준수한 웹사이트가 있다고 하자. 해당 웹사이트를 스마트폰으로 접속했을 때 영상 콘텐츠에 자막이 아닌 원고로 제공된 경우라면 스마트폰에서 어떻게 원고를 이용할 수 있을 것인가? 스마트폰에서는 영상 콘텐츠를 최적화하기 위해 화면 전체에 보여지므로 원고를 이용할 수 없다. 과연 모바일 웹에 대한 접근성 지침이 필요없다고 할 수 있겠는가?

마우스 이벤트 핸들러인 onmouseover와 onmouseout에 대하여 키보드 이벤트 핸들러인 onfocus와 onblur로 처리하였다. 웹 접근성 관점에서 제대로 적용한 것이다. 하지만 이를 스마트폰에서 이용해보면 기능이 동작하지 않는다. 지금의 소스 코드는 모두 onclick으로 바꿔줘야만 정상적으로 작동한다. 모바일 전용 웹 페이지는 모바일 브라우저의 기본 확대 기능을 사용할 수 없도록 막는 경우가 많아서 저시력 사용자에게는 큰 문제다. 따라서 모바일 웹 접근성에 관한 지침은 반드시 필요하다. 공간적 제약이 있는 모바일 환경에 대한 특화된 고려사항은 이미 모바일 애플리케이션 접근성 지침에서 어느 정도 반영하고 있기 때문에 앞서 확인한 바와 같이 인터페이스의 일관성이나 컨트롤간 중심 간격에 대한 지표들을 포함하여 새롭게 가이드를 만든다면 많은 모바일 개발자에게 도움이 될 것이다.

최근에는 하이브리드 앱 방식으로 개발될 때 다양한 모바일 웹과 앱에 대한 개발방법론을 잘 선택하지 않으면 다시 새로 개발해야 할 수도 있기 때문에 접근성을 고려한 개발방법론에 대한 조명이 필요하다.

12.2.2 소프트웨어 접근성

'소프트웨어 접근성'은 웹과 소프트웨어의 경계가 무너지고 있는 현 시점에서 중요한 역할을 맡게 될 것이다. 현재 웹사이트에는 다양한 소프트웨어 제품이 탑재되어 있는데 웹 접근성을 적용하는 것만으로는 소프트웨어 전체의 접근성을 검사할 수 없다. 따라서 웹사이트에 적용될 소프트웨어는 그 자체로 접근성을 먼저 준수한 경우에만 탑재할 수 있도록 하는 소프트웨어 인증이 우선된다면 웹 접근성에서는 해당 소프트웨어 영역을 제외하고 점검하는 것이 필요하다. 현재 대부분의 소프트웨어가 접근성을 지키지 않고 있기 때문이다.

12.2.2.1 소프트웨어 접근성의 개념

소프트웨어 접근성은 다양한 유형의 사용자가 컴퓨터에서 동작하는 운영체제와 응용 소프트웨어를 사용하는 데 불편함이 없도록 보장하는 것을 의미한다. 웹 접근성은 주로 웹 콘텐츠에 접근이 가능하고, 해당 내용을 파악할 수 있는지가 주요 관점이라면 소프트웨어 접근성은 포맷을 구성하고 있는 소프트웨어의 UI 자체를 이용할 수 있어서 주어진 작업을 완수할 수 있는지가 목적이다.

12.2.2.2 소프트웨어 접근성 현황과 전망

소프트웨어 접근성은 1998년도 미국 재활법 제508조에서 가장 구체적으로 적용되었다. 해당 내용을 체크 리스트화하여 미국에서는 법으로 의무화하였고, 국내에서도 2006년에 소프트웨어 접근성 지침 1.0을 단체표준으로 제정했고, 특히 예민한 문제였던 공인인증서 소프트웨어 접근성 2014년부터 소프트웨어 접근성 지침 2.0을 단체표준에 이어 국가표준으로 개정할 방침이다. 소프트웨어 접근성 지침은 국내 최초로 시리즈 형태로 5년동안 개발될 전망이며, 기존의 국내지침 형태가 아닌 국제규격과 같이 매우 세밀한 내용을 담을 것으로 기대되고 있다.

미국 텍사스에서는 실제로 재활법 제 508조에 의거하여 텍사스 주에 근무하고 있는 전맹 시각장애인들이 자신이 사용하고 있는 화면 낭독 프로그램Screen Reader으로 오라클의 소프트웨어를 사용하지 못해 소송을 제기한 사례가 있다. 아울러 21세기 통신 및 비디오법을 통해 2013년 10월 9일부터는 자국 내 소프트웨어 접근성이 없는 스마트폰은 수입이 금지된다. 스마트폰 제조 강국이 우리나라에서 미국에 수출하기 위해서는 접근성을 준수해야만 한다는 의미다. 이처럼 국내에서도 모든 소프트웨어의 접근성이 의무화될 날이 머지 않았다.

표 12.8 소프트웨어 접근성 현황

연도	내용
1998. 12	미국 재활법 508조(1998년 12월 제정)에서 기술표준으로 2001년에 §1194.21 Software applications and operating systems. 제정
2006. 12	소프트웨어 접근성 지침, TTAS.KO-10.0213, TTA
2010. 1	소프트웨어 접근성 지침 개정 초안 개발
2010. 3	통신법 255조, 508조 등을 통합한 실무지침 초안 개발, 의견수렴
2013.12	소프트웨어 접근성 지침 2.0 개정 중

12.2.2.3 UIA 도구를 이용한 소프트웨어 접근성 검사 방법

UIA 도구는 소프트웨어의 각 UI 요소에 대한 속성을 검사할 수 있는데 이를 이용하여 소스를 볼 수 없는 플래시와 같은 소프트웨어의 대체 텍스트나 레이블 정보 등을 검사할 수 있다.

그림 12.11은 UIA 도구 중 하나인 AccExplorer32의 실행 화면이다. 여러 개의 검사 도구가 있지만 AccExplorer32가 사용법이 가장 간단하다.

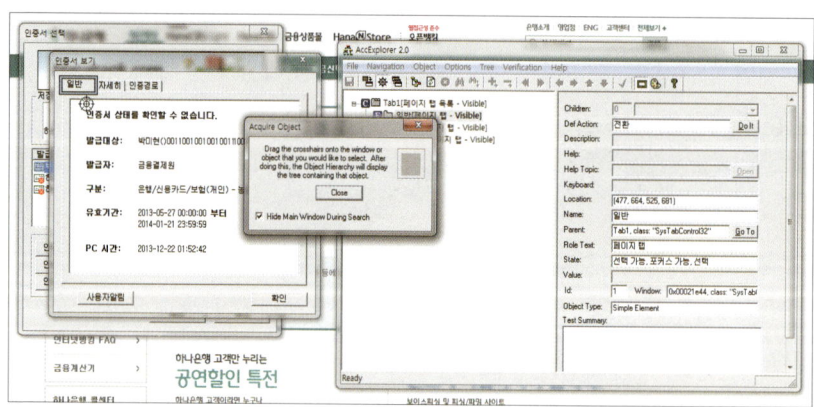

그림 12.11 소프트웨어 접근성 점검 도구 AccExplorer32

1. 에이콘출판사 도서정보페이지 http://acornpub.co.kr/book/beyond-web-accessibility에서 AccExplorer32.zip 파일을 다운로드한다.

2. AccExplorer32 설치 파일을 실행시킨 후 메뉴 아이콘 중 ⊕ 모양의 아이콘 Select With Mouse을 선택하면 Acquire Object 창이 실행된다.

3. 실행된 Acquire Object 창 안의 ⚙ 아이콘 모양을 마우스로 드래그하여 검사하고자 하는 곳(예를 들어 플래시 메뉴)에 놓는다.
4. 해당 요소에 대한 UI 요소들에 대한 접근성 결과창이 그림 12.11과 같이 보인다.

Name 값이 대체 텍스트나 레이블에 해당하므로 적절하게 제공했는지 확인한다.

12.2.2.4 소프트웨어 접근성 검사항목

소프트웨어 접근성 지침 1.0의 기준으로 총 12개의 검사항목이 있다. 각 지침의 검사항목은 다음과 같다.

표 12.9 소프트웨어 접근성 지침 1.0의 검사항목과 내용

번호	검사항목	주요 내용
1	키보드 기능	키보드가 달려 있는 장비에서 사용하도록 설계된 소프트웨어에서 키보드만으로 실행할 수 있는 기능은 모두 키보드만으로도 실행할 수 있도록 구현하여야 한다. 또한, 키보드로 실행 가능한 기능에 대한 정보와 의미 있는 실행 결과는 텍스트 메시지로 제공해야 한다.
2	응용프로그래밍 인터페이스	운영체제 개발자가 제공한 응용프로그래밍 인터페이스(API)를 적용하여 개발된 응용프로그램은 실행 시 운영체제가 활성화시켜 놓은 접근성 기능을 방해하거나 작동불능 상태로 만들어서는 안 된다. 마찬가지로 이미 실행중인 다른 응용프로그램의 개발자가 제공하는 업계 표준 인터페이스를 적용하여 개발한 응용프로그램은 실행 시 이미 실행 중인 다른 응용프로그램이 활성화시킨 접근성 기능을 방해하거나 작동불능 상태로 만들어서도 안 된다.
3	포커스 변화	스크린상에서 현재의 포커스를 잘 나타내는 방법은 입력 포커스의 변화에 따라 상호작용하는 인터페이스 요소들간에 포커스가 이동하는 것이다. 포커스는 프로그램상으로 노출이 되어 있어서 보조기술(AT: Assistive Technology)로 하여금 포커스와 포커스의 변화를 추적할 수 있어야 한다.
4	사용자 인터페이스 요소	사용자 인터페이스 요소에 대한 정보, 동작 및 상태 등에 대한 정보들은 보조기술을 위하여 충분히 제공되어야 한다. 예를 들어 어떤 프로그램 요소를 이미지로 표시한다면 그 이미지와 관련한 정보는 항상 텍스트로도 제공되어야 한다.
5	비트맵 이미지 응용	컨트롤, 상태 지시자 또는 이외의 프로그램 요소를 표시하기 위하여 비트맵 이미지를 사용한다면 이들 비트맵 이미지의 의미는 응용프로그램이 수행되는 기간 동안 바뀌지 않아야 한다. 예) 미디어 플레이어의 플레이 버튼이 재생 후 정지 버튼이나 일시정지 버튼으로 바뀌는 것이 아닌 개별적으로 존재

이어짐

번호	검사항목	주요 내용
6	스크린 텍스트 출력	스크린에 표시되는 텍스트는 운영체제가 지원하는 텍스트 표시 함수(function call)를 통하여 처리되어야 한다. 이 함수의 파라미터에는 표시할 텍스트, 텍스트 출력 위치(caret), 텍스트 속성 등이 반드시 포함되어야 한다.
7	시스템 설정 변경	사용자가 설정한 화면 대비(Contrast), 색상(Color) 및 개별적인 화면표시 속성 등을 응용프로그램이 임의로 변경할 수 없어야 한다.
8	동영상 표시	동영상을 표시하는 프로그램의 경우에는 사용자가 필요에 따라 영상을 일시 정지시켜 정지영상을 표시할 수 있어야 한다.
9	색깔 정보	소프트웨어는 프로그램의 동작(action), 반응의 대기(prompting a response) 또는 시각요소(visual elements)들의 구분 시에 색깔이 제공하는 정보에만 의존해서는 안 된다.
10	화면색과 대비	화면색과 대비(contrast)를 설정할 수 있는 소프트웨어는 다양한 색깔을 선택할 수 있을 뿐만 아니라 색깔별로도 다양하게 대비를 설정할 수 있어야 한다.
11	깜빡거림	소프트웨어는 2Hz에서 55Hz 사이의 주파수로 번쩍이거나 깜빡거리는 텍스트, 개체 또는 기타의 요소들을 사용해서는 안 된다.
12	전자서식	전자 서식(electronic form)이 사용될 경우에는 서식의 내용, 필드 구성요소, 완성(completion) 이나 제출(submission)에 필요한 기능, 그리고 작성 방법과 도움기능 등에 대한 정보들이 보조기술을 이용하고 있는 사용자에게 제공되어야 한다.

12.2.3 제품 접근성

현재 각종 IT와 가전제품은 눈부신 기술의 발전과 혁신으로 급속도로 시장이 성장하고 있다. 이에 반해 신체 기능이 저하된 장애인과 고령자 등에 대한 접근성은 취약한 편이다. 최근 선진국을 포함하여 국제적으로는 관련 기술 개발과 법제정 등이 활발하게 추진되고 있으며, 국내 기업도 소비자층을 확대하기 위한 새로운 시장을 창출하고 국제경쟁력을 강화할 목적으로 제품 접근성에 관심을 보이고 있다. 2012년 12월 12일 정부 지원으로 가전접근성포럼을 창립하였다.

가전접근성포럼에서는 국내 접근성 법제화 방안과 휴대폰, TV, 냉장고, 세탁기, 밥솥, 정수 6종으로 지정하여 가전제품 접근성 가이드라인 제작을 추진 중에 있다. 모든 장애인도 비장애인과 차별 없이 제품의 접근성 기능이나 대체 수단을 통해 일상생활 속에서 사용해야 하는 가전제품을 이용할 수 있게 다양한 방법과 기준이 제시될 것이다. 제품은 가전에서 시작해서 식료품이나 미용제품 등 다양한 영역으로 확장되어 구분할 수 있을 것이다.

국내의 접근성 표준이나 지침은 현재 표 12.3과 표 12.4와 같이 웹, 디지털 음성도서, 소프트웨어, 전자문서, 금융자동화기기 등에 대해 접근성 향상 방안을 제공하고 있다. 반면 일본 국가표준 접근성 지침인 JIS에서는 '공업규격'을 포함할 정도로 생활 전반에 대해 접근성을 적용하고 있다. 예컨대 샴푸와 린스의 뚜껑 용기를 촉각으로 구분할 수 있게 처리하도록 권장하여 머리를 감는 동안 눈을 뜨지 못하는 일시적인 장애를 고려한 규격을 제시하고 있다. 이처럼 제품의 접근성은 비장애인 사용자에게도 일상생활 속에서 많은 혜택을 가져다 줄 것이다. 수많은 제품에서 장애인뿐만 아니라 고령자, 비장애인까지도 생각하는 접근성과 사용성의 향상을 기대해보자.

12.2.4 서비스 접근성

서비스 접근성은 서비스 단위에 부여되는 모든 영역에 대한 접근성을 의미한다. 현재는 웹 접근성이라는 웹 분야를 한정하여 접근성을 적용한다면 미용실에서 머리를 자르거나 주민자치센터에 들려 민원서류를 접수한다거나 하는 일체의 서비스 전체 프로세스에 접근성을 준수하게 하는 제도가 도입될 것이다. 미용실에 휠체어로 진입은 가능한지, 미용실에서 결제하는 내용을 쉽게 인식할 수 있는지, 모바일기기를 통한 헤어스타일 확인과 선택이 가능한지 등 종합적인 관점에서 접근성을 제공할 수 있도록 하는 것이다.

종합 가이드가 부여되고 이를 준수하면 하나의 서비스 단위 전체에서 장애인이나 고령자 등도 이용할 수 있는지를 확인할 수 있다는 점에서 서비스 접근성은 매우 큰 의미가 있다. 우리나라에 대표적인 인증인 KS마크를 떠올려 보자. 대부분 KS마크는 제품에 부여하는 것으로 알고 있는데 빠르게 발전하는 서비스 분야에도 적용하기 위해 KS 서비스 인증을 실시하고 있다. 120다산콜센터는 지난해 9월 국내에서는 최초로 서비스 분야 KS 인증을 획득했다.

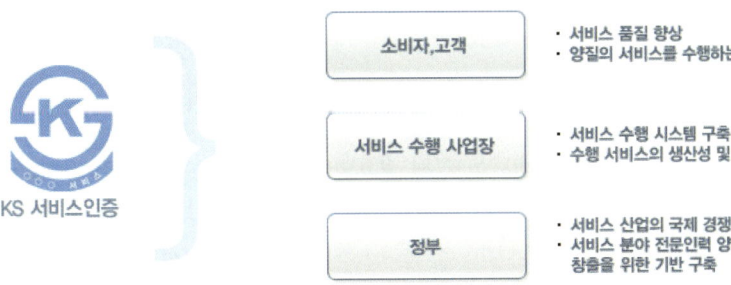

그림 12.12 KS 서비스 인증 개요

표준화 일반, 서비스 운영체계, 서비스 운영, 서비스 인력관리, 시설·장비, 환경 및 안전관리를 심사받게 된다. KS 서비스 인증 사업장은 매년 정기심사를 받아야 하며 제공한 서비스와 관련해 소비자의 불만이 제기될 경우 현장조사를 통해 심사기준에 미달되면 시정조치나 인증정지, 인증을 취소할 수 있다.

표준은 한 나라의 산업 발전과 사회통합에 커다란 역할을 하는데 국내에서 서비스 접근성을 통해 실제 만족할 만한 서비스가 될 수 있도록 유도하고, 국가 경쟁력을 높이기 위해 글로벌 수준의 문화를 만들어낼 필요가 있다.

이처럼 제공하는 서비스의 품질 기준으로 접근성을 평가하는 시대가 올 것이다. 실제로 서비스 단위가 진정한 접근성이 필요한 최소 단위라고 생각한다. 따라서 이 서비스 접근성을 평가하기 위해서 서비스의 절차 속에 들어 있는 건물, 웹사이트, 제품, 소프트웨어, 사람 등이 모두 접근성의 적절한 기준을 가지고 이를 준수함으로서 서비스를 개선할 수 있다.

12.2.5 접근성 책임자

로버트 싱클레어는 마이크로소프트의 최고 접근성책임자CAO, Chief of Accessibility Officer 다. T.V. 라만Raman 박사는 구글의 접근성 책임자다. 현재 웹에만 머무는 접근성의 수준이 전 영역으로 확대된다면 다양한 전자제품이나 IT기기를 생산해내는 굴지의 대기업들의 입장에서는 이를 체계적으로 관리할 수 있는 조직과 접근성 책임자를 필요로 하게 될 것이다. 웹, 소프트웨어, 문서, 제품, 서비스 등 다양한 영역에서 접근성을 기본으로 하고, 사용성과 사용자 경험을 포함하는 전체적인 관리자 역할로 접근성 책임자라는 제도가 시행될 수 있는 기업 풍토가 조성되었으면 한다.

기업은 단순히 한 시점에서 방어할 수 있는 형태가 아닌 접근성 영역에 대해 지속적으로 관리하고 반영할 수 있는 조직을 둬서 상시적으로 접근성을 향상하려는 노력을 다하고 이를 사회적 책무로 생각할 수 있는 시대가 도래하길 기대해본다.

12.2.6 제안

웹 접근성에서 시작된 '접근성' 개념은 실제 필요한 영역에서 제대로 자리 잡아가고 있다. 시작할 때는 성장통과 같이 많이 아프고 곱지 않은 시선으로 시작할지 모르겠지만 정말 마음에서 우러나오고 감동을 줄 수 있는 서비스로 변화하여 이 시대의 모든 계층이 함께 어우러질 수 있는 문화를 기대한다.

일본의 돗토리 현 일부 지역에서는 웹 접근성에 대한 지식이 없는 일반인들도 사이트 접근성을 높이는 과정에 참여가 가능하다. 장애인 이용자가 웹사이트에서 접근성에 문제가 있다고 판단한 경우 방문한 사이트에 대한 내용을 신고하면 이를 관계기관과 실무자들이 함께 개선 작업에 참여한다. 이처럼 서로가 커뮤니케이션하면서 서로에게 필요한 부분을 고민하고 함께 만들어 나가는 것이 바로 '접근성'이라고 생각한다.

대한민국에 지금 가장 필요한 것은 마음의 접근성이다. 마음의 접근성을 높여 정책과 기술이 관심과 배려, 노력으로 이어지는 좋은 문화를 만드는 세계 최고의 접근성 강국이 되길 희망해본다.

정리

웹 접근성의 개념과 목적, 장애인차별금지법에 대한 이해와 대응, 실무를 위한 이론과 응용, 실전에 적용할 있도록 프로젝트 지식과 평가기법, 보조기술의 이해와 활용까지 웹 접근성과 관련된 내용을 총 망라했고, 마지막으로 웹 접근성을 넘어서 모든 영역에서의 접근성을 높일 수 있는 웹 접근성의 미래와 해결해야 할 과제까지 모두 살펴보았다. 웹 접근성의 미래와 과제에 대해 간단하게 요약하면 다음과 같다.

1. 웹 접근성의 올바른 발전 방향
- 웹 접근성은 잠시의 유행으로 끝나는 것이 아니라 전 세계적인 흐름이자 반드시 필요한 영역이다.
- 웹 접근성이 마크업 영역에 머무르지 않고, 신기술과 새로운 영역까지 발전할 수 있어야 한다.
- 웹 접근성이 신기술을 규제하는 것이 아니라 연구를 통한 접근성 적용이 가능하도록 노력해야 한다.

2. 새로운 기술의 방향
- HTML5와 ARIA 등 새로운 기술은 웹 접근성을 향상하는 방향으로 발전 중에 있다.
- 화면 낭독기 중심으로 적용하는 접근성 구현 방식이 프로그래밍을 통해 해결되고 있다.
- 접근성은 UX와 함께 연계하여 발전할 때 모두가 공감할 수 있는 방향으로 전환된다.

3. 모바일 접근성
- 국내의 모바일 애플리케이션 접근성 지침은 7개의 준수항목과 8개의 권고항목으로 구성되어 있다.
- 모바일 애플리케이션 접근성 지침의 업데이트가 필요하며, 한국형 웹 콘텐츠 접근성 지침 2.0과 비교했을 때 콘텐츠의 이해를 높일 수 있는 항목은 포함하여 적용하는 것이 바람직하다.
- 모바일 웹 역시 한국형 웹 콘텐츠 접근성 지침 2.0에서 인지되지 못한 접근성 문제가 있으므로 새로운 지침을 제정하거나 타 지침에 추가하여 보완할 필요가 있다.

4. 소프트웨어 접근성
- 소프트웨어 접근성 지침 1.0의 기준으로 총 12개의 검사항목으로 구성되어 있다.
- 21세기 통신 및 비디오법에 의거하여 2013년 10월 9일 이후로 미국에 수출하는 국내의 모든 스마트폰은 접근성을 준수해야만 한다.

5. 제품 접근성
- 2012년 12월 12일에 가전접근성포럼이 발족하여 제품 접근성에 대한 법제화 및 가이드라인을 준비 중에 있으며, 가전제품을 중심으로 실생활에서 접근성을 높여주기 위해 노력하고 있다.

6. 서비스 접근성
- 건물, 공간, 웹, 모바일, 소프트웨어, 제품, 서비스까지 하나의 서비스 단위에 접근성을 준수할 수 있도록 하는 것으로 매우 큰 의미가 있으며, 종합적인 접근성을 적용할 수 있어 필요한 제도다.

7. 접근성 책임자
- 웹, 소프트웨어, 문서, 제품, 서비스 등 다양한 영역에서 접근성을 기본으로 하고, 사용성과 사용자 경험을 포함하는 전체적인 관리자 역할로 접근성 책임자라는 제도를 고려해보자.

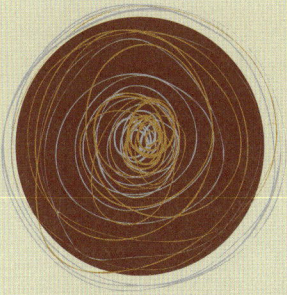

부록

부록 I 웹 접근성 관련 법률
부록 II 한국형 웹 콘텐츠 접근성 지침 2.1 개요
부록 III 웹 접근성 품질인증심사가이드 v1.3 인증심사 기준
부록 IV 기타 화면 낭독기 설치와 사용법

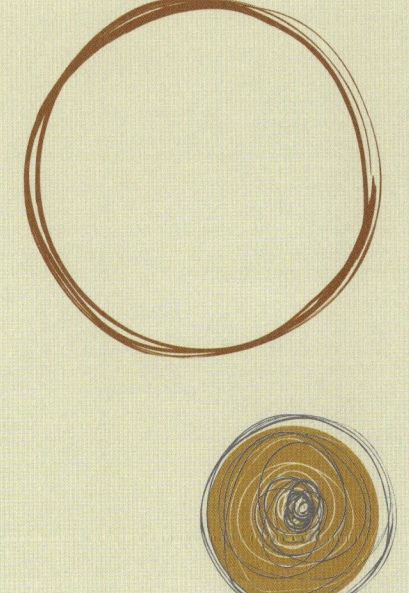

부록 | 웹 접근성 관련 법률

I.1 웹 접근성 관련 법률

웹 접근성 관련 법률은 3가지가 대표적인데 가장 많이 알려진 장애인차별금지법 외에도 국가정보화기본법과 장애인복지법이 있다. 국가정보화기본법은 이번에 웹 접근성 품질인증마크를 공식적인 국가임의인증제도로 명시하고 있어 주목할 필요가 있으며, 장애인차별금지법은 웹 접근성을 법적으로 의무화한 법률인 만큼 자세하게 이해할 필요가 있다.

표 I.1 웹 접근성 관련 법률

법률명	소관부처	법률번호	공포일	시행일	비고
국가정보화 기본법	미래창조과학부 (정보화기획과)	제11764호	2013.5.22	2013.11.23	일부개정
장애인복지법	보건복지부 (장애인정책과)	제11521호	2012.10.22	2013.4.23	일부개정
장애인차별금지 및 권리구제 등에 관한 법률	보건복지부 (장애인권익지원과)	제11522호	2012.10.22	2013.4.23	일부개정

웹 접근성 관련 법률 3가지에 대한 내용 중 웹 접근성과 관련된 부분을 발췌하여 정리하였다.

I.1.1 국가정보화기본법

제32조(장애인·고령자 등의 정보 접근 및 이용 보장)

① 국가기관등은 인터넷을 통하여 정보나 서비스를 제공할 때 장애인·고령자 등이 쉽게 웹사이트를 이용할 수 있도록 접근성을 보장하여야 한다.

② 정보통신서비스 제공자는 그 서비스를 제공할 때 장애인·고령자 등의 접근과 이용의 편익을 증진하기 위하여 노력하여야 한다. 〈개정 2013.5.22〉

③ 정보통신 관련 제조업자는 정보통신기기 및 소프트웨어(이하 "정보통신제품"이라 한다)를 설계, 제작, 가공할 때 장애인·고령자 등이 쉽게 접근하고 이용할 수 있도록 노력하여야 한다.

④ 국가기관등은 정보통신제품을 구매할 때 장애인·고령자 등의 정보 접근과 이용 편의를 보장한 정보통신제품을 우선하여 구매하도록 노력하여야 한다.

⑤ 미래창조과학부장관은 장애인·고령자 등의 정보 접근 및 이용 편의 증진을 위한 정보통신서비스 및 정보통신제품 등의 종류·지침 등을 정하여 고시하여야 한다. 〈개정 2013.3.23.〉 [시행일 : 2013.11.23.] 제32조

제32조의2(웹 접근성 품질인증마크 등)

① 미래창조과학부장관은 장애인·고령자 등의 정보 접근 및 이용 편의를 증진하기 위하여 인증기관을 지정하여 웹사이트를 통하여 제공되는 정보통신서비스에 대한 접근성 품질인증마크(이하 "웹 접근성 품질인증마크"라 한다)을 하게 할 수 있다.

② 제1항에 따라 인증기관의 지정을 받으려는 자는 미래창조과학부장관에게 인증기관 지정을 신청하여야 한다.

③ 웹 접근성 품질인증마크을 받으려는 자는 제1항 및 제2항에 따라 지정된 인증기관에 인증을 신청하여야 한다.

④ 제1항부터 제3항까지의 규정에 따른 인증기관 지정의 기준, 인증의 기준·절차·방법·유효기간, 수수료 부과 및 그 밖에 웹 접근성 품질인증마크 제도 운영에 필요한 사항은 대통령령으로 정한다. [본조신설 2013.5.22.] [시행일 : 2013.11.23.] 제32조의2

제32조의3(인증기관 지정의 취소 등)

① 미래창조과학부장관은 제32조의2제1항에 따라 인증기관으로 지정받은 기관이 다음 각 호의 어느 하나에 해당하면 그 지정을 취소하거나 1년 이내의 기간을 정하여 해당 업무의 전부 또는 일부의 정지를 명할 수 있다. 다만, 제1호 및 제2호에 해당하는 경우에는 그 지정을 취소하여야 한다.

1. 거짓이나 그 밖의 부정한 방법으로 인증기관의 지정을 받은 경우
2. 업무정지기간 중에 인증 업무를 한 경우

3. 정당한 사유 없이 인증 업무를 수행하지 아니한 경우

4. 제32조의2제4항에 따른 인증기관 지정 기준에 적합하지 아니하게 된 경우

5. 제32조의2제4항에 따른 인증 기준 또는 절차를 위반하여 인증을 한 경우

② 제1항에 따른 지정 취소 및 업무 정지 등에 필요한 사항은 대통령령으로 정한다. [본조신설 2013.5.22][시행일 : 2013.11.23] 제32조의3

제32조의4(웹 접근성 품질인증마크의 표시 등)

① 웹 접근성 품질인증마크을 받은 자는 해당 정보통신서비스를 제공할 때 대통령령으로 정하는 바에 따라 웹 접근성 품질인증마크 내용을 표시하거나 웹 접근성 품질인증마크을 받은 사실을 홍보할 수 있다.

② 제32조의2에 따라 웹 접근성 품질인증마크을 받지 아니한 자는 제1항에 따른 웹 접근성 품질인증마크의 표시 또는 이와 유사한 표시를 하거나 웹 접근성 품질인증마크을 받은 것으로 홍보를 하여서는 아니 된다. [본조신설 2013.5.22][시행일 : 2013.11.23] 제32조의4

제32조의5(웹 접근성 품질인증마크의 취소)

인증기관의 장은 웹 접근성 품질인증마크을 받은 자가 다음 각 호의 어느 하나에 해당하는 경우에는 웹 접근성 품질인증마크을 취소할 수 있다. 다만, 제1호에 해당하는 때에는 인증을 취소하여야 한다.

1. 거짓이나 그 밖의 부정한 방법으로 웹 접근성 품질인증마크을 받은 경우

2. 제32조의2제4항에 따른 웹 접근성 품질인증마크 기준을 지키지 아니한 경우

3. 「인터넷주소자원에 관한 법률」 제12조 또는 제18조의2에 따라 도메인이름등이 말소 또는 이전된 경우[본조신설 2013.5.22][시행일 : 2013.11.23] 제32조의5

제47조(과태료)

① 제14조제7항을 위반한 자에게는 500만원 이하의 과태료를 부과한다.

② 제30조의5제2항 또는 제32조의4제2항을 위반한 자에게는 300만원 이하의 과태료를 부과한다.〈신설 2013.5.22〉

③ 제1항 및 제2항에 따른 과태료는 미래창조과학부장관이 부과·징수한다.〈개정 2013.3.23, 2013.5.22〉[시행일 : 2013.11.23.] 제47조

I.1.2 장애인복지법

제22조(정보에의 접근)

① 국가와 지방자치단체는 장애인이 정보에 원활하게 접근하고 자신의 의사를 표시할 수 있도록 전기통신·방송시설 등을 개선하기 위하여 노력하여야 한다.

② 국가와 지방자치단체는 방송국의 장 등 민간 사업자에게 뉴스와 국가적 주요 사항의 중계 등 대통령령으로 정하는 방송 프로그램에 청각장애인을 위한 수화 또는 폐쇄자막과 시각장애인을 위한 화면해설 또는 자막해설 등을 방영하도록 요청하여야 한다.

③ 국가와 지방자치단체는 국가적인 행사, 그 밖의 교육·집회 등 대통령령으로 정하는 행사를 개최하는 경우에는 청각장애인을 위한 수화통역 및 시각장애인을 위한 점자 또는 점자·음성변환용 코드가 삽입된 자료 등을 제공하여야 하며 민간이 주최하는 행사의 경우에는 수화통역과 점자 또는 점자·음성변환용 코드가 삽입된 자료 등을 제공하도록 요청할 수 있다. 〈개정 2012.1.26〉

④ 제2항과 제3항의 요청을 받은 방송국의 장 등 민간 사업자와 민간 행사 주최자는 정당한 사유가 없으면 그 요청에 따라야 한다.

⑤ 국가와 지방자치단체는 시각장애인이 정보에 쉽게 접근할 수 있도록 점자도서와 음성도서 등을 보급하기 위하여 노력하여야 한다.

⑥ 국가와 지방자치단체는 장애인의 특성을 고려하여 정보통신망 및 정보통신기기의 접근·이용에 필요한 지원 및 도구의 개발·보급 등 필요한 시책을 강구하여야 한다.

I.1.3 장애인차별금지 및 권리구제 등에 관한 법률

제20조(정보접근에서의 차별금지)

① 개인·법인·공공기관(이하 이 조에서 "개인 등"이라 한다)은 장애인이 전자정보와 비전자정보를 이용하고 그에 접근함에 있어서 장애를 이유로 제4조제1항제1호 및 제2호에서 금지한 차별행위를 하여서는 아니 된다.

② 장애인 관련자로서 수화통역, 점역, 점자교정, 낭독, 대필, 안내 등을 위하여 장애인을 대리·동행하는 등 장애인의 의사소통을 지원하는 자에 대하여는 누구든지 정당한 사유 없이 이들의 활동을 강제·방해하거나 부당한 처우를 하여서는 아니 된다.

제21조(정보통신·의사소통 등에서의 정당한 편의제공의무)

① 제3조제4호·제6호·제7호·제8호가목 후단 및 나목·제11호·제18호·제19호에 규정된 행위자, 제12호·제14호부터 제16호까지의 규정에 관련된 행위자, 제10조제1항의 사용자 및 같은 조 제2항의 노동조합 관계자(행위자가 속한 기관을 포함한다. 이하 이 조에서 "행위자 등"이라 한다)는 당해 행위자 등이 생산·배포하는 전자정보 및 비전자정보에 대하여 장애인이 장애인 아닌 사람과 동등하게 접근·이용할 수 있도록 수화, 문자 등 필요한 수단을 제공하여야 한다. 이 경우 제3조제8호가목 후단 및 나목에서 말하는 자연인은 행위자 등에 포함되지 아니한다.

② 공공기관 등은 자신이 주최 또는 주관하는 행사에서 장애인의 참여 및 의사소통을 위하여 필요한 수화통역사·문자통역사·음성통역자·보청기기 등 필요한 지원을 하여야 한다.

③ 「방송법」 제2조제3호에 따른 방송사업자와 「인터넷 멀티미디어 방송사업법」 제2조제5호에 따른 인터넷 멀티미디어 방송사업자는 장애인이 장애인 아닌 사람과 동등하게 제작물 또는 서비스를 접근·이용할 수 있도록 폐쇄자막, 수화통역, 화면해설 등 장애인 시청 편의 서비스를 제공하여야 한다. 〈개정 2010.5.11〉

④ 「전기통신사업법」에 따른 기간통신사업자(전화서비스를 제공하는 사업자만 해당한다)는 장애인이 장애인 아닌 사람과 동등하게 서비스를 접근·이용할 수 있도록 통신설비를 이용한 중계서비스(영상통화서비스, 문자서비스 또는 그 밖에 미래창조과학부장관이 정하여 고시하는 중계서비스를 포함한다)를 확보하여 제공하여야 한다. 〈개정 2010.5.11, 2013.3.23〉

⑤ 다음 각 호의 사업자는 장애인이 장애인 아닌 사람과 동등하게 접근·이용할 수 있도록 출판물(전자출판물을 포함한다. 이하 이 항에서 같다) 또는 영상물을 제공하기 위하여 노력하여야 한다. 다만, 「도서관법」 제18조에 따른 국립중앙도서관은 새로이 생산·배포하는 도서자료를 점자, 음성 또는 확대문자 등으로 제공하여야 한다. 〈신설 2010.5.11〉

1. 출판물을 정기적으로 발행하는 사업자

2. 영화, 비디오물 등 영상물의 제작업자 및 배급업자

⑥ 제1항에 따른 필요한 수단을 제공하여야 하는 행위자 등의 단계적 범위 및 필요한 수단의 구체적인 내용과 제2항에 따른 필요한 지원의 구체적인 내용 및 범위와 그 이행 등에 필요한 사항, 제3항과 제4항에 따른 사업자의 단계적 범위와 제공하여야 하는 편의의 구체적 내용 및 그 이행 등에 필요한 사항은 대통령령으로 정한다. ?〈신설 2010.5.11〉[제목개정 2010.5.11]

제23조(정보접근 · 의사소통에서의 국가 및 지방자치단체의 의무)

① 국가 및 지방자치단체는 장애인의 특성을 고려한 정보통신망 및 정보통신기기의 접근 · 이용을 위한 도구의 개발 · 보급 및 필요한 지원을 강구하여야 한다.

② 정보통신 관련 제조업자는 정보통신제품을 설계 · 제작 · 가공함에 있어서 장애인이 장애인 아닌 사람과 동등하게 접근 · 이용할 수 있도록 노력하여야 한다.

③ 국가와 지방자치단체는 장애인이 장애의 유형 및 정도, 특성에 따라 수화, 구화, 점자, 큰문자 등을 습득하고 이를 활용한 학습지원 서비스를 제공받을 수 있도록 필요한 조치를 강구하여야 하며, 위 서비스를 제공하는 자는 장애인의 의사에 반하여 장애인의 특성을 고려하지 않는 의사소통양식 등을 강요하여서는 아니 된다.

제38조(진정)

이 법에서 금지하는 차별행위로 인하여 피해를 입은 사람(이하 "피해자"라 한다) 또는 그 사실을 알고 있는 사람이나 단체는 국가인권위원회(이하 "위원회"라 한다)에 그 내용을 진정할 수 있다.

제39조(직권조사)

위원회는 제38조의 진정이 없는 경우에도 이 법에서 금지하는 차별행위가 있다고 믿을 만한 상당한 근거가 있고 그 내용이 중대하다고 인정할 때에는 이를 직권으로 조사할 수 있다.

제46조(손해배상)

① 누구든지 이 법의 규정을 위반하여 타인에게 손해를 가한 자는 그로 인하여 피해를 입은 사람에 대하여 손해배상책임을 진다. 다만, 차별행위를 한 자가 고의 또는 과실이 없음을 증명한 경우에는 그러하지 아니하다.

② 이 법의 규정을 위반한 행위로 인하여 손해가 발생한 것은 인정되나 차별행위의 피해자가 재산상 손해를 입증할 수 없을 경우에는 차별행위를 한 자가 그로 인하여 얻은 재산상 이익을 피해자가 입은 재산상 손해로 추정한다.

③ 법원은 제2항에도 불구하고 차별행위의 피해자가 입은 재산상 손해액을 입증하기 위하여 필요한 사실을 입증하는 것이 해당 사실의 성질상 곤란한 경우에는 변론 전체의 취지와 증거조사의 결과에 기초하여 상당한 손해액을 인정할 수 있다.

제47조(입증책임의 배분)

① 이 법률과 관련한 분쟁해결에 있어서 차별행위가 있었다는 사실은 차별행위를 당하였다고 주장하는 자가 입증하여야 한다.

② 제1항에 따른 차별행위가 장애를 이유로 한 차별이 아니라거나 정당한 사유가 있었다는 점은 차별행위를 당하였다고 주장하는 자의 상대방이 입증하여야 한다.

제49조(차별행위)

① 이 법에서 금지한 차별행위를 행하고 그 행위가 악의적인 것으로 인정되는 경우 법원은 차별을 한 자에 대하여 3년 이하의 징역 또는 3천만원 이하의 벌금에 처할 수 있다.

② 제1항에서 악의적이라 함은 다음 각 호의 사항을 전부 고려하여 판단하여야 한다.

  1. 차별의 고의성
  2. 차별의 지속성 및 반복성
  3. 차별 피해자에 대한 보복성
  4. 차별 피해의 내용 및 규모

③ 법인의 대표자나 법인 또는 개인의 대리인·사용인, 그 밖의 종업원이 그 법인 또는 개인의 업무에 관하여 악의적인 차별행위를 한 때에는 행위자를 벌하는 외에 그 법인 또는 개인에 대하여도 제1항의 벌금형을 과한다. 다만, 법인 또는 개인이 그 위반행위를 방지하기 위하여 해당 업무에 관하여 상당한 주의와 감독을 게을리하지 아니한 경우에는 그러하지 아니하다. 〈개정 2010.5.11〉

④ 이 조에서 정하지 아니한 벌칙은 「국가인권위원회법」의 규정을 준용한다.

제50조(과태료)

① 제44조에 따라 확정된 시정명령을 정당한 사유 없이 이행하지 아니한 자는 3천만원 이하의 과태료에 처한다.

시행령 제14조(정보통신·의사소통에서의 정당한 편의 제공의 단계적 범위 및 편의의 내용)

① 법 제21조제1항 전단에 따라 장애인이 접근·이용할 수 있도록 수화, 문자 등 필요한 수단을 제공하여야 하는 행위자 등의 단계적 범위는 별표 3과 같다.

② 법 제21조제1항에 따라 제공하여야 하는 필요한 수단의 구체적인 내용은 다음 각 호와 같다.

1. 누구든지 신체적·기술적 여건과 관계없이 웹사이트를 통하여 원하는 서비스를 이용할 수 있도록 접근성이 보장되는 웹사이트
2. 수화통역사, 음성통역사, 점자자료, 점자정보단말기, 큰 활자로 확대된 문서, 확대경, 녹음테이프, 표준텍스트파일, 개인형 보청기기, 자막, 수화통역, 인쇄물음성변환출력기, 장애인용복사기, 화상전화기, 통신중계용 전화기 또는 이에 상응하는 수단

③ 제2항제2호에 따른 필요한 수단은 장애인이 요청하는 경우 요청받은 날부터 7일 이내에 제공하여야 한다.

④ 공공기관 등은 법 제21조제2항에 따라 장애인이 행사 개최하기 7일 전까지 지원을 요청하는 경우에는 수화통역사, 문자통역사, 음성통역사 또는 보청기기 등 필요한 수단을 제공하여야 한다.

⑤ 법 제21조제3항에 따른 장애인 시청 편의 서비스의 구체적인 내용은 다음 각 호와 같다. 〈신설 2011.5.19〉

1. 청각장애인을 위하여 방송의 음성 및 음향을 화면에 글자로 전달하는 폐쇄자막
2. 청각장애인을 위하여 방송의 음성 및 음향을 손짓, 몸짓, 표정 등으로 전달하는 수화통역
3. 시각장애인을 위하여 화면의 장면, 자막 등을 음성으로 전달하는 화면해설

부록 II 한국형 웹 콘텐츠 접근성 지침 2.1 개요

2013년 12월 18일에 가장 최신 버전인 한국형 웹 콘텐츠 접근성 지침 2.1이 단체표준으로 개정되었다. 그러나 가장 중요한 것은 이 책에서 설명하고 있는 지침 2.0이 국가표준이기 때문에 지침 2.1이 국가표준이 되기 전까지 일종의 예비적인 지침의 성격인 단체표준이라는 점에서 중심을 잘 유지할 필요가 있다. 그런 면에서 두 지침을 다 이해하고 있는 것이 중요하다. 예를 들어 장애인차별금지법에서 웹 접근성 준수 기준으로 현재는 국가표준이 해당되므로 앞으로의 변화와 방향 확인을 위한 수준에서 지침 2.1을 준비하는 것이 좋다. 두 지침 사이에 변화가 크지 않기 때문에 6개월 정도의 웹 접근성 프로젝트를 준비하고 있다면 6개월 뒤에 지침 2.1이 국가표준이 될 수도 있기 때문에 우선 지침 2.0의 기준에 따라 준비하고 2.0과 2.1의 차이점에 대해서만 수정할 수 있는 정도로 준비하는 것이 바람직하다. 두 지침 사이에 완화되거나 규제되는 정도가 달라지기 때문에 두 지침에서 규제하는 것을 다 준수하고 있다면 아무런 문제없이 접근성을 준수한 것으로 볼 수 있다.

II.1 웹 콘텐츠 접근성 지침 2.0 요약

표 II.1 웹 콘텐츠 접근성 지침 2.0의 원칙, 지침, 검사 항목

원칙(4개)	지침(13개)	검사항목(22개)
인식의 용이성 (Perceivable)	1.1(대체 텍스트) 텍스트 아닌 콘텐츠에는 대체 텍스트를 제공해야 한다.	1.1.1(적절한 대체 텍스트 제공) 텍스트 아닌 콘텐츠는 그 의미나 용도를 이해할 수 있도록 대체 텍스트를 제공해야 한다.
	1.2(멀티미디어 대체 수단) 동영상, 음성 등 멀티미디어 콘텐츠를 이해할 수 있도록 대체 수단을 제공해야 한다.	1.2.1(자막 제공) 멀티미디어 콘텐츠에는 자막, 원고 또는 수화를 제공해야 한다.

이어짐

원칙(4개)	지침(13개)	검사항목(22개)
인식의 용이성 (Perceivable)	1.3(명료성) 콘텐츠는 명확하게 전달되어야 한다.	1.3.1(색에 무관한 콘텐츠 인식) 콘텐츠는 색에 관계없이 인식될 수 있어야 한다.
		1.3.2(명확한 지시사항 제공) 지시사항은 모양, 크기, 위치, 방향, 색, 소리 등에 관계없이 인식될 수 있어야 한다.
		1.3.3(텍스트 콘텐츠의 명도대비) 텍스트 콘텐츠와 배경 간의 명도 대비는 4.5대 1 이상이어야 한다.
		1.3.4(배경음 사용 금지) 자동으로 재생되는 배경음을 사용하지 않아야 한다.
운용의 용의성 (Operable)	2.1(키보드 접근성) 콘텐츠는 키보드로 접근할 수 있어야 한다.	2.1.1(키보드 사용 보장) 모든 기능은 키보드만으로도 사용할 수 있어야 한다.
		2.1.2(초점 이동) 키보드에 의한 초점은 논리적으로 이동해야 하며, 시각적으로 구별할 수 있어야 한다.
	2.2(충분한 시간 제공) 콘텐츠를 읽고 사용하는 데 충분한 시간을 제공해야 한다.	2.2.1(응답시간 조절) 시간제한이 있는 콘텐츠는 응답시간을 조절할 수 있어야 한다.
		2.2.2(정지 기능 제공) 자동으로 변경되는 콘텐츠는 움직임을 제어할 수 있어야 한다.
	2.3(광과민성 발작 예방) 광과민성 발작을 일으킬 수 있는 콘텐츠를 제공하지 않아야 한다.	2.3.1(깜빡임과 번쩍임 사용 제한) 초당 3~50회의 주기로 깜빡이거나 번쩍이는 콘텐츠를 제공하지 않아야 한다.
	2.4(쉬운 내비게이션) 콘텐츠는 쉽게 내비게이션할 수 있어야 한다.	2.4.1(반복 영역 건너뛰기) 콘텐츠의 반복되는 영역은 건너뛸 수 있어야 한다.
		2.4.2(제목 제공) 페이지, 프레임, 콘텐츠 블록에는 적절한 제목을 제공해야 한다.
		2.4.3(적절한 링크 텍스트) 링크 텍스트는 용도나 목적을 이해할 수 있도록 제공해야 한다.

이어짐

원칙(4개)	지침(13개)	검사항목(22개)
이해의 용이성 (Understandable)	3.1(가독성) 콘텐츠는 읽고 이해하기 쉬워야 한다.	3.1.1(기본 언어 표시) 주로 사용하는 언어를 명시해야 한다.
	3.2(예측 가능성) 콘텐츠의 기능과 실행 결과는 예측 가능해야 한다.	3.2.1(사용자 요구에 따른 실행) 사용자가 의도하지 않은 기능(새 창, 초점변화 등)은 실행되지 않아야 한다.
	3.3(콘텐츠의 논리성) 콘텐츠는 논리적으로 구성해야 한다.	3.3.1(콘텐츠의 선형화) 콘텐츠는 논리적인 순서로 제공해야 한다.
		3.3.2(표의 구성) 표는 이해하기 쉽게 구성해야 한다.
	3.4(입력 도움)입력 오류를 방지하거나 정정할 수 있어야 한다.	3.4.1(레이블 제공) 입력 서식에는 대응하는 레이블을 제공해야 한다.
		3.4.2(오류 정정) 입력 오류를 정정할 수 있는 방법을 제공해야 한다.
견고성(Robust)	4.1(문법 준수) 웹 콘텐츠는 마크업 언어의 문법을 준수해야 한다.	4.1.1(마크업 오류 방지) 마크업 언어의 요소는 열고 닫음, 중첩 관계 및 속성 선언에 오류가 없어야 한다.
	4.2(웹 애플리케이션 접근성) 웹 애플리케이션은 접근성이 있어야 한다.	4.2.1(웹 애플리케이션 접근성 준수) 콘텐츠에 포함된 웹 애플리케이션은 접근성이 있어야 한다.

II.2 웹 콘텐츠 접근성 지침 2.1의 특징

이번 지침 개정은 스마트폰 등의 모바일 환경과 터치기반 환경을 고려한 것이 큰 특징이다. 또한 HTML5 표준을 고려하였고, 전반적으로 지침은 선언적으로 바꾸어 자주 바뀔만한 내용은 기술가이드로 내려서 지침이 오래 유지될 수 있도록 개정되었다. 그동안의 고질적인 문제였던 명도대비의 완화와 첫 페이지에서의 새 창도 제목을 제공하면 1개까지 허용하되 레이어 팝업은 더욱 강하게 규제하는 등 현실적인 면도 고려되었다.

II.2.1 2.0과 2.1의 차이점

지침 2.0은 22개의 검사항목이 있었지만 다음에 나열한 지침 2.1에서는 24개의 검사항목으로 2개의 검사항목이 신설되었다(제 42회 RI KOREA 재활대회 김석일 토론문 참조).

(a) **지침 1.1(대체 텍스트) 텍스트 아닌 콘텐츠에는 대체 텍스트를 제공해야 한다.**

　가) 검사항목 1.1.1(적절한 대체 텍스트 제공) 텍스트 아닌 콘텐츠는 그 의미나 용도를 이해할 수 있도록 대체 텍스트를 제공해야 한다.

　　(1) 수정: '의미 있는 배경 이미지: 배경 이미지의 의미가 사용자에게 전달되어야 하는 콘텐츠는 그 의미가 보조 기술로 전달되도록 대체 텍스트를 제공해야 한다.'는 항목을 추가함. 또한 대체 텍스트를 중복해서 제공하지 않도록 '동일한 정보를 중복해서 제공하는 경우: 보조기술로 동일한 정보가 반복해서 전달되지 않도록 구현하는 것이 바람직하다.'를 추가함

(b) **지침 1.2(멀티미디어 대체 콘텐츠) 동영상, 음성 등 멀티미디어 콘텐츠를 이해할 수 있도록 대체 콘텐츠를 제공해야 한다.**

　나) 검사항목 1.2.1(자막 제공) 멀티미디어 콘텐츠에는 자막, 대본 또는 수화를 제공해야 한다.

　　(1) 동일

(c) **지침 1.3(명료성) 콘텐츠는 명확하게 전달되어야 한다.**

　다) 검사항목 1.3.1(색에 무관한 콘텐츠 인식) 콘텐츠는 색에 관계없이 인식될 수 있어야 한다.

　　(1) 동일

　라) 검사항목 1.3.2(명확한 지시사항 제공) 지시사항은 모양, 크기, 위치, 방향, 색, 소리 등에 관계없이 인식될 수 있어야 한다.

　　(1) 동일

　마) 검사항목 1.3.3(텍스트 콘텐츠의 명도 대비) 텍스트 콘텐츠와 배경 간의 명도 대비는 4.5대 1 이상이어야 한다.

　　(1) 수정: '화면 확대가 가능한 콘텐츠: 화면 확대가 가능하도록 구현한 텍스트 콘텐츠(텍스트 및 텍스트 이미지)의 명도 대비는 3 대 1까지 낮출 수 있다.' 항목을 추가함

　바) 검사항목 1.3.4(자동 재생 금지) 자동으로 소리가 재생되지 않아야 한다.

　　(1) 동일

사) 검사항목 1.3.5 (콘텐츠 간의 구분) 이웃한 콘텐츠는 구별될 수 있어야 한다.

    (1) 신설: '모든 이웃한 콘텐츠는 시각적으로 구분될 수 있도록 구현해야 한다. 이웃한 콘텐츠를 시각적으로 구분하기 위한 예는 다음과 같다.' 항목을 추가함

(d) 지침 2.1(입력장치 접근성) 콘텐츠는 다양한 입력장치로 접근할 수 있어야 한다.

아) 검사항목 2.1.1(키보드 사용 보장) 모든 기능은 키보드만으로도 사용할 수 있어야 한다.

    (1) 동일

자) 검사항목 2.1.2(초점 이동) 키보드에 의한 초점은 논리적으로 이동해야 하며 시각적으로 구별할 수 있어야 한다.

    (1) 동일

차) 검사항목 2.1.3 (조작 가능) 사용자 입력 및 컨트롤은 조작 가능하도록 제공되어야 한다.

    (1) 신설: '컨트롤의 크기: 콘텐츠에 포함된 모든 컨트롤은 대각선 방향의 길이를 6.0mm 이상으로 제공해야한다.' 항목을 추가함

(e) 지침 2.2(충분한 시간 제공) 콘텐츠를 읽고 사용하는 데 충분한 시간을 제공해야 한다.

카) 검사항목 2.2.1(응답시간 조절) 시간제한이 있는 콘텐츠는 응답시간을 조절할 수 있어야 한다.

    (1) 동일

타) 검사항목 2.2.2(정지 기능 제공) 자동으로 변경되는 콘텐츠는 움직임을 제어할 수 있어야 한다.

    (1) 동일

(f) 지침 2.3(광과민성 발작 예방) 광과민성 발작을 일으킬 수 있는 콘텐츠를 제공하지 않아야 한다.

파) 검사항목 2.3.1(깜빡임과 번쩍임 사용 제한) 초당 3~50회 주기로 깜빡이거나 번쩍이는 콘텐츠를 제공하지 않아야 한다.

    (1) 동일

(g) **지침 2.4(쉬운 내비게이션) 콘텐츠는 쉽게 내비게이션할 수 있어야 한다.**

하) 검사항목 2.4.1(반복 영역 건너뛰기) 콘텐츠의 반복되는 영역은 건너뛸 수 있어야 한다.

　(1) 수정: '시각적인 구현: 건너뛰기 링크는 시각장애인뿐 아니라 지체장애인도 키보드 조작횟수를 줄일 수 있게 하는 효과적인 수단이므로 메뉴 건너뛰기 링크는 화면에 보이도록 구현해야 한다.' 항목을 추가함

거) 검사항목 2.4.2(제목 제공) 페이지, 프레임, 콘텐츠 블록에는 적절한 제목을 제공해야 한다.

　(1) 수정: '팝업 창 제목(title) 제공: 팝업 창은 팝업 창임을 제목에 명시해야 한다.' 항목을 추가함

너) 검사항목 2.4.3(적절한 링크 텍스트) 링크 텍스트는 용도나 목적을 이해할 수 있도록 제공해야 한다.

　(1) 수정: '맥락을 통해 이해할 수 있도록 링크 텍스트 제공: 링크의 용도나 목적지를 링크 텍스트만으로 또는 주변의 맥락으로부터 충분히 이해할 수 있도록 링크 텍스트를 제공해야 한다.' 항목을 수정함

(h) **지침 3.1(가독성) 콘텐츠는 읽고 이해하기 쉬워야 한다.**

더) 검사항목 3.1.1(기본 언어 표시) 주로 사용하는 언어를 명시해야 한다.

　(1) 동일

(i) **지침 3.2(예측 가능성) 콘텐츠의 기능과 실행결과는 예측 가능해야 한다.**

러) 검사항목 3.2.1(사용자 요구에 따른 실행) 사용자가 의도하지 않은 기능(새 창, 초점 변화 등)은 실행되지 않아야 한다.

　(1) 수정: '새 창/팝업 창: 사용자가 예측할 수 없는 상황에서 새 창을 열어 정보를 전달해서는 안 된다. 사전 경고 없이 자동으로 열리는 팝업 창은 한 개까지 사용할 수 있다.' 항목을 추가함. 또한 레이어 팝업을 사용하지 않도록 권장함

(j) **지침 3.3(콘텐츠의 논리성) 콘텐츠는 논리적으로 구성해야 한다.**

머) 검사항목 3.3.1(콘텐츠의 선형 구조) 콘텐츠는 논리적인 순서로 제공해야 한다.

　　　　(1) 수정: 의미가 명확히 전달되도록 '선형화' 대신 '선형구조'로 표현함
　　버) 검사항목 3.3.2(표의 구성) 표는 이해하기 쉽게 구성해야 한다.
　　　　(1) 동일

(k) 지침 3.4(입력 도움) 입력 오류를 방지하거나 정정할 수 있어야 한다.
　　서) 검사항목 3.4.1(레이블 제공) 입력 서식에는 대응하는 레이블을 제공해야 한다.
　　　　(1) 동일
　　어) 검사항목 3.4.2(오류 정정) 입력 오류를 정정할 수 있는 방법을 제공해야 한다.
　　　　(1) 동일

(l) 지침4.1 (문법 준수) 웹 콘텐츠는 마크업 언어의 문법을 준수해야 한다.
　　저) 검사항목 4.1.1(마크업 오류 방지) 마크업 언어의 요소는 열고 닫음, 중첩 관계 및 속성 선언에 오류가 없어야 한다.
　　　　(1)동일

(m) 지침4.2 (웹 애플리케이션 접근성) 웹 애플리케이션은 접근성이 있어야 한다.
　　처) 검사항목 4.2.1(웹 애플리케이션 접근성 준수) 콘텐츠에 포함된 웹 애플리케이션은 접근성이 있어야 한다.
　　　　(1) 수정: 보조기술 호환성을 제공할 수 있도록 '접근성 프로그래밍 인터페이스 대체 수단 제공: 웹 애플리케이션을 구현하는 과정에서 운영체제(플랫폼 포함)가 제공하는 접근성 프로그래밍 인터페이스가 정의되지 않은 새로운 기능을 구현할 경우에는 그 기능의 명칭, 역할, 상태 및 값에 관한 정보를 운영체제(또는 플랫폼)의 접근성 프로그래밍 인터페이스로 전달하도록 구현함으로써 보조 기술이 그 정보를 이용할 수 있게 해야 한다.'와 같이 수정함

이외에도 현행 표준의 부록에서 그동안 웹 접근성 준수 대상의 예외 서비스로 분류하였던 공인인증서 가입자 소프트웨어 관련 제품들도 앞으로는 장애인 접근성을 준수하도록 예외 규정을 삭제하였다.

II.3 신설/변경된 2.1 지침의 내용

지침 2.1의 개정 내용 중 신설되거나 변경된 검사항목의 이해를 돕기 위해 간단한 예제와 함께 살펴보자.

II.3.1 적절한 대체 텍스트 제공

> 텍스트 아닌 콘텐츠는 그 의미나 용도를 인식할 수 있도록 대체 텍스트를 제공해야 한다.

II.3.1.1 의미 있는 배경 이미지

> 배경 이미지의 의미가 사용자에게 전달되어야 하는 콘텐츠는 그 의미가 보조 기술로 전달되도록 대체 텍스트를 제공해야 한다.

'한국형 웹 콘텐츠 접근성 지침 2.1'의 추가 항목인 의미 있는 배경 이미지의 대체 텍스트 제공이다. 배경 이미지 는 CSS로 제공하기 때문에 <img> 요소처럼 대체 텍스트 속성을 사용할 수 없어 이를 해결하려면 대체 텍스트와 같은 역할을 마크업으로 표현하고 이를 숨기는 IR 기법으로 제공해야 한다. 해당 방법은 '7.3.2 알고 쓰면 좋은 IR 기법'을 참고하여 활용하자.

II.3.1.2 동일한 정보를 중복해서 제공하는 경우

> 보조 기술로 동일한 정보가 반복해서 전달되지 않도록 구현하는 것이 바람직하다.

해당 항목은 그림 II.1처럼 동일한 내용이 반복되는 형태의 콘텐츠를 고려하여 나온 지침이다. 이전에는 개선 전의 코드처럼 이미지 텍스트를 감싸고 있는 요소와 텍스트를 감싸고 있는 요소가 다르면 대체 텍스트를 제공해야만 접근성이 준수된 것으로 간주되었다.

그림 II.1 대체 텍스트로 인해 반복된 정보를 제공하는 사례 (출처: 초록마을)

개선 전

```
<h2>신상품</h2>
<ul>
<li>
    <dl>
    <dt><a href="#a">무농약 로메인</a></dt>
    <dd><a href="#a"><img src="img/pro.gif" alt="무농약 로메인 상품 이미지">
</a></dd>
    <dd>1,550원</dd>
    </dl>
</li>
... 중략...
</ul>
<p><a href="#a"><img src="img/more.gif" alt="신상품 더보기"></a></p>
```

하지만 개선 후 코드처럼 이미지를 설명하는 대체 콘텐츠가 제공되고 동일한 정보가 반복되지 않도록 구현하는 것을 추가하였다. 이런 개선점으로 인해 실무에서도 좀 더 손쉽게 마크업을 할 수 있게 되었다.

개선 후

```
<h2>신상품</h2>
<ul>
<li>
    <dl>
    <dt><a href="#a">무농약 로메인</a></dt>
    <dd><a href="#a"><img src="img/pro.gif" alt=""></a></dd>
```

```
        <dd>1,550원</dd>
    </dl>
</li>
... 중략...
</ul>
<p><a href="#a"><img src="img/more.gif" alt="신상품 더보기"></a></p>
```

II.3.2 텍스트 콘텐츠의 명도대비

(텍스트 콘텐츠의 명도대비) 텍스트 콘텐츠와 배경 간의 명도대비는 4.5 대 1 이상이어야 한다.

II.3.2.1 화면 확대가 가능한 콘텐츠

화면 확대가 가능하도록 구현한 텍스트 콘텐츠(텍스트 및 텍스트 이미지)의 명도 대비는 3 대 1까지 낮출 수 있다.

'한국형 웹 콘텐츠 접근성 지침 2.0'에서는 텍스트 콘텐츠 명도대비는 텍스트의 크기에 따라 4.5:1 또는 3:1 등으로 텍스트의 명도를 조절하여 제공해야 했다. 하지만 '한국형 웹 콘텐츠 접근성 지침 2.1'에서는 화면확대 기능이 있는 콘텐츠는 텍스트 명도대비를 3:1까지 낮춰 제공할 수 있게 되었다.

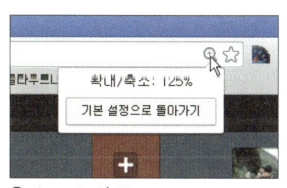
❶ Google의 Crome

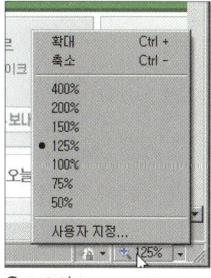
❷ MS의 Internet Explorer

❸ Apple의 Safari

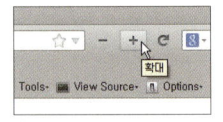
❹ Mozilla의 Firefox

❺ Opera Software의 Opera

그림 II.2 브라우저별 화면 확대 기능

　화면 확대 기능은 IE6 이하를 제외한 모든 브라우저인 파이어폭스, 크롬, IE7 이상, 사파리 등에서 기본 기능으로 제공하고 있다. IE6은 접근성 인증 기준외의 브라우저이기 때문에 해당되지 않는다.

　이로 인해 앞으로 제작되는 모든 웹사이트의 텍스트 콘텐츠 명도대비는 3:1 기준으로 제작될 것으로 보여 이전 지침보다 좀 더 많은 색을 표현할 수 있어 억압된 디자인을 어느 정도 완화할 수 있게 되었다.

> **팁**
>
> **브라우저 화면 확대기 단축키**
>
> 확대 기능
> 1. Ctrl + 마우스 휠 위로
> 2. Ctrl + 키보드 +키
>
> 축소 기능
> 1. Ctrl + 마우스 휠 아래로
> 2. Ctrl + 키보드 −키

II.3.3 콘텐츠간의 구분

> **이웃한 콘텐츠는 구별될 수 있어야 한다.**

　웹 페이지를 구성하는 이웃한 콘텐츠는 시각적으로 구분되도록 제공해야 한다. 터치스크린을 채용한 모바일 기기에서 터치 기능을 이용할 수 있도록 이웃한 콘텐츠는 충분한 간격을 두도록 구현되어야 한다.

　콘텐츠의 간격을 시각적으로 구분하는 방법은 '한국형 웹 콘텐츠 접근성 지침 2.1'에서 다음과 같이 설명한다.

　　1-1) 테두리를 이용하여 구분함
　　1-2) 콘텐츠 사이에 시각적인 구분선을 삽입하여 구분함
　　1-3) 서로 다른 무늬를 이용하여 구분함

1-4) 콘텐츠 배경색 간의 명도대비(채도)를 달리하여 구분함
1-5) 줄 간격 및 글자 간격을 조절하여 구분함
1-6) 기타 콘텐츠를 시각적으로 구분할 수 있는 방법 등

그림 II.3은 콘텐츠 구분이 시각적으로 표현 되지 않아 사용자가 콘텐츠별 시작과 끝을 파악하지 못해 광고 콘텐츠와 기사 콘텐츠를 구분하지 못해 사용자에게 이해를 떨어트리는 사례다.

그림 II.3 콘텐츠간의 간격을 구분하지 않은 사례 (출처: 네이트 뉴스)

그림 II.4는 콘텐츠간의 간격을 콘텐츠 제목의 배경색으로 구분한 사례다. 이런 구분을 통해 사용자가 콘텐츠간의 구분을 할 수 있고 이해를 높여주고 있다. 콘텐츠의 구분은 시각적인 판단이 가능한 모든 사용자에게 해당되는 항목임으로 색상만으로 콘텐츠를 구분하는 것보다 콘텐츠간의 명도와 간격에 중점을 두어 제공하는 것이 바람직하다.

그림 II.4 콘텐츠간의 간격을 콘텐츠 제목 배경색으로 구분한 사례 (출처: 다나와)

마지막으로 해당 지침항목과 유사한 항목이 '장애인 웹 콘텐츠 사용성 지침 1.0'에 포함되어 있는 것을 알 수 있다. 대표적으로 지침 2.10의 '항목의 구분', 지침 2.11의 '입력 단계 구분', 지침 3.1의 '일관성 유지' 등이 있다. 이런 지침들은 대부분 콘텐츠의 일관성과 콘텐츠 성격의 구분을 명확히 하는 규정을 이야기하고 있다. 앞으로의 접근성 지침은 접근성 자체로 이야기 되는 것이 아닌 사용성도 함께 생각되는 항목들이 나올 것으로 예상이 되는 부분이다.

II.3.4 입력장치 접근성

> 콘텐츠는 다양한 입력장치로 접근할 수 있어야 한다.

'한국형 웹 콘텐츠 접근성 지침 2.0'에서는 '키보드 접근성' 항목이 입력장치 접근성으로 수정되었다. 이는 키보드로 제어하는 PC 환경이 아닌 터치하여 입력 가능한 기기, 즉 터치스크린과 모바일 기기 등을 대상에 포함시키기 위한 문구 변경이다.

II.3.4.1 조작 가능

> 사용자 입력 및 컨트롤은 조작 가능하도록 제공되어야 한다.

'한국형 웹 콘텐츠 접근성 지침 2.1'에서 추가된 항목인 '조작 가능'이다. 콘텐츠에 포함된 모든 컨트롤의 크기는 대각선 방향의 길이가 6mm 이상으로 제공되어야 한다. 이는 그림 II.5처럼 컨트롤의 크기가 작아 마우스 사용자가 클릭하기 힘든 링크와 폼 요소 등이 오류사례가 될 수 있다. 해당 지침은 마우스 사용자뿐만 아니라 손가락으로 컨트롤해야 하는 터치스크린 기기에도 해당된다.

그림 II.5 컨트롤의 대각선 길이가 6mm 이하인 사례

그렇다면 대각선 6mm의 크기는 어느 정도에 해당될까? 크기를 테스트를 해본 결과 그림 II.6처럼 30인치 모니터의 해상도 2560 × 1600의 체크박스 기본 크기에 해당되는 것으로 보였다. 이 항목을 준수하려면 가장 높은 해상도에서 작업을 하는 것이 안전하다. 해상도가 작을수록 디자인의 크기가 커지고 해상도가 클수록 디자인이 모니터에 작게 보이기 때문이다. 또한 해상도가 높아도 모니터의 크기가 작아지면 6mm 이하가 된다. 결국 사용자의 환경에 따라 모두 지침에 맞게 제공하는 것은 무리가 아닐까 생각이 든다.

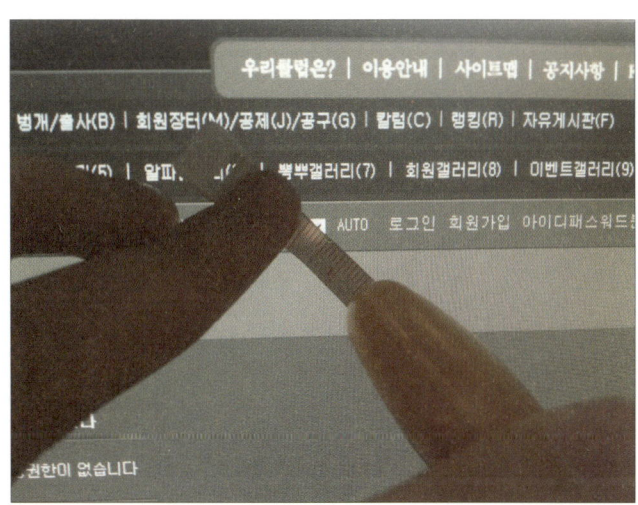

그림 II.6 조작 가능 범위를 심사하고 있는 모습

또한 앞으로 접근성 프로젝트를 진행할 때는 자를 소지하고 다녀야 하는 풍경이 그려질 것이다. 그리고 그림 II.6처럼 직접 모니터에 자를 대고 확인하는 모습을 볼 수 있을 것이다.

'조작 가능' 항목은 '모바일 애플리케이션 접근성 지침'에 유사한 항목이 있다. 그림 II.8처럼 모바일 애플리케이션 접근성 지침은 대각선 길이가 아닌 컨트롤 중심간 간격과 컨트롤의 가로 세로 크기를 이야기하고 '한국형 웹 콘텐츠 접근성 지침 2.1'은 그림 II.7처럼 컨트롤의 대각선 크기를 이야기하는 점이 다르다. 이는 터치스크린 기기사용자를 고려한 지침으로 손가락 끝의 터치 범위를 계산한 수치다.

제14조(컨트롤간 충분한 간격) 컨트롤은 충분한 간격으로 배치하는 것이 바람직하다.

1. 컨트롤은 버튼 또는 위젯과 같이 사용자 인터페이스 화면에서 누르기 동작으로 기능을 활성화시키는 객체를 말한다.
2. 좁은 화면 공간의 경우, 사용자의 의도와 무관하게 다른 컨트롤을 누르게 되는 문제가 발생할 수 있으므로, 이를 피하기 위해서 컨트롤 사이의 공간을 충분히 확보하여 사용자가 컨트롤 영역을 명확히 구분할 수 있도록 하는 것이 바람직하다.
3. 모바일 기기의 화면 크기에 관계없이 컨트롤 중심간 간격은 13mm 이상을 권장한다.

〈 모바일 애플리케이션 접근성 지침 사례 중 〉
- 선택해야 하는 컨트롤 영역의 크기는 8.5mm X 8.5mm 이상을 권장한다.

모바일 애플리케이션 접근성 지침

그림 II.7 한국형 웹 콘텐츠 접근성 지침 2.1의 '조작 가능' 항목의 컨트롤 크기 범위 (출처: 현대카드)

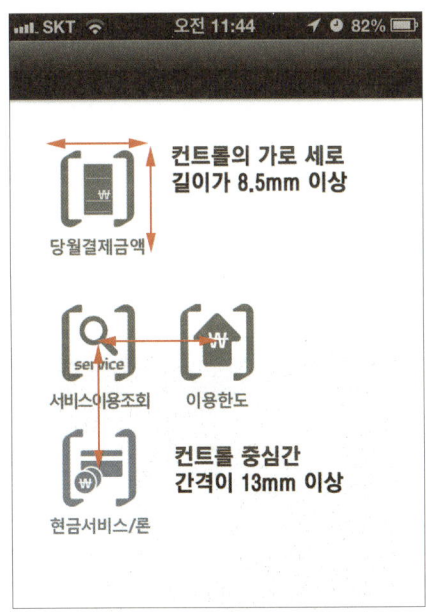

그림 II.8 모바일 애플리케이션 접근성 지침의 '컨트롤간 충분한 간격' 항목의 범위 (출처: 현대카드)

II.3.5 쉬운 내비게이션

> 콘텐츠는 쉽게 내비게이션할 수 있어야 한다.

II.3.5.1 반복 영역 건너뛰기

> 콘텐츠의 반복되는 영역은 건너뛸 수 있어야 한다.

이전 '한국형 웹 콘텐츠 접근성 지침 2.0'에서는 반복 영역 건너뛰기는 화면에 보이도록 구현하는 것을 권고 항목이었지만 지침 2.1에서는 필수 항목으로 되었다. 이제 앞으로는 반복영역 건너뛰기는 시각적으로 표현이 되어야 함으로 기획 파트는 필수로 레이아웃에 표현하여 작업자가 제공할 수 있도록 해야 할 것이다. 8.1.3.12를 참고하면 된다.

II.3.5.2 제목 제공

> 페이지, 프레임, 콘텐츠 블록에는 적절한 제목을 제공해야 한다.

그림 II.9처럼 팝업 창의 페이지 제목인 `<title>` 요소에 팝업창을 명시하도록 추가 되었다. 이는 화면 낭독기 사용자가 본 페이지와 팝업창의 구분을 명확히 하여 혼돈이 일어나지 않게 하기 위한 지침이다.

그림 II.9 팝업창에 페이지 제목 팝업창을 명시한 사례

II.3.6 예측 가능성

> 콘텐츠의 기능과 실행결과는 예측 가능해야 한다.

II.3.6.1 사용자 요구에 따른 실행

> 사용자가 의도하지 않은 기능(새 창, 초점에 의한 맥락 변화 등)은 실행되지 않아야 한다.

이번 '한국형 웹 콘텐츠 접근성 지침 2.1'에서 눈에 띄는 점은 사용자가 의도하지 않은 팝업창을 1개까지 사용할 수 있다는 점이다. 이는 지침 2.0에서 많은 이슈가 되었던 항목으로 실무 프로젝트 시 클라이언트의 많은 불만이 있던 지침이기도 했다. 이번 사용자가 의도하지 않은 새 창이 1개까지 인정되면서 해당 항목의 접근성을 높이기 위해서 '제목 제공'에서 팝업창의 페이지 제목에 팝업창을 명시하라는 항목이 추가된 것이다.

또한 '레이어 팝업은 콘텐츠의 논리적 초점 이동 및 콘텐츠의 선형 구조를 위반할 가능성이 많으므로 사용하지 않도록 권장 한다'라는 지침이 추가되었다. 레이어 팝업은 중대형 프로젝트에서 자주 사용하는 기술이다.

레이어 팝업은 클라이언트의 요청이 많지만 실제 개발자는 개발의 공수가 증가한다는 이유로 회피하고 싶은 기술이기도 하다. 이번 개정된 지침으로 인해 많은 이슈가 생겨날 것이라 예상된다.

II.3.7 콘텐츠의 논리성

> 콘텐츠는 논리적으로 구성해야 한다.

II.3.7.1 표의 구성

> 표는 이해하기 쉽게 구성해야 한다.

이번 '한국형 웹 콘텐츠 접근성 지침 2.1'에서는 HTML5도 고려했다. 그 중 데이터 표가 해당된다. 이전 지침 2.0에서는 표의 요약글과 제목을 제공하는 것으로 명시되어 있지만 이번 지침 2.1에서는 '표의 내용 및 구조를 이해할 수 있도록 정보를 제공'하라는 항목으로 수정되었다.

이렇게 수정이 된 이유는 HTML5에서는 요약글인 summary 속성이 사라지고 <summary>, <details> 요소로 대처되는 등 웹 기술이 변화되는 점을 고려하여 반영되었다.

II.3.8 웹 애플리케이션 접근성 준수

> 웹 콘텐츠는 마크업 언어의 문법을 준수해야 한다.

II.3.8.1 웹 애플리케이션 접근성 준수

> 콘텐츠에 포함된 웹 애플리케이션은 접근성이 있어야 한다.

마지막으로 웹 애플리케이션은 접근성이 좀 더 강화되었다. 모든 웹 애플리케이션은 보조기술로 접근이 가능해야 한다는 항목이 추가되었으며 예를 들어 웹 브라우저 상에서 잘 접근되는 웹 애플리케이션이라도 보조기기인 화면 낭독기상에서 접근이 되지 않을 경우를 다루고 있다. 웹 애플리케이션의 접근성 준수가 어렵다면 대체 수단을 제공할 수 있다.

II.4 지침 2.1에 대한 의견

현재 단체표준으로 개정된 한국형 웹콘텐츠 접근성 지침 2.1은 6개월 후 국가표준으로 올릴 예정이다. 이번 지침 2.1 개정은 한국정보화진흥원에서 다양한 관계자의 의견을 듣고 만들어진 만큼 현 지침의 문제점이나 방향성에 대한 의견이 있다면 적극적으로 의견을 개진해서 국가표준으로 만들어질 때 더욱 완성도가 높아져야 할 것이다.

부록 III 웹 접근성 품질인증심사가이드 v1.3 인증심사 기준

III.1 전문가 심사 기준

검사 항목별 준수율 산정 방식

번호	세부평가항목	준수율 산정 방식	비고
1	적절한 대체 텍스트 제공	심사 대상 페이지 내의 $\left(\dfrac{\text{준수한 콘텐츠 수}}{\text{콘텐츠 수}} \times 100\right)$	20개 이내 수집
2	자막 제공		
3	색에 무관한 콘텐츠 인식	심사 대상 페이지 내의 $\left(\dfrac{\text{준수한 페이지 수}}{\text{페이지 수}} \times 100\right)$	
4	명확한 지시사항 제공		
5	텍스트 콘텐츠의 명도대비		
6	배경음 사용 금지		
7	키보드 사용 보장		
8	초점 이동		
9	응답시간 조절		
10	정지 기능 제공		
11	깜빡임과 번쩍임 사용 제한		
12	반복 영역 건너뛰기		
13	제목 제공		
14	적절한 링크 텍스트		
15	기본 언어 표시		
16	사용자 요구에 따른 실행		
17	콘텐츠의 선형화		
18	표의 구성	심사 대상 페이지 내의 $\left(\dfrac{\text{준수한 콘텐츠 수}}{\text{콘텐츠 수}} \times 100\right)$	
19	레이블 제공		

이어짐

번호	세부평가항목	준수율 산정 방식	비고
20	오류 정정	심사 대상 페이지 내의 $\left(\dfrac{준수한\ 페이지\ 수}{페이지\ 수}\right) \times 100$	
21	마크업 오류 방지		
22	웹 애플리케이션 접근성 준수	각 검사항목에서 검사	

☞ 콘텐츠 수로 평가하는 항목(1,2,18,19)의 경우 심사대상 페이지 수와 콘텐츠 수 중 큰 값을 분모로 함
☞ 검사항목 1번의 배경 이미지의 경우 오류가 있는 콘텐츠만 콘텐츠 수에 산정됨

지표별 전문가심사 평가 기준

원칙 1. 인식의 용이성(Perceivable): 모든 콘텐츠는 사용자가 인식할 수 있어야 한다.

검사항목 1. (적절한 대체 텍스트 제공) 텍스트 아닌 콘텐츠는 그 의미나 용도를 이해할 수 있도록 대체 텍스트를 제공해야 한다.

지표번호	1	지표명	적절한 대체 텍스트 제공
준수기준		이미지 등 텍스트가 아닌 콘텐츠를 이용할 경우, 해당 이미지가 제공하는 의미나 용도를 동일하게 인식할 수 있는 적절한 대체 텍스트를 제공한 경우 준수한 것으로 인정	
오류유형	1-1	〈img〉,〈input type="image"〉 등 이미지 요소에 대해 alt 속성을 제공하지 않거나 매우 불충분하거나 오타로 표기된 경우 예) 배너 등에 행사명만 적고 행사기간, 장소 등을 기입하지 않은 경우 예) 찾아오는 길" 등 지도 이미지에서 찾아올 수 있는 내용을 충분히 제공하지 않은 경우	
	1-2	불릿 이미지 등 의미 없는 이미지에 alt 속성을 제공하지 않거나 공백이 아닌 불필요한 대체 텍스트를 제공한 경우	
	1-3	긴 내용 또는 불충분한 alt를 대신해서 〈longdesc〉 속성을 이용해야 하나 파일을 제공하지 않거나 연결되지 않은 경우 또는 그 내용이 해당 의미나 기능을 파악하기 어려운 경우(업데이트 안 된 경우 포함)	
	1-4	〈area〉 요소에 대체 텍스트를 바르게 작성했더라도 〈img〉 요소를 alt 속성으로 제공하지 않거나, 〈longdesc〉 속성을 사용하는 이미지 자체에 alt를 제공하지 않은 경우	

이어짐

지표번호	1	지표명	적절한 대체 텍스트 제공
오류유형	1-5	이미지맵 형태로 조직의 관계나 프로세스 등 복잡한 이미지의 대체 텍스트 제공 시, ⟨area⟩로 각 항목만을 나열하고 조직 간의 관계를 표현하지 않은 경우	
	1-6	대체 텍스트를 title만으로 제공하는 경우 예) ⟨img alt="" title="대체 텍스트" src=""⟩	
	1-7	QR 코드의 이동 주소 정보 등을 대체 텍스트 또는 설명, 링크 등으로 제공하지 않은 경우	
	1-8	배경 이미지가 의미 있는 정보를 제공하고 있으나 대체 콘텐츠를 제공하지 않은 경우	
	1-9	플래시 등의 웹 애플리케이션에서 대체 텍스트(Name값 등)를 제공하지 않거나 이로 인해 제공한 대체 콘텐츠의 접근이 불가한 경우 또는 제공된 내용의 의미 파악이 어려운 경우	
주의사항		• 이미지 링크의 경우 title로 링크의 용도를 설명하고, 이미지에 대한 대체 텍스트를 공백으로 제공한 경우는 미 감점 처리(alt 속성이 제공되지 않은 경우에는 감점 대상) 예) ⟨a href="" title="대체 텍스트"⟩⟨img src="" alt=""⟩⟨/a⟩ • CCTV 등 실시간 영상이나 CAPTCHA에 대한 대체 텍스트는 해당 콘텐츠의 용도만 알려 주어도 준수한 것으로 판단 (단, CAPTCHA는 전화번호 인증 등의 대체 수단이 제공되어야 함) ※ CAPTCHA : 사용자가 컴퓨터인지 인간인지를 구별하기 위해 사용하는 방법 • 화면에 표시된 이미지의 텍스트 정보와 대체 텍스트가 동일하지 않더라도 해당 콘텐츠를 인식하는 데 문제가 없을 경우는 인정 예) img[알림마당, Notice] → alt[알림마당] • 찾아오시는 길 등 지도 이미지의 설명이 본문에 있으면 대체 콘텐츠로 인정 • longdesc를 제공하는 경우 조직도와 같이 구조적인 정보는 html로 제공하는 것을 원칙으로 하며, txt로 제공할 경우 감점(구조적인 정보가 아닌 경우 txt로 제공 인정) • 오류유형 중 1-9는 사용자 심사에서만 평가됨(전문가심사에서 한시적으로 평가하지 않음)		

검사항목 2. (자막 제공) 멀티미디어 콘텐츠에는 자막, 원고 또는 수화를 제공해야 한다.

지표번호	2	지표명	자막 제공
준수기준		멀티미디어 콘텐츠를 동등하게 인식할 수 있도록 제작하기 위해서 자막, 원고 또는 수화 제공한 경우 준수한 것으로 인정	
오류유형	2-1	영상, 음성 콘텐츠에 자막, 원고, 수화 중 하나 이상의 대체 수단을 제공하지 않은 경우	
	2-2	내용 전체를 충분히 설명하지 않고 요약 정보나 제목만 제공하는 경우	
	2-3	텍스트만 제공하는 영상 콘텐츠에서 동등한 음성을 제공하지 않은 경우	
주의사항		• 파일로 제공되는 영상, 음성 콘텐츠도 평가 대상에 포함(단, 파일로 제공되는 영상, 음성의 자막은 파일로 제공한 경우도 준수한 것으로 인정) • 자막으로 인해 수화가 가리지 않도록 하고, 원고는 페이지를 벗어나지 않는 수준으로 제공해야 함(기본 화면에서 벗어나지 않도록 제공하는 것을 권장) • 사용자가 등록한 영상, 음성 등의 콘텐츠 제공 시, 자막을 등록하도록 유도하는 문구 또는 자막생성 툴을 제공하는 것을 권장 • 음성이 없는 동영상의 경우도 대체 수단을 반드시 제공해야 함	

검사항목 3. (색에 무관한 콘텐츠 인식) 콘텐츠는 색에 관계없이 인식될 수 있어야 한다.

지표번호	3	지표명	색에 무관한 콘텐츠 인식
준수기준		색을 배제하여도 해당 콘텐츠를 인식할 수 있는 정보를 제공한 경우 준수한 것으로 인정	
오류유형	3-1	색상만으로 내용을 분별하도록 제공된 콘텐츠(그래프, 차트, 지도 등)	
	3-2	페이지 내비게이션, 메뉴, 현재 위치 등에 대해 명암, 패턴 등의 변화 없이 색상의 변환만으로 현재의 위치를 표시한 경우	
	3-3	필수 입력 항목을 색으로만 표시한 경우	
주의사항		글자모양을 이용하거나 밑줄(underline) 표시, 굵은 글씨체 또는 이탤릭체, 글자 크기의 변경 등으로 구분 가능하면 준수한 것으로 인정	

검사항목 4. (명확한 지시사항 제공) 지시사항은 모양, 크기, 위치, 방향, 색, 소리 등에 관계없이 인식될 수 있어야 한다.

지표번호	4		지표명	명확한 지시사항 제공
준수기준		지시사항 정보를 특정 감각에 의존하지 않고 다양한 감각을 통해 용도나 목적을 이해할 수 있도록 제공한 경우 준수한 것으로 인정		
오류유형	4-1	색, 크기, 모양, 방향 등으로만 정보를 제공한 경우		
	4-2	전달하고자 하는 지시사항을 소리로만 정보를 제공한 경우		
주의사항		• 노인이나 약시자의 경우에 브라우저의 글자체를 확대시켜 콘텐츠를 표시하면 콘텐츠의 표시 위치가 지시하는 위치와 달라져 혼란을 줄 수 있으므로 가급적 위치 정보를 이용하여 지시하지 않도록 콘텐츠를 구현하는 것을 권장		

검사항목 5. (텍스트 콘텐츠의 명도대비) 텍스트 콘텐츠와 배경간의 명도대비는 4.5대 1 이상이어야 한다.

지표번호	5		지표명	텍스트 콘텐츠의 명도대비
준수기준		본문 콘텐츠에 한해서 텍스트나 이미지 텍스트 정보에 대해 폰트의 크기가 4.5:1 이상(18pt 이상, 굵은 14pt 이상은 3:1이상)의 명도대비를 제공하는 경우 준수하는 것으로 인정		
오류유형	5-1	텍스트의 규격 정보가 있으며, 보통 크기(18pt 미만, 또는 굵은 14pt 미만)의 텍스트가 4.5:1을 만족하지 않은 경우		
	5-2	텍스트의 규격 정보가 있으며, 텍스트의 크기가 18pt 이상, 또는 굵은 14pt 이상의 텍스트가 3:1을 만족하지 않은 경우		
	5-3	이미지 텍스트의 경우 폰트 종류와 상관없이 14pt 크기에 해당하는 18.66px 미만인 경우 4.5:1 이상이거나 18.66px 이상인 경우 3:1 이상을 만족하지 않은 경우(굵은 14pt 기준은 적용하지 않음)		
주의사항		• 본문은 콘텐츠 영역으로 제공된 텍스트 또는 정보를 제공하는 표, 그래프 및 텍스트 이미지의 텍스트 내용을 의미 • 텍스트 크기가 구분이 되지 않는 경우나 이미지 텍스트의 경우는 글 모양과 상관없이 Windows에서 14pt는 18.66px이고 18pt는 24px로 적용하며(MacOS는 pt와 px가 같음), 굵음의 여부와 상관 없이 14pt 이상은 3:1이상, 미만은 4.5:1이상의 명도대비를 제공하는 경우 준수하는 것으로 인정 ▶ (Windows의 표준 해상도: 96dpi, MacOS의 표준 해상도: 72dpi, 평가는 Windows의 기준으로 실시) • 본문 콘텐츠에 단순히 장식 목적으로만 사용한 텍스트, 로고 또는 상호와 같은 텍스트 이미지, 마우스나 키보드를 활용하여 초점을 받았을 때 색이나 명도 대비가 변화하는 콘텐츠, 사용할 수 없음을 표시하기 위하여 명도 대비를 낮춘 회색의 컨트롤이나 입력 서식 등은 이 검사 항목의 적용을 받지 않음 • 색상테마 등을 이용하여 전체 웹사이트의 색상정보를 변경하여 준수한 경우 인정		

검사항목 6. (배경음 사용 금지) 자동으로 재생되는 배경음을 사용하지 않아야 한다.

지표번호	6		지표명	배경음 사용 금지
준수기준			• 웹 페이지에서 자동으로 재생되는 배경음으로 인해 콘텐츠를 인식하는데 방해를 받지 않으면 준수한 것으로 인정	
오류유형		6-1	◎ 웹 페이지에서 자동적으로 재생되는 3초 이상의 배경음(동영상, 음성, 음악 등) 콘텐츠를 제공하는 경우	
		6-2	◎ 마우스 오버 또는 키보드 초점을 받아 자동적으로 배경음이 3초 이상 실행되는 경우	
주의사항			• 3초 미만의 배경음은 예외	
			• 자동적으로 재생되는 배경음의 지속시간이 3초 이상이지만 제어 수단이 페이지의 가장 첫 부분에 제공되는 경우는 준수한 것으로 인정	

원칙 2. 운용의 용이성(Operable): 사용자 인터페이스 구성요소는 조작 가능하고 내비게이션할 수 있어야 한다.

검사항목 7. (키보드 사용 보장) 모든 기능은 키보드만으로도 사용할 수 있어야 한다.

지표번호	7		지표명	키보드 사용 보장
준수기준			• 모든 기능을 키보드로 접근가능하고, 사용가능하도록 제공한 경우 준수한 것으로 인정	
오류유형		7-1	마우스로 제어할 수 있는 요소를 키보드로 제어할 수 없는 경우	
		7-2	플래시 등의 부가 어플리케이션 콘텐츠의 wmode 값의 설정으로 인해 키보드 이용이 불가능한 경우	

이어짐

지표번호	7	지표명	키보드 사용 보장
주의사항		• 웹 접근성 품질인증마크심사에서는 OS의 편의와 보조기기의 호환을 위해 IE8 브라우저에서 키보드로 접근가능한 유무를 테스트하므로 타 브라우저 및 IE의 타 버전으로 키보드 이용 여부를 판단하지 않으므로 반드시 IE8에서 확인할 것	
		• onclick 이벤트 핸들러를 사용한 요소에 동등한 기능을 수행하는 onkeypress, onkeydown, onkeyup 이벤트 핸들러를 사용하여 키보드로 제어가 불가한 경우 감점	
		• 지리정보(GIS) 콘텐츠나 가상현실(VR) 콘텐츠의 경우 예외로 인정하나 부가적인 검색, 이동 등 기타 인터페이스는 키보드만으로 사용할 수 있어야 함	
		• 키보드를 이용하여 탭메뉴에서 탭1→탭2→탭3으로 이동하면서 모든 탭 내용을 확인할 수 없는 경우 감점	
		• onfocus="this.blur();"를 사용하는 경우 키보드 접근은 물론 초점의 시각적 구분이 불가하고, 의도하지 않은 초점변화가 실행되므로 검사항목 7, 8, 16에서 동시 감점	
		• 플래시 콘텐츠의 wmode 값은 기본적으로 transparent 또는 opaque로 지정하게 되면 MSAA를 사용할 수 없어 화면 낭독기로 인식이 불가함	
		(단, 링크와 같은 특정기능 없이 단순정보 전달이나 디자인용 등 키보드 포커스가 불필요한 플래시 콘텐츠의 경우, wmode를 window로 지정하면 키보드 포커스가 브라우저 메뉴 영역에 갇혀 더 이상 운용이 어려운 상황이 초래됨. 이 경우 transparent 또는 opaque를 사용하되 정보가 있는 경우 대체 콘텐츠로 제공하는 등 키보드 사용이 가능하도록 제공해야 함)	

검사항목 8. (초점 이동) 키보드에 의한 초점은 논리적으로 이동해야 하며 시각적으로 구별할 수 있어야 한다.

지표번호	8		지표명	초점 이동
준수기준			• 키보드 초점을 받은 링크, 컨트롤 및 입력 서식은 초점을 받지 않은 객체들로부터 구분될 수 있도록 제공한 경우 준수한 것으로 인정	
오류유형	8-1		Tab 키와 Shift+Tab 키에 의한 초점의 이동순서가 논리적이지 않으며 일관성이 없는 경우 (예: 로그인의 경우, '아이디→로그인→비밀번호' 순서)	
	8-2		초점 또는 키보드의 위치를 나타내는 요소가 시각적으로 표시되지 않은 경우	
	8-3		⟨area⟩ 요소의 진행 순서에 의미가 있으나 키보드 접근 순서가 의미와 일치하지 않은 경우	
주의사항			• onfocus="this.blur();"를 사용하는 경우 키보드 접근은 물론 초점의 시각적 구분이 불가하고, 의도하지 않은 초점변화가 실행되므로 검사항목 7, 8, 16에서 동시 감점	

검사항목 9. (응답시간 조절) 시간제한이 있는 콘텐츠는 응답시간을 조절할 수 있어야 한다.

지표번호	9	지표명	색에 무관한 콘텐츠 인식
준수기준		• 시간제한이 있는 콘텐츠의 응답시간을 조절할 수 있도록 제공한 경우 준수한 것으로 인정	
오류유형	9-1	페이지 재 이동시 회피할 수 있는 수단을 제공하지 않은 경우	
	9-2	제한 시간을 연장하는 방법에 제한 시간이 있는 경우	
주의사항		• 경매나 실시간 게임, 듣기평가용 콘텐츠 등과 같이 원천적으로 콘텐츠의 이용에 따르는 시간 조절을 허용할 수 없는 콘텐츠는 예외로 인정 • 검사대상은 자동전환 페이지(Redirection page), 제한시간 연장, 제한시간 만료 경고 등이 해당됨	

검사항목 10. (정지 기능 제공) 자동으로 변경되는 콘텐츠는 움직임을 제어할 수 있어야 한다.

지표번호	10	지표명	색에 무관한 콘텐츠 인식
준수기준		• 자동으로 변경되는 콘텐츠의 움직임을 제어할 수 있도록 제공한 경우 준수한 것으로 인정	
오류유형	10-1	시간에 따라 변화하는 콘텐츠에 정지, 이전, 다음 기능이 없는 경우	
	10-2	시간에 따라 변화하는 콘텐츠가 마우스와 키보드로 제어 불가능한 경우	
주의사항		• 움직이는 배너, 뉴스 등 시간에 따라 변화하는 콘텐츠를 키보드와 마우스로 평가 • 키보드 포커스 및 마우스 오버 시 콘텐츠의 변화가 멈춰지면 정지 기능이 제공된 것으로 인정 • 검사대상은 자동적으로 스크롤되는 배너, 자동 변경되는 실시간 검색순위 등이 해당됨	

검사항목 11. (깜빡임과 번쩍임 사용 제한) 초당 3~50회 주기로 깜빡이거나 번쩍이는 콘텐츠를 제공하지 않아야 한다.

지표번호	11		지표명	색에 무관한 콘텐츠 인식
준수기준		• 초당 3~50회 주기로 깜빡이거나 번쩍이는 콘텐츠를 제공하지 않은 경우 준수한 것으로 인정		
오류유형	11-1	사전 경고 없이 초당 3~50회 깜빡이는 콘텐츠가 존재할 경우		
주의사항		• 깜빡임을 중단할 수 있는 수단을 제공했더라도 깜빡임을 미리 경고하지 않은 경우는 감점 • 깜빡임이 3초 미만인 경우 인정 • 동영상 콘텐츠도 검사 대상		

검사항목 12. (반복 영역 건너뛰기) 콘텐츠의 반복되는 영역은 건너뛸 수 있어야 한다.

지표번호	12	지표명	반복 영역 건너뛰기
준수기준		• 대메뉴 등 반복되는 영역을 건너뛸 수 있는 건너뛰기 링크를 제공한 경우 준수한 것으로 인정	
오류유형	12-1	건너뛰기 링크를 제공하지 않은 경우	
	12-2	건너뛰기 링크는 제공하고 있으나 동작이 안되거나 접근할 수 없는 경우	
주의사항		• 지나치게 많은 건너뛰기 링크를 제공하지 말 것(3개 이내 권장) • 건너뛰기 링크에 키보드 접근이 불가한 경우 검사항목 7, 12에서 동시 감점 • 건너뛰기 링크는 display:none 등으로 감추지 않고, 화면에서 볼 수 있도록 제공하는 것을 권장(디자인의 특성상 건너뛰기 링크를 보이지 않도록 구현하더라도 키보드 내비게이션에 의하여 초점을 받으면 건너뛰기 링크가 표시되도록 구현하는 것을 권장) • '서브메뉴 바로가기 링크' 등 부가적인 건너뛰기 링크가 동작이 안되는 경우 또는 건너뛰기 링크가 필요 없음에도 제공하여 동작되지 않는 경우에도 감점 • 콘텐츠 블록마다 링크의 수가 많거나 메뉴나 링크 등의 반복되는 콘텐츠가 많은 복잡한 페이지일 경우에만 반복 영역 건너뛰기가 필요	

검사항목 13. (제목 제공) 페이지, 프레임, 콘텐츠 블록에는 적절한 제목을 제공해야 한다.

지표번호	13	지표명	제목 제공
준수기준		• 페이지, 프레임, 콘텐츠 블록에 적절한 제목을 제공 시 준수한 것으로 인정	
오류유형	13-1	페이지 제목의 title 속성을 제공하지 않았거나 내용과 다른 의미의 제목을 사용한 경우	
	13-2	페이지 제목에 반복되는 특수문자를 제공한 경우	
	13-3	페이지 제목의 분류가 더 가능함에도 불구하고, 상위 범주로 제목을 제공한 경우	
	13-4	〈frame〉, 〈iframe〉, 〈frameset〉 요소의 title 속성이 없거나, 속성 값을 비워둔 경우 또는 내용이 부적절한 경우	
	13-5	내용 또는 기능이 없는 프레임에 〈title〉을 비워두거나, 제공하지 않은 경우	
	13-6	콘텐츠 블록(본문영역에 포함된 콘텐츠들의 제목)에 〈h1~6〉을 사용하여 제목을 제공하지 않은 경우	
주의사항		• 프레임 제목은 프레임 내에 포함된 콘텐츠를 유추할 수 있는 간결한 제목을 제공 　예) "메인 메뉴", "참고 문서" 등은 적절, "top프레임", "main프레임" 등은 부적절 • 내용 또는 기능이 없는 프레임에도 "빈프레임", "내용없음"과 같이 title을 제공해야 함 • 게시판의 '목록, 읽기, 쓰기' 페이지의 제목을 읽기(해당 글의 제목), 쓰기 등으로 구분하여 제공하는 것을 권장	

검사항목 14. (적절한 링크 텍스트) 링크 텍스트는 용도나 목적을 이해할 수 있도록 제공해야 한다.

지표번호	14	지표명	적절한 링크 텍스트
준수기준		• 링크 텍스트의 용도나 목적을 이해할 수 있도록 제공한 경우 준수한 것으로 인정	
오류유형	14-1	목적이나 용도를 알기 어려운 링크 텍스트를 제공한 경우	
주의사항		• 링크의 목적을 키보드의 순서나 문맥을 통해 이해할 수 있으면 인정 • 링크 텍스트를 단순히 URL경로로만 제공하지 않는 것을 권장	

원칙 3. 이해의 용이성(Understandable): 콘텐츠는 이해할 수 있어야 한다.

검사항목 15. (기본 언어 표시) 주로 사용하는 언어를 명시해야 한다.

지표번호	15	지표명		기본 언어 표시
준수기준		• 〈html〉에 기본 언어표시로 lang 속성을 사용하여 제공한 경우 준수한 것으로 인정		
오류유형	15-1	〈html〉에 lang 속성을 명시하지 않거나 잘못 명시한 경우		

이어짐

주의사항	• 기본 언어는 페이지의 상단에 html 태그에 lang 속성을 이용하여 지정하고, lang의 속성 값에는 ISO 639-1에서 지정한 두 글자로 된 언어 코드를 사용해야 함
	〈예시〉

	HTML 4.01	〈!DOCTYPE HTML PUBLIC "-//W3C//DTD HTML 4.01//EN""http://www.w3.org/TR/html4/strict.dtd"〉 〈html lang="ko"〉
	XHTML 1.0	〈!DOCTYPE html PUBLIC "-//W3C//DTD XHTML 1.0 Strict//EN""http://www.w3.org/TR/xhtml1/DTD/xhtml1-strict.dtd"〉 〈html xmlns="http://www.w3.org/1999/xhtml" xml:lang="ko" lang="ko"〉
	XHTML 1.1	〈!DOCTYPE html PUBLIC "-//W3C//DTD XHTML 1.1//EN" "http://www.w3.org/TR/xhtml11/DTD/xhtml11.dtd"〉 〈html xmlns="http://www.w3.org/1999/xhtml" xml:lang="ko"〉

• 페이지 언어가 바뀔 때 변경된 언어를 lang 속성으로 명시해주는 것을 권장

검사항목 16. (사용자 요구에 따른 실행) 사용자가 의도하지 않은 기능(새 창, 초점 변화 등)은 실행되지 않아야 한다.

지표번호	16	지표명	사용자 요구에 따른 실행
준수기준		• 사용자가 의도하지 않은 기능이 자동 실행되지 않도록 제공한 경우 준수한 것으로 인정	
오류유형	16-1	사용자가 실행하지 않은 상황에서 예측하지 않은 새 창이 열리는 경우	
	16-2	웹사이트 초기화면(메인 페이지)에 팝업 창(레이어 팝업 포함)을 제공하는 경우	
	16-3	사용자가 의도하지 않은 초점 변화가 발생하는 경우	
	16-4	체크상자의 선택, 텍스트 입력 서식의 값 변경만으로 값이 제출되어 문맥이 바뀌는 경우	
주의사항		• onkeypress에 의해 포커스를 옮기는 동작만으로 새 창이 발생하면 감점 • 〈a target="_blank"〉로만 새 창을 알린 경우는 감점하지 않음 • onfocus="this.blur();"를 사용하는 경우 키보드 접근은 물론 초점의 시각적 구분이 불가하고, 의도하지 않은 초점변화가 실행되므로 검사항목 7, 8, 16에서 동시 감점 • 플래시 등에서 제공하는 새 창에서도 Name, Description 값에서 새 창 안 내에 대한 내용을 포함하지 않으면 감점 • 오류 정정을 위한 자동 초점 변경은 예외	

검사항목 17. (콘텐츠의 선형화) 콘텐츠는 논리적인 순서로 제공해야 한다.

지표번호	17	지표명	콘텐츠의 선형화
준수기준		• 콘텐츠의 순서가 논리적으로 선형화되어 제공한 경우 준수한 것으로 인정	
오류유형	17-1	계층 구조가 명백하게 필요한 콘텐츠를 중첩 마크업을 이용하여 표현하지 않은 경우	
	17-2	'제목-내용'으로 구성된 콘텐츠 목록의 배치가 분리되어 내용을 직관적 이해가 불가능한 경우	

이어짐

지표번호	17	지표명	콘텐츠의 선형화
주의사항		• 탭메뉴에서 탭1→탭2→탭3으로 이동하여 모든 탭 내용을 확인할 수 있는 경우에도 보다 논리적으로 구성할 것 • 2단계의 깊이를 가진 메뉴에서 1차 메뉴와 2차 메뉴는 서로 다른 계층으로 표현되어야하며 탭메뉴와 탭 콘텐츠도 서로 다른 계층으로 표현되어야함 (예 : ul 〉 li 〉 ul 〉 li 또는 ol 〉 li 〉 ol 〉 li 구조는 계층 구조로 인정) • 탭메뉴와 탭 콘텐츠의 계층 구조는 경우에 따라 마크업 중첩이 아닌 '제목-내용'으로 표현가능, hx-ul, hx-div, hx-p, dt-dd 형식으로 마크업 했다면 계층 구조로 인정 • 로그인, 회원가입 등의 방법 안내는 로그인, 회원가입 이전에 정보를 제공할 것 • 서브메뉴 → 내용 순으로 선형화 된 페이지에서 서브메뉴가 우측에 위치하는 경우 등 혼란이 없는 경우는 인정	

검사항목 18. (표의 구성) 표는 이해하기 쉽게 구성해야 한다.

지표번호	18		지표명	표의 구성
준수기준			• 표를 이해할 수 있도록 정보를 제공한 경우 준수한 것으로 인정	
오류유형	18-1		〈caption〉 요소, summary 속성을 제공하지 않거나 용도 또는 설명이 부적절한 경우	
	18-2		데이터 테이블에 제목셀과 내용셀을 〈th〉와 〈td〉 요소로 구분하지 않은 경우	
	18-3		제목셀 및 내용셀의 다단, 병합 등 복잡한 표를 제공 시 headers 속성으로 〈td〉에서 〈th〉의 id를 참조 또는 scope 속성으로 〈th〉 요소에 〈td〉 요소의 범위를 지정하여 제공하지 않은 경우	
주의사항			• 원칙적으로 〈caption〉 요소와 summary 속성을 모두 사용해야 하며, 이 중 하나이상 적절히 제공한 경우 준수한 것으로 인정 • 〈caption〉 요소는 표의 제목을, summary 속성에는 표의 요약, 구조나 탐색 방법을 기술해 주어야 함(summary와 caption을 같은 용도로 사용하지 않아야 함) • 데이터테이블은 자료들(텍스트, 숫자, 그림 등) 간의 논리적인 관계를 나타내기 위해 표를 사용한 경우를 말하며, 표의 형식을 세우고 선형화 했을 때 이해할 수 없는 경우에 해당 • 배치용(레이아웃용) 테이블은 화면 배치를 위해 작성된 경우를 말하며, 표의 형식을 제거하고 선형화했을 때 이해 가능한 경우에 해당 • 배치용 테이블에는 〈th〉, 〈caption〉 요소, summary 속성을 사용하지 않아야 함	

검사항목 19. (레이블 제공) 입력 서식에는 대응하는 레이블을 제공해야 한다.

지표번호	19		지표명	레이블 제공
준수기준		• 입력 서식에 대응하는 레이블을 제공한 경우 준수한 것으로 인정		
오류유형	19-1	⟨input type="image | hidden | submit | button | reset"⟩을 제외한 모든 ⟨input⟩, ⟨textarea⟩, ⟨select⟩ 요소에 1:1 대응하는 ⟨label⟩요소 또는 title 속성을 제공하지 않은 경우		
	19-2	⟨input⟩의 id와 ⟨label⟩의 for가 다르거나, 페이지 안에 같은 id가 있는 경우		
	19-3	⟨select⟩ 요소의 첫 번째 ⟨option⟩이 레이블 역할을 대신하는 경우		

이어짐

주의사항	• 레이블로 연결할 텍스트가 있는 경우 title 속성보다 ⟨label⟩ 요소를 제공하는 것을 권장 • id, for 속성을 사용하지 않고 ⟨label⟩ 요소로 레이블 텍스트와 서식 컨트롤을 한꺼번에 묶는 암묵적인 방법을 사용한 경우도 인정하지만 권장하지 않음 예시) 암묵적 방법 : ⟨label⟩⟨input type="checkbox"⟩암묵적⟨/label⟩, 명시적 방법 : ⟨label for="see"⟩명시적⟨/label⟩⟨input type="checkbox" id="see"⟩

검사항목 20. (오류 정정) 입력 오류를 정정할 수 있는 방법을 제공해야 한다.

지표번호	20		지표명	오류 정정
준수기준		• 입력 오류를 정정할 수 있는 방법을 제공한 경우 준수한 것으로 인정		
오류유형	20-1	입력 서식을 잘못 작성한 경우 해당 서식 필드로 초점을 이동하도록 제공하지 않거나 해당 서식의 전송버튼을 눌렀을 때, 입력 내용이 모두 사라지는 경우		
	20-2	오류 발생 시, 정정할 수 있는 수단을 제공하지 않는 경우		
	20-3	입력 정정방식 또는 내용을 잘못 제공한 경우		
주의사항		• 오류가 있는 곳에만 오류 표시를 하면 전맹이나 저시력자는 오류가 난 곳에 도달하기 전까지는 어디에 오류가 있는지 알기 어려우므로 오류의 내용을 먼저 텍스트로 설명해주거나, 프로그램을 통해 오류가 난 위치에 도달하도록 하고, 오류의 내용을 설명해 주어야 함		

원칙 4. 견고성(Robust): 웹 콘텐츠는 미래의 기술로도 접근할 수 있도록 견고하게 만들어야 한다.

검사항목 21. (마크업 오류 방지) 마크업 언어의 요소는 열고 닫음, 중첩 관계 및 속성 선언에 오류가 없어야 한다.

지표번호	21	지표명	마크업 오류 방지
준수기준		마크업 언어 요소의 열고 닫음, 중첩 관계 및 속성 선언에 오류 없이 제공한 경우 준수한 것으로 인정	
오류유형	21-1	태그의 열고 닫음 오류	
	21-2	태그의 중첩 오류	
	21-3	중복 선언된 속성 오류	
주의사항		• ID값 중복선언은 오류유형 21-3에서 심사 • 위에 언급된 항목 이외의 표준문법 오류는 포함하지 않음	

검사항목 22. (웹 애플리케이션 접근성 준수) 콘텐츠에 포함된 웹 애플리케이션은 접근성이 있어야 한다.

지표번호	22	지표명	웹 애플리케이션 자체 접근성
준수기준		웹 애플리케이션의 자체 접근성을 준수하여 제공한 경우 준수한 것으로 인정	
오류유형	22-1	웹 애플리케이션이 자체적인 접근성이 없으며 사용자가 선택할 수 있는 대체 콘텐츠가 존재하지 않거나 대체콘텐츠를 제공하더라도 핵심기능을 동등하게 제공하지 못한 경우	
주의사항		• 자바스크립트 미지원 환경에서는 평가하지 않음 • 웹 애플리케이션에 대한 자체 접근성은 각 검사항목에서 평가(22번 검사항목은 해당사항이 없음)	

III.2 사용자 심사 기준

□ 심사대상 과업 전체에 대하여 성공률 100%

각 사이트의 특성에 맞는 사이트별 과업(Task) 심사

- 신청 사이트마다 과업은 모두 다를 수 있으며, 사이트의 이용 목적에 부합되는 서비스 위주로 과업을 선정하고, 과업 당 15분 이내에 수행 성공 시 통과

표 A.3

장애영역	등급 및 조건	비고
시각장애인	1급 시각장애 2인	화면 낭독 프로그램 사용(1인 - 센스리더, 1인 - 죠스 등)
시각장애인	저시력 1인	보조기기를 사용하지 않음
지체장애인	상지장애 또는 뇌병변 1인	보조기기를 사용하지 않음

표 A.4

번호	과업 예시(사이트마다 특성을 고려하여 과업 설정)	성공률 산정 방식
1	회원가입을 해 보세요	$\dfrac{\text{성공한 과업}}{\text{심사 대상 과업}} \times 100$ 3명의 사용자심사원이 각 과업별로 15분이내에 성공 1. 전맹(화면 낭독기 사용) 2. 지체(보조기기를 사용하지 않음) 3. 기타(보조기기를 사용하지 않음)
2	로그인과 로그아웃을 해 보세요.	
3	회원 정보를 수정해 보세요(주소, 전화번호)	
4	공지사항의 첫 번째 게시물을 읽어 보세요.	
5	사이트맵을 이용하여 민원업무서식을 찾아보세요.	
6	자유게시판으로 이동하여 첫 번째 게시물을 읽어 보세요.	
7	3월 27일에 게시한 기사를 확인해 보세요.	
8	자료실 36번의 첨부파일을 다운받아보세요.	
9	감사관실 전화번호를 확인해 보세요.	
10	대중교통을 이용하여 찾아가는 길을 확인해 보세요.	

※ 필요에 따라 과업은 10~15개로 선정

III.3 웹 접근성 품질인증마크 자가진단 방법

① 웹 접근성 품질인증마크 자가진단 서비스(http://accessibility.kr/nia/check.php)를 통해 중요 템플릿 위주의 10개 페이지를 진단하고 결과를 캡처하여 첨부하십시오.

[중요 템플릿] - 10페이지 임의 선정(자동합산)

중요 페이지	설명	수량
메인 페이지	• 웹사이트의 대표 페이지(필수)	1
서브 페이지	• 메인페이지의 하위 페이지 – 그래프, 표 등 정보 제공 페이지(조직도 등) – 멀티미디어(동영상 등) 제공 페이지 – 게시판 페이지온라인 서식 페이지(로그인, 회원가입 등) – 부가 어플리케이션이 포함되어 있는 페이지 – 기타 다양한 템플릿 페이지 선정	9
합계		10

[검사항목] ① 대체 텍스트 제공 ② 제목 제공 ③ 기본 언어 표시 ④ 레이블 제공
※ 4개 항목의 각 항목별 준수율이 95% 이상일 경우만 접수 가능

② ①의 방법으로 진단이 불가한 경우라면 웹 접근성 실태조사 자가진단 도구 (http://www.korea-nia.appspot.com/index)를 통해 중요 템플릿 위주의 10개 페이지를 진단하고 결과를 캡처하여 첨부하십시오.

[중요 템플릿] - 5페이지 임의 선정(수동합산)

중요 페이지	설명	수량
메인 페이지	• 웹사이트의 대표 페이지(필수)	1
서브 페이지	• 메인페이지의 하위 페이지 – 그래프, 표 등 정보 제공 페이지(조직도 등) – 멀티미디어(동영상 등) 제공 페이지 – 게시판 페이지 – 온라인 서식 페이지(로그인, 회원가입 등) – 부가 어플리케이션이 포함되어 있는 페이지 – 기타 다양한 템플릿 페이지 선정	4
합계		5

[검사항목] ① 대체 텍스트 제공 ② 제목 제공 ③ 기본 언어 표시 ④ 레이블 제공
※ 4개 항목의 각 항목별 준수율이 95% 이상일 경우만 접수 가능

웹 접근성 품질인증마크 자가진단 서비스 이용 방법

1) 웹 접근성 품질인증마크 자가진단 서비스(http://accessibility.kr/nia/check.php)에 접속하여 10개의 URL을 입력

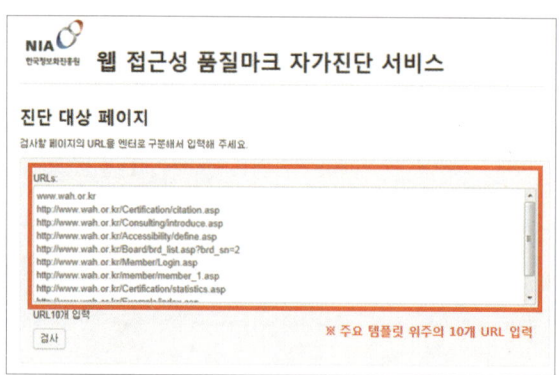

2) 검사 버튼을 누르면 결과 내용이 출력되며 캡처하여 설문지에 첨부

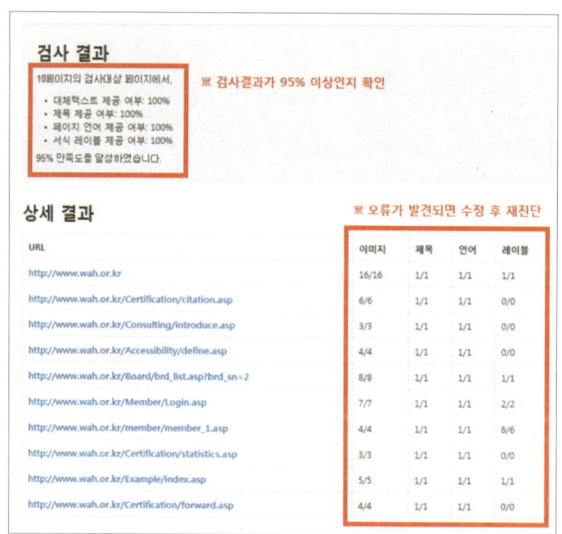

[예시1] ①의 방법을 통한 웹 접근성 품질인증마크 자가진단 결과 캡처

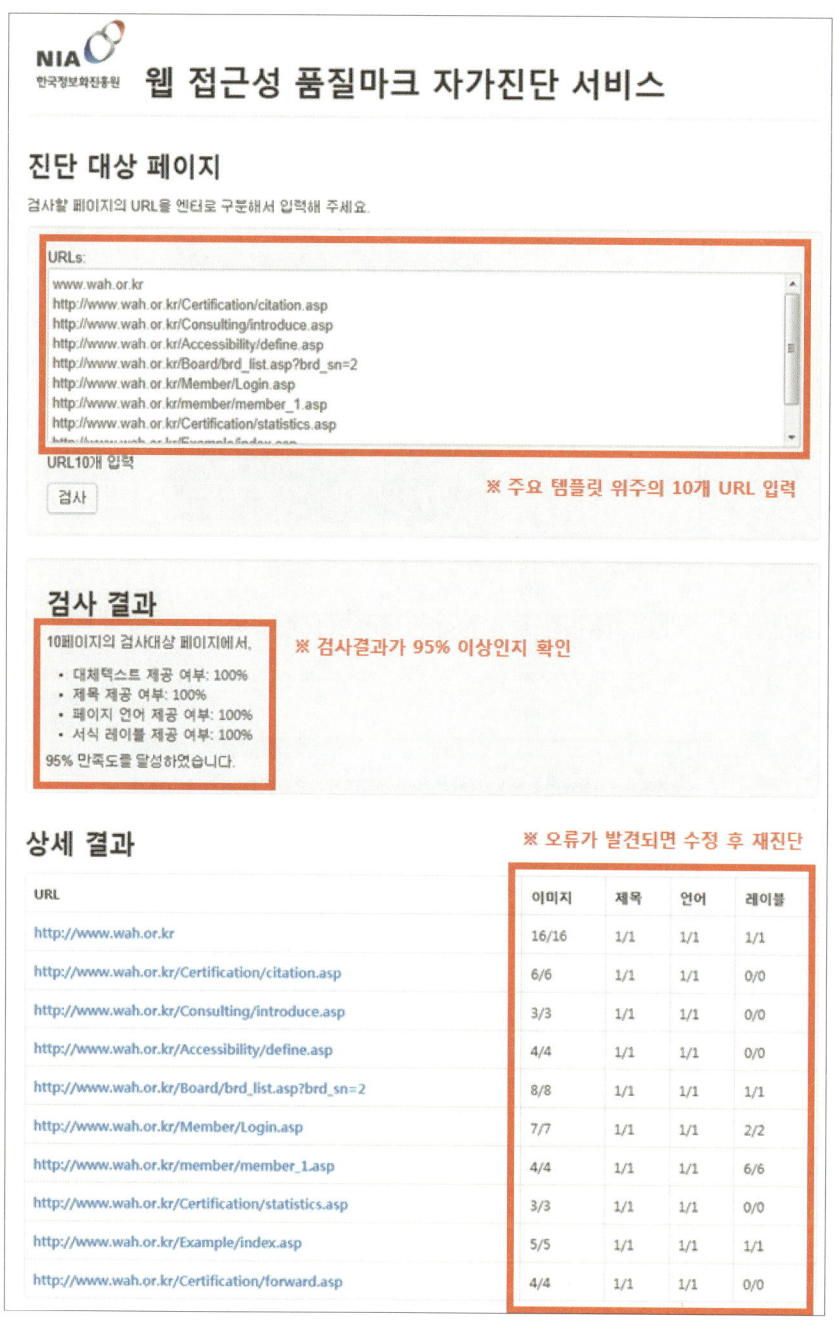

웹 접근성 실태조사 자가진단 도구 이용 방법

1) 웹 접근성 실태조사 자가진단 도구에 접속하여(http://korea-nia.appspot.com/login) **아이디**와 **비밀번호**를 입력하여 로그인한다(ID : nia, PW : 1234).

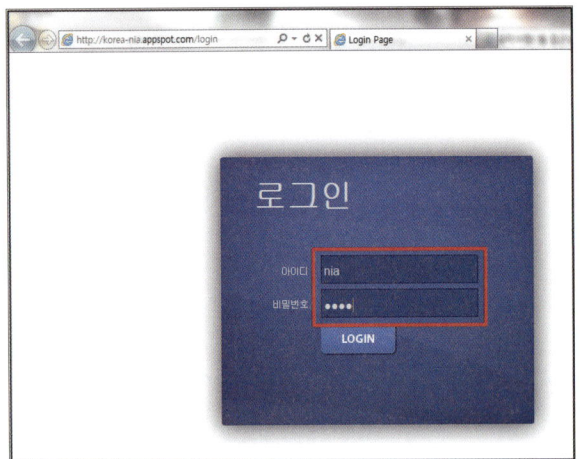

2) 평가할 웹 페이지 주소(URL)를 입력하고, **확인** 버튼을 클릭한다.
   ※ 페이지가 제대로 평가되지 않을 경우 단계 8)로 이동

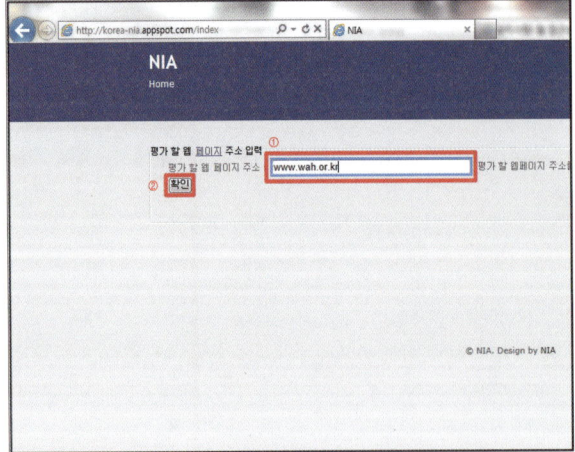

3) 자동으로 평가된 결과를 확인하고 접근성 준수 여부를 체크한다.

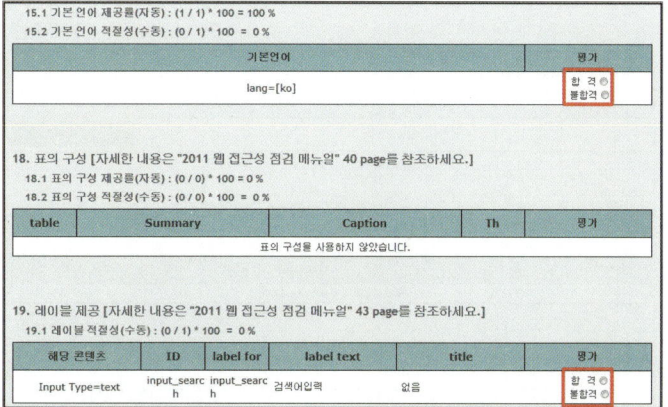

5) 평가되지 않은 부분은 수동으로 접근성 준수 여부를 체크한다.

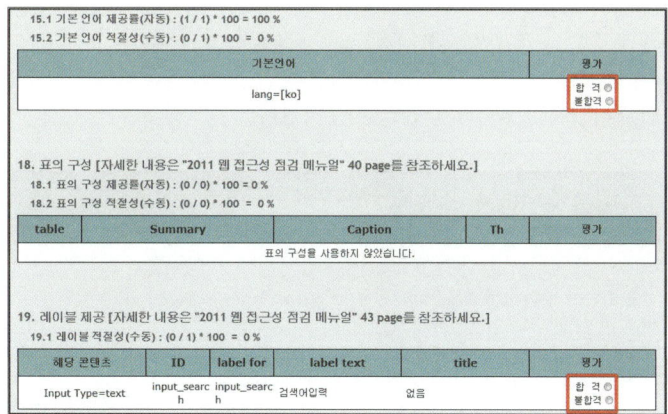

① 기본 언어 제공률

(<lang> 태그로 기본 언어 코드 제시한 경우 합격에 체크)

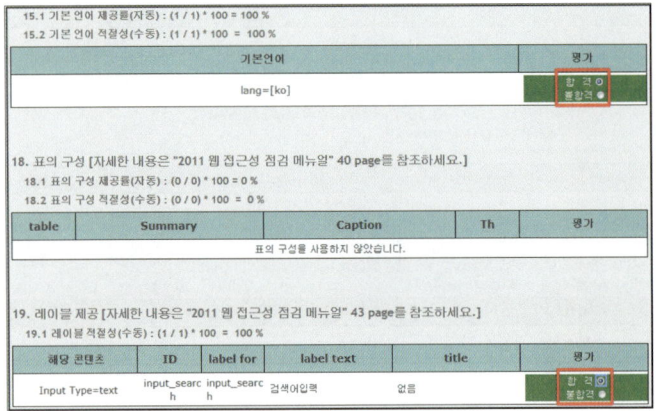

② 레이블 적절성

(label for와 input ID의 일치 여부 input에 대한 title 여부)

6) 평가가 완료되었으면 **출력하기** 링크를 클릭한다.

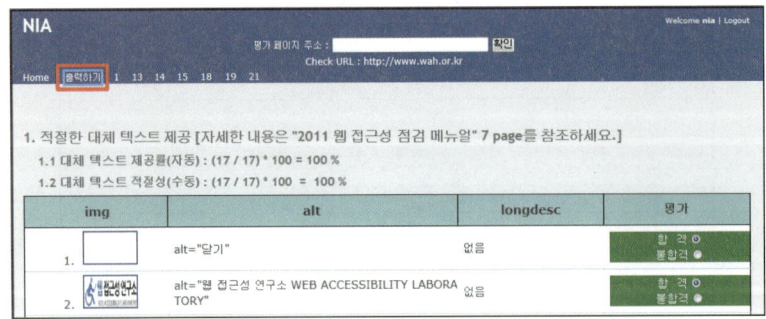

7) 결과 페이지를 직접 캡처하기 위해 **취소** 버튼을 클릭한다.

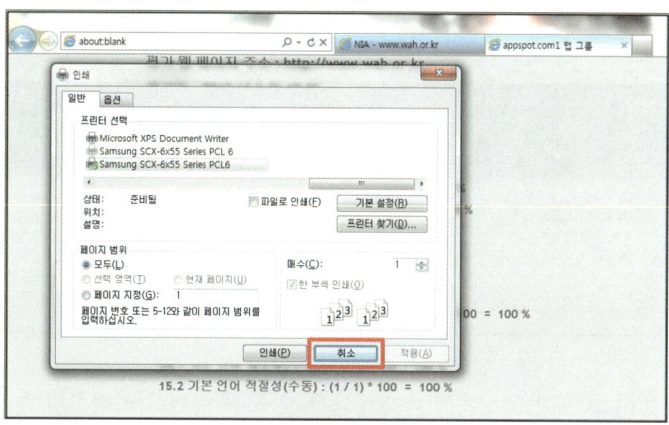

8) 각 검사 페이지별로 네모로 표시된 영역을 캡처하여 자가진단 결과로 활용한다
(평가 웹페이지 주소와 평가일, 대체 텍스트 제공, 제목 제공, 기본 언어 표시, 레이블 제공의 4개 검사 항목이 보이도록 캡처하여 설문지에 첨부).

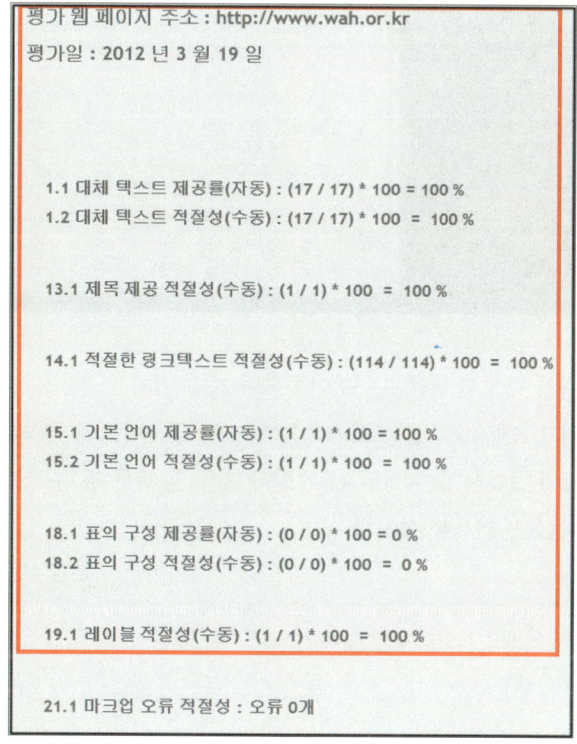

9) URL 입력으로 페이지가 평가되지 않을 경우, 페이지 링크를 클릭한다.

10) 페이지 URL과 해당 페이지의 HTML 소스를 직접 입력하여 평가한다.

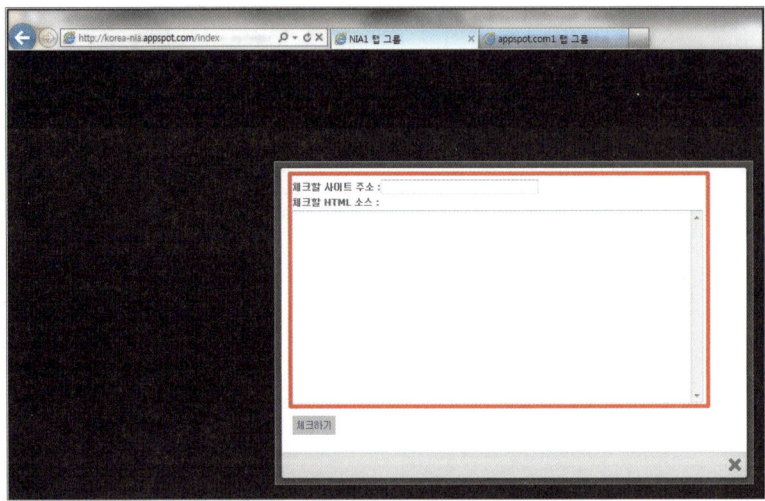

※ 평가 결과가 나오면 단계 4) 로 이동하여 계속 진행
※ 프레임워크 또는 솔루션을 사용하는 만드는 웹사이트의 경우(자바스크립트를 통해 동적으로 마크업을 그리는 경우 등) 개발자 도구 등에서 볼 수 있는 실제 소스를 복사하여 소스 검사를 실시할 것

11) 자가진단 결과표에 [준수한 콘텐츠 수 / 전체 콘텐츠 수]를 기입하여 평균 준수율을 입력한다.

중요 페이지	① 대체 텍스트 제공	② 제목 제공	③ 기본 언어 표시	④ 레이블 제공
1번	17 / 17	1 / 1	1 / 1	1 / 1
2번	6 / 6	1 / 1	1 / 1	0 / 0
3번	5 / 5	1 / 1	1 / 1	12 / 12
4번	3 / 3	1 / 1	1 / 1	0 / 0
5번	3 / 3	1 / 1	1 / 1	0 / 0
합계	34 / 34	5 / 5	5 / 5	13 / 13
평균 준수율	100%	100%	100%	100%

[예시2] ②의 방법을 통한 웹 접근성 품질인증마크 자가진단 결과 캡처 (예시)

자가진단 결과표					1번
중요 페이지	① 대체 텍스트 제공	② 제목 제공	③ 기본 언어 표시	④ 레이블 제공	평가 웹 페이지 주소 : http://www.wah.or.kr 평가일 : 2012년 3월 19일
1번	17 / 17	1 / 1	1 / 1	1 / 1	1.1 대체 텍스트 제공률(자동) : (17 / 17) * 100 = 100 % 1.2 대체 텍스트 적절성(수동) : (17 / 17) * 100 = 100 %
2번	6 / 6	1 / 1	1 / 1	0 / 0	13.1 제목 제공 적절성(수동) : (1 / 1) * 100 = 100 %
3번	5 / 5	1 / 1	1 / 1	12 / 12	14.1 적절한 링크텍스트 적절성(수동) : (114 / 114) * 100 = 100 %
4번	3 / 3	1 / 1	1 / 1	0 / 0	15.1 기본 언어 제공률(자동) : (1 / 1) * 100 = 100 % 15.2 기본 언어 적절성(수동) : (1 / 1) * 100 = 100 %
5번	3 / 3	1 / 1	1 / 1	0 / 0	18.1 표의 구성 제공률(자동) : (0 / 0) * 100 = 0 % 18.2 표의 구성 적절성(수동) : (0 / 0) * 100 = 0 %
합계	34 / 34	5 / 5	5 / 5	13 / 13	19.1 레이블 적절성(수동) : (1 / 1) * 100 = 100 %
평균 준수율	100%	100%	100%	100%	21.1 마크업 오류 적절성 : 오류 0개

2번

평가 웹 페이지 주소 : http://www.wah.or.kr/Certification/citation.asp
평가일 : 2012 년 3 월 19 일

1.1 대체 텍스트 제공률(자동) : (6 / 6) * 100 = 100 %
1.2 대체 텍스트 적절성(수동) : (6 / 6) * 100 = 100 %

13.1 제목 제공 적절성(수동) : (1 / 1) * 100 = 100 %

14.1 적절한 링크텍스트 적절성(수동) : (114 / 114) * 100 = 100 %

15.1 기본 언어 제공률(자동) : (1 / 1) * 100 = 100 %
15.2 기본 언어 적절성(수동) : (1 / 1) * 100 = 100 %

18.1 표의 구성 제공률(자동) : (0 / 0) * 100 = 0 %
18.2 표의 구성 적절성(수동) : (0 / 0) * 100 = 0 %

19.1 레이블 적절성(수동) : (0 / 0) * 100 = 0 %

21.1 마크업 오류 적절성 : 오류 0개

3번

평가 웹 페이지 주소 : http://www.wah.or.kr/Education/supporters_write.asp?brd_idx=15
평가일 : 2012 년 3 월 19 일

1.1 대체 텍스트 제공률(자동) : (5 / 5) * 100 = 100 %
1.2 대체 텍스트 적절성(수동) : (5 / 5) * 100 = 100 %

13.1 제목 제공 적절성(수동) : (1 / 1) * 100 = 100 %

14.1 적절한 링크텍스트 적절성(수동) : (99 / 99) * 100 = 100 %

15.1 기본 언어 제공률(자동) : (1 / 1) * 100 = 100 %
15.2 기본 언어 적절성(수동) : (1 / 1) * 100 = 100 %

18.1 표의 구성 제공률(자동) : (1 / 1) * 100 = 100 %
18.2 표의 구성 적절성(수동) : (1 / 1) * 100 = 100 %

19.1 레이블 적절성(수동) : (12 / 12) * 100 = 100 %

4번

평가 웹 페이지 주소 : http://www.wah.or.kr/Education/pro_check.asp
평가일 : 2012 년 3 월 19 일

1.1 대체 텍스트 제공률(자동) : (3 / 3) * 100 = 100 %
1.2 대체 텍스트 적절성(수동) : (3 / 3) * 100 = 100 %

13.1 제목 제공 적절성(수동) : (1 / 1) * 100 = 100 %

14.1 적절한 링크텍스트 적절성(수동) : (99 / 99) * 100 = 100 %

15.1 기본 언어 제공률(자동) : (1 / 1) * 100 = 100 %
15.2 기본 언어 적절성(수동) : (1 / 1) * 100 = 100 %

18.1 표의 구성 제공률(자동) : (0 / 0) * 100 = 0 %
18.2 표의 구성 적절성(수동) : (0 / 0) * 100 = 0 %

19.1 레이블 적절성(수동) : (0 / 0) * 100 = 0 %

5번

평가 웹 페이지 주소 : http://www.wah.or.kr/Consulting/introduce.asp
평가일 : 2012 년 3 월 19 일

1.1 대체 텍스트 제공률(자동) : (3 / 3) * 100 = 100 %
1.2 대체 텍스트 적절성(수동) : (3 / 3) * 100 = 100 %

13.1 제목 제공 적절성(수동) : (1 / 1) * 100 = 100 %

14.1 적절한 링크텍스트 적절성(수동) : (100 / 100) * 100 = 100 %

15.1 기본 언어 제공률(자동) : (1 / 1) * 100 = 100 %
15.2 기본 언어 적절성(수동) : (1 / 1) * 100 = 100 %

18.1 표의 구성 제공률(자동) : (1 / 1) * 100 = 100 %
18.2 표의 구성 적절성(수동) : (1 / 1) * 100 = 100 %

19.1 레이블 적절성(수동) : (0 / 0) * 100 = 0 %

III.4 웹 접근성 품질인증마크 신청서

<table>
<tr><th colspan="3">웹 접근성 품질마크 신청서</th></tr>
<tr><td rowspan="3">신
청
인</td><td>기 관 명</td><td></td><td>성명(대표자)</td><td></td></tr>
<tr><td>법인사업자등록번호</td><td></td><td>전화번호</td><td></td></tr>
<tr><td colspan="4">주소(소재지)</td></tr>
<tr><td colspan="2">인증신청의 구분</td><td colspan="2">( ) 인증심사(신규 혹은 50% 초과 사이트 개편)
( ) 갱신심사(유효기간 만료에 혹은 50% 이하 사이트 개편)</td></tr>
<tr><td colspan="2">신청기관의 성격</td><td colspan="2">( ) 정부기관 ( ) 공공기관 ( ) 비영리장애인민간단체
( ) 민간기업 ( ) 기타</td></tr>
<tr><td colspan="2">심사비 할인 근거</td><td colspan="2">※ 기관 설립에 관한 관계 법령, 설립취지 등을 구체적으로 기입
※ 정부.공공.비영리장애인민간단체 등 심사비 할인 대상 기관만 작성</td></tr>
<tr><td colspan="2">신청 사이트</td><td colspan="2">사이트명 :
주소(url) :</td></tr>
<tr><td colspan="2">담당부서 및 담당자</td><td colspan="2">담당부서 : 담 당 자 :
연 락 처 :</td></tr>
<tr><td colspan="2">계산서 요청
(계산서 받을 담당자)</td><td colspan="2">성 명 : 메 일 :
전화번호 : 사업자등록번호 :
법 인 명 : 사업자등록증대표자 :
※ 주의사항 : 실제 입금할 기관의 정보가 반드시 정확히 제공되어야 함</td></tr>
<tr><td colspan="2">약관 동의</td><td colspan="2">1. 심사접수 시 반드시 해당 기관의 담당자가 직접 신청해야 하며, 서류 작성의 책임이 있습니다. 신청기관의 담당자가 아닌 경우 접수가 취소될 수 있습니다.
2. 제출서류 상의 결격사유(직인누락, 첨부서류 및 테스트계정 미제출 등) 발생 시, 수정하여 제출하는 기회 없이 접수가 취소될 수 있습니다.
3. 인증마크 획득 후 수시로 모니터링이 진행되며 지적사항을 협의된 기간이내에 수정하지 않는 경우 인증이 취소될 수 있습니다.
4. 계산서 요청 관련 정보(사업자등록번호 등)는 정확히 입력되어야 하며, 잘못된 정보 제공으로 계산서가 오발행 된 경우 재발급해 드리지 않습니다.
5. 웹 접근성 품질인증 심사가이드 v1.3('13.4.15)을 기준으로 심사됩니다.
신청인은 위 내용에 대하여 이해하였고, 약관에 동의합니다.
* 약관 동의는 기관장 직인으로 갈음합니다.</td></tr>
<tr><td colspan="4">위와 같이 웹 접근성 품질마크를 신청합니다.
2013 년 월 일
ㅇㅇㅇ 기관장 (직인 또는 인감)
한국정보화진흥원장 귀하</td></tr>
<tr><td colspan="4"><구비서류>
1. 법인사업자등록증
2. 사전설문지
3. 심사비 대납 공문 : 해당사항 없을 경우 미제출
※ 접수완료 후 지정된 기한 내에 심사비를 납부해야 하며 미납 시 접수가 취소될 수 있음</td></tr>
</table>

III.5 웹 접근성 품질인증마크 사전 설문지

웹 접근성 품질마크 사전설문지

o 본 설문은 웹 접근성 품질마크 신청 사이트에 대한 심사를 보다 효율적이고 원활하게 수행하기 위하여 필요한 제반 사항에 대한 조사입니다.

o 설문에 대한 응답은 심사결과에 영향을 미칠 수 있으니 이점을 양지하시고 해당되는 모든 질문에 충실히 응답해 주시기 바랍니다.

☐ 일반현황

o 웹 사이트와 관련된 일반적인 사항을 기재하여 주십시오.

웹 사이트 명	
URL	
담당부서	
담당자	
연락처	
E-mail	
개발업체명 (웹 접근성 개선.관리 업체명)	
개발 담당자 및 연락처	

☐ 사이트 이용현황

o 웹 사이트 내에서 가장 인기 있는 5가지 메뉴(페이지)는 무엇입니까?

1위 : _____(url :   )
2위 : _____(url :   )
3위 : _____(url :   )
4위 : _____(url :   )
5위 : _____(url :   )

☐ 로그인 서비스 영역

o 웹 사이트의 특정 영역에 접근하기 위해 로그인이 필요한 경우가 있습니까?
(심사를 위해 별도의 Test 계정 제공해 주시기 바랍니다.)

① 예 ( )

서비스명	URL 또는 위치	Test ID / Password

② 아니오 ( )

☐ 멀티미디어 및 기타 파일 형식

o 웹 사이트 내에 Active-X, 플래시 등 플러그인이 사용된 부분이 있습니까?
(사용되고 있다면, 해당 서비스 명칭 및 위치를 기록해 주시기 바랍니다.)

① 예 ( )

서비스명	URL 또는 위치

② 아니오 ( )

o 사이트 내에 오디오 또는 비디오가 포함되어 있습니까?
(포함되어 있다면, 접근 가능한 URL 을 기재하여 주십시오.)

① 예 ( )

서비스명	URL 또는 위치

② 아니오 ( )

감사합니다.

[첨부] 웹 접근성 품질마크 자가진단 결과 캡처(①이 불가한 경우 ②의 결과 첨부)

※ 웹 접근성 품질인증 심사가이드 v.1.3 page21 쪽을 참고해 주시기 바랍니다.

부록 IV 기타 화면 낭독기 설치와 사용법

본문에서 설명하지 못한 화면 낭독기 중 NVDA와 실로암 보이스의 설치 방법과 사용법을 알아보자.

IV.1 NVDA 설치와 사용법

NVDA는 윈도우용 무료 오픈소스 스크린 리더다. NVDA를 다운로드해 설치해보고, 주요 기능과 사용법을 알아보자.

IV.1.1 NVDA 다운로드

NVDA 설치 파일은 NVDA 코리아(www.nvda-kr.org)와 NVDA 공식홈페이지(www.nvaccess.org)에서 최신버전을 다운로드할 수 있다. 당초 NVDA 한국어 버전을 만들어 espeak 한국어 TTS를 담아 별도로 릴리즈되었지만 현재는 한국어 버전은 릴리즈되지 않고 국제버전으로 통합되었다. NVDA의 최신 버전은 www.nvaccess.org 의 DOWNLOAD 페이지에서 하단의 "SOURCE FORGE" 링크로 이동해 다운로드할 수 있다.

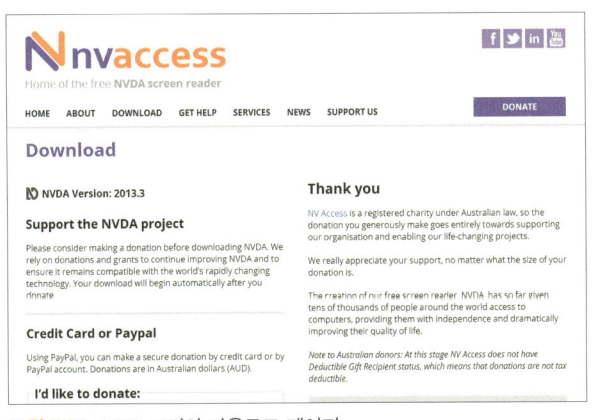
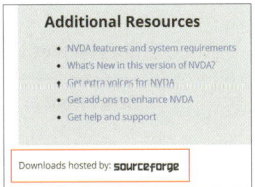

그림 IV.1 NVDA 코리아 다운로드 페이지

NVDA는 정식 버전(2013.x) 외에 수시로 기능을 업데이트하는 Development Snapshots이 있다. Development 버전의 릴리즈가 자주 있고, 정식 버전은 릴리즈가 뜸하다보니 최신 업데이트가 정식 버전에는 반영되지 않는다. 이런 이유로 대다수의 사용자들은 Development Snapshot을 선호하는 경향이 있다. Development Snapshot은 http://community.nvda-project.org/wiki/Snapshots에서 다운로드할 수 있다.

IV.1.2 한국어 TTS 다운로드와 구매

NVDA는 espeak 한국어 TTS를 포함하고 있지만 이는 일반적인 사용자가 이해할 수 있는 수준의 한국어 발음을 지원하지 않는다(espeak는 영문 이니셜을 이용해 한국어를 지원). NVDA를 한국어로 제대로 활용하기 위해서는 별도의 한국어 TTS를 사용해야 한다. SAPI 기반의 한국어 TTS를 보유했다면 음성 엔진 설정만 하면 바로 사용할 수 있다. 하지만 대다수의 경우 이를 보유하지 않은 상태이므로 아래 방법을 통해 NVDA의 추가 기능으로 제공하는 Nuance Volcalizer (DEMO)를 사용할 수 있다.

www.vocalizer-nvda.com/에서 자세한 정보를 확인하고 한국어 TTS 다운로드를 위해 Downloads의 Downloads Page로 이동한다.

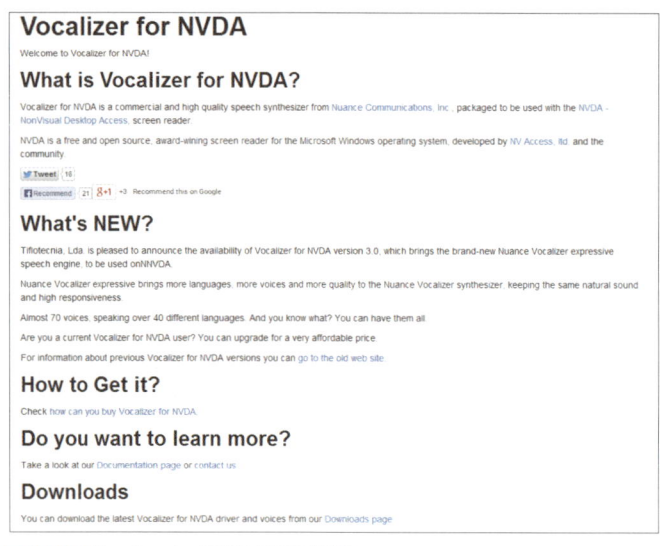

그림 IV.2 Vocalizer for NVDA 메인 페이지

Vocalizer for NVDA를 사용하려면 Driver와 TTS 총 2개의 파일이 필요하다. 우선 Download Driver에서 Vocalizer for NVDA driver를 다운로드한다. 또한 Download Voices의 Language에서 ko – Korean를, variant에서 plus를 선택한 후, 하단의 검색 결과 목록에서 Sora ko – Korean Plus를 다운로드한다.

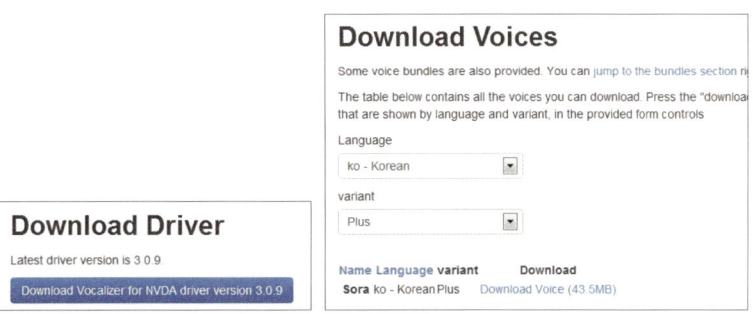

그림 IV.3 Vocalizer 드라이버와 음성 엔진 다운로드

NVDA는 무료로 제한 없이 사용할 수 있지만 명확한 한국어 음성을 들으려면 한국어 TTS 비용을 지불해야 한다. Nuance Vocalizer 음성 엔진의 데모기간은 대략 10일 정도이기 때문에 계속 사용하기를 원한다면 데모 기간 이후 한국어 TTS 라이선스를 구입해야 한다. 라이선스를 구입하면 한국어 TTS만 사용하는 것이 아니라 Vocalizer-nvda에서 제공하는 모든 언어의 TTS를 사용할 수 있다.

Vocalizer for NVDA 라이선스 구입은 Online Sales 페이지(https://vocalizer-nvda.com/store)를 통해 paypal이나 신용카드로 결제할 수 있고, Nuance Vocalizer 가격은 90유로 (약 13만원)지만 TTS 라이선스 비용이며, 타 화면 낭독기에 비해 저렴한 가격으로 좀 더 나은 웹 서비스를 이용할 수 있으므로 구입할 만한 가치는 충분하다.

> **팁**
> nextup.com에서 realspeak TTS를 구입하고, 고객센터에서 TextAloud 2.0 무료 라이선스를 받으면 절반 가격에 사용이 가능하다.

IV.1.3 한국어 TTS 설치와 사용

다운로드한 NVDA 파일을 설치한 후 실행해서 Insert+N을 누르면 NVDA 메뉴가 호출된다. 여기에서 **도구 > 추가 기능 관리**로 이동한다.

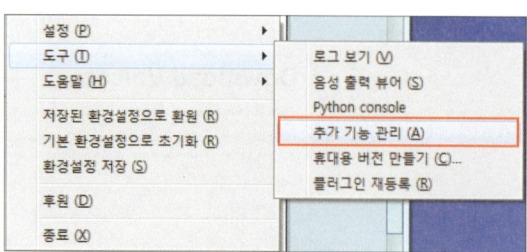

그림 IV.4 NVDA의 추가 기능 관리 메뉴

추가 기능 관리 대화상자가 열리면 **설치** 버튼를 눌러서 다운로드한 2개의 파일을 설치한다.

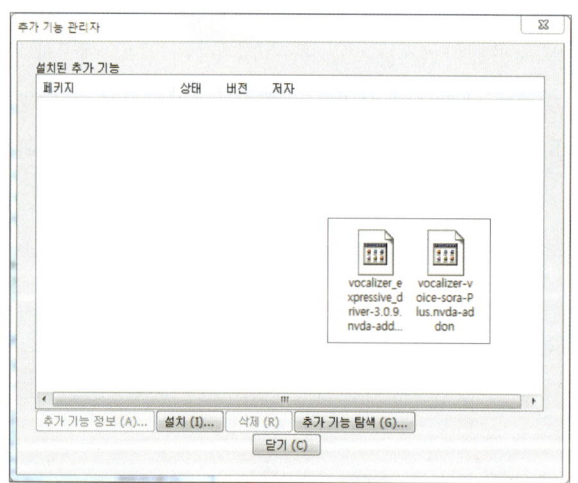

그림 IV.5 NVDA 추가 기능 관리자

닫기를 누르고 안내에 따라 NVDA를 재실행한다. NVDA가 다시 실행되면 Insert+N을 눌러 메뉴를 호출하고, **설정 > 음성 엔진**으로 이동한다.

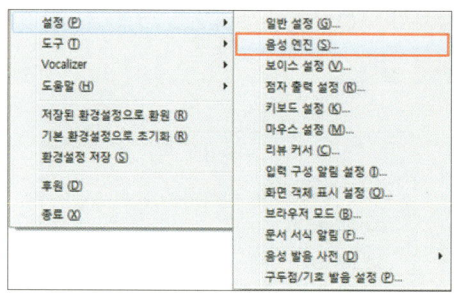

그림 IV.6 NVDA 음성 엔진 메뉴

음성 엔진 대화상자에서 음성 엔진을 Nuance Vocalizer로 변경하고 OK를 누르면 한국어 TTS로 음성이 변경된다.

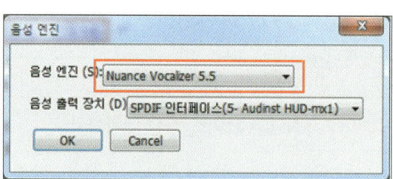

그림 IV.7 NVDA 음성 엔진 설정 대화상자

IV.1.4 음성 설정

NVDA는 센스리더와는 달리 별도의 환경 설정 파일을 가지지 않는다. 그러므로 한 곳에서 음성을 조절하면 모든 곳에서 즉각 적용이 가능하다. Insert+N을 눌러 NVDA 메뉴를 열고 설정 > 보이스 설정으로 이동한다.

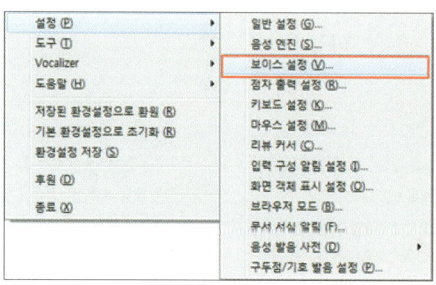

그림 IV.8 NVDA 보이스 설정 메뉴

아래와 같은 대화상자가 나타나면 음성 속도/높이/크기를 적절히 조절한 후 OK 버튼을 눌러 설정을 저장하면 된다.

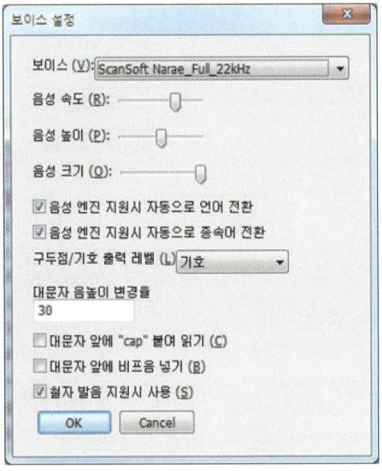

그림 IV.9 NVDA 보이스 설정 대화상자

> **설정법 단축키 NVDA 음성 설정하기**
> ① Insert+Ctrl+V : 보이스 설정 대화상자 열기
> ② Insert+Ctrl+좌/우방향키 : 음성 설정 항목 선택 (속도/높이/크기)
> ③ Insert+Ctrl+위/아래방향키 : 선택한 항목 값 조절

IV.1.5 인터넷 설정

NVDA는 어디에서나 인터넷 설정이 가능하다. Insert+N을 눌러서 NVDA 메뉴를 호출하고 설정 > 브라우저 모드로 이동한다.

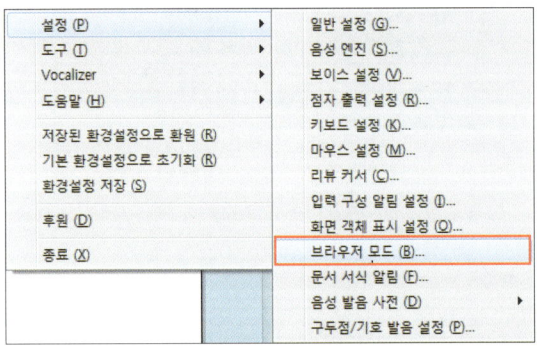

그림 IV.10 NVDA 브라우저 모드 메뉴

아래와 같이 브라우저모드 대화상자가 나타나면 필요한 설정을 조절하고 OK 버튼을 누른다.

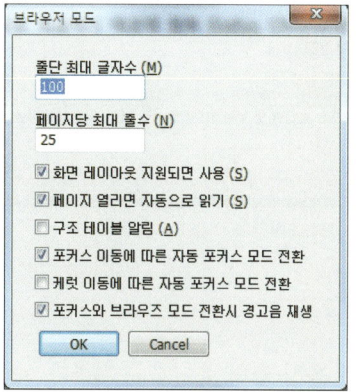

그림 IV-11 NVDA 브라우저 모드 설정 대화상자

> **단축키 NVDA 인터넷 설정**
>
> Insert+Ctrl+B 브라우즈 모드 설정

IV.1.6 부팅 시 자동 실행 설정

Insert+N을 눌러서 NVDA 메뉴를 불러온 후 설정 > 일반 설정으로 이동한다.

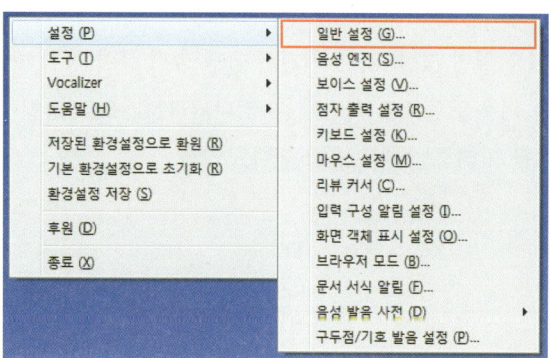

그림 IV.12 NVDA 일반 설정 메뉴

아래와 같이 일반 설정 대화상자가 나타나면 윈도우 로그인 후 NVDA 자동 실행을 선택해서 윈도우가 부팅될 때 NVDA를 자동으로 실행되도록 할 수 있다.

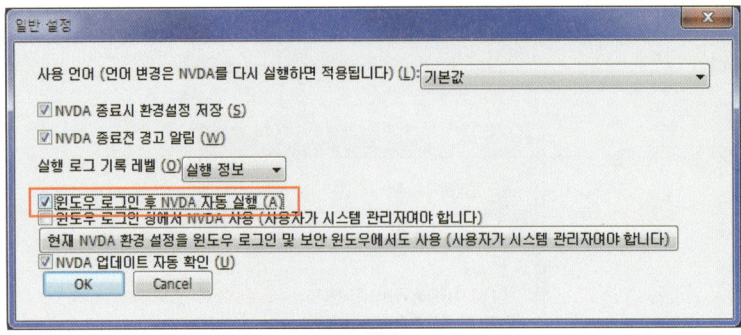

그림 IV.13 NVDA 일반 설정 대화상자

IV.1.7 음성 출력 뷰어

NVDA는 별도의 기능으로 음성 출력 뷰어가 존재한다. Insert+N을 눌러 메뉴를 열고 도구 > 음성 출력 뷰어를 실행한다.

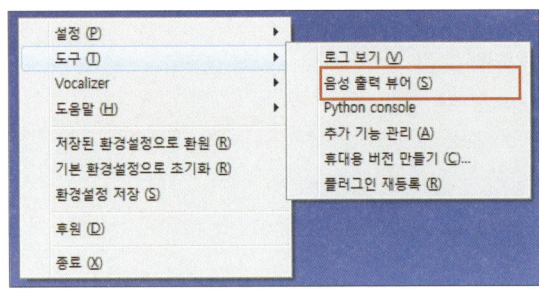

그림 IV.14 NVDA 음성 출력 뷰어 메뉴

음성 출력 뷰어를 열면 그림 IV.15와 같은 음성 출력 뷰어 창이 나타나면서 NVDA가 음성 출력하는 내용을 눈으로 확인할 수 있다. HTML 요소 명칭이 누락되는 부분이 있지만 콘텐츠를 이해하는 데 도움이 된다.

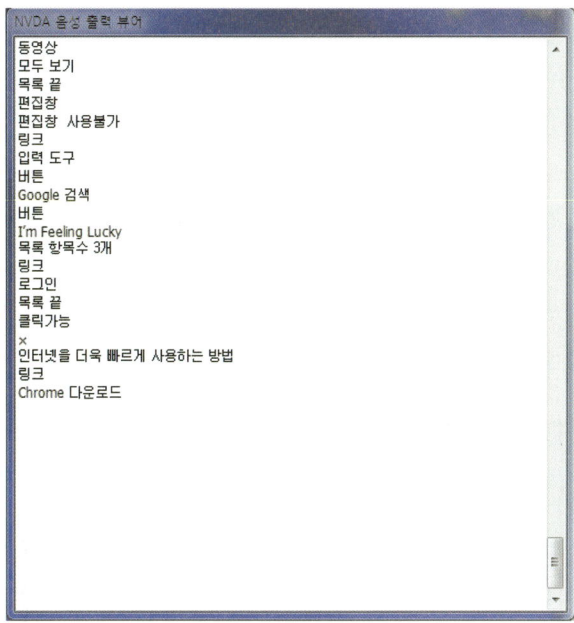

그림 IV.15 NVDA 일반 설정 대화상자

소리로 듣지 않아도 되는 상황이라면 설정 > 음성 엔진에서 음성 출력 끔을 선택하면 TTS 엔진이 없어도 음성 출력 내용을 확인해볼 수 있다.

IV.1.8 찾기

NVDA가 정상적으로 동작할 때 Insert+Ctrl+F를 누르면 다음과 같은 대화상자가 나타납니다. 편집창에 원하는 텍스트를 입력하면 검색 결과를 따라 포커스가 이동한다. 찾기 기능 사용후 Insert+F3을 누르면 다음 검색 결과로, Insert+Shift+F3을 누르면 이전 검색 결과로 이동한다.

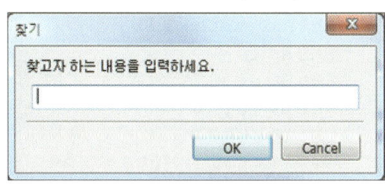

그림 IV.16 NVDA 찾기 대화상자

IV.1.9 CapsLock 키 활용

NVDA의 기능키 중 상당수가 Insert+영문 조합으로 구성되어 있기 때문에 양손을 키보드 기본 자리에 유지하면서 기능키를 사용하기 어렵다. Insert 키 사용이 어려운 것을 보완하고자 CapsLock을 Insert 대신 사용할 수 있도록 옵션을 제공하고 있다. 이를 활용하면 좀 더 편리하게 기능키를 사용하는 것이 가능하다.

참고로 NVDA의 매뉴얼을 살펴보면 NVDA 키라는 내용이 자주 나오는데 NVDA는 Insert 키를 NVDA 키로 통칭해서 사용하고 있다.

Insert+N을 눌러서 NVDA 메뉴를 열고 설정 > 키보드 설정을 클릭한다.

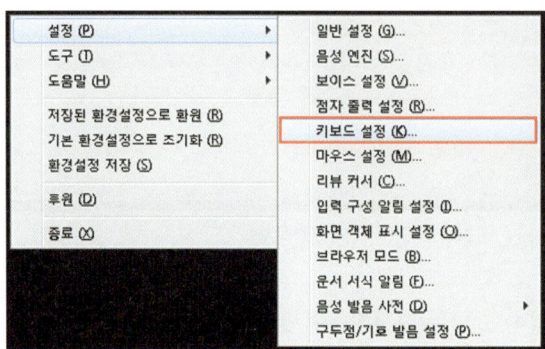

그림 IV.17 NVDA 키보드설정 메뉴

그림 A.31과 같이 키보드 설정 대화상자가 나타나면 Caps 럭을 NVDA 기능키로 사용을 선택하고 OK를 누른다.

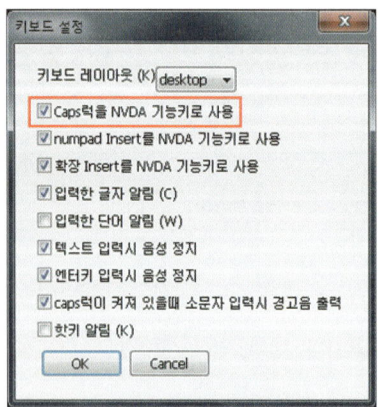

그림 IV.18 NVDA 키보드설정 대화상자

IV.2 실로암 보이스 설치와 사용법

실로암 시각장애인복지회에 출시한 실로암 보이스를 다운로드해 설치해보고, 주요 기능과 사용법을 알아보자.

IV.2.1 실로암 보이스 다운로드

시각장애인 정보포털 아이프리(http://web.silwel.or.kr)에 접속한 후 **9. 실로암소프트웨어개발원 > 3. 자료실 > 1. 실로암 보이스**로 이동한다. 등록된 자료 중 **실로암 보이스 Professional 데모 버전**를 다운로드해 설치한다. 라이센스가 없는 경우 30분간 사용이 가능하며 재부팅 후 다시 30분을 사용할 수 있다.

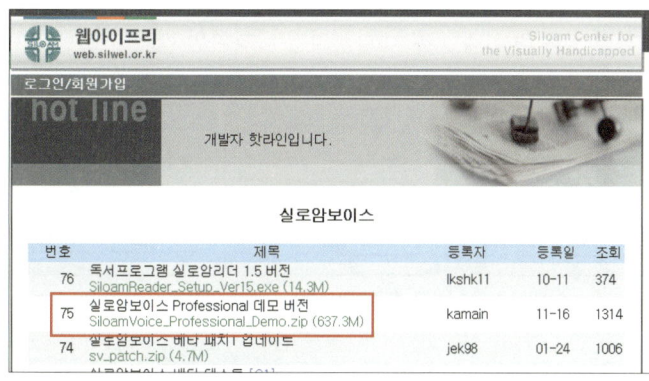

그림 IV.19 실로암 보이스 다운로드 페이지

IV.2.2 음성 설정

Ctrl+W를 눌러서 실로암 보이스 창을 호출하고 **환경 설정 > 음성 설정**에서 원하는 항목을 선택한다.

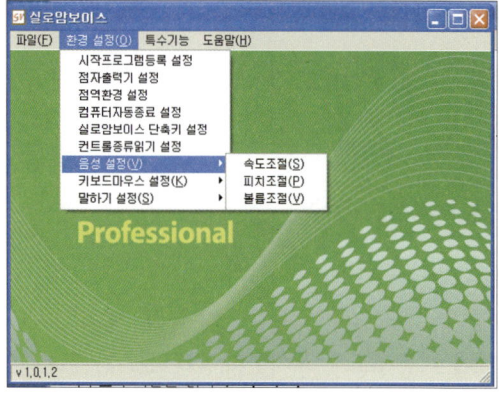

그림 IV.20 실로암 보이스 음성설정 메뉴

설정을 변경할 항목을 선택한 후 대화상자가 나타나면 값을 조절한다.

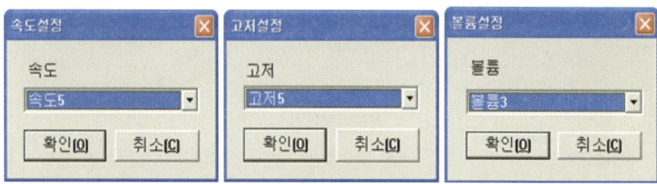

그림 IV.21 실로암 보이스 음성 설정 대화상자

파일 > 현재 설정 전체 저장을 눌러서 설정한 값을 저장한다.

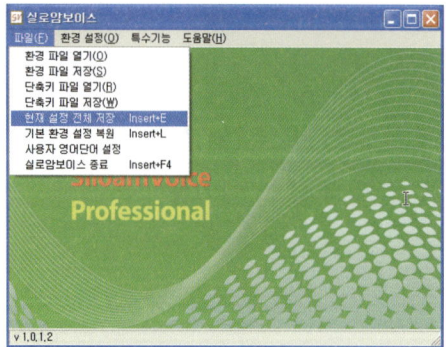

그림 IV.22 실로암 보이스 현재 설정 전체 저장 메뉴

> **설정법 단축키 실로암 보이스 음성 설정**
> ① Alt+Shift+V : 음성설정 항목 선택
> ② Alt+Shift+,/. (콤마/점) : 선택한 항목의 설정값 조절
> ③ Insert+E : 설정저장

IV.2.3 인터넷 설정

IE를 실행한 후 Ctrl+Shift+P를 눌러서 인터넷 설정 대화상자를 연다.

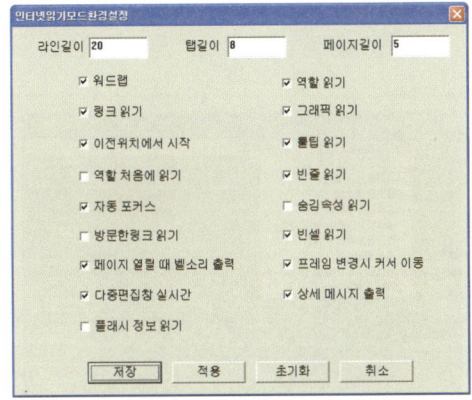

그림 IV.23 실로암 보이스 인터넷 읽기 모드 환경 설정 대화상자

이와 같이 인터넷 모드 환경 설정 대화상자가 나타나면 원하는 부분을 설정하고 저장을 누른다.

> **단축키 실로암 보이스 인터넷 설정**
> Ctrl+Shift+P 인터넷 환경 설정

실로암 보이스는 별도의 관련 메뉴를 제공하지 않아 장치관리자에서 직접 디스플레이 드라이버를 삭제하는 방법밖에 없다. 제어판에서 장치관리자를 열고 디스플레이 어댑터 부분을 확인한다.

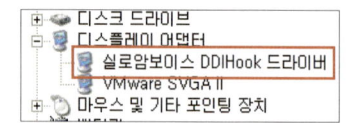

그림 IV.24 장치관리자 디스플레이 어댑터 항목

어댑터 목록 중 실로암 보이스 DDIHook 드라이버를 삭제하면 Aero 테마를 정상적으로 이용할 수 있다.

IV.2.4 부팅 시 자동실행 설정

Ctrl+\를 눌러서 실로암 보이스의 메뉴창을 불러온 후 환경 설정 〉 시작프로그램 등록 설정을 클릭한다.

그림 IV.25 실로암 보이스 시작프로그램등록 설정 메뉴

아래와 같이 시작프로그램 등록 설정 대화상자가 나타나면 시작프로그램에 등록/삭제 중 원하는 항목을 선택하고 확인을 누르면 된다.

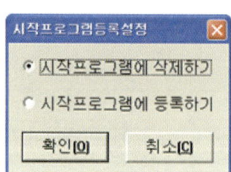

그림 IV.26 실로암 보이스 시작프로그램 등록 설정 대화상자

IV.2.5 검색

실로암 보이스의 인터넷 모드가 정상적으로 동작할 때 Ctrl+F를 누르면 다음과 같은 대화상자가 나타나고, 편집창에 원하는 텍스트를 입력하면 검색 결과를 따라 포커스가 이동한다. 검색한 이후 F3을 누르면 다음 검색 결과로, Shift+F3을 누르면 이전 검색 결과로 이동한다.

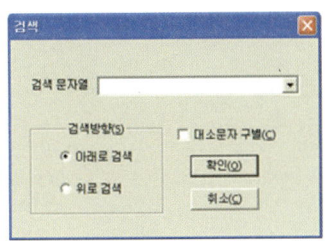

그림 IV.27 실로암 보이스 검색 대화

찾아보기

기호

〈a〉 194, 427, 657, 712
〈abbr〉 태그 123
(alt="") 122
〈area〉 131, 213
〈a target="_blank"〉 276
〈a〉 요소 134, 318
〈body〉 227, 397
〈button〉 193, 194, 427
〈caption〉 290, 436
〈div〉 286, 319, 323, 427
〈dl〉 687
〈dt〉 286
〈figcaption〉 713
〈figure〉 713
:focus 212
〈frame〉 232
〈frameset〉 232
〈h〉 232
:hover 212
〈html〉 258

〈iframe〉 232
〈img〉 114, 427, 651, 652, 659
〈input〉 193, 194, 303, 427
〈label〉 665
〈li〉 280
〈longdesc〉 125
〈object〉 138, 414
〈ol〉 685
〈option〉 304, 374, 375
〈p〉 286
〈select〉 193, 194, 267, 304, 374, 375
〈span〉 319
〈strong〉 324
〈style〉 326
〈table〉 55
〈td〉 293, 427
〈textarea〉 193, 194, 530
〈th〉 293, 299, 348, 673
〈thead〉 459
〈title〉 232
〈ul〉 280, 286, 685

번호

1차 메뉴 284
1차 책임자 423
2D 332
2차 메뉴 284
2차 책임자 423
3D 332
255자 129
512바이트 129

ㄱ

가독성 91, 176
가상 커서 278, 609, 622
가상 커서 방식 54
가상 커서 설정 622
가상 키보드 508
감점 225, 275
개발 420
개발 가이드 472
개선 프로젝트 422
갤러리 게시판 474
건너뛰기 링크 229, 389
검사 수단 81
검색 396
검색 사이트 272
게시 기능 440
게시물 이미지 119
게시판 아이콘 362
견고성 60, 316
경계선 212
경고 225
경사로 346
계층 구조 131, 279

고대비 기능 702
고유명사 166
공인인증 99
과도한 부담 487
과업 선정 603
과태료 69
광과민성 발작 예방 90
구글 크롬 초점 표시 211
구두점 기호 689
구조화 131
국가인권위원회 68
국가임의인증제도 80, 85
국가정보화기본법 64, 80, 740
국가표준 44
그래프 160
글자체 171
금융자동화기기 접근성 지침 1.0 720
기간 115
기능키 무시 636
기본 기능 694
기본 언어 88, 256, 257, 428
기술 수준 487
기술적 진보성 89
기획 420
깜빡이는 콘텐츠 225
깜빡임과 번쩍임 사용 제한 88, 191, 223, 428,
꺾은선 그래프 451

ㄴ

난이도 492
난제 해결 340
날짜 선택 서식 470
내부 데이터형 450

내비게이션 182, 232
내용셀 289, 379
내용행 458
넓은 의미 45
누르기 동작 지원 726
뉴스 219

동영상 110, 226, 433
동영상 콘텐츠 226
동적 메뉴 518
디자인 420
디지털 음성 도서 지침 1.0 720
띄어쓰기 359

ㄷ

단계별 발주 계획 498
단계적 개선 계획 486
단계적 범위 70
단순서식형 494
단순정보형 494
단순표형 494
단순플래시형 494
단체표준 437
닫힌 자막 151
담당 업무 425
대메뉴 98, 198, 383
대체 콘텐츠 110, 143
대체 콘텐츠 노출형 450, 452, 453
대체 콘텐츠 팝업형 450, 452, 453
대체 텍스트 90, 110, 725
대체 텍스트 공통 가이드 431
댓글 362
데이터베이스 364
데이터 연결형 450, 451, 452
데이터 테이블 289, 299
데이터 테이블 퍼블리싱 가이드 457
도구 평가 590
돋보기 기능 699
동기화 344
동시 감점 204

ㄹ

라디오 버튼 274, 471, 663
랜드마크 규칙 715
레이블 89, 256, 300, 434, 469, 662
레이블 퍼블리싱 가이드 463
레이아웃용 테이블 289
레이어 팝업 270, 271, 352
로그아웃 217
로그인 287
로딩 중 이미지 368
리스트 280
링크 129, 231, 655
링크 이동 264
링크 읽기 661
링크 텍스트 371

ㅁ

마우스 221
마우스 스틱 190
마우스 오버 184, 223
마우스 이벤트 핸들러 196
마우스 평가 591
마크업 언어 317
마크업 오류 89, 316, 317, 341, 430
막대 그래프 452

멀티미디어 대체 수단　90, 110
멀티미디어 콘텐츠　156, 488
메뉴　231
명도　172
명도대비　726
명도차이　449
명령　85
명료성　90, 110
명암　162
명확한 지시사항 제공　87, 166, 426
모니터링　344
모바일 웹 접근성　730
모바일 접근성　721
모양　166, 439
목록 태그　684
목적　120, 167, 249
문맥　250, 273
문법적인 오류　316
문법 준수　91
문서 구조　714
문서 타입 목록　261
문서 형식　259
문자열 찾기　636
미국 장애인 법　68
미디어 플레이어　184
미디어형　494
미러 드라이브　625

ㅂ

바탕　174
반복되는 콘텐츠　231
반복 영역 건너뛰기　191, 226, 428, 597
방향　166

방향성 수립　505
배경　179
배경색　212
배경음　184, 186
배경음 사용 금지　87, 111, 181, 426
배경음 콘텐츠　182
배경 이미지　454
배너　115, 219, 401, 441
배치　280
배치용 테이블　299
버튼 스타일　447
벌금　69, 75
범례 패턴형　450
범용 폰트 이용　727
법률　740
변경되는 이미지　366
변동 서식　377
변환　162
병합된 제목셀　676
병합셀　461
보안　369
보안 솔루션　512
보조기술　62, 167, 341, 343, 344, 608
보조도구　192
보통 크기　173
보편성　53
복잡한 이미지　432
복합서식형　494
복합정보형　494
복합표현형　494
복합플래시형　494
본문　179
본문 바로가기　228
본인 인증　529
부적합　86

분리 125
분리된 이미지 조각 124
불릿 이미지 121
비밀번호 271
빈 셀 681
빈 프레임 241, 246

ㅅ

사업실패 방지 82
사용자 경험 벌집 719
사용자 분석 340
사용자 심사 150, 782
사용자 심사 기준 94
사용자 심사 조건 93
사용자 요구에 따른 실행 88, 256, 263, 429
사용자 인터페이스의 일관성 727
사용자 테스트 결과 511
사용자 평가 602
사이트별 개선 로드맵 498
사전 교육 505
사전 분석 505
사전 심사 102
사파리 초점 표시 211
상지장애 192
상황에 맞는 도움말 열기 649
새 글 작성 규칙 364
새 창 263, 264, 271, 404
색 166
색맹 110, 160
색상 161
색약 110, 160
색에 무관한 콘텐츠 인식 87, 111, 160, 426
생방송 콘텐츠 146

서비스 99
서비스 접근성 735
선의 굵기 163
선택 190
선택 범위 305
선택상자 264
선형화 54, 278
설명글 페이지 125
설치 616
세션 217
센스리더 44, 521, 611, 616
센스리더 음성 설정 621
센스리더 인터넷 뷰어 610
소리 166, 170
소메뉴 383
소명 70
소송 68
소스 평가 590
소프트웨어 접근성 184, 731
소프트웨어 접근성 지침 1.0 720
속성 선언 317
속성 오류 320
솔루션 347, 498
솔루션 현황 분석 490
수동 평가 538
수화 150, 157, 344
순서 250
숨긴 내용 읽기 623
숨김 텍스트 455
숨김 항목 682
스크롤 154, 159
스킵 661
스타일 가이드 442
스토리보드 425, 431
스트리밍 동영상 152

스트리밍형 157
스피커 370
시각장애인 110, 165
시각장애인용 AD 2차원 바코드 720
시각 효과 626
시간 115
시간에 따라 변화하는 콘텐츠 220
시간 제한 215
시간 조절 219
시급도 492
시정권고 69, 73, 85
시정명령 69
시·청각적 평가 590
신기술 150
신청 대상 사이트 97
실로암 보이스 611, 613, 807
실시간 검색순위 223
실시간 영상 146
실시간 주가 차트 513
실시간 채팅 알림창 403
실행 계획 496
심사 절차 101
심사 접수 99
썸네일 이미지 661

ㅇ

아이디 320
아이줌 701
악보 이미지 354
알림 기능 727
암묵적 레이블 306
액티브엑스 45, 61
언어 257, 262

업데이트 117
연도별 개선 로드맵 496
열고 닫음 317
열고 닫음 오류 318
열린 자막 151
영문자 123
영상 111, 150
예측 가능성 91
오디오 110
오류 351, 475
오류 발생 310
오류 분석 506
오류 사실 307
오류 원인 307
오류 정정 89, 256, 307, 430
오타 117
오페라 초점 표시 211
오픈 왁스 552
오픈 웹 51
온라인 서식 301
온라인 쇼핑몰 519
온라인 주식거래 시스템 512
옵션 264
옵션 설정 619
외곽선 제공 212
외국어 사이트 97
외부 솔루션 488
요소 검사 586
요약 291
용도 146, 167, 240
우선순위 분석 491
운동장애 300
운영체제 접근성 기능 지원 725
운용의 용이성 87, 190
움직이는 배너 222

원고 150, 155, 344, 433
원고 자동 제공 414
웹 기술 표준 50
웹로그인 135
웹 브라우저 697
웹 사용성 52, 53, 62
웹사이트 66, 488
웹사이트 현황 분석 489
웹 애플리케이션 141
웹 애플리케이션 접근성 91, 316, 330, 430
웹 에디터 530
웹 접근성 42, 62, 346, 710
웹 접근성 구축 422
웹 접근성 수단 440
웹 접근성 유효성 118
웹 접근성 자동화 472
웹 접근성 평가 도구 541
웹 접근성 평가사 80
웹 접근성 품질인증마크 44, 80
웹 접근성 품질인증마크 사전 설문지 794
웹 접근성 품질인증마크 신청서 793
웹 접근성 프로젝트 421
웹 접근성 핸들링 343
웹 콘텐츠 42
웹 콘텐츠 접근성 42
웹 표준 49, 62
웹 호환성 47, 51, 62
위치 166
위치 정보 171
윈도우 커서 278
유니버설 디자인 52, 158
유니코드 692
유지보수 75, 126, 505, 506
유튜브 415
유효성 검사기 317

음성 150
음성 낭독 650
음성 속도 조절 619
음성 지원 45
음성 출력 625, 682
음성 콘텐츠 111
응답 362
응답시간 조절 88, 191, 215, 427
응용 기법 358
의미 없는 이미지 123, 359
의미 있는 배경 이미지 135
이동 순서 207
이동 주소 정보 133
이러닝 콘텐츠 152, 515
이모티콘 123
이미지 111, 651
이미지 링크 143
이미지맵 129, 653
이미지 버튼 118
이미지 설명 149
이미지 텍스트 177, 180
이북 콘텐츠 332
이슈 트리 506
이의신청 103
이해의 용이성 88, 256
인식 110, 256
인식의 용이성 87, 110
인증 83
인증관리 505
인증기준 86
인증신청 제한 96
인증심사 102, 157, 181
인증심사 기준 87
인증획득 95
인지 209

인터넷 모드 610
인터넷 설정 641
인터넷 웹 콘텐츠 접근성 지침 1.0 720
읽기 기능 694
임의인증 85
입력 도움 91
입력 서식 173, 300, 308, 434, 662
입력장치 190, 191
입력 정정 방식 311
입력 폼 469

ㅈ

자동 변경 구성 623
자동 변경 타이틀 값 435
자동 실행 631, 645
자동으로 재생 181
자동전환 페이지 219
자동 점검 실행 545
자동 초점 277, 393
자동 캡션 416
자동 평가 538
자동 포커스 623
자막 150, 157, 344, 414, 726
자바스크립트 50, 198, 330
자바스크립트 이벤트 핸들러 193
자유게시판 121
장소 115
장식용 이미지 180
장애아동 교육복지 연구학회 84
장애유형 342
장애인복지법 65, 743
장애인 사용자 평가 727
장애인 웹 콘텐츠 사용성 지침 1.0 52

장애인 접근성 44, 45
장애인차별금지법 63, 347, 486
장차법 대응 505
재무 현황 487
저시력 160
적절한 대체 텍스트 제공 87, 111, 425
적절한 링크 텍스트 88, 191, 248, 428
전국지도 130
전맹 사용자 311
전문가 심사 기준 91
전문가 평가 589
전문 확대 프로그램 701
전자 문서 접근성 지침 1.0 720
전자정보 66
전자정부 웹 표준 및 장애인 접근성 강화사업 48
전자정부 웹 호환성 51
절대크기 180
점검 보고서 549
점자 608
접근성 121, 330, 383
접근성 API 45, 330
접근성이 보장되는 웹사이트 67
접근성 패널 331
접혀 있는 정보 371
정보시스템 감리제도 82
정보의 보안성 507
정보의 차별 116
정보 전달 358, 374
정보접근과 의사소통 71
정보 제공 112
정정 310
정지 기능 223
제목 232, 439
제목셀 289, 379, 673
제목 제공 87, 191, 232, 428, 598

제목 처리 383
제목행 458
제안요청서 46
제어 버튼 401
제품 접근성 734
제한시간 연장 217, 219
조사 69
조직도 413
조직도 이미지맵 131
조회 396
좁은 의미 44
좌표 값 129
죠스 611, 637
주제 120
줌텍스트 701
중복 321
중복 정보 방지 374
중요도 492
중첩 관계 317
중첩 오류 319
지리정보 203
지시사항 170
지시하는 콘텐츠 167
지침 340, 350
지표 82
직권조사 70
진정 68
징검다리형 제목셀 462

ㅊ

차별성 112, 126
차별행위 69
차트 160

찾기 649
찾아오시는 길 148
책임 공방 421
책임자 421
처벌조항 64
첫 페이지 404
체크상자 274, 663
초기화면 268
초벌 수준 평가 539
초점 195, 263, 383, 725
초점의 논리적 순서 207
초점의 시각화 207
초점 이동 88, 191, 206, 427
충분한 시간 제공 90

ㅋ

캡션 번역 416
캡차 147
컨설팅 504
컨설팅 절차 503
컨트롤 173, 190, 221, 275, 383
컨트롤간 충분한 간격 726
콘텐츠 99, 173, 498
콘텐츠 규격 527
콘텐츠 목록 280
콘텐츠 블록 232, 242
콘텐츠 블록 제목 671
콘텐츠의 논리성 91
콘텐츠의 선형화 88, 256, 277, 429, 599
콘텐츠 제목 스타일 445
콘텐츠 지원 519
콘텐츠 평가 방식 91
크기 166

크로스브라우징 48, 51
크롬 브라우저 555
키보드 190, 203, 221, 591
키보드 보안 529
키보드 사용 보장 88, 191, 427
키보드 이벤트 195
키보드 접근 90, 195
키보드 초점 278
키보드 초점 초기화 395
키보드 포커스 223

ㅌ

타이틀 정의 434
탭메뉴 204, 383, 437
탭 스타일 446
터치 방식 608
테스트 계정 97
테스트 도구 369
테이블 관련 기능 696
테이블 단위 이동 635
테이블 스타일 448
테이블 이동 기능 673
테이블 탐색 682
텍스트 174, 179
텍스트만 제공하는 영상 콘텐츠 155
텍스트 명도대비 기준 443
텍스트의 크기 163
텍스트 콘텐츠 110
텍스트 콘텐츠의 명도대비 87, 111, 172, 597
텍스트 크기 180
통합 로그인 99
툴팁 133
특수문자 235, 455, 691

ㅍ

파이 그래프 449
파이어폭스 브라우저 553
파이어폭스 초점 표시 211
파일 156
파일형 157
패턴 162, 163
퍼블리싱 420
페이스북 166
페이지 내비게이션 162
페이지 재이동 216
페이지 제목 233, 243, 473, 668
페이지 평가 방식 91
편집창 300
편집창 단위 이동 634
평가 기법 538
평가 대상 603
평가 방법론 711
평가 시간 603
포커스 275
포털사이트 98
폰트 163
폼 단위 이동 633
표 179
표의 구성 88, 256, 289, 429
표 제목 298, 436
표 제목 공통 가이드 436
표준문법 오류 321
표준문법 준수 60
표준 방식 61
표준지침 344
프레임 232, 241
프레임 단위 이동 635
프레임 제목 246, 669

플래시 150, 277, 711
플래시 콘텐츠 138
플러그인 기술 330
피싱 404
픽셀 177
픽픽 프로그램 587
필수입력 항목 163, 437, 453, 511

화면 확대 프로그램 608
확대 171
회원가입 287
회피 216
휴대전화기 키패드 접근성 지침 1.0 720
휴대폰 번호 서식 469

ㅎ

하위 데이터 377
한국어 TTS 638, 798
한국정보화진흥원 43, 84, 542
한국형 사용자 에이전트 접근성 지침 1.0 720
한국형 웹 콘텐츠 접근성 지침 44
한글 123
핫키 126
해결 방법론 506
해설 151
해외 소송 사례 74
핵심 기능 332
핵심 콘텐츠 179
핸디캡 53
행 바뀜 681
헤딩 단위 이동 634
헤딩 이동 672
현황 분석 488
홍보 수단 81
화면 낭독기 44, 111, 341, 608
화면 낭독기 인식 불가능 205
화면 낭독 프로그램 48, 257, 608
화면 캡처 프로그램 587
화면 확대기 341, 697

A

Ability 42
Access 42
Aero 테마 630
Ajax 711
Alert 메시지 625
already defined 328
alt 143, 651
alt="검색" 118
alt="사이트 맵" 118
alt 속성 119, 121, 129, 133, 135
ARIA 712
article 715
aside 715
Automation 150

B

block 712
blur 197
Browse mode 610

C

CAPTCHA 146
CCA 562
CCTV 146
Check 도구 569
Closed Caption 151
Colour 도구 573
C/S 529
CSS 50
CSS 도구 570

D

depth 363
disable 665
display:none 138, 227
Document Object Model 319
Document Type Definition 261
DOM 319
DTD 261
duplicate specification of attribute 328

E

egovmon 검사 서비스 583
end tag for 328

F

farming 404
focus 197

footer 715
for 300
frameset 516, 670
Frames 도구 579

G

GIF 애니메이션 366
GPL 613
group 363

H

headers 295, 459, 679
hgroup 715
hierarchy 149
hover 198
html 149
HTML5 513, 712

I

id 295, 300, 459, 679
ID 속성 중복 327
IE 브라우저 557
IE 초점 표시 211
iframe 670
Images 도구 571
indicator 82
input id 320
IR 기법 409

K

keydown 196

keyup 이벤트 199

ko 260

K-WAH 541

L

label for 320

lang 속성 257, 684

longdesc 149, 652

M

MML 355

mousedown 196

mouseout 197

mouseover 197

mouseup 196

MSAA 44, 201

N

Name 값 139

Native UI Component 726

NVDA 611

O

onblur 730

onclick 이벤트 193, 203

onfocus 730

onfocus="this.blur();" 209

onkeypress 203, 275

onmouseout 730

onmouseover 730

opaque 200

order 363

OTP 508

overflow:auto 391

P

PDF 접근성 검사 도구 583

phishing 404

PSD 파일 448

Q

Q&A 방식 504

QR 코드 133

R

readonly 665

Reply 362

Resize 도구 569

RIA 기술 330

S

scope 295, 459, 673

section 715

Structure 도구 574

summary 속성 290

T

tabindex 278

Tables 도구 577

target 655, 657

title 속성 118, 133, 233, 625

transparent 200

TTS 258

txt 149

U

UI 구조 519, 527

UI 자동화 150

UX 716

V

visibiliy:hidden 138

Vitual Cursor 610

W

WAI-ARIA 615

WAT 568

WCAG 710

Web Accessibility Toolbar 563, 568

Web Contents 42

Web Usability 52

wmode="transparent" 350

wmode="window" 350

wmode 값 200

에이콘 웹 프로페셔널 시리즈

series editor 박수만

1

실용예제로 배우는 웹 표준 (절판)
기획자, 개발자, 디자이너가 함께 보는 XHTML + CSS 활용가이드
8989975778 | 댄 씨더홈 지음 | 박수만 옮김 | 20,000원

국내 최초로 웹 표준에 대한 뜨거운 관심을 불러일으킨 바로 그 책!
웹 표준의 대가 댄 씨더홈과 함께 퀴즈로 풀어보는 웹 표준 실전 가이드
웹 표준 개념의 이론과 실습, 문제 해결방법을 알려준다.

2

웹 2.0을 이끄는 방탄웹 (절판)
크리에이티브한 웹 표준 기법과 제작 사례
8989975891 | 댄 씨더홈 지음 | 박수만 옮김 | 22,000원

유연성, 가독성, 사용자 편의성 등 성공적인 웹 2.0 사이트가 갖춰야 할 핵심사항을 구비하기 위한 웹 표준 전략에 대한 책

3

Ajax 인 액션
8989975883 | 데이브 크레인 지음 | 강철구 옮김 | 28,000원

2006년 아마존닷컴 컴퓨터 인터넷 부문 베스트셀러 1위!

기초부터 고급 기법까지 Ajax의 모든 것을 상세하게 소개한다.
사이트에 바로 응용할 수 있는 5가지 실전 프로젝트 수록

4

예제로 배우는 Adobe 플렉스 2 (절판)
리치 인터넷 애플리케이션 제작의 첫 걸음
8989975980 | 옥상훈 지음 | 25,000원

플렉스에 목마른 개발자들의 갈증을 풀어준 바로 그 책!
예제 위주로 플렉스의 개념을 설명하고 플렉스 프로젝트 필수 기술요소를 다루고 있어 플렉스를 빠르고 쉽게 배울 수 있다.

5

CSS 마스터 전략 고급 웹 표준 사이트 제작을 위한
8960770051 | 앤디 버드 외 지음 | 박수만 옮김 | 28,000원

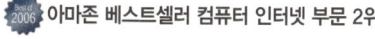
아마존 베스트셀러 컴퓨터 인터넷 부문 2위

최신 CSS 기법과 활용 팁을 총정리한, CSS 마스터가 되기 위한 필독서

6

Easy Start! 웹 개발 2.0 루비 온 레일스
9788960770003 | 황대산 지음 | 28,000원

강력하고 편리하지만 접근이 쉽지만은 않은 레일스
이 책은 레일스를 빠르고 즐겁게 배우기 위한 지름길이다.
▶ 레일스 웹 개발 프레임워크에 대한 예제 위주의 상세한 설명
▶ 루비 프로그래밍 언어 튜토리얼과 친절하게 기술한 API 문서 포함

7

웹표준 완전정복 세트 (절판)
9788996077013 | 댄 씨더홈, 앤디 버드 외 지음 | 박수만 옮김 | 66,000원

웹 표준 마스터라면 꼭 필독해야 할 바이블!
『실용예제로 배우는 웹 표준』과 『웹 2.0을 이끄는 방탄웹』, 『CSS 마스터 전략』을 하나로 묶었다.

8

DOM 스크립트 다이내믹한 웹 표준 사이트를 위한
9788996077034 | 제레미 키스 지음 | 윤석찬 옮김 | 25,000원

마크업에서 자바스크립트를 깨끗이 분리하고 핵심 기능은 그대로 살리면서도 역동적인 효과를 얻을 수 있는 새로운 발상! 웹 디자이너와 웹 개발자가 함께 읽어야 하는 필독서

9

방탄 Ajax
9788996077020 | 제레미 키스 지음 | 장정환 옮김 | 22,000원

인터랙티브한 방탄웹 사이트를 만들자. Ajax 기초에서 활용까지!
Ajax를 사용하면서 알지 못했던 영역을 탐험하는 데 필요한 안내서
Ajax의 기본 개념부터 시작해서 Ajax를 사용해 어떻게 웹 사이트를 개선할 수 있는지를 예제를 활용해 차근차근 배워보자.

10

정보 트래핑 원하는 정보를 자동으로 수집하는 웹 모니터링 기법
9788996077021 | 타라 칼리셰인 지음 | yuna 옮김 | 25,000원

수많은 정보가 넘쳐 흐르는 웹!
인터넷 검색엔진 전문가인 저자 타라 칼리셰인은 효과적인 리서치를 통해 더 큰 결실을 얻어낼 수 있는 방법, 즉 자동화된 정보 수집 시스템을 구축하는 최신 기법들을 소개한다.

11

Ajax 패턴과 베스트 프랙티스
9788996077022 | 크리스찬 그로스 지음 | 최재훈 옮김 | 28,000원

Ajax와 REST를 하나의 솔루션으로 묶은 다이내믹한 웹 애플리케이션을 개발하자!
구조적이고 효율적인 웹 애플리케이션 개발을 위한 9가지 Ajax 패턴과 실전 예제를 다룬다.
기존 Ajax 서적과는 다른 웹 서버/클라이언트 구조에 대한 통찰력을 제시한다.

12

방어형 웹사이트 기획 고객과 회사를 구하는 가이드라인 40
9788989975311 | 매튜 린더만, 제이슨 프라이드 지음 | 박수만 옮김 | 22,000원

에러 메시지, 도움말, 입력폼 등을 개선하여 고객이 처한 위기 상황을 극복하는 방어형 웹사이트를 만들자! 40개의 핵심 가이드라인을 통해 흔히 저지르는 오류를 방지하고, 문제가 생긴 고객을 친절하게 이끌어 줄 수 있다.

13

웹디자인 2.0 고급 CSS 감각적인 웹디자인 예술 미학

9788960770300 | 앤디 클락 지음 | 정유한 옮김 | 35,000원

유수 웹사이트, 사진작품, 컨셉 등 수많은 예제와 화보 등을 통해 코드를 만들기 위한 다양한 방법을 시각적으로 배운다. 최신 웹 브라우저와 최신 CSS3 스펙을 사용하는 환경에 대한 기술적 이점을 미리 체험해 볼 수 있다.

14

GWT 구글 웹 툴킷 자바로 하는 AJAX 프로그래밍

9788960770355 | 프라바카 샤간티 지음 | 남기혁 옮김 | 20,000원

GWT를 통해 사용자 경험을 크게 향상시켜주면서 안정적으로 동작하는 유저 인터페이스를 만들어보자. GWT, 구글 웹 툴킷은 오픈 소스로 개발된 자바 소프트웨어 개발 프레임워크로서, 브라우저 관련 언어에 익숙하지 않은 개발자도 구글 맵이나 지메일 같은 AJAX 애플리케이션을 쉽게 제작하는 데 쓰인다.

15

실버라이트 입문 RIA 개발을 위한

9788960770379 | 애덤 네이썬 지음 | 이정웅 옮김 | 25,000원

마이크로소프트 개발자이자 실버라이트 구루로 알려진 애덤 네이썬이 직접 저술한 책. 가볍지만 강력한 웹 브라우저 플러그인 실버라이트에는 RIA를 만들기 위한 벡터, 애니메이션, 고화질 비디오 등 다양한 기능이 가득하다. WPF의 기능을 제공하고 성능이 뛰어나며 웹 개발 기술과 쉽게 연동할 수 있다.

16

개정판 예제로 배우는 Adobe 플렉스 (절판)

UX와 성능이 향상된 RIA 제작의 첫걸음: 플렉스 3 & 어도비 에어

9788960770416 | 옥상훈 지음 | 33,000원

성능과 개발 생산성, UX 향상을 위한 협업에 초점을 둔 플렉스 3의 내용을 반영한 개정판이다. 데스크탑 버전의 RIA 애플리케이션을 만들 수 있는 어도비 에어(Adobe AIR) 기술의 응용 방안과 윈도우 애플리케이션 연동에 관한 노하우를 특별 부록으로 수록했다.

17

PPK 자바스크립트

뛰어난 웹 접근성의 실용 자바스크립트

9788960770447 | 피터 폴 콕 지음 | 전정환, 정문식 옮김 | 35,000원

8가지 실전 프로젝트로 모던하고 구조적인 실용 자바스크립트를 배우자. 브라우저 비호환성 처리, 웹 접근성, 스크립트 분리 등 기존 자바스크립트 책에서는 볼 수 없었던 새로운 내용이 가득 담겨있다.

18

PHP 개발자를 위한 실전 자바스크립트

다이내믹한 PHP 사이트를 만드는 Ajax 기법

9788960770010 | 크리스천 다리, 보그단 브린자리아, 필립 치얼체스토자, 미하이 부치카 지음 | 나건표 옮김 | 30,000원

기존의 딱딱한 PHP 웹사이트를 다이내믹한 데스크탑 애플리케이션처럼 사용할 수 있는 Ajax와 자바스크립트. 풍부한 실전 예제와 함께 PHP 개발자가 현업에서 바로 활용할 수 있는 내용을 다루고 있다.

19

[개정판] 웹 2.0을 이끄는 방탄웹
크리에이티브한 웹 표준 기법과 제작 사례
9788960770720 | 댄 씨더홈 지음 | 박수만 옮김 | 25,000원

기존 방식으로 제작한 웹사이트를 사례로 들어 문제점을 분석하고 XHTML과 CSS로 재구축해 코드를 깔끔한 마크업으로 정리하고 CSS를 통해 빠르게 로딩되면서 접근성이 높은 방탄웹으로 변신시키는 기법을 소개한다.

20

[개정판] 웹표준 완전정복 세트 (절판)
9788960770669 | 댄 씨더홈, 앤디 버드 외 지음 | 박수만 옮김 | 68,000원

웹 표준 마스터라면 꼭 필독해야 할 바이블!
『실용예제로 배우는 웹 표준』과 『(개정판) 웹 2.0을 이끄는 방탄웹』,
『CSS 마스터 전략』을 하나로 묶었다.

21

오픈 API를 활용한 매쉬업 가이드
HTML과 자바스크립트로 손쉽게 만드는 AIR 애플리케이션
9788960770942 | 오창훈 지음 | 33,000원

블로그, 차트, 지도, 이미지, 동영상 API의 효과적인 활용법과 실용 예제를 배우고, API 사용자 인증, 파일 전송, 배포 등 웹 애플리케이션 개발 실전 팁을 익히는 국내 최초 오픈 API와 매쉬업 활용 가이드

22

리팩토링 HTML 효율적인 XHTML 웹 표준 사이트 구축을 위한
9788960771093 | 엘리엇 러스티 해롤드 지음 | 김인교 옮김 | 30,000원

안정성, 성능, 사용성, 보안, 접근성, 호환성, 검색엔진 최적화 등을 모두 고려해 개선된 웹사이트를 만드는 방법을 설명한다. 기존 사이트를 유지보수하거나 업데이트하려는 웹 디자이너, 개발자, 프로젝트 매니저가 꼭 읽어야 할 필독서다.

23

구글피디어 Googlepedia 구글에 관한 모든 것
9788960771222 | 마이클 밀러 지음 | 김기영, 노영찬 옮김 | 35,000원

구글 웹검색, 지메일, 캘린더, 유튜브, 구글 어스, 문서도구, 데스크탑, 지도, 애드센스, 구글 폰 안드로이드까지 구글에 관한 모든 것이 이 한 권에 들어있다. 이 책 한 권이면 고급 검색기술은 물론이고 구글의 웹/소프트웨어 도구를 전부 마스터할 수 있다.

24

okgosu의 액션스크립트 정석
기초부터 2D와 3D 그래픽, 애니메이션, 게임 프로그래밍까지
플래시/플렉스 액션스크립트의 모든 것
9788960771291 | 옥상훈 옮김 | 48,000원

플래시와 플렉스 기술의 뿌리가 되는 프로그래밍 언어인 액션스크립트의 기초 문법부터 시작해서, 컴포넌트 라이브러리 활용, 2D 그래픽을 위한 드로잉 API, 비트맵, 이펙트, 스크립트 애니메이션, 3D 그래픽, 서버 네트워킹까지 액션스크립트 API가 제공하는 기능을 체계적으로 섭렵할 수 있는 진정한 바이블

25

엔터프라이즈 Ajax 대규모 웹사이트 구축을 위한 실전 Ajax

9788960771321 | 데이브 존슨, 알렉세이 와이트, 앙드레 샬랜드 지음
김수정 옮김 | 장정환 감수 | 30,000원

MVC 구현, 보안, 확장성, 안정성, 신뢰성, 기능 최적화, 프로젝트의 위험요소까지 Ajax 개발자가 기업 환경의 애플리케이션 개발 상황에서 맞닥뜨릴 모든 문제를 다루는 책

26

알짜만 골라 배우는 자바 구글앱엔진
무료로 시작하는 손쉬운 클라우드 애플리케이션 개발

9788960771512 | 카일 로치, 제프 더글라스 지음 | 박성철, 안세원 옮김 | 25,000원

자바 개발자라면 누구나 손쉽게 큰돈 들이지 않고 웹 애플리케이션을 만들 수 있다. 클라우드 컴퓨팅의 선두주자인 구글의 기술과 서비스를 마음대로 활용할 수 있는 자바용 구글 앱 엔진의 중요한 기능을 알짜만 골라 배울 수 있는 책

27

웹 컨텐츠 전략을 말하다 온라인 미디어와 소셜 웹 시대에 대응하는

9788960771598 | 크리스티나 할버슨 지음 | inmD 옮김 | 22,000원

유용하며 활용 가능한 온라인 컨텐츠를 제공할수록, 더 많은 고객의 참여와 관심을 이끌어내고 고객 유지율을 높일 수 있다. 점점 다가오는 데드라인, 줄어드는 예산, 충돌하는 이해관계, 기존 웹 컨텐츠가 안고 있는 골칫거리를 어떻게 해결할 것인가? 이 책 『웹 컨텐츠 전략을 말하다』가 해답의 열쇠다.

28

HTML5 첫걸음 개발자, 기획자, 디자이너가 함께 읽고 바로 쓰는

9788960771604 | 브루스 로슨, 레미 샵 지음 | 정유한 옮김 | 25,000원

HTML5의 새로운 기능 중 상당수는 이미 기존 브라우저에서도 구현돼 있고 시간이 지날수록 더 많은 내용을 지원할 것이다. 이 책에서는 현재 사용할 수 있는 브라우저에서 지금 당장 새로운 언어를 적용해 얻을 수 있는 효과를 잘 보여준다. 학술적인 이론을 다루는 것이 아니라 실질적으로 HTML5를 사용해 문제를 해결하는 방법을 제시한다.

29

HTML5 활용 구글 개발자가 들려주는

9788960771680 | 마크 필그림 지음 | 현동석, 강유훈 옮김 | 25,000원

캔버스를 활용한 그리기와 비디오 재생, 위치정보나 오프라인과 로컬 저장소 같은 흥미로운 기능뿐만 아니라 특정 브라우저에서 HTML5를 사용할 수 있는지 여부를 감지하는 방법까지 다룬다. 또한 실전에 적용할 수 있는 라이브러리와 코드를 소개하고 일부 모바일 기기에 HTML5 기능이 어떻게 구현되어 있는지와 기존 웹페이지에 어떻게 시맨틱을 추가할지에 대한 내용도 별도로 기술했기에 웹에 관심이 많거나 관련 개발 업무를 담당하고 있다면 꼭 읽어봐야 할 책이다.

30

Ajax 첫걸음 바로 배워 바로 쓰는

9788960771857 | 마이클 모리슨 지음 | 장정환 옮김 | 25,000원

복잡한 자바스크립트 내용이나 어려운 예제는 배제하고 난이도가 낮은 예제를 중심으로 설명함으로써 Ajax에 익숙하지 않은 사람들이 쉽게 Ajax의 동작 방식과 효과를 이해할 수 있게 안내한다. 난이도가 낮으면서도 웹사이트에 바로 코드를 가져다가 적용할 수 있을 만큼 유용한 예제들은 이 책의 또 다른 장점이다.

31

okgosu의 플렉스 4.5 & 플래시 빌더 정석
웹, 데스크탑, 모바일 RIA 애플리케이션 제작을 위한 어도비 플렉스 & 플래시 빌더의 모든 것

9788960772021 | 옥상훈 지음 | 35,000원

플렉스 입문자가 처음 플렉스를 배울 때 반드시 알아야 할 플렉스의 기초와 개발툴인 플래시 빌더 사용법, 플렉스 컴포넌트를 이용해 화면을 구성하는 방법을 다룬다. 또한 중급자를 위해 커스텀 플렉스 컴포넌트를 만들 때 알아야 할 이벤트 처리와 컴포넌트 작성법, CSS와 스킨 컴포넌트, UI컴포넌트의 커스터마이징 방법을 다룬다. 그리고 서버 데이터를 보여주기 위해 XML, 웹서비스, 오픈 API 연동 방법과 BlazeDS, LCDS 서버 설정과 연동 방법을 다룬다. 후반부에서는 웹뿐만 아니라 데스크탑과 모바일에서 플렉스 앱을 개발하기 위해 프로젝트 생성과 설정 및 주요 API 이해를 돕는 예제를 다룬다.

32

Tagging 태깅 소셜 웹 사용자가 만들어내는 메타데이터, 태그

9788960772137 | 진 스미스 지음 | 박수만 옮김 | 25,000원

태깅은 개인정보 관리, 정보구조, 온라인 커뮤니티의 경계에 맞닿아 있는 영역의 정보 관리 방법이다. 이 책은 태깅의 가치를 설명하고, 사람들이 태깅을 하는 이유를 탐구하며, 태깅의 동작 방식과 더불어 디자이너와 개발자들이 태깅을 통해서 사용자 경험을 개선할 수 있는 방법을 소개한다.

33

웹 접근성 & 웹 표준 완벽 가이드 국가표준 접근성 지침을 준수하는 웹 컨텐트 개발

9788960772151 | 짐 대처, 마이클 버크스 외 지음 | 노석준, 신승식, 현준호, 한정민 옮김 | 40,000원

장애 여부나 연령, 기술 환경 등에 상관없이 모든 웹 컨텐트를 접근 가능하게 구축하고 활용할 수 있도록, 웹 접근성의 개념부터 법률, 지침, 실제적인 접근성 적용 기법, 접근 가능한 웹사이트 구축 사례 등에 이르기까지 광범위하고 상세하게 기술한 완벽 지침서다.

34

Learning PHP, MySQL & JavaScript 한국어판 (절판)
소셜 웹 개발자를 위한 3대 핵심 기술 PHP, MySQL, 자바스크립트

9788960772199 | 로빈 닉슨 지음 | 황진호 옮김 | 35,000원

이 책은 빠른 시일 내에 웹 서버의 구축부터 웹을 구성하는 핵심 기술인 PHP와 MySQL, 자바스크립트를 자세히 배우려는 독자를 위해서 쓰여졌다. 기술에 대한 문법과 함께 사용 예제가 있어 단시간 안에 실제로 사용할 수 있는 웹 페이지를 손쉽게 구성할 수 있다. 마지막 부분에서는 이 책에서 소개된 모든 내용을 아우르는 예제로서, 소셜 네트워크 사이트를 실제로 구축해 볼 수 있는 내용이 들어 있다.

35

Nginx HTTP Server 한국어판 아파치를 대체할 강력한 차세대 HTTP 서버 엔진엑스

9788960772373 | 끌레망 네델꾸 지음 | 김득권 옮김 | 30,000원

이 책은 기초적인 리눅스 커맨드라인 인터페이스에서 시작해 엔진엑스 소스코드를 다운로드, 빌드, 설치하는 과정뿐만 아니라 주요 모듈과 모든 지시어의 상세한 설명, 구문 용례, 색인 목록까지 망라함으로써 엔진엑스 관리자의 필독서로 활용할 수 있다.

36

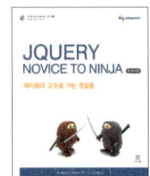

jQuery Novice to Ninja 한국어판 제이쿼리 고수로 가는 첫걸음

9788960772410 | 얼 캐슬다인, 크레이그 샤키 지음 | 장정환 옮김 | 30,000원

기초적인 내용부터 제이쿼리의 진가를 알 수 있는 강력한 기능까지 이 책에서 배울 수 있다. 플러그인이나 UI 위젯 같은 재사용과 공유가 가능한 코드를 작성하는 고급 주제도 들어 있어 제이쿼리의 기능을 확장하고 다른 개발자와 함께 더 편리하게 웹 서비스를 개발하는 즐거움을 이 책을 통해 발견할 수 있을 것이다.

37

Node Web Development 한국어판 웹 개발 플랫폼 노드 프로그래밍

9788960772502 | 데이비드 헤론 지음 | 손병대 옮김 | 20,000원

『Node Web Development 한국어판』은 노드 웹 애플리케이션 개발의 핵심을 찌르는 탁월한 시작점이다. 실용적인 예제를 중심으로, HTTP 서버와 클라이언트 객체, Connect와 Express 프레임워크, 비동기 알고리즘, SQL과 MongoDB 데이터베이스 등을 배운다.

38

HTML5 캔버스 첫걸음 인터랙티브 게임과 애니메이션을 위한

9788960772557 | 롭 호크스 지음 | 박진수 옮김 | 30,000원

인터랙티브한 게임과 애니메이션, 엔터테인먼트 애플리케이션을 만드는 데 필요한 HTML5 캔버스를 기초부터 쉽고 자세히 알려주는 책. 자바스크립트의 기초부터 시작해, 단순한 도형을 그리고, 움직이며, 동영상을 화소 단위로 조작하고, 물리학을 응용해 게임을 만드는 일까지 아우르는 내용이 담겨 있다. 학습서로도 활용할 수 있고 참고서로도 활용할 수 있도록 잘 구성되었다.

39

HTML5 Multimedia Development Cookbook 한국어판

HTML5 멀티미디어 프로젝트 제작

9788960772632 | 데일 크루즈, 리 조던 지음 | 동준상 옮김 | 30,000원

HTML5의 대표적인 특징인 비디오, 오디오 등의 멀티미디어 컨텐츠 작성 방법과 각종 지원 기기의 사용자를 위한 접근성 제고 전략, 리치 미디어 애플리케이션을 만들기 위한 캔버스 API와 현대 브라우저에 직접 데이터를 저장하고, 이를 활용할 수 있게 해주는 데이터 스토리지 API의 실용 예제를 함께 만들어 가는 방식으로 구성됐다.

40

jQuery UI 1.8 한국어판 인터랙티브 웹을 위한 제이쿼리 UI

9788960772656 | 댄 웰먼 지음 | 동준상 옮김 | 33,000원

영국의 저명한 웹 개발자이자 작가인 저자는 아코디언, 탭 버튼, 슬라이더, 데이트픽커, 드래그앤드롭 등 가장 최신 버전의 제이쿼리 UI 라이브러리 요소를 기본 이론과 다양한 예제를 활용해 소개하며, 독자는 예제를 함께 완성해가면서 제이쿼리 UI의 비밀을 하나씩 풀어갈 수 있다.

41

Play Framework Cookbook 한국어판

생산성 높은 자바 웹 개발 플레이 프레임워크

9788960772724 | 알렉산더 릴젠 지음 | 박재성 옮김 | 30,000원

생산성 높은 자바 웹 개발 프레임워크 플레이(Play) 프레임워크의 진일보한 기능을 활용하는, 실제로 동작하는 애플리케이션 예제를 통해 플레이 프레임워크의 전체적인 윤곽을 단계적으로 차근차근 익힐 수 있는 실용서다. 점점 더 복잡해져 가는 자바 진영에 몸담은 웹 개발자들이 한 번쯤 꼭 읽어봐야 할 책이다.

42

Web Standards Solutions Special Edition 한국어판 웹 표준 첫걸음

9788960772755 | 댄 씨더홈 지음 | 박수만, 정유한 옮김 | 20,000원

웹 표준 기술을 적용한 실제 사례가 가득한 명실상부한 웹 표준 입문서. 이 책은 웹 사이트를 제작할 때 기본으로 지켜야 하는 웹 표준에 대한 내용을 담고 있다. 웹 사이트 제작뿐만 아니라 웹에 대한 이해를 위해 시간이 지나도 변하지 않고 책꽂이에 한 권씩 꽂혀있는 기본서가 될 것이다.

43

Node.js 노드제이에스 프로그래밍
클라우드 컴퓨팅 시대의 고성능 자바스크립트 플랫폼

9788960772762 | 변정훈 지음 | 28,000원

이 책은 노드 프로그래밍의 입문서로서, 기본 개념부터 실무에 필요한 핵심 내용까지 폭넓게 다룸으로써 노드 프로그래밍을 쉽게 배워 다양하게 활용할 수 있도록 상세히 설명한다.

44

HTML5 비디오 미디어 웹표준 기술

9788960772854 | 실비아 파이퍼 지음 | 윤민홍, 남기혁 옮김 | 30,000원

HTML5에서 가장 크게 부각되는 기능인 HTML 오디오/비디오를 쉽고 자세히 설명한 책이다. 오디오/비디오를 HTML5 페이지에 게시하는 간단한 방법부터 오디오/비디오를 이용해 특수효과를 적용하는 고급 방법까지, HTML5의 미디어 처리와 관련된 다양한 내용에 대해 브라우저 특성을 고려한 상세한 예제를 활용해 소개한다.

45

차세대 UI/UX 실현을 위한 엑스플랫폼
스마트 엔터프라이즈 애플리케이션 설계에서 구현까지

9788960773073 | 투비소프트 지음 | 25,000원

RIA 기반의 엔터프라이즈 UI/UX 개념과 투비소프트 엑스플랫폼으로 구현 가능한 업무 환경 설명을 통해 기획자, 관리자가 새로운 프로젝트를 구상하는 데 도움을 주며, 기본적인 개발 환경에 대한 설명과 엑스플랫폼 개발에 필요한 여러 가지 팁을 포함하고 있어 엑스플랫폼으로 개발을 시작하고자 하는 개발자들에게 유용한 안내서가 될 것이다.

46

Ext JS 4 First Look 한국어판 화려한 웹 애플리케이션을 위한 Ext JS 4 입문

9788960773059 | 로이아니 그로네르 지음 | 홍영택, 정대원 옮김 | 30,000원

새로운 Ext JS 4 클래스 시스템의 소개를 시작으로 Ext JS 3를 Ext JS 4로 마이그레이션하는 방법과 차트, 그리드, 트리, 폼, 패널과 같은 향상된 Ext JS 4 컴포넌트에 대해서 알아본다. 또한 새로운 Ext JS 4 데이터 모델과 테마에 대해 알아보며 마지막으로 새로운 Ext JS 4 MVC 아키텍처를 사용해서 완성된 애플리케이션을 작성해 본다.

47

Facebook Graph API Development with Flash 한국어판
그래프 API를 활용한 페이스북 앱 만들기

9788960773172 | 마이클 제임스 윌리엄스 지음 | 오창훈 옮김 | 30,000원

페이스북의 그래프 API를 이용해 사용자의 프로필 정보와 담벼락 게시글 같은 공개된 페이스북의 데이터를 조회하는 가벼운 API부터 인증을 통해 보호된 자원에 대한 접근하여 데이터를 수정하고 사진을 업로드 고급 API까지 API 전반적인 부분을 골고루 다룬다.

48

HTML5+CSS3+자바스크립트의 정석 HTML5 필수 API로 배우는 차세대 웹 프로그래밍

9788960773233 | J.D. 고샤 지음 | 홍영표 옮김 | 30,000원

HTML5, CSS3, 자바스크립트를 활용한 웹 프로그래밍의 정도를 설명하는 아주 좋은 참고서다. HTML5의 문서구조, CSS3 스타일과 프로퍼티, 자바스크립트에 대한 기본적인 설명을 시작으로 비디오와 오디오, 폼, 캔버스, 드래그앤드롭, 지오로케이션, 웹 스토리지, IndexedDB, 파일, 커뮤니케이션, 웹 워커, 히스토리, 오프라인과 같은 필수 API에 대해 실전 예제를 중심으로 단계별로 명쾌하게 풀어간다.

49

워드프레스 사이트 제작과 플러그인 활용
100가지 실용 예제로 강력하고 견고하게 만드는

9788960773394 | 릭 쉬리브스 지음 | 스태커 옮김 | 30,000원

이 책은 워드프레스를 잘 모르는 초보자라도 웹진, 포토 갤러리, 쇼핑몰, 커뮤니티, 기업용 웹사이트 등을 워드프레스로 손쉽게 만들 수 있도록 도와준다. 50여 개의 플러그인 사용법과 간단한 워드프레스 팁을 통해, SNS 버튼을 콘텐츠에 넣는 방법, 로그인 창을 웹사이트 안에 넣는 방법, 로고를 변경하는 방법, 자신의 입맛에 맞게 위젯을 만드는 방법 등 견고한 워드프레스 사이트를 만드는 노하우를 모두 공개한다.

50

반응형 웹 디자인 HTML5와 CSS3로 작성하는

9788960773486 | 벤 프레인 지음 | 류영선 옮김 | 30,000원

최근 웹 페이지에 접근할 수 있는 다양한 모바일 기기가 등장하면서 반응형 웹 디자인이 주목받기 시작했다. 이 책은 기존의 고정폭 기반 디자인을 어떻게 반응형 디자인으로 작성할 수 있는지에 대한 완벽한 가이드를 제공한다. 그리고 HTML5와 CSS3를 사용해 반응형 디자인 방법론을 한층 더 발전시킬 수 있는 방법을 제시한다.

51

WebGL 3D 프로그래밍 HTML5와 자바스크립트, 웹지엘로 만드는 웹 3D 그래픽

9788960773622 | 디에고 캔토, 브랜든 존스 지음 | 김태원 옮김 | 30,000원

최근 HTML5 웹 멀티미디어 기술에 대한 요구가 높아지면서 화려한 3D 그래픽을 웹에 구현할 수 있는 웹지엘(WebGL)에 대한 관심도 높아지고 있다. 이 책은 이런 시장의 요구에 맞춰 3D 그래픽을 웹에 구현하는 방법을 제시하는 완벽한 웹지엘 가이드다. 이 책을 시작으로 웹에서 펼쳐지는 화려한 그래픽을 접하고, 기하 정보, 조명, 애니메이션 등 기본 개념 또한 완벽하게 배울 수 있다.

52

서블릿 & JSP 자바 웹 프로그래밍 완성 Servlet 3.0과 JSP 2.2 핵심을 꼭꼭 짚은

9788960773660 | 부디 커니아완 지음 | 안세원 옮김 | 30,000원

이 책은 자바 웹 애플리케이션의 기반 기술인 서블릿과 JSP를 설명하며, 서블릿을 처음 접하거나 서블릿의 최신 기능을 익히고자 하는 개발자를 대상으로 한다. 최신 버전인 서블릿 3.0과 JSP 2.2를 기반으로 필터, 리스너, 서블릿, JSP, 커스텀 태그 등의 주요 요소와 함께 보안, 비동기 처리, 파일 업로드와 다운로드 등 웹 애플리케이션 개발에 꼭 필요한 주요 기능을 상세한 예제와 함께 자세히 설명한다.

53

HTML & CSS 웹사이트 개발과 디자인 기초

9788960773677 | 존 두켓 지음 | 홍영표 옮김 | 35,000원

이 책은 간결한 예제와 결과 화면을 한눈에 볼 수 있는 방식으로 구성해 HTML과 CSS와 관련된 주제를 매우 쉽게 배울 수 있다. 또한 웹 페이지 개발과 운영에 대한 전반적인 내용을 균형 있게 파악할 수 있도록 HTML과 CSS코드뿐만 아니라 작업 절차와 방법, 그리고 웹사이트 분석방법도 살펴본다. 처음 웹 페이지 개발을 시작하는 디자이너와 개발자에게 안성맞춤인 책이다.

54

워드프레스 플러그인과 테마 만들기 소스코드 분석부터 블로그 마케팅까지
9788960773738 | 할 스턴, 데이빗 댐스트라, 브래드 윌리엄스 지음 | 이정표 옮김 | 35,000원

이 책은 워드프레스의 기초부터 활용까지를 폭넓게 다루는 입문서다. 워드프레스의 기초, 내부 코어 소스 및 데이터 구조를 순차적으로 학습하며, 플러그인과 테마를 이용해 워드프레스를 확장하고 개인화하는 방법을 보여준다. 이미 설치된 워드프레스를 이용하려는 일반 사용자, 플러그인을 제작하려는 개발자, 테마를 정교하게 다듬고자 하는 디자이너, 워드프레스를 대기업의 콘텐츠 관리 시스템으로 사용하려는 전문가.

55

자바스크립트 개론 체계적인 프로그래밍 수련법
9788960773868 | 마레인 하버비케 지음 | 이대엽 옮김 | 24,000원

프로그래밍을 비롯해 자바스크립트에 입문하는 초보자가 읽기에 적합한 책이다. 프로그래밍에 관한 소개부터 웹 프로그래밍에 이르기까지 명쾌한 설명과 간결한 코드를 제시함으로써 체계적으로 자바스크립트를 배울 수 있다. 변수, 제어 흐름, 함수, 자료 구조, 오류 처리 같은 기본적인 프로그래밍 요소를 비롯해 함수형 프로그래밍, 객체지향 프로그래밍, 모듈화, 정규 표현식 같은 고급 주제, 웹 프로그래밍과 관련된 주제까지 빠짐없이 다룬다.

56

드루팔 사용하기 드루팔 웹사이트 제작과 모듈 활용
9788960773936 | 안젤라 바이런, 애디슨 베리, 브루노 드 본트 지음 | 김무항 옮김 | 35,000원

이 책은 각 장의 실습을 차근차근 따라 하다 보면 자연스럽게 드루팔의 핵심 기능을 익힐 수 있게 구성된 드루팔 활용 가이드다. 각 장마다 가상의 고객이 처한 상황을 설명하고, 그로부터 고객의 요구사항을 분석 및 정리하고, 그러한 고객의 요구사항을 만족시키기 위한 드루팔의 기능을 정리하고, 이를 바탕으로 실습을 수행한다.

57

엔진엑스로 운용하는 효율적인 웹사이트
웹개발자와 시스템관리자를 위한 105가지 실전 예제
9788960774087 | 디판카 사카 지음 | 김득권 옮김 | 25,000원

아파치를 대체하고 있는 강력한 웹서버 엔진엑스(Nginx)의 실제 활용 사례가 수록된 예제 모음집이다. 웹사이트 관리자나 개발자들이 흔히 겪는 대표적인 105가지 상황에 대한 검증된 솔루션을 이해하기 쉬운 〈예제구현〉-〈예제분석〉-〈부연설명〉의 형식으로 제공한다. 엔진엑스에 관한 교과서라 할 수 있는 『Nginx HTTP Server 한국어판: 아파치를 대체할 강력한 차세대 HTTP 서버 엔진엑스』를 익힌 웹 개발자, 웹사이트 관리자가 연이어 읽어야 할 지침서로서 꼭 필요한 실전 사례집이다.

58

웹킷이 주도하는 미래형 웹 개발 HTML5+CSS3 반응형 웹 표준 앱의 필수 기술 WebKit
9788960774261 | 존 라쉬 지음 | 정상욱 옮김 | 35,000원

구글 크롬과 애플 사파리의 핵심 기술이자 사실상 표준인 가장 강력한 웹 브라우저 렌더링 엔진인 오픈소스 프로젝트 웹킷(WebKit)에 관한 국내 최초 개론서. 웹킷이 무엇이며, 어떻게 활용되는지를 살펴보고, HTML5와 CSS3로 만드는 반응형 웹 표준 사이트를 만들고 검증하는 방법을 배운다. 또한 캔버스와 SVG의 개념, iOS와 안드로이드용 모바일 웹 앱을 만드는 방법도 익힐 수 있다.

59

웹 디자이너를 위한 손쉬운 제이쿼리
9788960774339 | 나탈리 맥리 지음 | 이준하 옮김 | 30,000원

HTML과 CSS를 어느 정도 이해하고 있는 웹 디자이너에게 프로그래밍의 기본기를 알려주고 제이쿼리와 플러그인을 어떻게 사용할 수 있는지를 알려주는 책이다. 프로그래밍 지식이 전혀 없어도 단계별로 따라가면서 나만의 드롭다운 메뉴와 슬라이드쇼를 만들어가는 경험을 할 수 있다. 저자가 UI 디자이너의 시각에서 프로그래밍에 대한 생각을 공유하기 때문에 여타 기본서보다는 디자이너에게 좀 더 익숙한 표현으로 프로그래밍을 배울 수 있을 것이다.

60

Learning PHP, MySQL, JavaScript & CSS, Second Edition 한국어판
동적인 소셜 웹 개발을 위한 4가지 핵심 기술
9788960774421 | 로빈 닉슨 지음 | 황진호 옮김 | 40,000원

웹서버의 구축부터 웹을 구성하는 핵심 기술인 PHP와 MySQL, 자바스크립트, CSS를 자세하고 신속하게 익힐 수 있는 책이다. 각 기술에 대한 문법과 함께 활용 예제가 들어있으므로, 독자들은 단시간 안에 웹 사이트를 손쉽게 구성하는 방법을 배울 수 있다. 또한, 책에서 소개된 모든 내용을 아우르는 소셜 네트워크 사이트를 구축하는 실전 예제도 들어있다.

61

Ext JS 반응형 웹 애플리케이션 개발
9788960774704 | 스튜어트 애시위스, 앤드류 던컨 지음 | 이범희, 최근호 옮김 | 40,000원

Ext JS 4의 기초부터 애플리케이션 설계를 포함한 고급 기능까지 프레임워크의 전반적인 내용을 다룬다. 110개 이상의 상세하고 실용적인 예제를 통해 Ext JS 4가 제공하는 주요 위젯과 기능을 배운다. 애플리케이션 설계와 코드 구조에 관한 확장 기능까지 학습한 후에는 Ext JS 프레임워크를 사용하는 진정한 상호작용 및 반응형 웹 애플리케이션을 만들 수 있다.

62

제이쿼리 툴즈 UI 라이브러리 빠르고 쉽게 웹사이트를 만드는
9788960774735 | 알렉스 리비 지음 | 장정환 옮김 | 13,000원

웹사이트를 개발할 때 많은 개발자가 제이쿼리를 사용한다. 제이쿼리를 사용하여 편리하게 자바스크립트를 개발할 수는 있지만 여전히 웹사이트 UI를 개발하는 일은 다른 라이브러리를 사용해야 하는 약점이 있다. 제이쿼리 툴즈 UI 라이브러리는 제이쿼리의 약점을 보완하는 역할을 한다. 라이브러리는 웹사이트를 만들 때 반복해서 사용하는 UI를 위주로 구성되어 있으며 쉽게 웹사이트에 적용할 수 있다. 이 책을 통해 단순한 라이브러리의 적용 방법뿐 아니라 다양한 상황에 맞는 활용 방법을 배울 수 있다.

63

웹 접근성과 품질인증 장애인차별금지법 대응을 위한
9788960775015 | 류영일, 하성필, 김혜일, 성영받 지음 | 45,000원

웹 접근성의 취지와 배경, 목적과 지침에 대한 해설, 실무 프로젝트에서 벌어지는 웹 접근성 관련 지식을 제공하며, 웹 접근성 준수 여부를 검사하는 화면 낭독기에 대한 자세한 내용까지 들어 있는 웹 접근성 완벽 가이드다. 실제 1급 시각장애인 저자를 비롯해 각 분야 최고의 전문성을 지닌 저자들이 웹 콘텐츠 접근성 지침의 자세한 해설과 프로젝트 노하우 등 웹 접근성과 관련된 내용을 총망라했다. 실무에서 바로 사용할 수 있도록 소스코드 예제까지 포함한 다양한 사례를 통해 이 책을 마스터한 독자들은 웹 접근성 사이트를 손쉽게 구축할 수 있을 것이다.

에이콘출판의 기틀을 마련하신 故 정완재 선생님 (1935-2004)

장애인차별금지법 대응을 위한
웹 접근성과 품질인증

인 쇄 | 2013년 12월 24일
발 행 | 2013년 12월 31일

지은이 | 류영일 • 하성필 • 김혜일 • 성영한

펴낸이 | 권 성 준
엮은이 | 김 희 정
　　　　　안 윤 경
　　　　　김 미 선
표지 디자인 | 그린애플
본문 디자인 | 박 진 희

인 쇄 | (주)갑우문화사
용 지 | 한신P&L(주)

에이콘출판주식회사
경기도 의왕시 내손동 757-3 (437-836)
전화 02 2653 7000, 팩스 02 2653 0433
www.acornpub.co.kr / editor@acornpub.co.kr

한국어판 ⓒ 에이콘출판주식회사, 2014
ISBN 978-89-6077-501-5
ISBN 978-89-6077-093-5 (세트)
http://www.acornpub.co.kr/book/beyond-web-accessibility

이 도서의 국립중앙도서관 출판시도서목록(CIP)은 서지정보유통지원시스템 홈페이지(http://seoji.nl.go.kr)와
국가자료공동목록시스템(http://www.nl.go.kr/kolisnet)에서 이용하실 수 있습니다.(CIP제어번호: CIP2013028191)

책값은 뒤표지에 있습니다.